प्रज्ञासूर्य : डॉ. बाबासाहब आम्बेडकर

प्रज्ञासूर्य : डॉ. बाबासाहब आम्बेडकर

सम्पादक

डॉ. शरणकुमार लिंबाले

हिन्दी सम्पादक

डॉ. सूर्यनारायण रणसुभे

वाणी प्रकाशन

वाणी प्रकाशन
4695, 21-ए, दरियागंज, नयी दिल्ली 110 002
शाखा
अशोक राजपथ, पटना 800 004
फ़ोन: +91 11 23273167 फ़ैक्स: +91 11 23275710
www.vaniprakashan.in
vaniprakashan@gmail.com

PRAGYASURYA : DR. BABASAHAB AMBEDKAR
Edited by Sharankumar Limbale
Hindi Edited by Suryanarayana Ransubhe

ISBN : 978-93-5072-316-6
Criticism/Dalit Leterature

प्रथम संस्करण
मूल्य : ₹ 595

न्यू कृष्णा ऑफ़सेट, दिल्ली-110093 में मुद्रित

वाणी प्रकाशन का लोगो मक़बूल फ़िदा हुसेन की कूची से

सावित्रीबाई फुले
तथा
रमाबाई आम्बेडकर
को

अनुक्रमणिका

हिन्दी के सम्पादक की ओर से

इसे न फिर से दुहराने की जरूरत है और न इसपर विवाद है कि, दलित साहित्य सृजन के मूल में इस देश की जातिव्यवस्था कारणीभूत है और इस जातिव्यवस्था के विरोध में पहला प्रखर आन्दोलन डॉ. बाबासाहब ने शुरू किया था। अर्थात उनके आन्दोलन के और वैचारिकी की मूल में गौतम बुद्ध, कबीर, जोतिबा फुले तथा विश्व का मानवतावादी चिंतन रहा है। डॉ. बाबासाहब आम्बेडकर जी की यही वैचारिकी दलित साहित्य की नींव है। हिन्दी में दलित साहित्य पर जो विमर्श शुरू हुआ, उसे पढ़ते हुए मैंने यह तीव्रता से अनुभव किया कि, डॉ. बाबासाहब आम्बेडकर जी की वैचारिकी तथा दलित साहित्य से सम्बन्धित अनेक प्रश्नों को लेकर हिन्दी में अस्पष्टता और कुछ सीमा तक अराजकता की स्थिति है। इस कारण मुझे यह महसूस हुआ डॉ. बाबासाहब आम्बेडकर जी की वैचारिकी के जो विभिन्न आयाम हैं जिस पर मराठी में काफी कुछ लिखा गया है, उसे हिन्दी में लाया जाय। तथा मराठी में दलित साहित्य के आन्दोलन के दौर में जो विमर्श हुआ, उसे भी हिन्दी में ले जाएँ।

इस दृष्टि से मराठी के प्रसिद्ध आत्मकथाकार, उपन्यासकार, कवि, समीक्षक शरणकुमार लिंबाले जी ने महत्त्वपूर्ण ऐसे दो ग्रन्थों का संपादन किया है। उनकी पहली सम्पादित कृति है - 'शतकातील दलित विचार'। 453 पृष्ठों का यह ग्रन्थ हिन्दी में 'दलित साहित्य : वेदना और विद्रोह' शीर्षक से वाणी प्रकाशन की ओर से 2010 में प्रकाशित हुआ। इसमें संकलित 36 लेखों का अनुवाद अपने विभिन्न छात्रों, मित्रों से मैंने करा लिया था। इसी परियोजना के अन्तर्गत इस 'प्रज्ञासूर्य' ग्रन्थ का समावेश होता है। इसमें 25 लेखों का संकलन है। डॉ. बाबासाहब दलितों के मसीहा तो हैं ही। उनका चिन्तन, उनका कार्य इस एक वर्ग तक सीमित नहीं है। वे प्रखर राष्ट्रवादी थे। दस देश की कृषि समस्या, जल-समस्या, राजनीति, देश विभाजन, अर्थनीति आदि को लेकर उन्होंने चिन्तन किया, कुछ के लिए योजनाएँ बनाईं और अपनी इन योजनाओं को

प्रत्यक्ष कार्यान्वित भी किया था। इसमें उन्हें सफलता भी मिली। इस ग्रन्थ के अन्त में उनके साथ हुई एक गपशप को विस्तार के साथ लिपिबद्ध किया गया है। इस गपशप से भी उनकी विशाल दृष्टि का पता चल जाता है।

डॉ. शरणकुमार लिंबाले जी द्वारा लिखी गयी सृजनात्मक और समीक्षात्मक कृतियों से हिन्दी पाठक परिचित हैं ही उनके द्वारा सम्पादित पुस्तकों से भी वे रू-ब-रू हो जाएँ- ऐसी भी मेरी इच्छा थी। विशेषतः इन सम्पादित ग्रन्थों की जो भूमिका आपने लिखी है, वह महत्त्वपूर्ण है।

'दलित साहित्य : वेदना और विद्रोह' को हिन्दी में लाते समय जिन भूतपूर्व छात्रों-छात्राओं, मित्रों ने सहयोग किया, उनसे मैं फिर से सहयोग हेतु पत्र-व्यवहार करता रहा। उन्होंने मुझे पूरी प्रतिबद्धता के साथ सहयोग दिया। कुछ नये नाम भी इसमें जुडे, डॉ. जयश्री शिंदे, डॉ. सविता किर्ते, डॉ. चंदा सोनकर, डॉ. शेख मजिद। पिछली बार की तरह म. गाँधी अन्तरराष्ट्रीय वि. वि. वर्धा के दूरस्थ शिक्षा विभाग में सहायक प्राध्यापक के रूप में कार्यरत शैलेश कदम का सर्वाधिक सहयोग मुझे इस कार्य में मिला। केवल उनके ही कारण यह ग्रन्थ ठीक समय पर प्रकाशित हो सका है। इसी श्रंखला में डॉ. शरणकुमार लिंबाले द्वारा सम्पादित अन्य ग्रन्थों को हिन्दी में लाने का संकल्प है। इन ग्रन्थों को आप तक ले आना सम्भव हो सका, केवल वाणी प्रकाशन के अरूण माहेश्वरी जी के कारण। इसे साहित्य के प्रति उनकी प्रतिबद्धता के कारण ही यह सम्भव हो सका। डॉ. शरणकुमार लिंबाले और मेरे प्रति उनका अटूट स्नेह है। उनके कारण ही तो यह ग्रन्थ हम आपके सम्मुख प्रस्तुत कर सके हैं। उनके प्रति आभार।

इस ग्रन्थ हेतु जिन अनुवादकों ने मुझे सहयोग दिया है, उनके प्रति कृतज्ञता व्यक्त करना चाहता हूँ। वास्तव में यह ग्रन्थ इन्हीं मित्रों के कारण इस रूप में आपके सम्मुख है। उनकी प्रतिबद्धता को, सहयोग को सलाम। पाठकों की प्रतिक्रियाएँ जानने मैं उत्सुक हूँ।

दि. 1 मई 2011

डॉ. सूर्यनारायण रणसुभे
'निकष' 19 अजिंक्य सिटी,
अंबाजोगाई रोड,
लातूर - 413512
मोबाइल 09423735393

***

मराठी सम्पादक की ओर से

बाबासाहब आम्बेडकर जी के महापरिनिर्वाण के बाद के कालखंड में दलित समाज में जबरदस्त उलट-पुलट, उथल-पुथल हुई है। आज डॉ. बाबासाहब आम्बेडकर किसी एक व्यक्ति का नाम न होकर वह एक विशाल विद्रोही सांस्कृतिक आन्दोलन का नाम हो गया है। डॉ. बाबासाहब आम्बेडकर जी की वैचारिकता से एक नयी सांस्कृतिक क्रान्ति की शुरूआत हुई है। आम्बेडकरी विचारों से क्रान्ति की ओर उन्मुख हुए परिवर्तनवादी आन्दोलन की गतिशीलता देखने के बाद लगता है यहाँ के इतिहास को उनके पैरों के पास बैठकर क्षमा माँगनी चाहिए। इतना अभूतपूर्व ऐसा सामाजिक परिवर्तन यहाँ हुआ है, हो रहा है। हजारों वर्षो से मौन और बहिष्कृत समाज हड़बडा कर जाग रहा है। जिस विराट मनुष्य समूह को 'अछूत' कहा गया था, उस समाज में जन्में बाबासाहब देश का संविधान लिखते हैं, यह आश्चर्य चकित करनेवाली यात्रा है। ड़ेढ़ सौ वर्षों से सक्रिय ब्रिटिश सत्ता के विरोध में अनेकों ने संघर्ष किया, परन्तु हजारों वर्षों से सक्रिय जाति-व्यवस्था के विरूद्ध किसी ने भी कोई आवाज क्यों नही उठाई? डॉ. बाबासाहब आम्बेडकर जी के रूप में हजारों वर्षों के इतिहास में पहली बार गाँव के बाहर स्थित अन्धकार के गर्भ में इस प्रज्ञासूर्य का उदय हुआ और उसकी कराड़ों-करड़ो किरणों ने वर्ण व्यवस्था का विकृत चेहरा विश्व के सम्मुख उजागर किया। डॉ. बाबासाहब आम्बेडकर जी के विचार और उद्‌गारों से यहाँ के धर्म ग्रन्थ भयभीत हुए। आम्बेडकरी विचार इस भूमि का जबरदस्त विस्फोट था। इस विस्फोट के कारण ही नीचे के तबकों में विद्रोह की आँधियाँ उठीं। शोषितों के कंठों में से समता, स्वतन्त्रता और न्याय की माँग विस्फोट की तरह व्यक्त होने लगी। सनातन व्यवस्था भयभीत हो गयी।

डॉ. बाबासाहब आम्बेडकर जी के जीवन की खोज सम्भवतः सहज रूप से ली जा सकती है, परन्तु उनके द्वारा जागृत बहिष्कृत भारत के समग्र सांस्कृतिक एहसासों को नापना असम्भव ही है। इस युगन्धर ने नया इतिहास रचा है। उसके दर्शन से अनेक बुद्धिजीवी लेखक प्रभावित हो चुके हैं। उनके कार्य से तत्कालीन काल अत्यन्त प्रभावित था। उनके जीवन के कारण विराट रूप से ऐसे मानव-समूह को प्रचंड आत्मविश्वास प्राप्त

हुआ। डॉ. बाबासाहब आम्बेडकर वास्तव में एक विचार हैं। दलितों के उत्थान हेतु उन्होंने व्यापक ऐसे आन्दोलन किये। ये आन्दोलन चक्रवात की तरह दलितों में समा गया हैं। सूर्य रोज उगता है, अस्त भी होता है। प्रज्ञासूर्य का उदय अस्त होने के लिए हुआ ही नहीं है। उसकी व्यापकता रोज भिन्न-भिन्न सामाजिक तबकों में फैल रही है। डॉ. बाबासाहब आम्बेडकर ने दलितों को एक ओर अन्धकारों का अहसास करा दिया 'क्या खाये, क्या नहीं' यह उन्होंने कहा। चरित्र का महत्त्व उन्होंने बतलाया। जो जीवंत मृत थे, उन्हें गालियाँ देकर क्यों न हो स्वाभिमान सिखलाया। अछूतों के हकों की कैफियत उन्होंने प्रस्तुत की। गाँव के सीमा से लेकर गोलमेज परिषद तक उन्होंने अछूतों के प्रश्न रखे। सभा, सम्मेलन, परिषद, सत्याग्रह, आदि के माध्यम से सम्बन्धित आन्दोलनों को उन्होनें तीव्र किया। पत्रकारिता, राजनीतिक दल, संगठन तथा समाजकार्य के माध्यम से उन्होंने प्रस्थापित व्यवस्था के विरोध में संघर्ष खड़ा किया। उनकी राजनीति तथा समाज नीति, उनकी माँगे और उनके आन्दोलन, उनकी भूमिका तथा उनकी प्रस्तुति, उनके विचार इनमें से सामाजिक समता का विचार दृढ़ हुआ। बाबासाहब ने छात्रावास तथा कालेज शुरू कर, जिन्हें हजारों वर्षों से उच्च शिक्षा में प्रवेश नहीं दिया जा रहा था, जिन्हें शिक्षा नकारी जा रही थी, उनके लिए ज्ञान को खुला किया। उनके द्वारा शुरू किये गये सभी सत्याग्रहों में से समता, स्वतन्त्रता, न्याय और बंधुत्त्व की माँग की गयी थी। आम आदमी की ओर से लड़नेवाले बाबासाहब भारतीय इतिहास में राजगद्दी के लिए लड़नेवाले राजाओं की तुलना में कितने तो महान लगते हैं। इसी कारण भारतीय इतिहास को अछूतों की लड़ाई का गवाह होना पड़ता है। बाबासाहब आम्बेडकर जी के जीवन को कितने आन्दोलन शक्ति माँगे, कितने लोग भक्ति माँगे, कितने इतिहास गौरव माँगे, कितने काल अलंकार माँगे, कितने होंठ आवाज माँगे, कितनी नजरें सौन्दर्य माँगे, कितने ललाट उनके पदरज माँगे, कितने - हृदय उनकी प्रतिमा माँगे- ऐसी यह न खत्म होनेवाली ऊर्जा है।

बाबासाहब आम्बेडकर जी हिन्दू धर्म में स्थित जाति-व्यवस्था के विरोध में अपनी अन्तिम साँस तक लडते रहे। बाबासाहब ने हिन्दू धर्म को कटघरे में ही खड़ा कर दिया था। उनकी आरम्भ की भूमिका हिन्दू धर्म सुधार की थी। "हम भी हिन्दू हैं। उनकी तरह हमारे साथ भी समानता का आचरण किया जाय-" इस भूमिका से बाबासाहब ने हिन्दू-धर्म सुधार का प्रयत्न किया परन्तु हिन्दू समाज को बाबासाहब के कार्य का, विचारों का महत्त्व समझ में नही आया। बाबासाहब ने दलितों को उनकी गुलामी का अहसास करा दिया। और उनके मन में विद्रोह की चिंगारी प्रज्वलित की। अछूतों को मानवाधिकार मिले, इस हेतु उन्होंने अपनी सम्पूर्ण जिन्दगी होम कर दी। हिन्दू समाज सुधरेगा नहीं ऐसा विश्वास हो जाने पर ही बाबासाहब ने "मैं हिन्दू के रूप में जन्मा हूँ, परन्तु हिन्दू के रूप में नहीं मरुँगा"- ऐसी प्रतिज्ञा की और बौद्ध धर्म स्वीकार किया।

इस देश को संविधान तथा दलितों को बौद्ध धर्म बाबासाहब का यह योगदान जनतान्त्रिक जीवन का महान रूप है। दलितों ने जब धर्म परिवर्तन किया तब हिन्दू समाज को जबरदस्त धक्का पहुँचा। दलितों ने गन्दे काम करने को नकार दिया। हिन्दुओं की सेवा चाकरी को नकारा। इस कारण हिन्दू समाज में विलक्षण तनाव पैदा हुआ। दलितों नें हिन्दुओं की गुलामी को नकारा, इस कारण उनके अहंकार पर चोट पहुँची। स्वाभिमानी दलितों का छल करने हेतु सवर्णों ने नये-नये षडयत्रों का आधार लिया। स्वातन्त्र्योत्तर काल में दलितों पर भयावह अत्याचार हुए हैं। मनुष्यता को कलंकित करनेवाली घटनाएँ आज भी घटित होती हैं। किसी भी जुल्म को न स्वीकारते हुए दलित मनुष्य आज दृढ़ता से जीने का प्रयत्न कर रहा है। उसकी निभर्यता का शास्त्र आम्बेडकर जी की विचारधारा में छिपा हुआ है।

डॉ. बाबासाहब आम्बेडकर जी के जीवन और विचारों का तेजी से प्रचार तथा प्रसार हो रहा है, उतनी ही तेजी से प्रतिगामी, प्रतिक्रियावादी शक्तियाँ भी संघटित हो रही हैं। सम्पूर्ण समाज को जड़ से उलट-पुलट करने की आज जरूरत है। केवल सुविधाएँ या आरक्षण देकर यह जरूरत पूरी नहीं होनेवाली है। शिक्षा, कानून, और आन्दोलनों का अचूक शस्त्र झोपड़ियों तक पहुँच चुका है। हजारों वर्षों से शस्त्र और शास्त्र से वंचित समाज पढ़ रहा है, संघटित हो रहा है, संघर्ष कर रहा है। केवल शिक्षा से समाज का प्रबोधन नहीं हो सकता। विश्वविद्यालय की सौ आँधियाँ जितना परिवर्तन नहीं कर सकती, उतना दलितों का एक मोर्चा यहाँ सदियों का प्रबोधन कर सकता है। मराठवाडा विश्वविद्यालय नाम परिवर्तन और मंडल आयोग के आन्दोलन के कारण आम्बेडकरी विचारधारा अधिक सशक्त बन गयी है- ऐसा दिखाई देता है। राष्ट्र का अर्थ सेना से घिरा हुआ सीमा प्रदेश नहीं हैं। राष्ट्र में स्थित प्रत्येक मनुष्य महत्त्वपूर्ण होता है। किसी भी मनुष्य समूह का शोषण कर राष्ट्र निर्माण नहीं हो सकता। मनुष्य को मनुष्य रूप में जीने जैसी सामाजिक, राजनीतिक, धार्मिक, आर्थिक, शैक्षिक और सांस्कृतिक व्यवस्था ही राष्ट्र कहलाती है। मिट्टी और मनुष्य को जगानेवाली पहली आवाज दलितों के ओंठो से निकली है। इस आवाज का सौन्दर्यशास्त्र आम्बेडकरी विचारों में है। आँधी की यह वर्षा सामाजिक न्याय की प्रतिष्ठापना होने तक अखंड रूप से बरसनेवाली है। समाज में आज तक जो मौन थे, ऐसे अनेक तबके ज्ञान-विज्ञान तथा कानूनी व्यवस्था के कारण समता, स्वतन्त्रता और न्याय की भाषा बोल रहे हैं। मुट्ठीभर लोगों ने अपने रिश्तों के संर्वधन हेतु स्वतन्त्रता, न्याय और समता को यहाँ बन्धक के रूप में रखा था। समाज के सभी तबके अब उस पर अपना हक जतलाने वाले हैं। इस कारण ऊपर के और नीचे के तबकों में विलक्षण तनाव, अनबन और संघर्ष निर्माण होनेवाला है। ऐसे तनावों से गुजरते हुए ही नयी मानसिकता तैयार होनेवाली है।

आम्बेडकरी विचारों के कारण सवर्णों में निर्माण होनेवाली अनबन ही समता की बूंटी रोपने वाली है। सामाजिक तनावों से ही दलितों के हक अधिकारों का जन्म होते रहता है। बाबासाहब आम्बेडकर जी के विचारों के कारण यहाँ की जाति व्यवस्था की नाव ही डगमगाने लगी है। उनके विचारों के विद्रोही रूप की खोज प्रस्तुत ग्रन्थ में करने का प्रयत्न किया गया है। ग्रन्थ के खंड एक में बाबासाहब को केंद्र में रखकर बुद्ध, फुले, मार्क्स, तिलक, गाँधी जी, जिन्ना, दादासाहब गायकवाड़ और माईसाहेब आम्बेडकर इनसे उनके रिश्तों को स्पष्ट करने का प्रयास हुआ है। दूसरे, तीसरे और चौथे खंड में बाबासाहब के जीवन कार्य के विविध आयामों की खोज की गयी है। प्रत्येक लेखक ने उत्कृष्ट विवेचन और वर्णन किया है। उन लेखों मे से प्रज्ञासूर्य के विभिन्न किरणों का तेज फैला हुआ है। यह प्रज्ञासूर्य की प्रकाशयात्रा है।

बाबासाहब आम्बेडकर जी के महापरिनिर्वाण के बाद उनके लेखन की समीक्षा और विश्लेषण अनेकों ने अनेक पद्धतियों से की है। बाबासाहब के लेखन के अनुवाद जिस प्रकार प्रकाशित हुए, वैसे उनके लेखन की सम्पादित पुस्तकें और खंड भी प्रकाशित हुए हैं। बाबासाहब पर अनेकों ने जैसे लेखन किया है, वैसे अनुसन्धान भी किया है। बाबासाहब पर अनेकों ने कहानियाँ, कविताएँ और उपन्यास लिखे हैं, बाबासाहब द्वारा लिखे गये लेखन की अपेक्षा उन पर और उनके द्वारा लिखे गये लेखन पर विपुल मात्रा में ग्रन्थ प्रकाशित हुए हैं। उनके महापरिर्वाण के बाद भारतीय समाज में हुए उतार-चढाव विविध स्वरूप के हैं। उनके विचारों और पुतलों की बेइज्जती की गयी। आम्बेडकरी आन्दोलन और समाज में गतिरोध पैदा कर उन्हें चुप करने का प्रयत्न हुआ। मराठवाड़ा वि. वि. को बाबासाहब नाम दिया जाय, इस माँग के लिए दलितों को पन्द्रह वर्षों तक संघर्ष करना पड़ा। इसमें अनेक शहीद हो गये। अनेकों की जिन्दगी बरबाद हो गयी। दलितों के सीधे-साधे प्रश्न भी आसानी से नहीं छूटते। दलितों का प्रत्येक प्रश्न सवार्णों को तकलीफ देह लगता है। इस कारण यह व्यवस्था दलितों की ओर सहानुभूति से देखने के बजाय जातिवादी दृष्टि से ही देखती है। अत्यन्त प्रतिकूल और जटिल परिस्थितियों से सामना करते समय दलितों ने आम्बेडकर जी के विचारों का आधार लिया है, यह स्पष्ट होता है। इसी कारण बाबासाहब आम्बेडकर जी के विचारों को निरन्तर परिवर्तित काल की परिस्थिति के सन्दर्भ प्राप्त हो जाते हैं। आज के सन्दर्भ में बाबासाहब के विचार जैसे लागू होते हैं, वैसे दलितों के भविष्य के सन्दर्भ में भी उनके विचार मार्गदर्शक साबित होने वाले हैं। दलित आन्दोलनों के लिए बाबासाहब का लेखन संविधान की तरह है। बाबासाहब के ऐतिहासिक महत्त्व को जानकर दलितों में से कुछ बुद्धिजीवियों ने आत्मसंरक्षक तथा आक्रामक भूमिका अपना ली है। बाबासाहब के विचारों के साथ औरों से तुलना करने का उन्होंने विरोध किया। बाबासाहब ने मार्क्स का विरोध किया इसलिए

मार्क्स का विरोध, काँग्रेस को जलता हुआ घर कहा, इसलिए गाँधी जी का विरोध किया, बाबासाहब ने बौद्ध धर्म को स्वीकारा, इसलिए सभी क्षेत्रों में धम्म की परिभाषा का आग्रह किया जाने लगा। आम्बेडकरवाद की ताकत को जानकर कई लोग आम्बेडकरवाद का अध्ययन करने लगे। अनेकों विश्वविद्यालयों में आम्बेडकर चेअर की स्थापना की गयी। आम्बेडकरी जनता तथा आम्बेडकरी आन्दोलन का जबरदस्त दबाव है। इस कारण शिवसेना, भारतीय जनता पार्टी जैसी हिन्दुत्ववादी राजनीतिक पार्टियाँ भी आम्बेडकरी अनुयायियों का समर्थन पाने हेतु प्रयत्न करते रहे हैं। कुछ आम्बेडकर अनुयायियों ने शिवसेना, भारतीय जनता पार्टी के साथ सहयोग करने की नीति भी अपनाई। और कुछ काँग्रेस, राष्ट्रवादी काँग्रेस के साथ चल दिये। सत्ताधारी दल हो अथवा विरोधी दल उन्हें दलितों के समर्थन की जरूरत महसूस हो रही है। ठीक इसी प्रकार दलितों को भी अन्य राजनीतिक दलों के साथ गठबन्धन करने की जरूरत महसूस होने लगी है। भारतीय राजनीति में, इस जरूरत को समझ लेना जरूरी है। यह जरूरत बाबासाहब के विचारों से जन्म ले चुकी है। आधुनिक भारत की समाजनीति और राजनीति को सामाजिक न्याय की भूमिका लेनी पड़ रही है, इसका पूरा श्रेय बाबासाहब आम्बेडकर जी के जीवन कार्य की ओर चला जाता है। आम्बेडकरी विचार दलितों के भूत भविष्य और वर्तमान को समा लेना वाला है।

बाबासाहब आम्बेडकर जी के विचार और कार्य से प्रेरणा लेकर आम्बेडकर जी के अनुयायियों ने आम्बेडकरी आन्दोलन को गतिशील बनाया है। रिपब्लिकन पार्टी, दलित पैंथर, दलित मुक्ति सेना ऐसी संघटनाओं में से आम्बेडकरी आन्दोलन बढ़ता गया है। दलित साहित्य आन्दोलन के माध्यम से इस आन्दोलन को वैचारिक रसद की आपूर्ति की है। बाबासाहब आम्बेडकर जी के नाम से अनेक संघटनाओं, संस्थाओं की स्थापना हो चुकी है। उनके नाम से अनेक पुरस्कार और शिष्यवृत्तियाँ शुरू कर दी गयी हैं। अनेंकों ने अपने पुत्रों के और घरों के नाम आम्बेडकरानुवर्ती रखें हैं। दलितों के घर पर आम्बेडकर जी की तस्वीरें दिखलाई देती हैं। 14 अप्रैल, चौदह अक्तूबर तथा छ दिसंबर इन दिनों को दलितों के जीवन में असाधारण महत्त्व प्राप्त हो गया है। नीला झन्डा, अशोक चक्र तथा जयभीम के संकेत दलितों के स्वाभिमान के और पहचान के चिह्न बन गये हैं। नीला रंग दलित अस्मिता का रंग बन गया हैं। दलितों का समग्र जीवन आम्बेडकरमय हो गया हैं। बाबासाहब आम्बेडकर यह नाम दलितों को अपने प्राणों से भी अधिक प्रिय लगता है। बाबासाहब आम्बेडकर एक सर्वव्यापी और सर्वस्पर्शी संवेदनशील भावना हो चुकी है।

बाबासाहब आम्बेडकर जी के विचारों ने केवल दलितों को ही प्रभावित नहीं किया है। अपितु यहाँ के तमाम प्रगतिशील विचारों को उसने दृढ़ समर्थन दिया है। परिवर्तनवादी

आन्दोलन और उसके कार्यकर्ता आम्बेडकरी विचारों से अपना रिश्ता बतलाते हैं। प्रतिक्रियावादी आन्दोलन और संघटनाएँ भी आम्बेडकरी विचारों के प्रभाव के कारण अन्तर्मुख होकर विचार कर रहे हैं और अपनी भूमिका में कालानुसार परिवर्तन भी कर रहे हैं। बाबासाहब आम्बेडकर जी का विचार समाज बदलने का विचार है। प्रगतिशील और प्रतिक्रियावादी भी समाज बदलने के सम्बन्ध में गम्भीरता से विचार कर रहे हैं। बाबासाहब आम्बेडकर जी के विचारों से केवल निचले तबकों मे ही परिवर्तन हो रहा है, बल्कि समग्र व्यवस्था ही करवट बदल रही है। इस बदलाव के कारण काफी कुछ टूट रहा है, धुसफूस हो रही हैं, तनाव निर्माण हो रहे हैं, कभी-कभार रक्त भी बह रहा है, दंगे हो रहे हैं, परन्तु बदलाव की यह प्रक्रिया अपरिहार्य साबित हो रही है।

बाबासाहब आम्बेडकर जी के महापरिनिर्वाण के बाद बाबासाहब आम्बेडकर जी के साथ म. फुले और राजर्षि शाहू महाराज जी के विचारों और कार्यों को जोड़ा गया। 'फुले, शाहू, आम्बेडकर' यह क्रान्तिकारी संकल्प लेकर बहुजन समाज सक्रिय हुआ है। सामाजिक ध्रुवीकरण की प्रक्रिया ने गति ली है। नये राजनीतिक समीकरण अस्तित्व में आये हैं। यह सब कुछ फुले, शाहू, आम्बेडकर जी के विचारों का प्रभाव है।

फुले, शाहू, आम्बेडकर जी के विचारों से प्रेरणा लेकर महाराष्ट्र में शुरू हुए इस आन्दोलन को सम्पूर्ण भारत ने एक आदर्श के रूप में देखा है। दलित साहित्यान्दोलन के कारण भारत की सभी भाषाओं के साहित्य में दलित साहित्य का निर्माण हुआ है। महाराष्ट्र में उठी यह क्रान्तिकारी आँधी पूरे भारत में फैल रही है। फुले, शाहू, आम्बेडकर जी की भूमि के रूप में महाराष्ट्र की ओर देखा जा रहा है। महाराष्ट्र की यह आधुनिक पहचान है। प्रगतिशील महाराष्ट्र के रूप में हमारी जो पहचान हुई उसका पूरा श्रेय इन तीन महामानवों के विचारों को जाता है। फुले, शाहू, आम्बेडकर जी के इस वैचारिक धरोहर को सुरक्षित रखने के लिए जो प्रयत्न हुए हैं, उस प्रयत्न की एक किश्त के रूप में मैं इस सम्पादित को ग्रन्थ देखता हूँ।

अनुवाद - डॉ. सूर्यनारायण रणसुभे, लातूर

॥ 1 ॥

[illegible] ने [illegible] किया।

[illegible]

[illegible]

[illegible] who do not [illegible] [illegible] to be subordinate [illegible] to have a [illegible]

[illegible]

[illegible] stipulated that Dr. Ambedkar [illegible] [illegible] about [illegible] ignorance is the only [illegible] more [illegible]

[illegible] डॉ. [illegible] आम्बेडकर

डॉ. बाबासाहब आम्बेडकर सदियों से चले आ रहे समय को मानवता के कल्याण हेतु दिखाई देनेवाला एक भव्य, दिव्य सपना ही थे। पारस के स्पर्श से लोहा सोना बनता है, ऐसा कहा जाता है, मैं डॉ. आम्बेडकर जी की हो गयी और मेरी जिन्दगी सोना बन गयी। डॉ. आम्बडेकर जैसे महामानव के जीवन के उत्तरार्द में मैं उनकी छाया बनकर साथ देती रही। काया-वाचा-मन से उनकी सेवा की। पूजा की विश्व को गौरव महसूस करना चाहिए, ऐसे युगप्रवर्तक महापुरूष के जीवन के साथ मेरा जीवन बँध गया, इससे अधिक जीवन की सफलता और क्या हो सकती है?

प्रत्येक महापुरुष के सफल जीवन में पत्नी का बड़ा सहयोग होता है – ऐसा कहा जाता है। डॉ. आम्बेडकर के जीवन चरित्र में, उनके जीवन के पूर्वार्द में रमाबाई का और उत्तरार्द में मेरा सहभाग रहा है।

महापुरुष की पत्नी होना यह एक महान अग्निपरीक्षा होती है, इसका मुझे अनुभव है। इसलिए महापुरूष की पत्नी को किन-किन परिस्थितियों का सामना करना पड़ता है, यह औरों को बताकर भी स्पष्ट होनेवाला नहीं हैं। उसमें भी यह विशेष था

... 1 ...

डॉ. बाबासाहब आम्बेडकर और मैं

माईसाहेब आम्बेडकर

कि डॉ. आम्बेडकर और मेरे बारे में तो तब परिस्थिति अद्‍भुत, बिलकुल असामान्य और उतनी ही विलक्षण थी। पहली बात यह कि मैं सवर्ण समझे जानेवाले समाज में से थी और डॉ. आम्बेडकर हिन्दू धर्म संस्था जिन्हें अतिशूद्र मानती है, उस समाज के थे। परस्पर विरोधी। भिन्न परिस्थिति में और भिन्न वातावरण में दोनों की परवरिश और भिन्न कार्यक्षेत्र में रहनेवाले हम दोनों विवाहित हो गये। यही एक बड़ी विलक्षण घटना थी। लेकिन उसका कारण यह था कि हम दोनों भी समता धर्म को मानने वाले थे और हमारा आदर्श बुद्ध थे। इसलिए स्वयं बाबासाहब ने मुझे पत्र में लिखा था कि 'एक जीवात्मा ने दूसरे जीवात्मा को देखा, समान शील को पहचाना' इस तरह हमारा मनोमिलन हो गया।

दूसरी बात यह कि डॉ. आम्बेडकर और मेरे बीच उम्र का फासला। हम दोनों की उम्र में फासला एक समस्या ही थी। तीसरी बात यह कि डॉ. आम्बेडकर का स्वास्थ्य उन दिनों ठीक नहीं था। उनको असाध्य बीमारियों ने जकड़ लिया था। यह सभी समस्याएँ हमारे विवाह के लिए रूकावट नहीं बनीं। क्योंकि मेरे अन्तःकरण में स्थित डॉक्टर असीम सहानुभूति से जागृत हुआ और मैंने डॉ. आम्बेडकर के विवाह

प्रस्ताव को सम्मति दे दी। डॉ. आम्बेडकर के साथ मेरी पहली मुलाकात तब हुई जब उनका स्वास्थ्य ठीक नहीं था। उनका शरीर भीतर से खोखला हो गया था। वह अकेले थे। उनकी शारीरिक स्थिति और अकेलापन देखकर मेरा मन अद्‌भुत करूणा से भर आया। इसी वजह से मेरे भीतर का डॉक्टर जागृत हो गया और कहने लगा कि उन्हें सही औषधोपचार और चिकित्सा की जरूरत है, और इसी एहसास की वजह से डॉ. आम्बेडकर द्वारा विवाह का प्रस्ताव मेरे सामने रखते ही मैंने सीधे हाँ कह दिया। क्योंकि संविधान की राष्ट्रीय जिम्मेदारी उनके कन्धों पर थी। यह ऐतिहासिक कार्य करने के लिए उनकी सेहत के इलाज की फ्रिक करना अत्यधिक आवश्यक था। आज जब मैं अपनी स्वीकृति देने की बात पर सोचती हूँ तब मुझे प्रामाणिकता से ऐसा लगता है कि, मैं डॉक्टर थी इसलिए मैं स्वीकृति दे सकी हूँ। अगर मैं डॉक्टर न होती तो शादी के लिए मैं स्वीकृति देती अथवा नहीं यह मैं आज कह नहीं सकती। हम लोगों ने एक-दूसरे को स्वीकार किया और एक-दूसरे को बहुत अधिक हिफाजत और प्यार से जी जान से सँभाला।

डॉ. आम्बेडकर ने मुझे पसन्द किया तब मुझे कौन-कौन सी भीषण स्थितियों का सामना करना पड़ेगा, इसकी धुँधली सी भी कल्पना नहीं थी। मैं डॉ. आम्बेडकर की पत्नी थी उसी तरह उनकी डॉक्टर भी थी। इसीलिए उनका खाना-पीना, इलाज, आराम इन सभी चीजों को नियमित रूप से सँभालना अत्याधिक आवश्यक था। हमारी शादी हुई और वास्तव में डॉ. आम्बेडकर की दिनचर्या को एक अर्थ प्राप्त हुआ। डॉ. आम्बेडकर की दिनचर्या सँभालते समय कुछ नेताओं को, कार्यकर्ताओं को मिलने न देना अनिवार्य था। इसी वजह से उन लागों को तकलीफ होना सम्भव था। लेकिन अवसर आने पर खुद पर इल्जाम लेकर वह सब कुछ करना मेरे लिए अनिवार्य था। लेकिन यह एहसास किसी ने भी रखा नहीं। भारतीय संविधान का मतलब था डॉ. आम्बेडकर। उसके लिए वे प्रतिदिन 16 से 18 घन्टे निरन्तर कार्य करते थे। वह कहते थे, "मैं इस मिट्टी के मनुष्य़ का ऋण अदा कर रहा हूँ।" डॉ. आम्बेडकर के साथ विवाह करते समय मेरे मन में एक ही एहसास था– सिर्फ समर्पण का। उन्होंने जिन तत्त्वों को अपनाया था, उस कार्य के लिए मैंने परछाई की भाँति उनका साथ दिया। मैं कृतज्ञ हूँ कि उनके जीवन के अन्तिम समय तक उनके साथ परछाई बनकर रही और काया वाचा मन से उनकी सेवा की।

डॉ. आम्बेडकर निश्च्छल सार्वजनिक जीवन के मूर्त आदर्श थे। हमारी जिन्दगी में छिपाने जैसा कुछ भी नहीं था। डॉ. आम्बेडकर के महापरिनिर्वाण के बाद डॉ. आम्बेडकर के परिवार की राजनीति में अड़चन न हो इसलिए यशवंत और मेरे बीच जान बूझकर फूट डाली गयी। यशवंत को बौद्ध महासभा का अध्यक्ष पद देकर उसे

दौरों में तथा धर्मकार्य में व्यस्त रखा गया और दूसरी तरफ मेरे खिलाफ **दलित समाज** में व्यवस्थित तरीके से जहर फैला कर डॉ. आम्बेडकर की मृत्यु के बारे में सन्देह का षड्यन्त्र रचा गया। राजनीतिक फायदे के लिए तथा नेतृत्व की महत्त्वाकांक्षा को सार्थक करने के लिए इन्सान कितना नीचे गिर सकता है, इसक प्रमाण था यह षड्यन्त्र। इस तरह दलित समाज में हम माँ बेटे में दरार डालने का सत्कार्य कुछ हितैषियों ने किया। जिस कारण डॉ. आम्बेडकर को अभिप्रेत राजनीतिक धारा में से यशवंत अपने आप बाहर हो जाय। इसी कारण यह सब कुछ सोच समझ कर किया गया था। परिवारिक और राजनीतिक दृष्टि से यह बहुत बुरा हुआ था।

मेरे खिलाफ बवन्डर खड़ा करके समाज से मुझे अलग करने का हीन प्रयास हुआ। डॉ. आम्बेडकर की मृत्यु की जाँच होनी चाहिए ऐसी माँग हितैषी दलित नेताओं ने की। उसी तरह सरकार ने जाँच की और गृहमन्त्री पं. गोविंद वल्लभ पंत ने 26 नवम्बर, 1957 को निवेदन करके डॉ. आम्बेडकर की मृत्यु सर्वसामान्य स्थिति में और प्राकृतिक हुई है ऐसी लोकसभा में घोषणा की। बावजूद इसके राजनीतिक नेतृत्व की महत्त्वाकांक्षा से प्रेरित हुए दलित नेता संतुष्ट नही हुए। संदिग्ध मृत्यु व जाँच की रिपोर्ट का यह रेकॉर्ड बीच-बीच मे बजाना उनके राजनीतिक अस्तित्व के लिए मानो अनिवार्य हो गया था। डॉ. आम्बेडकर के महापरिनिर्वाण के बाद मुझ पर बेहूदा आरोप लगाकर मुझे समाज से दूर करने की कोशिश की। ऐसा करने में इन नेताओं का क्या उद्देश्य था यह समझ में आना बहुत मुश्किल नहीं था। ऐसा करने का सिर्फ एक ही कारण था अर्थात् डॉ. आम्बेडकर के बाद समाज का सर्वांगीण तथा सर्वमान्य नेतृत्व स्वाभाविक तौर से मेरे ही पास आ जाता। दलित नेताओं के गलत प्रचार से आम्बेडकरी जनता का मेरे बारे में मत बदल गया था, इस बात को कोई भी नकार नहीं सकता। ऐसा कर के आम्बेडकरी जनता ने मुझ पर अन्याय तो किया साथ में उनका उद्धार करनेवाले श्रेष्ठ सत्पुरूष डॉ. आम्बेडकर की भयंकर अवमानना भी उन्होंने की है।

दलितों की सर्वांगीण उन्नति के लिए 'पढ़ो' यह महान सन्देश डॉ. आम्बेडकर ने अपने अनुयायियों को दिया। उन्होंने कड़ी मेहनत से अपने जीवन में एक पीढ़ी को शिक्षित बनाया। लेकिन पढ़ाई का अर्थ केवल उपाधि लेना ऐसा डॉ. आम्बेडकर को क्या अभिप्रेत था? शिक्षित सच्चे अर्थों में शिक्षित हुए क्या? क्या आम्बेडकर के अनुयायियों को आम्बेडकर सही अर्थ में समझ में आये हैं? यह प्रश्न मेरे मन में जिस समय आते हैं, तब सभी प्रश्नों के उत्तर नकारार्थी ही हैं ऐसा अफसोस से कहना पड़ता है और डॉ. आम्बेडकर के अनुयायियों के लिए यह बात निश्चितरूप से गौरवास्पद नहीं है।

'पढ़ो' इसका अर्थ सिर्फ यह नहीं है कि उपाधि प्राप्त करना बल्कि पूरी तरह से शिक्षित तथा समझदार बनना ऐसा अर्थ डॉ. आम्बेडकर को अभिप्रेत था। डॉ.

आम्बेडकर का समाज शिक्षित तो बना लेकिन समझदार नहीं बना। वरना राजनीतिक नेतृत्व के लालच में कुछ नेताओं ने समाज को मेरे खिलाफ क्यों उकसाया, इसके खिलाफ कोई भी आवाज नहीं उठाता और समझदारी से जाँच करके असलियत सामने रखता यह किस बात का सूचक है? अपने आपको शिक्षित समझकर जीने वाला समाज डॉ. आम्बेडकर को अभिप्रेत अर्थ में सचमुच शिक्षित होता तो ऐसा कभी घटित होता ही नहीं। बावजूद इसके समय के प्रवाह में बुद्धिमान और समझदार अध्येता और अनुयायी तैयार हो रहे हैं; यह अत्यन्त सन्तोषप्रद घटना है।

'जातिभेद खत्म करो' ऐसी नारेबाजी डॉ. आम्बेडकर के अनुयायी हमेशा देते रहते हैं। डॉ. आम्बेडकर स्वयं कृतिशील, समाज-क्रान्तिकारी थे और इसलिए मेरे साथ विवाह करके उन्होंने राष्ट्रीय एकात्मता स्थापित की। जातिभेद खत्म करने हेतु प्रत्यक्ष आचरण से एक आदर्श उदाहरण उन्होंने समाज के सामने रख दिया। अपने सम्मानीय नेता के इतने बड़े क्रान्तिकारी और ऐतिहासिक उदाहरण से अपने आपको आम्बेडकर के शिक्षित अनुयायी माननेवालों ने इससे कौन-सा सबक लिया? हमारे इस महान नेता ने इस सवर्ण स्त्री से विवाह करके समता की नींव डाल कर जिस भव्य और दिव्य आदर्श की स्थापना की इसका महत्त्व क्या इन अनुयायियों ने जान लिया है? इसीलिए मेरे मन मे यह सवाल आता है कि डॉ. आम्बेडकर को अभिप्रेत अर्थ से क्या दलित समाज सचमुच शिक्षित हुआ है? और क्या डॉ. आम्बेडकर दलितों की समझ में आये हैं?

मैं सन 1937 में एम.बी.बी.एस.हो गयी। उस जमाने में एक स्त्री का डॉक्टर होना मुश्किल बात थी। डॉक्टरी व्यवसाय एक पवित्र और मन से सेवा करने का व्यवसाय है। डॉक्टरी व्यवसाय न होकर एक सेवाव्रत है। मानवप्राणियों को रोगमुक्त करके जीवनदान देना डॉक्टरों का धर्म है। डॉक्टर्स जीवनदान देने के लिए होते हैं, किसी की जान लेने के लिए नहीं। लेकिन मैं डॉक्टर ही नही हूँ यहाँ तक आरोप लगाए गये? डॉ. आम्बेडकर के महापरिनिर्वाण के बारे में जानबूझकर सन्देह निर्माण करके मुझ पर अभियोग लगाये गये। ये जो निरर्थक अभियोग लगाये गये वे व्यक्तिगत रूप से सिर्फ मुझ पर न होते हुए अप्रत्यक्ष तौर से समस्त चिकित्सा क्षेत्र पर भी हैं। इसीलिए चिकित्सा क्षेत्र के नामी विशेषज्ञों ने तथा मेरे सहयोगी दोस्तों ने चिकित्सा क्षेत्र की प्रतिष्ठा का सवाल उठाते हुए अदालत में मानहानि का मुकद्मा करने के लिए मुझ से कहा लेकिन मैंने वैसा नहीं किया। इस तरह आगे चलकर अदालत में मुकदमा करने का मेरा कोई इरादा भी नहीं है। क्योंकि मुकदमा करके समाज में फूट डालना ऐसी मेरी इच्छा नहीं है। दूसरी बात यह कि डॉ. आम्बेडकर जैसे महान व्यक्ति का नाम दलित नेताओं द्वारा क्षुद्र बुद्धि से लगाये गये आरोप की खातिर अदालत में जाना यह पसन्द नही आया।

तीसरी बात यह कि महापुरुष की पत्नी होने के कारण मेरी एक प्रतिष्ठा है, आज तक 'आम्बेडकर' होने के नाते मैंने मेरी प्रतिष्ठा सँभाली है और सम्भालती रहूँगी। तब क्षुद्र बुद्धि के लोगों को कितना महत्त्व दें और उनके साथ कैसे मुकाबला करें? कहा जाता है ना कि मारनेवाले के हाथ पकड़ सकते हैं, लेकिन बोलने वालों का मुँह कौन बन्द करेगा? और क्या कहूँ?

डॉ. आम्बेडकर के साथ बिताया हुआ वह अविस्मरणीय समय मेरे जीवन का अत्यन्त गौरवास्पद सुनहरा समय है। डॉ. आम्बेडकर बीसवीं शताब्दि के एक महापुरूष थे। महापुरूषों का जीवन अथाह महासागर जैसा होता है। डॉ. आम्बेडकर नामक इस अथाह महासागर के जीवन में मेरा निश्चित स्थान क्या है? यह सवाल मेरे मन में जब उठता है, तब मुझे याद आती हैं महासागर की सतहपर पल भर निर्माण होनेवाले छोटे-से बुलबुलों की। डॉ. आम्बेडकर के समग्र जीवन चरित्र को देखते हुए मेरा स्थान उस महासागर में उठनेवाले बुलबुलों के समान ही है, ऐसा मुझे लगता है। लेकिन फिर भी मेरा जीवन उस अथाह महासागर से सम्बन्धित होने के कारण मेरे जीवन को निश्चित रूप से महत्त्व पूर्ण मूल्य विशेष का अर्थ प्राप्त हो चुका है, ऐसा मुझे लगता है। महासागर तो महासागर ही होता है। उसकी कोई सीमा नहीं, उसकी किसी के साथ भी तुलना नहीं हो सकती। इस अथाह महासागर के बुलबुलो के रूप में जितने अल्पसमय में क्यों न हो मुझे उनका साथ मिला यह मेरा भाग्य था। अथाह महासागर के सामने बुलबुले की क्या औकात?

मुंबई के विलेपार्ले उपनगर में डॉ. एस राव नाम के कर्नाटक के एक सज्जन रहते थे। उस समय विदेश से उच्च शिक्षा लेकर आये हुए ये विद्वान अर्थशास्त्री थे। यह राव परिवार शिक्षित और अत्यन्त सुसंस्कृत था। हमारे परिवार के साथ राव परिवार की अच्छी घनिष्ठता थी। इसी कारण एक दूसरे के पास आना-जाना था। राव परिवार के साथ हमारे अत्यन्त स्नेह तथा आत्मीयता के सम्बन्ध थे। राव की लडकियाँ पढ़ी-लिखी थीं। इसीलिए मेरी उनके साथ अच्छी मैत्री थी। स्वाभाविक सहेलियों की तरह मुलाकातें होती थीं, बीच-बीच में मेरा उनके घर जाना होता था।

संयोग की बात ऐसी कि डॉ. राव के साथ डॉ. आम्बेडकर की गहरी दोस्ती थी। इतना ही नहीं डॉ. आम्बेडकर का भी उनके यहाँ आना-जाना रहता था। डॉक्टर साहब को जब-जब आराम की जरूरत महसूस होती थी, तब फुरसत मिलते ही डॉ. राव के घर जाकर बैठते थे। सन 1942 से डॉ. आम्बेडकर वायसराय के कार्यकारी मंडल में श्रम मन्त्री थे। इसीलिए उनका निवास दिल्ली में था। डॉ. आम्बेडकर मुंबई के दौरे पर आते थे। तो समय निकालकर वे अपने इस प्रिय दोस्त से जरूर मिलते थे। डॉ. आम्बेडकर और राव इन दो दोस्तों की एक बार बैठकबाजी जम गयी तो उस बैठक को

बौद्धिक चर्चाओं का स्वरूप प्राप्त होता था। चायपानी नास्ता करते-करते इन दो विद्वानों में विभिन्न विषयों पर अत्यन्त गम्भीर तथा खुले दिल से चर्चा और कभी मौका पड़ने पर तो वाद-प्रतिवाद हो जाता था। विद्वानों की ऐसी बौद्धिक ज्ञान से ओतप्रोत भरी चर्चा सुनना सचमुच एक दुर्लभ ऐसा संयोग होता था। ऐसे कुछ अवसरों पर इन दोनों की बौद्धिक चर्चा सुनने का सौभाग्य मुझे मिला था। डॉ. आम्बेडकर का वहाँ आना-जाना था यह मुझे उनकी प्रत्यक्ष मुलाकात होने तक मालूम नहीं था। मैं मेरी सहेलियों से मिलने वहाँ जाता थी।

एक बार ऐसे ही मैं विलेपार्ले में राव के घर गयी थी। मैं वहाँ पर मौजूद थी तब डॉ. आम्बेडकर उनके यहाँ आ गये थे। यह घटना सन 1947 के आरम्भिक दौर की है। उस क्षण तक मुझे डॉक्टर साहब के बारे में असाधारण ऐसी जानकारी नहीं थी। उनका नाम मैंने सुना हुआ था। वे वायसराय के कार्यकारी मंडल में सदस्य हैं इतनी ही जानकारी मुझे थी। उनके बारे में अतिरिक्त जानकारी हासिल कर लेना मेरे लिए जरूरी भी नहीं था। मेरे सम्पूर्ण छात्र जीवन में मैंने अध्ययन के सिवा अन्य दुनिया के बारे में कभी रूचि नहीं जताई थी। बाद में नौकरी करते समय भी मैं और मेरी नौकरी ऐसी ही मेरी आदत थी।

डॉ. आम्बेडकर जिस समय राव के घर आये थे, तब मैं वहाँ पर मौजूद रहने की वजह से औपचारिकता के तौर पर राव ने डॉ. आम्बेडकर के साथ मेरा परिचय कराते देते समय कहा, 'यह हमारी लडकियों की सहेली है, बहुत होशियार है, एम.बी.बी.एस. के बावजूद डॉ. मालवणकर जैसे प्रसिद्ध डॉक्टर के पास जूनियर के रूप में कार्य करती है आदि... आदि।' हमारी यही पहली मुलाकात थी।

डॉ. आम्बेडकर जी का परिचय कराते समय राव ने मुझे डॉ. आम्बेडकर के बारे में असाधारण सी जानकारी दी। डॉ. आम्बेडकर द्वारा द्वारा नितान्त प्रतिकूल परिस्थिति में हासिल की हुई उपाधियाँ, उनके सामाजिक परिवर्तन का कार्य, उनके मौलिक ग्रन्थ, उनकी विद्वता, उनका पुस्तकालय आदि से सम्बन्धित जानकारी दी। यह सुनकर एक श्रेष्ठ पुरुष के साथ परिचय होने की खुशी मुझे मिली। तथा तेजस्वी व्यक्तित्व देखकर मैं हैरान हो गयी और पहली ही मुलाकात में मुझे एहसास हुआ कि, डॉ. आम्बेडकर कोई साधारण व्यक्ति न होकर एक असामान्य और महान व्यक्ति हैं।

डॉ. आम्बेडकर का व्यक्तित्व अत्यधिक प्रौढ़ था। उनका विशाल माथा, तेजस्वी व तीखी आँखें, तीक्ष्ण दृष्टि, अत्याधुनिक तथा ठाटबाँट का लिबास, चेहरे पर फबनेवाला विद्वत्ता का तेज देखकर पहली ही मुलाकात में उनके असामान्यत्व का परिचय हो जाता था। विदेशी लोग डॉ. आम्बेडकर को "जर्मन राजपुत्र" ऐसा क्यों कहते थे इसकी प्रतीति उनको देखनेवालों को पहिली मुलाकात में ही होती थी। उनके प्रौढ

व्यक्तित्व का प्रचंड विद्वत्ता के कारण अलग प्रभाव पड़ता था।

मेरा परिचय कराने के बाद आम्बेडकर ने अत्यधिक आत्मीयता से मेरी पूछताछ की। उसकी वजह यह कि स्त्रियों की उन्नति पर उन्हें नितान्त आस्था थी। उस समय स्त्री का डॉक्टर होना ही थोड़ी मुश्किल सी घटना थी। इसलिए उन्होंने मेरा अभिनन्दन किया। उसी तरह स्त्रियों को पुरूषों के साथ प्रत्येक क्षेत्र में समानता से, जोश से आगे आना चाहिए ऐसी धारणा उन्होंने व्यक्त की। उनमें जो चर्चा शुरू थी उसी चर्चा के सिलसिले में मुझे कई बातें डॉ. आम्बेडकर से सुनने को मिलीं। उसमें से बहुत सारी मेरे लिए नयी थीं।

इसी मुलाकात में बौद्ध धर्म पर हमारी चर्चा हुई। डॉ. आम्बेडकर का बौद्धधर्म के प्रति अथाह ज्ञान देखकर मैं अक्षरशः चकाचौंध हो गयी। डॉ. आम्बेडकर के प्रत्येक शब्द से प्रकांड ज्ञान और विशाल विद्वता प्रकट हो जाती थी। अपनी बात को समझाने के लिए उसके समनार्थ वे कई सबूत, दृष्टान्त व मिसाल देकर अपना तर्क सभी प्रकार से स्पष्ट करते हुए समझाकर देते थे। उनका तर्क इतना प्रामाणिक और बेजोड़ होता था कि तमाम कट्टर विरोधियों को भी हाँ में हाँ मिलाना पड़ता था। उनके प्रत्येक शब्द के पीछे प्रचंड पठन, मनन तथा दृढ़ता दिखाई देती थी।

इसी तरह डॉ. आम्बेडकर के साथ परिचय होने के बाद आगे जब कभी हमारी भेंट हुई तो वह राव के घर पर ही हो जाती थी। इसी तरह की हमारी दो-चार मुलाकातें विलेपार्ले में डॉ. राव के घर में हुईं। प्रत्येक मुलाकात में विभिन्न विषयों पर हमारी औपचारिक बहस होती थीं। इन बहसों के प्रवाह में कई नयी बाते मुझे डॉ. आम्बेडकर की ओर से सुनने को मिली थीं और मेरे ज्ञान में विपुल मात्रा में वृद्धि होती थी। ऐसे इस महापुरुष से भेंट हुई इसका मुझे हर्ष और अभिमान प्रतीत होता है।

15 अगस्त, 1947 को भारत स्वतन्त्र हुआ। पंडित जवाहर लाल नेहरू के नेतृत्व में भारत के पहले मन्त्रिमंडल के मन्त्रियों के नाम प्रसिद्ध हो गये। उनमें डॉ. आम्बेडकर का नाम था। वे स्वतन्त्र भारत के पहले विधिमन्त्री हो गये थे। 29 अगस्त, 1947 को संविधान समिति ने संविधान का मसौदा तैयार करने के लिए एक लेखन समिति की स्थापना करके उसका अध्यक्ष पद डॉ. बाबासाहब आम्बेडकर को दिया गया। संविधान समिति ध्वज समिति के भी वह सदस्य थे। डॉ. आम्बेडकर के कन्धों पर एक ही समय ऐसी कई जिम्मेदारियाँ आ गयी थीं।

डॉ. आम्बेडकर का स्वास्थ ठीक नहीं रहता था। डॉ. राव के पास आने पर वह अपने स्वास्थ्य के बारे में हमेशा शिकायत करते थे। एक दो बार मेरे समक्ष भी डॉक्टर साहब के स्वास्थ्य के बारे में चर्चा हो गयी थी। मैं स्वयं डॉक्टर होने के कारण स्वाभाविक ही उनके स्वास्थ्य के बारे में मैंने अत्याधिक पूछताछ करने पर उन्होंने मुझे भी अपने

स्वास्थ्य के बारे में बताया। ठीक तरह से उनकी जाँच करके उन पर उचित औषधोपचार करना जरूरी था।

एक दिन हमेशा की तरह मैं डॉ. मालवणकर के ह्युजेस रोड के कन्सल्टिंग रूम में अपने काम में व्यस्त थी। अकस्मात अत्यधिक तेजस्वी व्यक्तित्व को और पश्चिमी वेश में एक व्यक्ति हमारे रूम में आये। वह व्यक्ति डॉ. आम्बेडकर थे। उनको देखकर मुझे आश्चर्य हुआ और मैं हृदय से खुश हुई थी। मैंने डॉक्टर साहब का स्वागत करते हुए आसनस्थ होने के लिए कहा। हमारे सहायक डॉक्टरों के साथ, उसी तरह डॉ. मालवणकर के साथ भी मैंने उनका परिचय कराया। इतनी महान व्यक्ति के कन्सल्टिंग रूम में आने के कारण सबको बहुत खुशी हुई थी। औपचारिक जान-पहचान होने पर इधर-उधर की बातों के प्रवाह में डॉ. आम्बेडकर ने बताया की, पार्ले के डॉ. राव ने ही उनको डॉ. मालवणकर के पास इलाज करने के लिए सलाह दी थी और इस सिफारिश की वजह यह थी कि श्रीमती राव को मालवणकर ने अच्छा किया था।

डॉ. आम्बेडकर जिस समय हमारे कन्सल्टिंग रूम में आये थे उस समय उनका स्वास्थ्य ठीक नहीं था। डॉ. मालवणकर को उन्होंने अपने सेहत से सम्बन्धित सम्पूर्ण इतिहास को बताया। डॉ. मालवणकर ने उनसे कुछ प्रश्न और स्वास्थ्य विषयक समस्याओं के बारे में पूछताछ करके सारी जानकारी हासिल की। उसके बाद डॉ. आम्बेडकर को चिकित्सा रूम में लेकर हमने उनकी गम्भीर और अच्छी तरह से जाँच पड़ताल की। जाँच पड़ताल करने पर दिखाई दिया डॉक्टर साहब को कई असाध्य बीमारियों ने खोखला बनाया है। उनके स्वास्थ्य के बारे में सोचते हुए उन पर तुरन्त इलाज शुरू करना अत्याधिक जरूरी था।

डॉ. आम्बेडकर की जाँच करने के बाद उनकी हालत देखते हुए उनको प्रतिदिन इन्शुलिन देने के साथ नियमित रूप से वर्जिश तथा भोजन में परहेज, विशिष्ट पद्धति से भोजन देना अत्याधिक जरूरी था। इसलिए हमने उनको सभी प्रकार की जानकारी व सूचनाएँ लिखकर दीं। औषधियों की जानकारी (Prescription) और भोजन सम्बन्धी सूचनाएँ व परहेज लिखकर वह कागज डॉ. आम्बेडकर को देकर मैंने कहा, 'डॉक्टर साहब इस में जैसा लिखा हुआ है, उसके अनुसार आपको अपने भोजन पर नियन्त्रण रखना होगा।'' डॉ. आम्बेडकर ने बीच में ही कहा, 'लेकिन यह सब मुझे कैसे सम्भव है?' मैंने उनको कहा, 'तुम्हारे घरवालों को यह सम्भव नहीं है तो कोई नर्स रख लीजिए।' डॉ. आम्बेडकर के साथ मेरा पहले से ही अच्छा परिचय हुआ था इसलिए आत्मीयता से मैंने यूँही कहा 'आवश्यकता हो तो मैं तुम्हारे यहाँ थोड़े दिन आकर रहूँगी और आपकी पत्नी को सबकुछ सिखा दूँगी।' यह सुनकर वे कुछ उदास हो गये। उसके बाद केवल

हँसे लेकिन उस हँसने में कुछ व्यथा महसूस हुई। मेरी समझ में नही आया कि वे ऐसा क्यों कर रहे हैं। मैंने उनकी भावनाओं को तो चोट नहीं पहुँचाई? लेकिन भावनाओं को चोट पहुँचने जैसा मैंने कुछ कहा भी नहीं था। इसलिए मैं स्वयं विचारों में डूब गयी, ऐसा क्यों हुआ? उस समय डॉ. आम्बेडकर, नेहरू के संयुक्त मन्त्रिमंडल में विधिमन्त्री थे। इसलिए वे दिल्ली में ही रहते थे।

उसके बाद डॉ. आम्बेडकर जब भी मुंबई आते थे तब आस्थापूर्वक हमार कन्सल्टिंग रूम पर आते थे। स्वास्थ सम्बन्धी शिकायत करते थे। डॉ. मालवणकर की औषधियों से आराम मिलने लगा था। डॉ. मालवणकर उनके चिकित्सा सलाहकार ही नहीं थे ये अन्तरंग मित्र बन गये थे। दिल्ली से वे कई बार मालवणकर को दूरभाष से स्वास्थ सम्बन्धी जानकारी देते, उसी तरह औषधोपचार के बारे में मशवरा लेते थे। डॉ. मालवणकर के साथ पत्रों तथा दूरभाष के द्वारा वह हमेशा सम्पर्क रखते थे। मालवणकर भी अपने इस प्रतिष्ठित पेशंट के साथ नितान्त आत्मीयता से पेश आते। अन्य सभी काम अलग रखकर डॉ. आम्बेडकर को प्रधानता देते। आवश्यकता पड़ने पर डॉ. आम्बेडकर दूरभाष करके मालवणकर को दिल्ली बुला लेते। डॉ. आम्बेडकर के बुलाने पर मालवणकर तनिक भी संकोच न करते हुए शीघ्रता से दिल्ली के लिए रवाना होते। डॉ. आम्बेडकर के पत्राचार में इन बातों के सबूत प्राप्त होंगे। जिज्ञासु वृत्ति के व्यक्तियो को अवश्य देखना चाहिए। डॉ. आम्बेडकर जैसे महान व्यक्ति पर, भारतीय संविधान के शिल्पकार पर, भारत के कानून मन्त्री का इलाज करने में स्वाभाविक रूप से हम सब डॉक्टरों को अपार अभिमान प्रतीत होता था, इसे अलग से कहने की जरुरत नहीं है।

मुंबई आने पर डॉ. आम्बेडकर कन्सल्टिंग रूम पर, उसी तरह पार्ले के डॉ. राव के यहाँ आते ही थे। ऐसे ही एक बार मिलने पर मैं उन्हें भोजन सम्बन्धी तथा परहेज के बारे में बता रही थी तब उन्होंने कुछ निरूपाय होकर मुझसे कहा, 'डॉक्टर यह सब सही है, लेकिन मेरे परिवार में कोई भी स्त्री नहीं है। मैं बिलकुल अकेला हूँ। तब यह सब परहेज के बारे में किसे कहूँ?' यह सुन कर मैं अन्तर्मुख हो गयी। उनके प्रति मेरे मन में अत्यधिक सहानुभूति निर्माण हो गयी उसी क्षण मेरे भीतर का 'डॉक्टर' जागृत हो गया और मैंने सोच लिया कि, यह एक ऐसे जरूरतमन्द व्यक्ति हैं कि जिसे चिकित्सा की अत्यधिक आवश्यकता है। चिकित्सा से सलाह, मार्गदर्शन, परहेज तथा नियमित रूप से इलाज तुरन्त किया जाय तो इस व्यक्ति की उम्र निश्चित रूप से बढ़ सकती है। मनुष्यता के नाते तथा डॉक्टर के नीतिधर्म की सच्चाई को ध्यान में रखकर मैंने मन ही मन निश्चिय किया कि इस व्यक्ति के लिए मुझे कुछ तो करना चाहिए। क्षणभर रूककर पक्के इरादे से तथा उत्साह में आकर मैंने उनको कहा, 'डॉक्टर साहेब, आपकी परिवारिक स्थिति सुनकर मुझे बहुत दुख हुआ। आपका स्वास्थ्य भी कमजोर

है। उस पर इलाज करने की आवश्यकता है। इलाज के साथ ही भोजन में परहेज भी आवश्यक है। आवश्यकता हो तो मैं दो-तीन महीने आपके बंगले पर आपकी देखभाल करूँगी अर्थात् इलाज तथा परहेज के अनुशासन की आपको आदत हो जाएगी और आगे इलाज में अड़चन पैदा नहीं होगी।'

तब उन्होंने यह कहा, "वह कैसे सम्भव है?" मैंने कहा "आप मन्त्री हैं आपका बड़ा बंगला होगा, कई सेक्रेटरी नौकर-चाकर होंगे, बंगले में कई कमरे होंगे। किसी स्वतन्त्र कमरे में मैं रहूँगी।" उसपर वे बोले, "मेरे बंगले में आपका रहना कैसे सम्भव है?" मैंने जवाब दिया, 'ठीक है। आपके बंगले में न रहते हुए आपके गेस्ट हाऊस में रहूँगी।' उसपर उन्होंने तुरन्त जबाब दिया 'यह देखिए डॉक्टर आपके समझ में नहीं आ रहा है। मैं बिलकुल अकेला हूँ। you see doctor, I am absolutely alone.' उन्होंने आगे कहा, "मैं तो ऐसा बिलकुल ही अकेला और तनहा प्राणी, एक जवान और सुन्दर स्त्री डॉक्टर मेरी देखभाल कर रही है यह देखकर लोग क्या कहेंगे? आपकी आस्था मैं समझ सकता हूँ लेकिन यह बिलकुल असम्भव है।"

पिछली एक भेंट में उनको मैंने भोजन, परहेज तथा औषधोपचार नियमित रूप से लेने के बारे में कहा था तब सन्जीदा होकर वे खेदजनक क्यों हँसे थे इसका खुलासा इस भेंट में हुआ और वे कितने तनहा थे इसका एहसास मुझे हुआ। लेकिन अपने व्यक्तिगत अकेलेपन को लेकर अथवा बीमारियों को लेकर उन्होंने दलितों के अधिकारों के लिए संघर्ष करते समय, देश का संविधान लिखते समय, कभी भी सोचा नहीं था। दलितों के प्रति तड़प और उनकी प्रखर देशनिष्ठा व सामाजिक उत्थान के प्रति उनकी प्रतिबद्धता विवाद के परे थी।

डॉ. आम्बेडकर के एकाकीपन के बारे में मैं आज भी सोचती हूँ तब मुझे एहसास होता है कि, सचमुच ही उन्होंने कितना कष्ट और एकाकीपन भोगा है। अपना एकाकीपन अथवा होनेवाली पीड़ा को अपने आन्दोलन और ध्येय के बीच में उन्होंने कभी आने नहीं दिया। सन् 1935 में रमाबाई की मृत्यु हो गयी उस समय पुत्र यशवंत और भतीजा मुकुंद बहुत छोटे थे। थोड़े ही दिनों में डॉ. आम्बेडकर की भाभी का भी (मुकुंद की माँ) देहान्त हो गया। इसलिए बच्चों की देखभाल की सम्पूर्ण जिम्मेदारी उन पर ही आयी थी। घर में कोई भी स्त्री बची नहीं थी। नजदिक का ऐसा कोई भी रिश्तेदार नहीं था। आगे सन् 1942 में डॉ. आम्बेडकर की गव्हर्नर के कार्यकारी मंडल में नियुक्ति हुई इसलिए उनको दिल्ली जाना पड़ा। राजगृह में यशवंत और मुकुंद रहते थे। मन्त्री होने के कारण डॉ. आम्बेडकर को भव्य बंगला मिला था। इतने भव्य बंगले में वह अकेले और एकाकी रहते थे। इसका उल्लेख उन्होंने बॅरिस्टर समर्थ को लिखे एक पत्र में भी किया है।

उनके जो सहकारी थे, वे बिखरे हुए थे तथा मुख्यतः मुंबई में रहते थे और वे उनके घनिष्ठ सहकारी तथा मित्र होने पर भी उनमें से हर एक का अपना संसार और व्यवसाय, नौकरी थी। सभाओं, परिषदों, आन्दोलनों, बैठकों, सलाह मशवरों आदि प्रसंगों के अनुसार सहकारियों का और मित्रों का सम्बन्ध आता था। शेष समय तो उन्हें अकेले ही बिताना पडता था। हर समय उनकी व्यक्तिगत सेवा और आत्मीयता से देखभाल करने के लिए कौन था? इसलिए उन्हें रात-रात भर वेदना सहते हुए बेचैन होकर रहना पड़ता था।

डॉक्टर साहब के पुकारने पर लाखों अनुयायी अपनी जान देने के लिए तैयार थे। लेकिन व्यक्तिगत और पारिवारिक जीवन में वे अत्यधिक एकाकी थे। प्रकांड विद्वता और ऐतिहासिक कार्य द्वारा वे ऐसे उच्चतम् शिखर पर पहुँचे थे, इसलिए उनके सहकारी अनुयायिओं में और उनमें बौद्धिक धरातल पर अदृश्य ऐसी प्रचंड खाई थी। स्वाभाविक ही उनके व्यक्तिगत अथवा पारिवारिक जीवन मे दखल देना अथवा सहभागी होना किसी को भी सम्भव नहीं था। इन सभी बातों को देखने पर मेरे उनके जीवन में प्रवेश करने तक उन्होंने कितना एकाकीपन और कष्ट भोगा होगा इसका मुझे आज भी एहसास है।

डॉ. आम्बेडकर अर्थात् एक महापुरूष। हमारा परिचय हुआ। मिलना-जुलना होने लगा इसका मुझे आनन्द और अभिमान होता था। प्रत्यक्ष भेंट में उनकी सुसंस्कृता, उनकी विद्वता, उनकी नम्रता इन सबका मेरे युवा मन पर बहुत बड़ा प्रभाव पड़ा उनके प्रति मेरे मन में नितान्त आदर का निर्माण हुआ और उनके प्रति बहुत अधिक आदरभाव के कारण और शारीरिक व पारिवारिक स्थिति के कारण उनके प्रति आत्मीयता की भावना पैदा हुई । डॉ. आम्बेडकर के साथ मेरा भविष्य में विवाह होगा ऐसा अगर मुझसे कोई कहता तो मैं उसे सचमुच पागल कहती। उनके साथ मेरा रिश्ता एक डॉक्टर और पेशंट का था। उनके साथ मेरा विवाह होगा यह मैंने कभी सपने में भी सोचा नहीं था। प्रचंड आदर, सहानुभूति और देश के कल्याण के लिए उन्हें अधिक दिनों तक जीना चाहिए और इस हेतु उन का नियमित रूप से इलाज होना चाहिए यही मेरी प्राथमिक इच्छा थी। इसके अलावा मेरे मन में कुछ भी नहीं था और इसी भावना से और आस्था से उनके साथ मेरा व्यवहार था।

एक बार ऐसे ही सन् 1947 के दिसंबर महीने में मुंबई आने पर वे हमारे कन्सल्टिंग रूम पर आये। मालवणकर ने उनके स्वास्थ की जाँच तथा इलाज की सूचनाएँ दीं। लौटते समय डॉ. आम्बेडकर ने मुझसे कहा मैं आपको दादर घर छोड़ता चलता हूँ, मुझे भी राजगृह जाना है। इसमें कुछ भी नया नहीं था, इसके पहले कई बार हम ने एक साथ बैठकर बातें की थीं। इतना ही नहीं, कुछ समय हम लोग घूमने के

लिए भी जाते थे। अर्थात् हमारे घरवालों को यह सब कुछ मालूम था। लेकिन हमारा घूमना, बातें करना सिर्फ एक डॉक्टर और पेशंट जैसा था।

हमारी भेंट में अर्थात कई विषयों पर हमारी चर्चाएँ होती थीं। हम घूमने के लिए निकलते तो चाय-नाश्ता अपने आप होता ही था। डॉक्टर साहब को पहचाननेवाले लोग मेरी तरफ आश्चर्य से देखते थे। डॉ. आम्बेडकर के साथ घूमनेवाली यह जवान स्त्री कौन? ऐसा सवाल उनके मन में सम्भ्रम उत्पन्न करता होगा। परिचित लोगों को वह मेरे बारे में क्या कहते होंगे यह मुझे मालूम नहीं। लेकिन मेरे मन में सिर्फ आदर की ही भावना थी।

डॉ. आम्बेडकर का परिचय होने पर उनके बारे में मुझे बहुत सारी जानकारी प्राप्त हो गयी। उनके सहवास में रहने पर उनकी विद्वता, उनका ऐतिहासिक कार्य इसका मुझे नजदीक से ज्ञान हुआ और मैं अक्षरशः चकाचौंध रह गयी। इसीलिए उनके प्रति मेरे मन में चरम कोटि का आदर था। लेकिन उस दिन उन्होंने मुझे कहा, 'यह देखिए डॉक्टर, मेरे लोग और सहकारी मुझसे आग्रह कर रहे हैं कि पत्नी को घर ले आओ। लेकिन मेरी पसन्द की उचित और अनुरूप स्त्री मिलना बहुत दुस्साध्य है और मुझे जीने के लिए मेरे लोगों के आग्रह पर मेरा गम्भीरता से सोचना स्वाभाविक है।'

मैं क्षणभर खामोश हुई और कहा, 'चिन्ता करने के लिए कोई तो होना चाहिए।' डॉक्टर साहब ने आगे कहा, 'ऐसी सुयोग्य स्त्री की तलाश करना मैं तुमसे शुरू करता हूँ।' यह सुनकर मुझे बहुत झिझक हुई और क्या जबाब देना चाहिए यह समझ में न आने पर मैं खामोश रही।

डॉ. आम्बेडकर अपने कार्यक्रम के तहत दिल्ली चले गये। मैं मेरे प्रेक्टिस में तल्लीन हो गयी। उनकी बात मैं भूल भी गयी लेकिन उनके मन में मेरे प्रति अलग ही भावनाएँ थीं यह मुझे 25 जनवरी को समझ में आया। उस दिन एक बहुत बड़ा लिफाफा मुझे मिला। उस लिफाफे पर का मुहर देखने पर पता चला कि वह दिल्ली से आया है। मैंने अनुमान लगाया कि पत्र सम्भवत डॉ. आम्बेडकर का ही होगा। लिफाफा खोलकर देखने के बाद मेरा अनुमान सही निकला। वह पत्र डॉ. आम्बेडकर का था। अर्थात इसका मुझे आश्चर्य होने का कुछ भी कारण नहीं था। मुझे ऐसा लगा उनकी ट्रीटमेंट शुरू है, इसलिए स्वास्थ सम्बन्धी और औषधोपचार सम्बन्धी कुछ सलाह माँगी होगी। लेकिन यह क्या? महाशय ने अति माधुर्यपूर्ण शुरूवात कर के लिखा था कि, "मेरी सहचारिणी तलाशने की शुरूवात मैं आप से शुरू करता हूँ, अर्थात अगर आप तैयार हों तो ही! फिर भी आप इसके बारे में सोचकर मुझे बताएँ।" आगे और लिखा कि, "आपके और मेरी उम्र में फासला और मेरा स्वास्थ्य भी ऐसा इस कारण आपने मुझे इन्कार किया तो भी मुझे बिलकुल दुख नहीं होगा।" पत्र पढ़ने पर मैं गम्भीर हो गयी।

मुझे कुछ भी समझ में नहीं आ रहा था, क्या करना चाहिए? क्योंकि मैंने कभी सपने में भी नहीं सोचा था कि डॉ. आम्बेडकर के मन में मेरे प्रति इस तरह की भावनाएँ होंगी। उनके श्रेष्ठत्व से मैं चकाचौंध हो भी गयी तो उनके प्रति मेरे मन मे परमकोटि का आदर रहा और अत्याधिक आदर के कारण चिकित्सा करने की प्रामाणिक आस्था रही तो भी उनकी जीवन-संगिनी बनने की भावना मेरे मन में निश्चित नहीं थी।

डॉ. आम्बेडकर के पत्र पर और उनके रखे विवाह के प्रस्ताव पर मैं पूरे दिन सोचती रही थी। मेरे मन में प्रचंड कोलाहल मचा हुआ था। रात भर मैं इस करवट से उस करवट बदलते हुए सोचती थी क्या निर्णय लेना चाहिए? इतने बड़े महापुरुष को इन्कार कैसा करें? हाँ भी कैसे कहें! किसे पूछना चाहिए, किस की सलाह लेनी चाहिए? ऐसे एक न अनेक प्रश्न मेरे मन में उठते थे। रात भर सोचने पर अन्त में मैंने निर्णय लिया कि डॉ. मालवणकर हम सबमें जेष्ठ और अनुभवी होने से उनकी ही सलाह लेनी चाहिए। दूसरे दिन हमेशा की तरह मैं मालवणकर के यहाँ काम के लिए गयी लेकिन काम में मेरा मन नहीं लग रहा था और डॉ. मालवणकर को प्रत्यक्ष पूछने की हिम्मत नहीं हो रही थी। आखिर हिम्मत बाँधते हुए और मन को दृढ़ करके मैंने डॉ. मालवणकर को पत्र दिया। उन्होंने पत्र पढ़ लिया। क्षणभर सोचकर उन्होंने कहा 'डॉ. आम्बेडकर ने प्रस्ताव रखा है। उन्होंने कोई जबरदस्ती की नहीं। तब सभी बातों पर शान्ति से सोचकर और सही क्या है, इसका तुम स्वयं निर्णय ले लो।''

मैं अत्यधिक द्वन्द्व की अवस्था में ही घर आयी। मैं निर्णय लेने में असमर्थ थी। घर आने पर मैंने ज्येष्ठ भाई को विश्वास में लेकर क्या निर्णय लेना चाहिए ऐसा पूछा तब उन्होंने कहा, 'अर्थात् तुम भारत के कानून मन्त्री की पत्नी बनोगी। बिलकुल इनकार नहीं करना। आगे बढ़ो। (Go ahead)'

मेरा एक भाई तो मेरा मजाक उड़ाने लगा। बोला, 'यह, देख डॉ. आम्बेडकर के अनुयायी अपने जान से ज्यादा डॉ. आम्बेडकर को चाहते हैं। उनको अगर मालूम हुआ कि हमारे बाबासाहब के विवाह प्रस्ताव को यदि यह डॉक्टर इनकार कर रही है, तो तेरी कुछ खैरियत नहीं, तुमने इनकार किया इसलिए वे तुम्हें जान से मारेंगे। तब तुरन्त हाँ कर दे नहीं तो तुम्हारी कोई खैरियत नहीं।'

मैं उम्र से छोटी और अनुभवहीन थी। डॉ. आम्बेडकर की तुलना में मैं तो नगण्य ही थी। उनका व्यक्तित्व, कार्य, त्याग, विद्वता यह सब कुछ हिमालय से भी प्रचंड था। उस उत्तुंग व्यक्तित्व के सामने मैं अत्याधिक नन्ही थी। डॉ. आम्बेडकर जैसे महापुरुष को इनकार कैसे करूँ। यही सवाल मन में आता था। मेरी भावनाओं ने भी हाँ कहने का आग्रह किया। मैंने भी पूरा दिन और रात भर सोच कर असमंजस अवस्था में क्यों न हो लेकिन निश्चय किया कि बस हाँ कहना है। मन का निश्चय हो जाने पर

मैंने डॉ. आम्बेडकर जी को पत्र लिखा और उस पत्र में मैंने मेरी स्वीकृति की सूचना दी। स्वीकृति की खबर देने के बाद एक बार मैं और मेरा भाई बालु कुछ कार्य के लिए बाहर गये थे। लोकल से सफर करते समय मेरा ध्यान गया तो रेल के अधिकांश डिब्बों पर बड़े अक्षरों में 'जयभीम' ऐसा लिखा हुआ था। विशेषतः बाहरगाँव जानेवाले डिब्बे 'जयभीम' इस शब्द से रँगाए गये थे। उसी तरह लोगों का झुंड जयभीम के नारे लगा रहा था। तब मैंने मेरे भाई से पूछा' 'बालू यह क्या है? यह जयभीम कौन? और यह नारे लगानेवाले लोग कौन हैं?' तब भाई ने हँसते ही कहा 'The same person is Bhim!' और यह नारे लगानेवाले लोग उनके ही निष्ठावान अनुयायी हैं। उन लोगों की निष्ठा मुझे तब समझ में आयी। उसी तरह डॉक्टर साहब के गरीब और दलित अनुयायी कितने थे यह भी मालूम हुआ। इस देश के करोड़ों दीन दलितों के वे अकेले नेता और मार्गदर्शक थे। अर्थात् एक प्रकार से दीन दलितों के वे अनभिषिक्त राजा ही थे। हालाँकि राजा सम्बोधन उनकों कभी भी पसन्द नहीं था। लेकिन दीन दलितों के वे राजा थे। यह जीवन का वास्तविक सत्य उपेक्षित करके चलनेवाला नहीं था।

इन करोड़ो दीन दलितों के राजा की जिम्मेदारी मैंने स्वीकार की थी। स्वीकृति देने पर अन्तर्मुखी होकर मैं सोचने लगी और मुझे एहसास हुआ कि एक बहुत बड़ी लेकिन बहुत कठिन जिम्मेदारी मैंने स्वयं अपने कन्धों पर ली है। साथ में मुझे फिक्र होने लगी कि कैसा होगा? अपनी तरफ से इतनी बड़ी कठिन और अत्याधिक जोखिम की जिम्मेदारी निभा पाऊँगी या नहीं? इतने बड़े व्यक्ति की कसौटी पर में खरी उतरुँगी या नहीं? अपने निर्णय के क्या परिणाम होंगे। समाज से क्या प्रतिक्रिया आएगी? ऐसे अनेक प्रश्न मेरे मन में कहर बरपाने करने लगे। लेकिन अन्त में मैंने मन को शान्त करके दृढ़ निश्चय किया कि मैंने अब स्वीकृति दी ही है, तब अब बिल्कुल पीछे नहीं हटना। मैंने जो जिम्मेदारी स्वीकार की है, उसके लिए जी तोड़कर, कष्ट उठाकर उसे समर्थता से निभाना है। डॉक्टर साहब के जीवन के साथ एकरूप होकर स्वयं को समर्पित करने का मैंने मन-ही-मन में दृढ़ संकल्प किया।

अनुवाद - डॉ. जयश्री शिंदे, सोलापुर

□□□

बुद्ध ने लगभग ढाई हजार वर्ष पहले पंचवर्गीय भिक्खुओं को दीक्षा देकर पहला धम्मचक्रप्रवर्तन किया। उससे पहले इन पाँच परिव्राजकों को अपने धम्म का सार बताते हुए बुद्ध ने कहा कि 'मैं व्यक्ति का ध्यान मानव जाति के दुःख की ओर आकर्षित कर रहा हूँ इसलिए मेरे धर्म को निराशावादी समझे जाने की सम्भावना है। लेकिन यह रवैया गलत है। मेरा धम्म निःसन्देह दुःख के अस्तित्व को स्वीकार करता है, लेकिन उसे दूर करने पर भी उतना ही जोर देता है। मेरे धम्म में दो बातें प्रमुख हैं। इसमें मानव जीवन का उद्देश्य निहित है और इसमें आशा का सन्देश भी है। इस धम्म का उद्देश्य है।अविद्या का नाश अर्थात् दुःख के अस्तित्व को लेकर होनेवाले अज्ञान का नाश! यह धम्म आशा का सन्देश भी है। क्योंकि यह धम्म दुःख के विनाश की राह भी प्रकाशमान करता है।'

उसके पश्चात् 14 अक्तूबर, 1956 को डॉ. आम्बेडकर ने नागपुर में दीक्षाभूमि पर पाँच लाख शिष्यों को दीक्षा देकर दूसरा धम्मचक्रप्रवर्तन किया। इस धम्मचक्रप्रवर्तन के पहले मई 1924 में बार्शी जिला सोलापुर में प्रांतिक बहिष्कृत हितकारिणी सभा द्वारा आयोजित परिषद में उन्होंने कहा था, 'धर्मान्तर, याने अस्पृश्यता के विरूद्ध विद्रोह

... 2 ...

डॉ. बाबासाहब आम्बेडकर और गौतम बुद्ध

ताराचंद खांडेकर

करने की एक राह है।' दि. 30-31 मई और 1 जून, 1936 को मुंबई में आयोजित अखिल मुंबई इलाखा महार परिषद में धर्मान्तर को लेकर उन्होंने मूलभूत विवेचन किया है। उसके पहले दि. 13 अक्तूबर 1935 को येवला जि. नाशिक में उन्होंने ऐसी घोषणा की थी, "यद्यपि मेरा हिन्दू के रूप में जन्म हुआ है लेकिन हिन्दू के रूप नही मरुँगा।" 1936 में मुंबई की उपरोक्त परिषद में उन्होंने 'मुक्ति कौन पथे?' इस विषय पर दिया भाषण गहरी, व्यापक दूरदृष्टि रखनेवाला और भविष्य की यात्रा का दिग्दर्शन करने वाला धम्म चक्र परिवर्तन की पूर्वपीठिका है। उस भाषण में बाबासाहब ने कहा था, "मैं तो धर्मान्तर करने का फैसला कर चुका हूँ। और मेरा धर्मान्तर किसी भी प्रकार के ऐहिक लाभ हेतु नहीं है। ऐसी कोई बात नहीं जिसे मैं अस्पृश्य रहकर प्राप्त नहीं कर सकूँगा। मेरे धर्मान्तर के पीछे अध्यात्मिक भावना के सिवा और कोई भावना नहीं। हिन्दू धर्म मेरे स्वाभिमान के खिलाफ है। आपको अलबत्ता अध्यात्मिक तथा ऐहिक लाभ के लिए धर्मान्तर करना आवश्यक है।" जिनकी किसी विशिष्ट धर्म में रहने से बर्बादी हुई, जो अन्न-वस्त्र को मोहताज हो गये हैं, जिनकी मनुष्यता का ह्रास हो चुका है वे लोग

धर्म का ऐहिक दृष्टि से विचार न करें तो क्या आँख मूँदकर आकाश निहारते रहें? इन अमीर और खाली लोगों के वेदान्त की गरीबों को क्या उपयोगिता है?'

डॉ. बाबासाहब आम्बेडकर ने 'मुक्ति कौन पथे?' भाषण में व्यक्त किये विचार समाजशास्त्रीय दृष्टि से जितने व्यापक और महत्त्वपूर्ण हैं, उससे कई गुना आर्थिक और राजनीतिक दृष्टि से मूलगामी और युगप्रवर्तक हैं। इसी भाषण में डॉ. बाबासाहब ने जो धर्म समीक्षा की है वह सामाजिक, आर्थिक राजनीतिक और सांस्कृतिक दृष्टि से महत्त्वपूर्ण है। इसकी आलोचना करते समय बाबासाहब कहते हैं, "मैं तो आपको स्पष्ट रूप में यह बताना चाहूँगा कि मनुष्य धर्म के लिए नहीं, धर्म मनुष्य के लिए है। मनुष्यता प्राप्त करनी है, तो धर्मपरिवर्तन करो। संगठन करना है तो धर्मपरिवर्तन करो। सामर्थ्य, समता और स्वान्तत्र्य प्राप्त करना हो तो धर्मपरिवर्तन करो। सुख से जीना चाहते हो तो परिवर्तन करो। जिस धर्म में आपकी मनुष्यता की कोई कीमत नहीं, उसमें आप क्यों रहते हैं? जो धर्म आपको पानी तक मुहैया नहीं कराता उसमें क्यों रहते हो? जिस धर्म में मनुष्य के साथ मनुष्यता का व्यवहार करने पर पाबन्दी है वह धर्म न होकर गुस्ताखी है। जिस धर्म में मनुष्य के साथ मनुष्यता का आचरण अधर्म माना जाता है, वह धर्म न होकर रोग है। जिस धर्म में पशु का स्पर्श स्वीकार्य है, लेकिन मनुष्य को अछूत माना जाता है, वह धर्म नहीं, पागलपन है। जो धर्म एक वर्ग को विद्यार्जन का अधिकार नहीं देता, धन संग्रह तथा शस्त्र ग्रहण करने को मनाई करता है वह धर्म न होकर मनुष्य के जीवन की बिडम्बना है। जो धर्म अशिक्षितों को अशिक्षित रहने की और निर्धनों को निर्धन रहने की सीख देता है वह धर्म नहीं तो सजा है।"

भगवान बुद्ध और बाबासाहब आम्बेडकर ने जो धम्म चक्र प्रवर्तन किया उसमें एक उल्लेखनीय सामान्य सूत्र इस प्रकार है कि बुद्ध की तरह ही बाबासाहब ने दुःख का अस्तित्व स्वीकार कर उसके विनाश के लिए सद्धम्म की आवश्यकता का प्रतिपादन किया था। इन दोनों धम्म युग पुरूषों ने स्वयं के लाभ हेतु धम्म चक्र प्रवर्तन न कर उन्हें प्राप्त हुई 'सम्बोधि' का उपयोग दलित, पीड़ित, अज्ञानी ऐसी बहुसंख्य जनता के समग्र लोकमंगल के लिए किया। बुद्ध की तरह ही बाबासाहब ने भी यह सलाह दी कि अपनी बुद्धि और स्वातन्त्र्य का पूरी तरह विचार कर बौद्ध धर्म का स्वीकार करें।

बाबासाहब आम्बेडकर ने धम्म चक्र प्रवर्तन करने के लिए लगभग पच्चीस साल इन्तजार किया। 14 अक्तूबर, 1956 को प्रत्यक्ष धम्म चक्र प्रवर्तन किया। अस्पृश्य समाज की मानसिक, वैचारिक और बौद्धिक गठन करने हेतु बाबासाहब आम्बेडकर ने जो सामाजिक, आर्थिक, राजनीतिक, सांस्कृतिक आन्दोलन किये उससे प्रगल्भ एहसास की पार्श्वभूमि और ठोस बन गयी। प्रतिक्रान्तिवादी सनातनी हिन्दुओं की तरह गाँधीवादी, साम्यवादी और कुछ मात्रा में समाजवादी तथा काँग्रेसी हरिजनों ने इस

ऐतिहासिक घटना का घिनौना अन्वयार्थ लगाया। फासिस्ट हिन्दुत्ववादी अर्थात् ब्राह्मण धर्म के पुरस्कर्ता इस धम्म चक्र प्रवर्तन का विरोध करने लगे। गाँधीवादी राजनीतिज्ञ चार्तुवर्ण्य का स्वीकार करनेवाली क्रान्ति से अलग नहीं हो सके थे। 'धर्म अफिम का नशा है' ऐसा माननेवाले मार्क्सवादी, साम्यवादी और समाजवादी तक इस धम्म चक्र प्रवर्तन के पीछे होनेवाला 'बुद्धधम्मप्रणित साम्यवाद' (बुद्धिस्ट कम्युनिजम) समझ नहीं पाये और आज तक प्रतिक्रान्तिवादी हिन्दुत्ववादी अर्थात् ब्राह्मणशाही के पहरेदार इस धम्म चक्र प्रवर्तन का विरोध कर रहे हैं। इन प्रच्छन्न हिन्दुत्ववादियों ने कई देवी-देवता, कुलदेवता और कुकुरमुत्ते की तरह उगनेवाले सन्तों, महात्माओं और अन्य तथाकथित जाग्रत सत्यपुरूषों के अन्धे भक्तिरस में भारत के लाखों अज्ञानी, अन्धश्रद्धा और धर्मभीरू गरीब और अछूत, आदिवासी और बहुजन समाज को कैद बनाकर रखा है।

हमारे कई विद्वान पंडित अभी भी इस धम्म चक्र प्रवर्तन के सन्दर्भ समझ नहीं पा रहे हैं। उससे अछूत समाज की जिन जातियों को बाबासाहब आम्बेडकर के क्रान्तिगर्भ युगनिर्माण की पहचान नहीं हुई, वे जातियाँ अभी तक सामाजिक, आर्थिक, सांस्कृतिक और राजनीतिक गुलामी के चक्रव्यूह में फँसी हैं। ऐसी जातियों के राजनेता, मुख्यमन्त्री, राज्यपाल, मन्त्री या अन्य महत्त्वपूर्ण पदों पर आसीन होने के बावजूद उन पर हावी धर्मांधता का उन्हें एहसास नहीं हुआ है। अपितु वे यथाप्रसंग अपनी धार्मिक अन्धश्रद्धा का खुले आम दिखावा करने का मौका नहीं छोड़ते। बाबासाहब आम्बेडकर के युगप्रवर्तक संघर्ष से प्राप्त सामाजिक, राजनीतिक, शैक्षिक और आरक्षित जगह के प्रावधानों से इन सभी अछूत जातियों का उद्धार होना चाहिए। लेकिन सम्बद्ध जातियों के अधकचरे, स्वाभिमानशून्य और लाचार नेताओं ने, सफेदपोश वर्ग ने, समाज सुधारकों ने, तथाकथित बुद्धिजीवियों ने धम्म चक्र प्रवर्तन के युगप्रवर्तनकारी स्वरूप को ढंग से समझा ही नहीं है। बुद्ध और बाबासाहब आम्बेडकर की विचारधारा की सामाजिक, आर्थिक, राजनितिक, सांस्कृतिक क्रान्ति से उन्हें कोई लेना-देना नहीं है। इसी कारण उनकी राजनीतिक और बौद्धिक यात्रा अनभ्यस्त और स्वाभिमानशून्य रही।

बुद्ध और डॉ. बाबासाहब आम्बेडकर ने सामाजिक, आर्थिक, राजनीतिक और सांस्कृतिक क्रान्ति की सफलता के लिए धम्म चक्र परिवर्तन किया। उससे होनेवाले विज्ञाननिष्ठ एहसास को तथा जीवन को विकसनशील और मंगलमय बनाने हेतु किये जानेवाले प्रयासों पर ठोस पार्श्वभूमि निर्माण करने की जरुरत है। बाबासाहब ने नागपुर की दीक्षाभूमि पर 15 अक्तूबर 1956 में किये भाषण में 'मिलिन्द पन्हो' ग्रन्थ का उल्लेख कर धर्मग्लानि के चलते मिलिन्द ने नागसेन को पूछे कारणों की महत्ता व्यक्त की है। नागसेन ने धर्मग्लानि के बताये तीन कारण इस प्रकार हैं।

पहला कारण यह कि धर्म कच्चा होता है। मूल तत्त्व में गम्भीरता नहीं होती।

वह 'कालिक धर्म' होता है और वह उसी काल में बना रहता है।

दूसरा कारण धर्म का प्रचार करनेवाले लोग विद्वान न हों तो धर्मग्लानि होती है। ज्ञानी मनुष्य को धर्म-ज्ञान बताना चाहिए। धर्म के प्रचारक जब विरोधियों से वाद-विवाद करने में सिद्ध नहीं होते, तब धर्म को ग्लानि आती है। और तीसरा कारण यह कि धर्म के तत्त्व विद्वानों के लिए होते हैं। प्राकृत और सामान्य लोगों के लिए विहार होते हैं। वे वहाँ जाकर अपनी श्रेष्ठ विभूतियों की पूजा करते हैं। आज जब हम इन कारणों पर विचार करते हैं तो इसका स्पष्ट एहसास होता है कि बुद्ध का धम्म प्रवर्तनशील और कालसापेक्ष है। वह विज्ञाननिष्ठ होने से बदलती सामाजिक, सांस्कृतिक, आर्थिक और राजनीतिक परिस्थिति का आकलन करने में प्रज्ञा, मैत्री, शील और करूणा का उपयोग कर कालसापेक्ष एहसास और प्रत्यक्ष क्रियान्वित किये जानेवाले कार्यक्रम का नियोजन कर सकता है।

बाबासाहब आम्बेडकर ने भिक्खु संघ के सन्दर्भ में ऐतिहासिक भाष्य किया है। हमारा भिक्खु संघ उपासकों का आदर सम्पादन करने लायक सशक्त, सदाचारी चारित्र्यसम्पन्न, प्रज्ञावान भिक्खुओं का संघ बनना जरूरी है। कुछ भिक्खु अलग, नाना तरह के आन्दोलन कर अपना अस्तित्व जताते हैं लेकिन सम्पूर्ण बौद्ध समाज का सम्यक आकलन कर धम्म चक्र प्रवर्तन के उद्देश्य की पूर्ति हेतु सुनियोजित मन्त्रणा खड़ी करने की जरूरत है।

धम्मक्रान्ति के केन्द्र में उपासक हैं। उपासक को इस बात का एहसास होना जरूरी है कि मैं स्वयं की उन्नति के साथ सामाजिक सरोकार को बनाये रखूँगा। यह सामाजिक सरोकार जितना सामाजिक भलाई हेतु होता है, उतना ही वह व्यक्ति और परिवार के लोकमंगल हेतु होता है। बाबासाहब आम्बेडकर ने उपासक को दीक्षा देने का अधिकार देकर एक क्रान्तिकारी कार्य किया है। इससे उपासकों का दायित्व बढ़ गया है और उनके संस्कार उनकी दृष्टि से महत्त्वपूर्ण हुए हैं। यदि उपासक प्रज्ञा, शील, चारित्र्य, नैतिकता की दृष्टि से सम्पन्न न होगा तो समाज शक्तिमान नहीं होगा।

दीक्षाभूमि केवल श्रद्धास्थान नहीं है। बाबासाहब आम्बेडकर ने वहाँ प्रज्ञा-शील, करूणा, मैत्री से संस्कारित और संवर्धित ऐसी सम्यक धम्मक्रान्ति का प्रवर्तन किया है। व्यक्ति में श्रद्धा का होना आवश्यक है। लेकिन केवल श्रद्धा से कल्याण नहीं होगा। श्रद्धा के साथ प्रज्ञा का होना भी महत्त्वपूर्ण है। अपितु प्रज्ञा के सिवा श्रद्धा समझदार नहीं हो सकती। और प्रज्ञा के विकसित न होने पर अन्धश्रद्धा बढ़ जाती है। इसीलिए दीक्षाभूमि श्रद्धा के साथ प्रज्ञा की प्रेरणास्थान है। इस श्रद्धा को और सजग बनाने हेतु प्रज्ञा विकसित करने का संस्कार होना आवश्यक है।

अनुवाद - डॉ. चंदा सोनकर, बार्शी

भारतीय दलित - शोषित जनता के जीवन में डॉ. बाबासाहब आम्बेडकर और उनके विचार क्रान्तिकारी साबित हुए। उसी तरह विश्व की पूँजीवादी व्यवस्था द्वारा दरिद्रता की खाई में धकेले करोड़ो शोषित जनता में विद्रोह जगाने में कार्ल मार्क्स का जीवन और विचार कारक बन गया। फुले-आम्बेडकर के विचारों ने सामाजिक समता की आवाज बुलन्द की। इससे स्थापितों के विरूद्ध की जनता को बल मिला। इससे हमारे देश में कर्मकान्डवादी प्रवृत्ति काफी मात्रा में पिछड़ गयी। बावजूद आज भी आम जनता सही रूप में मुक्त नहीं हो पाई है। आज जातीय तनाव और दंगे बढ़ रहे हैं। देवी-देवता के नाम पर आम जनता की गृहस्थी और जीवन का हनन किया जा रहा है। और यही पुरानी परम्परा चाहती है। इसीलिए समता के सिपाहियों को फुले-आम्बेडकर द्वारा मुहैया किये गये हथियारों को फिर एक बार धार लगानी होगी। और यथार्थ का सावधानी से मुकाबला करने के लिए वामपंथियों को भी सजग होना चाहिए।

देखते-देखते साम्यवादी जगत् की कई राजसत्ताएँ जमीनदोस्त हो गयी हैं। पूरब पश्चिम का परकोटा ढह गया है। वांशिक दंगों का भूत साम्यवादी देशों में भी पहुँच चुका

... 3 ...

डॉ. बाबासाहब आम्बेडकर और कार्ल मार्क्स

तानाजी ठोंबरे

है। यह असन्तोष साम्यवाद के विरूद्ध है या साम्यवाद के नाम पर कारोबार करनेवालों के विरूद्ध है– इसका भारत की प्रगतिशील मंडली को आलोचनात्मक अध्ययन करना जरूरी है। साम्यवाद के अवसान से खुशी से दिल भर आये इतने यहाँ के प्रगतिशाल भोला-भाले हैं ऐसा कोई कह न पाएगा। साम्यवादी जगत् में घटित घटनाओं से पूँजीवादी विचारक और उनके दलालों के पैर धरती पर नहीं पड़ रहे हैं। जो मार्क्सवाद की कालबाह्यता की बात करते हैं, वे एक तरह से पूँजीवादी व्यवस्था की अमरता का समर्थन करते हैं। हमारे यहाँ श्रीराम की जयकार द्वारा सामाजिक क्षेत्र में जैसे समता की राह रोकने के प्रयास जारी हैं ठीक उसी प्रकार 'मार्क्सवाद के दिन पूरे हुए' इस घोषणा से दुनियाभर के शोषितों के संघर्ष को रोकने की कोशिश जारी है। इसी कारण सभी समतावादियों को जीवन के अन्य पहलुओं की उपेक्षा कर किसी भी एक विशिष्ट क्षेत्र में समता निर्मित नहीं की जा सकती, इसे समझना अनिवार्य बन गया है।

कार्ल मार्क्स के चरित्र का अनुसरण करते समय फ्रेडरिक एंगल्स ने लिखा है, 'विश्व के इतिहास में काल की सीमाएँ लाँघकर जो अमर हुए हैं उन पारंगत विद्वान और

लोक नेताओं में कार्ल मार्क्स की गिनती प्रमुखता से करनी होगी।' मार्क्स कोरे विद्वान और जीवन से पृथक सिद्धान्त प्रस्तुत करनेवाले दार्शनिक नहीं थे। उनका जीवन और कार्य उनका काल और उसके पश्चात् घटी घटनाओं से अलग नहीं रहा था। मार्क्स के सिद्धान्त और उस पर आधारित क्रान्तिकार्य से इतिहास का एक व्यापक काल भरा पड़ा है। उसी प्रकार वर्तमानकालीन घटनाओं का विवेचन करते समय उसे नकारने की चाहे जितनी माथापच्ची करें लेकिन जिस तरह सूरज के प्रकाश को नकार नहीं सकते उसी प्रकार मार्क्स के विचारों को नकारा नहीं जा सकता।

5 मई, 1818 को जर्मनी में एक अच्छे खानदान में मार्क्स का जन्म हुआ। उनके पिता उच्चशिक्षित, उदारमतवादी और प्रगतिशील थे। उन्होंने वॉल्टेयर और रूसो के ग्रन्थों को बारीकी से पढ़ा था। ऐसे खानदान से आये प्रगल्भ बुद्धि के मार्क्स ने उम्र की बारह साल की अवस्था में टिअर विद्यालय में दाखिला लिया। छात्रावस्था से ही वाचन की रूचि होने से और अपने पसन्दीदा विषय पर विवेचनात्मक लेखन करने की आदत होने से कार्ल मार्क्स ने शिक्षा काल में ही भविष्य के कार्य की नीव डाली। परीक्षा मंडल ने मार्क्स को उपाधि प्रदान करते समय अनुशंसा की, "वह बुद्धिमान है तथा उसने प्राचीन भाषा, जर्मन भाषा और इतिहास में प्रशंसनीय परिश्रम किया है।"

इन्टर की शिक्षा पूरी होने पर उसने बॉन और बर्लिन विश्वविद्यालय में विधि और कला का सैद्धान्तिक अध्ययन, विदेशी भाषा, दर्शन और इतिहास का अध्ययन असाधारण परिश्रम उठाकर पूरा किया। अपने काल के वैचारिक परिदृश्य में उन्होंने खुद का स्थान निश्चित किया। बर्लिन विश्वविद्यालय के प्रसिद्ध दार्शनिक हेगेल से मार्क्स का काफी नजदीकी से सम्बन्ध बना। कुछ समय वह उनसे प्रभावित भी हुए लेकिन जल्द ही उसे हेगेल के दर्शन का सनातन रूप समझ में आया। उसने सन् 1841 में विश्वविद्यालय की 'डॉक्टर ऑफ लॉ' उपाधि प्राप्त की। कुछ काल विश्वविद्यालय में प्राध्यापक के रूप में सेवा की। आगे चलकर पत्रकारिता तथा सम्पादक के रूप में काम करते समय उसने अन्याय करनेवाली सत्ता के विरूद्ध हथियार उठाया। राजसत्ता ने तुरन्त भाँप लिया कि समाचारपत्रों में प्रकाशित युवा मार्क्स के विचारों की चिनगारी आगे चलकर दावानाल का रूप धारण करेगी। परिणामस्वरूप जर्मनी, फ्रान्स के सत्ताधीश उसके पीछे पड़े।

मार्क्स ने मेहनतकश वर्ग को जगाकर उन्हें वर्ग-संघर्ष का आन्दोलन चलानेवाली संघठना में संघठित करना, क्रान्तिकारियों के गुट निर्माण करना तथा उन्हें वैचारिक मार्गदर्शन करना आदि कार्य अखंड रूप से शुरू किये। देश-विदेश में भटकना, शोषित जनता में एकता निर्माण करना तथा शास्त्रीय ग्रन्थों का निर्माण करना यही उसकी जिन्दगी बन गयी। मार्क्स ने अपने राजनीतिक कार्यकाल के 40 में से 33 साल

इंग्लैंड में बिताए। अपने देश पर असीम प्रेम करनेवाला यह क्रान्तिकारी विचारक, पूँजीवादी व्यवस्था और तानाशाही का विरोधी, जर्मनी में वापस न आ पाए इस हेतु वहाँ की व्यवस्था ने पूरा प्रबन्ध किया। अपने प्यारे देशवासियों से बिछड़े हुए मार्क्स के सामने शोषित-दलित जनता की व्यापक दुनिया फैली हुई थी। कम्युनिस्ट घोषणापत्र, कम्युनिस्ट इंटरनेशनल, दुनिया में मेहनकतकश जनता के आन्दोलन का बढ़ता रूख, क्रान्तिकार्य का नियोजन, ज्ञान की विविध शाखाओं का बुनियादी अध्ययन और इसे प्रत्यक्ष कार्यान्वित करने में ही मार्क्स की जिन्दगी पूरी तरह उलझ गयी थी। मार्क्स के पहले कई विद्वानों ने कई पद्धतियों से 'दुनिया कैसी है' का विवेचन किया था। इसी कारण मार्क्स ने उसके विवेचन में अपनी बुद्धि और समय नहीं लगाया। मार्क्स के जीवन का लक्ष्य तो दुनिया के शोषितों के जीवन को बदलना था।

इस महान विचारक तथा क्रान्ति के महान शिक्षक को अपनी जिंदगी के 33 वर्ष इंग्लैंड में निर्वासित के रूप में गुजारने पड़े। उसे निरन्तर आर्थिक तंगी तथा रोटी, कपड़ा और मकान का अभाव सहना पड़ा। अपनी बुद्धि और क्रान्तिकारी अनुभव शक्ति को, विचारों को प्रकाशित करने हेतु उसने विश्वविद्यालय, प्रकाशन संस्था, समाचारपत्र, पत्रिकाओं के दरवाजे पर दस्तक दी। लेकिन इन सभी ने उसकी रोकथाम की। चूँकि अन्यायकारी शासन व्यवस्था के हित सम्बन्ध अबाधित रखने की जिम्मेदारी इन सभी संस्थाओं पर सौंपी होती है। और ये संस्थाएँ अपने स्वामी का प्रशस्तिपत्र प्राप्त करने के लिए पूरी शक्ति के साथ ऐसा प्रयास करती हैं। किसी भी प्रखर क्रान्तिकारीक के जीवन की जैसे दुर्गति होती है, वैसी ही कार्ल मार्क्स के जीवन की दुर्गति हुई। इसके तहत बीमार बच्चे, थकान तथा मानसिक तनाव सहनेवाली पत्नी जेनी, निरन्तर कष्ट उठाने से स्वयं मार्क्स को सीने के दर्द की बीमारी, पुलिस की यातनाएँ- जैसा दर्द से भरा जीवन मार्क्स को जीना पड़ा। मार्क्स ने अपना लक्ष्य तथा शोषित जनता की मुक्ति के लिए यह जीवन जिद के साथ जिया। इस ध्येयवादी, क्रान्तिकारी जीवन का अन्त भी असाधारण, धीर-गम्भीर और किसी भी सहृदय व्यक्ति का दिल दहलानेवाला था। हमेशा बीमार रहने से 1873 में मार्क्स की तबीयत बिगड़ गयी। काम जारी ही था। अनेक संकटों से जूझना पड़ रहा था। लेकिन 1881 में उन्हे जबरदस्त हादसा सहना पड़ा। सभी यातनाओं में साथ देनेवाली उनकी प्रिय पत्नी चल बसी। आगे दो साल बाद बड़ी बेटी का अन्त हुआ। और 14 मार्च, 1883 को कार्ल मार्क्स की भी जीवन यात्रा रूक गयी।

यह कार्ल मार्क्स के जीवन के कुछ क्षणों का आलेख है। यहाँ उनका चरित्र प्रस्तुत करने का प्रयोजन भी नहीं है। ये कुछ घटनाएँ भी हमें यही बताती हैं कि दलित-शोषित जनता के किसी भी महान नेता को अपनी जिन्दगी इसी तरह होम करनी पड़ती

है। जीवन और मनुष्य पर प्रेम करनेवाले ये लोग कृति और विचार के साथ जीते हैं। वे किसी एक देश या समाज के नहीं होते वे तो समग्र मानव जाति के सच्चे मित्र होते हैं।

डॉ. आम्बेडकर भी इसी तरह तूफानों का मुकाबला करनेवाले मसीहा थे। जन्म से पहले ही यहाँ की व्यवस्था द्वारा बिछाये जाल को तोड़ने के लिए डॉ. आम्बेडकर एक जाँबाज सेनानी की तरह अथक जूझते रहे। और उनका यह संघर्ष स्वयं के लिए नहीं तो लाखों दलितों के लिए था। मार्क्स और आम्बेडकर का संघर्ष अलग-अलग व्यवस्था से था लेकिन यही विचार उनके हथियार थे। डॉ. आम्बेडकर ने तथाकथित बुद्धिवादियों के सुरक्षित घर में विचार की ज्योति नहीं जलाई थी। मार्क्स भी अपने विचार शोषित - सर्वहारा के लिए ही बता रहा था। डॉ. आम्बेडकर का भी अपने देश पर असीम स्नेह, धर्म के प्रति आदर और ललक थी। कर्मकांड और जाति व्यवस्था के पहरेदार हमारे ही हैं और आज नहीं तो कल उन्हें मनुष्यताशून्य व्यवहार से घृणा होगी इस तरह का आशावाद भी उनमें था। लेकिन यह व्यवस्था भी शोषण का समर्थन करनेवाली ही थी। परिणामस्वरूप उससे संघर्ष अटल था और यह संघर्ष विचारों पर आधारित था। इसलिए एक प्रचंड वैचारिक संघर्ष की शुरुआत करने से पहले युद्ध-सामग्री का बड़े पैमाने पर जुगाड़ करना अनिवार्य था।

यह काम असाधारण प्रतिभा, कष्ट झेलने की मन और शरीर की असाधारण तैयारी और लगन की माँग करता था। तथाकथित देवी-देवताओं के शत्रु के रूप में अलग रहने की सम्भाव्यता और जिनमें जगाना था उनका घोड़े बेचकर सोना जैसी बिकट परिस्थिति थी। डॉ. आम्बेडकर ने सशक्त रूप में इन चुनौतियों का मुकाबला किया। हमारे देश में जाति के पिछड़ेपन की मुहर ने उनकी शिक्षा में अनेक बाधाएँ खड़ी कीं। विदेश में निरन्तर अर्थाभाव ने उन्हें सताया। उन्होंने इन सभी बाधाओं को जिद से पार किया। इसी कारण उनके 'पढ़ो, संघठित बनो और संघर्ष करो' इस उद्गार को विद्वान भी स्वीकार करें ऐसा उनका अध्ययन था। उसी से संघर्ष का स्पष्ट, ठोस और युगप्रवर्तक विचार आकार ग्रहण करता गया।

डॉ. आम्बेडकर ने भी ग्रन्थों पर असीम स्नेह किया। उन्होंने तथाकथित बुद्धिवादियों की तरह विचार का होव्वा खड़ा नहीं किया और अपने विचारों का उन्होंने अनुकरण किया और कई लोगों को जीने का मन्त्र मुहैया कराया। कार्ल मार्क्स ने यूरोप की पूँजीवादी व्यवस्था को झटका पहुँचाया और उससे पूरी दुनिया के धनिकों को झटका लगा। डॉ. आम्बेडकर हमारे देश के जर्जर, अमानुष, कर्मकांडवादी हिन्दुत्व के साथ सख्ती से पेश आये। उनकी निजी जिन्दगी और गृहस्थी तो बिखर गयी लेकिन उन्होंने लाखों की संख्या में होनवाले दलित समूह का दिल जीत लिया। उनमें स्वातन्त्र्य, समता, बन्धुता, ज्ञान की ज्योति जलाई। डॉ. आम्बेडकर ने भगवान बुद्ध से महात्मा फुले

तक के प्रगतिवादी विचारकों को अपना माना। उन्होंने अपने लाखों शिष्यों के साथ एक जर्जर धर्म का त्याग करने का अभूतपूर्व साहस किया।

मार्क्स और आम्बेडकर अलग समय, अलग समाज और अलग व्यवस्था में जी रहे थे। लेकिन उनके जीवन का उद्देश्य शोषण से मानव को मुक्त करना था। उनका कार्य महान था जिसे उन्होने मानवी बुद्धि तथा हाथों से साकार बनाया था। वह देवी-देवता का चमत्कार नहीं था। अतः इसकी कुछ सीमाएँ होना स्वाभाविक हैं। लेकिन इससे इन दो विचारकों की महत्ता कम नहीं होती और दोनों परस्पर विरोधी भी नहीं हैं। मार्क्स विरूद्ध आम्बेडकर या आम्बेडकर विरूद्ध मार्क्स यह संघर्ष नहीं हो सकता। धर्म, रंग, भाषा, वंश शायद अलग हो सकते हैं लेकिन सोच एक है। अतः इन दो विचारधाराओं को साथ लेकर ही दलित-शोषित जनता अपने भविष्य का निर्माण कर सकती है।

डॉ. आम्बेडकर ने गौतम बुद्ध, महात्मा फुले, महात्मा कबीर को अपना गुरू माना। भगवान बुद्ध के दर्शन को तो उन्होंने नये सिरे से प्रस्तुत किया। इतना ही नहीं, बुद्ध के धर्म को श्रेष्ठ मानकर अपने लाखों शिष्यों के साथ उस धर्म का स्वीकार किया। डॉ. आम्बेडकर जिस काल में कार्य कर रहे थे और उन्होंने जब धर्मान्तर किया, उस काल में पूरी दुनिया के मेहनतकशों के आन्दोलन मार्क्सवाद का स्वीकार कर रहे थे। इसी कारण कई अध्येताओं ने इन दो वैश्विक तत्त्वप्रणालियों की अलग-अलग भूमिका से तुलना की है। कार्ल मार्क्स और भगवान बुद्ध के दर्शन की तुलना करते समय एक समान पहलू ठोस रूप में सामने आता है। वह इस प्रकार है, 'विश्व का विवेचन दर्शन का कार्य न होकर, उसकी पुनर्रचना करना दर्शन का कार्य है।'

इस समान सूत्र को स्पष्ट करना हो तो हम कह सकते हैं कि यह विश्व मनुष्यों का है। दर्शन का निर्माण मनुष्य ने किया है और उसका रिश्ता मानव जीवन से है। अर्थात् दर्शन को मनुष्य की उन्नति, उसके जीवन को अर्थ देने हेतु दीपक बनना चाहिए। विश्व की रचना ब्रह्मा ने की है, वह माया का खेल है, वह पानी का बुदबुदा है, वह नश्वर है इस तरह से संसार का विवेचन करनेवाले विचार मनुष्य के जीवन को नकारनेवाले हैं। इसी कारण बुद्ध और मार्क्स ने निरूपयोगी, यथार्थ को नकारनेवाले, मनुष्य की उन्नति की प्रेरणा से बेखबर अर्थात् 'विश्व कैसा है?' इसके विवेचन में अपनी बुद्धि व्यय नहीं की। उन्होंने स्वाभाविक रूप में यह बताया कि दर्शन का उद्देश्य विश्व की पुनर्रचना में निहित है। यह पुनर्रचना यानी जो दीन-दलित हैं, उनको दर्द से मुक्त करना, जो गुलाम हैं उन्हें आजादी का भरोसा दिलाना, जो अपमानित हैं, उन्हें सम्मान का अधिकारी बनाना, जो अज्ञानी हैं, उन्हें ज्ञान देना। संक्षेप में दलित-शोषितों को सब पाशों से मुक्त करना। वैसे दर्शन का विवेचन इतनी सीधी, सहज भाषा में नहीं किया

जा सकता और कोई ऐसा प्रयास करें तो उसकी नोटिस भी नहीं ली जाती। लेकिन मैं केवल अपने आकलन और सीमा के आधार पर ऐसा कहना उचित मानता हूँ। क्योंकि हमारे देश के प्रचंड अज्ञानी, दलित-शोषित समाज को सजग बनाने हेतु यह विवेचन आज जरुरी है।

'दर्शन समाज की पुनर्रचना के लिए होता है' इस सन्दर्भ में मार्क्स और आम्बेडकर में मतभेद नहीं है। यह पुनर्रचना किन मूल्यों के आधार पर की जाय इसको लेकर मतभिन्नता थी। इस रचना में राह, पद्धति, माध्यम कौन– सा होना चाहिए इस सन्दर्भ में मतभिन्नता पाई जाती है।

कार्ल मार्क्स और डॉ. आम्बेडकर की विचार प्रणाली और सिद्धान्त का भारतीय यथार्थ के परिप्रेक्ष्य में तुलनात्मक अध्ययन करते समय जो भेद पाए जाते हैं, उनमें प्रमुख भेद हैं, मार्क्स का समग्र विवेचन 'वर्ग' की आर्थिक संकल्पना के आधार पर है। इस सन्दर्भ में मार्क्स कहते हैं, "सम्पत्ति के सम्बन्ध से वर्ग का निर्माण होता है लेकिन वर्ग अकेला अस्तित्व में नहीं आता वह दूसरे वर्ग का विरोधी होता है। उत्पादन के साधनों पर होनेवाला निजी स्वामित्व यानी सम्पत्ति। पूँजीवादी व्यवस्था में पूँजीपति, फैक्टरी मालिक के पास फैक्टरी, यन्त्र सामग्री, कच्चा माल आदि उत्पादन के साधन होते हैं। साथ ही वह मजदूर वर्ग के पास होनेवाली श्रम शक्ति खरीदता है। पूँजीपति उत्पादन साधनों की सहायता से अतिरिक्त धन का निर्माण करता है। इससे उसकी पूँजी में इजाफा होता है। वह अधिक से अधिक उत्पादन के साधनों का मालिक बन जाता है। इतिहास की अलग-अलग अवस्थाओं में उत्पादन साधनों का रूप परिवर्तित पाया जाता है।"

वर्ग का आशय हम इस प्रकार बता सकते हैं- "ऐतिहासिक दृष्टि से निर्मित सामाजिक उत्पादन व्यवस्था में व्याप्त स्थान से उत्पादन साधनों के सम्बन्ध से, श्रम के सामाजिक संगठन की भूमिका से और परिणामस्वरूप वे सामाजिक सम्पत्ति का हिस्सा जिस मात्रा से व्यय करते हैं और उसे जिस पद्धति से प्राप्त करते हैं, उससे परस्पर भिन्न होनेवाले लोगों के समूह यानी वर्ग।" इस तरह समाज वर्गों में विभाजित होता है और इन परस्परविरोधी वर्गों में संघर्ष निर्माण होता है। एक ओर 'पूँजीवादी' वर्ग होता है तो दूसरी ओर 'सर्वहारा' वर्ग होता है। और पूँजापतियों के विरूद्ध सर्वहारा संगठित होते हैं। वर्ग विग्रही समाज का इतिहास यानी वर्ग संघर्ष का इतिहास। इतिहास के अलग-अलग काल में स्वतन्त्र नागरिक और गुलाम, उच्चकुलीन और कुलहीन, जमींदार और भूदास, हुनर संघ के कारागीर और उनके मजदूर ऐसा वर्गों को रूप प्राप्त होता है। 'शोषण और पूँजीवादी व्यवस्था नष्ट करना और वर्गरहित कम्युनिस्ट समाज का निर्माण करना मजदूर वर्ग का महान ऐतिहासिक कार्य है।' मार्क्स के मतानुसार सामाजिक

विकास में भौतिक सम्पात्त का उत्पादन प्रकार यह प्रमुख शक्ति है। उत्पादन प्रकार और उत्पादन सम्बन्ध अन्य सभी सामाजिक सम्बन्धों को कैसा आकार देते हैं और उसके विरूद्ध अन्य सामाजिक सम्बन्ध समाज के आर्थिक विकास पर कैसा परिणाम करते हैं– इन प्रश्नों के उत्तर मार्क्सवाद का 'नींव और ऊपरी मन्जिल' सिद्धान्त देता है। सभी सामाजिक सम्बन्धों मे मुख्य और निर्णायक सम्बन्ध के तौर पर भौतिक उत्पादन सम्बन्धों को ऐतिहासिक, अधिभौतिकवाद अलग करता है। ये उत्पादन सम्बन्ध ही उस समाज की आर्थिक रचना होती है, उसकी नींव होती है। हर समाज की स्वयं की नींव होती है। एक बार नींव बन जाती है तो सामाजिक जीवन में वह अहम भूमिका निभाती है। वह यथार्थ अधिष्ठान के रूप में ऊपरी मन्जिल के उपयोग में आती है। ऊपर की मन्जिल यानी राजनीति, कानून, दर्शन सम्बन्धी, नैतिक, कलात्मक और धार्मिक विचार और उनसे सुसंवादी सम्बन्ध। संस्था और संघटना के रूप में यह नींव उत्पादन प्रकार का ऐसा अंग है जो उसका सामाजिक चेहरा, उसके विचार और संस्था का सीधा गठन करता है। समाज की प्रारम्भिक अवस्था में शासन संस्था, राजनीतिक और कानून सम्बन्धी संस्थाएँ नहीं थीं क्योंकि वहाँ निजी सम्पत्ति और वर्ग अस्तित्व में नहीं थे। लेकिन वर्गविग्रही समाज की नींव में स्वयं के विरोध हैं। उत्पादन साधनों से लोगों के होनेवाले विविध सम्बन्ध प्रगट कर वह वर्गीय हितैशी सम्बन्धों का विरोध करती है। आर्थिक नींव पर निर्माण होने से ऊपर की मन्जिल उस नींव के विकास में सक्रिय हिस्सा लेती है। वर्गविग्रही समाज में वर्चस्व होनेवाले विचार और संस्था की नीव की रक्षा कर उसे ठोस बनाते हैं। जिस वर्ग ने उन्हे अस्तित्व में लाया और जिस वर्ग के हित सम्बन्धों की रक्षा करने की जिम्मेदारी उन पर होती है; उस वर्ग की सत्ता का वे समर्थन करते हैं।

20 नवंबर, 1956 में डॉ. आम्बेडकर ने बौद्ध मातृसंघ की चौथी परिषद में 'बौद्ध धर्म और साम्यवाद' इस विषय पर उत्स्फूर्त भाषण दिया। इस भाषण में मार्क्सवाद के मूलभूत सिद्धान्त की चर्चा करते हुए कहा है; अमीर लोग आम जनता का शोषण करते हैं और यहीं से साम्यवाद की शुरुआत होती है। मार्क्स जिसे शोषण कहता है, उसके लिए ही दो हजार साल पहले बुद्ध ने 'दुःख' शब्द का उपयोग किया था। बुद्ध के दुःख का विवेचन आज तक अनेकों ने कई तरह से किया है। किसी ने उसे पुनर्जन्म कहा, किसी ने उसे जन्म-मृत्यु का चक्र कहा तो डॉ. आम्बेडकर सम्पत्ति के सन्दर्भ में अपने विचार प्रस्तुत करते हुए कहते हैं, "सम्पत्ति के सन्दर्भ में विचार करना हो तो आप बुद्ध द्वारा व्यक्त किये गये विचार और कार्ल मार्क्स द्वारा प्रस्तुत विचारों- में काफी साम्य देखेंगे। कार्ल मार्क्स ने कहा था कि आप यदि शोषण रोकना चाहते हैं तो उत्पादन का स्वामित्व राज्य की ओर होना चाहिए... बुद्ध ने कहा था कि भिक्खु की अपनी निजी जमीन-जायदाद नहीं होनी चाहिए।' (प्रा. रावसाहेब कसबे, मार्क्स और

आम्बेडकर, पृ. 247-48)

आम्बेडकर ने इस सम्पूर्ण भाषण में जो कहा है उसका आलोचनात्मक अध्ययन करें तो हम पाएँगे कि उन्हें मार्क्सवाद के प्रभाव का पूरा एहसास हो चुका था। अर्थात् दुनिया के युवक तथा मेहनतकश वर्ग को यह विचार आकर्षित कर रहा था। यह शोषित, गरीब जनता बुद्ध के विचार से 'दुःखी' है। बुद्ध का कार्य इस दुःखी जनता के लिए ही था। इसी कारण बौद्ध धर्म का नये सिरे से प्रस्तुतिकरण करनेवाले, उस धर्म का प्रभाव बढ़ाने की चाह रखनेवाले डॉ. आम्बेडकर ने स्वयं आलोचनात्मक अध्येता होने से अपने भाषण को 'बौद्धधर्म और साम्यवाद' ऐसा शीर्षक दिया था। लेकिन आगे चलकर बाबासाहब के महापरिनिर्वाण के बाद हमारे देश में मार्क्सवाद पर होनेवाला गुस्सा उतारने हेतु, उसकी कुछ त्रुटियाँ और गलतियाँ निकालने हेतु उसी प्रकार दलित राजनीति में अपना स्थान अबाधित रखने की सावधानी हेतु कुछ गड़बड़ियाँ हुई। दुनिया की इन दो महान विचारधाराओं की तुलना कर हमें जो उचित है वह लेना चाहिए यह विवेक न रखकर इन दो विचारधाराओं में परस्पर शत्रुत्व है ऐसी कुछ लोगों ने गलतफहमी की और वे वाचावीर होने से उन्होंने औरों की गलतफहमी करने का कार्यक्रम जारी रखा। इससे बाबासाहब के 'बौद्ध धर्म और साम्यवाद' इस भाषण को 'बुद्ध बनाम मार्क्स' ऐसा रूप देने का दुःखद और दलित-शोषित जनता के लिए अहितकारी प्रयास किया गया।

मूल बात यह थी कि भारतीय संस्कृति द्वारा निर्मित जाति-भेद का निपटारा कैसे किया जाय? यहाँ सदियों तक कर्मकांडवादियों ने तथाकथित धर्म के आधार पर निम्न जाति के लोगों को लूटा। उनके शोषण को धार्मिक मान्यता कैसे दिलाई? मनुष्यता के मूलभूत अधिकारों से उन्हें वंचित कैसे रखा? उनके लिए शिक्षा और विचार के दरवाजे हमेशा के लिए क्यों बन्द किये? मार्क्सवाद इन प्रश्नों के सन्तोषजनक उत्तर केवल आर्थिक पहलू पर बल देकर नहीं दे सकता। 'यहाँ वर्ग संघर्ष के पहले जातिभेद निर्मूलन का आन्दोलन कैसे आवश्यक है और यहाँ के मार्क्सवादियों का इस आन्दोलन में पूरी शक्ति के साथ जूझने में कैसा दुर्लक्ष हुआ यह और ऐसे कुछ प्रश्न डॉ. आम्बेडकर ने उपस्थित किये, जो वाकई महत्त्वपूर्ण हैं। यहाँ के समाजवादियों को इन प्रश्नों के उत्तर देने ही होंगे। उसके सिवा वे शोषणमुक्त समाज का निर्माण नहीं कर सकते। यहाँ समग्र क्रान्ति का झंडा फहराने से पहले जमींदारी व्यवस्था, कर्मकांड और जाति व्यवस्था को जड़ से निकालना होगा।

यह सब करने पर यहाँ की प्रजातान्त्रिक क्रान्ति पूरी होगी। फिर हम साम्यवादी क्रान्ति की ओर जाने के लिए शोषित जनता की फौज खड़ी कर सकते हैं। और देर से क्यों न हो यह सही समझ यहाँ के मार्क्सवादियों को आ गयी है। उन्होंने अपना

आत्मपरीक्षण और आत्मालोचन भी किया है। मार्क्सवादियों को यह एहसास हो चुका है कि साम्यवादी क्रान्ति मूर्त करने में यहाँ की धर्म संस्था ने बहुत बड़ी बाधा खड़ी की है। हिन्दुत्ववादियों की बढ़ती शक्ति और विध्वंसक कारनामों से यह यथार्थ अधिक स्पष्ट हुआ है। इसी कारण डॉ. आम्बेडकर द्वारा इस सन्दर्भ में उठाये गये प्रश्न महत्त्व रखते है। अतः इस एहसास से परिचित मार्क्सवादियों को अपनी गति बढ़ानी होगी, यह मैं नम्रता से कहना चाहूँगा। लेकिन उन्हें इसका एहसास ही नहीं हुआ है इस भ्रम में रहना भी गलत है। यह भ्रम शोषण से मुक्ति की लड़ाई के लिए अनिष्ट और बाधक साबित होगा।

उपरोक्त प्रश्नों के सन्दर्भ में एक और पहलू पर विचार करना जरुरी है। 'मार्क्सवादी विचार का जन्म यूरोप में हुआ है। उसे भारतीय यथार्थ के सन्दर्भ में लागू नहीं कर सकते।' इस वक्तव्य के आधार पर मार्क्सवाद या किसी भी विचार प्रणाली को क्या पूर्णतः नकार सकते हैं? विचार के स्थान, काल की कुछ सीमाएँ हो सकती हैं। उसी तरह जिस काल में उस दर्शन को आकार मिला, उसी पड़ाव पर संसार और उसके व्यवहार पूरी तरह जम गये हैं, अब उसमें कुछ नया नहीं जुड़ सकता ऐसी भूमिका मार्क्सवाद ही नहीं, कोई भी दर्शन नहीं ले सकता। मार्क्सवादी सिद्धान्त की रचना किस परिस्थिति में हुई? वह स्वयं को 'दुनिया बदलने का शास्त्र' कहता है तो अतः शास्त्र क्या है, उसे समझना होगा। 'विज्ञान' किसी भी एक पड़ाव पर विश्व के अन्त तक के प्रश्न का उत्तर नहीं दे सकता, यह सत्य है। लेकिन यह भी सत्य है कि भविष्य में निर्माण होनेवाले प्रश्नों की खोज करने के लिए खोज-करनेवालों को, जो प्रक्रिया सूचित करता है, वह निरूपयोगी भी नहीं होगी। दूसरे, मार्क्सवाद ने समाज को, जीवंत मनुष्य को अपने अध्ययन का विषय मान लिया है। इसी कारण विश्व के विविध मानव समूहों के सिलसिलेवार विवरण को बिल्कुल एक ही स्वरूप के उत्तर मैं देता हूँ ऐसी मार्क्सवाद की भूमिका नहीं है। किसी उलझन से मुक्ति पाने के लिए खोजा गया यह पलायनवाद नहीं है।

कार्ल मार्क्स ने अपने दर्शन का प्रस्तुततिकरण औद्योगिक क्रान्ति के काल में किया। उस दौर में यूरोप में औद्योगिक क्रान्ति ने और उससे जन्में पूँजीवाद ने सामन्तशाही की रूग्णता का बड़े पैमाने पर इन्कार दर्ज किया था। ईसाई धर्म में अपितु अन्य किसी भी धर्म में हिन्दू धर्म की तरह जातीयता का उग्र जहर पूरी तरह फैला नहीं था। इससे वहाँ स्वाभाविक श्रमिक ही था। उसका जाति के नाम पर विभाजन नहीं हुआ था। इससे मार्क्स के विवेचन में जातीयता की चर्चा को महत्त्व नहीं मिला। लेकिन इसका यह अर्थ नहीं की मार्क्स-एंजेल्स को हमारी भारतीय जीवन पद्धति की, जातीयता के भयावह बीमारी की बिल्कुल जानकारी नहीं थी। वैसे ही विभिन्न देशों का इतिहास,

वहाँ की जीवन शैली, संस्कृति को पूर्णतः नकारने से, उन्हें गौण मानकर साम्यवाद की स्थापना की जा सकती है, ऐसा मार्क्सवाद का दावा नहीं था। उन्होंने हमें एक शास्त्रीय पद्धति दे दी। उसका उपयोजन करते समय सम्बन्धित समाज की मूलभूत समस्याओं को नजर अन्दाज कर आगे बढ़ो, ऐसा मार्क्स का आदेश नहीं था। अपने सामाजिक परिवेश की आलोचनात्मक परख करना, उसके अनुसार क्रान्ति की व्यूह रचना करना सम्बन्धित देश के मार्क्सवादियों की जिम्मेदारी होती है।

जाति व्यवस्था की अपनी पृथकता समझने पर मार्क्स और आम्बेडकर की धर्म समीक्षा में आयी पृथकता को हम समझ सकते हैं। इस सन्दर्भ में हम पहले मार्क्सवाद की भूमिका देखते हैं। 'कोई भी धर्म यानी लोगों के दैनिक जीवन पर नियन्त्रण रखनेवाली बाह्य शक्ति का मनुष्य के मन पर पड़ा विलक्षण आभासमय प्रतिबिम्ब है। इस प्रतिबिम्ब में ऐहिक शक्तियों को अमानुष शक्तियों का रूप प्राप्त होता है।' (एंजेल्स) मार्क्सवाद के विरोधक यह सिद्ध करने का प्रयास करते हैं कि धर्म चिरन्तन है, मनुष्य को प्रकृति से धार्मिक भावना की देन प्राप्त हुई है। अद्‌भुत में विश्वास यह धर्म की मूलभूत विशेषता है। प्राचीन काल में लोग प्राकृतिक शक्तियों पर पूरी तरह निर्भर होने से उन्होंने उसे अलौकिक सन्दर्भ से जोड़ देते थे। लेनिन कहता है, "वनमानुष प्रकृति के साथ जूझने में असहाय बना तो उसके मन में जैसे ईश्वर, शैतान आदि ने जन्म लिया उसी तरह शोषक विरोधी जंग में असहाय होने पर आगे अच्छा जीवन नसीब होगा, ऐसे विचारों का स्वाभाविक रूप में उसके मन में उद्‌भव हुआ। शोषक समाज द्वारा लाद दी गयी महाभयावह यातनाओं से, और कष्ट से मुक्ति पाने के लिए मेहनतकश लोगों ने धर्म का आश्रय लिया।"

"आजीवन खटनेवालों को धर्म क्या सिखाता है?" यह प्रश्न उपस्थित कर मार्क्सवाद बताता है कि इस जन्म में मेहनतकश जनता को जो दुःख, और दरिद्रता सहनी पड़ती है, उस पर विचार करने की अपेक्षा धर्म उसके सामने अगले जन्म की मरीचिका खड़ी करता है। दूसरे के श्रम पर ऐशोआराम करनेवालों को धर्म दानधर्म का प्रायश्चित बताता है। धर्म पाप-पुण्य, मोक्ष-दैववाद जैसी बातें बताकर मूर्त न होनेवाले आश्वासन देता है। इतना ही नहीं तो धर्म पूँजीवादी समाज के गुलामों को, मेहनतकशों को अपनी मनुष्यता का एहसास भुला देनेवाला तथा उदात्त मानवी जीवन की आकांक्षा को मार देनेवाला एक मादक द्रव्य होता है। विविध वर्ग और सामाजिक स्तर अपनी राजनीतिक सत्ता के लिए धर्म का उपयोग करते हैं। सनातन साम्राज्यवादी शक्तियों के हाथों में शोषितों मे फूट डालनेवाले एक जबरदस्त हथियार के रूप में धर्म कार्य करता है। 'धर्म का विज्ञान और वैश्विक दृष्टिकोण से टेढ़ा रिश्ता होता है' इस प्रकार से मार्क्सवाद ने धर्म की आलोचना की है। बावजूद वर्तमान जीवन में धर्म के आकर्षण केन्द्र

की महिमा कायम है जिसका मार्क्सवादियों को एहसास है। इसी कारण मार्क्सवाद धर्म को लेकर अत्यन्त सामंजस्यपूर्ण और न्यूनतम अपेक्षा रखनेवाला विचार प्रस्तुत करता है, "धर्म को निजी मानना चाहिए। सरकार को धर्म में हस्तक्षेप नहीं करना चाहिए और धार्मिक संस्थाओं को शासनतन्त्र से जोडकर नहीं रखना चाहिए। हर किसी को मनमुताबिक किसी भी धर्म का आचरण यानी निरीश्वरवादी रहने की भी छूट देनी चाहिए। धार्मिक भेद-नीति से नागरिकों के अधिकारों को लेकर पक्षपात होने का सन्देह तक होना उचित नहीं। शासनतन्त्र को पूरी तरह सजग रहकर धर्म का अन्य क्षेत्रों मे होनेवाला हस्तक्षेप रोक देना चाहिए।"

"मेरा हिन्दू के रूप में जन्म हुआ लेकिन मैं हिन्दू के रूप में नहीं मरुँगा।" डॉ. आम्बेडकर के इस वक्तव्य में और उनके धर्मपरिवर्तन के निर्णय में यहाँ के हिन्दू धर्म का जातीयता विरोधी महान संघर्ष अनुस्यूत है। दलित का आर्थिक स्तर चाहे जितना ऊँचा हो लेकिन यहाँ का हिन्दू समाज जब तक जातिग्रस्त है, तब तक उसमें मूलगामी परिवर्तन नहीं हो सकता। यहाँ के हिन्दू धर्मशास्त्र को जातीयता का आधार है। इस हिन्दू धर्मशास्त्र का हिन्दू ोग त्याग करें इसलिए बाबासाहब ने निरन्तर प्रयास किये। उसी के एक प्रयास के रूप में उन्होंने मनुस्मृति का दहन करवाया लेकिन जब उनको विश्वास हुआ कि हिन्दू इस रूग्ण धर्मशास्त्र को त्याग नहीं कर पाएँगे तब उन्होंने जाति व्यवस्था न माननेवाले बौद्ध धर्म का स्वीकार किया। इससे उन्होंने अपने विचारसूत्र में धर्म को केन्द्र में रखकर और उसका आधार लेकर भावना, नीति, दृष्टिकोण, सुधार, क्रान्ति, व्यक्ति और समाज आदि संकल्पनाओं सम्बन्धी विचार प्रस्तुत किये।

समाज और व्यक्ति में होनेवाले परस्पर सम्बन्ध शरीर और अवयव, गाड़ी और उसका पहिया इस तरह के नहीं हैं और व्यक्ति के जीवन को समाज की जरुरत होने के बावजूद वह उसका अन्तिम लक्ष्य नहीं हो सकता। धर्म का मूल लक्ष्य व्यक्ति का विकास है। इतना ही नहीं तो समाज और राज्यसंस्था तक को धर्म की जरुरत है- ऐसा डॉ. आम्बेडकर का धर्म को लेकर मत है। अर्थात् डॉ. आम्बेडकर ने जिस धर्म से यह अपेक्षाएँ रखी थीं, वह न हिन्दू धर्म है और न ही मूल रूप में प्रस्तुत किया जानेवाला बौद्ध धर्म है। कार्ल मार्क्स और डॉ. आम्बेडकर की धर्म को लेकर जो भूमिकाएँ रहीं उसमें काफी अन्तर होने के बावजूद धर्म को पूरी तरह नकार देनेवाले, धर्म को निजी मामला कहकर धर्म को शासनतंन्त्र में और शासनतन्त्र को धर्म में हस्तक्षेप नहीं करना चाहिए ऐसा माननेवाले मार्क्सवाद को डॉ. बाबासाहब आम्बेडकर ने पूरी तरह नकारा नहीं। फिर हमारे पास ऐसा कौन सा प्रभावपूर्ण समर्थन है कि "हम मार्क्सवाद को नकार कर उसे आम्बेडकर विचार प्रणाली का शत्रू मान लेंगे?" डॉ. आम्बेडकर साम्यवाद और प्रजातन्त्र का मेल बिठानेवाली विचारप्रणाली की रचना का प्रयास कर रहे थे और उन्हें

लगता था कि यह मेल बौद्ध धर्म की चौखट में हो सकता है।

डॉ. आम्बेडकर ने 'बुद्ध और उनका धम्म' इस ग्रन्थ में और अपनी जिन्दगी के आखिरी पर्व में प्रकाशित लेखों में, भाषणों में मार्क्सवाद और बौद्ध धर्म की अनेक मुद्दों को लेकर समीक्षा की। इसमें उन्होंने यह बताया है कि वह मार्क्सवाद से किस रूप में अलग है। उसी तरह उन्होंने दर्शन द्वारा दुनिया की पुनर्रचना करनी होती है, परस्पर विरोधी वर्ग के हितसम्बन्धों में संघर्ष होता है, जिस वर्ग के हाथ में निजी सम्पत्ति होती है वह दूसरे वर्ग के दुःख का कारण होता है, निजी सम्पत्ति नष्ट कर दुःख की जड़ को नष्ट करना चाहिए, ऐसे दो विचार-प्रणाली के समान सूत्र भी स्पष्टता से मान्य किये हैं। फिर मार्क्स और आम्बेडकर में निश्चित अन्तर कहाँ हैं? दोनों शोषणमुक्त समाज का स्वप्न देखते हैं अपितु इसे ही अपने जीवन का लक्ष्य मानकर संकट तथा संघर्ष की राह अपनाते हैं। उस राह पर चलनेवाली शोषित-दलित जनता को वे संघठित भी करते हैं। लेकिन इस लक्ष्य को साकार बनाने के लिए प्रयुक्त किये जानेवाले साधनों को लेकर प्रमुखता से भेद निर्माण होता है।

साम्यवाद ने हिंसा का और श्रमिकों की तानाशाही का स्वीकार किया है यह बात बाबासाहब को स्वीकार नहीं, लेकिन मार्क्सवाद से शान्ति की राह से परिवर्तन होगा और शोषण को लालायित पूँजीवाद को इसी रास्ते पराजित कर सकते हैं, तो खून की क्रान्ति की भाषा उन्हें नहीं बोलना चाहिए इस पर भी गौर करना होगा। उसी तरह बुद्ध की राह भी महावीर जैसी केवल अहिंसावादी नहीं है। बुद्ध को भी यह मान्य नहीं था कि न्याय की प्रस्थापना के लिए जरूरत पड़ने पर हथियार न उठाये, खून खराबा न करें। डॉ. आम्बेडकर को भी इस तरह की अहिंसा मान्य नहीं थी।

डॉ. आम्बेडकर के मतानुसार साम्यवादी राज्य संस्था के सिद्धान्त में कुछ त्रुटियाँ हैं। इस सन्दर्भ में उन्होंने दो मुख्य प्रश्न उपस्थित किये हैं। वे इस प्रकार हैं- साम्यवादियों के कहने के अनुसार राजसत्ता का विलय कब होगा? और राजसत्ता के विलय के पश्चात् राज्यसत्ता चलाने के लिए कौन सी शक्ति उपयुक्त होगी? मार्क्सवाद को अन्य विचार प्रणालियों द्वारा भी ये प्रश्न पूछे गये हैं। उनमें से कुछेक का ऐसा कुछ होगा इस पर बिल्कुल विश्वास नहीं है। कुछेक को यह सम्भव तो लगता है लेकिन वैसा होना उनके हित में न होने से वे स्वीकार नहीं करते। डॉ. आम्बेडकर यद्यपि राज्य का विलय कब होगा, ऐसा प्रश्न उपस्थित करते हैं, लेकिन ऊपर निर्देशित उनके प्रश्नों के उत्तर में राजसत्ता के विलय के बाद उसका संचालन कौन सी शक्ति करेगी? इस प्रश्न के उत्तर के रूप में वे ऐसी शक्ति के रूप में धर्म को स्वीकार करते हैं।

तो मार्क्सवाद इसका स्पष्टीकरण इस तरह करता है, "शासन तन्त्र का विलय और शासकीय कारोबार का सार्वजनिक स्वयंशासन में रूपान्तरण होना ये बातें

कम्युनिजम में अचानक नहीं आतीं। और उनके तत्काल विलय होने की कल्पना करना तक गलत हैं। शासनतन्त्र के विलय की क्रिया प्रदीर्घ, धीमी गति की है और उसकी पूर्ति के लिए एक सम्पूर्ण ऐतिहासिक युग की जरुरत है। 'हर एक को उसकी अपनी कुवत के अनुसार, हर एक को उसकी अपनी जरूरत के अनुसार' इस नियम को समाज जब स्वीकार करेगा तब शासनतन्त्र का पूरी तरह विलय होगा। यानी जब सामाजिक सम्बन्धों में लोगों को मूलभूत नियम पालन करने की आदत होगी और उनके श्रम जब भलीभाँति उत्पादक बनेंगे तो वे स्वेच्छा से अपनी कुवत के अनुसार काम करेंगे। प्रगत समाज के निर्माण में शासनतन्त्र का विलय यह आवश्यक शर्त है। लेकिन शासन तन्त्र के विलय के लिए बाह्य शर्तें हैं।'' इस विचार में जैसे मानवी जीवन सम्बन्धी एक शास्त्रीय प्रक्रिया का विचार है वैसे मनुष्य की भलमानुषता पर भी विश्वास है। यह 'सम्भवामि युगे युगे' जैसी बुद्धिवाद को किनारे कर दी हुई घोषणा नहीं है।

इन दो विचारधाराओं को लेकर ऐसे साम्य अन्तर के सन्दर्भों की सूची को और भी बढ़ा सकते हैं। लेकिन ये दो विचारधाराएँ जहाँ तक हो सके दर्द के पहाड़ को तोड़ने का काम एक साथ करें इसी उम्मीद से दलित -शोषित आगे बढ़ेंगे।

अनुवाद - डॉ. गिरीश काशिद, बार्शी

❑❑❑

महात्माओं का 'महात्मा' यह भूषण जिन्हें शोभा देता हो ऐसा ज्योतिराव फुले का व्यक्तित्व एवं कृतित्व था। उनके सम्पूर्ण विचारों में शूद्रातिशूद्र, स्त्रियाँ, किसान खेतीहर– मजदूर आदि को दासता से मुक्त करने का विचार था। इन सभी लोगों का व्यक्तित्व ही खो गया था। ज्योतिराव फुले ने उन्हें उनका व्यक्तित्व प्रदान किया। जिस सामाजिक और राजनीतिक व्यवस्था में वे विचार एवं कृति कर रहे थे, वह सर्वथा भिन्न और असाधारण थी। मैं जब-जब ज्योतिराव फुले, शाहू, आम्बेडकर के आन्दोलन के सन्दर्भ में सोचता हूँ तब-तब ये इन्सान मुझे आसमान की तरह ऊँचे लगने लगते हैं परिश्रम, पसीना, आँसू, दुःख, शोषण, जुल्म में जीनेवाले पशुतुल्य इन्सानों को इन्होंने उनके पशुत्व की अवस्था से निकालकर मनुष्य के रूप में खड़ा किया। उनका यह एकमात्र कार्य मुझे उनके आन्दोलन की सीमाओं के साथ महान लगता है। आखिर बड़े व्यक्ति उनकी सीमाओं के कारण भी बड़े होते हैं; क्योंकि 'मनुष्य' का अर्थ ही एक सीमा है।

महात्मा ज्योतिराव फुले और आम्बेडकर सम्पूर्ण भारतीय सामाजिक क्रान्ति के

... 4 ...

डॉ. बाबासाहब आम्बेडकर और महात्मा फुले

बा. ह. कल्याणकर

प्रणेता थे। महात्मा गौतमबुद्ध के बाद ऐसा तूफानी हमला फुले और आम्बेडकर के अलावा किसी ने भी नहीं किया। यहाँ चार्वाक के कार्य को भी कम आँका जाना नहीं चाहिए। जिस व्यवस्था में मनुष्य, मनुष्य होकर भी मनुष्य की तरह जी नहीं पाते उस देश और उस देश की समाज व्यवस्था में 'ज्ञान' का अभाव है ऐसा समझना चाहिए। जहाँ मनुष्य को पशु से भी अधम, हीन, उपेक्षित समझा जाता है, उस देश की समाज व्यवस्था वास्तव में कुछ लोगों का पेट होता हैं। उनके पेट की वह थैली होती है। महात्मा ज्योतिराव फुले ने जिस विशिष्ट पद्धति से और मतलब से निर्माण की गयी इस व्यवस्था की जाँच की, उसकी धज्जियाँ उडाईं। अनुभव और अनुमान के हथियार से उन्होंने स्वार्थी वैदिक संस्कृति पर सरसन्धान किया। एक सूक्ष्म तार्किकता के बल पर उन्होंने व्यवस्था के जो दलाल थे उनको नंगा कर दिया। उन्होंने व्यवस्था के सारे पुराने मूल्यों को नकारा। पुराने मूल्यों को नया मुलम्मा देनेवाले सभी प्रयासों को उन्होंने सुरंग लगा दिया। उन्हें नयी समाजव्यवस्था, नया मनुष्य और उसके लिए नये मूल्यों की जरूरत थी, जिनकी उन्होंने खोज की। वह था मानवता का मूल्य, समता का मूल्य।

मनुष्य के आनन्द का मूल्य। इसमें शोषण और दुःख का अन्त उन्हें अभिप्रेत था।

अपनी ही भूमि में परिश्रम करनेवाले वर्ग को शूद्र और क्षुद्र मानकर अपनी ही छाया की थाली में घी-रोटी उदरस्त करने वाले पिशाच्चों की ज्योतिराव फुले ने कठोरता से खबर ली। शूद्रों पर दासता लादनेवालों के विरोध में महात्मा फुले जैसी संतप्त प्रतिक्रिया भारत में किसी और ने नहीं दी। डॉ. बाबासाहब आम्बेडकर का धर्मान्तर इसी प्रतिक्रिया पर खिला हुआ कमल पुष्प है। यह वही कमल पुष्प था, जिस पर सारी दुनिया ने गौतम बुद्ध को बिठाया था। जो आज संस्कृति के जल पर लहलहा रहा है, खिल रहा है।

फुले-आम्बेडकर का आन्दोलन जातिमुक्त समाज का नवजीवनवादी आन्दोलन है। महात्मा गौतमबुद्ध ने वैदिक ब्राह्मण-धर्म और शोषण-प्रेरक भारतीय जातिव्यवस्था को पहला जबरदस्त धक्का दिया था। 'ज्ञान यानी प्रकाश' ऐसी जीवन की परिभाषा उन्होंने दी थी। 'बुद्ध विचार' यह उनके समय की - महान मानवी क्रान्ति थी। आज बुद्ध विचार ही आन्तरराष्ट्रीय है। मैंने जपान, चीन, थायलैंड, सिंगापुर और हाँग-काँग की अध्ययन यात्रा की है। इन पाँच देशों में बुद्ध विचार का, बुद्ध चर्चा का मानवी नन्दनवन है। यह देखते समय मुझे भारत में जन्म लेने का आनन्द हुआ, लेकिन जिन्होंने हमारे आनन्द का वृक्ष ही वैदिक यज्ञ के लिए जला दिया था, वे हमारी ओर से ही जब धर्म की भाषा बोलते हैं तब इन भ्रष्ट पेटुओं की अलबत्ता दया ही आती है। डॉ. आम्बेडकर ने शोषित समाज से कहा था, 'भीख माँगने से अधिकार नहीं मिलते। तुम्हें अपना तेज दिखाना होगा। बकरे की बलि दी जाती है, शेर की नहीं।' शोषित पीड़ित समाज को शेर बनों कहनेवाला मनुष्य अपने युग का शेर पुरुष ही होता है।

महात्मा फुले और बाबासाहब आम्बेडकर इन दोनों ने भी हिन्दू समाज के पुनर्गठन की माँग की थी। इन दोनों को भी नया भारत, सबका भारत, समता की नींव पर खड़ा भारत चाहिए था और इन दोनों को भी यह भारत बहिष्कृत, शोषित, अधिकार विहीन और मानव प्रतिष्ठा से वंचित दिखाई दे रहा था। यह भारत अन्धकार में, शोषण में और दुःख की बुरी हालत में फँसा हुआ था। इन दोनों के सामने मात्र समाज सुधार करनेवाले लोग गड़े मुर्दे उखाड़ने गें ही अपनी शक्ति लगा रहे थे। फुले और आम्बेडकर का इन पुरातन पंथी मूल्यों को हल से जोतना था। उसमें नये मूल्यों के बीज बोने थे। समता के मूल्यों का उद्यान फूले-फले इसे वे अपनी नयी मानवता की दृष्टि से देखना चाहते थे।

फुले और आम्बेडकर से भिन्न जो समाजसुधारक थे, उन्हें मात्र ब्राह्मणहितकारी धर्म में थोड़ा बहुत सुधार करना था। आपसी फूट, दरारों की उन्हें मरम्मत करनी थी। म. ज्योतीराव फुले को और आम्बेडकर को भारतीय व्यवस्था की बुनियादी पुनर्रचना अपेक्षित थी। इसके लिए उन्हें प्रस्थापित कट्टरतावादियों से लोहा लेना आवश्यक था

और उन्होंने वह लिया। खुद को स्वयं घोषित मराठी भाषा के शिवाजी माननेवाले विष्णुशास्त्री चिपळुणकर ने म. ज्योतिराव फुले की नागर, पहाड़ी भाषा की वर्तनी की गलतियाँ खोजने में अपनी सारी विद्वता दाँव पर लगाई थी। उन्होंने ही महाराष्ट्र में पहला जातीय संगठन निर्माण किया। 'ब्राह्मण सभा' की स्थापना करने का पाप इसी खुद को मराठी भाषा का शिवाजी समझने वाले स्वयंघोषित विद्वान ने किया। राष्ट्रीय स्वयंसेवक संघ के कैंसर की शुरुआत 1887 में स्थापित इस ब्राह्मण सभा ने इस देश को दी थी। इस बीमारी के जीवाणु चिपळूणकर और तिलक ने इस मिट्टी में बोये। लेकिन फुले आम्बेडकर ने किसी प्रकार के जाति संगठन की स्थापना नहीं की। उनका प्रश्न मनुष्य की रोटी नहीं था। फुले-आम्बेडकर का आन्दोलन मनुष्य की प्रतिष्ठा का आन्दोलन था और सभी पुनरूत्थानवादी सुधारकों का आन्दोलन मात्र वैदिक रोटी का था।

फुले और आम्बेडकर ने वर्णवादी व्यवस्था से विभाजित भारतीय समाज की गहराई में जाकर छान-बीन की थी। इन दोनों के भी विचार रानडे, लोकहितवादी आदि के विचारों से भिन्न थे। वे अधिक यथार्थ और बुद्धिवादी थे। मृतप्रायः से पड़े करोड़ों निचले तबके के लोगों को संस्कृति के चौराहे पर खड़े करनेवाले ये थे। स्वाभिमान, स्वावलम्बन और आत्मोद्धार ये उनके आन्दोलन के बुनियादी सूत्र थे। रानडे के समाजसुधार का अभिप्राय विधवा पुनर्विवाह, स्त्रियों का उत्तराधिकार, प्रौढ़ विवाह तक ही सीमित था। उनका लक्ष्य उच्चवर्णीय समाज का सुधार करना था, इसे समझकर ही फुले आम्बेडकर के आन्दोलन की दिशा जान लेना उचित होगा।

फुले और आम्बेडकर का आन्दोलन नवजीवन का, नये मानवतावाद का था। मनुष्य को मनुष्य के रूप मे प्रतिष्ठा मिलनी चाहिए यह उनके सभी सामाजिक आन्दोलनों की नींव थी। इस दृष्टि से उन्होंने भारतीय समाज में नये क्रान्तिकारी युग की नींव डाली। भारतीय हिन्दू समाज ने शूद्र एवं अतिशूद्र समाज की जो उपेक्षा की थी, जो अवमान का दाहक दुःख़ दिया था, शूद्रों ने जो सामाजिक, आर्थिक एवं सांस्कृतिक दुःखों की दाहकता को सहा था, उस दुःख, शोषण, अन्याय एवं अत्याचार की प्रतिक्रिया स्वरूप हुआ विद्रोह ही फुले-आम्बेडकर का आन्दोलन है। भारतीय सामाजिक क्रान्ति के जनक के रूप में उनका स्थान सामान्य मनुष्यों के इतिहास में अब स्थायी रूप मे अंकित हुआ हैं।

भारतीय समाज का सारा इतिहास मानो शूद्र और अतिशूद्रों के शोषण की गाथा ही है। महात्मा फुले ने शोषण प्रेरित मूल्यों को ही नकार कर एक कभी न खत्म होने वाला विद्रोह खड़ा किया है। ब्राह्मण और शूद्र के बीच की संघर्ष की कहानी ही भारतीय समाज का सांस्कृतिक इतिहास है। म. ज्योतिराव फुले ने सर्वप्रथम खुलेआम जनसामान्य

का पक्ष लेकर वैदिक ब्राह्मण धर्म के विरोध में संघर्ष का प्रारम्भ किया।मात्र समता के लक्ष्य के लिए इतना महत्त्वपूर्ण संघर्ष संसार के बहुत कम देशों में हुआ है। भारत में यह हुआ। यह संघर्ष इस प्रकार के अन्य सघर्षों से बहुत भिन्न था। यहाँ जाति पर दूसरी जाति (भँडोली की तरह) खड़ी थी। जाति पर जाति की यह रचना यानी स्वयंघोषित उच्चवर्णीय लोगों की बहुसंख्य श्रमजीवी लागों के विरोध में चालाकी थी। म. ज्योतिराव फुले ने इस चालाकी की धज्जियाँ उड़ाईं और शूद्रतिशूद्र समाज को निर्भय बनने का आह्वाहन किया। ज्योतिराव फुले ने महाराष्ट्र के समाज को पहली बार वर्गीय एहसास दिया और वर्गीय दृष्टि दी।

भारतीय समाज को गतिशील विचार देने का युगीन कार्य ज्योतिराव फुले ने किया। वे मार्क्स के समकालीन थे। मार्क्स और म. फुले के विचारों और आन्दोलन का लक्ष्य एक सा था। भारत में शोषित वर्ग को संगठित कर उन्हें समता की लड़ाई के लिए जगाने का महान कार्य ज्योतिराव फुले ने किया था। भारतीय शोषित वर्ग कों म. फुले ने उनके शोषण के कारणों से परिचित कराया। शोषण के अज्ञान से उन्हें जीवन के ज्ञान की ओर ले गये तब गैर-ब्राह्मण आन्दोलन महाराष्ट्र में तूफान की तरह फैलता गया। भ्रष्ट ब्राह्मण मूल्यों को जिन्होंने आदर्श माना था उनको ठुकराने वाला यह दावानल था। शूद्र वर्ग का क्रोध ज्वालामुखी की तरह धधक उठा था। आगे चलकर शाहू-आम्बेडकर के आन्दोलन से वह तूफान की तरह बढ़ता ही गया। जनसामान्यों में उनका आन्दोलन जीवन्त करना आसान काम नहीं था; इसी कारण ज्योतिराव महात्माओं के महात्मा सिद्ध होते हैं। उन्होंने 'सार्वजनिक सत्यधर्म' की कोनशिला पर अपना सम्पूर्ण आन्दोलन खड़ा किया। उनका आन्दोलन नैतिक था। शोषण के अन्त का था, शोषण की खोज का था। सत्य का अन्वेषण इस वैज्ञानिक मूल्य को उन्होंने अपने समग्र आन्दोलन की आत्मा माना था। गीता, रामायण आदि को उन्होंने बेकार की बात मानकर जनसामान्य के मन में रूँधे हुए वैदिक घाँसफूस को उखाड़ फेंका।

'चालाक आर्यभट्ट के वेदों को छिपाकर रखने के कारण अज्ञानी शूद्रातिशूद्रों में वेदों का महत्त्व बढ़ गया, यह सही है; परन्तु इसके बाद ईसाइयों के बायबल की तरह अपने वेदों को बाहर निकाल कर उसके स्वाभाविक रूप को सर्वविदित किया जाय तो चालाक आर्यभट्ट के साथ उनके वेदों की फजिहत करने से बाजार की नटनियाँ भी कभी नहीं डरेंगी; इसे मैं प्रतिज्ञापूर्वक कहता हूँ।' यज्ञ को महत्त्व देनेवाले वर्णसम्राटों में क्या ज्योतीराव फुले की इस खुली चुनौती को स्वीकारने का साहस है? ज्योतिराव फुले ने वैदिक धर्म के दुष्ट और भ्रष्ट कृत्यों पर कठोर प्रहार किया। भारत के जनसामान्यों के पसीने को, परिश्रम को, आँसुओं को किसी भीं प्रकार का महत्त्व न देनेवाला वैदिक धर्म मात्र कुछ लोगों का पेट था। शूद्रों के सामाजिक, सांस्कृतिक, धार्मिक, राजनीतिक

दासता के लिए वैदिक धर्मियों की मानवविरोधी भ्रष्टता, यही कारण था।

ज्योतिराव फुले और आम्बेडकर को जातिविहीन एकात्म भारतीय समाज अभिप्रेत था। दोनों ने ही प्रस्थापित धर्मव्यवस्था को मानवी विवेकवाद पर आधारित वैज्ञानिक आह्वान किया। दोनों को ही भारतीय समाजव्यवस्था की यथार्थ जानकारी थी। उन्होंने समग्र इतिहास की ही जाँच की। इतिहास को अपने संघर्ष का शस्त्र और शास्त्र बनाया। दोनों का अन्तःकरण निर्भय था। दासता से मुक्ति के लिए उसकी कीमत चुकाने की दोनों की तैयारी थी। दोनों ने ही सामने समता की नींव पर खड़े होनेवाले भारतीय समाज की नयी रचना थी। महात्मा फुले कहते हैं, 'इससे इस बलिस्थान के शूद्रातिशूद्रों के साथ भील, कोली आदि सभी लोग शिक्षित होकर विचार करने योग्य बनने और एकात्म बने बिना 'नेशन' हो नहीं सकता। ऐसी स्थिति में पराये आर्यभट्ट ब्राह्मण लोग 'नेशनल काँग्रेस' की स्थापना करते हैं तो उसे कौन पूछता है?' ज्योतीराव फुले के प्रश्न में राष्ट्र क्या है इसकी स्पष्ट व्याख्या है। और उस समय काँग्रेस किसके कब्जे में थी और उसका स्थान क्या था, यह भी है। 'एकात्म लोग यानी राष्ट्र।' उनके विचारों में राष्ट्रवाद की सूक्ष्म और व्यावहारिक छानबीन है।

डॉ. आम्बेडकर ने महात्मा गाँधी को महात्मा मानने से इनकार किया था। उन्होंने बुद्ध, कबीर, ज्योतिराव फुले को अपना मार्गदर्शक माना था और आम्बेडकर ने अपना सम्पूर्ण जीवन इस परम्परा को शोभा दे इस पद्धति से ही खड़ा किया। उनका जीवन मानो महाक्रान्ति का दीपस्तम्भ ही था। 'काँग्रेस तत्वनिष्ठा की अपेक्षा सिरगिनती और धनराशि को अधिक महत्त्व देती है, ऐसा हमारा मानना है। हमारा कहना है कि हम आत्मनिर्भरता और आत्मविश्वास के सहारे अपना मार्ग तय करेंगे। आप जैसे महात्मा पर भी हम निर्भर नहीं रहेंगे; क्योंकि महात्मा मिथ्या प्रतीति होते हैं। उनकी धूमधाम से धूल मगर खूब उड़ती है; लेकिन वे समाज का स्तर उँचा उठा नहीं पाते।'' डॉ. आम्बेडकर ने अत्यन्त पैने शब्दों में महात्मा गाँधी को एक चर्चा में सुनाया था। काँग्रेस पार्टी की ओर देखने का आम्बेडकर और ज्योतिराव फुले का दृष्टिकोण एक जैसा है और आज भी काँग्रेस पार्टी में किनकी भीड़ है? कितने बुद्धिजीवी आज काँग्रेस में हैं? निर्बुद्ध अवसरवादियों का झुंड ऐसा ही चित्र आज भी काँग्रेस का है। लक्ष्य की अपेक्षा सिरगिनती को और दर्शन की अपेक्षा धन को, सम्पत्ति के बल पर भाई-भतीजावाद को पुख्ता करने की स्पर्धा ही आज भी इस पार्टी में दिखाई देती है।

महात्मा फुले ने ईश्वर और नियति को नकारा। सबके निर्माणकर्ता 'निर्मिक' को उन्होंने माना। डॉ. आम्बेडकर महात्मा फुले से और आगे बढ गये। उन्होंने हिन्दू धर्म को भी नकारा और सभी देवताओं को भी नकारा। गाँधी प्रणित 'हरिजन' अवधारणा के झमेले से दलितों को ऊपर उठाया और उन्हें बौद्धजन बनाया। उन्होंने सन 1927 में कहा था,

'हिन्दू धर्म यह पत्थरों का धर्म है। उसके आगे सिर फोड़ लें तो भी कोई लाभ नहीं होगा। 'सवर्णों ये लो तुम्हारा धर्म' यह कहकर दूसरे धर्म में प्रवेश करने के लिए अस्पृश्य तैयार होंगे। 13 अक्तूबर, 1935 को येवला में आयोजित सभा में एक प्रस्ताव कर उन्होंने हिन्दू समाज को ताकीद दी थी 'मैं हिन्दू के रूप में पैदा हुआ यह कोई मेरा अपराध नही; लेकिन मरते समय मैं हिन्दू के रूप में नहीं मरूँगा।' डॉ. बाबासाहब आम्बेडकर और महात्मा फुले द्वारा दिये गये धक्कों से हिन्दू समाज सुधर नहीं सका। अब तो वह और भी शिथिल हो गया हैं। इस समाज का नये मूल्यों के आधार पर गठन किये बिना उसका जीवित रहना, मामूली मानवी अस्तित्व की हिफ़ाजत करना भी कठिन है।

महात्मा जोतीराव फुलें निर्मिक तो मानते थे। आम्बेडकर ने सब कुछ नकारा और बुद्धिवाद माननेवाले तथा ईश्वर की अवधारणा को नकारनेवाले बौद्ध धर्म का स्वीकार किया। डॉ. आम्बेंडकर ने दासता में दबे हुए लाखों अनुयायियों को जातिनिर्मूलन करनेवाले, सामाजिक समता की शिक्षा देनेवाले, 'ईश्वर नहीं और आत्मा भी नहीं' इस प्रकार की नसीहत देनेवाले बुद्धिवादी धर्म की दीक्षा दी। उन्हें मानवी प्रतिष्ठा और स्वतन्त्रता दिलाकर हजारो वर्षों की दासता से मुक्त किया। म. फुले के सामाजिक समता के आन्दोलन को डॉ. बाबासाहब आम्बेडकर ने और आगे बढाया। इस प्रकार डॉ. आम्बेडकर जीवनदायी प्रेरणा के युगपुरुष बने।

महात्मा फुले ने 'गुलामगिरी' यह ग्रन्थ लिखकर हिन्दू धर्म के पुरातन गढ़ पर तोप दागी थी। उन्होंने बहुजन समाज को 'सार्वजनिक सत्यधर्म' ग्रन्थ दिया। उसमें उन्होंने अपने समाज को क्रान्ति का नया विचार दिया। डॉ. बाबासाहब आम्बेडकर ने 'जाति का निर्मूलन' यह ग्रन्थ लिखकर हिन्दू धर्म के अस्वास्थ्यकर मूल्यों पर प्रकाश डाला। अन्यायी, अत्याचारी जालिम और शोषक मूल्यों के विध्वंस के बाद समाज को नये मूल्यों का आशय दिया है। यह काम म. ज्योतिराव फुले और डॉ. आम्बेडकर ने किया। यह उनकी दूरदर्शिता थी। नवभारत के निर्माण के रचनात्मक आन्दोलन की नींव यही उनके आन्दोलन की असली शक्ति है। हिन्दू धर्म के शोषक मूल्यों का समीक्षात्मक अध्ययन दोनों ने भी किया था, इसी कारण समाज को किस दिशा में ले जाना है इसकी समझ उनकी हर कृति और विचारों से होती है।

महात्मा ज्योतिराव फुले को 'तीनों वेदों के निर्माता धोखेबाज, चालाक और चोर थे' यह ब्रहस्पति का विचार स्वीकार था। 'सभी नकली पोथियों को जला दो' यह ज्योतिराव फुले का आदेश था। डॉ. आम्बेडकर का 1927 में मनुस्मृति को जलाने से ज्योतीराव फुले का गतिशील हुआ आन्दोलन था। 'दुष्ट धर्म को जलसमाधि दो' कहनेवाले फुले और हिन्दू धर्म छोड़कर बौद्ध धर्म स्वीकारने वाले आम्बेडकर एक ही आन्दोलन की प्रकाशयात्रा हैं।

म. ज्योतिराव फुले को ब्राह्मण धर्म की फरेबी, धूर्त मूल्यों की तुलना में मुस्लिम धर्म अधिक उदार, सहिष्णु लगता था। मुस्लिम धर्म का बाह्यतः दिखाई देनेवाला समता का तत्त्व उन्हें आकर्षित करता था। उसकी अपेक्षा हिन्दू धर्म की सामाजिक दासता उन्हें असह्य हो उठी थी। अपने 'सार्वजनिक सत्य धर्म' इस पुस्तक में ज्यतिराव फुले ने उल्लेख किया है कि 'हम सबके दयालु निर्माता ने कृपा करके धूर्त आर्यभट्ट के दास्यत्व से पंगु बने शूद्रादि अतिशूद्रों को मुक्त करने के लिए जातीयता को समूल नष्ट करने वाले मुसलमानों को इस देश में भेजा है।'' सामाजिक दासता से मुक्त होने के लिए शत्रु का जो शत्रु वह अपना मित्र लगता होगा। राजनीतिक परिवर्तनवादियों का लक्ष्य मुस्लिम और उनके बाद अंग्रेजों द्वारा थोपी गयी राजनैतिक दासता उतार फेंकना था। सामाजिक दासता के सन्दर्भ में इन लोगों का न कोई लक्ष्य था न कोई नीति। उनकी प्रेरणा वैदिक ब्राह्मणवाद में फँसी हुई थी। म. फुले की वर्गीय दृष्टि स्वराज्य की माँग करनेवाले इन नेताओं के पास हो यह सम्भव ही नहीं था। हमारे किसान अनायास कहते हैं 'पराया दुःख सौम्य होता है' बैसा ही इन नेताओं का हुआ था।

महात्मा फुले ताकीद (इशारा) पुस्तक में कहते है, 'आर्य ब्राह्मण और मुसलमानों से जनता को बहुत तकलीफ हुई। वे (यानी ब्राह्मण और मुसलमान) खुद छल, द्वेष, क्रूरता, खुदगर्जी आदि दोषों के साक्षात प्रतिकृति ही थे, इसमें कोई शक नहीं। पेशवाओं का शासन हो या मुगलों का हो अथवा अंग्रेजों का शासन हो, उनकी जोर जबरदस्ती के विरोध में म. ज्योतिराव फुले आवाज बुलन्द करते हैं। म. ज्योतिराव फुले की दृष्टि स्वतन्त्र मानव की थी। शोषणमुक्त समाज की थी। सभी धर्मों के महान मूल्यों का उन्होंने अध्ययन किया था। डॉ. बाबासाहब आम्बेडकर की मींमासा को देखीकर ऐसा लगता है मानो बीसवीं सदी के फुले हों। डॉ. आम्बेडकर को आधुनिक ज्ञान के सभी सन्दर्भ उपलब्ध थे। उन्होंने अमेरिका, ब्रिटन में उच्च उपाधियाँ प्राप्त की थीं। म. फुले गँवार शहरी पहाडी संस्कति के स्कॉलर थे। म. ज्योतिराव फुले अनुमान अटकल, तर्क और व्यवहार पर इर्द-गिर्द के यथार्थ की जाँच करते हैं। उनका 'मैटर ऑफ कॉमन सेन्स' बहुत पुख्ता है। इसी कारण उनकी कलम भूमि में जैसे हल चलता है, वैसे चलती है। डॉ. आम्बेडकर फुले-शाहू के आन्दोलन के वृक्ष को आया हुआ फल हैं।

अनुवाद - डॉ. नागनाथ कुंटे, लातूर

□□□

1919 में साऊथबरो समिति के सम्मुख डॉ. बाबासाहब आम्बेडकर ने अपना बयान दिया। इस बयान के माध्यम से अपने समाज बन्धुओं के प्रति उनमें जो आत्मीयता थी उसे उन्होंने सार्वजनिक तौर पर व्यक्त किया। यहीं से बाबासाहब के सामाजिक कार्य की शुरुआत होती है।

बाबासाहब के पूर्व शिवराम जानबा काम्बले जैसे अछूत समाज के कुछ व्यक्तियों को छोड़ दें तो, अछूतों के लिए ईमानदारी से कार्य करनेवाले बहुत थोड़े लोग थे। एकमात्र अपवाद थे; कोल्हापूर रिसायत के राजा छत्रपति शाहू महाराज!

2 अप्रैल, 1894 को महाराज ने रिसायत के सूत्र अपने हाथों में लिये। तब से अन्तिम क्षणों तक उन्होंने सभी क्षेत्रों में ठोस बदलाव के दृष्टि से कार्यन्वयन किया। 'मनुष्य' उनके कार्य का केन्द्रबिन्दू था। वे सभी क्षेत्रों में परिवर्तन लाना चाहते थे। इस हेतु उन्होंने 26 जुलाई, 1902 को सरकारी नौकरियों में रिक्त जगहों में से 50% जगहों पर शैक्षिक दृष्टि से पिछड़े उम्मीदवारों को लेने का आदेश देकर पिछड़े वर्गों के विकास हेतु पहला कदम उठाया। अछूतों के उद्धार हेतु उनमें शिक्षा और चेतना की जरूरत को

... 5 ...

डॉ. बाबासाहब आम्बेडकर और राजर्षि शाहू महाराज

धम्मपाल रत्नाकर

देखकर महाराज ने उपरोक्त निर्णय लिया था। अछूतों में चेतना पैदा करने हेतु उनमें आन्दोलन होना जरूरी है तथा उसका नेतृत्त्व उन्हीं में से किसी को करना चाहिए, बल्कि ऐसा नेतृत्त्व उभरना चाहिए, यह महाराज की दिली इच्छा थी । अपनी यह इच्छा उन्होंने सीताराम शिवतरकर को सितम्बर 1919 में लिखे पत्र के माध्यम से व्यक्त की है। पत्र में वे लिखते हैं 'सीताराम शिवतरकर आपकी और मेरी मुलाकात नहीं हुई है, किन्तु मैं आपके विचारों जो दुसऱ्यावरी विसावला। त्याचा कार्यभाग बुडाला। जो आपणच कष्टत गेला। तोचि जाण भला।।' (अर्थात - जो दूसरो पर निर्भर है; उसका काम नहीं होता, जो स्वयंपूर्ण है उसका काम होता है।)

यह मेरे विचार हैं। आप मेरे या बड़ोदा के महाराजा, हैदराबाद के निजाम, और चंदावरकर या शिंदे आदि से सुझाव ले सकते हैं, किन्तु उन्हें नेता नहीं मानना चाहिए। नेता आपकी जाति का होना चाहिए।''[1]

महाराज की इस इच्छा को पूर्ण करने वाला नेतृत्त्व बाबासाहब के रूप में अछूत समाज में उभरकर आया। और बाबासाहब ने अछूतों के अधिकारों की लड़ई लड़ना प्रारम्भ किया था।

पहली मुलाकात

सन 1919 में एक महत्त्वपूर्ण ऐतिहासिक घटना घटित हुई वह यह कि शाहू महाराज और बाबासाहब की 'प्रथम' भेंट। कोल्हापूर मे महाराजा द्वारा शुरू किये गये अछूतों के आन्दोलन में कुछ शिक्षित अछूत युवा थे। दत्तोबा संतराम पोवार उनमें से एक थे। वे महाराज के ईमानदार साथी तथा सरकारी नोकरी में थे। 1917 में उन्होंने ही अपना परिचय बाबासाहब को दिया था।[2] इसी दत्तोबा पोवार ने महाराज को बाबासाहब के बारे में विस्तृत जानकारी दी थी। तब अछूत समाज में इतना पढ़ा- लिखा युवक तैयार हुआ है, यह सुनकर महाराज को बड़ी प्रसन्नता हुई थी। इसी समय बाबासाहब से परिचय तथा मुलाकात करने की इच्छा महाराज ने व्यक्त की थी और दोनों महानुभवों की भेटं का योग 1919 में आया।

1919 में जब महाराजा कोल्हापूर से मुंबई गये थे, तब वे पन्हाळा लॉज पर रुके थे। महाराजा ने तब बाबासाहब का पता खोजने के लिए कुछ लोगों को भेजा, किन्तु उनसे यह काम न होने पर महाराजा; बाबासाहब परल की जिस गली में रहते थे, वहाँ स्वयं गये। कोल्हापुर के महाराजा मुझसे मिलने आये यह सन्देश मिलते ही दूसरी मंजिल पर रहनेवाले बाबासाहब नीचे आकर महाराज से मिले। महाराज और बाबासाहब की पहली मुलाकात परल की गली में इस तरह हुई। बाबासाहब को देखकर महाराजा को बड़ी प्रसन्नता हुई। बाबासाहब को वे अपने साथ पन्हाला लॉज पर ले गये। वहाँ दोनों के बीच चर्चा हुई। इसी पहली मुलाकात में महाराजा ने बाबासाहब को कोल्हापुर आने का निमन्त्रण दिया। बाबासाहब ने उसे स्वीकारा।[3]

बाबासाहब की कोल्हापुर मुलाकात

पूर्व योजनानुसार बाबासाहब कोल्हापुर गये। कोल्हापुर रेल स्टेशन के सामनेवाले सरकारी गेस्ट हाऊस में वे ठहरे। इसी समय महाराज ने पूरे कोल्हापुर शहर में बाबासाहब की रैली निकाली। उनका स्वागत और आतिथ्य बड़ी आत्मीयता और राजघराने के अनुकूल किया गया। सोनतली कैंप पर उनके साथ भोजन भी किया गया। इसी भेंट में महाराजा ने बाबासाहब के साथ कई मुद्दों पर विस्तार से चर्चा की।

कोल्हापुर यात्रा समाप्त कर बाबासाहब के मुंबई आते समय महाराजा ने एक बड़े समारोह का आयोजन करके परम्परा के अनुरूप बाबासाहब को रेशम की पगड़ी भेंट देकर उनका सार्वजनिक रूप से सम्मान किया। इस विदाई समारोह में भाषण करते समय बाबासाहब ने कहा था, "महाराज द्वारा भेंट की गयी रेशम की पगड़ी मैंने पहन ली है, मैं इसका हमेशा सम्मान करूगाँ।"[4] बाबासाहब का यह कथन बहुत महत्त्वपूर्ण है।

'मूक नायक' को सहयोग

छात्र-जीवन में उत्पन्न अनेक समस्याएँ, बड़ोदा संस्थान में मानसिक दोहन करने वाला अपमान, यह सब घटित होने के बावजूद और जातीयता के भयावह अनुभव लेने के साथ ही स्वअनुभव से अपने समाज बन्धुओं के दुःख, दर्द को समझकर बाबासाहब उनके लिए लड़ने तैयार हुए। इस लड़ाई के प्रारम्भ में ही बाबासाहब को महाराजा का सहयोग तथा आश्वस्त करनेवाला साथ-मिला। नयी उम्मीद मिली, 'तुम आगे बढ़ो तुम्हें जो सहयोग चाहिए वह मैं करूँगा' यह कहनेवाला साथी, मिलने से बाबासाहब नयी उम्मीद से कार्य करने के लिए तैयार हुए।

वर्तमान समय में अछूतों की समस्याएँ जनता के सम्मुख तथा भारत यात्रा पर आये साऊथबरो समिति के सम्मुख रखने के लिए बाबासाहब एक समाचार पत्र की जरूरत महसूस करने लगे थे। बाबासाहब के मार्गदर्शन में अस्पृश्य समाज के कुछ समाज सुधारकों ने महाराजा जब मुंबई यात्रा पर आये उनके समक्ष समाचार पत्र की योजना रखी। महाराजा को यह योजना पसन्द आयी औग उन्होंने समाचार पत्र निकालने हेतु तत्काल ढ़ाई हजार का चेक दिया।[5] महाराजा द्वारा दी गयी राशि से 'मूकनायक' पाक्षिक का जन्म हुआ। इस पाक्षिक के सम्पादक के रूप मे वऱ्हाड प्रदेश का अंडर ग्रेज्युएट महार युवक पांडुरंग नंदाराम भटकर को नियुक्त किया गया। बाबासाहब उस समय सिडन्हॅम कॉलेज में प्रोफेसर थे। सरकारी कॉलेज में नौकरी होने के कारण सम्भवतः बाबासाहब ने सम्पादकत्व को अस्वीकार किया होगा। किन्तु इसमें लेखन का कार्य बाबासाहब स्वयं करते थे। 'मूकनायक' पाक्षिक के प्रथम 13 सम्पादकीय लेखों का लेखन बाबासाहब ने स्वयं किया हैं। आगे, बाबासाहब के लंदन जाने के बाद पाक्षिक की पूरी जिम्मेदारी पांडुरंग भटकर ने सम्भाली। अस्पृश्यों के आन्दोलन को मजबूत बनाने हेतु 'मूकनायक' का योगदान महत्त्वपूर्ण है।

माणगाँव परिषद

कोल्हापुर के शाहू महाराज और बाबासाहब के सम्बन्ध धीरे-धीरे दृढ़ हो रहे थे। इन दोनों के रूप में अछूतों के आन्दोलन को एक मजबूत वेचारिकी मिल गयी थी। अछूतों के आन्दोलनों को गति प्रदान करने हेतु दोनों विद्वानों को एकजूट होकर जनता के बीच बार-बार जाकर उनमें चेतना पैदा करना आवश्यक था। यह प्रयास लगातार हो रहे थे। माणगाँव परिषद उसी का एक उदाहरण है।

कोल्हापुर रियासत के कागल जागीर के 'माणगाँव' नामक गाँव में 20 एवं 21 मार्च 1920 को दक्षिण महाराष्ट्र दलित परिषद के पहले अधिवेशन का आयोजन किया गया। यही अधिवेशन ऐतिहासिक 'माणगाँव परिषद' है।

दत्तोबा पोवार ने आगे होकर महाराज और कोल्हापूर के अछूतों के नेता डॉ. रमाकांत कांबले, गंगाराम कांबले, तुकाराम गणाकारीचा, शिवराम कांबले, रामचंद्र कांबले, निंगाप्पा ऐदाळे इन सभी से चर्चा[6] और भेंट कर अधिवेशन हेतु बाबासाहब से पत्राचार कर दिन तय करने के सन्दर्भ में विचार विमर्श किया। इस कार्य हेतु बाबासाहब से प्रत्यक्ष मिलकर उनका समय और तिथि लेने के लिए निंगाप्पा ऐदाळे को मुंबई भेजा गया, वे बाबासाहब से मिले और बाबासाहब ने 20 मार्च की तिथि अधिवेशन हेतु दी।[7]

पूर्व नियोजन के अनुसार याने 20 मार्च 1920 को बाबासाहब दो-तीन साथियों के साथ रेल से कोल्हापुर आये। बाबासाहब के ठहरने की व्यवस्था महाराजा के गेस्ट हाऊस में की गयी थी। दोपहर के भोजन के पश्चात बाबासाहब और उनके अन्य साथी रेल से कोल्हापुर से रूकडी तक गये। रुकडी से तीन-चार किलोमीटर की दूरी पर स्थित 'माणगाँव' में गये। माणगाँव के तत्कालीन मुखिया तथा अधिवेशन के संयोजक अप्पासाहेब दादगोंडा पाटील के साथ अन्य हजारों लोगों ने बाबासाहब का बड़ी आत्मीयता से स्वागत किया। इस अधिवेशन में शाहू महाराज के उपस्थित होने की जानकारी लोगों को पहले से होने के कारण कोल्हापुर रियासत के हजारों लोग माणगाँव पहुँचे थे।

तय समय के अनुसार चार बजे अधिवेशन की शुरुआत हुई। इस अधिवेशन के लिए अध्यक्ष के रूप में बाबासाहब का चयन हुआ। पहले दत्तोबा पोवार तथा निंगाप्पा ऐदाळे ने अस्पृश्य समाज को केन्द्र में रखकर भाषण दिये। इसी समय शाहू महाराज का घोड़े के रथ से अधिवेशन स्थान पर आगमन हुआ। महाराज के साथ भास्करराव जाधव तथा अन्य लोग थे। बाबासाहब ने आगे होकर महाराज का स्वागत किया और अपने पास बैठने का अनुरोध किया।[8] 'माणगाँव अधिवेशन' यह बाबासाहब के जीवन का पहला बड़ा और सार्वजनिक कार्यक्रम था। अधिवेशन में महाराज की उपस्थिति एक ऐतिहासिक घटना थी और इस अधिवेशन में उनके द्वारा किया गया उद्‌बोधन बाबासाहब और समस्त अस्पृश्य समाज के लिए उत्साह बढानेवाला था। अपने उद्‌बोधन के शुरुआत में बाबासाहब की प्रशंसा करते हुए उन्होने कहा, "आज मेरे प्रिय मित्र आम्बेडकर इस अधिवेशन की अध्यक्षता कर रहे हैं। उनका भाषण सुनने का मुझे अवसर प्राप्त हो इसलिए मैं शिकार समाप्त कर सीधे यहाँ आया हूँ। मि. आम्बेडकर 'मूकनायक' पाक्षिक निकालकर सभी पिछड़ी जातियों का समाचार लेते रहे हैं। इस कार्य के लिए मैं उन्हे तहे दिल से धन्यवाद देता हूँ।"

नगरद्वार पर अस्पृश्यों द्वारा रखवाली करवाने की प्रथा को मैंने समाप्त किया; यह बताकर महाराज ने अपने उद्‌बोधन में आगे कहाँ, "अस्पृशों द्वारा रखवाली प्रथा समाप्त करने की कल्पना मेरे दिमाग में कैसे आयी इसे संक्षेप में बताना चाहता हूँ।

रखवाली करवाने की प्रथा के कारण गाँव के प्रमुख लोग और अधिकारी अस्पृश्यों पर बहुत अन्याय करते थे। गाँव में इस कार्य का चार आना मूल्य निर्धारित होने के बावजूद अनुपस्थिति का भय दिखाकर गरीब अस्पृश्यों से ये लोग मुफ्त मे कार्य करवा लेते थे। अधिक से अधिक उन्हें खाने के लिए कुछ देते थे। गुलामी से भी भयावह ऐसी यह प्रथा इस बीसवीं सदी में चल रही है। जो लोग यह काम करते थे, उन्हें अपने रिश्तेदार या अन्य नजदीकी लोगों की बीमारी पर या अन्य संकटों में पहुँचना सम्भव नहीं होता। और पहुँच भी जाएँ तो कई बार बिना भेंट के उस व्यक्ति की मृत्यु हो जाती थी। मैंने यह स्वयं देखा है कि, कई बार बीमार बच्चों के माता-पिता को जबरदस्ती से इस कार्य में लगाया जाता था और बच्चों को देखने वाला कोई न होने के कारण माता-पिता को वापिस आने पर उन्हें अपने बच्चे मृत अवस्था में मिले हैं। इससे ज्यादा अन्याय अत्याचार क्या हो सकता है?''

हिन्दुस्तान के जातिभेद के सन्दर्भ में महाराज ने आगे कहाँ, ''हिन्दुस्तान के अलावा अन्य किसी भी देश में मनुष्यों में जाति नहीं है। किन्तु दुर्भाग्य सें हिन्दुस्तान में इतना ज्यादा जातिभेद है कि, बिल्ली कुत्ते और गधे से भी गया गुजरा आचरण हम हमारे इन अस्पृश्य देशवासियों से करते हैं।'' बाबासाहब की प्रशंसा करते हुए महाराज ने कहा कि, ''बाबासाहब को आज पंडिते भद्र उपाधि देने में क्या हर्ज है। उनकी विद्वत्ता का हमें गर्व है। आर्य समाज, बौद्ध समाज, क्रिश्चयन समाज ने उन्हें खुशी-खुशी अपनाया होता। किन्तु आपके उत्थान के कारण वे उधर गये नहीं। इसलिए आप लोग उन्हें धन्यवाद दीजिए। मैं भी धन्यवाद देता हूँ।'' ''आप लोगों ने अपना नेतृत्व खोज निकाला। इसलिए मैं आप लोगों को बधाई देता हूँ। मुझे विश्वास है आम्बेडकर आपका उद्धार किये बगैर चुप नहीं बैठेंगे। इतना ही नहीं तो, एक समय ऐसा होगा कि, आम्बेडकर समस्त हिन्दुस्तान के नेता होंगे... अन्त में आम्बेडकर से मेरा यह अनुरोध है कि, यहाँ से वापिस जाने से पहले वे रजपूतवाड़ी के कैम्प पर मेरे साथ भोजन करने का कष्ट करें।''[९]

इस अधिवेधन में कुछ महत्त्वगूर्ण प्रस्ताव आम सहगति से पारित किये गये। जिसमें प्रस्ताव संख्या-2 महत्त्वपूर्ण था। ''श्रीमान शाहू छत्रपति महाराज ने अपने संस्थान में बहिस्कृतों को समान अधिकार देकर उनका उद्धार करने का कार्य प्रारम्भ किया है। इसलिए उनका जन्मदिन प्रत्येक बहिस्कृत व्यक्ति द्वारा एक त्योहार के रूप में मनाया जाय। यह इस सभा का विचार है।'' इसके अलावा ''जो राजा, या संस्थान बहिष्कृतों के उत्थान हेतु प्रयास कर रहे हैं, उनको यह सभा धन्यवाद देती है।''[10]

माणगाँव परिषद बड़े उत्साह से सम्पन्न हुई। इस परिषद के कारण माणगाँववासी अछूतों को कोई परेशानी नहीं हुई ऐसा नहीं है; परेशानी हुई। किन्तु महाराज और

बाबासाहब की एक साथ की वहाँ की उपस्थिति से और दोनों के भाषणों से अस्पृश्यों का मनोबल बढ गया इसे नकारा नहीं जा सकता।

यह परिषद बाबासाहब के सार्वजनिक कार्य की शुरुआत थी और शुरुआत में महाराज का जो सहयोग बाबासाहब को मिला इससे उनका मनोबल और उत्साह बढ गया। उन्हें नयी आशा की किरष दिख रहीं थी। इसके बाद नागपुर स्थित अखिल भारतीय बहिष्कृत समाज की परिषद महाराज की अध्यक्षता में सफलता से सम्पन्न हुई थी इसकी सफलता के मूल में माणगाँव परिषद के कारण जो अनुकूल परिस्थितियाँ निर्माण हुई थीं, वह थी।

नागपुर परिषद

अस्पृश्यों के राजनैतिक अधिकारों पर कोई संकट न आये इसलिए बाबासाहब प्रयत्नशील थे। साऊथबरो समिति के समक्ष वे अपना बयान दे चुके थे। बावजूद कर्मवीर शिंदे के बयान के आधार पर सरकार ने निर्णय को बदल दिया तो अनर्थ हो जाएगा, इस चिन्ता में बाबासाहब थे। कर्मवीर शिंदे द्वारा सरकार को यह बताया गया था कि, "अस्पृश्यों के प्रतिनिधियों को विधिमंडल के सदस्यों द्वारा चुना जाना चाहिए। राज्यपाल तथा अस्पृश्यों की संस्था द्वारा उन्हें नहीं चुनना चाहिए।"

कर्मवीर शिंदे द्वारा दिये गये बयान को अगर साऊथबरो समिति ने स्वीकार किया तो अस्पृश्य समाज अपने राजनीतिक अधिकार खो बैठेगा इस बात को समझते हुए बाबासाहब ने शिंदे के बयान से अस्पृश्यों को कौन सा नुकसान हो सकता है इसे सार्वजनिक करने का निर्णय लिया। अस्पृश्यों की राजनैतीक अपेक्षाएँ क्या हैं? इसे सार्वजनिक रूप से स्पष्ट करने हेतु किसी प्रतिष्ठित व्यक्ति की अध्यक्षता में एक सम्मेलन का आयोजन हो ऐसा बाबासाहब ने तय किया। और यह सम्मेलन महाराज की अध्यक्षता में हो, और उन्हें अध्यक्षता स्वीकार करने हेतु ग. आ. गवई, केशवराव खंडारे, कालीचरण नंदा, गवली आदि कोल्हापुर जाकर महाराज से अध्यक्षता हेतु अनुरोध करें ऐसा तय हुआ। तब महाराजने कहा था, "मेरे बजाए लोकमान्य तिलक को क्यों नहीं ले जाते?" इस पर गवई के कहा था, "लोकमान्य तिलक तो क्या हिन्दू धर्म के श्रीरामचंद्र जैसे अवतारी पुरूष भी हम दलितों के उत्थान हेतु अनुकूल नहीं हैं। उनकी नीति हमारे साथ के आचरण में अधार्मिक हो गयी है ऐसा लग रहा है। स्पष्टता के लिए मुझे क्षमा करें, महाराज! इसलिए हम आपसे ही अनुरोध कर रहे हैं।" इस बात पर गम्भीर होकर महाराज से कहा, "मेरा राज-काज चला भी जाय तो भी मुझे चिन्ता नहीं है, मुझे आप लोगों के लिए जो करना होगा उसे मैं अवश्य करूँगा।"[11]

पूर्वनियोजन के अनुसार 'अखिल भारतीय बहिष्कृत समाज' का पहला अधिवेशन

नागपुर में 30-31 मई और 1 जून इन तीन दिनों में महाराजा की अध्यक्षता में बड़े उत्साह से सम्पन्न हुआ। महाराजा के स्वागत हेतु 30 मई को सुबह नागपुर स्टेशन पर बड़ी संख्या में लोग इकट्ठा हुए थे। सुबह नौं बजे महाराज का आगमन हुआ। उनके नाम के नारे लगाने से आकाश गूँज उठा। अति उत्साह से लोगों ने उनका स्वागत किया। पाँच बजे अधिवेधन की कार्यवाही शुरू हुई। एक्सिबिशन ग्राउंड पर विशाल पंडाल लगाया गया। मंच पर शाहू महाराज, डॉ. बाबासाहब आम्बेडकर, सर गंगाधर शंकरराव चिटणिस, सर बी. के. बोस, बाबुराव यादव, श्रीपतराव शिंदे, दत्तोपंत दळवी, श. सा. पापन्ना, शिवराम जानबा कांबले, कृष्णराव कांबले, गोविंद गोपाल कांबले, ग. आ. गवई य..दि महानुभव उपस्थित थे। स्वागत अध्यक्ष कालीचरण के प्रथम भाषण के बाद श्रीपतराव शिंदे द्वारा महाराज का भाषण पढ़ा गया। अपने भाषण में महाराज ने कहा था; "किसी भी व्यक्ति के लिए अस्पृश्य शब्द लगाना बहुत गलत है। आप लोग अस्पृश्य नहीं हैं। जो लोग आपको अस्पृश्य कहते हैं उनसे आप ज्यादा विद्वान, वीर, विचारशील, निस्वार्थी हैं। इन सब गुणों से युक्त हिन्दी राष्ट्र की आप इकाई हैं। मैं आपको अस्पृश्य नहीं मानता। हम लोग भाई-भाई तो हैं ही हमारे अधिकार समान होने के साथ विशेष भी हैं। इस संकल्प के साथ आगे के कार्य में लगना चाहिए। मेरे परिवार के लोगों ने, रिश्तेदार तथा मित्रों ने किसी सन्देह के बगैर और जिन्हें मेरे विचार पसन्द है उन्हें व्यक्तिगत रूप से मेरा अनुकरण करना चाहिए। मेरी ओर से इन सबको कोई विशेष प्रोत्साहन मिलने वाला नहीं है। इस देश के विकास की गति इस देश का जातिभेद जिस गति से समाप्त होगा उसपर निर्भर है।"

महाराज ने अन्त में कहा, "आज आप लोगों ने मुझे 'अपना' कहा है, यह प्रेम आखिर तक ऐसा ही बनाए रखिए। मैं तमाम समस्याओं के बावजूद, उसका समाधान निकालकर आपके विकास में जो कर सकता हूँ वह जरूर करूँगा।"

इसी परिषद में कर्मवीर शिंदे द्वारा अस्पृश्य वर्ग है की तरफ से सरकार को जो प्रस्ताव भेजा गया था; उसे नागपुर की परिषद में अनुमति मिले इसके लिए अपने कुछ लोगों को शिंदे जी ने भेजा था। शिंदे द्वारा अस्पृश्यों के अपमान के कारण बाबासाहब काफी गुस्से में थे। इसलिए बाबासाहब ने अपने भाषण में शिंदे के विचारों पर बड़ी आपत्ति उठाई। परिषद में शिंदे के विरोध में प्रस्ताव पारित कर, उनके विचारों से असहमति व्यक्त कर, सरकार शिंदे के प्रस्ताव के अनुसार कोई निर्णय न ले यह अनुरोध किया गया। श्रीपतराव शिंदे ने अपने भाषण में शिंदे के ऊपर निर्भर न रहने की जोरदार अपील की। शिवराम जानबा कांबले तथा शिवतरकर के भी भाषण इस समय हुए।

शाहू महाराज ने परिषद के स्थायी संचालन हेतु पाँच हजार तो बाबू कालिचरण

ने एक हजार रूपये दिए।[13] 1 जून को कुछ महत्त्वूपर्ण प्रस्ताव रखकर उस पर आम सहमति बनने के पश्चात पस्थिद का समापन समारोह सम्पन्न हुआ। नागपूर परिषद में महाराज द्वारा किये गये भाषण पर 'केसरी' समाचार पत्र ने 8 जून, 1920 के अंक में उनके विरोध में एक लेख लिखा। और उदाजी मराठा छात्रवास भूमिपूजन समारोह में महाराज ने 15 अप्रैल, 1920 की जातिभेद के विरोध में जो भाषण दिया था उसका सन्दर्भ लेकर 'राजकारण' के 13 जून, 1920 के अंक में उनके विरोध में पुनः कुछ दिया गया। अस्पृश्यता के निर्मूलन हेतु महाराज पूरी निष्ठा से के कार्य कर रहे थे। इस क्रियान्वयन के तहत उन्होंने कोल्हापूर के गंगाराम कांबले इस अछूत को होटल खोलकर दिया। और प्रतिदिन वहाँ साथियों के साथ जाकर चाय पीने लगे। इस घटना का सन्दर्भ 'राजकारण' समाचार पत्र ने लिखा था कि, "अस्पश्यों के हाथों चाय पीना वीरता का कार्य नहीं समझना चाहिए। मैं अपना राजकाज त्याग दूँगा यह भाषण उन्होंने किया है, किन्तु वे अपना वारिस क्या किसी महार को बनाएँगे?[14] इससे आगे जाकर "लोकसंग्रह" साप्ताहिक पत्रिका ने कोल्हापुर राज्य में चल रही गड़बड़ियों की जाँच सरकार करें ऐसा लिखा।"[15] निष्कर्ष यह कि कोल्हापुर के शाहू महाराज द्वारा अस्पृश्यों के कल्याण का कार्य करने से हिन्दुत्ववादी समाचार पत्रों का विरोध काफी बढ़ा रहा था।

एक कदम आगे

अस्पृश्यता निर्मूलन के आन्दोलन में शाहू महाराज पूरी आत्मीयता के साथ जुड़ गये थे। इसलिए उनका चारों ओर से विरोध हो रहा था। किन्तु महाराज को इस बात की कोई चिन्ता नहीं थी। इसलिए इस विरोध का उन पर कोई असर नहीं हुआ, न वे हताश हुए, बल्कि उन्होंने अस्पृश्यों के आन्दोलन को और तेज करने के लिए अपना योगदान दिया। क्रियान्वयन की नींव रखते हुए, बाबासाहब द्वारा स्थापित 'डिप्रेस्ड क्लास मिशन' इस संस्था के लिए राशि जमा करने हेतु सम्पूर्ण भारत की यात्रा की। इस योजना का वर्णन करनेवाला एक पत्र बाबासाहब ने 4 जून, 1920 को महाराजा को भेजा था। उक्त पत्र के जबाव में महाराजा ने रूडकी कैम्प से पत्र भेजा। उसमें महाराज का बड़प्पन, अस्पृश्यों के प्रति संवेदना आदि बातें पाठकों के सामने आती हैं। उस पत्र में महाराज लिखते हैं, "आप जिनको जिनको डेप्युटेशन फंड जमा करने हेतु पत्र भेजनेवाले है; उसमें मेरा नाम रखने की स्वीकृती मैं सहर्ष देता हूँ। जो संस्था इस कार्य के लिए आप स्थापित करेगें उसका मैं व्हाईज प्रेसिडंट, असिस्टंट सेक्रेटरी तक होने के लिए तैयार हूँ। मेरे विचार से हमें एक ऑल इंडिया डिप्रेस्ड क्लासेस एज्युकेशन फंड नामक संस्था की स्थापना करनी चाहिए। इसके लिए ईमानदार, मेहनती, प्रसिद्धि प्राप्त लोगों को चुनकर संस्था की ओर से जगह जगह पर

डेप्युटेशन भेजा जाय। इससे राशि जना होने में सहायता होगी। मेरी असिस्टंट सेक्रेटरी बनने की बड़ी तमन्ना है, मैं इस कार्य को उत्साह से करूँगा।''[16]

महाराज के पत्र से बाबासाहब और उनके बीच के सम्बन्धों को, अस्पृश्य आन्दोलन के प्रति महाराज जी के लगाव को देखा जा सकता है। महाराज के रूप में सिर्फ बाबासाहब को नहीं बल्कि समस्त अस्पृश्य समाज को और उनके आन्दोलन को स्थायी, मजबूत आधार मिला था। ऐसे भक्त का आत्मीयता से सम्मान किया जाय। महाराज का कार्य लिखित रूप में जनता के सामने लाने के लिए 'मूक नायक' पाक्षिक का विशेषांक महाराज के जन्मदिन के अवसर पर निकालना तथा उनका जन्मदिन चारों दिशाओं में मनाने का निर्णय बाबासाहब ने लिया था। विशेषांक के लिए महाराज के बारे में अतिरिक्त जानकारी तत्काल उपलब्ध न होने के कारण बाबासाहब ने उन्हें 13 जून 1920 को एक पत्र लिखकर इस कार्य के लिए वे स्वयं कोल्हापुर आ रहे हैं, यह सूचना दी। पत्र में बाबासाहब ने लिखा था, ''माणगाँव तथा नागपुर परिषद में पारित प्रस्ताव के अनुसार 26 जून को आपका जन्मदिन सभी ओर मनाया जानेवाला है। आपके सहयोग से निकलने वाला पाक्षिक 'मूक नायक' का एक विशेषांक आप के कार्यकतृत्व पर निकालना तय किया गया है। इसमें आपका एक छायाचित्र और आपके कार्य को विस्तार से देना है। इस कार्य हेतु, आपके समस्त कार्यों की जानकारी हेतु मैंने अनुरोध किया था। आज तक जानकारी प्राप्त न होने के कारण मैं चिंतित हूँ। समय बहुत कम है इसलिए मैं स्वयं आकर आवश्यक जानकारी इकठ्ठा करना चाहता हूँ। इस कार्य के लिए मैं आज रात कोल्हापुर आ रहा हूँ। मंगल की शाम तक पहुँच जाऊँगा। आपसे वहाँ मुलाकात होगी।[17]

'मूकनायक' का यह 'विशेषांक' निकला या नहीं इसकी कोई जानकारी उपलब्ध नहीं हैं, किन्तु बाबासाहब के मन में महाराज के प्रति कितना विश्वास, सम्मान -स्नेह और प्यार था यह स्पष्ट दिखाई देता है। तत्कालीन हिन्दुत्ववादी ब्राह्मणवर्ग की ओर से महाराज पर किये जा रहे आरोप बाबासाहब के लिए असहनीय थे। बाबासाहब ने 'मूकनायक' में 'काकगर्जना' शीर्षक से सम्पादकीय लिखकर महाराज पर किये गये आरोपों का खंडन करते हुए पुनः ऐसे आरोप किये गये तो ठीक नहीं होगा, यह चेतावनी देते हुए महाराज के समस्त कार्यों का सम्मान और गुणगौरव करते हुए लिखा, ''अस्पृश्यों के भी सुख-दुख हो सकते हैं, यह जानने की आवश्यकता वर्ण को श्रेष्ठ कहने वाले हमारे ब्राह्मण भाईयों में से किसी को महसूस नहीं हुई, या किसी को महसूस हुई तो इस सुख-दुख को दुनिया को बताने की हिम्मत नहीं हुई। और हिम्मत होती कैसे? क्योंकि हिम्मतवान तो वहीं हैं जिनकी छाती मजबूत होती है। हिम्मत से काम करने के लिए मनुष्य जाबाँज होना चाहिए। अर्थात, वही सच्चा क्षत्रिय और काम

का अधिकारी है। और इसी क्षत्रियता के नाते शाहू महाराज ने अपने आत्म तेज के पारस स्पर्श से सदियों से इन्साफ से दूर रहे, नहीं, उँची जातियों द्वारा दूर रखे अस्पृश्य वर्ग में आत्म चेतना, स्वाभिमान लाकर उनके दुख-दर्द को दुनिया के सामने आत्मीयता से रखकर उनमें नयी आशा की किरणें दिखाकर स्वाभिमान की ज्योत जलाई है। किन्तु 'आत्मवत् सर्वभूतेषु यःपश्यती स पंडितः'' ऐसा उपदेश करनेवाले हमारे ब्राह्मण भाईयों की ओर से अस्पृश्यों के उत्थान के आन्दोलन को असफल बनाने के लिए शाहू महाराज के कई निर्णयों पर यानी उनके राज-काज के निर्णयों पर जो आलोचना, टीका की जा रही है, उस पर प्रत्येक गैर-ब्राह्मण और बहिष्कृत वर्ग के व्यक्तियों को क्रोध आना स्वाभाविक है।''[18]

बाबासाहब और महाराज के बीच विचार - विमर्श

महाराज और बाबासाहब की आयु में 16-17 वर्ष का अन्तर था किन्तु इस ओर दोनों ने कभी ध्यान नहीं दिया। महाराज ने बाबासाहब की उम्र की अपेक्षा उनकी विद्वत्ता, अस्पृश्यों के प्रति उनके लगाव को महत्त्व दिया था। इसलिए माणगाँव के परिषद में महाराज ने बाबासाहब को 'मेरे प्रिय मित्र आम्बेडकर', ऐसा सम्बोधन किया था। महाराज अस्पृश्यों के हितैषी, शुभचिन्तक थे। इसलिए बाबासाहब महाराज को 'अस्पृश्यों के भाई' कहते थे। प्रश्न कौन किसको क्या कहता है यह नहीं है, तो दोनों के बीच जो गहरे सम्बन्ध और लगाव हैं, उसका है। इसलिए दोनों के बीच लगातार खुली बहस होती रही। अस्पृश्य और गैर ब्राह्मणों का विकास कैसे हो सकता है यही दोनों की चर्चा का विषय होता था। इसी सन्दर्भ में गैर ब्राह्मण आन्दोलन का वास्तविक ज्ञान इंग्लैंड के राजनेताओं एवं जनता को हो इसलिए अंग्रेजी में एक पुस्तिका बाबासाहब लिखें ऐसा महाराज ने 1920 की मुलाकात में बाबासाहब से कहा था। उस समय बाबासाहब ने महाराज से कहा था कि मैं पढ़ाई के लिए लंदन जल्द जाने वाला हूँ, यहाँ पर मेरे पास समय की कमी है, मैं पुस्तिका का कार्य वहीं जाकर करुँगा।''[19]

मई 1920 में अस्पृश्यवर्ग से किसी ने आर्थिक सहयोग हेतु महाराज को आवेदन किया था। उस आवेदन को महाराज ने अनुसंशा हेतु बाबासाहब के पास भेजा था। इस बात से महाराज बाबासाहब से कुछ मामलों में सलाह लेते थे यह स्पष्ट होता है। इसी दौरान लोकमान्य तिलक ने एक सभा में कहा था, 'महार लोग गुनहगार हैं।' इसके अलावा तिलक समर्थकों द्वारा सार्वजनिक फंड के पैसों में हेरा-फेरी करने के आरोप में तिलक के विरोध में कुछ कानूनी इलाज कर सकते हैं या नहीं इस सन्दर्भ में बाबासाहब मुंबई में स्थित मेसर्स लिटल एंड कंपनी के साथ चर्चा करे इस आशय

का पत्र महाराज ने बाबासाहब को लिखा था। पत्र इस प्रकार है।[21]

'My Dear Dr. Ambedkar

Please consult Messers Little and Co, on two points. Firstly, the point that the mahars were called a criminal tribe by Tilak. Can they proceed against him civilly? And secondly, that the public funds are alleged to be misappropriated by him or his party. Long accounts appeared in the Sandesh about him. From those accounts are the persons concerned liable to be proceeded with criminally and civilly or both?'

Your sincerely
Shahu Chhatrapati

इस पत्र के उत्तर में बाबासाहब ने महाराज को यह सूचित किया था कि, 'इन मामलों को अगर आपने हाथ लगाया तो, काफी समस्याएँ आ सकती है, और हासिल कुछ होगा नहीं।[22]

उपरोक्त घटनाओं से यह तथ्य सामने आता है कि बाबासाहब और महाराज के बीच कई महत्त्वपूर्ण मुद्दों पर चर्चा-परिचर्चा होती थी। दोनों एक दूसरे से कुछ छिपाते नहीं थे और एक दूसरे को सँभालते थे यह स्पष्ट दिखता है।

बाबासाहब का लंदन प्रस्थान

महाराज और बाबासाहब के विचारों के आदान-प्रदान और क्रियान्वयन से अस्पृश्यों के अधिकारों का आन्दोलन अच्छी तरह से फल-फूल रहा था। इस महत्त्वपूर्ण समय में बाबासाहब ने आन्दोलन को जारी रखा तथा अपनी पढ़ाई का कोई नुकसान नहीं होने दिया। अपनी अधूरी पढ़ाई पूर्ण करने हेतु लंदन जाने के लिए वे काफी उत्साहित थे। इसलिए उन्होंने अपने प्रोफेसर की नौकरी को त्यागकर लंदन जाने की तैयारी की।

बाबासाहब अपना अध्ययन पूर्ण करने हेतु लंदन जाएँ यह महाराज की अन्दरूनी इच्छा थी। इसलिए महाराज ने मुंबई के उस समय के पुलिस कमिशनर ग्रिपीथ को 'डॉ. आम्बेडकर को विदेश जाने की अनुमति जल्द दी जाय' यह अनुरोध किया था।[23] इसके अलावा पैसों की सहायता करके लंदन स्थित उनके मित्र सर ऑल्फ्रेड पीस को एक पत्र लिखकर, बाबासाहब का परिचय देकर उन्हें यथासम्भव सहायता करने का अनुरोध किया था। महाराज उस पत्र में सर ऑल्फ्रेड को लिखते हैं कि, "This is to introduce to you my friend Dr. Ambedkar, who belongs to one of the untouchable communities namely the mahars. He is Ph.D. of the Columbia university, New York and has been a professer at Sydneham college of commerce and economics in Bombay. He is coming to England for study at the London school of Economics and at the Inns court. He will explain to you the difference between the backward classes and Brahmin bureaocracy. Also he will tell you what sufferings one who tries to sympathise has to under go at the hands of the bureaucratic Brahmins who claim to have democratic ideas with and raise the backward classes, but who really crave for nothing. The enlightended public of England the view point of non-brahmin Hindu who are unanimous in the opinion that in asking for Home Rule. The real object of Brahmins has been to regain and establish their long lost power. The present scheme of Self Goverment for Indians will not make the people free and equal but will only make the brahmins powerful. A bramhin oligarchy, possessed of political power will be menance to the Empire and a drag on the onward march of the Indian people. The non-Brahmins have failed to get a hearing from the several administrations in India, but they hope to find sympathy at the hands of the British public. May I, therefore, request you to give Dr. Ambedkar a patient hearing and such help as you can conveniently render?'[24]

लंदन में बाबासाहब को किसी समस्या का सामना करना न पड़े इसकी चिन्ता महाराज को थी। सर आल्फ्रेड को लिखे इस पत्र का यही उद्देश्य था। पूर्व नियोजनानुसार 5 जुलाई, 1920 को 'सिटी ऑफ एक्सिटर' नामक जहाज से बाबासाहब लंदन रवाना हुए और मुंबई शहर से विदा हुए।

महाराज का अस्पृश्योद्धार का कार्य

बाबासाहब लंदन जाने के पश्चात महाराज ने अस्पृश्यता निर्मूलन आन्दोलन जारी रखा। अस्पृश्यों के समस्त विकास के लिए महाराज द्वारा इसके पहले ही कुछ क्रान्तिकारी महत्त्व पूर्ण निर्णय लिए गये थे। 18 सितम्बर, 1918 यह दिन अस्पृश्यों, विशेषतः महार समाज के लिए ऐतिहासिक और युगप्रवर्तक था। क्योंकि इसी दिन महाराज ने महार समाज में सदियों से चली आ रही 'अनुवांशिक कार्यभार' व्यवस्था को

समाप्त कर दिया था। जिन जमीनों पर महारों का हक बिलकुल न होने बावजूद महाराज ने उनको जमीनें दीं। सभी महारों को जमीन का मालिक बनाया। इस कारण गाँव में गुलामी और सर्वणों की नौकरी करनेवाला कोई नहीं बचा। वह अन्य जमींदार की तरह जमींनदार बन गया। आम जन की तरह स्वतन्त्र हुआ। महार जो कार्य मुफ्त में करता था, उसी कार्य के लिए अब वेतन धारी नियुक्त करना यानी सरकारी खजाने पर बोझ डालना है। संस्थान के अधिकारियों द्वारा इस संकट को शाहू छत्रपति महाराज के समक्ष रखा गया। महाराज ने जवाब दिया, "मेरा खजाना इस कार्य के लिए समाप्त हो जाए तो मुझे कोई चिन्ता नहीं है। किन्तु इन्सान को इन्सान से दूर रखनेवाली प्रथा कैसे समाप्त हो यह मेरी चिन्ता है।"[25]

27 जुलाई, 1918 से महाराज ने महार, माँग, रामोशी, बेरड आदि जातियों को चौपाल में रखवाली जैसे गुलामी की ओक्साओं से आजाद किया; तो 8 एवं 10 अगस्त 1918 को दो आदेश निकालकर पहवारीकि नियुक्ति करते समय अस्पृश्यों को वरियता दी जाय और इनमें योग्य विद्वान व्यक्ति मिल जाय तो उसे मुख्य अधिकारी बनाया जाय यह आदेश निकाला। अस्पृश्यों के समस्त उत्थान हेतु महाराज ने ऐसे कई महत्त्वपूर्ण निर्णय लिये, आदेश निकाले, उसे लागू किया, आदेशों और निर्णयों को लागू करने में कोताही बरतने वाले अधिकारियों के खिलाफ कानून कार्यवाही करने का प्रावधान किया। यह सब करते समय उन्होंने अपने राज-काज का क्या होगा इसकी कोई चिन्ता नहीं थी।

बाबासाहब के लंदन जाने के बाद महाराज ने महाराष्ट्र में अस्पृश्यों के आन्दोलन की गति धामी नहीं होने दी। बल्कि उसे गति प्रदान की। इतना ही नहीं तो लंदन स्थित बाबासाहब का महत्त्व, उनके विचार, कार्य, अस्पृश्यों के प्रति उनका लगाव, उनकी आत्मीयता आदि बातें, लोगों को लगातार बताकर लोगों के दिमाग में बाबासाहब के प्रभाव को बरकरार रखा। इस सन्दर्भ में बाबासाहब का गुणगान करते हुए दिल्ली परिषद में दिया महाराज जी का भाषण काफी कुछ कहता है।

16 फरवरी, 1922 को दिल्ली में महाराज की अध्यक्षता में 'अखिल भारतीय अस्पृश्य परिषद' का तीसरा अधिवेशन सम्पन्न हुआ था। इस अधिवेधन के अध्यक्षीय वक्तव्य में महाराज ने कहा था, "इस अधिवेशन की अध्यक्षता स्वीकार करना तथा आप लोगों के सामने भाषण देना यह सम्मान सचमुच डॉ. आम्बेडकर जी का है। आम्बेडकर को आप लागों में से एक बताते हुए मुझे गर्व महसूस होता है। वे मेरे से कहीं ज्यादा पढ़े-लिखे हैं। इस समय वे लंदन में होने के कारण दुर्भाग्य से इस अधिवेशन में उपस्थित नहीं रह सके। किन्तु वे कहीं भी हों, अस्पृश्य वर्ग के दुःखों को बेहतर समझ रहे होगें, यह मैं दावे के साथ कहता हूँ।"[26]

इस भाषण के अन्त में महाराज ने कहा था, "आप लोग, अपने नेता मि. भीमराव आम्बेडकर का उदाहरण सामने रखकर उनके जैसा व्यक्तित्व बनाने का पूरा प्रयास करें। मैं आपका सेवक हूँ, दास हूँ, मुझसे आप सेवाएँ लीजिए।"[27]

एक संस्थान का राजा होकर अस्पृश्यों के प्रति अति लगाव रखनेवाला मृदु स्वभाव, मित्र आम्बेडकर के कार्यों का बड़े दिल से सम्मान करनेवाला राजा इन तमाम व्यावहारिक बातों का दर्शन महाराज के उपरोक्त भाषण में होता है।

बाबासाहब का इंग्लैंड में कार्य

अपनी अधूरी पढ़ाई पूर्ण करने लंदन गये बाबासाहब सिर्फ अपनी पढ़ाई नहीं कर रहे थे। गैरब्राह्मण आन्दोलन और भारत के सामाजिक तथा राजनीतिक सम्बन्ध किस प्रकार एक दूसरे से जुड़े हुए हैं इसकी सही जानकारी इंग्लैंड के राजनेताओं तथा अधिकारियों को दे रहे थे। इस सन्दर्भ में 3 फरवरी, 1921 को बाबासाहब ने महाराज को एक पत्र लिखा था। "मॉंटेग्यू नरम नेताओं की सूचना के अनुसार आचरण करता है। किन्तु, वह अब गैरब्राह्मण आन्दोलन के बारे में गलत-सलत नहीं बोलेगा ऐसा मेरा विश्वास है। सच यह है कि, यहाँ गैर ब्राह्मण आन्दोलन को समझने में कोई खास रुची नहीं रखता। जिस समय अधिकारों के कूनन बन रहे थे, उस महत्त्वपूर्ण समय में गैर ब्राह्मण आन्दोलन के महत्त्व को तर्क के साथ समझाने वाला कोई अच्छा प्रतिनिधि नहीं था, यह दुर्भाग्य है। इसीलिए गैरब्राह्मण आन्दोलन के विरोधकों को यह आन्दोलन ब्राह्मण विरोधी है यह समझाना आसान हुआ। इस आन्दोलन का लोकतान्त्रिक पहलू षड़यन्त्र के साथ छुपाया गया और गलत अर्थ सामने लाया गया यही गलत अर्थ आज अंग्रेजों के मन में है।"

"अभी राजनीतिक अधिकारों का ड्राफ्ट तैयार होने के कारण हिन्दुस्तान में कितने तरह के विभेद हैं, यह समझने की कोशिश कोई नहीं करेगा। किन्तु भविष्य के लिए अभी से तैयारी करनी होगी। यह तैयारी करते-करते जब भी मुझे मौका मिले मैं सभी प्रतिष्ठित अंग्रेज व्यक्तियों को हिन्दुस्तान के सामाजिक तथा राजनीतिक प्रश्नों के सम्बन्ध एक दूसरे से कैसे जुड़े हुए हैं इसकी सही-सही जानकारी दूँगा। घटना घटित होने के बाद मैं प्रयास कर रहाँ हूँ इसलिए परिणाम कैसा होगा यह समय ही तय करेगा। तब तक कोई परिणाम दिखने की सभावनाएँ नहीं है।"

"आपके मार्गदर्शनानुसार लंदन में एखाध संस्था स्थापित कर सकते हैं। इस सन्दर्भ में मैंने यहाँ के कुछ प्रतिष्ठित व्यक्तियों से चर्चा की। उन्होंने एकमत से इस योजना को अनुमति दी किन्तु उनके अनुसार वेतनधारी कार्यवाहक रखे बगैर संस्था जीवित नहीं रहेगी। सालाना कम से कम पाँच सौ पौंड का खर्च होगा।" यह संस्था

अस्पृश्यों की दृष्टि से निश्चित कल्याणकारी होगी किन्तु सच यह है कि, यह खर्च उनके लिए अधिक होगा।'' बाबासाहब ने पत्र के अन्त में लिखा था, ''मुझे व्यक्तिगत प्रसिद्धि का कोई मोह नहीं है। अगर मैंने मेरे समाज की सेवा का यह मौका गँवाया तो महाराज इसे अवश्य समझ जाएँगे। मै ज्यादा से ज्यादा सेवा कर सकूँ इसलिए अधिक परिश्रम कर रहा हूँ। 'लंदन-टाइम्स' के सम्पादक से मैंने मित्रता की है तथा मेरे कहने पर उन्होंने अस्पृश्यों की शिक्षा के सन्दर्भ में लिखे लेख की कटिंग इस पत्र के साथ भेज रहा हूँ।''[28]

लंदन में बाबासाहब अपने अध्ययन के अलावा गैरब्राह्मण आन्दोलन विशेषतः अस्पृश्य आन्दोलन के बारे में गम्भीर चर्चा करते और लेखन भी करते थे। इन्हीं दो-तीन कार्यों में अति व्यस्त होने के कारण भारत के मन्त्री मॉंटेग्यू द्वारा 'आप मुंबई जाकर विधिमंडल के सदस्य बनें' इस अनुरोध को अस्वीकार किया था।[29]

गैरब्राह्मण आन्दोलन तथा अस्पृश्य आन्दोलन को जिस तरह बाबासाहब और शाहू महाराज की आवश्यकता थी; ठीक वैसी ही आवश्यकता महाराज को बाबासाहब तथा बाबासाहब को महाराज की थी इसलिए केवल आन्दोलन के सहयोगी यहाँ तक इनके सम्बन्ध सीमित नहीं थे। दोनों के बीच लगाव, सम्मान, जरूरत और प्रेम के सम्बन्ध स्थापित हो गये थे। यह उनके पत्रों में दिखाई देता है। दोनों का एक दूसरे पर काफी भरोसा था। दोनों एक दूसरे को अच्छी तरह समझ लेते थे।

4 सितम्बर, 1921 को बाबासाहब ने महाराज को एक पत्र के माध्यम से 200 पौंड की सहायता करने का अनुरोध किया था; पत्र में वे लिखते है, ''कृपया 200 पौंड की राशि उधार देने का कष्ट करने पर मैं आपका आभारी रहूगाँ तथा वापिस लौटने पर मैं ब्याज के साथ राशि लौटाऊँगा।'' पत्र के अन्त में महाराज के कार्य का सम्मान करते हुए बाबासाहब ने लिखा था, ''आपका स्वास्थ ठीक है यह अपेक्षा करता हूँ। आपकी हमें बहुत जरूरत है। क्योंकि हिन्दुस्तान में जो सामाजिक लोकतन्त्र प्रगति कर रहा है, उस आन्दोलन के आप अतिमहत्त्वपूर्ण अंग है।''[30]

महाराज का स्वर्गवास

महाराज अस्पृश्यों तथा ब्राह्मणेत्तर आन्दोलन के मूल आधारस्तम्भ थे। दुर्भाग्य से यह आधारस्तम्भ ज्यादा दिन जीवित नहीं रह सका। महाराज कों शरीर ने साथ नहीं दिया। उनका स्वास्थ्य दिन-ब दिन बिगड़ता गया और इस महान नेता के अन्तिम दिनों की गिनती शुरू हुई... और इसी हालत में मुंबई स्थित पन्हाळा लॉज, खेतवाडी में 6 मई, 1922 को महाराजी ने अन्तिम साँस ली। महाराज की मृत्यु समस्त ब्राह्मणेतर आन्दोलन, अस्पृश्य आन्दोलन और खास कर बाबासाहब के लिए बड़ा सदमा था।

महाराज की मृत्यु के समय बाबासाहब लंदन में थे। यह सूचना मिलते ही 10 मई 1922 को उन्होंने राजाराम महाराज को शोकाकूल अवस्था में पत्र लिखा; उस पत्र में वें लिखते हैं, "लंदन के समाचार पत्रों में महाराज की मृत्यु की खबर पढ़कर मुझे बड़ा सदमा लगा। यह संकट की घड़ी मेरे लिए दो कारणों से बहुत दुःखदायी है। उनके जाने से मैंने एक सबसे अच्छा मित्र खोया और अस्पृश्य समाज ने अपने महान शुभचिन्तक और एक महान दृष्टा को खोया है। मैं स्वयं इस घटना से घायल हो चुका हूँ। बावजूद आपके तथा विधवा महारानी साहब को दुःख के सागर से जल्द से जल्द से उभरने की कामना करता हूँ।"[31] लंदन से भारत लौटने के बाद बाबासाहब स्वयं कोल्हापुर गये और राजाराम महाराज और महारानी साहब को मिलकर दुःख से उभरने का अनुरोध किया।

बाबासाहब द्वारा प्रशंसा

अपना अध्ययन समाप्त करने के पश्चात भारत लौटने पर बाबासाहब का सार्वजनिक कार्य शुरू हुआ। किन्तु इस समय उन्हें तन-मन-धन से साथ देनेवाला उनका सच्चा मित्र, याने उनके शब्दों में 'अस्पृश्यों का महान शुभचिन्तक' उनके साथ नहीं था। आगे चलकर बाबासाहब ने महाराज क़ी संकल्पना के सामाजिक समता आन्दोलन को गति प्रदान की; और महत्त्वपूर्ण यह कि महाराज ने जो-जो योजनाएँ बनाई थी, अपने राज्य के लिए जो महत्त्वपूर्ण तथा क्रान्तिकारी निर्णय लिये थे, उन्हें सरकारी स्तर और सामाजिक स्तर पर क्रियान्वित करने हेतु हर सम्भव प्रयास किये। भारत का संविधान इसका अच्छा उदाहरण है। इसके अलावा 'महार वतन बिल' दूसरा अच्छा उदाहरण है। 'बहिष्कृत भारत' पाक्षिक पत्रिका के 4 नवम्बर, 1927 के अंक में 'महार वतन बिल' के सन्दर्भ में लिखते हुए और महाराज का इससे सम्बन्ध स्पष्ट करते हुए बाबासाहब लिखते हैं— "स्वर्गवासी शाहू महाराज महारों के कतई दुश्मन नहीं थे। उनके जैसा शुभचिंतक अस्पृश्यों को इसके पहले कभी नहीं मिला था, और आगे मिलेगा, इस पर मुझे सन्देह है। किन्तु उन्हें अच्छी तरह ज्ञात हुआ था कि, वतन पद्धति के कारण महारों का अहित हुआ है। इसलिए उन्होंने अपने अधिकार के तहत कोल्हापुर संस्थान में महार वतन पद्धति को जबरन समाप्त कर दिया था।"[32]

सामाजिक लोकतान्त्रिक आन्दोलन के प्रमुख शाहू महाराज और उनकी सामाजिक लोकतन्त्र की अनेक योजनाओं को बाबासाहब ने संविधान में सम्मलित किया यह स्पष्ट दिखता है। इसके अलावा जब-जब मौका मिला और जहाँ-जहाँ कहना उचित लगा ऐसे सभी जगहों पर जिक्र करके उन्होंने उनके प्रति कृतज्ञता व्यक्त की।

13 जनवरी, 1940 को कोल्हापूर में सम्पन्न 'दलित प्रजा परिषद' के अध्यक्षीय भाषण में बाबासाहब ने कहा था, "कोल्हापुर के बारे में एक बात बहुत स्पष्ट

है और इस बात का मुझे और अस्पृश्यों को गर्व है शाहू महाराज द्वारा कोल्हापुर में सच्चे लोकतन्त्र की नींव रखी गयी यही वह महत्त्वपूर्ण बात है। आप लोग गोब्राह्मण समर्थक छत्रपति महाराज का जन्मदिन मनाते हैं। शिवाजी महाराज हिन्दू मानसिकता को समाप्त करने में असफल रहे। अपना राज्याभिषेक करने के लिए सोना देकर काशी से गंगाभट ब्राह्मण को उन्हें आमन्त्रित करना पा। हिन्दू मानसिकता को खत्म करने में शिवाजी महाराज से कहीं अधिक कार्य शाहू महाराज द्वारा किया गया है यह कहना ज्यादा तर्कसंगत है। शाहू महाराज के व्यक्तित्व में कुछ कमियाँ जरूर रही होंगी, मेरा यह सवाल है कि कौन सा राजा निर्दोष है? सिर्फ कमियों के ओर देखने में कोई अर्थ नहीं है। उन्होंने ब्राह्मणत्व समाप्त करने के लिए अपनी समस्त शक्तियों के साथ प्रयास किये इसी में उनकी महानता दिखाई पड़ती है। शाहू महाराज ने समाज में स्थित असमानता को समाप्त करने के काफी प्रयास किये और ब्राह्मणों के गढ़ को हिला कर रख दिया। मेरे सार्वजनिक जीवन की शुरुआत छत्रपति महाराज की अध्यक्षता में सम्पन्न माणगाँव परिषद से हुई है इसका उल्लेख करना यहाँ आवश्यक है। दोनों के प्रिय 'समता' के प्रचार-प्रसार के लिए उन्होंने राशि 2500/- का जो योगदान दिया इसके लिए मैं उनका हमेशा के लिए कृतज्ञ रहूगाँ।''[33]

राजर्षि शाहू महाराज और डॉ. बाबासाहब अम्बेडकर के बीच इस प्रकार के ऋणानुबन्ध थे। दोनों असाधारण व्यक्तित्त्व के धनी थे। व्यवस्था ने दोनों पर जाति की मुहर लगाई थी। किन्तु दोनों जाति-धर्म के आगे की सोच रखनेवाले महापुरुष थे। शाहू महाराज कोल्हापुर संस्थान के राजा तो बाबासाहब एक अस्पृश्य के घर में जन्म लेने वाले महापुरुष। उनके द्वारा हासिल उच्च शिक्षा, उनके व्यक्तित्त्व की कई अच्छाइयों में ये विद्वता सब पर भारी थी। इसके बावजूद उनकी जाति हमेशा उनसे टकराती थी। बचपन से जातीयता का दंश झेल रहे, बाबासाहब ने अपने स्वअनुभव से अपने समाज बन्धुओं के दुःख-दर्द, समस्याएँ जानकर उनके उत्थान हेतु अपना समस्त जीवन समर्पित किया। महाराज जाति से क्षत्रिय थे। कोल्हापुर संस्थान का राज-काज अपने हाथों में लेने के बाद संस्थान में आमूल चूल परिवर्तन किया। महाराज के पूर्व संस्थान में सभी ओर ब्राह्मण वर्ग का जबरदस्त वर्चस्व था। ऐसी स्थिति में राज्य की जनता को ठीक-ठाक रखने के लिए महाराज ने कुछ महत्त्वपूर्ण तथा क्रान्तिकारी निर्णय लिये। जेसे गैरब्राह्मणों की प्रशासन में नियुक्ति करना, उनको आरक्षण देना आदि। विशिष्ट जाति का सत्ता पर जो कब्जा था उसे समाप्त कर महाराज ने अन्य जातियों के लोगों को नजदीक किया। उन्होंने अपने राज्य की अपेक्षा राज्य के लोगों को ज्यादा महत्त्व दिया; शाहू महाराज के व्यक्तिगत जीवन में जातिभेद, जातिवाद की कोई घटना घटित न होने के बावजूद स्वयं प्रेरणा से वे अस्पृश्यों की मुक्ति की लढ़ाई

लड़ने लगे। एक राजा अपने राज्य की अपेक्षा उसके 'इन्सानों' को महत्त्वपूर्ण मानता है यह इस सदी की ऐतिहासिक घटना थी। अस्पृश्य भी अन्य मनुष्य की तरह मनुष्य हैं फिर उसके साथ अलग व्यवहार क्यों? उसके ऊपर ये जान लेने वाले बन्धन क्यों? क्यों गुलाम बनाया? ऐसे कुछ प्रश्नों से महाराज निश्चित परेशान रहे होंगे। इसलिए अस्पृश्यों को उनके अधिकार दिलाने तथा सामाजिक गुलामी से उनकी मुक्ति करने हेतु महाराज ने अस्पृश्यों का बड़ा आन्दोलन खड़ा किया। और इसी के तहत 'महार वतन पद्धती' को समाप्त किया। गाँव के चौपाल में अनिवार्य उपस्थिति को समाप्त कर अस्पृश्यों के जीवन को नया आयाम दिया। शाहू महाराज केवल भाषण देने वाले समाजसुधारक नहीं थे, बल्कि क्रियान्वयन करने वाले समाज सुधारक थे। इसकी पुष्टि उनके द्वारा गंगाराम काम्बले नामक अछूत युवक को ऐन मौके की जगह पर होटेल खोलकर देना और अपने सहपाठियों के साथ चाय पीने हमेशा जाना; यह घटना तत्कालीन समय में काफी क्रान्तिकारी थी।

अस्पृश्यों का पूर्ण रूप से कल्याण हो ऐसी महाराज की आन्तरिक इच्छा थी। और इस कल्याण के लिए उन्हीं की जाति का नेता हो यह महाराज को भीतर से लगता था। सच यह है कि महाराज ने ही अस्पृश्यों की मुक्ति का आन्दोलन खड़ा किया था। इसलिए उन्हीं के द्वारा इस आन्दोलन को नेतृत्त्व दिया जाना था; लेकिन उन्हें यह कतई मान्य नहीं था। उनकी मान्यता थी कि नेता अस्पृश्य जाति का ही होना आवश्यक है। अन्य जातियों के नेताओं पर उनका भरोसा नहीं था। उनका स्पष्ट विचार था कि अन्य जाति का नेता कतई न हो। वे अपने विचारों को सरल भाषा में स्पष्ट करते हैं कि, 'जानवरों को भी अपनी प्रजाति के अलावा अन्य प्रजाति का नेतृत्व अस्वीकार्य है। मनुष्य को क्यों स्वीकार्य हो? हिरन की टोली में कभी सुअर का नेता नहीं होता और सुअर के टोली में कभी हिरन का नेता नहीं होता। कबूतरों के टोली में कभी बतख नेतृत्त्व नहीं करता और बतखों की टोली में कभी कौआ नेतृत्त्व नहीं करता। फिर मनुष्य की टोलियों में अन्य जाति का नेता क्यों होना चाहिए। जैसा भी हो अपनी जाति का नेता हो।''[34]

इस तर्क-वितर्क में महाराज के उच्च विचार हमें सोचने के लिए मजबूर करते हैं। इससे महाराज की विद्वत्ता का बोध होता है और असाधारण नहीं तो परम्परागत चली आ रही जुल्मी समाज व्यवस्था को नष्ट करने हेतु, समता पर आधारित समाज व्यवस्था बनाने हेतु, महाराज का सपना सच करने हेतु बाबासाहब के रूप में एक युवा, वजनदार नेता अस्पृश्यों को मिला और महाराज का सपना सच होते हुए दुनिया ने देखा। बाबासाहब के पूर्व महाराज ने अस्पृश्यों की मुक्ति के आन्दोलन की शुरुआत की थी। बाद में इस आन्दोलन को बाबासाहब ने सँम्भाला। बाबासाहब का नेतृत्त्व उभर

कर आया और लोगों ने उन्हें स्वीकार किया। इस सन्दर्भ बाबासाहब को केवल महाराज का प्रोत्साहन और सहयोग मिला था। इसी सहयोग के कारण बाबासाहब काफी कुछ कर सके। बाबासाहब जब अपना अध्ययन समाप्त कर लंदन से भारत वापिस आये थे तभी से वास्तव में उनके सार्वजनिक कार्य की शरुआत हो चुकी थी, किन्तु इस समय दुर्भाग्य से महाराज जीवित नहीं थे। अगर महाराज और कुछ साल जीवित रहते तो इन दोनों के प्रयास से अस्पृश्यों के उद्धार और परिवर्तन के आन्दोलन का चित्र दुनिया के सामने कुछ और होता। वर्तमान समय में जानबूझकर आरक्षण के मुद्दे पर समाज में जो जातीयता का विष बोया जा रहा है वह नहीं बोया जाता। जाति और धर्म के नाम पर चल रही झूठी राजनीती और सामाजिक अकल्याण को लगाम लगा होता। केवल आज का महाराष्ट्र नहीं तो सम्पूर्ण भारत अलग दिखाई देता।

तमाम समस्याओं के बावजूद बाबासाहब रुके नहीं। महाराज की संकल्पनानुसार अस्पृश्यों का कल्याण करने के लिए अपना जीवन खर्च किया और महाराज के प्रति अपनी कृतज्ञता भी व्यक्त की। बाबासाहब जब लंदन में थे तब जिस प्रकार शाहू महाराज ने बाबासाहब के विचारों को जीवित रखा; उनका ज्यादा से ज्यादा लोगों में प्रचार-प्रसार किया; ठीक उसी प्रकार बाबासाहब, शाहू महाराज इस दुनिया में न होने पर उनकी वैचारिक परम्परा को जारी रखने के साथ-साथ उसका महत्त्व कतई कम नहीं होने दिया; बल्कि ज्यादा बढ़ाया। दोनों के बीच यह सामंजस्य बना रहा इसका मुख्य कारण दोनों के बीच का सौहार्द रहा है।

अनुवाद - प्रो. शैलेश कदम, वर्धा

❑❑❑

सन्दर्भ

1. राजर्षि- एक व्यक्तिदर्शन, श्याम येडेकर, कोल्हापुर, पहिली आवृत्ति, पृ.137
2. डॉ. भीमराव रामजी आम्बेडकर, खंड - 1, चांगदेव भगवानराव खैरमोडे, चौथी आवृत्ति, 1992, पृ. 235
3. राजर्षि शाहू गौरव ग्रन्थ, सम्पादक - पी. बी. साळुंखे, दुसरी आवृत्ति, 1988, पृ. 496
4. तत्रैव, पृ. 498
5. डॉ. भीमराव रामजी आम्बेडकर, खंड 1, पृ. 235

6. माणगाव परिषद 61 वाँ स्मृतिमहोत्सव विशेष अंक - 1982, सम्पादक रमेश ढावरे, मी आणि माणगाव परिषद, कथन - गंगाधर यशवंत पोळ
7. माणगाँव परिषद 61वाँ स्मृतिमहोत्सव विशेष अंक, कथन - प्रभू यल्लापा कांबळे
8. तत्रैव, कथन-गंगाधर यशवंत पोळ
9. राजर्षि शाहू छत्रपति यांची भाषणे, संपादन-श्याम येडेकर, मंगल प्रकाशन, प्रथमावृत्ति, 1971, पृ. 61
10. बहिष्कृत भारत आणि मूकनायक, महाराष्ट्र शासनख मन्त्रालय, मुंबई, 10 एप्रिल, 1920, पृ. 379
11. राजर्षि शाहू छत्रपति, धनंजय कीर, पॉप्युलर प्रकाशन, दुसरी आवृत्ति 1992, पृ.442
12. डॉ. बाबासाहब आम्बेडकरांचे मूकनायक पाक्षिकातील दुर्मिळ अग्रलेख, रघुवंशी प्रकाशन, पुणे -2, पृ. 32
13. तत्रैव, पृ. 35
14. राजर्षि शाहू छत्रपति, पृ. 448
15. राजर्षि शाहू छत्रपति, पृ.448
16. राजर्षि एक व्यक्तिदर्शन, पृ. 141
17. पत्रव्यवहारातून डॉ. बाबासाहब आम्बेडकर, सम्पादक- विजय गंगाराम सुरवाडे, तथागत प्रकाशन, कल्याण, 1986, पृ. 20
18. डॉ. बाबासाहब आम्बेडकरांचे मूकनायक पाक्षिकातील दुर्मिळ अग्रलेख, पृ.42
19. डॉ. भीमराव रावजी आम्बेडकर : खंड. 2 चांगदेव भगवान खैरमोडे / सुगावा प्रकाशन, पुणे. द्वितीय संस्करण 1998 पृ. 12
20. राजाचे शाहू छत्रपति पृ. 436.
21. भीमराव रामजी आम्बेडकर : खंड 2, प्र. 13
22. वही
23. राः शाहू छत्रपति पृ. 450
24. डॉ. भीमराव रामजी आम्बेडकर खंड 2, पृ. 13
25. रा. शाहू - एक दृष्टिक्षेप : डॉ. जयसिंगराव पवार, मंजुश्री प्रकाशन कोल्हापुर प्र. 25
26. रा. शाहू छत्रपति प्र. 518
27. रा. शाहू छत्रपति यांची भाषणे प्र. 120
28. रा. शाहू छत्रपति. प्र. 489
29. वही 489

30. वही 506
31. वही 528
32. डॉ. भीमराव रामजी आम्बेडकर खंड 2 प्र. 238
33. जनता पत्रातील लेख प्र. बाबासाहेब आम्बेडकर सं. अरुण कांबले, पॉप्युलर प्रकाशन, मुंबई, पहली आवृत्ति 1992, पृ. 142
34. राजर्षि : एक व्यक्तिदर्शन : प्र. 138

***

स्वराज्य प्राप्ति के बाद लोगों के आचरण में, विचारों में, मानसिकता में अगर किसी भी प्रकार का परिवर्तन नहीं हो सकता तो फिर उस स्वराज्य का कोई अर्थ नहीं है, ऐसा आगरकर कहते हैं। उसका अनुभव आज हो रहा है। उन्होंने यह भी कहा था कि धैर्य, उत्साह, बल, ज्ञान, तर्क, उद्योग-व्यवसाय, कला, देश के प्रति सच्चा अभिमान, सच्ची धर्मश्रद्धा, सच बोलने की, सही आचरण करने की आदत आदि गुणों के बगैर किसी भी देश के लोग प्राप्त स्वतन्त्रता को टिका नहीं सकेंगे। इसके ठीक उल्टे 'स्वराज्य यह मेरा जन्मसिद्ध अधिकार है' कहनेवाले लो. तिलक को लगता था कि स्वराज्य प्राप्ति के प्रयत्नों को अग्रस्थान देना चाहिए तथा सामाजिक समस्याओं को निपटाने के कार्य को गौणत्व देना चाहिए। विदेशियों के हाथों में स्थित सत्ता स्वकीयों के हाथों में आने का अर्थ है 'स्वराज्य' ऐसा सीमित अर्थ उन्होंने लिया ऐसा लगने लगता है।

स्वराज्य प्राप्ति हेतु जनआन्दोलन को गतिशील बनानेवाले तिलक आक्रामक, गरम राजनीतिक विचार प्रस्तुत करते रहे परन्तु, सामाजिक प्रश्नों में वे 'कान्झरवेटिव'

... 6 ...

डॉ. बाबासाहब आम्बेडकर और लोकमान्य तिलक

भालचंद्र फडके

ही थे। डॉ. य. दि. फडके लिखते हैं, "राजनीतिक दृष्टि से एक बार देश स्वतन्त्र हुआ कि फिर सुधार से सम्बन्धित अन्य प्रश्नों को छुड़ाना आसान हो जाएगा। इस प्रकार की समझ के कारण स्वराज्य प्राप्त के बाद मिलनेवाली राजनीतिक सत्ता में सबकी भागीदारी होगी, ऐसा उन्होंने गृहित पकड़ा था। इस कारण 'गोरे साहब' के स्थान पर 'काले साहब' की गुलामी स्वीकारने की सम्भावना वे कहीं पर भी कहते नहीं है। वास्तव में ज्योतिराव फुले जैसे उनके ही समकालीन 'स्वराज्य किनके लिए और किसलिए?' ऐसा एक महत्त्वपूर्ण सवाल अपनी खालिस और मोटी शैली में निरन्तर पूछ रहे थे। सैंकड़ो वर्षो सें ज्ञान, सत्ता, तथा सम्पत्ति से दूर रखे गये पददलितों को अगर सत्ता में भागीदारी नहीं मिल रही हो, तो स्वराज्य का अर्थ हुआ ब्राह्मण जैसी जातियों की गुलामी को स्वीकार करना ऐसा ज्योतिराव इशारा दे रहे थे। बहुजन समाज को इसका जो डर लग रहा था उस डर को, उनकी आकांक्षा तथा समस्याओं को जोतिबा शब्द दे रहे थे। डॉ. बाबासाहब आम्बेडकर की भूमिका भी ज्योतिराव की ही तरह थी। दलित वर्ग की माँगे उचित रीति से स्वीकृत हुए बगैर भारतीय स्वराज्य की

किसी भी घटना को उनकी सम्मति नहीं ही मिलनेवाली है, ऐसा बाबासाहब ने गोलमेज परिषद में कहा था।

धर्मनिरपेक्षता की दृष्टि से सामाजिक सुधारों के लिए आग्रह करनेवाले आगरकर ज्योतिराव के विचारों और कार्यों से उदासीन थे। इसका समर्थनीय कारण तो मिलता नहीं। तो केसरीकार की दृष्टि से ज्योतिराव ब्राह्मणों का द्वेष करनेवाले व्यक्ति थे। राजनीतिक जागृति करना, ब्रिटिश सत्ताधीशों के विरोध में जनमत को प्रक्षुब्ध करना तथा स्वतन्त्रता आन्दोलन को गति देना इस प्रयत्न में लो. तिलक ने अपनी पूरी ताकत लगाई। परन्तु विषमता पर आधारित समाजव्यवस्था को खत्म कर देना चाहिए इसलिए उन्होंने कभी भी अपनी लेखनी नहीं उठाई। यूँ देखा जाय तो स्त्री शिक्षा, बालविवाह निषेध, वपन निषेध, पुनर्विवाह, बाल-वृद्ध विवाह प्रतिबन्ध, कन्या विक्रय निषेध, मदिरापान निषेध आदि सुधारों का आग्रह पकड़नेवाले तथा इन सुधारों का विरोध करनेवाले सनातनी इनमें संघर्ष चल ही रहा था। मतलब जाति-निर्मूलन, स्त्री-पुरुष समानता, चातुर्वर्ण्य व्यवस्था का निर्मूलन आदि बुनियादी प्रश्नों से तत्कालीन सुधारक भी दूर ही थें। जातिभेद खत्म हो जाना चाहिए यह उन्हें स्वीकार्य था। सामाजिक विषमता से वे सभी दुःखी थे। जातिभेद को खत्म करने का कार्य गोपनीय रूप से चलना चाहिए इसलिए दादोबा पांडुरंग ने मुंबई में परमहंस सभा की स्थापना की। इस जाति विध्वंसन के छोटे से कार्य की जब चर्चा शुरू हुई, तब उन्हें उनकी जाति ने जाति बहिष्कृत किया था।

लोकहितवादी ने एक पत्र में लिखा है कि ब्राह्मण महारों की निन्दा करते हैं। और उन्हें छूते तक नहीं। परन्तु अंग्रेजों के यहाँ प्रेम से बैठते हैं। यह देख मैं आश्चर्य चकित हो जाता हूँ। (पत्र क्रमांक 64) परन्तु ब्राह्मण विरोधी भूमिका के कारण लोकहितवादी पर परम्परावादी प्रवृत्तियों ने कठोर प्रहार किये। विष्णुबुवा ब्रह्मचारी कहते हैं कि, महार दरवाजे के बाहर तथा ब्राह्मण भीतर ऐसा पक्षपात न करें- ऐसे कहनेवाले लोग संख्या में बहुत कम हैं। हमारी यह समाजव्यवस्था विषमता पर आधारित है इसलिए उसे नष्ट करने के लिए 19 वीं सदी में म. ज्योतिराव फुले के अतिरिक्त और किसी ने भी कदम उठाया नहीं है। स्वराज्य के आन्दोलन की गाड़ी स्वन्तत्रता की पटरियों पर ला रखने का महान कार्य लो. तिलक के नेतृत्त्व में शुरू था। और उनकी समझ ऐसी थी कि स्वतन्त्रता प्राप्ति के बाद सामाजिक समस्या अपने आप हल हो जाएगी। न्या. रानडे, आगरकर आदि सामाजिक सुधारकों के प्रयत्न समाज की मानसिकता तैयार करने हेतु उपकारक सिद्ध होगी परन्तु, उनके भी सुधार का क्षेत्र ब्राह्मण वर्ग तक ही सीमित था। इनके अलावा सामाजिक सुधारों के अनुकूल ब्राह्मणों की संख्या भी काफी कम थी। अधिकांश ब्राह्मण तिलक पंथ के ही थे। धनंजय कीर

ने यह स्पष्ट रूप से कहा है कि राजनीतिक प्रश्नों पर प्रगतिशील और प्रभावपूर्ण व्यक्तित्ववाले तिलक, सामाजिक प्रश्नों के सन्दर्भ में अन्त तक पुनरुज्जीवनवादी और अपरिवर्तनवादी ही रहे। कई बार तो लगता है कि सुधारविरोधी दल के वकील के रूप में ही लो. तिलक खड़े थे। उसी रूप में वे परिवर्तनवादियों को कमजोर करने का प्रयास कर रहे थे। इसे साबित करने हेतु अनेक प्रमाण दिये जा सकते हैं।'' (देखे : शोध बाळ गोपाळांचा : य. दि. फडके, पृ. 79)

लो. तिलक महाराष्ट्र के राजनीतिक क्षितिज पर अवतरित हुए 1889 में। राष्ट्रीय सभा (काँग्रेस) के अधिवेशन में लो. तिलक जी का कट्टर देशभक्त के रूप में प्रभाव पैदा हो गया था। 1906 में काँग्रेस का अधिवेशन कोलकता में हुआ। बहिष्कार, राष्ट्रीय शिक्षा, तथा स्वदेशी ऐसे तीन प्रस्ताव पारित हुए। इसका अर्थ तिलक के प्रभाव का सूर्य अपने उत्कर्ष बिन्दु पर था। 1907 में सूरत (गुजरात) में गरम तथा नरम पंथ एक दूसरे में विरोध के पूरी शक्ति के साथ खड़े थे। उस वक्त जनमत तिलक के गरम पंथ की ओर था। इसे ध्यान में रखना होगा कि तिलक के प्रभाव के कारण काँग्रेस के अधिवेशनों में सामाजिक परिषद के आयोजन की प्रथा खत्म की गयी। शाहू महाराज के वेदोक्त प्रकरण में तिलक ने 29-10-1901 की केसरी में एक अग्रलेख लिखा, जिसका यह आशय था कि ब्राह्मण के अलावा इतर जाति के लोग वेद पढ़ने का आग्रह न पकड़े। और इसी में उन्होंने सनातनियों के समर्थन में अपनी बात कही थी। उन्होंने यह भी लिखा कि जातिभेद की व्यवस्था के कारण स्वराज्य का विनाश नहीं हुआ हैं।

पेशवाओं की डायरी में लिखी प्रस्तावना में न्या. रानडे लिखते हैं — 17 वीं सदी के पूर्वार्ध में वांशिय तथा जातीय मत्सर या तिरस्कार महाराष्ट्र में नहीं था। परन्तु 18 वीं सदी के उत्तरार्ध में ब्राह्मण खुद को राज्यकर्ता जमात समझने लगी। और इस कारण कानून के अनुसार होनेवाली सजा ब्राह्मणों को कम-से-कम कैसी होगी और ब्राह्मणों को विशिष्ट अधिकार मिलने चाहिए ऐसा मानने लगी। इस कारण नीति भ्रष्टता निर्माण हुई। शिवाजी महाराज की प्रशासन पद्धति में ऐसी बातें नही थीं। सब को समान न्याय और सभी वर्णों, वर्गों का रक्षण यह राज्य का प्रमुख तत्त्व था। दूसरा बाजीराव के हाथों में सत्ता जाने के बाद इस तत्त्व को अस्वीकार किया गया। परन्तु रानडे जी के इस मत का स्वीकार तिलक नहीं करते, ऐसा दिखलाई देता है।

1895 के पूर्व काँग्रेस पार्टी में दो प्रवाह थे। दादाभाई नौरोजी, बद्रुद्दीन तैयबजी, सुरेंद्रनाथ बॅनर्ज़ी आदि का कहना था कि सामाजिक सुधारों की नितान्त जरूरत है, परन्तु उसकी चर्चा काँग्रेस के मंच से करना उचित नहीं होगा। परन्तु डब्ल्यू

सी. बॅनर्जी का कहना था कि सामाजिक सुधार की कोई जरूरत नहीं हैं। तिलक पंथियों ने काँग्रेस अध्यक्ष सुरेंद्रनाथ बॅनर्जी को पत्र दिया। इसमें काँग्रेस के अधिवेशनों में सामाजिक परिषद का आयोजन करने को विरोध किया गया। परिणाम स्वरूप बॅनर्जी ने न्या. रानडे को लिखा कि काँग्रेस अधिवेशनों में सामाजिक परिषद आयोजित करने का अगर आपने बहुत आग्रह किया तो काँग्रेस पार्टी टूटने का भय है। तिलक पंथियो की यह माँग अयोग्य है, अन्यायपूर्ण है परन्तु इसके अनिष्ट परिणाम टालने हेतु समझोते के रूप में इसे स्वीकार करना पड़ा।

1917 तक वलंगकर, शिवराय जानबा कांबळे, महर्षि शिंदे, राजर्षि शाहू और म. फुले के सत्यशोधक आन्दोलन आदि के प्रभाव के कारण अस्पृश्यता विरोध, जातिनिर्मूलन आदि व्यापक सामाजिक प्रश्नों के सन्दर्भ में लोकमत जागृत हो रहा है, इसके चिह्न सभी ओर दिखलाई दे रहे थे। दोष परिहार मंडल, सत्यशोधक आन्दोलन, 'सोमवंशीय हितचिन्तक मित्र समाज', सामाजिक परिषद आदि संस्थाओं के कार्य में गति आयी। महर्षि शिंदे के 'डिप्रेस्ड क्लाश मिशन संस्था' ने अस्पृश्यता निवारण कार्य को अधिक गतिशील बनाया। डॉ. भांडारकर की अध्यक्षता में पुणे में अस्पृश्यता निवारण परिषद हुई। इन सारी घटनाओं के परिणाम स्वरूप कोलकता के काँग्रेस अधिवेशन में अस्पृश्यता निवारण से सम्बन्धित प्रस्ताव आया। उसमें कहा गया कि पारम्पारिक रुढ़ियों के कारण सदियों से पददलित समाज को जो दुःख भोगना पड़ता है, उसे दूर कर उन्हें न्याय देने की जरूरत है। अस्पृश्यों को अपने प्रतिनिधि चुनकर विधिमंडल में भिजवा देने की व्यवस्था ब्रिटिश करें ऐसा आह्वान भी किया गया। एक प्रस्ताव में सवर्ण हिन्दू अस्पृश्यता का कलंक पोंछने हेतु आगे आयें ऐसी इच्छा भी व्यक्त की गयी।

11-11-1917 के दिन सर नारायण चंदावरकर की अध्यक्षता में आयोजित सभा में डॉ. आम्बेडकर का हार्दिक अभिनन्दन किया गया। अस्पृश्यों के लिए राजनीतिक अधिकार माँगे गये। इस सभा में डॉ. आम्बेडकर उपस्थित नहीं रह सके। 23-3-1918 को दूसरी सभा फिर से सर चंदावरकर के प्रयत्नों से तथा उनके नेतृत्त्व में आयोजित की गयी। 23 तथा 24 मार्च, 1917 को मुंबई में आयोजित इस परिषद के अध्यक्ष बड़ोदा के महाराजा सयाजीराव गायकवाड थे। अपने भाषण में उन्होंने कहा अस्पृश्य वर्ग का अथवा अतिशूद्रों का सामाजिक स्तर बढ़ाने का तथा उनकी अवस्था सुधारने का प्रश्न अत्यन्त जटिल है। उसे सुलझाने के लिए मन का विकास, मन की ताकत तथा धीरज की जरूरत है। अध्यक्ष के भाषण के बाद निम्नांकित आशय के प्रस्ताव पारित किये गये।

1) अस्पृश्यता निवारण हेतु नेताओं के हस्ताक्षर से एक घोषणापत्र निकालें।

2) हिन्दू धर्म के, आचार्य-पीठ अस्पृश्यता नष्ट करने हेतु अपने आज्ञापत्र निकाले।

3) अस्पृश्यों की आर्थिक अवस्था सुधारने हेतु, विविध उपायों की योजना की जाय।

4) जो संस्थान हैं, रियासते हैं वहाँ अस्पृश्यता निवारण का प्रयत्न हो तथा अस्पृश्यों की उन्नति हेतु रियासत प्रयत्न करें।

अस्पृश्यता जड़ से समाप्त हो ऐसा प्रयत्न करनेवाले महर्षि शिंदे तथा अन्य लोगों के प्रयत्न इन प्रस्तावों के मूल में थे। इसके अलावा ऐनी बेसेंट की अध्यक्षता में 1917 में सम्पन्न हुए कोलकता के काँग्रेस अधिवेशन में यह प्रस्ताव पारित हुआ था। जी. ए. नरेशन ने यह प्रस्ताव रखा, भुलाभाई देसाई ने इसका अनुमोदन किया। प्रस्ताव में कहा गया। "This congress urges upon the people of India the necessity, Justice and rightousness of removing all disabilities imposed by custom upon the depressed classes." एक काल वह भी था जब तिलक के अनुयायिनों ने यह धमकी दी थी कि काँग्रेस अधिवेशन में अगर सामाजिक परिषद आयोजित की गयी तो पूरा सभा स्थान उद्ध्वस्त कर दिया जाएगा। उस समय अस्पृश्यों ने काँग्रेस के विरोध में निदर्शन भी किये थे। इस जागृति का दबाव बढ़ जाने से काँग्रेस को अपने लक्ष्य में तथा नीतियों में परिवर्तन करना पड़ा। कम-से-कम कागज पर तो प्रस्ताव पारित कर लोकमत का आदर उन्हें करना पड़ा।

इसी परिषद में एक ऐतिहासिक घटना घटित हो गयी। और वह थी तिलक का अस्पृश्यता विरोधी भाषण। तिलक के भाषण का अंग्रेजी में समाचार 'हिन्दू मिशनरी' इस पत्रिका में 8 तथा 15 अप्रैल, 1918 के अंकों में दिया है ऐसा चां. भ. खैरमोडे ने लिखा है। (चरित्र खंड पृष्ठ 247-248) इस भाषण का विस्तृत समाचार 'संदेश' नामक पत्रिका में (31 मई 1918) आया है, ऐसा खैरमोडे ने दर्ज किया है। तिलक ने कहा, "अस्पृश्य वर्ग का प्रश्न अत्यन्त महत्त्वपूर्ण है, इसलिए राजनीतिक दृष्टि से अथवा सामाजिक दृष्टि से जितना सम्भव हो सके उतने जल्द- हमें उसका निपटरा करना चाहिए। और वह सम्भव भी है। अस्पृश्य वर्ग से क्या तात्पर्य है? इसका कोई शास्त्रीय आधार है क्या? इसका कोई शास्त्रीय आधार नहीं है। ---- रोटी-बेटी व्यवहार हो अथवा नहीं, श्रद्धा का प्रश्न कैसे छुड़ाएँ ये दूर के प्रश्न हैं। इन प्रश्नों के साथ अस्पृश्यता के प्रश्न को जोड़कर उसे अधिक जटिल करने की मेरी इच्छा नहीं है। सभा समाज में घूमते समय अस्पृश्यता का प्रश्न बाधा न बने। काँग्रेस में अस्पृश्यता से प्रतिनिधि न ले ऐसा कोई नियम नहीं है। यह रास्ता आज भी खुला है। जो अस्पृश्यता मरने के बाद नहीं रह पाती, जो अस्पृश्यता ईश्वर के घर जाते समय बाधा नहीं बनती, उस अस्पृश्यता को हम अपने समाज में बनाए रखें- इसका अर्थ

ईश्वर के घर में रहते हुए पाप करने जैसा है। (अस्पृश्यता का) प्रश्न भले ही मैंने अपने हाथ में न लिया हो। तो भी मेरी पूरी सहानुभूति उसके साथ है। मैंने जो मुख्य प्रश्न हाथ में लिया है, वह मगर छूट गया तो मेरे जन्म की सार्थकता नहीं हुई।'' तिलक का यह भाषण वहाँ उपस्थित जनता को पसन्द आया इसमें किसी भी प्रकार की शंका नहीं; क्योंकि इस सामाजिक प्रश्न के सम्बन्ध में पुनरुज्जीवनवादी तथा अपरिवर्तनवादी रहे तिलक एक अलग भूमिका को लेकर इस परिषद में बोल रहे थे।

'ज्ञानकोशकार' ने अपने अग्रलेख मे लिखा, ''मैं इस आन्दोलन के विरुद्ध कभी भी नहीं था तथा मेरी उसे पूर्ण सहानुभूति है इस आशय के उद्‍गार तिलक ने इस प्रश्न के सम्बन्धित प्रस्ताव पर बोलते हुए कहा - ऐसा समाचार प्रकाशित हुआ है। तिलक सुधार विरोधी हैं, और उन्हें अस्पृश्यों की उन्नति के सम्बन्ध में कोई सहानुभूति नही है। अर्थात् वह निष्कारण नहीं थी ऐसी समझ सामान्य जनता में फैल गयी थी। उसका निराकारण स्पष्ट भाषा में उन्होंने किया। इसीलिए उनका अभिनन्दन करना चाहिए था। खापर्डे ने भी इस परिषद में एक प्रस्ताव की सूचना की और उसमें अन्त्यजों की उन्नति के अनुकूल भाषण दिया। कुछ वर्षों पूर्व इस वर्ग की उन्नति के विरोध में यही खापर्डे बोल रहे थे। इसका स्मरण अनेकों को उस समय हुआ होगा। तिलक और खापर्डे की इस बदली हुई दृष्टि का परिणाम उनके अनुयायियों पर होगा। भविष्य में अन्त्यजों के कार्य में वे विरोध न करते हुए मदद करेंगे - ऐसी आशा हम करते हैं।'' परन्तु आश्चर्य यह कि तिलक ने अस्पृश्यता निवारण से सम्बन्धित प्रस्ताव को समर्थन दिया है, इस घटना की खबर 'केसरी' में छपी नहीं थी। 'सुबोध पत्रिका' ने 31-3-1918 की अपनी एक टिप्पणी में इस बात को उजागर किया है। उन्होंने लिखा ''तिलक की इस स्पष्ट उक्ति के कारण हम उनके आभारी हैं। वे कट्टर सनातनी हैं ऐसा अनेक लोग समझते हैं और इस समझ को बनाए रखने के लिए ही उनके इस भाषण के एक शब्द का भी उल्लेख पिछले 'केसरी' के अंक में नहीं हुआ है।... तिलक ने बहुत सावधानी से और स्पष्ट रूप से सीमा में रहकर ही अपनी सहानुभूति बतलाई है। खापर्डे जी को अपने पिछले विरोध का शायद पछतावा हो रहा है। इसी कारण उन्होंने चातुर्वर्ण्य तथा रोटी-बेटी व्यवहार का कोई सम्बन्ध नही है- ऐसा विलक्षण साहसपूर्ण वक्तव्य दिया है। कुछ भी हो, इन दो नेताओं ने जो सहानुभूति बतलाई है, उसका उनके अनुयायियों पर ठीक से परिणाम होगा ऐसी आशा करेंगे।''

पर जो हुआ, उसके मूल में वास्तविकता क्या थी? तिलक के अनुयायी अस्पृश्यता के विरोध में भूमिका ले ही नहीं सकते थे। उन्होंने इस परिषद के सम्बन्ध में श्रीमद् शंकराचार्य, करवीरपीठ (कोल्हापुर-महाराष्ट्र) इनका एक पत्रक 'केसरी' में

दिया है। इस पत्रक में शंकराचार्य कहते हैं- 'आपके कार्य के प्रति मुझमें सहानुभूति है- इसे कहने की जरूरत नहीं है। तथापि अपने कार्य के उत्साह में आप प्राचीन शास्त्रों की अवहेलना अथवा विपर्यास न करें ऐसा अब मुझे कहना पड़ रहा है। शास्त्र की कुछ आज्ञाएँ अत्यन्त महत्त्वपूर्ण होती हैं और कुछ बहुत मामूली होती हैं। इसमें से पहले प्रकार की शास्त्राज्ञों का तिरस्कार करके नहीं चलेगा। शुद्धाशुद्धता के सम्बन्ध में तथा स्पृश्यापृश्य के सम्बन्ध में कुछ नियम महत्त्वपूर्ण हैं, धार्मिक वृत्ति से रहनेवालों के लिए वे अनुल्लंघनीय हैं। ये नियम केवल उस व्यक्ति के लिए ही हितावह नहीं हैं अपितु पूरे समाज के कल्याण हेतु उन्हें पालना पड़ता है।'' शास्त्राज्ञों को न नकारते हुए जो कुछ हितावह वह करे ऐसी करवीर पीठ के शंकराचार्य की भूमिका है। शास्त्राज्ञा विषमता के लिए पोषक है, इसलिए उसको नकारना चाहिए ऐसी समतावादी भूमिका तिलक के अनुयायियों को लेना कठिन ही था।

'लो. तिलक यांच्या आठवणी व आख्यायिका, खंड दो' में महर्षि विठ्ठल रामजी शिंदे ने लो. तिलक से सम्बन्धित अपनी यादें कहीं हैं। लो. तिलक ने उस घोषणा पत्र पर हस्ताक्षर नहीं किये थे; जिसमें अस्पृश्यता निवारण के लिए आह्वान किया गया था। उन्होंने इसके लिए केवल सहानुभूति जतलाई थी, ऐसा उल्लेख शिंदे ने किया है। 1-12-1919 के दिन तिलक इग्लैंड से पुणे आये। पुणे के नागरिकों की ओर से उन्हें मानपत्र देने की कल्पना का विरोध हुआ। 'पुणे के नागरिकों को जाहीर बिनती' इस शीर्षक से निकले परिपत्रक के नीचे 125 नागरिकों के हस्ताक्षर थे। कर्मवीर शिंदे ने हस्ताक्षर करते हुए अपना स्वतन्त्र मत इस हस्तपत्रिका में प्रस्तुत किया है। उन्होंने लिखा है कि सामाजिक सुधार के सन्दर्भ में लो. तिलक की नीति समता तथा स्वनिर्णय के अत्याचार के लिए विघातक होने के कारण उन्हें पुणे के सभी नागरिकों की ओर से मानपत्र देना ठीक नहीं।'' (देखें - धर्म जीवन व तत्त्वज्ञान - वि. रा. शिंदे पृ- 541)

वस्तुतः जिस घोषणापत्र पर तिलक ने हस्ताक्षर नहीं किये थे, उसमें केवल यह प्रतिज्ञा थी कि मैं अपने व्यक्तिगत जीवन में अस्पृश्यता का पालन नहीं करूँगा। और यही तिलक के लिए मुश्किल की बात थी। जो बात मैं कर ही नहीं सकता वह मैं करूँगा - ऐसा लिख कर देना उन्हें उचित नहीं लगा। रैंग्लर परांजपे को लग रहा था कि भारतीय मजदूर तथा दलित समाज के अधिकारों के सम्बन्ध में आपकी क्या नीति है ऐसा मुझे इग्लैंड के मजूदर नेता (लेबर पार्टी) पूछेंगे - इतका एहसास तिलक को था। इसिलिए उन्होंने कॉंग्रेस अधिवेधन में उपरोक्त आशय का भाषण दिया था। ब्रिटिश मजूदर नेता कर्नल वेजबूड ने तिलक को ऐसा प्रश्न पूछा भी था। (देखें : तिलक : राजर्षि शाहू महाराज, धनंजय कीर, पृ. 35) सामाजिक प्रश्न पर तिलक

तटस्थ अथवा उदासीन न रहते हुए विरोधी भूमिका ले रहे थे, यह अनेक प्रमाणों द्वारा सिद्ध होता है। राजनीतिक प्रश्न ही उनके लिए महत्त्वपूर्ण था। हिन्दू मिशनरी पत्रिका ने बड़ा मार्मिक अभिप्राय दिया है— "राजनीति के कारण वे लोकमान्य हुए हैं, समाजनीति और धर्मनीति उन्हें लोकमान्यता नहीं देती। (7 जनवरी, 1918) सामाजिक परिवर्तन हेतु जो अपने जीवन को न्योछावर करते हैं; उनके हिस्से में, जिनके हितसम्बन्ध खतरे में आते हैं, उनकी गालियाँ ही मिलती रहती हैं। डॉ. आम्बेडकर ने दलित मुक्ति हेतु आन्दोलन शुरू किये, उसकी नींव मनुष्यत्व की प्रतिष्ठा यह सर्वश्रेष्ठ मूल्य रहा है। इसलिए तो 'एक मनुष्य एक मत' जनतन्त्र की इस गलत कल्पना के स्थान पर 'एक मनुष्य एक मूल्य' इस विचार का उन्होंने आग्रह पकड़ा।

लो. तिलक स्वतन्त्रता के लिए जीवन पर्यंत संघर्ष करते रहे। स्वदेशी, बहिष्कार और राष्ट्रीय शिक्षा-स्वराज्य सम्पादन के ये तीन साधन हैं ऐसा उन्होंने कहा। और नरम काँग्रेस को 'गरम' बना दिया। परन्तु लो. तिलक ने भारतीय समाज में स्थित विषमता के विरुद्ध कोई विचार नहीं किया। जातिव्यवस्था और वर्णव्यवस्था ये दोनों समाज को काट रह हैं, उसके टुकड़े कर रहे हैं और विघटित समाज का राजनीतिक आन्दोलन सफल नहीं हो सकता यह शायद उनके ध्यान में नहीं आया। औद्योगिक परिषद के सम्मुख 1892 में पढ़े गये अपने एक निबन्ध में वे लिखते हैं— "अनुवांशिक व्यवसायी को सुरक्षित रखने हेतु और एक दूसरे की सहायता और सहयोग करने की दृष्टि से जातिभेद यह संस्था आर्यवंशियों में ऐहिक और सामाजिक संघटना हेतु प्रस्थापित हुई है, ऐसा मैं मानता हूँ।" 'भारतीय असन्तोष के जनक' ऐसी सार्थक उपाधि प्राप्त करनेवाले लो. तिलक भारतीय समाज में स्थित विषमता की, रुढी ग्रस्तता की जड़े खोदकर निकाल देने के कार्य में कभी लगे नहीं थे। कर्तृत्त्व, त्याग, सेवा, व्यासंग, चारित्र्य, राष्ट्रभक्ति, निर्भयता का स्फूर्तिस्थान मतलब लो. तिलक! परन्तु यही तिलक स्वतन्त्रता प्राप्ति के बाद इस देश की व्यवस्था सामाजिक और आर्थिक विषमता पर खड़ी करने के बजाए यह व्यवस्था समता की नींव पर खड़ी करेंगे ऐसी विचार प्रणाली प्रस्तुत नहीं कर सके।

लो. तिलक के समकालीन राजर्षि शाहू महाराज नासिक में उदोजी मराठा विद्या छात्रावास के शिलान्यास के कार्यक्रम में घोषित कर रहे थे कि "जातिभेद रहने दीजिए परन्तु जातिद्वेष नहीं, ऐसा कहनेवाले अनेक हैं। यह बात अगर ईमानदारी से कही गयी होती तो उनके अज्ञान पर दया आती है। क्योंकि जातिभेद का कार्य ही जातिद्वेष है। इसलिए कार्य को अगर नष्ट करना हो तो कारण भी निकाल देना होगा। इस जाति द्वेष को निकाल बाहर करना हो तो जातिभेद खत्म करना ही होगा। जातिभेद खत्म कर हम सब एक हो जाएँगे।" जाति, जातिश्रेष्ठता, जातिद्वेष समाज की एकता

को बाधा पहुँचाते हैं। इसे फुले-शाहू-आम्बेडकर ने आग्रहपूर्वक कहा है। लो. तिलक जैसे उत्साही नेता को स्वतन्त्रता के लिए जनता एकात्म होकर आन्दोलन में उतरने हेतु तैयार हो जाय इसीलिए जातिविरहित समाज व्यवस्था निर्माण करने के प्रयत्न करना चाहिए था, परन्तु लोकोत्तर तिलक को जातिविरहित समाज व्यवस्था की जरूरत नहीं थी। अंग्रजों की सत्ता जाकर उस स्थान पर उच्चवर्णियों की सत्ता आये—ऐसा स्वतन्त्रता का अर्थ नहीं था। भारतीय समाज अनेक स्तरों पर विभाजित है। स्वतन्त्रता के कारण आज तक वंचित, उपेक्षित समाज के स्तर, कल सत्ता में अपनी भागीदारी की माँग करेंगे- यह तो निश्चित ही था।

लो. तिलक अथणी (जि. बेलगाँव-कर्नाटक) में भाषण करते समय बोल गये कि, "तेली, तंबोली किसान इन्हें कौन्सिल में जाकर हल चलाना कि तराजू पकड़ना है?" उनके इस वक्तव्य के कारण काफी खलबली मच गयी ऐसा कहना गलत ही था। जनतान्त्रिक राज्य व्यवस्था में श्रमिक वर्ग को प्रतिनिधित्व प्राप्त हो जाना स्वाभाविक होता है। लो. तिलक लोकोत्तर, लोकाग्रणी जन मन पर प्रभाव निर्माण कर सकते थे। सामाजिक परिवर्तन हेतु शुरू हुए आन्दोलन का वे नेतृत्त्व भी करते तो इस देश का चित्र ही बदल जाता। राजनीतिक सत्ता, अर्थसत्ता, धर्म, जाति, ये सब शोषण के हथियार हैं। वे जिनके हाथों में सत्ता होती है उन्हें ही स्वतन्त्रता के फायदे मिलनेवाले थे। फुले-शाहू -आम्बेडकर-लोकहितवादी- न्या. रानडे - यह एक परिवर्तनवादी विचारधारा है। जाति जिसे चिपक गयी है, उसका मुक्त होना यह स्वतन्त्रता की पहली जरूरत होती है। इस सन्दर्भ में डॉ. राधा कृष्णन के उद्गार अर्थपूर्ण हैं-

'Caste has ceased to be a social evil but has become a political & administrative evil'

वस्तुतः जाति यह आज भी Social evil- सामाजिक दुष्कृत्य ही है। इसलिए तो मनुष्य की स्वतन्त्रता की लड़ाई के एक हिस्से के रूप में जातिव्यवस्था तथा वर्णव्यवस्था के विरुद्ध की लड़ाई है। इसे ध्यान में रखना जरूरी है।

लो. तिलक के राजनीतिक क्षेत्र का तेजस्वी कार्य का जब अन्त हुआ तब डॉ. आम्बेडकर दलितों के नेतृत्त्व को स्वीकार कर चुके थे। माणगाँव की परिषद में राजर्षि शाहू महाराज ने कहा था कि, 'आपके सच्चे नेता डॉ. आम्बेडकर हैं। मेरा विश्वास है कि ये आपका उद्धार किये बगैर नहीं रहेंगे। इतना ही नहीं तो वे पूरे हिन्दुस्तान के नेता हो जाएँगे ऐसा मुझे मेरी मनोकामना कह रही है। शाहू महाराज की भविष्य वाणी सच साबित हुई। सामाजिक तथा आर्थिक विषमता के विरुद्ध असन्तोष के बीज बोने का काम डॉ. आम्बेडकर ने किया।

लो. तिलक के सुपुत्र श्रीधरपंत तिलक डॉ. आम्बेडकर के आत्मीय मित्र थे।

25 मई, 1928 को उन्होंने आत्महत्या की। पुणे के कलेक्टर को आत्महत्यापूर्व जो पत्र उन्होंने भेजा था उसकी एक प्रति उन्होंने आम्बेडकर को भेजी थी। उसमें उन्होंने लिखा था कि 'I hope to be reborn in some poor unknown peasent family but to complete the mission of Tilak.'

श्रीधरपंत को लगता था कि चातुर्वर्णाधिष्ठित समाज नष्ट हो जाना चाहिए। दीनमित्र में (9-11-1927) वे लिखते हैं।, "भिक्षुक वर्ग अर्थात् पुरोहित वर्ग चातुर्वर्ण समाजव्यवस्था के नीचे सुरून्ग लगाने कदापि तैयार नहीं होगा। यह काम ब्राह्मणेतर आन्दोलन का है। इसे वे पूरी चतुराई और निर्भयता के साथ पूर्ण करें" श्रीधरपंत तिलक के विचार एकदम भिन्न थे। जातिव्यवस्था और वर्णव्यवस्था को खत्म कर एकात्म समाज निर्माण हो यह उन्हें इमानदारी से लगता था। फुले शत सांवत्सरिक उत्सव में भाषण करते हुए उन्होंने कहा, "मैं सत्य समाजिस्ट नहीं हूँ तो भी एक सत्य शोधक हूँ। प्रत्येक क्षेत्र में विवेकपूर्ण विचार कर आचरण करनेवाली व्यक्ति सत्यशोधक की ही होती है। इतना ही नहीं प्रत्येक व्यक्ति को सत्यशोधक बनना राष्ट्रहित में है।" श्रीधरपंत के विचारों की दिशा डॉ. बाबासाहब आम्बेडकर को अपने विचारों से मिलती-जुलती लगी ऐसा उन्हें लगा इसलिए उनमें मित्रता के सम्बन्ध निर्माण हुए। 'मूकनायक' प्रत्रिका का विज्ञापन केसरी में छापने से लो. तिलक ने नकारा था, इसका दुःख डॉ. आम्बेडकर को था। परन्तु डॉ. आम्बडेकर ने विचारों की पराजय विचारों से ही करने का निर्णय लिया था। 'स्वराज यह मेरा जन्मसिद्ध अधिकार है।' ऐसा तिलक ने कहा था तो डॉ. आम्बेडकरं ने कहा 'समताधिष्ठीत समाज में मनुष्य के रूप में जीने का प्रत्येक को अधिकार है।" लो. तिलक और डॉ. आम्बेडकर दोनों भी महापुरुष, परन्तु दोनों के रास्ते भिन्न-भिन्न थे।

अनुवाद - डॉ. सूर्यनारायण रणसुभे, लातूर

□□□

सन्दर्भ

1. आगरकर - गोपाळ गणेश आगरकर (1856-1895) मराठी के आरम्भिक निबन्धकारों में से एक प्रखर वैज्ञानिक सामाजिक दृष्टि के कारण चर्चित। राजनीतिक स्वतन्त्रता के पूर्व सामाजिक न्याय तथा समता पर जोर। इसी मुद्दे पर लोकमान्य तिलक से मतभेद।
2. केसरी - लो. तिलक द्वारा शुरू किया गया दैनिक। वे ही इसके सम्पादक थे। आज भी यह 'दैनिक' निकलता है।

3. धनंजर कीर - मराठी के प्रसिद्ध जीवनीकार। शाहू महाराज, सावरकर तथा डॉ. बाबासाहब आम्बेडकर के जीवनीकार।
4. चा. भ. खैरमोडे - डॉ. बाबासाहब आम्बेडकर की जीवनी दस खंडों में आपने लिखी। वे डॉ. बाबासाहब के समकालीन थे।
5. ज्ञानकोशकार केतकर - श्रीधर व्यंकटेश केतकर (1884-1937) मराठी के प्रथम कोशकार। समाजवैज्ञानिक तथा उपन्यासकार। ज्ञानकोश का विशाल कार्य आपने किया। इसी कारण इनकी पहचान ज्ञानकोशकार के रूप में।
6. डॉ. य. दि. फडके - यशवंत दिनकर फडके। आधुनिक महाराष्ट्र के आर्थिक, सामाजिक तथा राजनीतिक इतिहास के लेखक। विचारों से मार्क्सवादी।
   लोकहितवादी - (1823-1892) मराठी के प्रगतिशील लेखक तथा विचारक।
   विष्णुबुआ ब्रह्मचारी - (1825-187) मराठी के निबन्धकार।
   खापर्डे दादासाहेब - तिलक के कट्टर अनुयायी। उनके समकालीन।

***

... 7 ...

डॉ. बाबासाहब आम्बेडकर, म. गाँधी और बॅ. जिन्ना

गंगाधर पानतावणे

म. गाँधी, बॅ. जिन्ना और डॉ. बाबासाहब आम्बेडकर ये तीनों बॅरिस्टर भारतीय राजनीति के क्षितिज को अपने प्रख़र तेज से आलोकित करने वाले सितारे हैं। गाँधी हिन्दुओं के नेता, जिन्ना मुस्लिमों के तथा बाबासाहब दलित-वर्ग के नेता थे। तीनों भी अतिबुद्धिवान, धीरोदात्त एवं राजनीतिक नेता थे। गाँधी जी ने जो समाज कार्य किया वह एक़ सीमित क्षेत्र में रहते हुए विशिष्ट उद्देश्य से किया था। परन्तु धार्मिकता का सहारा लेते हुए, उन्होंने राजनीति की थी। जीन्ना ने कभी भी सामाजिक सुधार की बातें नहीं की। अपितु भारत की स्वतन्त्रता के लिए वे जूझते रहे। आमरण उपोषण यह गाँधी जी का अतिप्रिय विषय था। डॉ. बाबासाहब को जीवनभर समाज-परिवर्तन की लगन रही थी। समाज-व्यवस्था द्वारा नकारे गये मनुष्यों को आत्मप्रतिष्ठा प्रदान करने हेतु संघर्ष करते हुए वे लड़ते रहे। राजनीतिक स्वतन्त्रता को उन्होंने कभी नकारा नहीं था। अपितु भारतीय सामाजिक एवं सांस्कृतिक स्वराज्य का मार्ग स्वतन्त्रता से भी अधिक कठिनाइयों से भरा हुआ है इस बात का एहसास उन्होंने हर-पल करा दिया था। जिसके लिए उन्होने विचार और युद्ध अटल माना था। सामाजिक-क्रान्ति यही उनका ध्येय था। अतः राजनीतिक क्रान्ति का उन्होंने कभी विरोध नहीं किया। भारतीय राजनीति का उपयोग गाँधी और जिन्ना ने खुद के लिए भी किया था। गाँधी महात्मा बने। जिन्ना पाकिस्तान के निर्माता बने। परन्तु बाबासाहब ने दलितस्तान का विचार कदापि नहीं रखा था। वे संसद तथा सामाजिक जनतन्त्र के कठोर पुरस्कर्ता थे। गाँधी के पास उनकी अपनी कॉंग्रेस पार्टी थी, तो जिन्ना के पास मुस्लिम-लीग। बाबासाहब ने 'ऑल इंडिया शेड्युल्ड कास्ट फेडरेशन' के माध्यम से राजनीतिक संघर्ष खड़ा किया था। गाँधी और आम्बेडकर दोनों भी भारतीय राष्ट्रवाद के प्रखर पुरस्कर्ता थे तो जिन्ना प्रथमतः राष्ट्रवादी और बाद में विभाजनवादी रहे हैं। हिन्दू, मुस्लिम एकता का विचार प्रारम्भ में उन्होंने किया था। किन्तु बाद में वे कट्टर मुस्लिमवादी बन गये। इस सन्दर्भ में डॉ. रफिक झकेरिया ने कहा है।

"The Quaid - I - Azam claimed that he had at least freed the Muslims from Hindu domination, he boasted that he had given them a state of their own." (The man who divided India : Rafiq Zakeria, P.

238)

न्या. रानडे जी की 101 वीं जन्मशताब्दी के अवसर पर पुणे की डेक्कन सभा ने डॉ. बाबासाहब आम्बेडकर को व्याख्यान के लिए निमन्त्रित किया था। 18 जनवरी 1940 दिन व्याख्यान देते हुए उन्होंने रानडे जी के महत्त्व की विशद व्याख्या किया। समाज, अर्थ और राजनीति के सन्दर्भ में उनके विचारों का परामर्श उन्होंने प्रस्तुत किया। परन्तु उस समय तत्कालीन राजनीति का परामर्श लेते हुए उन्होंने म. गाँधी और जीन्ना की राजनीतिक भूमिका और विचारों का अध्ययन करते हुए अपने स्पष्ट एवं प्रखर मतों को प्रतिपादित किया। परिणामतः राजनेताओं एवं समाचार पत्रों ने उन पर जमकर टीका की। 'रानडे, गाँधी और जिन्ना.' इस पुस्तक की प्रस्तावना में उन्होंने स्पष्टता के साथ कहा है कि—

"I am condemned because I criticized Mr. Gandhi & Mr. Jinah for the mess they have made of Indian politics and that in doing so I am alleged to have shown towards them hatred and disrespect... I am no worshipper of idols. I believe in breaking them. I insist that if I hate Mr. Gandhi and Mr. Jinah - I dislike them, I do not hate them because I love India more. That is the true faith of a nationalist."

(Ranade, Gandhi and Jinah : Dr. B. R. Ambedkar, Dr. B. A. writings and speeches voe P. 208-209)

"गाँधी या जिन्ना के प्रति मेरे मन में कोई द्वेष या ईर्ष्या नहीं है। परन्तु भारतीय राजनीति का उन्होंने जो भटियारखाना बनाया है वह मुझे पसन्द नहीं है। क्योंकि मैं मूर्तिभंजक रहा हूँ। मैं व्यक्ति से अधिक अपने देश पर प्रेम करता हूँ।' बाबासाहब का यह प्रतिपादन तत्कालीन राजनीतिक दिशा और विचारधारा पर लक्ष्य केंद्रित करता है।

काँग्रेस तथा म. गाँधी सन 1917 से ही अस्पृश्यता से जुड़े प्रश्नों से सम्बन्धित रहे हैं। इस बात को अध्येता प्रायः कहते चले आ रहे हैं। परन्तु यथार्थरूप में दलितों के लिए उन्होंने क्या किया है। इस सन्दर्भ में कोई साधार समीक्षा का प्रतिपादन नहीं किया जाता है। गाँधी जी अस्पृश्यों के हितकर्ता और मुक्तिदाता हैं इस प्रकार की प्रतिमा उनके सन्दर्भ में निर्माण की गयी थी। वायकोम के सत्याग्रह में उन्होंने अस्पृश्यों के लिए मन्दिरप्रवेश की घोषणा की थी। परन्तु इस सन्दर्भ में उन्होंने कभी आन्दोलन नहीं किया था। बल्कि अस्पृश्यों के राजनीतिक अधिकारों के विषय में अपना विरोध दर्शाया था। अतः यह बात इतिहास साक्षी है। गाँधी स्वयं को निष्ठावान हिन्दू कहते थे। यह विनयशीलता अनुपम थी। परन्तु वर्ण-व्यवस्था के प्रति उन्होंने कभी विरोध प्रकट नहीं किया। अपितु अस्पृश्यता का स्वीकार उन्होंने कभी नहीं

किया। भारतीय विवाह संस्था उन्हें मान्य थी परन्तु आन्तरजातीय विवाह का स्वीकार उन्होंने आरम्भ में कभी नहीं किया था। विवाहित जीवन के 'ब्रह्मचर्य' को वे स्वीकार करते हैं। मानवीय समाज का ऐतिहासिक विकासक्रम और विज्ञान आदि के सन्दर्भ में वे लापरवाह थे। इसी कारण पारम्परिक ग्रामव्यवस्था के प्रति उनके मन में स्नेह था। "गाँव की ओर चलो" वाली उनकी घोषणा जीर्ण जीवन मूल्यों का स्वीकार करनेवाली थी। आधुनिकता और विज्ञाननिष्ठा के दूत बाबासाहब आम्बेडकर "गाँव छोड़ो" क्यों कहते थे? अतः इस पार्श्वभूमि पर दोनों की बात को सहजता से समझा जा सकता है। गाँधी जी कहते थे कि "अस्पृश्यता यह हमारी देह पर लगा एक कलंक है और उसे हमें ही धोना होगा।" व्यक्ति और समाज को अपनी जरूरतों को कम करके जीना है। ऐसा करने से हमारे गाँव एवं भारतीय मनुष्य सर्वांगीण दृष्टि से परिपूर्ण एवं स्वावलम्बी बनेंगे इस प्रकार का आशावाद गाँधी जी को रहा था। उद्योग, सामूहिक-खेती, विज्ञान और नयी शिक्षा के माध्यम से ही हम नवभारत का निर्माण कर सकेंगे ऐसा विश्वास बाबासाहब को था।

"हिन्दुत्ववाद का दूसरा नाम गाँधीवाद या फिर गाँधीवाद का दूसरा नाम हिन्दुवाद है।" बड़ी बेबाकी के साथ यह बात बाबासाहब आम्बेडकर ने कही थी। सनातन हिन्दुत्ववाद यही गाँधीवाद की प्रकृति रही है। वर्णवाद और ग्रन्थ-प्रामाण्य को मान्यता देनेवाले वेद, स्मृति और शास्त्रों द्वारा अस्पृश्यों को कैसे मुक्ति दे पाएँगे? गाँधीवाद तो इसी पर आधारित है। बाबासाहब तो इस पर ही बल देते हैं। इसी कारण अंशतः विडंबनात्मक भाव से बाबासाहब कहते हैं,

"The only reaction and a very natural reaction of the untouchables would be to run away from Gandhism." (What congress and Gandhi have done to the Untouchables? B. R. Ambedkar, Dr. B. A. Writings and speeches, vol,. 9 P. 297)

और आगे वे कहते हैं कि गाँधीवाद, अस्पृश्यों द्वारा स्वीकार करना कभी सफल न हो पाएगा या फिर गाँधीवाद, अस्पृश्यों द्वारा कभी स्वीकार्य नहीं किया जाएगा।

"I can not make Gandhism acceptable to the untouchables. The untouchables will still have ground to say. Good God is this man Gandhi our saviour?"

महात्माजी, अस्पृश्यों के मुक्तिदाता कभी नहीं बन सकते। इस बात की दीर्घ चर्चा और मीमान्सा यथावकाश बाबासाहब अपने ग्रन्थ के माध्यम से करते हैं। सत्यखोज और गाँधीजी का दृष्टिकोण इस विषय पर भी उन्होंने पारदर्शिता के साथ

प्रकाश डाला है, यह बात निर्विवाद है।

गाँधी-आम्बेडकर संघर्ष यह उनका व्यक्तिगत संघर्ष कभी नहीं था। बल्कि अब वह तात्त्विक था। गाँधी जी जैसे भारत के अग्रगण्य नेता से संघर्ष करना यथार्थ में भारतीय राजनीति के इतिहास में इस बात को भूलना सम्भव न हो पाएगा। बाबासाहब का संघर्ष जिस प्रकार तात्त्विक रहा है, ठीक उसी प्रकार बॅ. जिन्ना के अनेक मुद्दों पर भी उनके मतभेद रहे हैं। इस बात की ओर भी ध्यान केंद्रित करना जरूरी होगा। गाँधी-आम्बेडकर संघर्ष तीव्रतर गति से बढ़ता गया और इग्लैंड में आयोजित (गोलमेज) के कारण भी यह संघर्ष अटल हो गया।

अस्पृश्यों के सवालों को सारे संसार के सामने प्रगट रूप में व्यक्त करनेवाले बाबासाहब ने इग्लैंड में घोषणापत्र भी प्रकाशित किया था। साथ ही ब्रिटिश नेताओं को भी इन सवालों से परिचित कराया था। अस्पृश्यों के हक और उनके सवालों को उठाते हुए हकवा करा देनेवाले बाबासाहब आम्बेडकर गाँधी और काँग्रेस आदि की आलोचना के पात्र न बने होते तो क्या आश्चर्य था। गाँधी ने कहा कि काँग्रेस ही अस्पृश्यों की हित करनेवाली संघटना रही है और अनेक वर्षों से वह अस्पृश्यों से जुड़े सवालों में रस ले रही है - ऐसा कहना भी अविश्वनीय होगा। तो फिर अस्पृश्यों की माँग को लेकर गाँधी का विरोध क्यों हो रहा था? जब अस्पृश्यों को 'स्वतन्त्र चुनाव क्षेत्र' मिला तब गाँधी जी क्यों तिलमिला उठे थे? विरोध क्यों दर्शाया था? अन्य चुनाव क्षेत्रों के सन्दर्भ में विरोध को न दर्शानेवाले गाँधी जी केवल अस्पृश्यों के स्वतंत्र चुनाव क्षेत्र का विरोध क्यों कर रहे थे? गाँधी जी को "अस्पृश्यों का मुक्तिदाता कैसे कहें? अस्पृश्यों को राजनीतिक सुरक्षा देने की कोई आवश्यकता नहीं- कहनेवाले गाँधी जी स्वयं को अस्पृश्यों के नेता घोषित करने का दावा कैसे कर सकते थे?"

गाँधी जी गोलमेज परिषद से बड़ी तत्परता से बाहर निकल आये थे। भारत की ओर लौटनेवाले वे पहले भारतीय थे। सरकार के विरोध में उन्होंने एक पत्रक निकालकर अपनी तीव्र प्रतिक्रिया व्यक्त की थी। सरकारविरोधी असहकार आन्दोलन छेड़ा जाएगा इस प्रकार की धमकी देते ही उन्हें सरकार द्वारा कैद किया गया था। 11 मार्च, 1932 को उन्होंने जेल से ही सेक्रेटरी ऑफ स्टेट फॉर इंडिया मि. सर सॅम्युएल होअर को खत लिखा। इस खत में उन्होंने अस्पृश्यों के प्रति अपने रोष को व्यक्त किया है। उस खत से लिये गये कुछ अंश...

"... I had said that I should resist with my life the grant of separate electorates to the Depressed Classes... But I know that separate electorate is neither a penance nor any remedy for the crushing degradation they have groaned under. I, therefore respectfully inform His Majesty's government that in the event of their decision creating separate electorate for the Depressed classes, I must fast un to death."

(What congress and Gandhi have done to the Untouchables? B. R. Ambedkar, Dr. B. A. writings and speeches vol. 9 P. 77-78))

सर सॅम्यएल होअर और प्रधानमन्त्री जे रॅमसे मॅक डोनाल्ड आदि को धमकियाँ देने पर भी उसका कोई उपयोग न हुआ। अतः येरवडा जेल से गाँधी जी ने अपने आमरण उपोषण का निर्णय प्रधानमन्त्री के पास व्यक्त किया और पत्र द्वारा ही उसे भेजा। उपोषण का आरम्भ भी हो चुका था। बाबासाहब ने इस सन्दर्भ में कहा, "Suffice it is to say that although Mr. Gandhi declared a fast un to death, he did not want to die. He wanted very much to live." (पूर्वोक्त पृ. 88)

परन्तु यथार्थ में सवाल यह था कि गाँधी जी के प्राण कैसे बचाएँ? इस बीच इन सारे प्रकरणों में बाबासाहब आम्बेडकर के खलनायक होने का दिखावा काँग्रेस और काँग्रेस के नेताओं ने किया था। जिसमें मजाक की बात तो यह थी कि ब्रिटिश सरकार अपने निर्णय पर दृढ़ रही थी। अब तो यह बात सिद्ध हो चुकी थी कि बाबासाहब बहिष्कृत जनता के सर्वमान्य नेता थे। शायद गाँधी जी इस बात को पसन्द नहीं करते थे। बाबासाहब के सामने अब यह प्रश्न था कि, गाँधी जी के प्राण या अश्पृश्यों के हक। इतिहास हमें बताता है कि बाबासाहब को कस्तूरबा की माँग सूनी करनी न थी। बाबासाहब कहते हैं- "I responded to the call of humanity and saved the life of Mr. Gandhi by agreeing to alter the communal Award in a manner satisfactory to Mr. Gandhi. (पूर्वोक्त पृ. 88) अतः जिसमें से 'पुणे करार' का अस्तित्व उभरकर आया। अस्पृश्यों के लिए प्रांतिक विधि मंडल में कुल मिलाकर 148 आरक्षित सीटें निश्चित रूप में देने की बात हुई। दोनों को यह समझौता मान्य था। परन्तु चुनाव में काँग्रेस पार्टी में शामिल अस्पृश्यों को सर्वाधिक सीटें प्राप्त हुई और आम्बेडकर पार्टी को बड़े पैमाने पर अपनी हार को स्वीकार करना पड़ा। काँग्रेस ने धोखेबाजी की थी। पुणे करार की फलश्रुति बाबासाहब तथा उनके समान बान्धवों के लिए वेदनादायी साबित हुई। गाँधी जी के प्राण तो बच गये परन्तु गाँधी तथा उनकी पार्टी ने इनके साथ प्रतारणा ही की थी।

जिन्ना गाँधी अथवा जिन्ना आम्बेडकर के बीच के संघर्ष का स्वरूप कैसा था? जिन्ना एक मेधावी वकील थे परन्तु काँग्रेस के प्रति आकर्षित भी थे। फिरोजशाह मेहता के कारण वे काँग्रेस में आये थे। दादाभाई नौरोजी के स्वीय सहायक रहकर कार्य

करते रहने में उन्होंने धन्यता मानी थी। काँग्रेस की नीतियों को स्वीकार करनेवाले जिन्ना स्पष्टवक्ता थे। राजनीतिक क्षेत्र में मुसलमानों के प्रति पक्षपात न हो इस मत के जिन्ना थे। मुस्लिम लीग द्वारा 31 दिसंबर 1912 को बांकीपुर में आयोजित अधिवेशन में सदस्य न होते हुए भी जिन्ना ने स्वराज्य सम्बन्धित विचार प्रस्तुत किये थे। और यहीं हमारा ध्येय होना चाहिए यह निष्कर्ष भी उन्होंने दिया था। परन्तु आगे चलकर मुस्लिम लीग के कुछ नेताओं ने उन्हें लीग का सदस्यत्व स्वीकार करने की बिनती की। अतः समग्र रूप में सोच-विचार के पश्चात काँग्रेस निष्ठ होते हुए भी जिन्ना ने लीग के सदस्यत्व का स्वीकार किया। यह कहते हुए कि काँग्रेस की नीतियों में लीग कोई बाधा उपस्थित न करे। वह दिन था 10 अक्तुबर, 1913।

मोहनदास करमचंद गाँधी के स्वागत में आयोजित कार्यक्रम में जिन्ना और गाँधी का आपसी सम्बन्ध बना। मुंबई की गुर्जर-सभा ने बॅ. जिन्ना की अध्यक्षता में इस कार्यक्रम का आयोजन 1915 के आरम्भ में किया था। वास्तविक रूप में इससे पूर्व अर्थात 1914 में लंदन में जिन्ना की गाँधी से पहली भेंट हो चुकी थी। गुर्जर सभा द्वारा आयोजित सभा को सम्बोधित करते हुए, सत्कार समारंभ का उत्तर देते हुए गाँधी जी ने जिन्ना का उल्लेख मुसलमान कह कर किया था। वास्तव में इस प्रकार उल्लेख करने का कोई प्रयोजन भी नहीं था। परन्तु जिन्ना की अन्तरआत्मा में यह घाव लग चुका था। क्योंकि उनका धर्म तो जग-जाहिर था। और इस बात को उन्होंने कभी छिपाया भी नहीं था। अतः अध्यक्ष जी का इस तरह से जातिवाचक परिचय कराने का उद्देश्य ठीक था ऐसा कहना भी ठीक न होगा। इसके विपरीत जिन्ना ने अपने भाषण में गाँधी जी के दक्षिण-अफ्रिका में किये गये कार्यों का उल्लेख करते हुए हिन्दु-मुस्लिम एकता की प्रक्रिया को हमारे राष्ट्र की दृष्टि से निरन्तर जारी रखने की अपेक्षा व्यक्त की थी। इतना ही नहीं यह संवाद की प्रक्रिया निरन्तर कैसे जारी रहेगी इसकी मूलभूत आवश्यकता पर भी उन्होंने जोर दिया था।

(Jinnah's early politics-Ambassador of Hindu muslim unity - Ian Bryant Wells P. 48-49)

गाँधी और जिन्ना में जल उठी चिंगारी का रूपान्तरण अर्थात इस सौम्य प्रसंग का परिणाम यह हुआ कि आगे चलकर दोनों में तनाव बढ़ने लगा था। अतः इस इतिहास को भुलाया नहीं जा सकता।

मुसलमानों के खिलाफत अभियान को गाँधी जी की सहमति थी परन्तु जिन्ना ने अपना विरोध दर्शाया था। और मजाक की बात यह थी कि अली बन्धुओं ने गाँधी जी का स्वीकार किया था। ब्रिटिशों के साथ असहकार असहयोग की माँग की गयी। गाँधी जी की इस माँग को भी मुसलमानों ने मान्यता प्रदान की थी। किन्तु जिन्ना,

गाँधी जी की असहकार तत्त्व के विरोध में थे। 1919 में कलकत्ता में आयोजित काँग्रेस अधिवेशन में सर्व सम्मति से इसे स्वीकृति नहीं मिली। एनी बेसेंट, बिपिनचंद्र पाल, चित्तरंजन दास आदि जेष्ठ नेता भी असहयोग अभियान के विरोध में थे। 1920 में नागपुर, काँग्रेस में गाँधी जी ने फिर से यह प्रस्ताव लाने का प्रयास किया था। उसमे भी जिन्ना ने विरोध दर्शाया था। जिन्ना कहते थे कि हम भारतवासियों को बिना पूरी तैयारी के इस राह पर कदम रखना खतरनाक हो सकता है। परन्तु गाँधी जी इस बात को नहीं मानते थे। अतः जिन्ना ने सभी लोगों से सार्वजनिक रूप में गाँधी जी के इस प्रस्ताव का विरोध करने का प्रयास किया था। तब गाँधी-भक्तों ने जिन्ना का निषेध किया। उनके भाषण में रुकावटें पैंदा की गयीं। जिन्ना, गाँधी जी को मिस्टर गाँधी, से सम्बोधित किया करते थे। उस समय गाँधी भक्त 'बापू' कहो, 'बापू' कहो कहते हुए शोर-शराबा करते थे। अधिवेशन मे जिन्ना अपनी जवान पत्नी रतन को साथ ले आये थे। तब इस सन्दर्भ में भी टीका-टिप्पणी की गयी थी। मुस्लिम-काँग्रेस नेताओं ने भी रतन को साथ ले आने पर उन्हें भलाबुरा कहते हुए उनका अपमान किया था। गाँधी जी चाहते थे कि यह प्रस्ताव सर्व-सम्मति से मंजूर हो जाय। केवल जिन्ना ही इस प्रस्ताव के विरोध में जाने के कारण उनका अपमान हुआ था। अतः यह अपमान सहन न होने के कारण वे बड़ी तत्परता से पत्नी को साथ लेते हुए मुंबई वापिस लौट गये थे।

अनेक प्रसंगों में गाँधी जिन्ना मतभेद प्रगट हो रहे थे। वे स्वयं बहुत निष्ठा के साथ काँग्रेस में थे। अखंड राष्ट्र का विचार उन्होंने किया था। परन्तु आज स्वंय पराभूत होने की पीड़ा का अंहसास जिन्ना के मन में निर्माण हो चुका था। अतः आगे चलकर कौन से निर्णय लिए जाएँ आदि बातों पर उन्होंने गम्भीरतापूर्वक विचार किया।

मुस्लिम-लीग द्वारा 1924 में आयोजित मुस्लिम लीग अधिवेशन में जिन्ना अध्यक्ष के रूप में थे और उन्होंने इस अवसर पर मुस्लिमों के स्वतन्त्र अस्तित्व और प्रतिनिधित्व पर अपने विचार प्रस्तुत किये थे। अब जिन्ना का नया रूप देशवासियों की समझ में आने लगा था। यथार्थ में इसका आरम्भ तो 1916 में लखनऊ करार के दरमियान ही हुआ था। उस समय हिन्दुत्ववादी होते हुए भी लो. तिलक ने जिन्ना द्वारा सूचित किये गये प्रांतिक एवं मध्यवर्ती विधिमंडल में मुसलमानों को अधिक प्रतिनिधित्व प्राप्त होने के लिए अपनी सहमति दर्शाई थी। इस बात की वजह बताते हुए लोकमान्य ने कहा था कि 'मुझे स्वराज्य चाहिए'। यदि ब्रिटिश सारे अधिकार मुसलमानों को प्रदान करते हैं तो मुझे मंजूर है। और इसी प्रकार के अधिकार राजपूतों और दलितों को भी दिये गये हों तो यह बात भी मुझे अमान्य न होगी।'' (बाळ-गंगाधर तिलक, भ्यं. वि. पर्वते, पृ. 348-352) मुसलमानों को अधिक प्रतिनिधित्व प्राप्त हो

और फौज में भी उन्हें विशेष नियुक्तियाँ की जाएँ इस प्रकार जिन्ना के मन में उठनेवाले सवाल अर्थात कल के पाकिस्तान की यह धुँधली सी क्यों न हो, रूपरेखा ही थी।

भविष्य के भारत के संवैधानिक अस्तित्व की रूप रेखा बनाने की दृष्टि से मोतीलाल नेहरू की अध्यक्षता में कामकाज की शुरूआत हुई थी। जिन्ना को एहसास हुआ कि भारत के प्रभावी संविधान में मुस्लिमों को स्थान हमें जैसा चाहिए उस रूप में नहीं मिलेगा। इसलिए उन्होंने संविधान में संशोधन की तीन सूचनाएँ दीं।

1) मुस्लिमों के लिए विभक्त चुनाव क्षेत्र स्थायी तौर पर रखे जाएँ।

2) मुसलमानों के लिए केंद्रीय विधि मंडल में 33% सीटें आरक्षित रखी जाएँ।

3) सभी क्षेत्रों के अधिकार प्रांतो को दिये जाएँ।

परन्तु काँग्रेस के वरिष्ठ नेताओं ने जिन्ना को कोई प्रत्युत्तर नहीं दिया। अतः जिन्ना बेचैन हुए और अपनी मजबूरी का एहसास उन्हें होने लगा।

यहाँ इस बात की ओर ध्यान केंद्रित करना जरूरी होगा और वह यह है कि मोतीलाल नेहरू द्वारा प्रणित संविधान में अस्पृश्यों के प्रतिनिधित्व के सन्दर्भ को अनदेखा किया गया था।

काँग्रेस के कार्यकारी मंडल ने दिसम्बर 1928 में सर्व दलीय परिषद का आयोजन किया था। भविष्य के संविधान के सन्दर्भ में, जिसमें चर्चा होनी थी। अतः भारतीय दलित-प्रतिधिनियों को छोड़कर बाकी सभी पार्टिओं को आमन्त्रित किया गया था। यथार्थ में इससे पूर्व ही डॉ. बाबासाहब आम्बेडकर ने अस्पृश्यों के प्रश्नों को उठाते हुए सायमन कमिशन के आगे अपनी माँगो का निवेदन प्रस्तुत किया था। इस बात को जानते हुए भी काँग्रेस ने अस्पृश्यों को अनदेखा किया था। मुसलमानों को विशेष प्रतिनिधित्व प्रदान करनेवाली काँग्रेस ने अस्पृश्यों को दुर्लक्षित किया था। मुसलमानों को विशेष प्रतिनिधित्व प्रदान करनेवाली काँग्रेस ने दलितों के प्रश्न पर मौन ग्रहण किया था। उसी समय डॉ. बाबासाहब ने देश की सुरक्षितता को खतरा पहुँचने की बात व्यक्त की थी। नेहरू कमिटी की योजनाओं पर पक्षपात का आरोप लगाते हुए उन पर कड़ा प्रहार भी किया था। (नेहरू कमिटीची योजना व हिन्दुस्थानचे भवितव्य- (बहिष्कृत भारत, दि. 18 जानेवारी, 1929)

काँग्रेस तथा काँग्रेसी नेताओं के मुसलमानों के सन्दर्भ में किये गये विचार एवं नीति उद्देश्यों की ओर लक्ष्य करते हुए जिन्ना को पराजय का एहसास होने लगा था। तब उन्होंने धीरे-धीरे अपने मार्ग को परिवर्तित करने की बात तय की। अन्य मुस्लिम नेताओं को महत्त्व देते हुए जिन्ना का महत्त्व कम करने का प्रयास काँग्रेस ने किया था। काँग्रेस और मुस्लिम लीग इन दोनों को साथ मिलकर काम करना चाहिए इस प्रकार की सूचना देते हुए जिन्ना ने गाँधी जी से भेंट की थी। परन्तु गाँधी जी की ओर से इस

सन्दर्भ में उन्हें कोई प्रत्युत्तर नहीं मिला। पुनः पुनः प्रयास करने के पश्चात भी वे सफल नहीं हुए। अतः कॉंग्रेस तथा गाँधी जी की ओर से उन्हें कुछ भी प्राप्त होनेवाला नहीं है। बल्कि हिन्दुओं के लिए ही वे प्रयत्न करते रहे हैं। अतः अब मुस्लिम संगठन करना जरूरी हो गया है। इस बात को तय करते हुए 15 अक्तुबर, 1937 को आयोजित मुस्लिम लीग अधिवेशन में उन्होंने प्रत्यक्ष अप्रत्यक्ष रूप में कॉंग्रेस विरोधी लड़ाई शुरू की। म. गाँधी के लिए यह एक आह्वानात्मक बात थी और उन्हें पीड़ा देनेवाली घटना थी। इस सन्दर्भ में उन्होंने अपनी बात जिन्ना से कही भी थी। परन्तु जिन्ना ने स्पष्ट रूप से इस लड़ाई को जारी रखते हुए कहा कि मेरे समाज के लिए अब मुझे यह लड़ाई लड़नी पड़ेगी। हिन्दू-मुस्लिम एकता के विचारों को बार-बार स्वीकार करनेवाले जिन्ना अब मुसलमानों को स्वयं की स्वतन्त्रता, इस्लामियत, उनके स्वतन्त्र रीतिरिवाज आदि का स्मरण कराने लगे। गाँधी ने जिस प्रकार राजनीतिक कारणों के लिए हिन्दुओं की धार्मिक भावनाओं का उपयोग किया था ठीक उसी प्रकार जीन्ना ने भी मुसलमानों की धार्मिक भावनाओं को पुनः पुनः आह्वान किया।

"... He (Jinnah) spared no effort to mobilise the muslims by whatever means available to him. His mantra was "Islam in danger." He asked muslims to rise to protect their religion, culture and language by rallying under the banner of the league which inevitably meant the acceptance of his supreme leadership." (The man who divided India : Rafiq Zakaria. P. 74-75)

यथार्थ रूप में यह बात अब सच हो गयी थी कि जिन्ना ने कॉंग्रेस विरोध में आक्रामक दृष्टिकोण अपना लिया था। कॉंग्रेस जिन-जिन बातों को अपनाएगी या करेगी उन बातों के खिलाफ खड़े रहते हुए मुस्लिम समाज की मानसिकता में परिवर्तन करना ही उनका एकसूत्री कार्यक्रम रहा था।

ब्रिटिश सरकार ने ब्रिटेन और जर्मनी के बीच शुरू लड़ाई में भारतीयों के मतों की या अनुकूल सम्मति लिए बिना ही भारत को उसमें शामिल किया था। इस बात का परिणाम यह हुआ कि मुंबई विधि मंडल में युद्धविषयक प्रस्ताव कॉंग्रेस द्वारा रखा गया। उस पर अनुकूल-प्रतिकूल चर्चाएँ हुई और उस समय कॉंग्रेस सरकार में शामिल सभी मन्त्रियों ने अपने पद त्याग दिये। इस बात की सर्वाधिक प्रसन्नता जिन्ना को हुई थी। मुसलमानों को सम्बोधित करते हुए उन्होंने कहा "अब हमें अल्लाह को धन्यवाद देना चाहिए। क्योंकि कॉंग्रेस की बला से हमें आज मुक्ति मिली है।" और उन्होंने 22 दिसम्बर, 1939 के दिन को 'मुक्तिदिन' समारोह के रूप में मनाने का आह्वान भी किया। यह मुक्तिदिन कॉंग्रेस के विरोध में था। अतः वह राजनीतिक था ऐसा डॉ.

बाबासाहब आम्बेडकर का मत रहा है। यथार्थ में डॉ. बाबासाहब आम्बेडकर भी काँग्रेस विरोधी थे। अतः उन्हें भी इस घटना से प्रसन्नता प्राप्त हुई। उन्होंने काँग्रेस को इशारा दिया था कि "यदि यह मुक्तिदिन हिन्दुओं पर हमला है और हिन्दुओं ने इसे स्वीकार किया तो मतलब यह होगा कि काँग्रेस केवल हिन्दुओं की संस्था है। इस बात को यदि अन्य लोग मानते होंगे तो होनेवाले परिणामों के लिए वे स्वयं को दोषी ठहराएँ और यही अच्छा रहेगा।" (डॉ. बाबासाहब आम्बेडकर : धनंजय कीर तीसरी आवृत्ति; पृ. 340) मुस्लिम लीग की ओर से जिन्ना ने बाबासाहब आम्बेडकर को आमन्त्रित किया था और वे उपस्थित भी रहे थे। दोनों ने परस्पर हस्तान्लोदन भी किया और मुक्तिदिन से सम्बन्धित भाषण भी दिये थे। जिन्ना के द्विराष्ट्रवाद का जन्म यहीं हुआ और उन्होंने मुस्लिमों के स्वतन्त्र राष्ट्र की घोषणा यहीं की। म. गाँधी ने कहा था कि यह द्विराष्ट्रवाद असत्य है। "Hindus and Muslims are not two Nations. Those whom God has made one, man will never be divided." (The Man who divided India : Rafiq Zakaria, P. 83)

और लाहोर में दि 22 मार्च, 1940 में आयोजित अधिवेशन में मुस्लिम राज्य के प्रस्ताव पर सहमति हो गयी। यह स्वतन्त्र राज्य अर्थात पाकिस्तान था। यह बहुत ही शक्तिशाली एवं विस्फोटक बम था। स्वराज्य के लिए प्रथमतः विचार और अभियान छेड़नेवाले जिन्ना का मुस्लिमों के स्वतन्त्र राष्ट्र में परिवर्तन होना यह उनके मूल में छिपे दर्शन से सुसंगत रूप से जुड़ी बात थी। यह विकृत अविष्कार न था। अपितु वह नियोजनबद्ध ढंग से किया गया काम था।

लाहौर अधिवेशन और उस प्रस्ताव को पूरी गम्भीरता से भारत में सबसे पहले किसी ने नोटिस लिया तो वह थे बाबासाहब आम्बेडकर और उन की स्वतन्त्र मजदूर पार्टी। इस संघटना की दलीय बैठक में बाबासाहब ने पाकिस्तान विषयक विचार यह मसौदा विचारार्थ के लिए रखा था। भारत में घटित घटनाओं की ओर देखनेवाले बाबासाहब देशहित का विचार करनेवाले व्यक्ति थे। यह बात शपथ लेते हुए कहने की नहीं है। 'थॉट्स ऑन पाकिस्तान' यह बाबासाहब आम्बेडकर का विचार प्रवर्तक ग्रन्थ 1940 में प्रकाशित हुआ। इस ग्रन्थ ने सर्वत्र हलचल पैदा की थी और आज भी वह समाप्त नहीं हुई है। इस ग्रन्थ में व्यक्त विचार को न जानने के इरादे से और बाबासाहब पर आलोचना करने का अवसर हाथ से चला न जाय इसलिए हाल ही में अपने अविचारों के साथ अरुण शौरी जैसे हिन्दुत्ववादी टीका करते रहे हैं, तो इसमें कोई आश्चर्य की बात नहीं है। परन्तु उस समय मुस्लिम बहुल प्रदेशों की स्वतन्त्र राज्य की माँग को स्वयं जिन्ना ने ही मुसलमानों के मन में भर दिया था। यदि इस ओर हम ध्यान केंद्रित करते हैं तो पाकिस्तान का बनना अटल था इस बात का एहसास

बाबासाहब को हो चुका था। और ग्रन्थ रूप में बड़ी निर्भयता के साथ उन्होंने इसे रखा था। सावरकर की हिन्दू राष्ट्र की कल्पना इस कठोर यथार्थ के सामने नाकाम साबित होती गयी। अतः बाबासाहब ने बड़ी स्पष्टता के साथ कहा था कि भारत यह एक राष्ट्र है यदि ऐसा कहना चाहते हों तो यथार्थ रूप में क्या आज सभी हिन्दू एकसंघ रूप में हैं? क्या उनकी अपनी सामूहिक इच्छाशक्ति है? इसके विपरीत सात शतकों से राज्य करनेवाले मुस्लिमों में एकसंघता और सामूहिक इच्छा शक्ति प्रबल रूप में रही है। अतः मुस्लिमों का स्वतन्त्र राज्य अब अटल होने के कारण भारत की अखंडता को प्रतिपादित करना अर्थहीन है। अतः दोनों राष्ट्र एक छत के तले रह पाएँगे ऐसी बात नहीं। इसीलिए बाबासाहब ने बड़ी स्पष्टता के साथ कहा था उत्तर की ओर स्थित मुस्लिम बहुलता के प्रदेश हिन्दुस्तान की दृष्टि से हमेशा संशयास्पद बने रहेंगे। अतः मुस्लिमों को स्वतन्त्र राज्य स्थापित करने की मान्यता प्रदान करना हिन्दुओं के लिए और भारत की दृष्टि से भी यह निर्णय सही होगा। मुस्लिम सैनिकों पर होनेवाला खर्चा भी बचेगा और हिन्दुस्तान में रहनेवाली अनेक प्रकार की जातियों को भी सैनिक प्रवेश के लिए अवसर प्राप्त होगा। इस प्रकार की सूचना भी उन्होंने हिन्दू समाज को दी थी। भारतीय सेना में कार्यरत मुसलमान इन परिस्थितियों में भारत के प्रति कितने निष्ठावान रहें सकते है? ऐसी शंका भी उन्होंने व्यक्त की थी।

"The realist must take note of the fact that the Musalmans look upon the Hindus as kaffirs, who deserve more to be exterminated than protected. The realist must take note of the fact that while the Musalaman accepts the European as his superior, he looks upon the Hindu as his inferior. It is doutful how far a regement of Musalamans will accept the authority of their Hindu officers if they be placed under them... the realist must take note that the Punjabi Musalman is fully suspectable to the propoganda in favour of Islamism. Taking note of these considerations, there can be very little about that he would be a bold Hindu who would say that in any invasion by Muslim countries. The Muslims in the Indian Army would be loyal and that there is no danger of their going over to the invader."

(Pakistan or the partition of India : B. R. Ambedkar. B. A. writings and speeches vol. 8. P. 97)

भारत की सुरक्षा के सन्दर्भ में निर्मित होनेवाले खतरों के एहसास को इतने बेबाक ढंग से तथा स्पष्टोक्ति के साथ व्यक्त करानेवाले बाबासाहब की देशभक्ति का

और कौन-सा प्रमाण देना चाहिए? पाकिस्तान का बनना अटल था। अतः भारत का हित भी उसी में समाहित है, इस बात को अपनी ओर से संप्रेषित करते हुए उन्होंने एक अत्यन्त महत्त्वपूर्ण बात की ओर हमारा ध्यान खींचा था। स्वयं को राष्ट्रवादी घोषित करनेवाले भारतीयों को इसे कभी भूलना नहीं चाहिए। क्योंकि आज भी हमारा देश इन परिणामों को भुगत रहा है। बाबासाहब ने कहा था कि समाज के दो राष्ट्रों का जब उदय होगा तब उस समय में अल्पसंख्यकों के लिए नियोजनबद्धता से फेरफार करने होंगे और भारत के सभी मुसलमानों को पाकिस्तान भेजना होगा। अर्थात् सम्भवतः पाकिस्तान में रहनेवाले सभी हिन्दुओं को भारत में स्थलान्तरित करना होगा और भारत में रहनेवाले सभी मुसलमानों को पाकिस्तान भेजना होगा। अतः अल्पसंख्यकों को किसी दबाव के नीचे रखना या उन्हें बन्धक बनाकर रखना आदि बातें सम्भव न हो पाएँगी। इसका उदाहरण भी उन्होंने दिया कि तुर्कस्थान, ग्रीक, बल्गेरिया आदि राष्ट्रों ने दो करोड़ लोगों को स्थलान्तरित करते हुए बदलाव लाये थे। इसी कारण धार्मिक संघर्ष को वे टाल पाये थे। भारत में बसनेवाले हिन्दू तथा मुसलमानों को मेरे इस निवेदन पर विचार करना चाहिए इसे भी उन्होंने सूचित किया था। परन्तु उसका क्या हुआ और क्या होनेवाला है इस बात का निश्चित पता भारतीयों को रहा है।

बाबासाहब ने यह बात भी बड़ी स्पष्टता के साथ कही थी कि मुसलमानों को पाकिस्तान मिल गया तो वे समग्र हिन्दुस्तान पर अपना साम्राज्य स्थापित करेंगे यह हमारी गलत धारणा होगी। क्योंकि हिन्दू भी उन्हें धूल चटाए बिना खामोश नहीं रहेंगे। हिन्दू समाज के कई मुद्दों पर मेरे विवाद हैं, यह बात सही है। किन्तु मेरे देश की स्वतन्त्रता को सुरक्षित रखने के लिए मैं मेरे प्राण भी अर्पित करता हूँ। इस प्रकार की गवाही भी उन्होंने देश को दी है।

पाकिस्तान से सम्बन्धित विषयों पर बाबासाहब के विचारों को पढ़कर कायदेआजम जिन्ना को प्रसन्नता हुई होगी। परन्तु गाँधीजी तथा अन्य काँग्रेसी नेता बचैन हुए होंगें। जिन्ना से भेंट करते हुए उनके साथ समझौतेवाली बातें करें ऐसा विचार गाँधी जी के मन में आया था। इसलिए जिन्ना के घर पर ही ये बातें करेंगे यह भी उन्होंने तय किया था। ये सम्बन्धित संवाद भी लक्षणीय रहे हैं। परन्तु इस में से कुछ भी निकल नहीं पाया। ''परन्तु उन दोनों नेताओं के बीच चलनेवाली बहस में दिल से प्रयास नहीं हुए थे। और सबसे महत्त्वपूर्ण मुद्दे को दोनों ने गौण माना था और वह मुद्दा था जनसंख्या में फेराफेरी'' ''हिन्दु मुसलमानों की समस्याओं का वास्तविक स्वरूप समझने के लिए गाँधी जी को आम्बेडकर के ग्रन्थ पढ़ना चाहिए।'' ऐसी सिफारश जिन्ना ने की थी। (कायदे आजम : आनंद हर्डीकर, पृ. 308)

जीना महत्त्वाकांक्षी थे। अहंमन्य भी थे। साथ ही कट्टर मुस्लिम भी थे।

उन्होंने पाकिस्तान के सवाल को उठाते हुए 1945 में चुनाव लड़े थे और मुस्लिम बहुल प्रदेशों में मुस्लिम लीग ने चुनाव में जबरदस्त सफलता भी प्राप्त की थी। काँग्रेस लड़खड़ाई थी और जिन्ना की आकांक्षाएँ बढती चल गयीं। अस्थायी सरकार में मुस्लिम लीग को पचास प्रतिशत प्रतिनिधित्व चाहिए था। इस प्रकार की माँग भी उन्होंने की। मुस्लिम अब राष्ट्र है। वे अब अल्पसंख्यांक नहीं रहे। इस प्रकार के उद्‌गारों को सुनते ही बाबासाहब ने कहा, "यह राक्षसी प्रवृत्ति है। इतना ही नहीं तो जिन्नाने अन्य अल्पसंख्यकों को अलग निकालकर रखा है। यद्यपि आनेवाले किसी समय में किसी के विरोध में अस्पृश्यों को अगर लड़ना पडेगा तो शायद वे मुसलमान होंगे। (डॉ. आम्बेडकर : धनंजय कीर, पृ. 353 व पृ. 361-362)

अन्त में काँग्रेस तथा गाँधी जी ने मजबूरी से 'पाकिस्तान' को मान्यता दी। एक नये राष्ट्र का उदय हुआ। जीना कायदे आजम बने। बंगाल के जोगेद्रनाथ मंडल अस्पृश्यों के नेता अब पाकिस्तान के कानून मन्त्री बन गये थे। परन्तु पाकिस्तान में अस्पृश्य भयंकर बेहाली में जी रहे थे। मंडल बेचैन हुए थे। बाबासाहब आम्बेडकर को इस बात का पता चला तो वे भी प्रक्षुब्ध हो गये थे। उन्होंने एक परिपत्रक निकाला और पाकिस्तान सरकार के प्रति निषेध व्यक्त किया। पाकिस्तान में अस्पृश्यों को बलात मुसलमान बनाया जा रहा था। उस समय बाबासाहब ने कहा था कि 'पाकिस्तान के दाँवपेंच में फँसा हुआ दलित समाज जिस किसी वाहन साधन एवं मार्ग से हिन्दुस्तान निकल आएँ। यह बात उनसे मैं कह रहा हूँ। और दूसरी बात मुझे यह कहनी है कि पाकिस्तान अथवा निजाम के हैदराबाद संस्थान के मुसलमानों पर और मुस्लिम लीग पर विश्वास रखने से दलित समाज को धोखा होगा। दलित वर्ग हिन्दू समाज का द्वेष मत्सर करता रहा है इसका मतलब यह नहीं कि मुसलमान हमारे मित्र रहे हैं। इस बात को मानने की बुरी आदत जो उन्हें लग गयी है। (पत्रक : फ्री प्रेस जर्नल, 28, नवम्बर, 1947 उदाहरण डॉ. आम्बेडकर, धनंजय कीर, पृ. 413, 414) पाकिस्तान में अस्पृश्यों पर किये जा रहे छल-फरेब पर कायदे- आजम जिन्ना ने किसी भी प्रकार की प्रतिक्रिया जाहिर नहीं की थी इस बात को हम भूल नहीं सकते। गाँधी, जिन्ना, आम्बेडकर ये भारत की तीन महान शक्तियाँ थीं। गाँधी जी हिन्दुओं के नेता थे! जिन्ना मुसलमानों के और बाबासाहब अस्पृश्यों के नेता थे। परन्तु बात इतनी नहीं है। गाँधी राष्ट्रवादी थे, बाबासाहब राष्ट्रवादी थे और जिन्ना भी पाकिस्तान के सपनों को देखने के पूर्व तक राष्ट्रवादी ही रहे थे। तीनों ने ब्रिटिश सत्ता का विरोध किया। गाँधी की ओर काँग्रेस का नेतृत्त्व आया तब वे संकीर्णता से बर्ताव करने लगे और मैं जो कहूँगा वही प्रमाण होगा ऐसी भूमिका उनकी रही थी। इस बात का प्रमुख उदाहरण रहा है इंग्लैंड में आयोजित गोलमेज परिषद। इस परिषद के लिए किसे जाना है यह प्रश्न जब

सामने आया तब काँग्रेस के किसी भी नेता के प्रस्ताव को न स्वीकारते हुए गाँधी स्वयं अकेले ही काँग्रेस का प्रतिनिधित्व करेंगे ऐसा उनका स्वयं का आग्रह रहा था। यथार्थ रूप में स्वयं को ही अस्पृश्यों के सच्चे प्रतिनीधि कहनेवाले गाँधी जी स्वतन्त्र चुनाव क्षेत्र के घोर विरोधी रहे थे। डॉ. बाबासाहब आम्बेडकर की भूमिका को समझ लेना था। उनसे चर्चा करने का सौजन्य भी उन्होंने कभी दर्शाया नहीं था। इसके उपरान्त बाबासाहब ने 'पुणे करार' करते हुए गाँधी जी के प्राण बचाये थे। गाँधी जी ने 1942 में Quit India की घोषणा की तब बाबासाहब ने कहा था अब हम लोगों को चाहिए New India जिन्ना ने तो 'पाकिस्तान' मुस्लिमों के नये राष्ट्र का सपना देखा था। गाँधी जी ने यन्त्रयुग का स्वीकार कभी नहीं किया था। उसी प्रकार रामराज्य का उनका सपना आधुनिक युग स्वीकार नहीं कर सका। इसके अलावा जीना और बाबासाहब आधुनिक युग के भोक्ता थे। गाँधी जी वास्तविक रूप में कभी साकार न होनेवाले 'रामराज्य' का सपना देख रहे थे। तो जिन्ना ने द्विराष्ट्रवाद का आग्रह किया था। अपितु डॉ. आम्बेडकर ने दलितस्तान की माँग कभी नहीं की थी। बौद्ध धर्म का स्वीकार करते हुए उन्होंने भारतीय संस्कृति को उन्नत ही किया था। काँग्रेस ने तथा कई बार गाँधी ने भी डॉ. बाबासाहब और बॅ. जिन्ना इन दोनों का अवमान ही किया। उनकी आलोचना की। उनकी माँगो को अस्वीकार किया। और इन दोनों ने गाँधी जी पर और उनकी ध्येय नीति पर उतनी ही प्रखर टीका की। ये दोनों भी गाँधी जी को हमेशा Gandhi सम्बोधित किया करते थे। इस बात का क्रोध अनेक गाँधी भक्तों को आया करता था। वास्तविक रूप में दोनों भी इंग्लैंड से उच्च शिक्षा प्राप्त कर आये थे। परन्तु जिन्ना और बाबासाहब अग्रेंज पुरुषों की तरह वेशभूषा धारण किया करते थे। उन्हें उत्तम और ऊँचे कपड़ों का शौक था। गाँधी जी ने अपने शेष जीवन में अंगोछे को स्वीकार किया था। और सारे ॠतुओं में उन्होंने कभी अपना भेस बदला नहीं था। 'नंगा फकीर' कहते हुए यदि किसी ने दिल्लगी भी की हो उसकी परवाह उन्होंने कभी नहीं की थी। जिन्ना 'चिलम' पिया करते थे। गाँधी और आम्बेडकर ने अपने जीवन में कभी भी मद्यपान नहीं किया और धूम्रपान भी नहीं किया। गाँधी वर्णवादी थे, जिन्ना इस्लामवादी और बाबासाहब बुद्धानुयायी।

तीनों का निर्वाण ब्रिटिशमुक्त स्वतन्त्र राष्ट्र में हुआ।

अनुवाद - डॉ. सुनंदा भग्गीरवार, लातूर

□□□

अपने जीवन का बहुत सा समय डॉ. आम्बेडकर और जिन्ना को अपने अपने जाति धर्म के हितसम्बन्धों की रक्षा करने हेतु व्यतीत करना पड़ा था। भारतीय संविधान का मसौदा निर्माण करने की जिम्मेदारी डॉ. आम्बेडकर पर थी, उसका गठन करते समय भी उन्होंने पिछड़ी जाति-जनजातियों का हित-संवर्धन करने का पूरा प्रयास किया है। पाकिस्तान के संविधान को उचित/योग्य स्वरूप देने से पूर्व ही जिन्ना की मृत्यु हुई थी। पंथनिरपेक्ष/धर्मनिरपेक्ष, भारतीय राष्ट्रवादी, जातीयवादी, विभाजनवादी और पंथनिरपेक्ष/धर्मानिरपेक्ष पाकिस्तानी राष्ट्रवादी इस प्रकार के आरोह-अवरोह की राजनीतिक यात्रा जिन्ना की थी। डॉ. आम्बेडकर के राजनीतिक जीवन का आधार पिछड़ी जाति-जनजातियों के हितों का संवर्धन करना था। पर उन्होंने भारतीय राष्ट्रवाद से कभी भी तरह समझौता नहीं किया। उनके राष्ट्रवाद की आभा परिवर्तित थी किन्तु उनका भारतीय अधिष्ठान कायम था।

डॉ. आम्बेडकर और जिन्ना की प्रगतिशीलता–

जिन्ना के भारतीय राष्ट्रवाद को लेकर बहुत दिनों तक सन्देह के लिए कोई

... 8 ...

डॉ. बाबासाहब आम्बेडकर और बॅ. जिन्ना

अलीम वकील

जगह ही नहीं थी। उनसे उस समय काफी अपेक्षाएँ थीं। जिन्ना के सम्बन्ध में नामदार गोखले ने एक बार कहा था- "जिन्ना धार्मिक पूर्वाग्रह से मुक्त होने के कारण हिन्दु-मुस्लिम एकता के दूत बन सकते हैं।"[1] नामदार गोखले की इस अपेक्षा के पीछे कई कारण थे। जिन्ना ने सन 1906 ई. में कॉंग्रेस में प्रवेश किया था। उसी वर्ष पितामह दादाभाई नौरोजी की अध्यक्षता में जो अधिवेशन हुआ था, उसमें जिन्ना ने नौरोजी के निजी सचिव के रूप में कार्य किया था। अंग्रेज सरकार ने जब लोकमान्य तिलक पर मुकदमा दायर किया तो उस समय भी जिन्ना ने तिलक का वकालत नामा लिया था। सन 1909 ई. में जिन्ना का इम्पिरियल लेजिस्लेटिव्ह कौन्सिल पर मुस्लिम प्रतिनिधि के रूप में चयन होने के पश्चात भी उन्होंने गाँधी के दक्षिण अफ्रिका में चल रहे आन्दोलन को समर्थन

दिया था। और उस विषय को लेकर तो कौन्सिल में उनकी लार्ड मिन्टो के साथ मौखिक बहस भी हुई थी। दक्षिण अफ्रिका में भारतीय लोगों के साथ क्रूरता का व्यवहार किया जाता है, इस पर मिन्टो ने आपत्ति की किन्तु जिन्ना ने प्रतिवाद किया कि "मुझे

क्रूरता इस शब्द से भी भयानक शब्द का प्रयोग करना चाहिए था, किन्तु कौन्सिल के नियमों के अनुरूप मैंने वैसा नहीं किया।"[2]

डॉ. आम्बेडकर और जिन्ना में उदारतावाद, प्रगतिशीलता की कुछ विशेषताएँ देखी जा सकती हैं। वे दोनों चाहते थे कि स्वाधीनता आन्दोलन का स्वरूप संवैधानिक हो। किन्तु जिन्ना की प्रगतिशीलता केवल राजनीति तक ही सीमित थी। प्रगतीशीलता में धार्मिक एवं सामाजिक समीक्षा की आवश्यकता होती है। डॉ. आम्बेडकर ने उसका कड़ा अनुपालन किया है। हिन्दू धर्म और उसका लचीलापन नष्ट होने के कारण डॉ. आम्ब़ेडकर ने उस धर्म की कड़ी आलोचना करना आवश्यक समझा था। स्वयं आधुनिक एवं धर्मनिरपेक्ष होने के बावजूद भी धर्म की ऐसी समीक्षा जिन्ना ने नहीं की। डॉ. आम्बेडकर ने दलितों को उनके दैन्य, दरिद्रता एवं अज्ञानता का अहसास करवाया। उन्होंने अपने कई व्याख्यानों में दलितों को ऐसा आह्वान किया था कि बुरे आचरण को छोड़ो, अच्छा पहनो, अच्छा करो तथा मृत जानवरों का मांस मत खाओ। पढ़ो, संगठित हो जाओ तथा संघर्ष करो। वेश्या-व्यवसाय करनेवाली दलित स्त्रियों को उस व्यवसाय को छोड़ने की आक्रामक सलाह भी उन्होंने दी थी।

जिन्ना ने मुसलमानों का सामाजिक और धार्मिक प्रबोधन नहीं किया। और मुस्लिमों को आर्थिक और सामाजिक पिछड़ेपन का अहसास भी उन्होंने कभी नहीं करवाया।[3] किन्तु उन्होंने धर्म का आडम्बर भी नहीं किया। उन्होंने मुसलमानों के इस्लाम प्रेम का पूरा फायदा उठाया। मुसलमानों को इकट्ठा कर उनका समर्थन प्राप्त करने पर उन्होंने ध्यान केंद्रित किया। उन्हें ज्ञात था कि इससे मुसलमानों को ही फायदा होगा। अर्थात् मुसलमानों का नेतृत्व करने की उनकी आन्तरिक इच्छा ही इससे सफल होती। सर सैयद अहमद खान की तरह प्रगतिशील समाज सेवी की भूमिका का वे भी अनुपालन करते तो मुसलमानों में प्रगतिशील और प्रतिक्रियावादी ऐसे दो वर्ग निर्माण हुए होते। किन्तु सर सैयद को प्रगतिशील विचारधारा के कारण जो कीमत चुकानी पड़ी थी, वह कीमत अदा करने की तैयारी जिन्ना में नही थी।[4]

जिन्ना को मुसलमानों के पिछड़ेपन का अहसास नहीं था, ये बात नहीं थी, अपितु अखिल भारतीय स्तर पर मुस्लिम नेतृत्व करने की उनकी आन्तरिक इच्छा थी। उस समय कर्तृत्व की दृष्टि से स्पर्धा करनेवाला दूसरा नेतृत्व भी नहीं था। किन्तु स्पर्धा के लिए केवल कर्तृत्व ही अनिर्वाय नहीं होता। चूँकि उस समय मुस्लिम-बहुल प्रदेशों में प्रादेशिकता का बोलबाला था। प्रादेशिक नेतृत्व को छोड़कर उस समय पूरे हिन्दुस्तान के मुसलमानों का नेतृत्व करने का अवसर जिन्ना को मिलना इतनी आसान बात नहीं थी। जिन्ना शिया-पंथीय थे। और शिया पंथ के जिन्ना द्वारा सुन्नी पंथ के मुसलमानों का प्रबोधन करना ये उनकी प्रतिष्ठा को घटानेवाला था। दूसरे, मुस्लिमों को उनके पिछड़ेपन

का अहसास करने से उनका नीतिधैर्य भी नष्ट होता। हिन्दुस्तान पर दीर्घकाल तक मुस्लिमों का ही शासन था। उसी मानसिकता में जीनेवाला तत्कालीन मुस्लिम समाज था और जिन्ना उसी मानसिकता का पूरा फायदा उठाना चाहते थे।

डॉ. आम्बेडकर के सामने जो प्रश्न थे, वे अलग थे। प्रगतिशील धारा, उदारवादी परम्परा के अनुसार हिन्दू धर्म की समीक्षा किये बगैर दलितों को ऊँचा स्थान दिलाना और उन्हें ऊँचे वर्ण में साम्मिलित करना कठिन कार्य था। जाति व्यवस्था के कारण ही भारतीय समाज का विघटन हुआ, भारतीयों को पराभूत होना पड़ा तथा देश कमजोर बना। जाति व्यवस्था के कारण हिन्दू धर्म और हिन्दू धर्मियों का भी बड़ा नुकसान हुआ है। इसीलिए हिन्दू धर्म को मजबूत बनाने या हिन्दुओं का संगठन मजबूत करने के लिए उन्होंने कुछ दिनों तक हिन्दुत्ववादी भूमिका को भी स्वीकार किया था। डॉ. आम्बेडकर ने 'बहिष्कृत भारत' में जो फुटकर लेखन किया है, वह इसका प्रमाण है। उच्च वर्णीय हिन्दुओं के हजारों वर्षों के अन्याय से पीड़ित दलितो को ऊँचे वर्ण में बराबरी का स्थान मिले, इसी कारण तो उन्होंने दलितों के हिन्दुत्व का दीर्घ काल तक समर्थन किया था। 'द्वि-राष्ट्रवाद' का सिद्धान्त स्पष्ट करने के लिए जिन्ना को ऐतिहासिक एवं समाजशास्त्रीय अनुसन्धान करना आवश्यक नहीं लगा अपितु उपलब्ध इतिहास के आधार पर ही अपना सिद्धान्त प्रस्तुत किया।

डॉ. आम्बेडकर को अलबत्ता बड़े परिश्रम से और अपना अमूल्य समय देकर दलितों के उज्ज्वल इतिहास की खोज करनी पड़ी। कानून का अध्ययन तो जिन्ना ने भी किया था, पर उन्हें समाजशास्त्रीय अध्ययन करने की जरूरत नहीं थी। भविष्य को वेध लेने की आवश्यकता भी उन्हें नहीं थी। पर व्यवहारिक राजनीति में अपना प्रभाव किस पद्धति से बढ़ेगा उसका हुनर उनके पास था। बुटानी ने जिन्ना के सम्बन्ध में कहा था "जिन्ना दूरदर्शी नहीं थे, वे व्यावसायिक दृष्टि से वकील थे। दो भाइयों की सम्पति में से एक को उसका हिस्सा किस पद्धति से दिलाया जाय ये काम बुद्धिमान वकील जिस पद्धति से करता है, उसी पद्धति से सियासी हुकूमत में उन्होंने अधिक से अधिक भागीदारी प्राप्त करने का प्रयास किया है।"[4] बुटानी ने आगे फिर लिखा था कि- "हिन्दुओं की ओर उन्होंनें 'भ्रातृत्व' की दृष्टि से नहीं तो 'शत्रुता' की दृष्टि से देखा था।"[5] बुटानी ने पाकिस्तान निर्माण प्रक्रिया के कुछ महत्त्वपूर्ण प्रसंगों की ओर ध्यान नहीं दिया किन्तु पाकिस्तान निर्माण प्रक्रिया का समय जैसे-जैसे करीब आ रहा था, वैसे वैसे जिन्ना बेचैन हो रहे थे। उन्होंने उसी कारण हिन्दुओं की ओर अर्थात् उनके कथित नेताओं को उस दृष्टि से देखा होगा।

हमें संवैधानिक मार्ग से ही स्वाधीनता प्राप्त हो सकती है ऐसी धारणा डॉ. आम्बेडकर और जिन्ना की भी थी। संवैधानिक मार्ग को लेकर जिन्ना कॉंग्रेस में थे उसी

वक्त महात्मा गाँधी के साथ उनके मतभेद हुए थे। किन्तु काँग्रेस में जो उदारवादी/प्रगतिशील गुट निर्माण हुआ था, उसमें भी जिन्ना शामिल नहीं थे। कौन्सिल में सन 1919 ई. में रौलेट कानून प्रस्तुत किया गया। कौन्सिल का सदस्य होने के नाते जिन्ना ने उसका कड़ा विरोध किया था। और यदि यह कानून पारित किया गया तो उन्होंने देशभर में आन्दोलन होने की सम्भावना व्यक्त की थी। किन्तु अंग्रेज सरकार ने उनके कहने पर ध्यान न देते हुए, वह कानून पारित किया। परिणाम स्वरूप महात्मा गाँधी ने 6 अप्रैल को हड़ताल करने का आदेश दिया। उस कानून को काला कानून बताकर जिन्ना ने उसकी निंदा की और कौन्सिल सदस्यत्व का त्यागपत्र दिया। उस हड़ताल से यह बात स्पष्ट हुई थी कि महात्मा गाँधी सम्पूर्ण- देश के नेता हैं जिसका मानसिक परिणाम जिन्ना पर हुआ था। चूँकि पूरे देश का नेतृत्व करने की जिन्ना की आन्तरिक इच्छा थी। और सन 1919 ई. के पूर्व तक जिन्ना के लिए अनुकूल वातावरण भी निर्माण हुआ था।

जिन्ना 1910 ई. तक मुस्लिम लीग के सदस्य भी नहीं थे। फिर भी उन्होंने लीग के कार्यक्रमों में तथा उसके संविधान में कुछ महत्त्वपूर्ण बदलाव परिवर्तन करने का सुझाव दिया था। सन 1913 ई. में साम्राज्यांतर्गत स्वायत्तता के लिए संवैधानिक पद्धति का अनुसरण तथा राष्ट्रीय एकता का ध्येय स्वीकार करने का आहवान जिन्ना ने लीग से किया था। उन्होंने हिन्दुओं से तथा उनकी जीवन पद्धति से करीबी रिश्ता- निर्माण किया था। वे उस समय तो कई हिन्दुओं के रसोईघर तक प्रवेश किया करते थे और उन्हें कई हिन्दू लोग अपने परिवार का सदस्य समझते थे।[6] नामदार गोखले के साथ वे यूरोप यात्रा पर गये थे। उसी यूरोप यात्रा में मुहम्मद अली और वजीर हुसैन इन दोनों ने जिन्ना से लीग में शामिल होने का आश्वासन लिया था। और जिन्ना ने भी ये सब करते समय मुहम्मद अली और वजीर हुसैन इन दोनों से उस समय यह आश्वासन लिया था कि लीग राष्ट्र के विकास में अवरोध निर्माण नहीं करेगी।[7]

जिन्ना मुस्लिम लीग और काँग्रेस दोनों राजनीतिक पार्टियों के सदस्य बने थे। कौन्सिल में किये गये उनके कार्य से प्रभावित होकर राजनीतिक सुधारों के लिए लंदन जा रहे काँग्रेस प्रतिनिधिमंडल में उन्हें शामिल किया गया था। सन 1915 ई. में. काँग्रेस के वरिष्ठ नेता ना. गोखले और फिरोजशाह मेहता का निधन हुआ था। उस समय लो. तिलक मंडाले की जेल में थे। जिन्ना का उस परिस्थिति में महत्त्व बड़ना स्वाभाविक था। काँग्रेस और मुस्लिम लीग का संयुक्त अधिवेशन उनके नेतृत्व में सन 1916 ई. में लखनऊ में हुआ था। जेल से रिहाई होने के पश्चात भी लो. तिलक का स्वास्थ्य ठीक नहीं था। और उसी समय ॲनी बेसेंट को जेल होती है। अंग्रेज सरकार का निर्देश था कि गाँधी निलगिरी हिल को छोड़कर बाहर न जाएँ। महात्मा गाँधी जुलूस निकालने का

प्रतिवेदन देते हैं किन्तु वह स्वीकृत नहीं किया जाता।

बाद में सन 1917 ई. में ॲनी बेसेंट की जेल से रिहाई होती है। और सन 1917-18 ई. में काँग्रेस के अध्यक्ष पद पर उनकी नियुक्ति होती है। अर्थात काँग्रेस का अध्यक्ष पद जिन्ना को नहीं मिलता। उसके बाद महात्मा गाँधी और जिन्ना में असहयोग आन्दोलन को लेकर मतभेद बढता हैं। किन्तु असहयोग आन्दोलन को काँग्रेस का समर्थन प्राप्त था। कोलकाता काँग्रेस में महात्मा गाँधी और जिन्ना के बीच संवैधानिक तथा असंवैधानिक मार्ग के आन्दोलन को लेकर गहरा मतभेद बढ़ा था और नागपुर अधिवेशन में तो वह इतना बढ़ता है कि जिन्ना काँग्रेस का त्याग करते हैं।

जिन्ना महत्वाकांक्षी थे, और जिद्दी भी। कोलकाता और नागपुर काँग्रेस अधिवेशन में काँग्रेस के जिन वरिष्ठ नेताओं ने असहयोग आन्दोलन का विरोध दर्शाया था; उनका प्रभाव कम हुआ था। कोलकाता में जिन्ना को अपमान सहना पड़ा था उससे उन्हें सबक लेना जरूरी था। उनके पास जनसामान्य को साथ लेकर राजनीतिक आन्दोलन चलाने का अनुभव नहीं था। और दिन ब दिन सामान्य भारतीय जनमानस में जागृति निर्माण हो रही थी। उसको भावनात्मक रूप से समझकर और व्यापक करना स्वाधीनता आन्दोलन की दृष्टि से आवश्यक था, उसको गाँधी ने समझा था। जिन्ना का जनसामान्यों के आन्दोलनों से सम्बन्ध कभी नहीं था।

डॉ. आम्बेडकर की राजनीति प्रत्यक्ष आन्दोलन से मुक्त थी ऐसा दिखाई देता है। राजनीतिक सुधारों में दलितों की भागीदारी बढ़ाने के लिए उन्होंने जो प्रयास किया था, हमें उसको संवैधानिक व्यवस्था में देखना होगा। उनका सामाजिक परिवर्तन का कार्यक्रम संवैधानिक चौखट को तोड़नेवाला था। डॉ. आम्बेडकर ने उन दो जिम्मेदारियों को समर्थता से स्वीकार किया था। उनके सामाजिक आन्दोलन के दो पहलू थे, या उसको दो जिम्मेदारियाँ कह सकते हैं। पहली जिम्मेदारी यह थी कि सामाजिक आन्दोलन को बौद्धिक आधारों– intellectual foundation– पर खड़ा करना। और प्रत्यक्ष आन्दोलन में उसका प्रयोग करके लेना दूसरी जिम्मेदारी थी। उसके लिए लगनेवाली प्रतिभा और अभ्यास का सुरेख संगम डॉ. आम्बेडकर के व्यक्तित्व में हुआ था पर वह जिन्ना में नहीं था। और जिन्ना को उसकी आवश्यकता भी नहीं थी। चूँकि उनके उस कार्य को मुसलमानों मे स्वत्व की जागृति निर्माण करनेवाले कवि डॉ. इकबाल ने अपने प्रभावपूर्ण काव्य के माध्यम से उसे पूर्ण किया था। डॉ. आम्बेडकर को दलितों का स्वत्व जागृत करने हेतु जाति व्यवस्था का मूलभूत सामाजशास्त्रीय विवेचन करना पड़ा और दलित उसके पूर्व आर्य थे एवं वे राजा थे, इस आधार को प्रमाणित करने के लिए उनको मौलिक अनुसन्धान के साथ ही हिन्दुओं के धर्मग्रन्थों एवं शास्त्रों का भी अध्ययन करना पड़ा था।

सामाजिक परिवर्तन के लिए डॉ. आम्बेडकर ने प्रत्यक्ष आन्दोलन के मार्ग का स्वीकार किया था। जनजागृति के लिए उन्होंने उसका प्रयोग किया था। अपितु उनका उद्देश्य भी उतना ही था ऐसा कहा जाता है।[8] डॉ. आम्बेडकर ने सत्याग्रह के मार्ग का स्वीकार किया था। सत्याग्रह की प्रेरणा उन्होंने 'भगवद्गीता' से ली थी इसे वे स्पष्ट करते हैं। किन्तु गाँधी के सत्याग्रह से उत्पन्न हुई जनजागृति का आदर्श भी उनके सामने रहा होगा। डॉ. आम्बेडकर ने सत्याग्रह का जो दर्शन प्रस्तुत किया है, या उस दर्शन से जो सत्याग्रह किया है वह गाँधी के सत्याग्रह के प्रारूप के अनुसार है या नहीं उस सम्बन्ध में प्रश्न निर्माण हो सकता है।[9] डॉ. आम्बेडकर ने सत्याग्रह के दर्शन में जिस हिंसा का अनुमान किया था वह मात्र सवर्ण हिन्दुओं के विरोध में थी, अंग्रेज शासन के विरुद्ध नहीं थी। दलितों को राजनीतिक व्यवस्था में भागीदारी प्राप्त करने हेतु उनका संघर्ष था। उसका स्वरूप भी संवैधानिक ही था। हिन्दुस्तान को स्वाधीनता प्राप्त हुए बगैर दलितों की स्थिति में सुधार नहीं होगा इसका एहसास उन्हें था, फिर भी उन्होंने प्रत्यक्ष आन्दोलन में शामिल न होकर अंग्रेजों के रोष से बचने का सुरक्षात्मक प्रयास किया था। समाज परिवर्तन के सामाजिक आन्दोलन से निर्माण हुई शक्ति का प्रयोग उन्होंने राजनीतिक प्रभाव डालने के लिए किया था। उसके लिए ही मैं दलितों का एकमात्र नेता हूँ, इसको सिद्ध करने के लिए उन्हें अथक परिश्रम करना पड़ा।

जिन्ना की स्थिति भी इससे अलग नहीं थी। काँग्रेस को छोड़ने के बाद भारतीय मुसलमानों का प्रतिनिधित्व करनेवाली एकमात्र पार्टी 'मुस्लिम लीग' ही है, ऐसा आग्रह जिन्ना ने किया था। राष्ट्रीय काँग्रेस पूरे भारतीयों का प्रतिनिधित्व करती है ऐसा दावा गाँधी का था। प्रत्यक्ष राजनीतिक आन्दोलन में अग्रसर प्रमुख नेताओं ने इस प्रकार का दावा करने का मुख्य कारण यह था कि अंग्रेज सरकार जातिय हित सम्बन्धों के आधार पर भारतीय समाज को विभाजित कर के स्वाधीनता आन्दोलन को कमजोर करना चाहती थी। डॉ. आम्बेडकर और जिन्ना को राजनीतिक प्रतिरोध उत्पन्न करने हेतु म. गाँधी ने काँग्रेस में मुस्लिम और दलित नेतृत्व निर्माण किया ऐसी उनकी आलोचना की जाती है। किन्तु काँग्रेस के अखिल भारतीय स्वरूप को सुरक्षित रखने हेतु गाँधी जी ने शायद यह किया होगा!

जिन्ना का स्वाधीनता आन्दोलन से सम्बन्ध काँग्रेस में वे थे तब से और पाकिस्तान की माँग करते समय आता है। उसी कारण अंग्रेज सरकार के विरुद्ध भूमिका लेने का अवसर उन पर आया। अंग्रेज सरकार के बड़े अफसरों के साथ उनके मौखिक संघर्ष के कई उदाहरण देखे का सकते हैं। अंग्रेज शासन के कारण भारतीयों का शोषण हो रहा है, इसीलिए साम्राज्यान्तर्गत स्वायत्तता की जरूरत है यह भूमिका जिन्ना ने कई बार व्यक्त की थी। पाकिस्तान की माँग करने के बाद और अंग्रेजों ने उनकी कई बार

मदद करने के पश्चात भी अंग्रेजों के साथ जिन्ना के सम्बन्ध अच्छे नहीं थे। पाकिस्तान निर्माण योजना के दोष बताकर जिन्ना को सबक देना चाहिए, ऐसा ग्लान्सी ने आग्रह किया था।

डॉ. आम्बेडकर का अंग्रेजी सरकार की आलोचना करने का उद्देश्य अलग था। भारत के अस्पृश्यों की समस्याओं का निराकरण अंग्रेजों ने नहीं किया था। अस्पृश्यता निराकरण, मन्दिर प्रवेश, मूलभूत अधिकारों के सम्बन्ध में और अस्पृश्यों की नौकरियों से सम्बन्धित प्रश्न अंग्रेज सरकार ने अधर में रखे थे। सवर्णों के रोष का सामना करना पड़ेगा इस कारण अंग्रेज सरकार को उन प्रश्नों को अधर में रखना पड़ा था यह आरोप उन्होंने किया था। अंग्रेज शासन को भारत में स्थिरता दिलाने हेतु महार जाति ने उनकी मदद की थी, उसकी याद वे उन्हें दिलाते हैं। स्वातन्त्रोत्तर काल में सत्ता का बँटवारा किस पद्धति से होगा उसका चित्र स्पष्ट होते ही आम्बेडकर ने अंग्रेज शासन पर अधिक प्रखरता प्रहार किया था। हिन्दुत्व को श्रेष्ठतम माननेवाली हिन्दू महासभा ने दलित हिन्दुओं के अधिकार रक्षा हेतु कुछ भी नहीं किया ऐसा आक्रोश वे व्यक्त करते हैं। कुछ समय पहले अंग्रेजों को कट्टर प्रतिद्वंद्वी समझनेवाले सावरकर बाद में अंग्रेजों के नुमाइंदा हुए थे, ऐसी आलोचना डॉ. आम्बेडकर ने की थी।[10] सन 1935 ई. में धर्मांतरण की घोषणा करने के पश्चात हिन्दू दलितों की जिम्मेदारी हिन्दू महासभा को लेनी चाहिए, डॉ. आम्बेडकर की इस इच्छा से समीक्षक अचंभित हो जाते हैं।

स्वाधीनता प्रदान करने के समय अंग्रेजों ने डॉ. आम्बेडकर को अलग किया था। उसी कारण तो वे बाहर की मदद लेंगे ऐसा डर निर्माण किया गया था।[11] डॉ. आम्बेडकर के अध्येता ए. एम. राजशेखर का विचार है कि, "डॉ. आम्बेडकर को क्या कहना था, यह बताना मुश्किल हैं।[12] इस सन्दर्भ में मुझे ऐसा लगता हैं कि डॉ. आम्बेडकर ने उस धमकी का कारण जानबूझकर अस्पष्ट– संदिग्ध रखा होगा। लंदन के मजदूर शासन पर दबाव तन्त्र का प्रयोग करने हेतु भी उन्होंने चर्चिल को तार दिया था।

उनकी प्रगतिशीलता पर प्रश्नचिह्न–

जिन्ना और आम्बेडकर ने प्रगतिशील धारा की विशेषताओं में छेद करनेवाले विचारों को प्रस्तुत किया हैं। जिन्ना का 'प्रत्यक्ष कृति'– Direct action– कार्यक्रम इसका प्रमाण है। प्रत्यक्ष कृति कार्यक्रम के कारण बंगाल में 16 अगस्त, 1946 को लगभग 4000 लोग मारे गये थे। इनमें से अधिकांश हिन्दू थे। जिन्ना ने इस कत्ल को भड़काया नहीं था ऐसा उन पर अनुसन्धान करनेवाली विदुषी आइशा जलाल का मानना हैं। किन्तु युगीन सन्दर्भ की राजनीति से जिन्ना का मानसिक सन्तुलन ढलना स्वाभाविक

था। इस सन्दर्भ में सरदार वल्लभभाई पटेल द्वारा पत्राचार का प्रमाण देकर राजमोहन गाँधी ने पटेल द्वारा राजगोपालाचारी को लिखे पत्र का अंश उदधृत किया है। सरदार वल्लभभाई पटेल लिखते हैं- "(मुस्लिम) लीग ने कत्ल शुरू किया था किन्तु हिन्दुओं को मुसलमानों का कत्ल करने में फौरन बढ़त हासिल होती है... कोलकाता के उस कत्ल से लीग को अच्छा सबक मिला है। कारण उस कत्ल में मरनेवालों की संख्या में मुसलमानों का प्रमाण अधिक है।[13] उस घटना के दो सन्दर्भ थे फिर भी जिन्ना ने संवैधानिक मार्ग का त्याग किया था, यह निश्चित है।

डॉ. आम्बेडकर ने भी वैचारिक धरातल पर संवैधानिक मार्ग के विरोध में भूमिका ली थी। सत्याग्रह का दर्शन कहते हुए आम्बेडकर सत्याग्रह में अत्याचार सम्मिलित होता है ऐसा मानते थे। डॉ. आम्बेडकर मानते हैं कि कृष्ण ने भगवदगीता में अर्जुन को सत्याग्रह करने के लिए कहा था और उसके स्वरूप में हिंसा थी। तत्कालीन परिस्थिति में हिंसा का सत्याग्रह प्रतिकूल होने के कारण उसका वे स्वीकार नहीं करते। अहिंसा का सत्याग्रह भी उदारवादी प्रगतीशीलता के कटघरे में नहीं बैठता। महात्मा गाँधी के अहिंसा के आन्दोलन की उदारवादी प्रगतिशील विद्वानों ने आलोचना की है। डॉ. आम्बेडकर के महाड सत्याग्रह को हिन्दू संगठनों की भी बैठक थी।[14] भारतीय उदारवादी प्रगतिशील धारा के अनेक विद्वानों ने हिन्दू धर्म की चौखट को नहीं तोड़ा था किन्तु फिर भी हिन्दू धर्म संगठनों का ध्येय उनके सामने नहीं था।

डॉ. आम्बेडकर ने हरिजन सेवक संघ के बारे में जो अपेक्षाएँ व्यक्त की हैं, वह भी उनकी उदारवादी प्रगतिशील विशेषताओं को बाधा पहुँचाती है। अस्पृश्यों द्वारा नागरिक हक प्राप्त करने के लिए हिंसात्मक आन्दोलन करना और उसमें हरिजन सेवक संघ द्वारा हरिजनों के लिए संरक्षक दल निर्माण करना, ऐसी सलाह दी थी।[15]

पंथनिरपेक्षता/धर्मनिरपेक्षता और राष्ट्रवाद–

जिन्ना का स्वभाव मूलतः पंथनिरपेक्ष/धर्मनिरपेक्ष था। मुसलमान होने के बावजूद उन्होंने इस्लाम के तत्त्वों को अपने जीवन में लाने का प्रयास कभी भी नहीं किया। जिन्ना के अपने जीवन में ईश्वर और धर्मग्रन्थ को स्थान नहीं था।[16] इसी कारण वे काँग्रेस में थे तब भी धार्मिक पूर्वाग्रहों से मुक्त थे। उस काल में तो सांस्कृतिक एवं धार्मिक राष्ट्रवाद का प्रभाव था। भारतीय जनमानस में अंग्रेजों के विरुद्ध जागृति एवं एकता का निर्माण करने हेतु धर्म एवं संस्कृति का उपयोग नेताओं और विद्वानों ने किया था। उस कारण जनजागरण तो हुआ किन्तु भारत जैसे विशाल देश में अनेक धर्मों के लोग रहते हैं और ये आह्वान सभी को एक जैसा परिणाम कारक लगना मुश्किल था। अपितु धार्मिक आह्वान करते समय सभी धर्मों का तारतम्य रखना जरूरी था। महात्मा गाँधी को छोड़कर

दूसरे अनेक हिन्दू राष्ट्रीय नेताओं ने हिन्दू धर्म की श्रेष्ठता बताकर जनजागृति करने का प्रयत्न किया था। जिन्ना ने काँग्रेस के मंच से धर्म के किसी भी आधार को न मानकर केवल स्वाधीनता प्राप्ति हेतु हिन्दू मुस्लिमों को एक होने का आह्वान किया था। मुस्लिम लीग के अधिवेशन में काँग्रेस के नेताओं को निमनित्रत करने की जिन्ना की सलाह कुछ मुस्लिम नेताओं को पसन्द नही आयी, चूँकि काँग्रेस का आक्रामक कार्यक्रम और काँग्रेस पर अंग्रेज सरकार की जो वक्रदृष्टि थी उसका कुछ मात्रा में परिणाम मुस्मिल लीग को भी भुगतना पड़ सकता था।

काँग्रेस के नेताओं के साथ मुस्लिम लीग के नेताओं को सहयोग करने की आवश्यकता है। इसे समझाने का प्रयत्न उन्होंने किया था। उस कारण उन्हें कुछ मुस्लिम नेताओं का रोष भी सहना पड़ा था। उस समय मुस्लिम नेताओं को जिन्ना ने आह्वान किया था कि, "हमारी ओर केवल हिन्दुस्तान की ही नहीं, अंग्रेज साम्राज्य की भी नजर हैं। उन साम्राज्यों के स्वायत्त राष्ट्रों की पंक्तियों में हमें भी बैठना है। राष्ट्र और समाज के हित के सिवा हमारी दृष्टि से कुछ भी महत्त्वपूर्ण नहीं है। काँग्रेस और मुस्लिम लीग इन दोनों का उद्देश्य स्वायत्त शासन निर्माण करने का हैं।... मुस्लिम लीग का काँग्रेस में विलीनीकरण किया जाएगा यह प्रचार निराधार है... यह हमारा ऐक्य (मुस्लिमों का) और हमारा महत्त्व (सभी को) समझने दो, उससे हमारी इज्जत और बढ़ेगी। मातृभूमि की सेवा करने हेतु हिन्दू भाइयों के कन्धे से कन्धा लगाकर खड़ा रहने की योग्यता हम में भी है, उन्हें ये समझने दो।"[17]

जिन्ना ने अहमदाबाद में हुए 16वे प्रॉव्हिन्शिअल काँफ्रेंस के अध्यक्षीय भाषण में सन 1916 ई. को. हिन्दू-मुस्लिम सामंजस्य पर जोर दिया था। मुसलमानों में जागृति निर्माण हेतु अलग निर्वाचन क्षेत्र की माँग की थी। किन्तु आश्चर्य इस बात का होता है कि उन्होंने अलग निर्व्राचन क्षेत्र की माँग के लिए राजनीति का आधार लिया था। उन्होंने कहा था, "हिन्दुओं को या मुस्लिमों को अधिक जगह मिले या कम यह प्रश्न महत्वपूर्ण नहीं किन्तु सत्तान्तर होने के बाद नौकरशाही से लोकतन्त्र की ओर हम जा रहे हैं, उसकी ओर हमें अपना लक्ष्य केंद्रित करना होगा।"[18] हिन्दुस्तान का व्यापक भौगोलिक क्षेत्र होने से भारतीय समाज में एकता निर्माण करना कठिन कार्य है, इसका अहसास भी उन्हें था। भौतिक जीवन में हमारा व्यवहार देवदूतों सा नहीं होता, वह तो जिनमें भावनाप्रधानता, पूर्वग्रहदूषितता और व्यक्तिगत गुण दोष हैं ऐसे ही लोगों से होता है। इसीलिए घबराने की कोई आवश्यकता नहीं है, ऐसा ढ़ाँढस भी उन्होंने दिया था। हिन्दुओं से हमें प्रेम और भाईचारे के साथ रहना होगा, मातृभूमि के लिए हमें उनका साथ देना होगा ये भूमिका जिन्ना की थी।"[19]

डॉ. आम्बेडकर ने समय समय पर सवर्ण हिन्दू, मुस्लिम और अंग्रेज सरकार

से सम्बन्धित जो भूमिकाएँ ली थीं, उसमें अनेक बार परस्पर विरोध भी दिखाई देता है, किन्तु दलित कल्याण का उद्देश्य अलबत्ता सर्वत्र कायम था। उसका सामर्थ्य और उसकी सीमा भी उसमें ही सम्मिलित है।[20] डॉ. आम्बेडकर ने पहली बार जब संयुक्त चुनाव क्षेत्र का समर्थन किया था, उन्होंने उसकी जो कारण मीमांसा की है वह अतिशय तर्कयुक्त तथा देश और दलित कल्याणकारी स्वरूप की थी। जिन्ना ने भी उसके बाद देश के हितसम्बन्ध को महत्त्वपूर्ण मानते हुए संयुक्त चुनाव क्षेत्र आवश्यक है, ऐसी माँग की थी। उस घटना का व्यवहारिक महत्व अधिक था। उस माँग के कारण मुसलमानों में जिन्ना की जो लोकप्रियता बढ़ी थी, उस पर संकट आने की सम्भावना थी किन्तु यह संकट उन्होंने स्वीकारा।[21] "मैं प्रथमतः राष्ट्रवादी हूँ, बाद में भी राष्ट्रवादी ही हूँ और अन्त में भी राष्ट्रवादी ही हूँ।" ये घोषणा जिन्ना ने की थी।[22] संयुक्त चुनाव क्षेत्र का फायदा मुसलमानों को किस प्रकार से होगा इसका विवेचन करने का प्रयास जिन्ना ने नहीं किया। और वे कर भी नहीं सकते थे। अलग निर्वाचन क्षेत्र की जिन्ना की माँग भी अधिक कारण मीमांसा करनेवाली न होकर उसका स्वरूप भी राजनीतिक ही था। 'द्वि राष्ट्रवाद' के सिद्धान्त को प्रस्तुत करते समय राजनीति में जाति तथा धर्म का प्रभाव न बढ़े इसका खयाल रखा गया था। उस भूमिका को स्वीकार करना डॉ. आम्बेडकर को कठिन था। चूँकि जिन साधनों की सहायता से हजारों वर्ष से अस्पृश्यों पर जो घोर अन्याय किया गया था, उन साधनों पर ही आघात करने की भूमिका डॉ. आम्बेडकर की थी और उसमें कुछ गलत भी नहीं था।

डॉ. आम्बेडकर ने भारतीय राष्ट्रवाद से प्रामाणिक रहकर पिछड़ी जाति जनजातियों के अधिकार रक्षण का प्रयत्न किया। कुछ समय उन्होंने भारतीय सांस्कृतिक राष्ट्रवाद का आधार लिया तो कभी ब्राह्मणी जातियवाद की, कट्टरता की कड़ी आलोचना करते हुए अपना राष्ट्रवाद व्यक्त किया है। जाति व्यवस्था (कास्ट इन इंडियाः देअर मेकॅनिजम, जेनिसिस ॲण्ड डेव्हलपमेंट) पर छात्रावस्था में ही अमेरिका में जो निबन्ध पढ़ा था, उसमें भारत की जो राष्ट्रीय एकता वे देखते हैं, वह उन्हें विशेष लगती है। अलग-अलग धर्म के लोग एक साथ रह सकते हैं और भारत में भी वह एक्य हैं, ऐसा अपने प्रबन्ध में वे प्रस्तुत करते हैं। उनकी वैचारिकता में तथा आन्दोलनों में भी यह दिखाई देता है कि हिन्दू संगठनों की सहायता से इस देश के मुसलमानों की कारिस्तानी को कड़ा जबाब दिया जा सकता है। सवर्ण हिन्दुओं द्वारा न्यायपूर्ण पद्धति से अस्पृश्यों के अधिकारों को स्वीकार करते हुए उदार मन से उन्हें हिन्दू धर्म मे समाविष्ट कर लेना चाहिए ऐसी अपेक्षा डॉ. आम्बेडकर ने व्यक्त की थी। ब्राह्मणों ने हिन्दू धर्म का बहुत बड़ा नुकसान किया है ऐसा उनका दावा था। उससे केवल हिन्दू धर्म का ही नुकसान नहीं हुआ इस देश का भी बड़ा नुकसान हुआ है ऐसा उनका विचार था। हिन्दू धर्म शुरू में

अन्वेषक धर्म था। तो वह एक वर्णीय था। हिन्दू धर्म का एक वर्णीय स्वरूप नष्ट होने के कारण हिन्दुओं को शुद्धि करने नहीं आती थी, इसका खेद उन्होंने व्यक्त किया था।

डॉ. आम्बेडकर हिन्दू धर्म के विरोधी थे ऐसी धारणा बनी हुई है। किन्तु वास्तविकता में वे ब्राह्मणत्व के विरोधी थे। ब्राह्मणों ने अपने स्वार्थ हेतु तथा अहं के कारण भारतीय अस्पृश्यों का नहीं तो इस देश का भी बड़ा नुकसान किया है यह निष्कर्ष उन्होंने निकाला था। सन 1927-1930 ई. में डॉ. आम्बेडकर की विचारधारा का अधिष्ठान 'हिन्दू सगठन' ही था। आर्य समाज और सवर्ण हिन्दुओं के धर्मगुरूओं ने हिन्दू धर्म के शुद्धिकरण की मुहिम को शुरू किया था। उस पर आम्बेडकर ने एक मार्मिक प्रश्न उपस्थित किया था। शुद्धिकरण मुहिम के द्वारा हिन्दुओं की संख्या बढ़ेगी और मुसलमानों की मगरूर काईवाइयों को उत्तर दिया जाएगा, ये सनातनी हिन्दुओं के विचार थे। आम्बेडकर पूछते हैं कि आज भी हिन्दुओं की संख्या मुसलमानों से अधिक है तो फिर मार क्यों खाते हो। डॉक्टर साहब ने ही उसका उत्तर दिया था कि हिन्दुओं का संगठन न होने से यह हो रहा है। लोगों की कम अधिक संख्या पर ताकत निर्भर नहीं करती, वह तो संगठन पर निर्भर करती है।[23]

डॉ. आम्बेडकर की इस सन्दर्भ की भावना को अनेक हिन्दुत्ववादी– सनातनी नेताओं ने समझा था। उसी कारण तो डॉ. आम्बेडकर, डॉ. मुंजे, डॉ. आप्टे, स्वातंत्र्यवीर सावरकर आदि ने एक दूसरे से सहकार्य किया था, ऐसा दिखाई देता है। सहभोजन कार्यक्रम के सन्दर्भ में कुछ समय तक डॉ. आम्बेडकर सन्तुष्ट थे। डॉ. आम्बेडकर द्वारा शुरू किये गये सत्याग्रह को हिन्दुत्ववादी सनातनी नेताओं ने पूरा समर्थन दिया था। हिन्दू धर्म की जाति व्यवस्था नष्ट नहीं होती, इसी कारण डॉ. आम्बेडकर ने जब धर्म परिवर्तन की घोषणा की तब उन्हें सिख धर्म का स्वीकार करने की सलाह शंकराचार्य (डॉ. कुर्तकोटी) और डॉ. मुंजे ने दी थी।

धर्म-परिवर्तन का विचार करते समय डॉ. आम्बेडकर ने अप्रत्यक्ष रूप से राष्ट्रवाद का और धर्म का सम्बन्ध जोड़ा था। आरम्भ मे सिख धर्म स्वीकार करने की तैयारी करते समय तथा पश्चात प्रत्यक्ष बौद्ध धर्म का स्वीकार करते समय डॉ. आम्बेडकर ने केवल भारतीय संस्कृति से जुड़े हुए धर्म का ही विचार किया था। किन्तु भारतीय संस्कृति की व्यापक मीमांसा उन्होंने नहीं की और जो मीमांसा की थी उसमें भारतीय संस्कृति प्रत्यक्ष और अप्रत्यक्ष रूप में हिन्दू धर्म से ही जुड़ी हुई है। धर्मपरिवर्तन के सन्दर्भ मे इस्लाम धर्म को उन्होंने नकारा था और उसका प्रमुख कारण इस्लाम में राष्ट्रवाद का न होना माना था। 'अगर इस्लाम धर्म को मैं स्वीकार करता तो उससे राष्ट्र का बड़ा नुकसान हुआ होता।' यह भूमिका डॉ. आम्बेडकर की थी' ''धर्म परिवर्तन करते समय मैं राष्ट्र हित को बाधा निर्माण नहीं करूँगा और देश हितार्थ अपनी जाति के हित सम्बन्धों

पर आँच लेने से भी कतराई नहीं करूँगा'' ये उद्गार आम्बेडकर ने निकाले थे।[24]

डॉ. आम्बेडकर ने दलितों की पृथकता का आग्रह किया था और वह योग्य भी था। किन्तु यह पृथकता सामाजिक और आर्थिक थी। अपने राजनीतिक जीवन में उन्होंने स्वीकार किया था कि 80 प्रतिशत भारतीय लोग आर्थिक दरिद्रता में एक ही धरातल पर हैं। उन्होंने उनके ऐक्य की आशा की थी। किन्तु समय के साथ वह आशा लुप्त होती है। और केवल अस्पृश्य, पिछड़ी जाति-जनजाति के हित रक्षा करने की जिम्मेदारी वे लेते हैं। ब्राह्मण्यता के विरोध में इनको उन्होंने खडा किया था। किन्तु उनमें राष्ट्रविरोधी अलगाववादी प्रवृत्ति को पनपने नहीं दिया था। व्यक्तिगत रूप में उन्हें राजनीतिक लालच भी दिखाया गया था, किन्तु डॉ. आम्बेडकर उसको ठुकरा देते हैं। अर्थात कुछ प्रादेशिक राज्यों में अस्पृश्यों की संख्या अधिक होती तो, उस कृति से डॉ. आम्बेडकर के राष्ट्रवाद में अधिक निखार रहता।

डॉ. आम्बेडकर ने अस्पृश्यों को स्वयं निर्णय के अधिकार की माँग करनेवाली पृथकतावादी प्रवृत्ति से रोका था, फिर भी वे पाकिस्तान निर्माण को समर्थन देते हैं। अपितु पाकिस्तान का विकल्प ही नहीं था ऐसी बात भी नहीं थी। भारतीय संस्कृति की एकता का वर्णन करने के बाद भारतीय मुसलमानों को अलग बतलाकर भारतीय संस्कृति की एकता से शायद उन्हें अलग किया गया था ऐसा आभास निर्माण होता है। जिन्ना ने जिस पद्धति से 'द्वि राष्ट्रवाद' का समर्थन किया था वैसा हिन्दुत्ववादियों सनातनी हिन्दुओं ने किया और डॉ. आम्बेडकर ने भी किया। डॉ. आम्बेडकर स्वाधीनता आन्दोलन को इस्लामी और हिन्दू संस्कृति का संघर्ष मानते थे। मुसलमानों को पाकिस्तान दिये जाने से मुस्लिम नेताओं ने जो सिर दर्द निर्माण किया है वह खत्म होगा ऐसा वे समझते थे।

जिन्ना ने पाकिस्तान के निर्माण हेतु काफी प्रयास किया था। किन्तु पाकिस्तान निर्माण की उनकी इच्छा नहीं थी, तो पकिस्तान की माँग को आगे करके वे समझौता करना चाहते थे-ये विचार आइशा जलाल के हैं। किन्तु भारतीय राष्ट्रवाद के विरोध में मुस्लिम राष्ट्रवाद का निर्माण करके सिख, अस्पृश्य और रियासतों को भारतीय राष्ट्रवाद के खिलाफ खड़ा करने की जिन्ना की साजिश थी। पर उस स्थिति में जिन्ना का 'द्वि-राष्ट्रवाद' का सिद्धान्त पीछे चला गया। जिन्ना ने सिखों को अपने फन्दे में लेने का प्रयास किया था।''[25] सिखों को पाकिस्तान में ही रहना चाहिए, उनके अधिकारों की रक्षा पाकिस्तान करेगा ऐसा आश्वासन उन्होंने दिया था किन्तु जिन्ना को उसमें सफलता नहीं मिली। पाकिस्तान निर्माण के पीछे डॉ. इकबाल का दर्शन और प्रेरणा तो थी ही पर जिन्ना की प्रतिशोध की राजनीति भी थी। उसी सन्दर्भ में डॉ. आम्बेडकर के मन की उदात्तता और सच्चा राष्ट्रवाद प्रखरता से दिखाई देता है। भारतीय राजनीति में डॉ. आम्बेडकर को जिस अपमान को सहना पड़ा था शायद ही उस अनुपात में किसी दूसरे भारतीय नेता

को सहना पड़ा होगा। हिन्दुस्तान की स्वाधीनता प्राप्ति के अन्तिम क्षणों में भारतीय नेताओं ने और अंग्रेज सरकार ने भी उनको दुर्लक्षित किया था। काँग्रेस ने उनके दलित नेताओं को अपनी तरफ आकर्षित करके आम्बेडकर के आन्दोलन को कमजोर करने का प्रयत्न किया था। डॉ. आम्बेडकर का उन कारनामों से गुस्सा होना स्वाभाविक था, फिर भी उन्होंने कभी अलग होने की भाषा नहीं बोली। इससे उनकी राष्ट्रवाद की और अपने राजनीतिक सामर्थ्य की सीमाएँ इन दो कारणों के सम्मिश्रण की सम्भावना होगी।

पाकिस्तान का निर्माण होने से देश में गम्भीर परिस्थिति निर्माण होगी इसका एहसास डॉ. आम्बेडकर और जिन्ना को भी नहीं था। विभाजन के बाद देश में भयानक दंगे हो सकते हैं इसको गाँधी ने समझा था। गाँधी जी ने विभाजन को केवल भारतीय एकता को बनाए रखने के लिए विरोध नहीं किया था। अपितु ग्रामों में रहने के कारण उन्होंने देश की आत्मा को पहचाना था। माऊंटबेटन को जिन्ना ने हमेशा यही कहा था कि विभाजन केवल शल्यचिकित्सा करने जैसा है। किन्तु गाँधी जी को विश्वास था कि विभाजन भयानक दंगों को जन्म देगा। गाँव गाँव से, मित्र मित्र से, पड़ोसी पड़ोसियों से तो अनजान अनजानों पर शस्त्रों का प्रयोग करेंगे। विभाजन कराने की जो गलती हम कर रहें हैं, उसका परिणाम भविष्य में अनेक पीढ़ियों को भुगतना पड़ेगा।''[26]

हिन्दुस्तान के विभाजन का समर्थन करनेवाले डॉ. आम्बेडकर और जिन्ना को दंगो को देखकर अवश्य ही सदमा पहुँचा होगा। किन्तु उसको देखने के बाद वे कर भी क्या सकते थे? जिन्ना पाकिस्तान के गवर्नर जनरल बने थे। डॉ. आम्बेडकर संविधान निर्माण प्रक्रिया में एवं संसदीय कार्य प्रणाली में व्यस्त थे। डॉ. आम्बेडकर ने पूरी जनसंख्या को अदल-बदल करने की योजना बनाई थी। यदि उस योजना को स्वीकार किया जाता तो इससे भी कितनी भयानक परिस्थिति निर्माण हो जाती इसकी कल्पना भी नहीं कर सकते। विभाजन होने के बाद हिन्दुस्तान और पाकिस्तान बिलकुल दिलोजान से मित्र बनकर रहेंगे, जिन्ना की यह दूर दृष्टि कितनी अयोग्य थी इसको समय ने ही बताया है।

महात्मा गाँधी, काँग्रेस, आम्बेडकर और जिन्ना–

महात्मा गाँधी और काँग्रेस के सम्बन्ध में जिन्ना और आम्बेडकर की सोच बिलकुल एक जैसी थी ऐसा तो तो नहीं कह सकते किन्तु जिन्ना गाँधी को और काँग्रेस को दोनों को भी हिन्दुओं का संगठन कहते थे। धर्म के आधार पर हिन्दुस्तान का विभाजन हुआ और मुसलमानों का राष्ट्र पाकिस्तान बना। इस आधार से काँग्रेस हिन्दुओं का संगठन था। कम-से-कम विभाजन का आधार धर्म था इसको तो क़ाँग्रेस ने भी स्वीकार किया था। जिन्ना ने धर्म के आधार पर पाकिस्तान की माँग की थी इसलिए काँग्रेस

हिन्दुओं का संगठन नहीं बन सकता और उसको इतिहास ने सिद्ध किया है। हिन्दू महासभा अस्तित्व में थी और उसका स्पष्ट उद्देश्य केवल हिंदुओं के हितों की रक्षा करने का होते हुए भी काँग्रेस को जिन्ना और आम्बेडकर द्वारा 'हिन्दुओं का संगठन' कहना काँग्रेस पर अन्याय करने जैसा था। काँग्रेस की नीतियों से मुस्लिम लीग अथवा मजदूर पक्ष और शे. का. फे. पर संकट आया होगा किन्तु उसका अर्थ काँग्रेस अथवा महात्मा गाँधी मुसलमानों के तथा दलितों के विरोधी थे, ऐसा नहीं कह सकते।

डॉ. आम्बेडकर काँग्रेस और महात्मा गाँधी के कट्टर आलोचक थे। दूसरी गोलमेज परिषद के समय डॉ. आम्बेडकर ने महात्मा गाँधी की इतनी कड़ी आलोचना की थी कि मुस्लिम लीग के सदस्यों को भी लगा था कि आम्बेडकर को ऐसी आलोचना करनी नहीं चाहिए थी। अर्थात काँग्रेस ने भी डॉ. आम्बेडकर पर आलोचना की थी, वह भी अनुचित था। परन्तु महात्मा गाँधी ने उनकी आलोचना नहीं की थी। डॉ. आम्बेडकर ने अराजनैतिक विषय के सन्दर्भ में महात्मा गाँधी की एक सीमा में प्रशंसा भी की थी। जिन्ना ने गाँधी के दक्षिण अफ्रीका के आन्दोलन को समर्थन देकर कौन्सिल में दक्षिण अफ्रीकी शासन के अत्याचारों का निषेध किया था, किन्तु महात्मा गाँधी के सविनय अवज्ञा और असहयोग आन्दोलन की आलोचना की थी। सिंध में हिन्दुओं पर अत्याचार हुआ था और उनकी औरतों की इज्जत भी मुसलमानों ने लूटी थी। महात्मा गाँधी ने सिंध के हिन्दुओं को मुसलमानों का प्रतिकार नहीं करने का मन्त्र दिया था। जिन्ना ने उस विषय का विपर्यास किया और कहा कि महात्मा गाँधी ने हिन्दुओं को हाथ में शस्त्र लेने की चेतावनी दी थी ऐसा झूठा इलजाम लगाया।"[27]

महात्मा गाँधी के बड़प्पन को डॉ. आम्बेडकर और जिन्ना ने मानसिक रूप में समझा था। परन्तु महात्मा गाँधी जी के मृत्यु के बाद भी डॉ. आम्बेडकर के मन में उनके सन्दर्भ में पूर्वग्रह कायम थे। डॉ. आम्बेडकर के प्रसिद्ध जीवनाकार खैरमोडे ने लिखा है कि गाँधी जी की हत्या होने के बाद डॉ. आम्बेडकर ने कुछ भी प्रतिक्रिया व्यक्त नहीं की थी। विभाजन के बाद जिन्ना ने गाँधी जी के प्रति आदरभाव व्यक्त किया था। विभाजन के पश्चात लगभग एक वर्ष तक पाकिस्तान में रहनेवाले शर्मा नामक संवाददाता ने कहा हैं कि लीग कौन्सिल में जिन्ना ने कहा था कि "मिस्टर गाँधी मुसलमानों के सच्चे मित्र हैं और हिन्दुस्तान के मुसलमानों को गाँधी के पीछे इकट्ठा होकर खड़े रहना चाहिए।"[28] महात्मा गाँधी की हत्या होने के बाद जिन्ना ने सार्वजनिक तौर पर कहा था, "हिन्दू समाज में उत्पन्न हुए अतिशय महान व्यक्तियों में गाँधी जी की गणना थी।" और निजी तौर पर स्वीकार किया था कि गाँधी जी की मृत्यु से हिन्दुस्तान के मुसलमानों का बहुत बड़ा नुकसान हुआ है।"[29]

डॉ. आम्बेडकर और जिन्ना की सहिष्णुता–

कुछ राजनयिक नेता सत्ता-स्पर्धा के दौर में भी सहिष्णु होते हैं, तो कुछ में सहिष्णु वृत्ति राजनीतिक सत्ता स्पर्धा सीमित होने पर व्यक्त होती है। डॉ. आम्बेडकर और जिन्ना दोनों भी दूसरे वर्ग के अन्तर्गत आते हैं। जिन्ना शुरू की राजनीति में सहिष्णु थे, किन्तु विभाजन की राजनीति जब वे करते हैं तो असहिष्णुता के शिखर पर चढ़ते हैं। बाद में पाकिस्तान के निर्माण होने के पश्चात जिन्ना में सहिष्णु वृत्ति फिर से जागृत होती है। यह सहिष्णुता की वृत्ति पंथनिरपेक्षता/धर्मनिरपेक्षता के छोर तक पहुँचती है। पाकिस्तान की संविधान समिति के अध्यक्ष पद से उन्होंने कहा था— "हम यह आदर्श हमारे सामने रखेंगे, फिर आप देखें कि, आनेवाले समय में हिन्दू ये हिन्दू नहीं रहेंगे और मुसलमान मुसलमान नहीं रहेंगे। अर्थात यह मैं धार्मिक सन्दर्भ में नहीं कर रहा हूँ चूँकि धर्म व्यक्तिगत श्रद्धा का विषय है। किन्तु राजनीतिक अर्थ में व्यवहार रहेगा कि हम सब हिन्दू और मुस्लिम एक ही राज्य के नागरिक हैं।"[30] जिन्ना के जीवनीकार बॉलियो ने उस भाषण को जिन्ना के जीवन का सर्वश्रेष्ठ भाषण कहा था। विभाजन से पूर्व हिन्दुस्तान में महात्मा गाँधी का जो ध्येय था उसका स्वीकार विभाजन के बाद जिन्ना ने किया था।

संवाददाता शर्मा ने, जिन्ना के साथ उनका जो संभाषण हुआ था वह दिया है। जिन्ना ने कहा था– "दोस्त! पाकिस्तान के हिन्दुओं का मैं संरक्षक बनूँगा।"[31] विभाजन के बाद सिंध में हिन्दुओं पर मुसलमानों ने अत्याचार किया था। हिन्दुओं के लिए बनाए कैम्प में जाकर जिन्ना ने उनकी व्यथा को सुना तो अपने आसुँओ को रोक नही पाये ऐसा भी शर्मा ने लिखा था।"[32] डॉ. आम्बेडकर के सामने दो जिम्मेदारियाँ थीं, पहली जिम्मेदारी थी दलितों को सामाजिक न्याय दिलाना और दूसरी उनके राजनीतिक अधिकारों की रक्षा करवाना। हिन्दुस्तान के संविधान में दलितों के अधिकारों की रक्षा का प्रावधान करने के पश्चात भी डॉ. आम्बेडकर का सामाजिक संघर्ष खत्म नहीं होता। स्वातन्त्रोत्तर काल में उनका मोहभंग हुआ था। उस स्थिति में उनसे सहिष्णु वृत्ति की अपेक्षा करना गलत था। हिन्दुस्तान के संविधान निर्माण की प्रक्रिया में उन्होंने पंक्षनिरपेक्षता/धर्मनिरपेक्षता की अवधारणा को उठाया था।

डॉ. आम्बेडकर की जिन्ना पर आलोचना–

डॉ. आम्बेडकर के कार्य, स्वभाव तथा कार्यपद्धति का विश्लेषण जिन्ना ने किया हैं। सत्ता के बँटवारे में दलितों की भागीदारी कितनी होगी उस सन्दर्भ में जिन्ना की न्यायपूर्ण भूमिका नहीं थी। पंडित नेहरू जी ने जिस समय अंग्रेज शासन और कॉंग्रेस उन दो को ही भारतीय राजनीतिक प्रक्रिया में महत्त्वपूर्ण इकाई बताकर उल्लेख किया था, तब जिन्ना ने कहा था कि, उस प्रक्रिया में मुस्मिल लीग तीसरी महत्त्वपूर्ण इकाई है। किन्तु

उन्होंने पूरे अल्पसंख्यकों का एकत्रित प्रयोग नहीं किया था। काँग्रेस को राजनीतिक सत्ता में जो भागीदारी मिलेगी, उनमें से दलितों को अपना हिस्सा लेना चाहिए ऐसी उनकी भूमिका थी।

डॉ. आम्बेडकर ने जिन्ना के सम्बन्ध में अपने विचारों को प्रकट किया था। न्यायमूर्ति रानडे की तुलना गाँधी और जिन्ना के साथ करते समय रानडे मूलतः समाजसुधारक होने के कारण उनका स्थान उन दोनों से बड़ा बताया था। राजनीतिक संघर्ष में महात्मा गाँधी और जिन्ना के प्रतिद्वंद्वी के रूप में डॉ. आम्बेडकर कई बार खड़े रहें। उसके बावजूद महात्मा गाँधी और जिन्ना का विश्लेषण निष्पक्षता से उन्होंनें किया होता तो उनके लेखन का महत्त्व और भी बढ़ जाता। किन्तु दुर्भाग्य से ऐसा नहीं हुआ। व्यक्तिगत स्पर्धा का प्रभाव विश्लेषणों में कई बार दिखाई देता है। किन्तु उनके खुशामदियों पर वे खुश रहा करते थे। चर्चा में रहने के लिए क्या करना आवश्यक है इसका हुनर अलबत्ता दोनों को भी था...[33] इसके कई उदाहरण देखे जा सकते हैं।

महात्मा गाँधी और जिन्ना इन दोनों ने भी डॉ. आम्बेडकर के सन्दर्भ में बहुत सा विश्लेषण नहीं किया था, फिर भी दूसरी गोलमेज परिषद के समय डॉ. आम्बेडकर के कर्तृत्व की कुछ अंग्रेजी अखबारों ने मुक्त कंठ से प्रशंसा की थी। डॉ. आम्बेडकर के प्रमुख जीवनीकार खैरमोडे और धनंजय कीर ने उनके अनेक पहलुओं को उजागर किया हैं। मानवेंद्रनाथ राय ने भी जिन्ना व्यवहारिक राजनीतिज्ञ नहीं थे, ऐसा कहा था।''[34] किन्तु शुरू में जिन्ना ने राजनीति को शौक की दृष्टि से देखा था किन्तु बाद में मात्र राजनीति में आगे बढ़ने की उनकी महत्त्वाकांक्षा जागृत हुई थी। उनके समय में जितने देशभक्त नेता थे उनसे कम देशभक्ति जिन्ना की भी नहीं थी, ऐसा भी राय ने कहा था।''[35] उसके साथ ही जिन्ना की राजनीति को उन्होंने द्वेषमूलक कहा था। अर्थात गैर भारतीय और भारत के बाहर भी राजनीतिक चिन्तको, विद्वानों का जितना चिन्तन किया गया, शायद उतना डॉ. आम्बेडकर का नहीं हुआ, यह सच भी है।

अनुवाद - डॉ. मजीद शेख, पैठण

□□□

सन्दर्भ

1. गाँधी राजमोहन- अंडरस्टँडिंग दि मुस्लिम माइंड (न्यू डेलही पेंग्विन1987, पृ.127)
2. कित्ता : पृ. 127
3. ...yet neither did he (Jinnah) shame Muslim massess with accusations of backwardness. (कित्ता. पृ. 184)

4. Sayyid Ahmad Khan, the reformer, had done that, to his cost. Jinnah did not exhort them to alter their ways; he only asked for their support for political aims (कित्ता. पृ. 184)
5. बुटानी डी. एच. : दि फ्युचर ऑफ पाकिस्तान,' (न्यू डेलही, प्रोमिला एंड कं., पब्लिशर्स 1984), पृ. 54
6. सय्यद मतलुबुल हसन 'दि पोलिटिकल स्टडी ऑफ मुहम्मद अली जिन्ना' खंड 1(डेलही, अनमोल पब्लिकेशन्स, 1986) पृ. 86
7. गाँधी राजमोहन : पूर्वोक्त, पृ. 128
8. फडके य. दि. : 'डॉ. आम्बेडकर आणि काळाराम मन्दिर सत्याग्रह' (पुरोगामी सत्यशोधक : जुलाई-दिसंबर, 1986) पृ. 11-12
9. वकील अलीम : महात्मा आणि बोधिसत्त्व (संगमनेर मित्र प्रकाशन, 1990) पृ. 68-69
10. गांजरे मा. फ - डॉ. बाबासाहब आम्बेडकरांची भाषणे : खंड 5 (नागपुर, अशोक प्रकाशन, 1976) पृ. 45
11. वकील अलीम : पूर्वोक्त, पृ. 188
12. राजशेखरय्या ए. एन. : बी. आर. आम्बेडकर : दि. क्वेस्ट फॉर सोशल जस्टिस (न्यू डेलही, उप्पल पब्लिशिंग हाऊस, 1989) पृ. 143
13. गाँधी राजमोहन : पूर्वोक्त - उद्धृत, पृ. 170

    '...This (the Calcutta killing) will be a good lesson for the League, because I hear that the proportion of Muslims who have suffered death is much larger.'
14. वकील अलीम : पूर्वोक्त पृ. 69-72
15. वकील अलीम : पूर्वोक्त पृ. 36
16. 'The only thing Moslem about Mohamad Ali Jinnah was the fact, his parents happened to be Muslim. He drank, ate pork, religiously shaved his beard each morning, and just as religiously avoided the mosque each Friday, God and the Koran had no place in Jinnah's vision of the world.' बुटानींच्या Future on Pakistan मध्ये उद्धृत. पृ. 57
17. सय्यद मतलुबुल हसन : पूर्वोक्त, पृ. 116-117
18. सय्यद मतलुबुल हसन : पूर्वोक्त, पृ. 126
19. सय्यद मतलुबुल हसन : पूर्वोक्त, पृ. 131

20. वकील अलीम : पूर्वोक्त, पृ. 192
21. गाँधी राजमोहन : पूर्वोक्त, पृ. 138
22. गाँधी राजमोहन : पूर्वोक्त, पृ. 138
23. वकील अलीम : पूर्वोक्त, पहा : प्रकरण- 2, अस्पृश्यता निवारण, पृ. 32-88
24. खैरमोडे चां. भ. : डॉ. भीमराव रामजी आम्बेडकर यांचे चरित्र, खंड 6, (वाई म. सा. सं. मंडळ, 1988) पृ. 92
25. गाँधी राजमोहन : पूर्वोक्त, 177 रामस्वामी नायकर यांनी द्राविडीस्तानची मागणी केल्यानंतर जीनानी त्या मागणीला पाठिंबा दिला होता. आश्चर्याची गोष्ट अशी आहे की, डॉ. आम्बेडकरांनी या मागणीला उचलून धरले होते, असे मत वसंत पळशीकरांनी व्यक्त केले आहे. (नवभारत : दिसंबर 1985 ते जनवरी-फरवरी 1986)
26. बुटानी डी. एच. : पूर्वोक्त, उद्धृत, पृ. 60
27. बुटानी डी. एच. : पूर्वोक्त, पृ. 56
28. गाँधी राजमोहन : पूर्वोक्त, पृ. 179
29. गाँधी राजमोहन : पूर्वोक्त, पृ. 183
30. गाँधी राजमोहन : पूर्वोक्त, पृ. 178
31. गाँधी राजमोहन : पूर्वोक्त, पृ. 178
32. गाँधी राजमोहन : पूर्वोक्त, पृ. 179
33. आम्बेडकर डॉ. बी. आर. : 'रानडे, गाँधी एंड जिन्ना' इन डॉ. बाबासाहब आम्बेडकर : रायटिंग्ज एंड स्पीचेस, व्हॉल्यूम वन (मुंबई, गव्हर्मेंट ऑफ महाराष्ट्र, 1979) पृ. 226-227
34. रॉय एम. एन. : मेन आय मेट (बॉम्बे, ललवाणी पब्लिशिंग हाऊस, (1968) पृ.32
35. कित्ता, पृ. 33

***

एक साल लेकिन इतने कम समय में उन्होंने नया विश्व निर्माण किया दलितों के लिए, भारतीयों के लिए, भारतीय समाज के लिए।

बाबासाहब का जीवन संघर्ष व्यक्तिगत तथा सामाजिक स्तर पर किस तरह से आरम्भ हुआ यह उन्हीं के शब्दों में देखने लायक है। वह काल था 1923-24 का। उस वर्ष उन्होंने मुंबई हाइकोर्ट में वकालत के काम का आरम्भ किया था, परन्तु एक 'महार बॅरिस्टर' को काम नहीं मिल रहा था। उन्होंने पाँच छः सौ रुपये उधार लेकर किसी तरह मुंबई हाइकोर्ट की सनद प्राप्त कर ली, फिर भी कहीं कोई काम नहीं मिला। बाबासाहब अपनी यह अनुभूति गम्भीर रूप से परन्तु पूर्ण तटस्थता से कहते हैं, "मुझे काम मिलना चाहिए इसलिए दादा कोळूसकर मुझे अनेक लोगों के पास लेकर गये, किन्तु दादा केळूसकर हर एक को कहते थे, "अजी, यह एम. ए. पीएच. डी. बॅरिस्टर हुआ है। रॅंग्लर परांजपे की ओर से इंपीरियर एज्युकेशन लाईन की मिली नौकरी छोड़नी पड़ी थी। अब बॅरिस्टर के रूप में काम करनेवाला है। क्या कहें इसे?" इसलिए मुझे कोई काम नहीं देता था। आखिर मैंने निर्णय लिया कि दादा केळूसकर के साथ नहीं जाना

... 9 ...

डॉ. बाबासाहब आम्बेडकर और दादासाहब गायकवाड़

झुंबरलाल कांबळे

है, फिर एक दिन दादा मुझे वेलीनकर के यहाँ ले गये। उन्हें भी दादा ने नौकरी छोड़ने की बात बतायी, लेकिन बॅरिस्टर वेलीनकर यह आदमी मुझे ऐसे मिले कि उन्होंने मेरी नौकरी छोड़ने की बात दिल पर नहीं ली। वे बोले "इन्हें अगर प्रॅक्टिस करने की इच्छा है तो करने दीजिए न।"

वेलीनकर मुझे लेकर रांगणेकर के पास ले गये। रांगणेकर के यहाँ एक आश्चर्यकारक घटना हुई। वेलीनकर ने रांगणेकर से कहा कि, 'आप इन्हें जूनिअर के रूप में रख लें।' लेकिन किसी भी प्रकार का कारण न देते हुए रांगणेकर ने तुरन्त इन्कार कर दिया। वकालत आरम्भ करते हुए मुझे काफी परेशानी हुई किन्तु में निराश नहीं हुआ।

मैं दामोदर हॉल की पाठशाला में रहता था। एक दिन एक किसान मेरे पास आया और कहने लगा, 'मुझे तुम्हें कुछ काम देना है।' मुझे सुनकर अच्छा लगा, परन्तु हाथ से काम निकल न जाय इसलिए डरते-डरते मैंने उसे सौ रुपये फीस के रूप में कह दिया। किन्तु मुझे अब कौन सा वकील मिलेगा यह प्रश्न था; दादा केळूसकर के यहाँ जाते समय लेडी जमशेदजी लेन के पास अचानक मेरी मुलाकत मोडक से हुई। मोडक

अपना सामान लेकर रेलवे स्टेशन की ओर जा रहे थे। मैंने मोडक से पूछा; 'अजी कहाँ चले?' मोडक ने कहा; "मुंबई में कोई काम नहीं मिल रहा है। इसलिए वकालत करने के लिए नाशिक जा रहा हूँ।" मैंने उनसे कहा, 'मेरे पास काम है, क्यों डरते हो?' मोडक ने नाशिक जाने का विचार छोड़ दिया। इस तरह हमने प्रॅक्टिस की शुरुआत की।

आरम्भ में सभी को लगा कि यह क्या हमारे सामने टिक पाएँगे? इसको तो यहाँ से भगाकर ही छोड़ देंगे। उन्होंने बराबर षडयन्त्र रचा। मोडक को तो कच्चा चबाकर खाने की सबने ठान ही ली थी। यह सब देखकर वे रोने लगे। तब हिंगणे ने उनसे कहा, "मोडक, तुम्हें घबराने की जरूरत नहीं है। डॉ. आम्बेडकर के भाषण में बड़ी आकर्षकता है, इसलिए तुम उन्हें छोड़कर मत जाओ।" मोडक ने यह बात मान ली और फिर वे क्षणभर के लिए भी अपने विचार से हटे नहीं, आखिर तक मेरे साथ रहे।

बाबासाहब के पास बड़ी-बड़ी दीवानी फौजदारी पेशगियाँ आती थीं, परन्तु पक्षकार आर्थिक दृष्टि से गरीब रहता था, फिर भी बड़ी श्रद्धा से बॅरिस्टर का काम वे करते थे। हाइकोर्ट के लोग एक आदर्श बॅरिस्टर के रूप में उन्हें देखने लगे। कानून का उनका अध्ययन बहुत व्यापक था। उनके वकालत व्यवसाय में दादासाहब गायकवाड उन्हीं के मार्गदर्शन में काम करते थे।

महाड की मुक्ति की लड़ाई वास्तव में दलित समाज जीवन की और बाबासाहब के सार्वजनिक जीवन की एक अत्यन्त महत्त्वपूर्ण लड़ाई थी। इसी के कारण बाबासाहब का सार्वजनिक जीवन प्रकाशमय हो गया। दलितों के जीवन का अन्धकार नष्ट होकर उनके जीवन में सुबह की नयी किरण ने जन्म ले लिया। ऐसे सुअवसर पर दादासाहब गायकवाड बाबासाहब के कार्य में सम्मिल्लित हुए।

"डॉ. बाबासाहब आम्बडेकर महाविद्यालय' महाड की स्थापना 1961 में हुई थी। 1971 में इसे एक दशक पूरा हुआ था। उस समय हमारे महाविद्यालय के सम्पादक मंडल ने डॉ. बाबासाहब आम्बेडकर विशेषांक के रूप में पत्रिका निकालने का निर्णय लिया। मैं प्रमुख सम्पादक होने के कारण बाबासाहब का सहयोग जिन जिन लोगों को मिला, उनके सहयोगियों और नेताओं का साक्षात्कार तथा उनकी यादें इस पत्रिका में ली हैं। इस पत्रिका में से ही आगे चलकर डॉ. बाबासाहब के सम्पर्क का 'सुवर्णक्षण' नामक ग्रन्थ का जन्म हुआ। इस पत्रिका के लिए दादासाहब गायकवाड का साक्षात्कार लेने के लिए हमारे महाविद्यालय की हिन्दी विभागाध्यक्ष नाशिक की प्रो. उषा पुरोहित को हमने भेज दिया। उसने साक्षात्कार लिया जिसमें दादासाहब ने आन्दोलन सम्बन्धी अपने मतों को व्यक्त किया।

बाबासाहब के सार्वजनिक जीवन कार्य का कालखंड 32 वर्षों का है इसे हमने देखा है। इन 32 वर्षों में से 29 वर्ष दादासाहब और बाबासाहब का संयुक्त जीवनकार्य

का कालखंड है। 1927 से 1956 तक का यह कालखंड है। वैसे देखा जाय तो 1926 में इन दो नेताओं का सम्पर्क पहली बार आया। साक्षात्कार लेते समय पूछा गया पहला सवाल इस प्रकार से था।

प्रश्न : डॉ. बाबासाहब और आपका सम्पर्क कब और कैसे हुआ?

उत्तर : 1926 से मेरा और डॉ. बाबासाहब का सम्पर्क रहा। वे तब प्रसिद्ध बॅरिस्टर थे। मैं नाशिक में शाहू छत्रपति बोर्डिंग का सुपरिटेंडेट था। बाबासाहब हमेशा वकालत के काम से नाशिक आया करते थे। बारबार मुलाकात होने के कारण भी सम्पर्क बढ़ता गया।

प्रश्न : आप बाबासाहब की ओर किस कारण से आकर्षित हुए?

उत्तर : डॉ. बाबासाहब का महार जाति में अधिक महत्व होने कारण मैं उनकी ओर आकर्षित हो गया। उस समय हमारी जाति में बॅरिस्टर होना यह अत्यन्त दुर्लभ बात थी। बाबासाहब ने महाड में 1927 को चवदार तालाब की लड़ाई लड़ी और दलितों के आत्मोद्धार की नींव रख दी। बाद में उन्होंने सत्याग्रह का सिलसिला जारी रखा। पर्वती, पुणे, नाशिक आदि। लेकिन महाड के बाद प्रसिद्ध सत्याग्रह नाशिक का था। वह 1930 से 35 तक जारी था। यह सत्याग्रह आरम्भ होने से पूर्व विशेषतः महाड का सत्याग्रह आरम्भ करने के पूर्व पंढरपुर में सत्याग्रह करना चाहिए. ऐसा एक विचार बाबासाहब के मन में था। उस प्रकार की चर्चा कार्यकर्ताओं में भी थी, परन्तु वह सत्याग्रह पंढरपुर में हुआ नहीं। इसका कारण क्या हो सकता है? बाबासाहब ने पंढरपुर के बदले महाड को चुना। इसके अनेक कारण हो सकते हैं। उनमें से एक महत्त्वपूर्ण कारण यह था कि महाड के इलाके में भाई चित्रे याने अनंत विनायक चित्रे जैसा कुशल संघटक था। नानासाहब टिपणीस, अण्णासाहब पोतनीस, सुभेदार सवादकर जैसे जिज्ञासु कार्यकर्ता थे।

नाशिक सत्याग्रह के बारे में हम इस तरह से कह सकते हैं कि दादासाहब गायकवाड जैसा कुशल जिज्ञासु संघटक अपने पैर जमाकर वहाँ पर खड़ा है, इसलिए वह सत्याग्रह हो सका। पंढरपुर में नहीं हुआ इसका कारण वैसा कोई कार्यकर्ता बाबासाहब को वहाँ नहीं मिला।

1927 में दो बार महाड में चवदार तालाब का सत्याग्रह हुआ। 19/20 मार्च और 25/26 दिसम्बर। 20 मार्च को बाबासाहब ने अपने अनुयायियों के साथ मिलकर चवदार तालाब पर जाकर पानी पीया। इसलिए वहाँ के रुढ़िवादी, मनुवादियों ने 21 मार्च को तालाब शुद्ध किया। बाबासाहब बहुत बेचैन हुए। फिर एक बार 25 दिसम्बर को उन्होंने अपना मोर्चा महाड की तरफ मोड़ दिया और जिन्होंने मनुस्मृति के आधार पर तालाब शुद्ध किया था, उसी ग्रन्थ को जला दिया।

इस दूसरे प्रसंग में दादासाहब गायकवाड सत्याग्रही के रूप में उपस्थित थे। इस

सन्दर्भ में उन्होंने जो साक्षात्कार दिया, उसका हिस्सा कूछ इस प्रकारः

प्रश्न : चवदार तालाब के सत्याग्रह में आपने हिस्सा लिया था; उसके कुछ अनुभव बताएँगे?

उत्तर : 1927 में हुए चवदार तालाब के सत्याग्रह में मैंने हिस्सा लिया था, इसका कारण यह है कि यह सत्याग्रह दलितों द्वारा पानी प्राप्त करने के लिए किया गया था। एक या दो घटनाएँ कहूँ? वैसे देखा जाय तो दलितों की गैर-दलितों के विरुद्ध लड़ाई यही एक अपूर्व एवम् आश्चर्यकारक घटना थी। मेरी दृष्टि से यह सत्याग्रह एक और बात से यादगार रहा।

प्रश्न : कौन सी बात?

उत्तर : इस सत्याग्रह के आरम्भ में ही मुझे डॉ. बाबासाहब आम्बेडकर के विरोध में आवाज उठानी पड़ी।

प्रश्न : इस सत्याग्रह को कामयाब बनाने के उद्देश्य से ही आप इस सत्याग्रह में सम्मिलित हुए थे यह सत्य होने के बाद डॉ. बाबासाहब का विरोध करने के लिए कौन-सा कारण घटित हुआ?

उत्तर : सत्याग्रह का नेतृत्व डॉ. बाबासाहब कर रहे थे। वे दूरद्रष्टा थे। भविष्य की पहचान थी। उन्होंने ऐसा मत व्यक्त किया कि दलितों को इस सत्याग्रह से अब पीछे हटना चाहिए।

प्रश्न : इसके पीछे उनकी विचारधारा क्या थी?

उत्तर : डॉ. बाबासाहब ने इस प्रकार हम सब को धक्का देनेवाली बात कही; उन्होंने इसका कारण स्पष्ट किया कि इस सत्याग्रह को ब्रिटिश सरकार का सहयोग नहीं था।

प्रश्न : परन्तु यह लड़ाई दलितों गैरदलितों में थी तो फिर ब्रिटिश सरकार की परवाह करने की क्या जरूरत थी?

उत्तर : यह सिर्फ ब्रिटिश सरकार की परवाह की बात नहीं थी, वह काल ही ऐसा था कि एक तरफ ब्रिटिश सरकार की रोक और दूसरी तरफ बहुसंख्यककों में गैरदलितों का विरोध। इन दोनों तबकों से एक ही समय में लड़ना यह दलितों के लिए मुनासिब नहीं था।

प्रश्न : क्या आपने इसको स्वीकार किया?

उत्तर : बाबासाहब की दूरदृष्टि और तर्कशुद्ध विचारधारा के कारण मैंने इसे मान लिया।

डॉ. बाबासाहब दादासाहब गायकवाड को एक नजदीकी साथी मानते थे और आरम्भ से ही उन पर अलग-अलग जिम्मेदारियाँ सौंपा करते थे। दादासाहब नाशिक जिलें में दलितों के एक श्रेष्ठ नेता थे। समाज के अनेक स्तर पर उनकी पहचान है। इसे

बाबासाहब जानते थे और इसी कारण उनसे अलग-अलग किस्म के कार्य करवाते थे।

दलितों को पानी भरने नहीं दिया जाता। मन्दिरों में प्रवेश नहीं इसलिए दलितों के लिए अलग मन्दिरों का निर्माण करना और उसके लिए दलित समाज से धन इकट्ठा करना, इस प्रकार का प्रयत्न करनेवाली 'डिप्रेस्ड इंडिया असोसिएशन' इस नाम की एक संस्था मुंबई में कार्य कर रही थी। बाबासाहब को वह मंजूर नहीं था। इसलिए उन्होंने दादासाहब को 11 अप्रैल, 1927 के लिखे खत में कहा कि, "मुझे ऐसा मालूम हुआ है कि मुंबई में मन्दिरों के लिए धन इकट्ठा करने के लिए 'ड्रिप्रेस्ड इंडिया असोसिएशन' ने उनके एजेंट भेज दिये हैं। इस प्रकार से धन इकट्ठा करने पर हमें पाबन्दी लगानी चाहिए। हमारे लिए अलग मन्दिर का होना फायदे का नहीं होगा, यह बात तुम लोगों को समझ लेनी चाहिए।"

बाबासाहब ने दादासाहब को लगभग 350 से 400 पत्र भेजे। ये सभी पत्र दलित आन्दोलन से सम्बन्धित थे। उसमें से कुछ वैयक्तिक भी थे। इन दो वीरों के हृदय का तार एक दसरे से जुड़ा हुआ था। दोनों के हृदयसंवाद हमें इन पत्रों में पढ़ने मिलते हैं। दूसरी बार जब बाबासाहब सत्याग्रह के लिए महाड में आये तब महाड के सवर्णों ने 12 दिसम्बर, 1927 को वहाँ के सेकंड क्लास सब जज कोर्ट में फ़रियाद दाखिल करायी। (यह फरियाद रेग्युलर सूट नं. 405 ऑल 1927 के नाम से पहचानी जाती है) चवदार तालाब सार्वजनिक नहीं है, वह वैयक्तिक है ...वहाँ दलितों के पानी भरने पर पाबन्दी लगा दी जाय, ऐसा उसका स्वरूप था।

यह केस महाड, ठाणे मुंबई के कोर्टों में 10 वर्ष चला और उसमें 'चवदार तालाब यह वैयक्तिक न होकर सार्वजनिक है।' ऐसा सिद्ध हुआ। कानूनी तौर पर यह तालाब सभी के लिए खुल गया।

यह केस लड़ने के लिए बाबासाहब को कठोर श्रम करने पड़े। अनेक महत्त्वपूर्ण गवाहों को गवाह के रूप में सामने लाना पड़ा। उसमें पालेय शास्त्री की गवाही महत्त्वपूर्ण साबित हुई, लेकिन बाबासाहब को नाशिक के शंकराचार्य डॉ. कुर्तकोटी की गवाही दलितों की ओर से कोर्ट में पेश करनी थी, उसके लिए डॉ. कुर्तकोटी तैयार थे।

इस सन्दर्भ में दादासाहब गायकवाड बाबासाहब को सभी प्रकार की सहायता करते थे। इसकी अनुभूति हमें बाबासाहब द्वारा भेजे गये खतों से मिलती है। उनका पहला खत 2 अक्तूबर, 1929 में लिखा गया था। उसमें वे कहते हैं, "विशेष... यह है कि महाड में दलितों की ओर से डॉ कुर्तकोटी की गवाही लेने का निर्णय हुआ है, वे नाशिक में है; तो उनसे मिल लो। 10 अक्तूबर को वे शायद मुंबई आनेवाले हैं। अगर नहीं तो कौन सी तिथि को आनेवाले हैं- यह खबर मालूम करके समय न गँवाते हुए मुझे खत से जानकारी दे देना।"

"अगर वे मुंबई नहीं आ सकते तो 10 तारीख को हम नाशिक आयें तो तब गवाही किस प्रकार की देंगे इसकी जानकारी लेना।"

दूसरे खत में लिखते हैं, "10 तारीख को कमिशन आनेवाला था, परन्तु कुछ कारणों से नहीं आ पाया। आगे की तारीख 16 और 17 निश्चित है। खत को देखते ही डॉ. कुर्तकोटी उस दिन कहाँ ठहरनेवाले हैं यह बात भी मुझे खत से या फिर टेलिग्राम से बता देना।"

बाद में एक कमिशन ने डॉ. कुर्तकोटी का महाड के केस के सन्दर्भ में साक्षात्कार लिया। वह बहुत महत्त्व का साबित हुआ।

संगीत के क्षेत्र में एक अजीब चमत्कार होता है, ऐसा संगीतकार कहते हैं, वह इस प्रकार कि दो सितारों के तार एक ही प्रकार से लगा दें तथा उनमें से किसी एक सितार के तार को छेड़ दें तो दूसरे सितार के तार भी झंकृत हो उठते हैं। ठीक ऐसा ही इन नेताओं के खतों से, उनके संवादों से हुआ है, ऐसा हमें लगता है।

नाशिक के कालाराम मन्दिर सत्याग्रह के कारण दादासाहब गायकवाड का नेतृत्व और अधिक निखरा ऐसा हमें नजर आता है। इस सत्याग्रह के सन्दर्भानुरूप साक्षात्कार में दादासाहब से कुछ प्रश्न पूछे गये थे उसमें से कुछ महत्त्वपूर्ण हिस्सा इस प्रकारः

प्रश्न : नाशिक के कालाराम मन्दिर का सत्याग्रह अनेक कारणों के लिए प्रसिद्ध हुआ। वह करवाने के लिए आपने कष्ट उठाये। यह सत्याग्रह सफल होने के लिए आप ने कौन सी बातों को स्वीकार किया था? इस सत्याग्रह को डॉ. बाबासाहब का मार्गदर्शन मिला होगा, उसका स्वरूप किस प्रकार का था?

उत्तर : नाशिक कालाराम मन्दिर प्रवेश का सत्याग्रह मुख्यतः बाबासाहब के कारण हुआ। उस सत्याग्रह के स्वरूप में विविधता थी। राममन्दिर में प्रवेश करना, राम का रथ खींचना और रामकुंड में स्नान करना। बाबासाहब का एक साथी होने के कारण मैं इस सत्याग्रह में शामिल हुआ और उन्हीं के आदेशों का पालन करता रहा।

हिन्दुओं का मूल देवता राम और राममन्दिर उनका पवित्र स्थान; इसलिए इस मन्दिर में प्रवेश पाने के लिए दलितों को सत्याग्रह करना चाहिए। यही एक अलौकिक घटना थी। इस सत्याग्रह को सफल बनाने के लिए दलितों ने खूब प्रयत्न किये।

1935 तक यानी लगलग छह वर्ष यह सत्याग्रह चला था। इस काल में केवल मन्दिर प्रवेश ही नहीं, रथोत्सव के दिन रथ खींचने का प्रयत्न भी किया गया।

प्रश्न : सत्याग्रही लोगों ने मन्दिर प्रवेश किया था? उस पर और दलितों की प्रतिक्रिया क्या थी?

उत्तर : सत्याग्रही लोग मन्दिर में प्रवेश नहीं कर पाए। रथोत्सव के दिन डॉ. बाबासाहब और गैरदलित नेता में एक समझौता हुआ। गैरदलितों के साथ दलितों को

भी रथ खींचने को मिलना चाहिए। यह तय हुआ कि दोनों ओर के (सवर्ण और दलित) लोग एकता से, विवेक से, सहयोग से रथ को खींचेंगे परन्तु प्रत्यक्ष में ऐसा कुछ नहीं हुआ।

प्रश्न : क्यों?

उत्तर : दोनों में हुए सामंजस्य के अनुसार दलित रथ खींचने के लिए चले गये; तब गैरदलितों ने इस प्रकार का षड्यन्त्र रचा कि दलितों द्वारा जब रथ खींचने का प्रयत्न शुरू किया जाएगा तब उन पर पत्थर बरस पडें। उनकों वहाँ से भगाने का प्रयत्न किया गया। इतना ही नहीं, हमने यह भी सुना कि डॉ. बाबासाहब को जान से मारने का इरादा गैरदलितों का था। मैंने यह सब डॉक्टरसाहब को सुनाया तब उन्होंने कहा कि, "ऐसी परिस्थिति में सत्याग्रह के स्थान पर रुकना नहीं चाहिए।"

प्रश्न : डॉक्टर साहब ने किस प्रकार का निर्णय लिया?

उत्तर : डॉ. बाबासाहब जैसे धीरगम्भीर नेता मेरी सूचना स्वीकार करेंगे यह नामुमकिन नहीं था। उन्होंने हम सभी से कहा, "मैंने इस आन्दोलन का नेतृत्व लिया है। मुझ पर अगर गैरदलितों की इतनी नजर है, और वे मुझे खत्म करना चाहते हैं, तो वह मुमकिन नहीं है। जरूर वे प्रयत्न करें, लेकिन मैं एक इंच के लिए भी पीछे नहीं हटूँगा। मैं सुबेदार का लड़का हूँ। हाथ में लिए कार्य से भाग जाना मुझे शोभा नहीं देता।" डॉ. बाबासाहब के वीरोचित वाक्य सुनने के बाद हम सभी सत्याग्रहियों को एक प्रकार की चुनौती मिली। हम में और अधिक शक्ति संचरित हुई और उसी जोश में हम रथ खींचने के लिए चले गये, तब इमली के बगीचे की ओर से उँचे स्थान पर से, हम पर पत्थरों की बौछार हुई। डॉ. बाबासाहब को पत्थरों से बचाने के लिए कुछ सत्याग्रहियों ने छातों को खोल दिया, परन्तु कुछ फायदा नहीं हुआ। पत्थरों की मार इतनी तेज थी कि छाते भी टूटे, बहुत से सत्याग्रही घायल हुए। खुद डॉ बाबासाहब को भी पत्थर लग गये थे। आखिर पुलिस ने गणेश बाडी मार्ग से घायल सत्याग्रही को प्रयत्न के साथ बड़े महार बाडे में पहुँचाया; परन्तु इतना कुछ होने के बाद भी सत्याग्रही निरुत्साही, निराश नहीं हुए थे।

प्रश्न : तीसरे उद्देश्य सम्बन्धी क्या घटित हुआ?

उत्तर : हमारा तीसरा उद्देश कुछ हद तक सफल हुआ। व्यक्तिगत रूप से मैंने पुलिस की शृंखला को तोड़ा था इसलिए तीन रुपये का दंड मुझे हुआ था। और मन्दिर प्रवेश के सन्दर्भ में मुझे दो महिनों की कड़ी सजा हुई थी। मेरे साथ अमृतराव रणखांबे, सावळाराम दानी, लळीणकर, हरिभाऊ जाधव आदि छह सात सौ लोग जेल में चले गये थे।

गोलमेज परिषद में डॉ. आम्बेडकर और म. गाँधी इनमें दलितों का सही नेता कौन? उनका स्वतन्त्र चुनाव क्षेत्र हो या ना हो? इस पर से मतभेद निर्माण हुए थे।

बाबासाहब कहते थे, दलितों का सही प्रतिनिधि मैं होने के कारण मेरे ही नियोजन के अनुसार दलितों के प्रश्न छूटेंगे। दलितों का स्वतन्त्र चुनाव क्षेत्र होना चाहिए इसके खिलाफ म. गाँधी का मत था।

1931 में जब बाबासाहब लंदन के गोलमेज परिषद मे दलितों के हक की लड़ाई लडने के लिए गये, तब दादासाहब गायकवाड इधर मुखेड गाँव में सत्याग्रह कर बाबासाहब के मतों का समर्थन करनेवाली लड़ाई लड़ रहे थे और उसका फायदा बाबासाहब को किस तरह हुआ इसकी हकीकत स्वयं दादासाहब के शब्दों में सुनने लायक है। सावन के महिने में दादासाहब के नेतृत्व में 1931 में मुखेड गाँव में पांडव प्रताप पोथी की शोभायात्रा निकाली गयी; परन्तु गैरदलित लोग इस शोभायात्रा को सवर्णों की बस्ती से जाने नहीं दे रहे थे। शोभायात्रा का रूपान्तरण सत्याग्रह में हुआ। लोग रास्ते में ही बैठ गये और उन्हें गैरदलितों ने खूब पीटा। सड़क पर मिट्टी उठाकर उनके शरीर पर, मुख पर, सिर पर डाल दी। अंगीठी सुलगाकर गरम राख उछाल दी। अनेकों से मारपीट की। दादासाहब गायकवाड 'प्रबुद्ध भारत' 1958 की जयंती विशेषांक में लिखते हैं, 'गाँव के गुंडों ने सड़क की मिट्टी उठाकर सत्याग्रहियों के मुख पर और शरीर पर डालने का कार्य आरम्भ किया, फिर भी सत्याग्रही अपने स्थान से हिले नहीं, इसे देखने पर बहुत सा कूड़ाकचरा एकठ्ठा करके बैठे हुए सत्याग्रही के मुख के सामने होली जलाई गयी। आग की गरमी होने के बाद भी सत्याग्रहियों ने अपना स्थान नहीं छोड़ा। आखिर गुस्से से म. गाँधी की जय। भारतमाता की जय! शिवाजी महाराज की जय। ऐसी नारेबाजी करते हुए सुलगती होली की आग सत्याग्रहिओं के शरीर पर डालने लगे। इस सत्याग्रह में खुद दादासाहब को खूब मार पड़ी, औरों को भी पीटा गया।

सत्याग्रह में किये गये अत्याचार की खबरें समाचार पत्रों में छापी गयी। इंग्लैंड के 'लंडन टाइम्स' में भी खबर छपवाई गयी और दलितों के ऊपर किये गये अन्यायों की जानकारी आंग्ल विद्वानों को हुई। यह खबर पढ़कर लंदन में बाबासाहब के शरीर का खून खौलने लगा। गुस्से में ही उन्होंने लंदन टाइम्स का अंक, म. गाँधी के शरीर पर फेंक दिया और उनसे पूछा, "दलितों के प्रतिनिधि आप हो न, फिर यह क्या हो रहा है?"

दादासाहब ने इस प्रकार यहीं रह कर बाबासाहब के इंग्लैंड के कार्य में मदद की।

बाबासाहब ने अलग-अलग सत्याग्रहियों के जरिये गैर दलितों के हृदय का परिवर्तन करने की कोशिश की; लेकिन यह सब निरर्थक रहा इसलिए उन्होंने धर्मपरिवर्तन की घोषणा की। उसी से सम्बन्धित कुछ सवाल दादासाहब से उपर्युक्त साक्षात्कार में पूछे गये थे।

प्रश्न : नाशिक के सत्यागह का फलित क्या था?

उत्तर : इस सत्याग्रह का फलित धर्मांतरण परिषद में हुआ।

प्रश्न : इस सत्याग्रह के बारे में ब्रिटिश सरकार की भूमिका क्या थी?

उत्तर : पूर्ण तटस्थ, न अनुकूल, न प्रतिकूल थी।

प्रश्न : डॉ. बाबासाहब ने इस परिषद में अपनी भूमिका किस प्रकार प्रगट की?

उत्तर : 1935 तक हमारे सत्याग्रही पूरी ताकत के साथ प्रयत्न कर रहे थे। ताल मृदुंग लेकर मन्दिर के दरवाजे के पास बैठते थे, किन्तु दरवाजा उनके लिए खुलने का नाम ही नहीं ले रहा था। आखिर 1935 में येवला में एक परिषद का आयोजन किया गया। इस परिषद में डॉ. बाबासाहब ने अपने धर्मपरिवर्तन की विश्वप्रसिद्ध घोषणा की, "मैं हिन्दू के रूप में जन्मा तो हूँ लेकिन हिन्दू के रूप से मरनेवाला नहीं हूँ।"

प्रश्न : इस घोषणा के पश्चात और प्रत्यक्ष धर्मपरिवर्तन के बाद बाबासाहब पर गैरदलितों ने अनेक आरोप लगाये थे, उसको लेकर आपको क्या लगता है?

उत्तर : मेरी दृष्टि से उन आरोपों में किसी प्रकार का दम नहीं था।

प्रश्न : शिक्षा से बौद्ध लोगों की प्रगति हुई है, यह सही है; साथ-साथ बौद्ध समाज में एक प्रकार का फासला निर्माण हुआ है, जो आरम्भ में गैरदलितों और दलितों में था इसे लेकर आपको क्या लगता है?

उत्तर : उस अर्थ में बौद्ध समाज में किसी तरह का फासला निर्माण नहीं हुआ है; ऐसा मुझे नहीं लगता है। इसका कारण यह कि प्रगत शिक्षित बौद्ध अप्रगत अशिक्षित बौद्धों से स्वयं को अलग नहीं रखते बल्कि उनकी उन्नति की दृष्टि से कार्य करते हैं।

प्रश्न : आपका अपना विशेष जीवन का कोई दर्शन है क्या?

उत्तर : मुझ तक सीमित ऐसा अलग दर्शन नहीं है। पूरे समाज का हित यही मेरा अन्तिम साध्य है। इसी उद्देश्य की पूर्ति के लिए मैं किसी भी प्रकार का त्याग करने के लिए तैयार हूँ। बहुजनों का हित ही मेरा पवित्र तथा परम कर्तव्य है, यह मैं मानता हूँ। बौद्ध धर्म के तथा अन्य धर्मों के लोगों का हित विशेषकर दलितों का हित करना, शैक्षणिक दृष्टि से योग्य रूप में उनका विकास करना यह मैंने अपना कर्तव्य माना है, और मेरी ताकत के अनुसार मैं वह कर रहा हूँ।

(बा. स. सुवर्णक्षण, सम्पा, झुंबरलाल कांबळे)

बाबासाहब का अन्तिम ध्येय यही था। सम्पूर्ण समाज का कल्याण, मानव जाति का कल्याण, फिर वह मानव जाति किसी भी धर्म की हो, वंश की हो या जाति की हो। ...अपने ध्येय रूपी शिखर की ओर यात्रा करते समय इस युग पुरुष को अनेक संकटों से जूझना पड़ा। म. गाँधी जैसे अखिल भारतीय स्तर के महान नेता का विरोध सहन करना पड़ा, सिर्फ विरोध ही नहीं, पुणे-करार के समय इस महात्मा ने अपने जान की बाजी लगाई थी। उस समय किये गये विरोध को सहना पड़ा। उनके विरोध में लड़ाई लड़नी

पड़ी। जीवन भर संकट आने के बाद भी इस नेता ने विरोध का जहर पचा लिया। जाति प्रथा का जो जहर सवर्णों ने बोया था उसे इन्होंने पचा लिया और उचित समय आने पर भारतीय संविधान के शिल्पकार बनकर उस जहर का रूपान्तरण अमृत में कर दिया।

राजनीतिक आन्दोलन हो या धार्मिक आन्दोलन हो, शैक्षिक आन्दोलन हो, या फिर वैयक्तिक जीवन का कोई महत्त्वपूर्ण प्रसंग हो, बाबासाहब दादासाहब का मशवरा लेते थे, उनकी राय जान लेते थे। बाबासाहब ने जो शैक्षिक आन्दोलन चलाए, उसमें दादासाहब रहते थे। औरंगाबाद का मिलिंद महाविद्यालय हो, पंढरपुर का गाडगे महाराज विद्यार्थी छात्रालय हो, पूना का अहिल्याश्रम हो, या मुंबई का सिद्धार्थ कॉलेज हो, उनकी नींव में बाबासाहब ने दादासाहब को शामिल किया। अपने व्यक्तिगत जीवन में दूसरे विवाह के समय बाबासाहब ने जिस तरह दादासाहब से विचार-विमर्श किया उसी तरह यशवंतराव के विवाह के समय भी उन्होंने दादासाहब का मशवरा लिया। उन्हें भेजे गये एक पत्र में वे लिखते हैं, चि. यशवंत की विवाह करने की इच्छा है। उस के लिए मैं लड़की देख रहा हूँ। अच्छी लड़की आपके देखने में है क्या? लड़की निम्नरूप की होनी चाहिए।

1) वह दिखने में अच्छी हो।
2) उसका अच्छा व्यक्तित्व हो और वह सुन्दर होनी चाहिए।
3) कुल शील से अच्छी हो।
4) वह बहुत ही कम उम्र की न हो।

(डॉ. बाबासाहब के पत्र : सम्पा. ॲड. शंकरराव खरात)

...बाबासाहब की जो लड़ाई चल रही थी उसमें उन्हें छाया की तरह साथ देनेवाले दादासाहब ही मेरा कार्य आगे जारी रखेंगे ऐसा आत्मविश्वास स्वयं बाबासाहब को था। एक खत में दादासाहब ने यह लिखा है--- "जिन्दगी भर विभिन्न प्रश्नों के लिए सतत संघर्ष होने से बाबासाहब थक चुके थे। मन से नहीं, शरीर से। 6 दिसम्बर, 1956 को उनका निधन हुआ। सम्पूर्ण समाज शोक के सागर में डूब गया था। दादर की चैत्यभूमि पर डॉ. बाबासाहब को लगभग 12 लाख लोगों ने अश्रूपूर्ण नेत्रों से अन्तिम विदाई दी।"

उस समय दादासाहब गायकवाड थरथराती आवाज में बोले, "बाबासाहब के निर्जीव शरीर को साक्षी रखकर हम यहाँ इकठ्ठे हुए लाखों लोग बौद्ध धम्म की दीक्षा लेते हैं और बाबासाहब का अपूर्ण कार्य पूर्ण करने की प्रतिज्ञा करते हैं," तब वहाँ इकठ्ठे हुए लोगों ने साश्रु आँखों से बौद्ध धम्म की दीक्षा ली।

उसके पश्चात महाराष्ट्र, मध्यप्रदेश, उड़ीसा, मद्रास, दिल्ली, पंजाब, उत्तरप्रदेश आदि प्रांतों से बड़े पैमाने पर बौद्ध दीक्षा विधि के कार्यक्रमों का आयोजन किया गया। वह कार्य दादासाहब ने किया।

नागपुर की दीक्षाभूमि ने 12 एकड़ जमीन प्राप्त कर ली थी। बाबासाहब की इच्छा के नुसार 'शेड्युल्ड कास्ट फेडरेशन' यह पार्टी खत्म करके 3 जनवरी, 1958 में नागपुर में 'रिपब्लिकन पार्टी ऑफ इंडिया' इस पार्टी की स्थापना की गयी।

गाँव की मेरी जनता का क्या होगा? यह बात बाबासाहब को आखिर तक सता रही थी। उन्हें खेती के लिए जमीन मिले ऐसा भी वे कहते थे। उनका यह विचार ध्यान में रखकर 1950 में दादासाहब ने औरंगाबाद में जमीन का सत्याग्रह सफल कराया था। बाबासाहब के बाद 1959 में औरंगाबाद में उन्होंने 'अखिल भारतीय रिपब्लिकन पार्टी ऑफ इंडिया' का अधिवेशन आयोजित किया था, उसी में खेती सम्बन्धी निर्णय लिया गया था, उस क्रान्तिकारी निर्णय को कार्यन्वित करने के लिए उन्होंने फिर से एक बार सरकारी कार्यन्वित जमीन का कब्जा लेने के लिए सत्याग्रह किया।

बाबासाहब का आचार-विचार, ध्येय उद्देश्य इन सब के लिए न्यौछावर होनेवाले दादासाहब को लोगों ने ही 'कर्मवीर' की उपाधि दी। तो भारत सरकार ने 'पद्मश्री' का खिताब देकर उन्हें सम्मानित किया।

1957 में आरम्भ हुए संयुक्त महाराष्ट्र के आन्दोलन में प्रत्यक्ष रूप से मार्गदर्शन कर महाराष्ट्र के राजनीतिक तथा सामाजिक जीवन में दादासाहब ने महत्त्वपूर्ण कार्य किया।

जीवन के आखिर में दादासाहब का शरीर पूर्णतः थका हुआ था; लेकिन मन थका नहीं था। 1970 और 71 ये दो वर्ष वे पक्षाघात की बीमारी से पीड़ित थे। पक्षाघात की बीमारी क़ी ओर ध्यान न देते हुए वे आखिर तक समाज सेवा ही करते रहे। 29 दिसम्बर, 1971 में दिल्ली के विलिंग्डन अस्पताल में उनका निधन हुआ।

ऐसे थे बाबासाहब और दादासाहब। एक ने दलितों के जीवन के अन्धकार युग को नष्ट किया। इस युग में विचरण करनेवाले लोगों को ऊँगली पकड़कर चलना सिखाया। प्रकाश की ओर आँखें खुली रखकर देखना सिखाया। तो दूसरे ने उस महामानव का छाया की तरह साथ दिया। एक ने जो मूलतः मानवी जीवन के नये भाष्यकार थे उनका जीवन उच्च स्तर पर ले जाने के लिए धूल से शिखर तक की यात्रा की, कभी हाथों में शास्त्र लेकर तो कभी शस्त्र लेकर। तो दूसरा उन्हीं के कदमों पर कदम रखकर स्वयं की हैसियत के अनुसार उस मार्ग की ओर बढ़ता गया।

अनुवाद - डॉ. सविता किर्ते, लातूर

□□□

|| 2 ||

डॉ. बाबासाहब आम्बेडकर ने यहाँ की जाति के आधार पर बने समाज के प्रश्नों का मुकाबला अक्सर कुशल राजनीतिज्ञ की तरह किया है। समाज परिवर्तन के लिए राजनीति का व्रत लेनेवाले मनुष्य को विद्वता और ज्ञान ग्रहण कर, सड़क पर उतर कर संघर्ष करनेवाले राजनीतिक व्यक्ति को जिन-जिन साधनों का उपयोग करना पड़ता हैं, उन सभी साधनों का उपयोग बाबासाहब ने अपने जीवन में किया है। और इस में अपनी भूमिका स्पष्ट की है। 'रानडे, गाँधी और जिन्ना' इस विषय पर भाषण देते हुए उन्होंने राजनीतिज्ञ शब्द की परिभाषा स्पष्ट करते हुए कहा था कि 'राजनीतिज्ञ अपनी राजनीति में किसी एक श्रद्धा का प्रतिनिधित्व करता है। उसकी यह श्रद्धा उसकें राजनीतिक तत्त्वचिन्तन को और राजनीतिक पद्धति को अक्सर बाँधकर रखती हैं।'[1] इस परिभाषा के आधारपर ही वे न्या. रानडे का उल्लेख श्रेष्ठ राजनीतिज्ञ के रूप में करते हैं। बाबासाहब की राजनीति पर अगर विचार करें तो वे भी इसी उँचाई के राजनीतिज्ञ हैं। इस कोण से देखें तो बाबासाहब अपने राजनीतिक जीवन में कौन सी श्रद्धा का प्रतिनिधित्व कर रहे थे? 1939 में मुंबई विधान मंडल में भाषण देते समय उन्होंने अपनी श्रद्धा का स्पष्ट

... 10 ...

डॉ. बाबासाहब आम्बेडकर और जाति अन्त का आन्दोलन

यशवंत सुमंत

संकेत दिया है। वे कहते हैं "जब जब मेरे वैयक्तिक रिश्ते और पूरे देश के रिश्ते में संघर्ष होने की सम्भावना निर्माण हुई, तब मेरे व्यक्तिगत हित से ज्यादा मैंने देश के हित के लिए अधिक महत्त्व दिया है। परन्तु मेरी एक और निष्ठा है। जिस अस्पृश्य समाज में मैंने जन्म लिया, उसे मैं कभी बीच में नहीं छोडूँगा। अपने समाज पर जो मेरी निष्ठा है वह कायम रहेगी। अगर देश और समाज के सम्बन्ध में संघर्ष का समय आएगा, तब मैं देश से अधिक समाज से सम्बन्ध रखने में अधिक प्रयत्न करूँगा।"[2]

बाबासाहब के इस वक्तव्य से यह स्पष्ट होता है कि उनकी मूल निष्ठा कहाँ हैं। अस्पृश्य समाज से रिश्ते कायम रखना और भारतीय क्रान्तिकारी के नाते उनकी प्रतिस्थापना करना यह बाबासाहब की राजनीति का मुख्य सूत्र है। इस सूत्र को पकड़कर ही वे जाति समाप्ति के आन्दोलन को महत्त्व देते हैं। मनुष्य की शोषण मुक्ति के आन्दोलन का यह एक महत्त्वपूर्ण मोड़ हैं, ऐसा उनका कहना है। इसका अर्थ यह है कि डॉ. बाबासाहब आम्बेडकर ने जाति व्यवस्था के विरुद्ध जो संघर्ष किया था वह मात्र हिन्दू समाज के पीढ़ियों से चलते आये दुगुणों को समाप्त करने हेतु से नहीं किया था।

शोषणमुक्त समाज का निर्माण वह पहली शर्त थी। बाबासाहब के जाति समाप्ति के आन्दोलन की व्यापकता ध्यान में लेना जरूरी है। नहीं तो, उन्हें हिन्दू समाज सुधारकों की पंक्ति में बिठाने की गलती हो सकती है।

इस व्यापक दृष्टिकोण से बाबासाहब की जाति समाप्ति के आन्दोलन की ओर देखते समय उसकी कौन सी विशिष्टताएँ सामने आती हैं? स्थूल रूप से कहा जा सकता है कि इस आन्दोलन की तीन प्रमुख विशेषताएँ थीं—

1) जाति-व्यवस्था के प्रश्न पर बुद्धिजीवी वर्ग का और शोषित वर्ग का प्रबोधन करना।

2) पहले महायुद्धोत्तर काल में भारतीय राजनीति में निर्माण हुए और अधिक गतिमान हुए जमातवादी राजनीति (Communal Politics) के सन्दर्भ में शोषित जाति के अस्पृश्यवर्ग के हितों को बार बार अलग रखकर जाति समाप्ति के आन्दोलन का महत्त्व प्रगतिशील शक्तियों को समझाना।

3) जातिअन्त के आन्दोलन को शोषणमुक्त मानवी समाज के लक्ष्य की ओर ले आना। इन तीन प्रमुख परिणामों के सन्दर्भ में बाबासाहब के जातिअन्त के आन्दोलन पर विचार करने के सिवा उसकी व्याप्ति और दिशा समझ में नहीं आएगी। इस कारण उन परिणामों पर विचार करना भी महत्त्वपूर्ण होगा।

1) जातिप्रश्नों का प्रबोधन

भारत में जातिप्रथा यह केवल ऐतिहासिक हादसा नहीं है। हिन्दू विचार विश्व का वह एक हिस्सा होने के कारण इस विचार विश्व के साथ जुड़े हुए सभी धर्मशास्त्रियों को और सामाजिक संस्थाओं को नकारे बगैर जातिसंस्था की जड़े नष्ट नहीं होंगी, ऐसा बाबासाहब का विचार था। इस कारण ही जाति प्रश्न पर विचारों और कृतियों के स्तर पर अत्याधिक प्रबोधन करते रहना अटल है, यह उन्होंने जाना था। अर्थात जाति के प्रश्न पर प्रबोधन यह जातिअन्त के आन्दोलन का महत्त्वपूर्ण हिस्सा है। डॉ. आम्बेडकर यह सब भलीभाँति जानते थे। उन्होंने जातिप्रथा के सम्बन्धित अनुसन्धान से लेकर समाचार पत्रों की चर्चाओं तक हर एक मार्ग से प्रबोधन करने का तय किया। उनके इस विषय के प्रबोधन कार्य में दो मुख्य दिक्कतें थीं। एक ओर जिस तबके तक प्रबोधन को सहज पहुँचाना था वह तबका ब्राह्मण वर्ग का था। यह वर्ग जातिसंस्था की चौख़ट में सुरक्षित था। इस कारण इस वर्ग को इसमें रुचि नहीं थी। दूसरी ओर जिन दलित, शोषित, बहिष्कृत जाति के लिए नवीन विचारों की स्थापना करनी थी, उन्हें हजारों वर्षों की परम्परा ने ज्ञान और शिक्षा से दूर रखा था। ऐसे समय प्रत्यक्ष आन्दोलन से उनका प्रबोधन और संगठन करते रहने के सिवा उनके सामने दूसरा रास्ता नहीं था। (प्रस्थापित

वर्ग की ताकत ध्यान में लेंगे तो यह आन्दोलन कितना कठिन था, इसकी कल्पना कर सकते हैं) परन्तु बाबासाहब ने इन दोनों जगहों पर निरन्तर प्रबोधन का काम किया है, ऐसा दिखाई देता है।

परिवर्तन के आन्दोलन में बुद्धिमान वर्ग की भूमिका कैसी सहायक होती हैं, इसकी बाबासाहब को कल्पना थी। अपनी 'अनिहिलेशन ऑफ कास्ट' पुस्तक में बाबासाहब कहते हैं कि किसी भी देश में बुद्धिजीवी सत्ताधीस नहीं भी रहा तो भी प्रभावशाली वर्ग का बोलबाला रहता ही है। इस वर्ग को दूरदृष्टि होती है। वह (देश को) नसीहत और नेतृत्त्व दे सकता है। इसके बरक्स किसी भी देश में जनता बुद्धिजीवियों जैसी स्वतन्त्र विचारों का जीवन जीती ही है, ऐसा नहीं। आम जनता अधिकांश रूप में बुद्धिजीवी जनता का अनुकरण ही करती रहती है। इन स्थितियों में बुद्धिजीवी वर्ग पर देश का भविष्य आधारित होता है ऐसा कहा जाय तो अतिशयोक्ति नहीं होगी।[3] बाबासाहब के विचारों से, जाति समाप्ति के आन्दोलन के लिए आवश्यक वैचारिक प्रबोधन के काम में बुद्धिजीवी लोगों का स्थान कितना महत्त्वपूर्ण है, यह स्पष्ट होता है। परन्तु यह पद्धति इस देश का बुद्धिजीवी वर्ग ब्राह्मण होने के कारण जातिव्यवस्था के विरोध का प्रबोधन करने की दृष्टि से प्रतिकूल थी। ऐसी प्रतिकूल अवस्था में बाबासाहब संगठित आन्दोलन के साथ साथ विचार जागृति के ओर प्रबोधन के कार्य को उतना ही महत्त्व देते हैं, यह ध्यान में आता है। इस प्रबोधन का स्वरूप कौन सा था। इससे कौन सा क्रान्तिकारी विचार बाबासाहब ने दिया इन प्रश्नों की खोज करना यहाँ महत्त्वपूर्ण है।

जातिप्रश्न सम्बन्धी बाबासाहब का यह वैचारिक प्रबोधन तत्कालीन जाति विचारों के सन्दर्भ में ध्यान में लेना अधिक अर्थपूर्ण रहेगा। तत्कालीन जातिव्यवस्था से सम्बन्धित चिन्तन किस अवस्था में था? महाराष्ट्र के बारे में कहना हो तो 20 वीं शती के पूर्वार्द्ध से जातिव्यवस्था के चिन्तन को एक अलग चेहरा प्राप्त हुआ है, ऐसा दिखाई देगा। इसके पहले की पीढ़ी का जातिव्यवस्था से सम्बन्धित चिन्तन उदारमतवादी और व्यक्तिवादी दर्शन की प्रेरणा से हुआ था (लोकहितवादी, आगरकर) अथवा वह मानव की क्षमता, प्रतिष्ठा और उसके हक के आग्रह से हुआ था। बिल्कुल शुरुआत के जातिविषयक चिन्तन को समाजशास्त्रीय चिन्तन और सिद्धान्त की बैठक नहीं थी। वह बैठक 20 वीं शती के पूर्वार्द्ध में महाराष्ट्र के विचारकों और अनुसन्धाताओं ने प्राप्त करा दी है। इतिहासाचार्य राजवाडे, ज्ञानकोशकार केतकर अथवा विट्ठल रामजी शिंदे इनका जाति विषयक चिन्तन, शोध और लेखन इसका प्रमाण है।

डॉ. आम्बेडकर का जातिविषयक चिन्तन इसी समय जन्म लेता है, इसे ध्यान में लेना जरूरी है। जातिविषयक प्रश्नों के चिन्तन को जो महत्त्व आया, वह केवल शैक्षिक जिज्ञासा के लिए था ऐसा कहना गलत होगा। राजवाडे और केतकर का इस

सन्दर्भ का मौलिक अनुसन्धान पढ़ते समय उनमें जो ब्राह्मणी श्रेष्ठत्त्व की गन्ध और उसी सन्दर्भ में व्यक्त होनेवाला हिन्दू श्रेष्ठत्त्व का एहसास सहज ध्यान में आता है। इसका अर्थ यह हैं कि राजवाडे अथवा केतकर की जाति मीमांसा यह मात्र शैक्षिक उपक्रम नहीं था, वह हिन्दू राष्ट्रवादात्मक विमर्श का एक हिस्सा था। राजवाडे, केतकर, सावरकर अथवा श्री. म. माटे ने तत्कालीन जातिव्यवस्था के प्रश्नों के बारे में लेखन किया हो, तो भी इन सभी की प्रेरणा हिन्दू राष्ट्र कैसे बलशाली होगा इस चिन्तन में हैं।

सत्यशोधक और ब्राह्मणेत्तर आन्दोलन द्वारा उपस्थित किये गये जाति विषयक प्रश्नों को यह तिलकप्रणीत हिन्दू राष्ट्रवाद जबाब नहीं दे सका। ब्राह्मणेत्तर आन्दोलन की मार से लितिक के अनुयायी, हिन्दू राष्ट्रवादी युवा पीढ़ी जातिव्यवस्था के प्रश्न पर असहाय हुई थी। राष्ट्र निर्माण में जातिव्यवस्था की विषमता का प्रश्न बहुत बड़ा है यह ध्यान में आते ही सावरकर तथा उनके समकालीन लोगों ने जातिभेद तथा अस्पृश्यता जैसे सामाजिक विषमता के विरुद्ध अभियान चलाया। तबसे महाराष्ट्र की जातिमीमांसा की ब्राह्मणी परम्परा ने जातिभेद और अस्पृश्यता का प्रश्न हिन्दू राष्ट्रवाद बाँधने के सन्दर्भ में लिया।

तत्त्वचिन्तन के और समाजशास्त्रीय चिन्तन के स्तर पर इस ब्राह्मणी हिन्दू राष्ट्रवादपूरक जातिमीमाँसा का सामना केवल दो विचारकों ने किया। उनमें एक हैं महर्षी विठ्ठल रामजी शिंदे और दूसरे हैं डॉ. बाबासाहब आम्बेडकर। डॉ. बाबासाहब आम्बेडकर द्वारा की हुई जातिमीमांसा ध्यान में लेना आवश्यक है। इसका कारण यह हैं कि डॉ. बाबासाहब आम्बेडकर, राजवाडे और केतकर जातिव्यवस्था का विश्लेषण मात्र शैक्षिक जिज्ञासा के लिए नहीं करते। वह उनके राजनीतिक विमर्श का मुख्य हिस्सा था। जाति भारतीय समाजधारणा की नींव है इसे बाबासाहब ने जान लिया था। उस पर प्रहार करने के सिवा कोई भी परिवर्तन इस देश में नहीं होनेवाला है, इसे उन्होंने जान लिया था। जातिव्यवस्था नष्ट करना अर्थात उसकी जड़ तक पहुँचना, उसकी खोज करना इसके लिए उन्होंने नतृत्त्वशास्त्र और समाजशास्त्रीय शोध का रास्ता अपनाया।

कोलंबिया विश्वविद्यालय में पढ़ा हुआ इनका शोध निबन्ध "कास्ट इन इंडिया : देअर मेकॅनिजम, जेनेसिस एंड डेव्हलपमेंट" 1917 में प्रसिद्ध हुआ। उनके जातिविश्लेषण का आरम्भ इस निबन्ध से होता है। इसके बाद अलग-अलग सरकारी आयोगों के सामने दिये गये गवाह और निवेदन, महाड सत्याग्रह, कालाराम मन्दिर सत्याग्रह के समय किया हुआ संघर्ष, लेखन 'ॲनिहिलेशन ऑफ कास्ट' 'हू वेअर द शुद्रास' 'दि अनटेचेबल्स' 'जैसी पुस्तकें; विधान मंडल में किये गये भाषणों से आम्बेडकर का जातिविषयक चिन्तन विकसित होता रहा। इन सबको अगर एकत्र किया जाय तो डॉ. आम्बेडकर की जातिविषयक वैचारिकी और उसका स्वरूप ध्यान में आएगा।

जातिसंस्था की व्युत्पत्ति बतलाते हुए अपने 'कास्ट इन इंडिया' इस पुस्तक में

बाबासाहब ने नेसफिल्ड, सेनार्त, दिसले और केतकर के जातिसंस्था से सम्बन्धित अनुसन्धान का सन्दर्भ लिया है। परन्तु जाति संस्था के जन्म के बारे में इन सभी सन्दर्भीय विद्वानों द्वारा किये गये विश्लेषण को वे एकांगी और अधूरा बतलाते हैं। उदाहरण के लिए सेनार्त जैसे शोधकर्ता ने जाति व्युत्पत्ति के सम्बन्ध में निष्कर्ष निकाला है कि वर्गशुद्धि की अतिवाबी कल्पना से जाति निर्माण हुई है। उसके आधार के लिए जाति के बाहर रोटी-बेटी का व्यवहार न करने का प्रत्येक जाति का नियम मूलतः अपने सामाजिक वर्ग का शुचित्व जतन करना ही था ऐसा सेनार्त का कहना था। इसका अर्थ यह है कि वर्गशुचित्त्व का आग्रह इस एकमात्र निकष पर सेनार्त जाति व्युत्पत्ति को स्पष्ट करते हैं। यह व्युत्पत्ति पूरी तरह से गलत भी नहीं होगी परन्तु एकांगी है, ऐसा बाबासाहब का कहना है।

जातिमीमांसा पर हुए अब तक के अनुसन्धान पर बाबासाहब का सबसे महत्त्वपूर्ण आक्षेप यह था कि इन सभी अध्येताओं ने जाति का विचार एक अलग इकाई के नाते किया है। वास्तविकता यह है कि प्रत्येक जाति का अलग अर्थात स्वतन्त्र अस्तित्व होने के बाद भी प्रत्येक जाति दूसरी जाति से एक विशिष्ट श्रेणीबद्ध तत्त्व से जुड़ी हुई है। इस जोड़ से 'जातिव्यवस्था' साकार होती है। मूलतः जाति का अध्ययन पूरी तरह से जातिव्यवस्था के सन्दर्भ में ही होना चाहिए। अलग-अलग जातियों की व्युत्पत्ति खोजने से समाजनिर्माण की प्रक्रिया का कोई अर्थबोध नहीं होगा ऐसा बाबासाहब का कहना था। अलग-अलग जाति के तबके एक ही जातिव्यवस्था में कैसे समाविष्ट होते हैं, उनमें समानता कैसी होती है— यह भी एक प्रश्न है। यह प्रश्न बाबासाहब ने निर्माण किया था। बाबासाहब ने कहा है कि समान संस्कृति के आधार पर सभी जाति के तबके एक ही जातिव्यवस्था में समा जाते हैं।

बाबासाहब के अनुसार हिन्दू समाज की संस्कृति की एक अलग पहचान है। इस संस्कृति ने जाति के आधार पर सामाजिक तबकों का ऐसी पद्धति से 'पार्सलिंग' किया है कि ऊपर से अलग-अलग दिखनेवाली जातियाँ एक ही समय एकत्र दिखाई देती हैं। इस कारण जातिव्यवस्था की व्युत्पत्ति की खोज करते समय जाति की एकत्र दिखनेवाली प्रकिया को -Process Of Parceling- देखना होगा, ऐसा बाबासाहब का कहना है। इस दृष्टि से बाबासाहब ने महत्त्वपूर्ण प्रश्न उठाए हैं। अगर जाति व्यवस्था हिन्दू समाज के एकत्र दिखनेवाली संस्कृति से निर्माण हुई होगी तो, इस हिन्दू संस्कृति पर प्रहार किये बगैर जातिव्यवस्था का आधार टूटेगा नहीं। इसका अर्थ यह है कि जिस समान संस्कृति का गौरव भारतीय एकत्त्व और भारतीय संस्कृति का श्रेष्ठत्व कहने के लिए हिन्दू राष्ट्रवादियों ने किया है, उस समान संस्कृतिक बन्ध की ओर बाबासाहब जातिव्यवस्थात्मक शोषण के नाते देखते हैं। यहीं पर उनके जातिव्यवस्था के विश्लेषण का अलगपन दिखाई

देता हैं। अस्पृश्यता और जातिसंस्था के सम्बन्ध में बाबासाहब का अनुसन्धान और चिन्तन ध्यान में लें तो एक बात स्पष्ट होती है कि जिस हिन्दू संस्कृति और धर्म ने जातिव्यवस्था को आधार दिया उस हिन्दू संस्कृति के बारे में बाबासाहब अत्याधिक कठोर हो जाते हैं। हिन्दू संस्कृति पूर्णतः नकारने के सिवा जाति का अन्त नहीं होनेवाला हैं, इस निष्कर्ष तक वे पहुँचते हैं। जीवनभर बाबासाहब हिन्दू संस्कृति पर प्रहार करते रहे। प्रस्थापितों का विरोध करने की उनकी क्रान्तिकारी दृष्टि यहाँ स्पष्ट होती है।

'कास्ट इन इंडिया' के बाद बाबासाहब के जातिव्यवस्था और अस्पृश्यता विषयक लेखन देखें तो एक बात स्पष्ट हो जाती है कि अपने व्यवहार से वे केवल हिन्दू संस्कृति पर प्रहार नहीं करते बल्कि जातीय समाज का सबसे अधिक शोषित वर्ग कौन सा है यह दिखाने का प्रयास भी करते हैं। अस्पृश्य जाति इस समाज का सबसे शोषित वर्ग है, इस निष्कर्ष पर वे आते हैं। महाराष्ट्र शासन द्वारा प्रकाशित आम्बेडकर के समग्र वाङमय का 5 वा खंड इस दृष्टि से महत्त्वपूर्ण हैं। बाबासाहब का अस्पृश्यता वर्ग के बारे में अप्रकाशित लेखन इस दृष्टि से महत्त्वपूर्ण हैं। इस लेखन के माध्यम से बाबासाहब ने हिन्दू समाज का जो विश्लेषण किया है, वह अत्यन्त महत्त्वपूर्ण है। इसकी चर्चा यहाँ करने से आम्बेडकर के विचारों की दिशा अधिक स्पष्ट हो जाती है।

अस्पृश्यता की समस्या पर महाराष्ट्र के ब्राह्मण समाज-सुधारकों ने अपने-अपने तरीके से विचार किया है। परन्तु इस समस्या से सम्बन्धित उनके आकलन की सीमाएँ बहुत ही स्पष्ट हैं। सावरकर, माटे आदि सुधारकों ने अस्पृश्यता को केवल एक बुरी सामाजिक रूढ़ि के रूप मे देखा है। और उपयुक्तता की कसौटी पर उसे कालबाह्य साबित किया। अथवा मानवतावादी दृष्टि से उसे नष्ट करने का प्रयत्न किया। परन्तु अस्पृश्यता यहाँ के जातिबद्ध समाज की फलनिष्पत्ति है इसका गम्भीर अहसास इन विद्वतजनों को नहीं था। अस्पृश्यता नष्ट करते हुए जातिनिर्मूलन जरूरी है ऐसा निश्चय वे कर नहीं पाए। सावरकर ने जन्मजात जातिभेद पर प्रहार किये परन्तु गुणजात जातिभेद का 'उद्धार' स्वीकार किया।[5] श्री. म. माटे जी ने अस्पृश्यता को घोर अन्याय कहा परन्तु अस्पृश्यता नष्ट करने का अर्थ अस्पृश्यों को चातुर्वर्ण्य की चौखट में पाँचवे वर्ण के रूप में समा लेना यही उन्हें स्वीकार्य था ऐसा लगता है।[6] इसलिए अस्पृश्यता के प्रश्न की ओर देखने का उनका दृष्टिकोण बहुत ही सपाट लगता है। इन विचारकों की पृष्ठभूमि पर अस्पशृयता की समस्या पर बाबासाहब का विवेचन-विश्लेषण अधिक गम्भीर, गहरा तथा मौलिक है।

अस्पृश्यता के प्रश्न का विचार उन्होंने केवल चातुर्वर्ण्य के सन्दर्भ में नहीं किया हैं। उन्होंने अस्पृश्यता के प्रश्न को शोषण करनेवाले हिन्दू समाज रचना के सन्दर्भ में देखा है, इसे ध्यान में लेना आवश्यक हैं। हिन्दू समाज रचना कैसी है बाबासाहब ने स्पष्ट

किया हैं।[7] उनके अनुसार हिन्दू समाज मूलतः सवर्ण हिन्दू और असवर्ण हिन्दू में विभाजित है। सवर्ण हिन्दू के फिर दो विभाग होते हैं :–

1) उच्च जाति

2) निम्न जाति

उच्च जातियों में ब्राह्मण और अन्य त्रैवर्ण्योदभव जातियों का समावेश होता है तो निम्न जाति में शूद्र का समावेश होता है। असवर्ण हिन्दू के दो मुख्य विभाग हैं।

1) आदिवासी (Primitive tribes) **और गुनहगार जातियाँ**

2) अस्पृश्य जातियाँ

इन इकाईयों से हिन्दू समाज का एक दूसरे से जो नाता है, उसे ध्यान में लें तो इसमें सब से अधिक शोषित घटक कौन सा है; इसका उत्तर होगा 'अस्पृश्य' ऐसा बाबासाहब का कहना है। इसका कौन सा आधार हैं? बाबासाहब कहते हैं कि सवर्ण समाज की उच्च जातियों को हिन्दू समाज के विशेषाधिकार प्राप्त हुए हैं। उन्होंने ही हिन्दू समाज व्यवस्था तैयार की है और उसका सबसे ज्यादा फायदा उन्हें ही होता है। सवर्णों की शूद्र जाति अस्पृश्य नहीं है, यह सत्य है, परन्तु परम्परागत हिन्दू समाज व्यवस्था ने और हिन्दू धर्मशास्त्र ने उसकी किस पद्धति से इज्जत रखी? शूद्रों को गाँव बाहर बस्ती करनी होगी; उन्हें धर्मशिक्षण की अनुमति नहीं होगी इन जैसे मानवी प्रतिभा पर बाधाएँ लानेवाले और मानवाधिकार नकारनेवाले अनगनित नियम उनके लिए तैयार करके हिन्दू ने उन्हें वर्णव्यवस्था में भले ही स्थान दिया होगा परन्तु एक भी अधिकार उन्हें दिया नहीं है। उच्च वर्णियों द्वारा बनाए गये समाजरचना का कोई फायदा शूद्र जातियों को नहीं हुआ।

'आदिवासी और गुनहगार जातियाँ' इस वर्णव्यवस्था के बाहर की होने के कारण वे 'परायी' हो जाती हैं। उनकी सामाजिक पहचान भले ही हिन्दू को नाते होती होगा। फिर भी हिन्दू समाज से उनका किसी भी प्रकार से संवाद नहीं है, यह ध्यान में आता है। परन्तु सब से बुरी हालत है अस्पृश्य जातियों की। गुनहगार जमात और आदिवासी शोषित और उपेक्षित होकर भी, अस्पृश्य नहीं हैं। अस्पृश्य पशु से भी निकृष्ट जीवन जीते हैं। इस कारण आम्बेडकर के मतानुसार जातिअन्त की लड़ाई की आवश्यकता सबसे अधिक अस्पृश्यों को है।

सच्चाई यह है कि शूद्र जाति, गुनहगार जाति, आदिवासी और अस्पृश्य ये सभी परस्पर मित्र हैं। इसे आम्बेडकर ने बार-बार स्पष्ट किया है। शोषण पर आधारित हिन्दू समाज के विरुद्ध विद्रोह करने के लिए ये सब एकत्र हो सकते हैं, ऐसा बाबासाहब का कहना था। परन्तु वह हो नहीं सका। 1919 से 1935 में ब्राह्मणेतर दलों ने उस पद्धति से प्रयत्न किये थे। उनके बाद शोषित घटकों को एकत्र करने का प्रयत्न साम्यवादियों

ने किया था। परन्तु परिणाम क्या हुआ? बाबासाहब का कहना है कि "परिणाम यह दिखाई देता है कि इस प्रकार के संयुक्त और संघठित ताकतवर गठबन्धन निर्माण नहीं हो सके। इसके बिल्कुल विरुद्ध शूद्र और गुनहगार जातियाँ और आदिवासी ये तो ब्राह्मणों से भी अधिक अस्पृश्यों के प्रति दुश्मनी दिखाते हैं। इतना ही नहीं अस्पृश्यों द्वारा हिन्दू समाजव्यवस्था पर किये गये हमलों के प्रतिकार के लिए शूद्र ही ब्राह्मणों की ओर से पुलिस फोर्स के नाते काम करते हैं।"[8] वैसे तो यह गलत है, परन्तु होता ऐसा ही है। ऐसा क्यों होता है। बाबासाहब का कहना है कि जातिबद्ध समाज ने जो श्रेणीबद्ध विषमता –Graded Inequality– निर्माण की है इस कारण प्रत्येक जाति को अपनी जाति के वर्चस्व का अहंकार होता है। शूद्र भले ही ब्राह्मणों से छोटे और शोषित होंगे, परन्तु अस्पृश्यों से हम ताकतवर हैं वे इसे भूल नहीं रहे हैं। इस कारण सबसे अधिक अन्याय अस्पृश्यों के नसीब में होता है।

ऊपरी तौर पर गुनहगार जाति, आदिवासी और अस्पृश्यों की दैनिक अवस्था एक जैसी ही है। परन्तु बाबासाहब ने इन समाज घटकों से भी अस्पृश्यों का अलगपन किसमें है, इसे स्पष्ट किया है। उनके अनुसार आदिवासी समाज यह संस्कृति की निचली पायदान पर हैं, इस कारण वह पिछड़ा है। यह समाज काफी दूर, पहाड़ों में, जंगलों में रहता है। कीड़े-मकोड़े, प्राणियों का मांस, फल इनका आहार है। इनका धर्म मृतआत्मा की पूजा के आगे विकसित नहीं हुआ है। इस पद्धति का जंगली जीवन वे जीते हैं। पेंढारी, ठग जैसी गुनहगार जातियों का विश्व अलग है। ये गुनहगार जमात सुसंस्कृत और सभ्य समाज में नहीं रहते। संगठित लूट, डाका यह इनके व्यवसाय होते हैं और गुनहगारी आत्मसात करना इनकी ज्ञानधारणा। इन दो जातियों की पृष्ठभूमि पर अस्पृश्य जाति की विशेषता क्या है? वे इनके जैसा पहाड़ों मे नहीं रहते। ये गाँव के आस-पास ही रहते हैं। उनकी संस्कृति हिन्दू संस्कृति है। हिन्दू धर्म वे स्वीकारते हैं। हिन्दू धर्म के कायदे कानून को अपनाते हैं। वे गाँव से सम्बन्धित हैं। परन्तु गाँवो के जनजीवन के वे हिस्सेदार नहीं हैं। सवर्ण हिन्दूओं जैसे वे कपड़े पहन नहीं सकते, उनके जैसा घर नहीं बना सकते, इतना ही नहीं सीना तानकर चल भी नहीं सकते। हिन्दू के प्रत्येक कार्यक्रम में उनको अपनी सेवा देनी पड़ती है। उनकी अपनी जमीन जायदाद नहीं होती। मरे हुए जानवर गाँव के बाहर लेकर जाना अर्थात पशुतुल्य जीवन जीना इनकी नियति होती है।

आदिवासियों का अपना धर्म और अपनी संस्कृति तो है। परन्तु अस्पृश्यों के लिए यह भी नहीं है। ऐसी स्थिति में इनका शोषण मात्र आर्थिक भौतिक स्वरूप का ही नहीं, वह सामाजिक, धार्मिक भी होता है। 1931 का सन्दर्भ देकर डॉ. बाबासाहब आम्बेडकर कहते हैं कि भारतीय आदिवासियों की संख्या दो करोड़ पच्चीस लाख है। गुनहगार जमात की संख्या चालीस लाख है। कुल मिलाकर सबकी जनसंख्या लगभग आठ करोड़ तक

जाती है। इन आठ करोड़ का हिन्दू समाज में कौन सा स्थान है? सबसे अधिक शोषित वर्ग यही उनका स्थान है। यह शोषण उन पर जाति व्यवस्था ने थोपा है। क्योंकि जातिव्यवस्था केवल सामाजिक भेद निर्माण करती है, ऐसा नहीं, उत्पादन व्यवस्था और उत्पादन सम्बन्ध भी बिगाड़ती है। विशिष्ट व्यवसाय विशिष्ट जाति से सम्बन्धित होने के कारण उत्पादन सम्बन्ध केवल आर्थिक स्वरूप के रहते नहीं, वे जन्म के आधार पर बनते हैं। वर्गीय समाज की व्यावसायिक गतिशीलता जातिबद्ध समाज में कुंठित होती है। इस कारण जातिबद्ध समाज शोषण के आधार पर खड़ा हो जाने के कारण वह समाज का सब से कुरूप रूप बनता है। अस्पृश्यता इस शोषण का सबसे प्रगट रूप है।

आम्बेडकर ने जातिव्यवस्था और अस्पृश्यता के प्रश्न पर वैचारिक प्रबोधन करते हुए क्रान्ति का नवीन विचार दिया। उनकी जाति मीमांसा के निष्कर्ष इस प्रकार हैं।

(1) सभी सवर्ण सुधारकों ने जातिप्रथा और अस्पृश्यता यह हिन्दू धर्म का हिस्सा नहीं हैं, यह मानकर उसकी ओर एक सामाजिक प्रश्न के नाते देखा। बाबासाहब ने जातिप्रथा और अस्पृश्यता यह हिन्दू धर्म, हिन्दू संस्कृति और हिन्दू कानून संहिता का एक अंश है उसे स्पष्ट किया और हिन्दू धर्म पर, समाज व्यवस्था पर प्रहार कर उसमें स्थित विसंगति और पाखंडीपन को स्पष्ट करते हुए लिखा कि जातिअन्त की लड़ाई इन सब दोषों को दूर करने के बाद ही सफल हो सकती है।

(2) अन्य सुधारकों ने जातिप्रथा और वर्णव्यवस्था के सन्दर्भ में अस्पृश्यता के प्रश्नों की चर्चा की है। आम्बेडकर ने अस्पृश्यता का प्रश्न यह कुल मिलाकर हिन्दू समाज रचना के सन्दर्भ में रखा और शोषण मुक्त समाज निर्माण की क्रान्ति में महत्त्वपूर्ण प्रश्न के नाते इस प्रश्न की ओर सबका ध्यान आकृष्ट किया।

(3) अस्पृश्यता निर्मूलन यह जाति निर्मूलन की लड़ाई के सिवा सम्भव नहीं हैं और जातिअन्त की लड़ाई के हिस्सेदार के नाते शूद्र, आदिवासी, गुनहगार जातियाँ और अस्पृश्य इनकी एकसूत्रता जरूरी है, ऐसा कहकर राजनीतिक शक्तियों को एकत्र करने का प्रयत्न बाबासाहब ने किया और जातिसमाप्ति की दिशा निश्चित की।

(4) जातिसमाप्ति की लड़ाई के लिए बुद्धिजीवी वर्ग के योग्य प्रबोधन की आवश्यकता को उन्होंने स्पष्ट किया। इन बातों को ध्यान में लें तो जाति के प्रश्न के प्रबोधन हेतु बाबासाहब ने कैसी विशेष भूमिका निभाई यह ध्यान मे आ जाएगा।

2) जमातवादी राजनीति का प्रादुर्भाव और अस्पृश्य वर्ग के हित की रक्षा -

आम्बेडकर प्रणीत जातिसमाप्ति की लड़ाई तत्कालीन जमातवादी राजनीति का एक काफी महत्त्वपूर्ण सन्दर्भ है। जाति समाप्ति की लड़ाई के केंद्र में अस्पृश्यवर्ग का

प्रश्न बाबासाहब ने कैसे प्रस्थापित किया इसे हमने उपर देखा ही है। जातिसमाप्ति की लड़ाई का एक हिस्सा जो अस्पृश्य वर्ग है उसके हितसम्बन्ध ठीक रखने के सिवा संघर्ष के लिए आवश्यक राजनीतिक ताकत उसके पास आना सम्भव नहीं है, इसे ध्यान में लेकर इस अस्पृश्यवर्ग को राजनीतिक दृष्टि से शक्तिशाली बनाने का लक्ष्य बाबासाहब ने स्वीकारा था। इसके लिए संसद के भीतर तथा संसद के बाहर इन दोनों राजनीतिक पद्धतियों का उपयोग उन्होंने किया है, ऐसा दिखाई देता हैं।

राजनीतिक सत्ता की मदद के सिवा अस्पृश्य वर्ग के हितों का संवर्धन करना कठिन है, ऐसा बाबसाहब का मत था। इस कारण राजनीतिक सत्ता की सहायता लेने के लिए अस्पृश्यवर्ग को संगठित करने का निर्णय उन्होंने लिया। बाबासाहब के अनुसार सामाजिक न्याय की प्रस्थापना के लिए कुछ सीमित मनुष्यों की विवेक बुद्धि (Reason) और धार्मिक नैतिकता (Religion) का सहयोग होने मात्र से सामाजिक न्याय प्रस्थापित होगा यह कहना भोलापन होगा ऐसी उनकी मान्यता थी। यूरोपीय इतिहास का सन्दर्भ देकर बाबासाहब कहते हैं कि वहाँ 18 वीं सदी के विवेकनिष्ठ प्रबोधन के आन्दोलन से कालबाह्य सामाजिक परम्परा तथा धार्मिक अंधश्रद्धा कम हुई। परन्तु सामाजिक न्याय की प्रस्थापना हुई है ऐसा नहीं कह सकते। सामाजिक अन्याय तो अभी भी चल रहे हैं। इससे प्रबोधन के आन्दोलन की सीमाएँ स्पष्ट हो जाती हैं। ज्ञान और शिक्षा के आधार पर ब्राह्मणों के पास जागृत बुद्धि है, ऐसा दिखाई देता है। इस आधार पर थोड़े ही जातिभेद और अस्पृश्यता जैसे सामाजिक अन्याय दूर हुए हैं? बाबासाहब कहते हैं कि मनुष्य की विवेकबुद्धि तब तक काम करती है, जब तक वह प्रस्थापित हित सम्बन्धों (Vested Interest) के विरोध में जाती नहीं। इन हितसम्बन्धों के साथ जब संघर्ष शुरू हो जाता है तब वह बेमतलब की साबित हो जाती है।[9]

जो बात बुद्धि की वही धार्मिक नैतिकता की है। मनुष्य की धर्म बुद्धि को आह्वान करके, उसकी नैतिक शक्ति को जागृत करके, सामाजिक अन्याय समाप्त हो सकता है ऐसा समझना गलत होगा। क्योंकि बाबासाहब का कहना है कि "धर्म अपने समूह में ही न्याय प्रस्थापित कर सकेगा। दो अलग अलग समूहों में न्याय प्रस्थापित करने में वह असमर्थ है।"[10] इस बात का स्पष्टीकरण देते हुए बाबासाहब कहते हैं कि अमेरिका में नीग्रो और अमेरिकनों का एक ही ईसाई धर्म है। फिर भी काला, गोरा संघर्ष वहाँ कहाँ समाप्त हुआ? नीग्रो को कहाँ न्याय मिलता है? मिलेगा भी नहीं। इसका कारण यह है कि नीग्रो और गोरे लोग ये भिन्न समूह के हैं। बाबासाहब के मतानुसार भारत में भी स्पृश्य अस्पृश्य ऐसे दो भिन्न समुह है। इस कारण हिन्दू धर्म किसी भी प्रकार का सामाजिक न्याय प्रस्थापित नहीं कर सकता। स्पृश्यों को उसका अधिक फायदा होता रहेगा।

बाबासाहब के इस विवेचन से कुछ बातें स्पष्ट हो जाती हैं—

1) जातिव्यवस्था और अस्पृश्यता यह सामाजिक न्याय से सम्बन्धित प्रश्न हैं।

2) सामाजिक न्याय की प्रस्थापना यह केवल विवेकनिष्ठ बुद्धि पर (उदारमतवादी) अथवा धार्मिक नैतिकता (गाँधीवाद) पर जोर देकर नहीं होती। कारण यह है कि उसमें प्रस्थापित हितसम्बन्ध मिले हुए रहते हैं। इन प्रस्थापित सम्बन्धों का स्पर्श होते ही विवेकबुद्धि और धार्मिक नीति निस्तेज होती रहती है और सत्तासंघर्ष निर्माण होता है। इस संघर्ष में निर्णायक होती है राजनीतिक ताकत। इस कारण अस्पृश्यों को अपनी राजनीतिक शक्ति संगठित करना जरूरी है इस निष्कर्ष पर बाबासाहब आते हैं। और यहाँ से उनके संघर्षमय राजनीति की शुरुआत होती है। इस राजनीति को मुस्लिम और हिन्दू जमातवादी राजनीति का एक महत्त्वपूर्ण सन्दर्भ है इसे ध्यान में रखकर ही बाबासाहब की जाति समाप्ति की लड़ाई पर विचार करना होगा। सन 1919 में बाबासाहब ने साऊथबरो समिति के सामने जो निवेदन रखा और उस समिति के सामने गवाही दी वह उनके राजनीतिक जीवन की शुरुआत थी।

इसका अर्थ गाँधीयुग का प्रारम्भ और तिलकयुग की समाप्ति के दरम्यान बाबासाहब का राजनीति में प्रवेश होता है। इस सन्दर्भ को विचार में लेना आवश्यक हैं। इस काल में अखिल भारतीय राजनीति का चित्र कैसा था? खिलाफत आन्दोलन के नाकामयाबी के साथ-साथ हिन्दू-मुस्लिम एकता का गाँधी विचार का प्रयोग लगभग नाकामयाब साबित हुआ था। माँटफोर्ड सुधार के अनुसार मुस्लिम की तरह सिखों को भी अलग चुनाव क्षेत्र देने की घोषणा हुई थी। इसका अर्थ ब्रिटिशों की जातिवादी राजनीति की शुरुआत हुई थी। मोपला के आन्दोलन के कारण मुस्लिम जमातवाद का प्रादुर्भाव हुआ था। हिन्दू महासभा के रूप में हिन्दू जमातवाद भी प्रबल होकर शुद्धि आन्दोलन उफान पर था।

भारतीय राजनीति को जमातवादी राजनीति ने पकड़ लिया था। इस पृष्ठभूमि पर बाबासाहब को अस्पृश्यों के हितसम्बन्ध सँभालकर रखने थे। महाराष्ट्र के सन्दर्भ में बोलना हो तो शाहू छत्रपति के देहान्त के बाद ब्राह्मणेतर आन्दोलन और अस्पृश्यों के बीच का एक महत्त्वपूर्ण धागा टूट गया था। ब्राह्मणेतर आन्दोलन में काम करनेवाले अधिकतर नेताओं का झुकाव गाँधी के नेतृत्व उदय के बाद काँग्रेस की ओर रहा था। गाँधी ने भी 1918 से ही महाराष्ट्र के ब्राह्मणेतर नेताओं के साथ जानबूझकर सम्पर्क जारी रखा था। 1918 में वि. रा. शिंदे द्वारा दिये गये मराठों का इतिहास इस व्याख्यान के लिए गाँधी उपस्थित थे। 1924 में दिनकर जेधे ने जेधे मॅन्सन में गाँधी को निमन्त्रित किया था। उसी वर्ष गाँधी श्री लट्ठे जी से भी मिले थे।[11] 1930 में महाराष्ट्र के ब्राह्मणेतर दल का काँग्रेस में विलिनीकरण हुआ यह तो शुरुआत थी।

महर्षि शिंदे के नेतृत्व में डिप्रेस्ड क्लासेस मिशन का और बाबासाहब आम्बेडकर

का अस्पृश्यों के प्रश्नों की और देखने का दृष्टिकोण अलग-अलग है, यह स्पष्ट हुआ। शिंदे के डिप्रेस्ड क्लासेस मिशन के नियामक मंडल में एक भी अस्पृश्य नहीं था, इस कारण बाबासाहब नाराज थे। साऊथबरो समिति के सामने गवाही देते समय शिंदे की भूमिका के बारे में बाबासाहब ने मतभिन्नता व्यक्त की थी। ब्राह्मणेतरों को जातीय अथवा स्वतन्त्र चुनाव क्षेत्र देने की आवश्यकता नही है, ऐसी साऊथबरो समिति के सामने साक्ष देनेवाले बाबासाहब के मन में, 1925 के बाद तेजी से कॉंग्रेस की ओर झुकनेवाले ब्राह्मणेतर आन्दोलन के सम्बन्ध में शंका निर्माण होना स्वाभाविक था। अस्पृश्यों का तीव्र गति से हो रहा एकीकरण बाबासाहब के लिए अच्छा था।

महाड का सत्याग्रह और कालाराम मन्दिर सत्याग्रह के निमित्त अस्पृश्य जाति में राजनीतिक जागृति और संगठन हुआ यह सत्य है, परन्तु स्पृश्य हिन्दू सनातनियों के दृष्टिकोण में अन्तर नहीं हुआ है, इसका एहसास बाबासाहब को हुआ था। अपने स्वतन्त्र शोध तथा चिन्तन से अस्पृश्य हिन्दू समाज के बाहर ही हैं, इसे आम्बेडकर ठीक ठीक समझ पाए थे। शूद्र सवर्ण जातियाँ तथा अस्पृश्यों का अपेक्षित सहयोग अगर नहीं मिल रहा हो, ब्राह्मणेतर आन्दोलन कॉंग्रेस में विलीन हो रहा हो तो हिन्दू समाज से जितना सम्बन्ध केवल दास्यत्व का है, उन अस्पृश्यों को मुसलमान, सिख तथा अन्य जमात की तरह खुद को स्वतन्त्र समूह समझ कर संगठित राजनीतिक शक्ति के बल पर खुद के हितसम्बन्ध बनाकर क्यों न रखें ऐसा अगर आम्बेडकर जी को लगता हो तो वह गलत कहाँ था? इसलिए साऊथबरो समिति, सायमन कमिशन और गोलमेज परिषद में आम्बेडकर अस्पृश्य वर्ग के लिए स्वतन्त्र चुनाव क्षेत्र अथवा आरक्षण के आग्रह पर अविचलित रहे। इससे उनकी अस्पृश्यों की अलग राजनीतिक पहचान निश्चित होती है। बाबासाहब के इस राजनीतिक दाँवपेंच का फायदा ब्रिटिश साम्राज्यवादी सत्ता को उनकी तोड़ो और फोड़ो नीति को ताकतवर करने के लिए हो रहा था। इसके लिए बाबासाहब कुछ कर नहीं सकते थे। बाबासाहब द्वारा शुरुआती दिनों में निर्दिष्ट हुए निष्ठाओं का क्रम ध्यान में रखें तो उनके द्वारा इस प्रकार के राजनीतिक दाँवपेंच खेलना स्वाभाविक था।

इस सन्दर्भ में 1930-1932 के बीच गाँधी और आम्बेडकर इन दोनों में जो तनाव के बीज निर्माण हुए थे, वह मुख्यरूप से तत्कालीन जमातवादी राजनीति की पृष्ठभूमि पर अधिक स्वाभाविक लगते हैं। ब्रिटिश साम्राज्य सत्ता ने भारत एक राष्ट्र है यह कभी माना ही नहीं था। इस साम्राज्यवादी प्रवृत्ति पर प्रतिबन्ध लगाने हेतु दूसरी गोलमेज परिषद में गाँधी जी की निरन्तर ऐसी भूमिका रही है कि मैं अस्पृश्यों सहित सभी भारतीयों की ओर से बोल रहा हूँ। इसके विपरित आम्बेडकर का यह प्रश्न था कि गाँधी अस्पृश्यों के प्रतिनिधि कैसे हो सकते हैं? इतना ही नहीं मुस्लिम, सिक्ख तथा अन्य

जमातों को अलग चुनाव क्षेत्र मान्य करनेवाले गाँधी अस्पृश्यों का अलग अस्तित्व मानने के लिए तैयार नहीं हैं, इसकी बाबासाहब को चिढ़ थी। इस कारण काँग्रेस और गाँधी जी के बारे में उन्हें सन्देह था।

वास्तविकता यह थी कि गाँधी को भारतीय राजनीतिक जीवन का विघटन नहीं चाहिए था। अस्पृश्यों का जमातीकरण (राजनीतिक दृष्टि से) होने के सिवा उनके हितसम्बन्ध केवल उच्चजातीय काँग्रेस नेता के हाथों में सुरक्षित रहेंगे ऐसा बाबासाहब को कभी लगा ही नहीं। परिणामतः अलग चुनाव क्षेत्र के प्रश्न पर कठोर भूमिका लेकर अस्पृश्यों का अधिकाधिक फायदा कैसे होगा इस पर वे विचार कर रहे थे। आगे पुणे करार हुआ। इससे बाबासाहब की राजनीतिक दिशा स्पष्ट होती है। उनकी दिशा यह थी कि अस्पृश्यों को उनकी अपनी पहचान करा देना और उनकी ताकत पर हिन्दू, मुस्लिमों की बराबरी से उनका हिस्सा उन्हें दिलवा देना। 1935 तक बाबासाहब ने इसी दबाव तन्त्र का उपयोग कर अस्पृश्यों के हितसम्बन्ध कायम रखने के लिए काफी प्रयास किये।

1935 के बाद देश की राजनीति ने नया मोड़ लिया। बाबासाहब की राजनीति भी बदल गयी। 1935 में भारत सरकार द्वारा तैयार किये गये कानून के अनुसार प्रांतिक स्वायत्तता का तत्त्व जारी होने वाला था। भारतीय संसदीय राजनीति की सही शुरुआत होनेवाली थी। प्रांतिक स्तर पर एतद्देशियों के हाथों में सत्ता आनेवाली थी। बदलती जा रही परिस्थिति के सन्दर्भ में संसदीय राजनीति में नया 'दल स्थापन' करने का निर्णय कोई आश्चर्य कारक घटना नहीं थी। 1936 में उन्होंने 'स्वतन्त्र मजदूर दल' की स्थापना की। इस दल का उद्देश्य और भूमिका स्पष्ट करते हुए बाबासाहब कहते हैं कि अस्पृश्य निवारण आन्दोलन का बाह्य स्वरूप जाति निष्ठ लगता होगा परन्तु यह आन्दोलन मूलतः आर्थिक है। अस्पृश्यता निवारण के बारे में अस्पृश्य श्रमजीवी जनता के हितसम्बन्ध स्पृश्य श्रमजीवी जनता के हितसम्बन्ध से अलग अर्थात परस्पर विरोधी होने के कारण अस्पृश्यों को अपना आन्दोलन स्वतन्त्र रूप में चलाना आवश्यक था। परन्तु आर्थिक आन्दोलन में स्पृश्य और अस्पृश्य, किसान, कामगार के हितसम्बन्ध एकत्र थे। अस्पृश्य अपना आर्थिक आन्दोलन स्पृश्य किसान कामगारों के सहयोग के बिना अलग पद्धति से नहीं चला सकते।[12]

बाबासाहब के इस वक्तव्य से यह बात स्पष्ट होती है कि, जैसे-जैसे भारत में राजनीतिक स्वन्त्रतता की प्रक्रिया शुरू हो जाएगी वैसे वैसे बहिस्कृत उपेक्षित समाज के प्रति ब्रिटिश साम्राज्यवादी सत्ता की जो अनुकूलता है, वह समाप्त होती जाएगी। आगे राजनीतिक आजादी के काल में अस्पृश्यों के हितसम्बन्ध कायम रखने के लिए राजनीतिक शक्तियों को नयी पद्धति से गठित करना होगा इसका पूरा अहसास

बाबासाहब को था। इस कारण उन्होंने बदलते संदर्भों को ध्यान में रखकर अस्पृश्यों के हितसम्बन्धों को श्रमजीवी वर्ग के हितसम्बन्धों से जोडकर एक नये व्यापक गठबन्धन की स्थापना की।

1936 से 1942 तक के स्वतन्त्र मजदूर दल का काम देखें तो उपर्युक्त विचारों की यथार्यता स्पष्ट होगी। इस दल ने एक ओर मुंबई के कामगार आन्दोलन में हिस्सा लिया साथ ही साथ किसानों के प्रश्नों के लिए महत्त्वपूर्ण भूमिका निभाई। कामगार आन्दोलन के बारे में बाबासाहब की एक निश्चित भूमिका थी। वे कहते हैं कि "कामगार संगठनाओं को राजनीति में प्रवेश करना चाहिए। क्योंकि राजनीतिक सत्ता के सिवाय कामगारों का हित नहीं होगा। मजदूरी का निश्चिय मूल्य, काम के दिन, सामान्य नियम, न्यूनतम वेतन, केवल संगठन निर्माण करने से नहीं होगा। संगठनों की शक्ति के लिए, कानून का सहयोग होना चाहिए। इस देश की राजनीति में आप अपनी भूमिका जब तक स्पष्ट नहीं करते तब तक यह नहीं होगा। केवल कामगार संगठन का हित देखना यह एक मात्र उद्देश्य राजनीति में आने का नहीं होना चाहिए। मात्र कामगार संगठन पर ध्यान देना यह अन्तिम उद्देश्य और ध्येय इसमें कहीं न कहीं गलती है। दूसरों की गुलामी यह कामगार वर्ग की नियति है ऐसा मान्य करने जैसा होगा। इससे ठीक उल्टे वेतनधारी गुलामी के अलावा स्वतन्त्रता, समता और बन्धुता इन तत्त्वों को माननेवाली व्यवस्था का निर्माण करना यह संगठन का ध्येय होना चाहिए। मेरे दृष्टिकोण से समाज की पुनर्रचना यह कामगार वर्ग का लक्ष्य हो।"[13]

इससे यह स्पष्ट होगा की बाबासाहब के मतानुसार कामगार आन्दोलन को चाहिए कि वे समाज के समग्र आन्दोलन को ध्यान में लें यह अपेक्षित है। इस दृष्टिकोण से देखें तो तत्कालीन कम्युनिस्ट नेतृत्व में कामगार संगठन का अनुभव क्या था? मुंबई का कामगार वर्ग भी जातिग्रस्त था। कामगार आन्दोलन के कम्युनिस्ट नेता अस्पृश्य कामगार के प्रश्नों को अनदेखा करते थे, ऐसा बाबासाहब का तत्कालीन कामगार आन्दोलन पर आरोप था। अस्पृश्यों को कामगार के नाते हक मिलने के पूर्व मनुष्यत्व का हक मिलना महत्त्वपूर्ण हैं ऐसा बाबासाहब का कहना था। य. दि. फडके कहते हैं इस पद्धति से अस्पृश्यों को मनुष्यत्व का हक दिलाने के लिए कामगार आन्दोलन के कम्युनिस्ट नेता कुछ नहीं कर रहे थे। सवर्ण कामगारों का समर्थन हमें नहीं मिलेगा इस डर से ऐसे प्रश्नों के बारे में वे मौन रहते थे।

इस वास्ताविकता को ध्यान में ले तो स्पष्ट होगा कि तत्कालीन कामगार आन्दोलन अस्पृश्य कामगारों की प्रति कितना उदास था। यह सब देखते हुए अस्पृश्य कामगारों के लिए उनका अपना स्वतन्त्र संगठन होना चाहिए इस प्रकार का आग्रह उन्होंने किया था। बाबासाहब के अनुसार इस देश के कामगारों को दो शत्रुओं का सामना करना

पड़ता है। एक ब्राह्मणवाद का और दूसरे पूँजीपतियों का। आम्बेडकर कहते हैं कि ब्राह्मणवाद रोटी, बेटी व्यवहार जैसे सामाजिक हक तक सीमित नहीं है, वह नागरी हक तक पहुँचता है। सार्वजनिक कुएँ, यातायात के साधन, उपहारगृह का उपयोग यह नागरी हक हैं। परन्तु करोड़ो लोगों का यह हक नकारा गया है। यह ब्राह्मणवाद का ही परिणाम है। कामगार आन्दोलन अगर इस ब्राह्मणवाद के विरुद्ध आवाज उठानेवाला नहीं है, तो वह समाज की पुनर्रचना कैसा करेगा? ऐसा प्रश्न बाबासाहब पूछते हैं। इससे यह स्पष्ट होता है कि स्वतन्त्र मजदूर दल की ओर से कामगार आन्दोलन में हिस्सा लेने के पीछे उनका मकसद यह था कि कामगार आन्दोलन केवल मात्र पूँजीपति के विरुद्ध लड़ाई लड़ने के लिए नहीं, ब्राह्मणवादियों को रोकने के लिए और जातिअन्त की लड़ाई में साधन के रूप में उपयोग करने के लिए था इसे ध्यान में लेना आवश्यक है।

स्वतन्त्र मजदूर दल का मंच निर्माण करके अस्पृश्य कामगार व स्पृश्य कामगार, श्रमजीवी इनका मजबूत गठबन्धन स्थापन करने का बाबासाहब का प्रयत्न अधिक सफल हुआ ऐसा कहा नहीं जा सकता। एक तो स्वतन्त्र मजदूर दल की विधान मंडल में ताकत अधिक नहीं थी। इस कारण इस राजनीतिक मंच का उपयोग होनेवाला नहीं था। इसके उल्टे मुंबई के तत्कालीन कामगार आन्दोलन का स्वरूप केवल अर्थवादी होने के कारण वह अस्पृश्य कामगारों के हित संवर्धन के लिए काम नहीं आया। इतना ही नहीं बाबासाहब के मतानुसार दलित कामगारों का अलग संगठन होने की प्रक्रिया शुरू होते ही बाबासाहब पर संगठन में फूट डालनेवाले का आरोप हुआ। ऐसी स्थिति में अस्पृश्य और स्पृश्य श्रमजीवी गठबन्धन काफी समय तक टिकने वाला नहीं था। इस बीच 1942 में शुरू हुए 'चले जाव आन्दोलन' के कारण देश की राजनीति ने अलग मोड़ लिया। ऐसी स्थिति में स्वतन्त्र मजदूर दल का विसर्जन करके अलग मार्ग खोजने की आवश्यकता बाबासाहब को लगी और 1942 में 'अखिल भारतीय शेड्यूल्ड कास्ट फेडरेशन' (अ.भा.शे.का.फे) की स्थापना उन्होंने की।

1942 से 1946 इस काल में शे. का. फे. ने फिर एक बार अस्पृश्यवर्ग की संगठनशक्ति के आधार पर अपनी राजनीतिक शक्ति निर्माण करने का प्रयत्न किया। परन्तु ब्रिटिश सरकार और काँग्रेस के प्रतिकूल विचारों के कारण अस्पृश्य वर्ग का हित अपने बलबूते पर सुरक्षित रखने में फेडरेशन को अपेक्षित सफलता नहीं मिली। अस्पृश्यों को कानून मंडल में सभी प्रकार की नौकरियों और सरकार में उचित और सही प्रतिनिधित्व मिलना चाहिए इसके लिए स्वतंत्र चुनाव क्षेत्र मिलने चाहिए। अस्पृश्यों के लिए अलग निवास सरकार को स्थापन करने चाहिए ये, माँगे शे. का. फे. ने की थीं। इससे यह स्पष्ट होता हैं कि बाबासाहब अस्पृश्यों के लिए अलग आयडेंटिटी स्थापित करने का प्रयत्न कर रहे थे। परन्तु उनकी यह अलग आयडेंटिटी न ही ब्रिटिशों ने मान्य थी न

काँग्रेस को। शे. का. फेडरेशन और काँग्रेसप्रणीत जगजीवनन राम की 'डिप्रेस्ड क्लास लीग' की राजनीतिक स्पर्धा में ब्रिटिश सरकार ने लीग को समर्थन दिया।

जिस ब्रिटिश सरकार की अनुकूलता पर बाबासाहब अपने दाँवपेंच निर्माण कर रहे थे, वह अनुकूलता समाप्त होते ही काँग्रेस से सम्बन्ध बढ़ाकर अस्पृश्य वर्ग का हित साधना यह एक ही विकल्प अब बाबासाहब के पास शेष था। इस दृष्टि से काँग्रेस और बाबासाहब में संवाद शुरू हुआ। आगे केंद्र सरकार और संविधान समिति पर हुई उनकी नियुक्ति और आजाद भारत के पहले मन्त्रिमंडल में उनका समावेश इन बातों को देखते हुए संघर्ष से अधिक सहयोग के तत्त्व पर अस्पृश्य वर्ग का हित जतन करने का प्रयत्न बाबासाहब ने किया था ऐसा दिखाई देता है। अर्थात् बाबासाहब की संविधान समिति पर नियुक्ति और मन्त्रिपद का काम काफी सुखदायी था, यह कहना गलत होगा। हिन्दू कोड बिल पर नेहरू मन्त्रिमंडल से हुए उनके मतभेद सभी को मालूम हैं। इसी प्रश्न के कारण उन्हें त्यागपत्र देना पड़ा था। इसके बाद बाबासाहब शे. का. फे. के माध्यम से विरोधी दल की राजनीति में आये। 1952 के चुनाव में शे. का. फे. बुरी तरह से हार गयी। इससे संसदीय राजनीति की सीमा स्पष्ट हुई। आगे रिपब्लिकन दल के रूप में नवीन राजनीतिक दल की स्थापना करने का बाबासाहब का निश्चय हुआ। केवल संसदीय राजनीति की चौखट में रहकर और राजनीतिक दलों के आधार पर जातिअन्त की लड़ाई सफल करना बाबासाहब को असम्भव लगने लगा। इससे वे धर्म परिवर्तन के जन आन्दोलन की ओर आते हैं। जातिअन्त के आन्दोलन को वे मानवमुक्ति का परिणाम करार देते हैं।

(3) जातिअन्त का आन्दोलन और शोषणमुक्त मानवी समाज का ध्येय अर्थात बौद्ध धम्म का स्वीकार

बाबासाहब के राजनीतिक जीवन की शुरुआत महाड सत्याग्रह के जनआन्दोलन से होती हैं और उसका अन्त 1950 के धर्मपरिवर्तन के जनआन्दोलन में होता है। यह केवल संयोग नहीं है। यह उनके संघर्षात्मक राजनीति की अटल परिणति है। प्रस्थापित व्यवस्था को नकार यह परिवर्तनवादी संघर्षात्मक राजनीति की आत्मा हैं। जाति अन्त की लड़ाई के लिए जिस हिन्दू कानून को, सामाजिक संस्थाओं को, और धर्मग्रन्थों का बाबासाहब ने विरोध किया वह विरोध प्रस्थापितों को नकारना था। इसमें सबसे बड़ा नकार उन्होंने हिन्दू धर्म को दिया। हिन्दू धर्म का त्याग और बौद्ध धर्म का स्वीकार यह घटना केवल वैचारिक स्तर पर घटित नहीं होती, उसने व्यापक जनआन्दोलन का स्वरूप धारण किया। यह सब 1956 के नागपुर में हुए दीक्षांत समारोह को देख कर ध्यान में आएगा।

धर्म परिवर्तन करने बाद नागपुर में बाबासाहब ने अपने अनुयायियों से कहा 'मुझे मालूम हैं कि धर्म से ज्यादा राजनीति में आपकी रुचि अधिक है। परन्तु मुझे धर्म में रुचि है।'' बाबासाहब के इस कथन से अगर कोई यह निष्कर्ष निकाले कि उनकी धर्म में अधिक रुचि थी अर्थात उन्हें विरक्ति आयी थी, तो वह गलत होगा। सूक्ष्मता से देखें तो बौद्ध धर्म का स्वीकार करके बाबासाहब बौद्ध धर्म के निमित्त राजनीति में शाश्वत मूल्यों की खोज कर रहे थे। बाबासाहब के धर्म परिवर्तन का अन्यार्थ लगाते समय दो प्रश्न पूछना ठीक होगा (1) उन्हें परिवर्तन की आवश्यकता क्यों लगी? (2) उन्होंने बौद्ध धर्म ही क्यों स्वीकारा? पहले प्रश्न की खोज में हम बाबासाहब के धर्मविषयक विचारों की ओर जाते हैं तो दूसरे प्रश्न के खोज में हम बौद्ध धर्म स्वीकारने के पीछे की रणनति कौन सी है यह देखते हैं। इन दो प्रश्नों के उत्तरों में हमें बाबासाहब के राजनीतिक जीवन के क्रान्तिकारी विचार मिल जाएँगे।

धर्मसंस्था के ऐतिहासिक विकासक्रम को बुद्धिवादी दृष्टिकोण से देखें तो प्रत्येक धर्म ने समाजधारणा का काम किया है यह दिखाई देगा। साथ ही साथ समाज के शोषण का वैचारिक समर्थन भी किया है यह भी दिखाई देगा। यह वास्तविकता ध्यान में ले तो धर्म एक शोषण संस्था ही है, इस निष्कर्ष पर कोई भी बुद्धिवादी और विचारक्षम मनुष्य आएगा। धर्मसंस्था का यह स्वरूप ध्यान में आते ही किसी भी प्रबुद्ध मनुष्य से मिलने वाला नकार यह विशिष्ट धर्म को अथवा धर्मपंथ को नहीं होता। यह कुल मिलाकर धर्म कल्पना का ही होता है। ऐसा मनुष्य एक तो पूर्णतः नास्तिक हो जाएगा अथवा अज्ञेयवादी तो हो जाएगा। बाबासाहब के बारे में ऐसा नहीं होता। नतृत्वशास्त्र और समाजशास्त्र के अध्येता इस नाते धर्म और धर्मसंस्था का उद्‌भव विकास कैसा होता गया, धर्म ने इतिहास में कौन सी अच्छी-बुरी भूमिका निभाई इसका सूक्ष्म अध्ययन बाबासाहब ने किया था। इतना ही नहीं धर्म को अफीम की गोली कहनेवाले मार्क्सवदियों से भी बाबासाहब का परिचय था। फिर भी धर्म के अभाव में मानवीनीति का निर्गाण होता है, अथवा ऐसा करना चाहिए इस रूढ़ बुद्धिप्रमाणवादी निष्कर्ष की ओर बाबासाहब आते नहीं हैं।

बाबासाहब का कहना हैं, "मेरे दर्शन की जड़े धर्म में हैं, नीतिशास्त्र में नहीं हैं।" पूरी गम्भीरता से ली गयी उनकी इस भूमिका को, धर्म के बारे में उनके विचारों को समझ लेना जरूरी हैं। इतना ही नहीं उनके इस धर्मचिन्तन का सम्बन्ध उनके द्वारा शुरू किये गये। जातिअन्त के आन्दोलन से जुड़ता है। ऐसी स्थितियों में बाबासाहब का धर्मविषयक मत क्या है यह महत्त्वपूर्ण है।

इन प्रश्नों को समझते हुए एक बात स्पष्ट होनी चाहिए। वह है महर्षि शिंदे, न्यायमूर्ति रानडे अथवा महात्मा गाँधी के सामाजिक और राजनीतिक कार्य की मूलभूत प्रेरणा जैसी धार्मिक थी, वैसी बाबासाहब की नहीं थी। रानडे, गाँधी की तरह धर्म से प्रेरणा

लेकर बाबासाहब सार्वजनिक जीवन की ओर आते नहीं। बुद्ध और कबीर जैसे धर्मात्माओं की नीति और विचारचिन्तन का संस्कार बचपन से बाबासाहब पर होता रहा है। इसे रूढ़ार्थ से धर्मसंस्कार नहीं कह सकते। दूसरी बात यह है कि धर्म संस्थापक को धर्म और उसकी शिक्षा इसमें विभाजन करना चाहिए। धर्मसंस्थापक की शिक्षा का स्वरूप पूर्णतः मानवी और नैतिक स्वरूप का होता है। कारण वह धर्म संस्थापक काल के सामाजिक और नैतिक प्रश्नों के तल तक जाता है, उससे उसके संस्कार और दर्शन का निर्माण होते रहता है। ये संस्कार समीक्षा को नकारते नहीं उल्टे धर्म का ऐसा परिपूर्ण श्रद्धाव्यूह होता है कि जिससे ऐहिक और पारलौकिक प्रश्नों के उत्तर मनुष्य को निःसन्देह मिल सकते हैं, ऐसा उस धर्म का कहना होता है।

बाबासाहब बुद्ध धर्म और धम्म इसमें भेद करते हैं। इस दृष्टि से कह सकते हैं कि बाबासाहब के विचारों पर बुद्ध और कबीर का प्रभाव है। वह प्रभाव बौद्ध धर्मव्यवस्था का नहीं था, तो वह बुद्ध और कबीर के दर्शन का था। इस कारण भी वह रूढ अर्थ में धर्मसंस्कार नहीं है।

अर्थात् बाबासाहब के विचार विश्व के किसी भी एक विशिष्ट धर्म के संस्कार से नहीं बने हैं। इसी कारण धर्म यह उनकी राजनीति और समाजनीतियों की मूल प्रेरणा नहीं बनी। धर्मप्रेरणा से समाज कार्य की ओर जानेवाली व्यक्ति, समाजकार्य के आश्रय से अपने नैतिक जीवन का विकास करते रहता है और इस प्रयास से ही उसे अपनी धार्मिक उपलब्धि होती रहती है। गाँधी के जीवन से हमें इस बात का एहसास होता हैं। बाबासाहब समाजनीति और राजनीति में किसी धार्मिक श्रेय की प्राप्ति के लिए नहीं उच्च मानवीय आदर्श (शोषण मुक्त समाज) के लिए जाते हैं, यह ध्यान में आता हैं। इससे यह स्पष्ट होता है कि बाबासाहब धार्मिक नहीं थे।

बाबासाहब की पूरी जिन्दगी गलत धर्म कल्पना की और शोषण प्रधान धर्म की टीका टिप्पणी करने में और धर्मजन्य अन्याय का प्रतिकार करने में गयी इस वास्तविकता को ध्यान में लें तो स्पष्ट होता है कि धर्म की कल्पना की पवित्रता के बारे में बाबासाहब में कभी आकर्षण नहीं था। इतना ही नहीं इस बारे में उन्हें कभी कौतुहल भी नहीं था; यह उनके जीवन से स्पष्ट होता है। इस कारण ही वे प्रत्येक धर्म की कठोर समीक्षा कर सके। एक बात ध्यान में लें कि धर्म की ओर वे मूलतः नैतिकता की दृष्टि से देखते हैं। यही नैतिकता मानवता का आधार हैं ऐसा उनका दृढ़ निश्चय था। ऐसी स्थितियों में धर्म के क्षेत्र में ईश्वर, आत्मा, परलोक इन जैसे प्रश्नों को दोयम स्थान है अर्थात ये प्रश्न अप्रस्तुत हैं। नैतिकता ही धम्म की नीव है इसे स्पष्ट करने वाले बुद्ध बाबासाहब के लिए सबसे श्रेष्ठ हैं। बाबासाहब इस बुद्धप्रणीत नैतिकता को ही धर्म मानते हैं। बन्धुता और मानवता यह इस नैतिकता का स्वरूप हैं। यह नैतिकता ईश्वर, आत्मा इन तत्त्वों के परे

खड़ी रह सकती हैं इस कारण वह धर्मनिष्ठ नहीं, मानवनिष्ठ है।

बाबासाहब का कहना हैं कि मेरा सामाजिक दर्शन इन तीन शब्दों मे हैं- ये शब्द हैं— स्वतन्त्रता, समता और बन्धुत्व। इस दर्शन को मैंने फ्रेंच राज्यक्रान्ति से उधार लिया है ऐसा समझने की जरूरत नहीं हैं। मेरे गुरु बुद्ध, उनके वचनों से मैंने इसे लिया है। परन्तु अपरिमित स्वतन्त्रता से समता का नाश होता है और शुद्ध समानता में स्वतन्त्रता को जगह नहीं होती। मेरे दर्शन में स्वतन्त्रता और समानता का उल्लंघन न हो इस कारण केवल सुरक्षितता की दृष्टि से निर्बंध को स्थान है। परन्तु निर्बंध स्वतन्त्रता और समता में होनेवाले उल्लंघन के विरुद्ध कुछ कर सकता है इस पर मेरा विश्वास नहीं है। मेरे दर्शन में बन्धुत्व को सबसे पहला स्थान है।[13] (स्वतन्त्रता और समता के विरुद्ध संरक्षण मात्र बन्धुभाव के रिश्ते में है इसका ही दूसरा नाम बन्धुता अथवा मानवता है। मानवता ही धर्म का दूसरा नाम है) बाबासाहब के इस वक्तव्य को ध्यान में रखते हुए धर्म की ओर वे मानवतावाद की दृष्टि से ही देखते हैं यह स्पष्ट हो जाता है।

यह मानवतावाद अभौतिक नहीं है, वह पूरी तरह भौतिक है। मानवी अधिकार प्रतिष्ठा, स्वतन्त्रता और समता यह उसकी नीव है। इस मानवतावाद के आचरण से कोई भी पारलौकिक तत्त्व प्राप्त नहीं करता तो जिस समाज में हम रहते हैं, जीते हैं उस समाज में स्थित मानवी सम्बन्धों की पुनर्रचना ही मानो करते हैं। बुद्ध की नैतिकता पर आधारभूत शोषणमुक्त मानवी सम्बन्ध की यह संकल्पना बाबासाहब ने स्पष्ट की है। इससे अलग बुद्ध धर्म दूसरा और कौन सा हो सकता है ऐसा बाबासाहब पूछते हैं। दुःख निर्मूलक शोषणमुक्त समाज की स्थापना के लिए बुद्ध के विचार प्रेरक हैं। क्योंकि वह पूरी तरह से नैतिक हैं (अध्यात्मिक नहीं) ऐसा बाबासाहब का विश्वास था। कुल मिलाकर नीति ही धर्म है, यही बाबासाहब की धर्मकल्पना है।

इस धर्मकल्पना का निर्माण भारत की अब्राह्मणी विचारपरम्परा में दिखाई देता है। बुद्ध इसके आद्य प्रवर्तक थे। तो महात्मा फुले उसके अर्वाचीन प्रवक्ता थे। फुले प्रणीत 'सार्वजनिक सत्यधर्म' पुस्तक में जो धर्मसंकल्पना है, वह मूलतः नैतिक ही है। फुले का सार्वजनीक सत्यधर्म और आम्बेडकर का बौद्ध धर्म इनके अनुबन्ध की खोज करें तो कुछ मुद्दे स्पष्ट होते हैं। बाबासाहब ने महात्मा फुले को अपना गुरु माना था। सत्यधर्म में स्त्री पुरुष समानता, परमत सहिष्णुता, स्वतन्त्रता विषयक प्रेम, शोषण के विरुद्ध चिढ़ और दुःख मुक्ति का व्रत— ये बातें बाबासाहब के बौद्धधर्म में मिलती हैं। धर्म के नाम पर किसी बुद्धिनिष्ठ, समताधिष्ठित, नींव पर नयी नीति के प्रस्थापना का प्रयोग फुले आम्बेडकर परम्परा करती है, तो केवल धर्म शब्द के उपयोग के कारण विचलित होने की आवश्यकता नहीं है। कारण यह धर्म जितना भौतिक उतना ही अधार्मिक भी हैं। बुद्धिवादियों को इस अधार्मिकता से नाता जोड़ने में कठिनाई नहीं होनी चाहिए। फुले

कहते हैं विचारशक्ति यह अन्य प्राणियों की तुलना में मनुष्यत्व का अलग दिखानेवाला गुण हैं। बाबासाहब का कहना है भैंसा, बैल और मनुष्य इनमें अन्तर है। भैसा, बैल इन्हे मन नहीं है। मनुष्य को शरीर के साथ-साथ मन भी है। दोनों पर भी विचार करना चाहिए। यह कैसा होगा? इसके लिए विवेकानिष्ठ नैतिकता की आवश्यता होती है। जिस अब्राह्मणी परम्परा ने धर्म को इस प्रकार की नैतिकता की प्रतिष्ठा प्राप्त करा दी वह धर्म आज भी आवश्यक है। मनुष्यमात्र के उत्कर्ष के लिए धर्म ही अत्यन्त आवश्यक इकाई हैं, ऐसा बाबासाहब का मत है वह इसी अर्थ से।

यहाँ तक बाबासाहब के धर्म सम्बन्धित विचारों को समझने का प्रयत्न किया गया है। अब अगला प्रश्न, उन्होंने बौद्ध धर्म ही क्यों स्वीकारा? बुद्ध के विचार और बाबासाहब को अभिप्रेत स्वतन्त्रता, समता, बन्धुत्व इस त्रयी के साधर्म्य का स्पष्टीकरण खुद बाबासाहब ने ही दिया है। परन्तु उसके आगे जाकर राजनीतिक रणनीति के सन्दर्भ में उन्होंने बौद्ध धर्म स्वीकारा इसका एक अलग महत्त्व है। इसे जान लेने पर ही उनका धर्मपरिवर्तन जातिअन्त के आन्दोलन का एक महत्त्वपूर्ण कदम किस प्रकार है, यह ध्यान में आएगा।

बाबासाहब के मतानुसार ब्राह्मणवाद और पूँजीवादी वैचारिकता यह भारत के शोषितवर्ग के प्रमुख दुश्मन हैं। ब्राह्मणवाद ने जातिसंस्थात्मक शोषणयन्त्रणा निर्माण कर केवल आर्थिक ही नहीं, सामाजिक शोषण भी किया। इधर आधुनिक पूँजापतियों ने शोषण की सीमा लाँघ ली। और दुख ही दुख निर्माण किये। बुद्ध का सारा संघर्ष इसी दुःख से था। 'बुद्ध और मार्क्स' इस अपने प्रसिद्ध भाषण में आम्बेडकर क़हते हैं कि बुद्ध और मार्क्स इनका लक्ष्य एक ही था। मार्क्स का कहना था कि वैयक्तिक सम्पत्ति यही दुख के मूल में है। उसकी परिणिति शोषण, दुःख और गुलामगिरी में होती है। बुद्ध को दुःख नष्ट करना था। दुःख इस शब्द का अर्थ बौद्ध वाङ्मय में व्यक्तिगत सम्पत्ति ऐसा ही है। बुद्ध का कहना यह था कि सब कुछ नष्ट होने वाला है। इस कारण व्यक्तिगत सम्पत्ति के लिए इतना कुछ करने की आवश्यकता नहीं है। बौद्ध भिक्खु को व्यक्तिगत सम्पत्ति रखने की अनुमति नहीं थी। इस कारण व्यक्तिगत सम्पत्ति नकारने का तत्त्व पूरे समाज पर लागू करने में बौद्ध धर्म बाधा खड़ा नहीं करता।"[14]

इससे यह स्पष्ट होता है कि बाबासाहब बौद्ध धर्म की ओर पूँजीवादी विचारों के विरोध के लिए एक पूरक दर्शन के रूप में देखते हैं। दूसरी महत्त्वपूर्ण बात जातिअन्त के प्रश्न के बारे में। भारत के साम्यवादी आन्दोलन ने इस दिशा में दिखाई अनास्था उन्हें साम्यवाद के बारे में उम्मीद रखने में विरोध करती रहेगी यह स्पष्ट है। तीसरी बात जिस हिन्दू धर्म के और ब्राह्मणवाद के आधार पर यहाँ की जातिव्यवस्था का निर्माण हुआ है, उसका प्रतिकार ब्राह्मणवाद विरोधी बौद्ध धर्म के आधार पर ही होनेवाला था। बौद्ध

धर्म का स्वीकार यह हिन्दू धर्म का, संस्कृति का और जीवनपद्धति का सम्पूर्णतः निषेध था। जातिव्यवस्था विरोधी विचारप्रणाली और प्रेरणा बौद्ध धर्म ही देनेवाला था। इस कारण ही केवल दर्शन और उच्च नैतिकता के सन्दर्भ में ही नहीं, राजनीतिक रणनीति के सन्दर्भ में भी बौद्ध धर्म की ओर जाना महत्त्वपूर्ण था। इस कारण बाबासाहब का धर्मपरिवर्तन केवल धर्मपरिवर्तन न होते हुए जातिव्यवस्था का जैसा वह सामूहिक नकार है, वैसे ही जातिअन्त के आन्दोलन का वह अन्तिम जनआन्दोलन है। जातिअन्त के आन्दोलन का रिश्ता मानव के शोषणमुक्त आन्दोलन के साथ उन्होंने जोड़ा यह उनका सबसे बडा योगदान है।

अनुवाद - डॉ. संजय नवले, बार्शी

❏❏❏

सन्दर्भ

1. डॉ. बाबासाहब्र आम्बेडकर रायटिंग्ज एंड स्पीचेज, खंड 1 मुंबई, एज्युकेशन डिपार्टमेंट, गव्हर्नमेंट ऑफ महाराष्ट्र, पृ. 225-26
2. फडके य. दि. आम्बेडकरी आन्दोलन, श्री. विद्या प्रकाशन, पुणे 1990, पृ. 169.
3. बी. ए. आर. एस, तत्रैव- पृ. 71
4. पूर्वाक्त - पृ. 7
5. केसरी - दि. 13/12/1930
6. भागवत विद्युत, श्री. श्रीपाद महादेव माटे, महाराष्ट्र के जाति संस्थाविषयक विचार (सम्पा.) सुमंत यशवंत और पुंडे दत्तात्रय, प्रतिमा प्रकाशन, पुणे-1988 पृ. 198
7. बी. ए. आर. एस, खंड 5 मुंबई 1989 पृ. 112
8. पूर्वोक्त पृ. 115
9. पूर्वोक्त पृ. 397
10. पूर्वोक्त पृ. 398
11. ऑमवेट गेल, कल्चरल रिव्होल्ट इन अ कलोनियल सोसायटी, मुंबई, सायंटिफिक सोशॅलिस्ट एज्युकेशन ट्रस्ट, 1976 पृ. 245

12. फडके य. दि. तत्रैव, पृ. 85
13. कसबे रावसाहब, आम्बेडकरवाद : तत्त्व और व्यवहार, पुणे (सुगाँवा प्रकाशन,) 1989 पृ. 115
14. फडके य. दि. तत्रैव पृ. 85
15. खरात शंकरराव (सम्पा.), डॉ. बाबासाहब आम्बेडकर की आत्मकथा, पुणे, इंद्रायणी साहित्य - 1987 पृ.-374-75
16. कीर धनंजय, डॉ. बाबासाहब आम्बेडकर, पॉप्युलर प्रकाशन, मुंबई प्रथम संस्करण 1966 - पृ. 528

***

स्वतन्त्र भारत के संविधान निर्माण के लिए गठित समिति विधिमंडल के रूप में भी कार्यरत थी। स्वतन्त्रता के बाद प्रथम आम-चुनाव के पहले जो पार्लियामेंट थी उसे प्रोव्हिजनल पार्लियामेंट (तद्र्थ संसद) कहा जाता था। इसी में हिन्दू कोड बिल चर्चा के लिए पटल पर रखा गया।

स्वतन्त्र भारत के प्रथम प्रधानमन्त्री पंडित जवाहरलाल नेहरू प्रगतिशील तथा साम्यवादी विचारधारा से अत्याधिक प्रभावित थे। कारण मूलतः वे सुधारवादी थे। लोकसभा में चर्चा के लिए प्रस्तुत हिन्दू कोड बिल पारित किये जाने के पक्ष में वे थे। दिसम्बर 1949 के पहले सप्ताह में विशेष रूप से दिये गये निवेदन में उन्होंने कहा, "हिन्दू कोड बिल विधि मंडल में मंजूर या नामंजूर होना ही सरकार पर विश्वास या अविश्वास का मुद्दा हो सकता है, ऐसा सरकार का मानना है। इस मुद्दे पर सरकार बनीं रहेगी या अपने सत्ता अधिकार को छोड़ देगी।"

लोकसभा या विधि मंडल में हिन्दू कोड बिल अगर नामंजूर किया गया तो काँग्रेस सरकार त्याग पत्र दे देगी, ऐसा बयान पंडित नेहरू ने भावुकता तथा जल्दबाजी

... 11 ...

डॉ. बाबासाहब आम्बेडकर और हिन्दू कोड बिल

रत्नाकर गणवीर

में दिया, ऐसा आज हम कह सकते हैं। हिन्दू कोड बिल निर्माण का कार्य डॉ. बाबासाहब आम्बेडकर को सौंपे जाने के दिन से ही डॉ. राजेंद्र प्रसाद, सरदार वल्लभभाई पटेल, पट्टाभि सीतारामय्या आदि दिग्गज श्रेष्ठ नेताओं द्वारा उसका विरोध किया जाने लगा था। इसे देखते हुए पंडित नेहरू जी को लोकसभा के अन्य काँग्रेस नेताओं के सहयोग के बारे में अनुमान कर लेना चाहिए था। परन्तु नेहरू को अपने नेतृत्व पर अधिक भरोसा था। सभी को अपने मतानुकूल झुकाने के सामर्थ्य के प्रति वे पूर्ण आश्वस्त थे। पर सनातनी हिन्दुत्ववादी प्रवृत्ति की जड़ें कितनी गहरी और जीवट की हैं इसे अनदेखा किया गया ऐसा अफसोस के साथ आज कहना पड़ता है। यहीं पर हिन्दू कोड बिल के सन्दर्भ में उनके नेतृत्त्व की हार हुई, ऐसा मुझे लगता है।

1949 मे सदन में की गयी चर्चा

दिसम्बर 1949 में लोकसभा में हिन्दू कोड बिल चर्चा के लिए प्रस्तुत किया गया तो सदन के बाहर इसके विरोध में गाँधी टोपी की होली कर विपक्षियों ने अपना निषेध प्रदर्शित किया। इतना ही नहीं, विडम्बना यह कि जिन स्त्रियों के उत्थान और

स्वायत्तता के लिए बिल मंजूर होना जरूरी था, वे भी इसमें शामिल थीं।

अजमेर मेवाड़ के प्रतिनिधि पंडित मुकुट बिहारीलाल भार्गव ने हिन्दू कोड बिल का विरोध करते हुए लोकसभा में कहा, "नयी पार्लियामेंट इसके बारे में विचार करे। यह बिल मंजूर होने पर हिन्दू समाज का विनाश निश्चित है। हिन्दू विवाह के सन्दर्भ में इस्लामी और ईसाई पद्धति को अपनाए जाने का उपक्रम इस बिल के द्वारा किया गया है। अतः अब हिन्दू विवाह पद्धति की धज्जियाँ उड़ेंगी। अमरीका तथा इंग्लैड में 'बन्द करो तलाक' की आवाजें लगाई जा रही हैं ऐसे में हमारे द्वारा तलाक की हानिकारक पद्धति शुरू करना गलत होगा।"

के. सन्तानम ने बिल को हार्दिक स्वीकृति देते हुए कहा, "हिन्दी राष्ट्र के नये संविधान के लिए यह बिल सहायक सिद्ध होगा। वर्तमान स्थिति के आधार पर पुराने हिन्दू विधान का सम्भवतया अधिक हिस्सा रखने की कोशिश इस बिल में की गयी है। मनु तथा याज्ञवल्क्य के कानूनों को ब्रिटिश जजों ने समय समय पर परिवर्तित किया है। फिर वर्तमान विधि मंडल जरूरी परिवर्तन क्यों नहीं कर सकती? लड़कियों को लड़कों जैसा हक तथा अधिकार सामंजस्य से नहीं दिया गया तो हिन्दी स्त्री उसे देने के लिए हमें विवश करेगी। जातीय प्रणाली को कानून का जो समर्थन प्राप्त था, वह इस बिल से खत्म हो जाएगा।" उनके अन्तिम मुद्दे पर लक्ष्मीकांत साहू द्वारा सवाल उठाया गया कि बगैर जाति के हिन्दू कौन है? (अर्थात हिन्दू जातियों में ही बँटे हैं) उनके इस प्रश्न के उत्तर में के. सन्तानम ने कहा, "जाति विशिष्ट हिन्दू, हिन्दू नहीं दानव होगा। आप हिन्दुत्त्व को छोड़ दीजिए या फिर जातिनिरपेक्ष हिन्दुत्त्व को स्वीकृति दीजिए।"

महाराष्ट्र के प्रतिनिधि हरिभाऊ पाटसकर ने अपना मत रखते हुए कहा, "समाजक्रान्ति करनेवाले इस बिल के लिए यह समय उचित नहीं है। आम आदमी रोटी कपड़े के जुगाड़ की चिन्ता में है, सरकार पहले इसे दूर करे फिर उनके विवाह तथा वारिस के बारे में सोचे। पर तत्त्वतः इस बिल से मेरा विरोध नहीं है। कानूनमन्त्री हिन्दुस्तान के सभी धर्मों की जनता के लिए एक सिविल कोड का निर्माण करें, ऐसा मेरा सुझाव है। गोवा में ऐसी प्रथा है ओर इससे किसी का नुकसान भी नहीं हुआ है।"

आगामी चुनाव पर इस बिल के गम्भीर परिणाम होने के संकेत काँग्रेस अध्यक्ष डॉ. पट्टाभि सीतारामय्या ने दिये। चुनाव के घोषणापत्र में इस बिल का जिक्र कभी नहीं किया गया, ऐसी शिकायत करते हुए उन्होंने कहा, "उद्योग व्यवसाय का राष्ट्रीयकरण, जमींदारी का समूल नाश आदि बातें घोषणापत्र में थीं। पर प्रस्तावित बिल के बारे में जिक्र तक नहीं था। ऐसी स्थिति में जल्दबाजी से बिल पारित करवाना उचित नहीं होगा। सबसे पहले मतदाताओं को सारी स्थिति से अवगत कराया जाय और उनकी सम्मति से ही बिल मंजूर करवाया जाय, केवल सदन के बहुमत को ही आधार नहीं मानना चाहिए। इस बिल

के बाबत जरा धैर्य से काम लिया जाय, ऐसा मेरा सुझाव है।''

आचार्य कृपलानी ने पंडित नेहरू के विशेष निवेदन का आशय जान कर अपनी व्यंग्य विनोदपूर्ण शैली में कहा, ''इस विषय का आश्वासन देकर सरकार इस्तीफा देने के लिए तैयार हो जाय यह मुझे नापसन्द है। इससे तो अच्छा है सरकार चीनी जैसे महत्त्वपूर्ण सवाल पर इस्तीफा दे। इस बिल का समर्थन करने का दूसरा कारण यह है कि मुझे ''घर से'' ऐसा कहा गया है। तीसरे, स्त्रियाँ मुझे सनातनी न मानकर प्रगतिशील मानती हैं। मुझे लगता है, वर्तमान तलाक की रीति से तो विवाह की एक पंचवर्षीय योजना बनाई जाय। हर पाँच साल बाद विवाह पुनः मंजूर करवा लिया जाय।''

अपने व्याख्यान के समापन में आचार्य कृपलानी ने गम्भीरता से कहा, ''इस बिल की मेरी हार्दिक सम्मति है, हिन्दू स्त्रियों की परम्परा, नैतिक चरित्र की मजबूत पृष्ठभूमि पर मेरा मत बना है। इस बिल से पारिवारिक व्यवस्था को ठेस नहीं पहुँचेगी। परिवार तथा राष्ट्र के प्रति भारतीय नारियों की श्रद्धा अटूट रहेगी।''

मद्रास के पूर्व एडवोकेट जनरल अल्लादी कृष्णस्वामी अय्यर ने इस बिल का समर्थन किया। पर संयुक्त परिवार, पैतृक दाय पर लड़की का अधिकार, उत्तराधिकार आदि परिवर्तन बिल में करने के सुझाव भी उन्होंने दिये। हम हिन्दू हैं यह भुलाया नहीं जा सकता, ऐसा भी उन्होंने कहा था। धार्मिक विवाह को पंजीकृत विवाह में रूपान्तरित करने की बात इस बिल में है जो हमारे लिए अबूझ है, ऐसी प्रतिक्रिया भी उन्होंने दी, साथ ही कानूनी तौर से अलग होने के बजाय साफ-सुथरा तलाक अधिक ठीक रहेगा ऐसा भी उनका मत था।

संयुक्त प्रांत की प्रतिनिधि कमला चौधरी ने अपना अनुकूल मत प्रकट करते हुए कहा था, ''हिन्दू धर्म और संस्कृति में बाधा लगनेवाली एक भी बात इसमें नहीं है। इस बिल के विरोधकों ने स्त्रियों को धोखा देने के लिए ऐसा प्रचार किया कि हि ू धर्म पर यह बिल आघात है। महात्मा गाँधी के नारी उत्थान की बात को ध्यान में रखकर प्रत्येक व्यक्ति इस बिल को समर्थन दे।''

प्रोफेसर के. टी. शाह ने इस बिल के प्रति अपनी सन्तुष्टि जताते हुए कहा कि, तलाक प्रक्रिया अधिक सरल करनी चाहिए थी और गोद लेने की परम्परा बनावटी है ऐसी आलोचना भी उन्होंने की। लेकिन गोद प्रथा तत्काल ब द हो ऐसा आग्रह भी उन्होंने नहीं किया।

1949 में बिल पर विशेष चर्चा नहीं हुई। बिल पारित होने की दृष्टि से गति अत्यन्त धीमी थी। 1950 में हिन्दू कोड बिल को कोई स्थान ही नहीं दिया गया। वह उपेक्षित ही रहा। लोकसभा में बिल के विरोध का नेतृत्त्व डॉ. राजेंद्र प्रसाद, सरदार वल्लभाई पटेल जैसे सनातनियों के पास होने से यह चर्चा में ही न आये इस प्रयास

में वे हमेशा रहते थे। 1950 में सरदार वल्लभभाई पटेल का स्वर्गवास होने पर हिन्दू कोड बिल के विरोध की धार भोथरी हो गयी और 1951 की फरवरी में हिन्दू कोड बिल लोकसभा में पुनः चर्चा हेतु पेश हुआ।

जेरेशास्त्री का प्रखर विरोध तथा अनर्गल आलोचना

1949 के दिसम्बर के अन्त तक लोकसभा के प्रतिनिधियों ने हिन्दू कोड बिल पर अपनी अनुकूल प्रतिकूल प्रतिक्रियाएँ दीं। तो दूसरी तरफ अपने आपको हिन्दू धर्म के रक्षक कहलानेवाले शंकराचार्य जगह जगह जाकर हिन्दू कोड बिल के विरोध में जनमत विक्षुब्ध कर अपना कड़ा विरोध प्रकट कर रहे थे। संकेश्वर गद्दी के शंकराचार्य जेरेशास्त्री हिन्दू कोड बिल विरोध के सिलसिले में पंढरपुर गये। पंढरपुर का विठ्ठल मन्दिर कानूनन अछूतों के लिए बोल दिया गया था। मन्दिर में अछूतों के प्रवेश से ईश्वर का ईश्वरत्त्व नष्ट हो गया है, मन्दिर की पवित्रता खत्म हो गयी है, इस कारण जेरेशास्त्री ने मन्दिर में प्रवेश भी नहीं किया।

18 जनवरी, 1950 में रूक्मिणी मैदान पर सनातनियों द्वारा आयोजित खुली सभा में व्याख्यान देते हुए उन्होंने हिन्दू कोड बिल का केवल निषेध ही नहीं किया बल्कि डॉ. बाबासाहब आम्बेडकर पर अनर्गल शब्दों के प्रयोग से कीचड़ भी उछाला। उनका वक्तव्य था ''डॉ. बाबासाहब आम्बेडकर द्वारा हिन्दू कोड बिल या नवीन भीमस्मृति का निर्माण किया गया तथा उसे धर्मशास्त्र का आधार है ऐसा वे भले ही कहते हों पर दूध या गंगाजल कितना ही पावन क्यों न हो नाली से या गुसलखाने से आने पर तो उसे पावन नहीं माना जा सकता। उसी प्रकार धर्मशास्त्र का कितना ही प्रमाण्य क्यों न हो वह आम्बेडकर जैसे अछूत की ओर से आने पर यह ग्राह्य नहीं है। धर्म का आधार डॉ. आम्बेडकर बताते हैं, पर हम भी चाहे जिस बात को धर्म का आधार साबित कर सकते हैं। धर्म में क्या नहीं है? पुनर्विवाह, अनेकों प्रकार के पुत्र, पुत्रियों को उत्तराधिकार ऐसी अनेक बातें हैं, पर इन बातों को कहने का अधिकार आम्बेडकर को किसने दिया? आम्बेडकर विद्वान हैं, धर्मशास्त्र का उनका गहन अध्ययन है ऐसा कहा जाता है, पर वे अन्त्यज हैं। आम्बेडकर की नाली से आयी धर्मशास्त्र रूपी गंगा कैसे पवित्र होगी? गुसलखाने से आये दूध की तरह वह तो त्याज्य ही हैं।''[1] जेरेशास्त्री की यह बेहूदा बकवास नहीं तो और क्या है? जेरेशास्त्री के बकवासी वक्तव्य को जिन अखबारों ने समाचार का रूप दिया था उन्हीं अखबारों ने यह बात कितनी घटिया है इसे अपने अखबार के शीर्षक से व्यक्त किया ''शंकराचार्य की गद्दी पर बैठा गैरजिम्मेदाराना बकवास करनेवाला पाजी शास्त्री'' शीर्षक मुंबई के ''नवभारत'' ने प्रस्तुत किया था। ''पंढरपुर में सनातनियों की जुगाली'' कहकर पुणे के दैनिक 'सकाळ' ने जेरेशास्त्री के

मत का खंडन किया।

वि. स. खांडेकर का जेरेशास्त्री को जबाब

जेरेशास्त्री के उपरोक्त हीन उदगारों का निषेध करने हेतु कोल्हापूर के अछूत समाज ने 16 फरवरी, 1950 को एक सभा का आयोजन किया। इसमें प्रख्यात लेखक वि. स. खांडेकर ने जेरेशास्त्री के मत की धज्जियाँ उडातें हुए कहा, "अत्यन्त बुद्धिमान, संविधान विशेषज्ञ विद्वान के रूप में समूची दुनिया डॉ. बाबासाहब आम्बेडकर को जानती है। परन्तु कुछ दिन पहले डॉ. आम्बेडकर की हीन निन्दा करनेवाले जेरेशास्त्री है कौन? कहाँ के? कोई नहीं जानता। आम्बेडकर की विद्वता को गन्दी नाली से आये गंगाजल की उपमा देनेवाले जेरेशास्त्री को मैं कहना चाहूँगा कि जेरेशास्त्री जैसे सनातनी लोगों के गन्दे विचारों को पवित्र करने की शक्ति डॉ. आम्बेडकर की विद्वता में है। जो सौभाग्यशाली विद्जन की परम्परा की गद्दी समझी गयी है, दार्शनिक एवं संन्यस्त वृत्ति अपनाते हुए समाज का धार्मिक सुधार करना जिस परम्परा का कार्य है, तथा तीन दिनों से अधिक एक गाँव में रहना भी जिस शंकराचार्य ने कभी स्वीकार नहीं किया, उसी परम्परा के व्यक्ति द्वारा आम्बेडकर के प्रति ऐसे अनादरपूर्ण वक्तव्य करना कदापि उचित नहीं है।"[2]

1951 की लोकसभा में हुई चर्चा

1949 में हुई चर्चा के बाद हिन्दू कोड बिल 1951 के फरवरी में ही चर्चा के लिए पटल पर रखा गया। उस समय लगभग 560 उप सूचनाएँ आयीं, जिन में से 480 उपसूचनाओं के लिए ही अध्यक्ष महोदय द्वारा अनुमति दी गयी। फरवरी के बाद का समय यूँ ही खाली बीता। उसके बाद फिर से 1951 के नवम्बर में चर्चा के लिए रखा गया।

जब-जब भी बिल चर्चा के लिए सदन में रखा जाता तब-तब, उसे आगे-आगे, खिसकाने के लिए अनेकों प्रकार की तरकीबें प्रयोग में लायी गयीं। उपसूचनाओं का ढेर लगानेवालों में माहिर समझे जानेवाले नझीरूद्दीन अहमद थे। वास्तव में हिन्दू कोड बिल का तथा नझीरूद्दीन अहमद का धार्मिक दृष्टि से कोई लेना देना नहीं था। परन्तु प्रतिपक्ष के हाथों की कठपुतली के रूप में उनसे खिलवाड़ किया जा रहा था। पर उनका ध्यान इस बात की ओर नहीं गया। उन्होंने मुद्दा उठाया कि यह बिल केवल विशेष जाति तक सीमित है, इसलिए स्वतन्त्र भारत के संविधान के खिलाफ है। लोकसभा भले ही इसे पारित करे तो भी उच्चतम न्यायालय में यह खारिज हो जाएगा। वर्तमान में जनमत बिल विरोधी होने से इसे ऐच्छिक ही रखा जाय। जब कभी जनमत अनुकूल होगा तब सख्ती

बरती जाय। जनतन्त्रप्रणीत समाज रचना में लोगों के मनोभावों का गला घोंट कर कानून की सख्ती करना उचित नहीं। यह जिस प्रान्त का प्रतिनिधित्व करता है वह पश्चिम बंगाल भी बिल के खिलाफ है इसलिए राज्य सरकार के प्रतिरोध को केन्द्र की सरकार भी ध्यान में रखे।[3]

जे. आर. कपूर ने प्रतिपादित किया कि, सम्पूर्ण देश के लिए एक समान नागरी कानून लागू किया जाय। मुस्लिमों पर भी यह बिल लागू हो ऐसा किया जाय। फिर भी वह किसी समुदाय के लिए सख्ती न बरती जाय। लोगों की स्वेच्छा पर निर्भर रखा जाय।[4]

डॉ. आम्बेडकर : भारत के आधुनिक मनु

सेठ गोविंददास ने सुझाव दिया कि, "बिल की जिस धारा को लेकर संसद में और संसद से बाहर भी जो प्रतिरोध है वह हिस्सा" नयी लोकसभा में विचारार्थ रखा जाए इस दरमियान जनमत अनुकूल बनाने के प्रयत्न किये जाएँ।"[5] यही सेठ गोविंददास संविधान सभा में, "भारत के आधुनिक मनु" ऐसा कहकर डॉ. बाबासाहब आम्बेडकर का गौरव करते हैं, पर यह गौरव आसाम के रोहिणीकुमार चौधरी को जँचा नहीं। हिन्दू कोड बिल का प्रस्ताव रखने वाले डॉ. बाबासाहब आम्बेडकर को भारत के आधुनिक मनु कैसे भला कहा जा सकता है? ऐसी चिल्लमपौं वे मचा रहे थे। चौधरी के एतराज पर जबाब देते हुए ता. 18 नवम्बर, 1949 के वक्तव्य में सेठ गोविंददास ने कहा, "यह संविधान तैयार कर डॉ. आम्बेडकर ने अपनी असामान्य बुद्धिमानी तथा कार्यकुशलता का परिचय भारतवासियों को दिया है। ऐसे में गौरव परक धन्यवाद देने में हर्ज ही क्या है? मैं स्वयं हिन्दू कोड बिल का विरोधी हूँ, फिर भी डॉ. आम्बेडकर आधुनिक भारत के मनु हैं ऐसा मेरा मानना है।"[6]

बी. दास ने बिल की कड़ी आलोचना करते हुए कहा कि यह बिल मुझे बिलकुल स्वीकृत नहीं है। भावुक होकर उन्होंने ऐसा भी कहा कि मृत्युशय्या पर से भी वे हिन्दू कोड बिल का विरोध ही करेंगे तथा हिन्दू समाज की पुनर्रचना के लिए गये अनुचित प्रयास का निषेध ही करेंगे।[7]

झुनझुनवाला ने कहा कि विवाहादि अवसरों पर वर्णव्यवस्था को यहाँ प्रधानता दी जाती है, इस कारण बिल में वर्ण को मान्यता दी जाय ऐसा मत व्यक्त किया। डॉ. आम्बेडकर के कलियुग के मनु होने की नुक्ताचीनी भी उन्होंने की।[8]

डॉ. श्यामाप्रसाद मुखर्जी को डॉ. आम्बेडकर का जबाब

डॉ. श्यामाप्रसाद मुखर्जी जैसे ज्येष्ठ नेता ने बयान दिया कि डॉ. बाबासाहब

आम्बेडकर को भारत का आधुनिक मनु या याज्ञवलक्य बनना है। हिन्दू कोड बिल एकपत्नीत्व का स्वीकार करने से मतभेद का कारण बन सकता है। हिन्दू समाज में प्रचलित बहुपत्नीत्व की प्रथा बहुत ज्यादा दिनों तक चलनेवाली नहीं है। वह अपने आप खत्म होगी, उसके लिए कानून बनाने की आवश्यकता नहीं, ऐसी उनकी राय थी। डॉ. मुखर्जी द्वारा व्यक्त निषेध का स्वर समझते हुए बाबासाहब ने अपने भाषण में प्रत्युत्तर देते हुए कहा,

I have been noticing the performance of Dr. S. P. Mukherji ever since he has left the Government and has become a member of opposition, in fact almost leading member of opposition. I have noticed that he has developed the unfortunate mentality which sometimes leaders of opposition develope namely to oppose everything that comes from Government.[10]

(अर्थात् अब तक डॉ. श्यामाप्रसाद मुखर्जी द्वारा विरोध की एक भी घटना मुझे याद नहीं आती। पर जब से वे प्रतिपक्ष में गये हैं तब से उनके स्वभाव में परिवर्तन आया है। सरकार की ओर से आनेवाली हर बात का विरोध होना ही चाहिए यह प्रतिपक्ष की भूमिका उनमें प्रवेश कर गयी है। इसलिए जब-जब लोकसभा में यह बिल चर्चा के लिए आया उन्होंने विरोध किया, इस बात को मैंने नोटिस किया है।)

सिविल कोड आत्मसात किया जाए

हिन्दू कोड बिल केवल हिन्दुओं को लागू न करते हुए समान नागरी कानून किया जाय और भारत के सभी लोगों पर लागू किया जाय इस मुद्दे का जबाब देते हुए डॉ. बाबासाहब आम्बेडकर ने कहा, "संविधान के धर्मातीत राज्य के शासन की संकल्पना को देखते हुए वर्तमान में समान नागरी कानून बनाना उचित नहीं होगा, फिर भी कानूनन बौद्ध, जैन, और सिख ये समुदाय अलग नहीं हैं। वैधानिक दृष्टि से हिन्दुओं के साथ ही उन्हें भी 1830 का हिन्दू कानून लागू किया जाता है।"[11]

सच में हिन्दू कोड बना कर एक कदम उचित दिशा की ओर बढ़ाया जा रहा था। एक बार यह कदम उठाया जाता तो समय देख कर समान नागरी कानून का भी एक कदम आगे बढ़ जाता। वैसे इस कानून की तामील भारत के सभी नागरिकों के लिए की जा सकती थी। ऐसे में सभी भारतवासियों के लिए यह कोड नहीं है, केवल हिन्दुओं के लिए है इस कारण हिन्दू कोड बिल को समर्थन न देना समझदारी नहीं होगी। ऐसी मनोवृत्ति से समान नागरी कानून तैयार कर पारित करवाने का काम और भी शिथिल हो सकता था। इतना ही नहीं आनेवाला हिन्दू कोड बिल भी खटाई में पड़ जाता, ऐसे विचार

न्यायाधिपति प्र. बा. गजेंद्रगडकर ने व्यक्त किए।[12]

इतना ही नहीं ऐसा तर्क करने के पीछे प्रतिपक्षियों का लक्ष्य हिन्दू कोड मुस्लिमों पर लागू किया जाय ऐसा नहीं था, कोड के रास्ते में अधिक बाधाएँ निर्माण करना, सम्भव हुआ तो उसे हमेशा के लिए नाकाम करना था।[13] ऐसा मत न्यायाधिपति गजेंद्रगडकर का था।

समान नागरी कानून बनाना कोई मुश्किल काम नहीं था। इसके बारे में डॉ. बाबासाहब ने कहा था, "सभी भारतवासियों के लिए 'सिविल कोड' हो ऐसा जिन्हें लगता है उन्हें वैसा बिल मैं दो दिनों में तैयार कर दे सकता हूँ पर वह 'सिविल कोड' आत्मसात करने की तैयारी तो हो। 'सिविल कोड' के सुझाव के पीछे गम्भीरता और सच्चाई का आभास मुझे नहीं होता। जो लोग हिन्दू कोड बिल का विरोध कर रहे हैं और प्रचलित कानून का समर्थन कर रहें हैं वे ही आज अखिल भारतीय स्तर पर सिविल कोड बनाया जाय ऐसा जब कहते हैं तो मुझे अजरज होता है। इतने दिनों तक इसी बिल पर शेर की तरह हमला करनेवाले ये लोग इतने इन्कलाबी कैसे हो गये यही मेरे लिए अचरज की बात है।"[14]

नासमझ लोगों की राय जनतन्त्र नहीं

हिन्दू कोड बिल पारित करते समय जनमत ध्यान में लिया जाय इस मुद्दे की सफाई में डॉ. बाबासाहब आम्बेडकर ने बड़ा ही मार्मिक जबाब दिया। "If every time this parliament is to be subjected to the vote of the ignorant outside, who do not know the ABC of the technicalities of the law, this parliament will have to be suspended. It would be much better not to have a parliament at all."[15]

(जिन्हें कानून की प्रारम्भिक जानकारी भी नहीं है ऐसे नासमझ लोगों की राय के मुताबिक लोकसभा की कार्यवाही की जाय ऐसा आग्रह हो तो लोकसभा का विसर्जित होना ही अच्छा है बल्कि ऐसी स्थिति में तो लोकसभा न हो यही उचित है।)

बाबासाहब आम्बेडकर का यह मत किसी को भी प्रतिकूल लगने की सम्भावना अधिक थी। इतना ही नहीं उस समय मुस्लिम लीग के सदस्य हुसेन इमाम को ऐसा ही लगा। इसलिए उन्होंने अपनी तीखी प्रतिक्रिया दर्ज करते हुए कहा। "I was rather surprised that Dr. Ambedkar, who is a born democrat, should have made disporging remarks about the electrorate. The electrorate with all its ignorance is the only touch stone by means of we can test democracy."[16]

(जन्मतः जनतन्त्र के समर्थक के द्वारा सामान्य **मतदाताओं के बारे में** ऐसे अनुदगार कहे जाय यह अचरज की बात है। मतदाता अनाड़ी हुआ तो भी जनतन्त्र को आजमाने का वह पारस स्पर्श है।)

समाज नियमन के कानूनों को आम जनता की राय पर निर्भर होकर बनाया नहीं जा सकता, भले ही सामान्यतः अनाड़ी मतदाता जनतन्त्र परखने का पारस स्पर्श हो। समाज के बुद्धिजीवी और विचारक लोगों द्वारा किये गये आपसी विचार विमर्श से कानून बनाना आवश्यक है और ऐसे विचारकों द्वारा निर्मित कानूनों को सामान्य जनों द्वारा सहमति देना होता है। कारण आम जनता का सार्वमत कभी भी निर्णायक नहीं हो सकता। दोषविहीन चित्र को कभी दोषपूर्ण कह कर अपना निर्णायक मत देगी तो दूसरी बार वही चित्र सर्वोत्कृष्ट बन कर आम जनता सिर पर लेकर नाचती है। इस कारण बाबासाहब ने जो विचार व्यक्त किये वे जनतन्त्र के खिलाफ न होकर विवेकपूर्ण थे।

राष्ट्रपति डॉ. राजेन्द्र प्रसाद का अन्तिम विरोध

स्वतन्त्र भारत के पहले राष्ट्रपति डॉ. राजेंद्र प्रसाद और प्रधानमन्त्री पंडित जवाहरलाल नेहरू में हिन्दू कोड बिल पर संघर्ष की स्थिति निर्माण हुई थी। 1951 अगस्त के प्रथम सप्ताह में आयोजित लोकसभा के चौथे अधिवेशन का उद्‌घाटन करते हुए महामहिम राष्ट्रपति डॉ. राजेंद्र प्रसाद ने विश्वास दिलाते हुए कहा था कि इसी अधिवेशन में हिन्दू कोड बिल सम्मत किया जाएगा। इतना ही नहीं तो 10 अगस्त, 1951 की काँग्रेस पार्लियामेंट्री बैठक में एकमत से तय किया गया कि चाहे कितनी ही बाधाएँ आयें फिर भी हिन्दू कोड बिल पारित होगा ही। हिन्दू कोड बिल पर चर्चा हेतु तीस दिन रखे जाएँगे ऐसी घोषणा भी पंडित जवाहरलाल नेहरू ने की थी।

परन्तु स्वयं द्वारा दिये गये विश्वास को तोड़ने का काम एक माह के भीतर ही डॉ. राजेंद्र प्रसाद ने किया। 15 सितंबर, 1951 को प्रधान मन्त्री पंडित जवाहरलाल नेहरू को दस मुद्दे की विस्तृत टिप्पणी लिख कर उन्होंने बिल पर अपना विरोध प्रकट किया। उन्होंने लिखा था "My dear Prime Minister, you know that I had given public expression to my views regarding that Hindu code Bill. When I had greater freedom before I was elevated to my present position... In my last interview with you three days ago I told you what I thought and felt and in confirmation there of I am enclosing a note for you and the cabinet. My objections to the passing of the Hindu code Bill are of a fundamental character. I am clearly of opinion that the present parliament is not competent to enact a measure of such a fundamental character... I propose to watch the progress of the measure in parliament from day and if I feel at any stage that I should inform the parliament also of my viewpoint, I may send to it a measure when I consider it apporpriate to do so. My right to examine it on its merits when it is passed by parliament before giving assent to it is there. But If I find that any action of mine at a later stages is likely to cause embrassment to the government. I may take such appropriate action as I may feel called upon to avoid such embrassment consistently with the dicates of my own consicence"[17]

(प्रिय प्रधानमन्त्री, जैसा कि आप जानते ही हैं, राष्ट्रपति पद पर आने से पहले मैं काफी स्वतन्त्र था। उस वक्त हिन्दू कोड बिल के बाबत मेरी राय क्या थी, लोक सभा में भी बताया था। मुझे क्या लगता है, मेरे विचार क्या हैं? ये तीन दिन पहले हुई मुलाकात में कहा ही है। साथ ही इस टिप्पणी में उसी को दोहरा रहा हूँ। हिन्दू कोड बिल के बाबत मेरी आपत्ति बुनियादी है। मेरी ऐसी राय है कि हिन्दू कोड बिल कानून बनाने के लिए वर्तमान लोकसभा सक्षम नहीं है। इसलिए हिन्दू कोड बिल की दैनिक चर्चा को सूक्ष्मता से परखा जाय, ऐसा मुझे लगता है। इतना ही नहीं, विवादास्पद मुद्दों को कानून के रूप मे परिवर्तित करते समय अन्तिम रूप में मेरी मुहर लगे, इससे पहले वह कानून उचित है या अनुचित का निर्णय लेने का अधिकार मुझे अपने अधीन रखना चाहिए, ऐसा मेरा मानना है। केवल मेरी अन्तिम मान्यता से सरकार यदि समस्या से घिर जाय तो मैं अपने मन की बात ही सुनूँगा।)

पंडित जवाहलाल नेहरू, डॉ. राजेंद्र प्रसाद की विचार प्रणाली से अनभिज्ञ नहीं थे। फिर भी राष्ट्रपति की हैसियत से अपनाई विपक्ष की भूमिका उन्हें पसन्द नहीं आयी। स्वतन्त्र भारत के राष्ट्रपति को आपति है इसलिए अपनी विचारधारा परिवर्तित करना स्वतन्त्रचेता पंडित नेहरू के लिए सम्भव ही नहीं था, बल्कि ऐसे समय में तो उनकी स्वतन्त्रचेता प्रज्ञा और अधिक उभर कर सामने आयी।

पंडित नेहरू द्वारा राष्ट्रपति को करारा जबाब

पंडित नेहरू ने उसी दिन अर्थात 15 सितम्बर, 1951 को पत्र भेजकर डॉ. राजेंद्र प्रसाद को बेबाक जबाब दिया। इस जबाब में उन्होंने लोकसभा के अधिकार और राष्ट्रपति के अधिकार के सन्दर्भ में अपना मत रखते हुए लोकसभा का ही किसी मसले पर अन्तिम निर्णय लेने का अधिकार होता है इस बात को निःसंदिग्ध रूप से प्रकट किया। पंडित नेहरू ने लिखा था, "My dear, Mr. President, the legal and constitutional question you raised are important. In the last paragraph of your note you have mentioned that it may be necessary for you to inform Parliment of your viewpoint. You also refer to your right to examine the Bill on its merits, it is passed by Parliament before giving your assent to it. These are serious matters of great constitutional importance. They might involve a conflict between the President on the one side and the Government & Parliament on the other. They would inevitably raise the question of the president's authority & powers to challenge the decision of Government & of Parliament. The consequence would obviously be serious. I do not wish to say much on this subject except that in our view the President has no power or authority to go against the will of Parliament in regard to a Bill that has been well considered by it and passed, the whole conceptions of Constitutional Government is against any exercise by the President of any such authority... The question of the competence of the present parliament to enact such a Bill asure was raised in Parliament itself & after much discussion the spreaker gave a ruling on the subject. It is hardly open to anyone, even the President to challenge that decision. Otherwise the question would arise as to whether Parliament is the supreme legislative authority in this country or not"[18]

(प्रिय राष्ट्रपति, आप द्वारा उठाया गया वैधानिक और संवैधानिक मुद्दा अति महत्त्वपूर्ण है। राष्ट्रपति की हैसियत से लोकसभा द्वारा मंजूर कानूनों पर अपनी अन्तिम मंजूरी देने से पहले उसके अच्छे बुरे गुणों का परीक्षण करने का अधिकार आपका है, ऐसा आग कहते हैं गरन्तु यह बात अतिशय गाभीर है। कारण इससे एक ओर राष्ट्रपति तो दूसरी ओर सरकार एवं लोकसभा ऐसा विभाजन होकर हार जीत की बात उपस्थित होगी। सरकार अथवा लोकसभा के निर्णय को चुनौती देने का राष्ट्रपति को कैसे अधिकार पहुँचता है? ऐसा प्रश्न उपस्थित होते ही इसके परिणाम भी भयावह होंगे। इसलिए इस पर अधिक न बोलते हुए यह स्पष्ट रूप से कहना पड़ेगा कि लोकसभा द्वारा पारित हिन्दू कोड बिल के विरोध में जाने का राष्ट्रपति को कोई अधिकार नहीं है। बिल पारित करने का अधिकार वर्तमान लोकसभा को है या नहीं इस पर पहले ही चर्चा

हो चुकी है और लोकसभा के अध्यक्ष तथा सरकारी प्रतोद ने उस समय पर निर्णय भी घोषित किया। उसी निर्णय के अनुसार वर्तमान लोकसभा हिन्दू कोड बिल पारित करनेवाली है। इसलिए राष्ट्रपति के द्वारा भी इस निर्णय के खिलाफ आपत्ति नहीं जतायी जा सकती। अन्यथा इस देश में लोकसभा को सर्वोच्च संवैधानिक अधिकार है भी या नहीं ऐसा प्रश्न लोगों द्वारा उपस्थित किया जाएगा)''

प्रधानमन्त्री पंडित जवाहरलाल नेहरू के कठोर विचार राष्ट्रपति डॉ. राजेन्द्र प्रसाद को नहीं भाए। उनका मानना था कि राष्ट्रपति के अधिकारों को चुनौती देनेवाले उनके ये विचार हैं। फिर भी पंडित नेहरू द्वारा लिखे गये पत्र पर अपनी प्रतिक्रिया देते हुए उन्होंने लिखा, "My dear Prime Minister, I may assure you that I am the last person to create any conflict and will be prepared to go to the furtherest extent to avoid it, if I can do it consistently with my conscience and my views about constitution."[19]

(प्रिय प्रधानमन्त्री, मैं आपको विश्वास दिलाता हूँ कि राष्ट्रपति और लोकसभा में कोई संघर्ष निर्माण होगा ऐसी कोई बात मेरे द्वारा नहीं होगी। यदि ऐसी कोई बात होती है तो मैं विवेक द्वारा उसे सुलझाने में कोई कसर नहीं छोड़ूँगा।) शिमला से 18 सितंबर 1951 में लिखे हुए अपने पत्र में डॉ. राजेन्द्र प्रसाद द्वारा अपना पक्ष रखने का प्रयास उपरोक्त पद्धति से किया गया।

डॉ. राजेन्द्र प्रसाद और पंडित जवाहरलाल नेहरू के इस पत्राचार से यह दिखाई देता है कि पूर्व के पत्राचार के समय प्रिय जवाहरलालजी अथवा प्रिय राजेन्द्रबाबू जैसा आत्मीयता पूर्ण सम्बोधन लिखनेवाले स्नेही नेता रूखा-पदसूचक सम्बोधन से पत्राचार करने लगे थे। इन दोनों में यह रूखापन हिन्दू कोड बिल के कारण उत्पन्न हुआ और सम्बन्धो में दरार पड़ गयी।

विरोधियों की नयी तकनीक

राष्ट्रपति के अधिकार का यहाँ प्रयोग नहीं हो सकता यह देख हिन्दू कोड बिल के विरोधक बेचैन हुए फिर भी उन्होंने अपने विरोध में ढील नहीं दी। अब उन्होंने नयी तकनीक अपनाने का निश्चय किया। बिल पर चर्चा के समय अधिकतम समय प्रत्येक विधायक बोलेगा और चर्चा के लिए स्थान ही नहीं छोड़ेगा। यह तकनीक खुले रूप से प्रयोग में लायी गयी। यह देख कानूनमन्त्री डॉ. बाबासाहब आम्बेडकर ने कहा,

You may abuse me as much as possible. Provided you do not take much time. I am concerned more with time than with abuse."[20]

(आप मुझे जितना ज्यादा अपमानित करना चाहते हैं, गाली गलौज करना चाहते

हैं, निःसंकोच रूप से आप ऐसा करें पर चर्चा का समय व्यर्थ न गवाएँ। गालियों से मुझे परहेज नहीं, चर्चा का समय व्यर्थ जाय इससे मुझे परहेज है।)

स्वास्थ्य जब तक अनुकूल है तब तक लोकसभा के अधिवेशन में हिन्दू कोड बिल अनिवार्यतः पारित हो, ऐसी बाबासाहब की दिली तमन्ना थी। चुनाव के बाद बननेवाले मन्त्रीमंडल में उनके होने की कोई गारन्टी भी नहीं थी। इसलिए समाज सुधार के आग्रही बाबासाहब हिन्दू कोड बिल पारित होता हुआ देखना चाहते थे। लेकिन उनकी यह इच्छा पूर्ण न हो ऐसा पक्का निश्चय विरोधियों ने कर रखा था। इस षडयन्त्र में डेप्युटी स्पीकर का काम देखनेवाले अनंतशय्यम अय्यंगार की सहभागिता भी महत्त्वपूर्ण थी। डॉ. बाबासाहब आम्बेडकर अपने भावों को इन शब्दों में व्यक्त करते हैं, "हिन्दू कोड बिल को लेकर मुझे तकलीफ दी गयी ऐसा यदि कहा जाय, तो गलत नहीं होगा। मन्त्रीमंडल ने मुझे शासक पक्ष का समर्थन नहीं दिया। पार्लियामेंट के पार्टीनेता अपने सदस्यों के भाषण के समय को नियन्त्रित करेंगे ऐसी मेरी चाहत थी। कम-से-कम चर्चा खत्म होने पर वादविवाद बन्द करने की सूचना पार्टी नेताओं से अपेक्षित थी। यदि वे ऐसा करते तो यह बिल पारित हो गया होता। परन्तु उन्होंने कभी ऐसा होने नहीं दिया। प्रत्येक अनुच्छेद पर अर्थहीन शब्दच्छल चलता रहा। सरकारी प्रतोद की ड्युटी सरकारी समय बचाना, बिल पारित कराना और कम समय में यह काम कराना होता है, उसने हिन्दू कोड बिल के समय अनुशासन बद्ध तरीके से अपनी ड्युटी नहीं निभाई।"[21]

"न्यूज क्रॉनिकल" मे प्रकाशित कार्टून

सरकारी प्रतोद की अनुशासन बद्ध टाइमपास करने की नीति सभी की समझ में आ गयी। दिल्ली से प्रकाशित "न्यूज क्रॉनिकल" (19 दिसम्बर, 1951) में एक कार्टून प्रकाशित हुआ। डेप्युटी स्पीकर ने अपने दोनों हाथों से घड़ी की दोनों सुईयाँ थामे रखी हैं। स्पीकर सदस्यों को नियत समय में बोलने का मौका दे रहे हैं लेकिन सदस्य रुकने का नाम नहीं ले रहे हैं। कार्टून प्रकाशित होते ही लोकसभा मे हड़कम्प मच गया। कॉंग्रेस सदस्यों ने यहाँ तक कहा कि यह केवल हमारा अपमान नहीं है, सरकार और गृहविभाग का घनघोर अपमान है, "न्यूज क्रॉनिकल" के सम्पादक पर कड़ी कार्रवाई की जाय ऐसी माँग रखी। इस माँग के अनुसार पूरे मामले की छानबीन हुई और अन्ततोगत्त्वा सम्पादक को सरकार से माफी माँगनी पड़ी।

हिन्दू कोड बिल का अन्त

सत्ताधीश कॉंग्रेस पार्टी के सदस्यों के विरोध से डॉ. बाबासाहब आम्बेडकर बेचैन हो गये। उन्होंने 20 सितम्बर, 1951 को लोकसभा में हिन्दुओं की सनातनी मानसिकता

की कठोर शब्दों में भर्त्सना की। उन्होंने राम सीता का उल्लेख करते हुए कहा कि यदि हिन्दू कोड बिल जैसा कानून उस समय होता तो राम जो पुरुषोत्तम थे, सीता को घर से निष्कासित करने की हिम्मत ही नहीं कर पाते। इस वक्तव्य से सभासद चिढ़ गये। उन्हें तो मौका ही चाहिए था। इन सारी बातों से पंडित नेहरू अत्याधिक बेचैन हुए और बाबासाहब को इस प्रतिक्रिया के लिए लोकसभा में खेद व्यक्त करना पड़ा।

दिन प्रतिदिन हिन्दू कोड बिल के विरोध का वातावरण अधिक गहराने लगा और सामने आये हुए पहले आम चुनाव के कारण हिन्दू कोड बिल का आग्रह पंडित नेहरू को छोडना पड़ा। 26 सितम्बर, 1951 को उन्हे घोषित करना पड़ा कि अब हिन्दू कोड बिल स्थगित रखा जाएगा। इसकी तत्काल प्रतिक्रिया डॉ. बाबासाहब आम्बेडकर ने दी। "स्वयं बेटे की मौत का दुख जितना पिता को होता है उससे अधिक दुख हिन्दू कोड बिल के अन्त से हुआ।" उद्वग्नि होकर उन्होंने कहा, "It was killed and burried, unwept and unsung!" हिन्दू कोड बिल का कत्ल हुआ और उसे बिना आँसुओ के, बिना आवाज के दफन कर दिया गया। इस कोड की प्रतिक्रिया स्वरूप बाबासाहब ने अपना त्यागपत्र दिया (27 सितम्बर, 1951)। त्यागपत्र में वे लिखते हैं "मेरे त्यागपत्र देने के लिए जो बात जिम्मेदार है, उसे मैं कहता हूँ। वह है, हिन्दू कोड बिल पर सरकार की समय बिताने की नीति और बरती गयी लापरवाही। केवल हिन्दू कोड बिल हेतु मैं मन्त्रिमंडल में था। मेरा त्यागपत्र देना कुछ लोगों उचित नहीं लगेगा। पर मेरा नजरिया अलग था। पार्लियामेंट में हिन्दू कोड बिल एक महत्त्वपूर्ण घटना थी। पूर्व में अथवा पश्चात आनेवाले किसी भी कानून से इसकी तुलना नहीं की जा सकती, इतना यह महत्त्वपूर्ण बिल है। गहरे मतभेदों के बावजूद भी मैं इस मन्त्रिमंडल में रहा। यदि यह मेरी गलती हो तो मैंने यह गलती केवल ठोस और मौलिक काम करने के लिए की है।"[22]

हिन्दू कोड बिल का स्थगन होते ही विरोधियों को अत्याधिक खुशी हुई। कारण यह सनातनियों की सबसे बड़ी विजय थी और लोकसभा के बाहर दस दिनों से हड़ताल पर बैठे स्वामी सत्यानंद सरस्वती ने अपनी हड़ताल खत्म कर दी।

बिल की असफलता के कारण

पंडित जवाहरलाल नेहरू ने कहा कि लोकसभा में हिन्दू कोड बिल पीछे ले लिया गया उसे पारित नहीं करवाया गया, यह एक दुःखद घटना है। लोकसभा का अन्तिम अधिवेशन तथा समय की कमी का कारण प्रधानमन्त्री पंडित जवाहरलाल नेहरू ने दिया। सच्चाई तो यह थी कि आगामी आम चुनाव पर होनेवाले अपेक्षित परिणामों को ध्यान में रख कर ही बिल पीछे लिया गया था। राजकीय निरीक्षकों का यही मत रहा।

लोकसभा में काँग्रेस के अधिकांश सदस्य इस बिल के विरोधी हो गये थे। राष्ट्रपति डॉ. राजेन्द्र प्रसाद जैसे नेता भी इसके अनुकूल नहीं थे। यदि हिन्दू कोड बिल

उस अधिवेशन मे पारित हो गया होता तो आनेवाले चुनाव में काँग्रेस को बहुमत प्राप्त नहीं होगा ऐसी आशंका निर्माण की गयी। स्वतन्त्रता प्रति हेतु काँग्रेस ने प्राणों की बाजी लगाई थी। प्राप्त सत्ता को काँग्रेस अपने हाथों से गँवाना नहीं चाहती थी। ऐसे में हिन्दू कोड बिल को महत्त्व दिया जाय या सत्ता को? ऐसा संघर्ष पंडित नेहरू के सामने मुहँ बाए खड़ा था। हिन्दू कोड बिल यदि इस अधिवेशन में पारित हो गया तो आगामी पहले चुनाव में काँग्रेस को धोबीपछाड़ खाना पड़ सकता है, ऐसा दिखाई देने लगा था। अन्ततोगत्त्वा समाजसुधार पर सत्तास्वार्थ की विजय हुई। हिन्दू कोड बिल पारित नहीं हुआ तो मेरी सरकार त्यागपत्र देगी अथवा चाहे जितनी मुसीबतें आयें हिन्दू कोड बिल, अवश्य पारित होगा ऐसी शेखी बधारनेवाले पंडित नेहरू को काँग्रेस पार्टी के अस्तित्त्व हेतु गर्दन झुकानी पड़ी। यह नेहरू की सबसे बड़ी त्रासदी थी। उनकी यह एक मानसिक और नैतिक हार थी।

भारत के मुख्य न्यायाधिश प्र. बा. गजेन्द्रगडकर ने हिन्दू कोड बिल के पराजय के कारणों की मीमांसा अलग ढंग से की। उन्होंने कहा "मेरी समझ से हिन्दू कोड बिल को लेकर जो दुःखद घटना घटित हुई इसकी अधिकतम जिम्मेदारी प्रगतिशील विचारकों द्वारा इस बिल के प्रति दिखाई गयी उदासीनता है। 1850 से यह बात देखने में आ रही है कि जब जब हिन्दू कानून में परिवर्तन करने का प्रयास किया गया तब तब हिन्दू धर्म खतरे में है ऐसी चिल्लाहट जनता द्वारा की गयी। इस आक्रोश को इतनी सफलता पूर्व में कभी नहीं मिली जितनी हिन्दू कोड बिल को लेकर लोकसभा में प्राप्त हुई। यह घटना निश्चित रूप से दुःखद है। अंग्रेजों के शासनकाल में हिन्दू कानून के किसी आयाम पर सुधार हेतु जब जब बिल आया तब तब बिल के समर्थन हेतु बुद्धिजीवी और विद्वान आगे आये और उन्होंने विद्वत्ता पूर्ण चर्चा की, पत्र-पत्रिकाओं में लेखन किया। आज इनके ये मत हम पढ़े तो बात साफ होगी। इसी कारण मैं हिन्दू कोड बिल पर दिखाई गयी बुद्धिमान वर्ग की अनास्था को दोषी ठहरा रहा हूँ। जब हिन्दू कोड बिल लोकसभा में चर्चा हेतु प्रस्तुत हुआ तब इस बिल के मुख्य तत्त्वों से रू-ब-रू, सामान्य जनता को कराने का प्रयास प्रगतिशील लोगों ने नहीं किया। जनजागृति भी उन्होंने नहीं की। अपवाद केवल धर्म निर्णय मंडल का रहा है। शेष किसी ने भी बिल के सन्दर्भ में अनुकूल बौद्धिक चर्चा नहीं की। परिणामतः हिन्दू कोड बिल, केवल बिल ही रहा, कानून में परिवर्तित नहीं हो पाया। समाज सुधार आन्दोलन के प्रति बुद्धिजीवी समाज ने जो उपेक्षा दिखाई, इसी का अनजाना परन्तु महत्त्वपूर्ण परिणाम यह हुआ कि किसी सामाजिक समस्या को लेकर अध्ययनपूर्ण विश्लेषण करने की, प्रगतिशील चर्चा करने की परम्परा ही लुप्त हो गयी। हिन्दू कोड बिल की हार का अर्थ है स्वतन्त्रता के युग में प्रगतिशील बुद्धिवाद का पराजय।"[23]

सर न्यायाधिश गजेन्द्रगडकर द्वारा प्रस्तुत विश्लेषण क्या पूर्ण सच है? सचमुच में क्या भारत के प्रगतिशील बुद्धिजीवियों की यह हार है? स्वामी करपात्री या शंकराचार्य, जेरेशास्त्री का कथन क्या सूचित करता है? डॉ. राजेन्द्र प्रसाद अथवा लोकसभा के सदस्यों के विरोध के मूल में कौन सी बात दिखाई देती है? डॉ. आम्बेडकर जैसे अछूत महार द्वारा तैयार किये गये हिन्दू कोड बिल पर समूचा हिन्दू समाज चले? व्यवहार करे? आज तक जो सनातन हिन्दू समाज पवित्र समझे जानेवाले धर्मशास्त्र के कानूनों पर चलता आया, वह आज अचानक एक अन्त्यज व्यक्ति द्वारा निर्मित कानून पर कैसे भला चल सकता है? यही असली चुभन उनके मन में थी। मनुस्मृति को हटाकर भीमस्मृति का कानून भारत में लागू हो, स्थापित हो, यह विचार ही सनातनियों को असह्य था। डॉ. बाबासाहब आम्बेडकर द्वारा निर्मित भारतीय संविधान भारतीय जनता ने स्वीकार कर लिया इसका मतलब यह तो नहीं कि भारतीय आचार विचार को नियन्त्रित करनेवाला यह कानून (हिन्दू कोड बिल) भी मान्य किया जाय, ऐसा भला कैसे सम्भव हो सकता है? इसी बिन्दु पर सनातनी जातीय वृत्ति प्रखरता से उभर कर आयी थी। इसलिए हिन्दू कोड बिल की हार सर्वार्थ से प्रगतिशील बुद्धिवाद की हार न होकर सनातनी वृत्ति की असली विजय थी और यही बात आजाद भारत की त्रासदी थी।

अनुवाद - डॉ. सुरेश माहेश्वरी, अमळनेर

□□□

सन्दर्भ

1. नवभारत (दैनिक) 21 जनवरी, 1950
2. जनता (साप्ताहिक) मुंबई 28 जनवरी, 1950/ 18 फरवरी, 1950
3. Provisional Parliament Debates (PPD) Vol. VIII 1951 Paragraphs - 2408, 2420, 2467
4. पूर्वोक्त Paragraphs - 2392, 2400
5. पूर्वोक्त Paragraphs - 2550, 2555
6. जनता (साप्ताहिक) मुंबई 19 नवंबर, 1949
7. PPD Paragraphs - 2504, 2517
8. पूर्वोक्त Paragraphs - 3001, 3174
9. पूर्वोक्त Paragraphs - 2706
10. पूर्वोक्त Paragraphs - 2939

11. पूर्वोक्त Paragraphs - 2488

12. Hindu code Bill, Karnatak University Lecturers 1951 P. 48

13. समाज प्रबोधन न्यायमूर्ति प्र. बा. गजेंद्रगडकर के भाषण और लेख सम्पा. श्यामकांत बनहट्टी नागपूर, 1966 पृ. 174

14. जनता (साप्ताहिक) मुंबई 10 फरवरी, 1951

15. PPD 1951 Paragraphs - 2467

16. पूर्वोक्त Paragraphs - 2550 and 2537

17. Indian Constitutional Documents Vol. I.K.M. Munshi (Bombay) 1967 P. 578

18/19. पूर्वोक्त

20. P P D 1951 Paragraphs - 3103

21. कानूनमन्त्री का त्यागपत्र जनता (साप्ता.) मुंबई अक्तूबर, 1951

22. समाजप्रबोधन सम्पा. श्यामकांत बनहट्टी पृ. 13,14,83

***

डॉ. बाबासाहब आम्बेडकर नारी मुक्ति के लिए लड़नेवाले लड़ाकू सिपाही थे। उनके पास महात्मा फुले की विरासत थी। उनके पास फुले के कार्य की प्रेरणा थी इसीलिए वे अपनी पत्नी रमाबाई को लिखे एक पत्र में कहते हैं, "मैं नारी उन्नति और नारी मुक्ति के लिए लड़नेवाला एक योद्धा हूँ। मैंने महिलाओं की प्रतिष्ठा बढ़ाने के लिए आवश्यक संघर्ष किया है जिसका मुझे गर्व है।" बाबासाहब ने अपने इन प्रयासों में केवल दलित स्त्री को केंद्र में नहीं रखा अपितु समग्र हिन्दू स्त्री के उत्थान के लिए 'हिन्दू कोड बिल' की रचना की। स्त्री मुक्ति के सन्दर्भ में इससे बढकर और किसी का कोई व्यावहारिक प्रमाण दे सकते हैं? डॉ. राजेंद्रप्रसाद ने बाबासाहब के स्त्री मुक्ति आन्दोलन का निरन्तर विरोध किया बावजूद इसके डोवाडौल न होते हुए अकेले ही उस विरोध को निरन्तर चुनौती दी। 'हिन्दू कोड बिल' को नजर अन्दाज किया जा रहा है ऐसा लगने पर उन्होंने तुरन्त श्रम मन्त्री पद का इस्तीफा दे दिया। देवदासी प्रथा की रोकथाम के लिए उन्होंने निरन्तर संघर्ष किया। यह संघर्ष पहले गाँधी तक को सूझ नहीं पाया था, इसीलिए आम्बेडकर ने सामजिक समता के आन्दोलन में स्त्री शक्ति और स्त्री मुक्ति को प्रधानता दी।

... 12 ...

डॉ. बाबासाहब आम्बेडकर और महिला

ज्योति लांजेवार

भारतवर्ष के प्रदीर्घ इतिहास में समानता की सही जंग हो ही नहीं पाई। इतना ही नहीं तो विविधता में एकता का सपना देखनेवाले भारत को नारी विषयक चर्चा के लिए समय ही नहीं मिला। हिन्दू धर्म तो केवल सनातनी था ही लेकिन बौद्ध, ईसाई, जैन आदि विद्रोही सम्प्रदायों ने स्त्री-समानता को कोई स्थान नहीं दिया। अन्य धर्मों में भी स्त्री समानता के प्रश्न को किनारे कर दिया था। मानवता और करुणा पर आधारित बौद्ध, जैन, ईसाई, धर्म तक स्त्री को समान दर्जा नहीं दे सके। अलबत्ता हुआ यह कि उस धर्म में स्त्री को प्रवेश न देकर धर्मसंघ में मात्र मजबूरन ही सही लेकिन स्त्री को प्रवेश मिला। ईसाई धर्म की नन्स को धर्मगुरु या उपदेशक के धर्मसंस्कार करने का तक अधिकार नहीं था। धर्मसंस्था के कनिष्ठ अधिकार के पदों से तक स्त्री को दूर रखा गया। यहूदी, इस्लामी स्त्री की दशा तो इससे बदतर थी। आगे चलकर बौद्ध धर्म की भिक्खुनियों का दर्जा उत्तरोत्तर बढ़ता गया। इतिहास में सन्दर्भ मिलता है कि कुछ स्थानों पर तो स्त्रियाँ मठाधीश के रूप में कार्य करती थीं।

सभी धर्मों ने स्त्री को पापी- नरकद्वार करार कर दिया था। संत कवयित्रियों ने तक स्वयं की दास्यता ही व्यक्त की है। दासी जनी (संत जनाबाई) का दास्य भाव तो दोहरे स्तर का है। विठ्ठल की दासी और उससे भी शूद्र होने से उसे दास्यत्व स्वीकारना पड़ा। स्त्री का मुक्ति मार्ग यह केवल स्त्री द्वेष से, स्त्री निंदा से तैयार हुआ है। इससे स्वातन्त्र्यपूर्व काल में अत्युच्च पद पर बैठनेवाली रजिया सुलताना एकमात्र स्त्री दिखाई देती है। रानी लक्ष्मीबाई, चाँदबीबी, ताराबाई, अहिल्याबाई आदि सत्ता पर थी। लेकिन उसके बाद पुरुषप्रधान संस्कृति में स्त्री की असाधारणता को नकारकर उसे दासता की बेड़ियों में जकड़ने के ही प्रयास होते आये। उन्नीसवीं सदी में स्त्री सुधार की जरूरत महसूस होने लगी। भारत के इतिहास में महम्मद तुगलक ने स्त्री अधिकार की पहली सनद स्त्रियों को बहाल की। तत्कालीन मौलवी पंडितों ने तुगलक को पागल करार कर दिया लेकिन उसने सख्ती से सती प्रथा पर पाबन्दी लगाई। इतना ही नहीं, सती होने से पहले सरकारी अनुमति लेने की शर्त जारी की। लेकिन मुल्ला- मौलवी, शास्त्री-पंडित, भ्रष्ट अधिकारी, जनता इन सभी ने मुहम्मद को पागल करार कर दिया और उसकी योजना असफल बनाई। लॉर्ड बेंटिक से पूर्व पाँच सौ साल पहले मुहम्मद तुगलक ने सती प्रथा पर पाबन्दी लगाने का प्रयास किया। उसे सफलता नहीं मिली। अल्लाउद्दीन खिलजी क्रूर राजा था लेकिन उसने अपने राज्य में वेश्याओं पर पाबन्दी लगाई और वे विवाह करें ऐसा हुक्म जारी किया। इसके पश्चात अकबर ने स्त्री मुक्ति हेतु किये प्रयास व्यापक और मूलगामी थे। उसके 'आइन ए अकबरी' ग्रन्थ में भारतीय स्त्री अधिकारी की प्रथम संहिता तैयार हुई। अकबर के पश्चात किसी ने भी स्त्री सुधार पर ध्यान नहीं दिया। हिन्दू मुसलमान राजाओं के कार्यकाल में स्त्री के सन्दर्भ में विचार करने के लिए किसी को फुरसत नहीं थी, ऐसा दिखाई देता है।

महात्मा फुले के काल में परिवार के मुखिया की ही परिवार पर सत्ता होती थी। स्त्री को शिक्षा से वंचित रखा गया था। महात्मा फुले ने स्त्री समानता और शूद्र- अतिशूद्र संघर्ष को अपने आन्दोलन में प्रथम स्थान दिया था। उन्होंने निजी तौर पर जो प्रयास किये उसमें भी स्त्री का विचार प्रथम था। उन्होंने स्त्रियों के लिए केवल ज्ञान के दरवाजे खुले नहीं किये अपितु बालविवाह, प्रौढ़विवाह, विधवा विवाह, पतिता- परित्यक्तओं के जटिल नाजुक प्रश्न, बालहत्त्या प्रतिबन्धक गृह इन सभी क्षेत्रों में अगुआ बनकर प्रत्यक्ष कार्य किया। उनके लिए संस्थाएँ खोलीं। आधुनिक विचारों का प्रसार एवं प्रचार किया। कार्यकर्ताओं की फौज तैयार थी। विवाह संस्कारों में स्त्री को गुलाम करनेवाले संस्कृत मन्त्र निष्कासित कर उसके स्थान पर वधू-वर समझ सकें, समानता की महत्ता गाएँ ऐसे मंगलाष्टक उन्होंने स्वयं तैयार किये। फुले केवल बाल विवाह के विरुद्ध प्रचार कार्य करके रुके नहीं, बालिग लड़की की सम्मति से विवाह तय हो ऐसे 'सम्मति विवाह' का

विचार प्रचलित करने का उन्होंने प्रयास किया।

आज महात्मा फुले के स्त्री- मुक्ति विचार कार्य का मूल्यांकन करते समय यह स्पष्ट होता है कि फुले द्रष्टा थे। "परिवार के मुखिया की तानाशाही और स्त्रियों की गुलामी जैसी सामाजिक विषमता, गुलामी को पुष्ट बनानेवाला आधार है। इस पर प्रहार किए बगैर परिवार में और पर्याय रूप से समाज में भी स्त्री पुरुष समता स्थापित होना असम्भव है। और इस समता के बगैर स्त्री पुरुष समता के गप्पें लड़ाना निरर्थक है।" ऐसी फुले की राय थी इसलिए वे शास्त्रशुद्ध भूमिका स्वीकार करते थे। उसके लिए वे हर तरह के प्रयास करने के लिए सिद्ध बने। स्त्री प्रश्नों के सन्दर्भ में फुले की निष्ठा इतनी प्रगल्भ, ठोस और आग्रही थी कि यथासमय वे अपने सहकर्मियों तक को खरीखोटी सुनाते थे। स्त्री स्वातन्त्र्य और समता को प्राथमिकता देनेवाले फुले के बाद मात्र किसी ने भी ऐसा प्रभाव नहीं दिखाया। महर्षि कर्वे का महिलाश्रम और स्त्री शिक्षा का कार्य सफेदपोश वर्ग की स्त्रियों तक सीमित था लेकिन सर्वहारा बहुजन, शूद्र- अतिशूद्र स्त्रियों की शिक्षा और उन्नति की ओर किसी ने ध्यान नहीं दिया। पंडिता रमाबाई और मिशनरी संस्थाएँ इसके लिए अपवाद थीं। बहुजन समाज में शिक्षा का प्रसार हुआ लेकिन आज भी स्त्रियों तक शिक्षा नहीं पहुँच पाई, जो यथार्थ है।

शूद्र- अतिशूद्र, बहुजन समाज की स्त्रियों को जो कष्ट सहने पड़ते हैं इसका फुले के बाद किसी को खयाल नहीं था। महँगाई, सूखा, महामारी, जिम्मेदारियाँ इन सभी का बोझ और पीड़ा स्त्रियों को ही सहनी पड़ती है। सूखा, महामारी से जी पाई तो यतीम, विधवा बनकर नया दुःख सहने के लिए फिर तैयार। इस दर्द को कौन देखेगा? फुले ने पहली बार अछूतों के लिए, लड़कियों के लिए पाठशालाएँ शुरू कीं। उसमें स्वयं की पत्नी को खुद पढ़ाकर अध्यापिका बनाया और दोनों स्त्री मुक्ति कार्य में समर्पित हुए। रानडे - तिलक काल में उनके आन्दोलन में एक भी स्त्री शरीक नहीं हुई। सरलादेवी चौधुरानी और सरोजनी नायडू वैयक्तिक नेता थीं लेकिन वे महिला आन्दोलन नहीं चला पाईं। र. धों. कर्वे ने स्त्रियों के समागम- स्वातन्त्र्य का आजीवन समर्थन किया बावजूद समग्र स्त्री समानता के उनके आग्रह को सहयोग नहीं मिला। महर्षि कर्वे और र. धो. कर्वे के विचार सफेदपोश वर्ग की स्त्रियों तक सीमित होने से आम वर्ग की बहुजन स्त्रियों की मुक्ति का विचार उपेक्षित ही रहा। इससे कर्वे के कार्य की सीमाएँ रहीं। मिशनरियों ने गाँव-देहात, पहाड़-जंगलों के दुर्गम अंचलों में जाकर कार्य किया। पूरे महाराष्ट्र में तथा उपेक्षित क्षेत्रों में मिशनरी लोगों ने स्त्रियों के लिए पाठशालाएँ, विधवा, अपाहिज, अनाथ, पतिता, परित्यक्ता, बच्चों के लिए पाठशालाएँ, आश्रम, छात्रावास, कार्यशाला, अस्पताल, प्रसूतिगृह जैसी संस्थाएँ शुरू कीं। इन लोगों की स्त्रियाँ भी बड़ी संख्या में उनके कार्य में सहयोग देती थीं।

गाँधी आन्दोलन में स्त्रियों का बड़ी संख्या में सहभाग था। स्त्री कार्यकर्ताओं के पथक थे। स्त्रियाँ प्रभात फेरी, प्रचार, सामूहिक कार्यक्रम, सत्याग्रह, लाठीचार्ज, गोलाबारी में शरीक होती थीं। स्वतन्त्रता आन्दोलन में महिलाओं ने पुरुषों के बराबर योगदान दिया। गाँधी का पहला चरित्र भी अवंतिका गोखले नामक एक स्त्री ने ही लिखा। गाँधी की विचारधारा सनातनी थी। "स्त्री यह केवल मोक्षमार्ग में ही नहीं तो गृहस्थी में भी मोहमयी है। मोह का, पाप का आह्वान है। इसके लिए प्रखर आत्मसंयम, कठोर व्रत का पालन (ब्रह्मचर्य), देहदंड इनका उपयोग किये बगैर चारा नहीं है।" ऐसी गाँधी की राय थी। केशवपन के विरोध में जिन उदारवादी विचारकों ने सनातनी लोगों का कड़ा विरोध किया, उस केशवपन को गाँधी ने पाप का प्रायश्चित कहकर समर्थन किया। उन्होंने यह प्रतिपादन किया कि 'देहदंड और साधना इनके लिए केशवपन आवश्यक हैं।' उन्होंने आश्रम की अनेक स्त्रियों के साथ ब्रह्मचर्य के प्रयोग किये। इस सन्दर्भ में प्रो. निर्मलकुमार बोस 'My days with Gandhiji' में लिखते हैं, "गाँधी ने गाँव- गाँव में आश्रम खोले तो गाँव- गाँव में गाँधी तैयार हुए। इससे जो विकृतियाँ सामने आयीं उसकी कल्पना न करें तो अच्छा। गाँधी ने पूँजीवादी, जमींदारी व्यवस्था को निरन्तर प्रोत्साहन दिया। उच्चवर्गीय स्त्रियों की संख्या महिला आन्दोलन में प्रबलता से बढ़ी और गाँधी के पूँजीवादी दर्शन से उनके व्यावहारिक जीवन को आधार ही मिला, इससे पूरे के पूरे परिवार उनके शिष्य बन गये। पूँजीपति- व्यापारी परिवार की स्त्रियाँ गाँधी आन्दोलन में आयीं। उसी से अखिल भारतीय महिला परिषद का जन्म हुआ।"

गाँधी ने हरिजन उद्धार की भूमिका अपनाई। हरि यानी ईश्वर और जन यानी लोग ऐसा गाँधी ने अर्थ बताया। उन्होंने हरिजनों की बस्ती में जाकर रहना, उनके साथ खाने के कार्यक्रम किये। शूद्रातिशूद्रों में गिनती होनेवाले भंगियों को 'पाखाना उठाते जाओ यह पुण्यकर्म है' जैसी तर्क नीति बताई। उनमें होनेवाली क्रान्तिकारी, लड़ाकू प्रवृत्ति को हिन्दूवाद का गुलाम बनाया। 'हम जो खाते हैं, वही पाखाना हैं' इस तर्क के बलि बने भंगी अन्त तक हिन्दूवाद से चिपके रहे।

गाँधी के पश्चात उनका वैचारिक उत्तरदायित्त्व विनोबा की ओर आया। विनोबा ने गाँधी के तत्त्वज्ञान का अनुसरण किया। उनका विचार आचार कृति में लाया। आश्रम जीवन, विधायक कार्यक्रम के साथ भूदान- ग्रामदान जैसे व्यापक आन्दोलन चलाए। इनमें स्त्रियों का सहभाग महत्त्वपूर्ण था। अपने तात्त्विक अधिष्ठान को स्त्री मुक्ति आन्दोलन, स्त्री-पुरुष समानता और स्त्रियों के प्रश्नों से उन्होंने एक नया ही सिद्धान्त प्रस्तुत किया। "स्त्री को सही रूप में समानता चाहिए तो वह वह ब्रह्मवादिनी संन्यासिनी बने। ब्रह्मज्ञान, ब्रह्मचर्य, संन्यास और मोक्ष मार्ग इन सभी पर अधिकार बताना चाहिए, माँगना चाहिए और उसके लिए पात्रता भी कमानी चाहिए।" ऐसा सूक्ष्म विचार उन्होंने

प्रस्तुत किया। लेकिन इन विचारों का आम स्त्री को कितना लाभ हुआ यह शोध का विषय हो सकता है।

सामान्यतः सन 1929-30 के पश्चात का समाज नेहरू से प्रभावित हुआ। उनकी आधुनिक विचारधारा का, समाजवादी प्रेरणा का प्रभाव राजनीति और युवा वर्ग पर हुआ। महिला परिषद में भी उनका विचार प्रगतिशील साबित हुआ लेकिन हर निर्णायक समय पर गाँधी की राय नेहरू से प्रभावपूर्ण होने से सामाजिक स्थिति में अपेक्षित परिवर्तन नहीं हो पाया। सन 1934 के पश्चात सत्ता की राजनीति वल्लभभाई पटेल के नेतृत्व में शुरू हुई। इसका राजनीति के साथ महिला आन्दोलन पर परिणाम हुआ। यह आन्दोलन पूँजीपति व्यापारी वर्ग के प्रभाव में आया। इससे प्रत्यक्ष कृति की दृष्टि से आम स्त्री के प्रश्नों को पर्याप्त बल नहीं मिला अपितु उसे किनारे कर दिया गया।

डॉ. आम्बेडकर 'आत्मोद्धार' को जीवन का अन्तिम लक्ष्य मानते थे। उन्होंने यथासमय यह पहचाना था कि अछूतों में तेजास्विता निर्माण करने के लिए स्वाभिमान, आत्मनिर्भरता और आत्मसम्मान की जरूरत है। वे यह भलीभाँति जानते थे कि अपने अन्तःकरण पर दस्तक दिये बगैर आत्मजागरण नहीं होगा और आत्मजागरण के बिना उद्धार असम्भव है। उन्होंने सामाजिक, राजनीतिक, आर्थिक, शैक्षिक, सांस्कृतिक, धार्मिक आदि विषयों पर अपने अभ्यासपूर्ण विचार प्रस्तुत कर दलितों की दबी हुई अस्मिता को जगा दिया। बाबासाहब ने पत्नी रमाबाई को विठ्ठल दर्शन के बारे में समझाया था, "पंढरपुर जाना निरर्थक है। जो विठोबा भक्तों को दूर रखता है वह क्या ईश्वर है? हम ऐसा तीर्थ निर्माण करेंगे जहाँ किसी को दूर नहीं रखा जाएगा।" इस विचार से एक स्त्री के ईश्वरभीरु, अंधश्रद्ध मन को सांत्वना मिली तो इस देश में समस्त स्त्रियों की ओर देखने की ईश्वर की दृष्टि दिखाई देती है। ऐसे ईश्वर के दर्शन से क्या मिलेगा?

दुःखों को मनुष्य कभी टाल नहीं सकता। उसका मुकाबला करने का सामर्थ्य मात्र होना चाहिए। बाबासाहब के हृदय में स्त्रियों को लेकर अभिमान था। बाबासाहब सभा के लिए संगमनेर गये थे। किसी ने तो उन्हें टेढ़ा प्रश्न पूछा! उस प्रश्न का उत्तर देते समय बाबासाहब ने कहा, "हमारा नुकसान होने पर आप क्यों रोते हैं? मनुष्य को इज्जत प्यारी होती है, लाभ नहीं। सदगुणी और सदविचारी स्त्री व्यभिचार में होनेवाला लाभ भलीभाँति जानती है। हमारी मुंबई में ऐसी औरतों की एक बस्ती है। वे स्त्रियाँ सुबह जागने पर नाश्ते के लिए पड़ोस के होटल में ऑर्डर देते हुए कहती हैं, अरे, सुलेमान खिमा-पाव ले आना। वह खिमा - पाव लाता है लेकिन मेरी दलित बहनों को दाल- रोटी तक नहीं मिलती। बावजूद वे इज्जत से रहती हैं।" इस तरह का अभिमान बाबासाहब अपनी दलित बहनों के प्रति व्यक्त करते हैं।

बाबासाहब ने 'भगवान बुद्ध और उनका धम्म' इस महान ग्रन्थ का सृजन कर आज की स्त्री को आचरण की नयी दिशा दिखाई। स्त्री की हीनता ग्रन्थि दूर कर बताया कि स्त्री की भूमिका केवल चूल्हा और बच्चे सँभालनेवाली पुरुष की दासी इतनी ही नहीं है, वह एक शक्ति है। पुरुष संस्कृति को उसकी सृजन शक्ति का पता नहीं है। वह साहस के महामेरु को जन्म देती है। वह सुख दुःख के परे होनेवाली वेदना सहकर पुरुष का गठन करती है। उसमें होनेवाले सुप्त गुणों को परखकर उसे विकास की नयी दिशाएँ मिलेंगी तो वह हर क्षेत्र में उन्नति करेगी, यह बाबासाहब ने स्पष्ट किया। बाबासाहब स्त्रियों को सम्बोधित करते हुए अक्सर उन्हें स्वयं का सामाजिक स्तर उन्नत बनाने का, रहन-सहन बदलने का उपदेश देते थे।

फुले, आगरकर ने सामाजिक समता के आन्दोलन में स्त्री- पुरुष समानता पर जितना बल दिया उतना ही बल डॉ. बाबासाहब आम्बेडकर ने स्त्री मुक्ति के सन्दर्भ में दिया। डॉ. बाबासाहब आम्बेडकर के आन्दोलन में स्त्री को प्रमुख स्थान दिया गया था। स्त्री ही दलित समाज का उद्धार करेगी और कर्मकांड, अंधविश्वास को दूर करेगी इस पर उनकी प्रगाढ़ श्रद्धा थी। इस कारण वे अपने भाषणों द्वारा महिलाओं को सम्बोधित करते रहे कि "आप अपने बच्चों को पढ़ाओ। अच्छा रहन सहन अपना लो। गले में ढेर सारे काँच के मणि मत डालना। केवल काले मणियों की एक माला पहनना। हाथ में बड़ी संख्या मे कंगन मत पहनना। कपड़े फटे हों लेकिन साफ, ढंग के बनाकर इस्तेमाल करो।" बाबासाहब जैसे प्रज्ञावंत को स्त्री वर्ग पर होनेवाला अन्याय कचोटता था। उन्होंने केवल उपदेश और भाषण ही नहीं दिये बल्कि स्त्री में क्रान्ति हो, उसमें आमुलाग्र परिवर्तन हो, नवचैतन्य निर्माण हो इसलिए लगातार कोशिश की।

महाड धम्मसंगर के समय बाबासाहब ने महिलाओं से कहा था, "आपकी गोद से जन्म लेना पाप समझा जाता है। आप सत्याग्रह में हिस्सा लेंगी या नहीं यह तय करो। आप हमारी माँ बहन हैं। आपको दीन मानकर जो कष्ट दिया जाता है वे आप जानती ही हैं। हमें लोग दीन कहें तो आपको बुरा नहीं लगता? हमारी उन्नति के लिए आपको प्रयास करने चाहिए। अपने बच्चों को पढ़ाओ। पति, बेटा या बाप, भाई शराब पीकर घर आये तो उसे घर में मत लेना। खाना मत देना..." "पुत्र हो ऐसा गुंडा, उसका त्रैलोक्य में झंडा" ऐसी मंशा रखकर संतति को जन्म देना।" बाबासाहब की इस वाणी का इतना परिणाम हुआ कि चक्की के पारम्पारिक गीत बदल गये। 'घर मत रहो बेटा, पाठशाला में जाओ' जैसे गीत होंठों पर आ गये। मेहनत, मजदूरी कर अपने बच्चों को साहब बनानेवाली माताएँ आज भी मिलती हैं। भीतर की तिलमिलाहट, तड़प और करुणा से ओतप्रोत बाबासाहब नाम के तूफान ने स्त्री वर्ग के लिए अहम कार्य किया।

नागपुर में 18,19 और 20 जुलाई, 1942 को अखिल भारतीय दलित परिषद

का तीसरा अधिवेशन आयोजित किया गया था। इस अधिवेशन में 20-25 हजार स्त्रियों का समूह देखकर बाबासाहब हर्षित हुए थे। उस समय उन्होंने कहा, "किसी भी समाज में होनेवाली स्त्री की प्रगति के आधार पर उस समाज की प्रगति को आँक सकते हैं। आप इतनी बड़ी संख्या में उपस्थित रहीं, इससे स्पष्ट है कि हमारा समाज प्रगति के पथ पर है।" महिलाएँ कैसा आचरण करें और क्या करें इसको लेकर उन्होंने कहा, "आप साफ रहो, सभी दुर्गणों से दूर रहो। बच्चों को पढ़ाकर महत्त्वाकांक्षी बनाओ। बच्चों का विवाह करने की जल्दबाजी मत करना। उन्हें आत्मनिर्भर बनाना। उनकी सहचरी बनना। मेरी इस सलाह को मानकर उसका अनुसरण करोगी तो आप स्वयं की उन्नति करोगी और अस्पृश्य समाज को भी प्रगति के पथ पर ले जाओगी।" बाबासाहब के इस विचार से आज के महिला वर्ग का गठन हुआ, हो रहा है।

"स्त्री की समानता पर आफत लाकर उन्हें सदैव मातृत्व बहाल करनेवाले पुरुषों को कुछ समझ आये, इस देश की प्रगति को बाधा बननेवाली आबादी न बढ़े, स्त्री की दुर्बलता नष्ट होकर वह समाज में सम्मान से रहे, वह खुश एवं तन्दुरुस्त रहे, इसके लिए देश में परिवार नियोजन' अत्यन्त जरूरी है। यह भारत में साग्रह बतानेवाले बाबासाहब पहले राजनेता थे। उन्होंने 'परिवार नियोजन' के सन्दर्भ में गम्भीरता से सोचकर उसमें दखल दी थी। उनके विचार रास न आने से विरोधकों ने 'बच्चे तो भगवान की देन हैं', 'आत्मसंयम से परिवार नियोजन साध्य होगा' ऐसी सम्भावना की ओर बाबासाहब द्वारा प्रस्तुत गैरसरकारी प्रस्ताव खारिज कर दिया। पचास साठ साल पहले उन्होंने जिस विचार का आग्रह किया था वह आज टीवी से वीटी तक दीवारों पर झलक रहा है। बाबासाहब देश की गरीबी दूर करने के लिए भारत का औद्योगीकरण चाहते थे। इतना ही नहीं, वे बुनियादी राष्ट्रीय उद्योगों के राष्ट्रीयीकरण का आग्रह कर रहे थे। कृषि को प्रधान उद्योग मानकर संविधान के जरिये राज्य में समाजवाद लाना चाहते थे। देश की प्रगति नियोजनबद्ध तरीके से हो इसलिए उन्होंने नेहरू के मन्त्री मंडल में योजना विभाग की माँग की थी। चूँकि अपने अर्थशास्त्र के ज्ञान के आधार पर देश की गरीबी दूर कर गरीबों की भलाई हेतु योजना कार्यान्वित कर सके। गरीबी की पीड़ा पुरुष की तुलना में स्त्री को ज्यादा सहनी पड़ती है, इसे वे भलीभाँति जानते थे।

आज की महिला आम्बेडकर के विचारों की विरासत लेकर आगे बढ़ रही है। उसने अपनी होशियारी, बुद्धि और जिद के बलबूते सभी क्षेत्रों पर कब्जा कर लिया है। राजनीति, समाज, साहित्य आदि में वह कदम बढ़ा रही है। कुछ साल पहले इंदिरा गाँधी देश की प्रधानमन्त्री रहीं। 'क्या एक विधवा देश का कारोबार करें?' ऐसा कुत्सित प्रश्न करनेवालों के मुँह पर स्त्री ने तमाचा लगाया और स्त्री में भी कोई कमी नहीं है यह दिखा दिया। यह सब बाबासाहब के संविधान और बिल का परिणाम है। यहाँ की मातृपूजक

संस्कृति के वारिसों ने इंदिरा जी को मन्दिर प्रवेश से नकारा। उनकी हत्या कर स्त्री को लेकर उनकी दुर्बलता सिद्ध की। लेकिन इंदिरा जी के कदमों पर कोई स्त्री चल नहीं सकती क्या ऐसा समाज कह सकता है? इस देश का स्त्री वर्ग आज भी ज्ञात- अज्ञात रूप में बाबासाहब की वैचारिक विरासत का संवर्धन कर रहा है। अन्तर इतना ही है कि इस महापुरुष का नाम लेने में उनकी संस्कृतिप्रिय जिह्वा हकलाती है।

अनुवाद - डॉ. चंदा सोनकर, बार्शी

□□□

स्वधर्म, स्वजात श्रेष्ठत्व, यह गुफा मानव के लक्षण माननेवाली संस्कृति ने यहाँ के बहुत बड़े वर्ग को गुलामी के अँधेरे में ढकेल दिया था। साँप को दूध और चीटियों को चीनी खिलानेवाली इस संस्कृति ने यहाँ के अछूत माने गये मनुष्य के साथ जानवर से बदतर आचरण किया। इस देश के मूलनिवासी को यहाँ के पत्थर के भगवान और मन्दिरों की संस्कृति के पैसों में दबा दिया गया था। इस प्रकार से मानवता खोए हुए मनुष्य को मानवता के अधिकार दिला देने के लिए डॉ. बाबासाहब आम्बेडकर दिन रात कष्ट सहे। सभी अछूत एक हैं उनका दुःख, दर्द, उनका एहसास भी एक है इसे उन्होंने समझ लिया था और इस तरह से उन्होंने सभी अछूतों को एकत्रित कर बड़ें पैमाने पर संघर्ष का प्रयत्न किया। परन्तु कुछ नासमझ लोग डॉ. बाबासाहब के कार्य को और उनको जाति की चौखट में रखने का प्रयत्न कर रहे हैं। उनके बारे में इस प्रकार की अनेक गलतफहमियाँ फैलायी जाती हैं। इस सम्बन्ध में दलित साहित्यिक

... 13 ...

डॉ. बाबासाहब आम्बेडकर और गैरमहार दलित

डॉ. सुरेश वाघमारे

शंकरराव खरात कहतें हैं —

"डॉ. बाबासाहब आम्बेडकर एक विशिष्ट जाति के नेता हैं; इस तरह की बात आलोचना के लिए आलोचना करनेवाले धूर्त और द्वेषबुद्धि के आलोचक करते हैं। डॉ. बाबासाहब आम्बेडकर का महार जाति में जन्म हुआ यह उनका दोष नहीं था। डॉ. बाबासाहब आम्बेडकर के अनुयायियों में माँग, चमार, महार, मेहतर सभी जातियों का समावेश था और सभी जातियों पर उनका बहुत ही प्रेम था। वह अछूत जातियों को समभाव से देखते थे। इतना ही नहीं देश-विभाजन के बाद पाकिस्तान की अछूत जातियों ने खुद की आजादी के लिए डॉ. आम्बेडकर जी को एक निवेदन भेजा, तब डॉ. बाबासाहब आम्बेडकर ने 18.12.1947 को भारत के प्रधानमन्त्री नेहरू जी को एक निवेदन दिया था।

प्रिय,

पंडित जवाहरलाल नेहरू

पाकिस्तान से भारत मे आये हुए अछूत निर्वासित लोगों की बहुत सी समस्याएँ मेरे पास आ रही हैं। और उसके साथ ही पाकिस्तान से भारत में आने के लिए उत्सुक परन्तु जिन्हें रोक दिया गया है, जकड़ कर रखा गया है, ऐसे 'अछूतों' की भी मेरे पास

समस्याएँ आ रही हैं। इसलिए इन प्रश्नों की ओर आपका ध्यान होना चाहिए। आज भारत में आये हुए बेघर अछूतों का और पाकिस्तान में लटके पड़े अछूतों का क्या हाल हो रहा है? इसीलिए क्या करना चाहिए यह मैंने मेरे निवेदन में कहा है। और इसमें मैंने महत्त्वपूर्ण सुझाव भी भेजा है।'' इसके उत्तर के रूप में पंडित नेहरू ने उनको इस तरह का पत्र लिखा था।

प्रिय,

डॉ. आम्बेडकर

आपका 18 दिसम्बर का पत्र मिला। इस प्रश्न की ओर मैं खुद आत्मीयता से ध्यान दूँगा और इसके साथ ही इससे सम्बन्धित मन्त्री को भी इस प्रश्न पर अच्छी तरह से ध्यान देने के लिए कहूँगा।''[3]

इससे डॉ. बाबासाहब आम्बेडकर के कार्य की व्यापक की कल्पना आती है।

वास्तव में डॉ. बाबासाहब आम्बेडकर के नेतृत्व की शुरुआत के पूर्व ही महार चमार, मांग इ. जातियों में थोड़ा बहुत आन्दोलन शुरू होकर उन जातियों में जागृति करने का प्रयत्न शुरू हुआ था। इसी बीच डॉ. बाबासाहब आम्बेडकर अपनी पढ़ाई पूरी करने के लिए अर्थात 5 जुलाई, 1920 को लंदन गये थे और वे वापिस आने के बाद उन्होंने अपने कार्य की शुरुआत साधारणतः 1923 में की थी। तभी 20 जुलाई 1924 को 'बहिष्कृत हितकारिणी सभा' की स्थापना कर उन्होंने अपने कार्य की शुरूआत की''[4]। इसी तरह 'अछूत समाज को उनका दुःख समझनेवाला ऐसा नेता भी मिला, इसीलिए अब इस समाज का भवितव्य उज्ज्वल है इस प्रकार की भविष्यवाणी भी राजर्षि शाहू महाराज ने की थी। और इस प्रकार उनके कार्य का प्रारम्भ भी हुआ

आम्बेडकर के नेतृत्व से पहले भिन्न जातियों में जागृति निर्माण हो रहा था, फिर भी सभी जातियों को समाविष्ट करनेवाले नेता का अभाव था। प्रत्येक जाति का नेता अपनी जाति के लिए कुछ - न - कुछ करना चाहता था। तभी बाबासाहब को महार जाति के नेतृत्व के लिए महार जाति तक सीमित करने का प्रयत्न हुआ। परन्तु उनके व्यक्तिमत्त्व को यह स्वीकार्य नहीं था। क्योंकि 1920 में इन सभी आन्दोलनों का अध्ययन कर, सूक्ष्म निरीक्षण कर लेने के बाद ही वे आन्दोलन में उतरे थे। फिर भी उनको अपने जातीय गुट में खींचने का प्रयत्न महार जाति से हुआ। इनमें से कुछ घटनाओं का उल्लेख इस प्रकार है—

1. 22,23 अक्तूम्बर 1923 को फलटण संस्थान में महार परिषद का अधिवेशन हुआ और इस परिषद को डॉ. बाबासाहब आम्बेडकर उपस्थित होंगे, इस तरह का विज्ञापन किया गया था। परन्तु वे इसमें उपस्थित नहीं हुए।

2. इस सन्दर्भ में पुणे के शि. जा. कांबले जीने अ. भा. अछूत परिषद का अधिवेशन डॉ. बाबासाहब आम्बेडकर की अध्यक्षता में होगा और तभी उन्हें सम्मानपत्र और थैली दी जाएगी ऐसा घोषित किया था। इसमें भी डॉ. बाबासाहब उपस्थित नहीं रहे। तब उन्होंने वे पैसे वापिस किये ऐसा उल्लेख मिलता है।[5]

3. इसके बाद अछूत निवारण परिषद का चौथा अधिवेशन 29,30 दिसम्बर 1930 को आयोजित किया गया। तब भी डॉ. बाबासाहब आम्बेडकर उपस्थित होंगे ऐसा बताया गया। परन्तु वे प्रत्यक्ष यहाँ भी उपस्थित नहीं हुए।

ये सभी घटनाएँ यह सूचित करती हैं कि आरम्भ से ही उन्होंने जातीय संघटनाओं को नकारा है। और सर्वसमावेशक आन्दोलन की शुरुआत की। उस समय बहुत से लोग उनके प्रभाव से आन्दोलन में शामिल हुए, तो कुछ लोगों के नेतृत्व को इससे खतरा पहुँचेगा इस कारण वे आम्बेडकर के इन आन्दोलनों में शामिल नहीं हुए। जिन्होंने डॉ. आम्बेडकर के विरूद्ध स्पष्ट रूप से विरोध दर्शाया उसमें महार समाज के नानासाहब गवई, बनसोडे आदि लोग थे। मांग समाज के के. के. सकट भी इसमें थे। परन्तु इस विरोध को न मानते हुए उन्होंने सभी जातियों को एकत्रित कर बहुत बड़ा संघर्ष किया और सभी गैर-महार जातियों को समाविष्ट करने का प्रयत्न किया। आम्बेडकर के सभी आन्दोलनों का पुनरपरीक्षण करने के बाद यह ध्यान में आता है। इसीलिए मांग, चमार और आदिवासी इनका इस आन्दोलन में सहभाग इस पर विस्तार से विचार विमर्श किया गया है। लेकिन यह उनके आन्दोलन का पूर्ण अध्ययन है, ऐसा नहीं कह सकते। इसी सीमा को ध्यान में रखकर उस पर प्रामाणिकता से विचार प्रकट करने का प्रयत्न इस लेख में किया गया है।

डॉ. बाबासाहब आम्बेडकर और महाराष्ट्र का चमार समाज

स्वातन्त्र्योत्तर काल में महार समाज की तरह महाराष्ट्र के चमार समाज में भी सामाजिक आन्दोलन का कार्य कुछ कार्यकर्ता कर रहे थे। चमार समाज में रोहिदास ज्ञानदेव समाज नाम की संघटना कार्यरत थीं। इस संघटना की तरफ से चमार समाज की बहुत सी सभाएँ बुलायी गयी थीं। इस तरह चमार समाज में जागृति निर्माण करने का प्रयत्न किया गया। 29 अप्रैल, 1923 को रोहिदास समाज की ओर से आग्रीपाडा (मुंबई) में एक बड़ी सभा आयोजित की गयी। इनमें मुख्यतः चमार समाज बुरी रुढ़ियों का त्याग करें और समाज में शिक्षा का प्रसार करें इस बारे में विचार रखे गये 'इसके बाद 13 मई, 1923 को रोहिदास समाज द्वारा कल्याण में सभा आयोजित की गयी थी। इस सभा के अध्यक्ष व. मु. काळमोरे थे। यहाँ मुख्य रूप से चमार समाज के

विद्यार्थियों को निःशुल्क शिक्षा मिलनी चाहिए, छात्रावास होने चाहिए, इस बारे में चर्चा की गयी।'[7]

इस समाज के द्वारा ही 7 जुलाई, 1923 को हरिश बुन्हाडकर की अध्यक्षता में नालासोपारा में सभा बुलाई गयी। तब राघोबा वनमाली ने अपने प्रभाव पूर्ण विचारों को रखा था। और चमार समाज को कॉंग्रेस से सजग रहना चाहिए, ऐसा इशारा भी किया गया था, इसके बाद सी. के. बोले की अध्यक्षता में बहुत बड़ी सभा बुलायी गयी थी। उस समय चांदोरकर, शिरोडकर, वनमाली के भाषण हुए थे और इसी सभा में सोलापुर की गणपति की शोभायात्रा में चमार समाज का गणपति शामिल न हो इसीलिए चर्चा की गयी थी।[8] इसी कारण चमारों ने निषेध किया था। इससे यह स्पष्ट होता है कि स्वातन्त्र्यपूर्व काल में ही चमार समाज में सामाजिक आन्दोलन की शुरुआत हो चुकी थी। इसमें प्रमुखता से सी. के. बोले, व. मु. काळमोरे, सीताराम नामदेव शिवतरकर, राघोबा वनमाली, शिरोडकर, चांदोरकर, हरीश बुन्हाडकर, ना. क. काजरोळकर इ. कार्यकर्ता कार्य कर रहे थे। इसमें बहुत से कार्यकर्ता डॉ. बाबासाहब आम्बेडकर के नेतृत्व से भावविह्वल हुए थे और उनके आन्दोलन में जो शामिल हुए थे उनमें से प्रमुख रूप से सी. ना. शिवतरकर, राघोबा वनमाली, नाशिक से पा. ना. राजभोज, ना. क. काजरोळकर आदि थे।

ये कुछ नेतागण आम्बेडकर जी के आन्दोलन में शामिल हुए लेकिन सभी चमारों ने उन्हें समर्थन नहीं दिया। इसका दुःख़ डॉ. आम्बेडकर को था। इसीलिए उन्होंने सभी अछूत जातियों को इस आन्दोलन में शामिल होने का कई बार आह्वान किया था। ऐसा ही आह्वान चमार समाज को भी किया था। 27 दिसम्बर, 1927 को महाड की चमारों की बस्ती में बुलायी गयी सभा में उन्होंने अपने भाषण में यह दुःख व्यक्त किया था। तब उन्होंने कहा था कि "2-4 कार्यकर्ताओं के अलावा दूसरे कोई भी सत्याग्रह में भाग नहीं लेते, यह बड़ी आश्चर्यजनक बात है, मुझे इसका कारण समझ में नहीं आ रहा है। उनका डर यह है कि महार लोगों के साथ मिलने से जाति भ्रष्ट हो जाएगी। लेकिन सच तो यह है कि सत्याग्रहियों का यह गुट वीरों का गुट है। वीरों के गुट में जातिपाँति को आश्रय नहीं दिया जाता। यह बात तो ब्राह्मण राज में ही स्वीकार्य थी।

ऐसा अगर नहीं होता तो सिद्धनाथ महार का तम्बू मराठा सरदार की छावनी में नहीं होता। वास्तव में आप धनवान व्यापारी हैं। आप लोगों को ही मुझे अधिक मद्द करनी चाहिए। जूते न बनाने का सत्याग्रह आप लोग कर सकेंगे। इतना सामर्थ्य आपके इस समाज में होने के बावजूद भी इसका उपयोग आप लोग नहीं करते। इसे आप लोगों की निद्रितावस्था कहें या आलस्य यह मुझे समझ में नहीं आ रहा है। आप लोगों को

सुख चाहिए या, 'मानवता' यह निर्णय आप ही लीजिए। मुझे लगता है कि, 'मानवता' के सिवा सभी 'वैभव' और 'ऐश्वर्य' व्यर्थ हैं।

आप जैसे लोगों को 'अछूत' बन्धुओं को उनकी मानवता वापिस देने के कार्य में अति उत्साह से सहभाग होना चाहिए। इस पुण्य का लाभ लीजिए अगर आप इसमें शामिल हुए तो, आपका नाम इतिहास में अमर होगा, नहीं तो आनेवाली आपकी पीढ़ी आपको नामर्द होने का दोष देगी।''[१] इससे डॉ. बाबासाहब आम्बेडकर 'अछूतों' की भावना को आह्वान कर उनके स्वाभिमान को किस तरह जागृत करते थे, यह ध्यान मे आ जाता है। इसके साथ ही सम्पूर्ण अछूत समाज में एकजुटता होनी चाहिए, यह उनकी गहरी और प्रबल भावना भी ध्यान में आ जाती है।

डॉ. बाबासाहब ने सिर्फ विचारों को ही व्यक्त नहीं किया, उसके अनुसार व्यवस्थित आचरण भी किया। चमार समाज के जो कार्यकर्ता उनके साथ कार्य कर रहे थे, उनको भी निष्ठा के साथ आन्दोलन में शामिल करने का प्रयत्न उन्होंने किया। उदा. पा. ना. राजभोज यह बाबासाहब के निकटवर्ती सहयोगी तो थे ही, लेकिन 19-20 जुलाई, 1942 को नागपुर में आयोजित अधिवेशन कमिटी के वे सेक्रेटरी चुने गये थे। इसके बाद चमार समाज के दूसरे कार्यकर्ता सीताराम नामदेव शिवतरकर भी आम्बेडकर के निकटवर्ती सहयोगी थे। उसके साथ ही 'बहिष्कृत हितकारिणी सभा' के वे जनरल सेक्रेटरी थे। कालाराम मन्दिर के सत्याग्रह में वे सक्रिय सहभागी हुए थे, चमार समाज के ही दूसरे कार्यकर्ता ना. क. काजरोळकर भी बहिष्कृत हितकारिणी सभा के ट्रस्टी सदस्य थे। इस तरह बहुत से चमार कार्यकर्ता उनके आन्दोलन में शामिल हो गये थे। डॉ. आम्बेडकर के नेतृत्व का एक और महत्त्वपूर्ण गुण यह है कि जो कार्यकर्ता उनके साथ में रहते थे, उन पर वे विश्वास रखते थे, उनके लिए एक अलग ही निष्ठा रखते थे, उसी तरह उनके साथ कोई भी समाज हो या न हो, कोई अछूत अगर है, और उस पर अन्याय हुआ है, तो वे उसके अन्याय के खिलाफ आवाज देने का कार्य करते थे।

चांदोरकर और राघोबा वनमाली डॉ. आम्बेडकर के आन्दोलन की आवश्यकताओं और भावनाओं का ध्यान रखनेवाले कार्यकर्ता थे। ग़ोलमेज परिषद के समय उन्होंने आम्बेडकर को समर्थन दिया था। उनकी यह निष्ठा आम्बेडकर भूलने को तैयार नहीं थे, यह आगे के उदाहरण से स्पष्ट होता है। ग़ोलमेज परिषद के समय महात्मा गाँधी का यह कहना था कि, 'मैं ही अछूतों और गैर-अछूतों का नेता हूँ। आम्बेडकर के साथ अछूत समाज बिलकुल भी नही हैं।' तब कॉंग्रेस व हिन्दू महासभा के कार्यकर्ता अछूतों में दरार डालने का कार्य शुरू कर चुके थे, और उसमें चमार समाज की उपजातियाँ विरोध में थी। इसी कारण झूठी सभाएँ, तार भेजना आदि प्रयत्नों की बरसात हो रही थी। तभी वनमाली, चांदोरकर के ध्यान में आया कि अन्य जातियों से हो रहा विरोध

गलत है। आम्बेडकर जी का विरोध करने में चमार समाज का हित नहीं है इसे वे पूर्णतः जान गये थे। चमार समाज की तरफ बाबासाहब आम्बेडकर का समर्थन किया था।[10] उनके साथ पूरा चमार समाज साथ नहीं था, यह दुःख भी इन्हें था। लेकिन चमार समाज पर जब भी अन्याय हुआ तब आवाज उठाने का कार्य आम्बेडकर जी ने किया, यह महत्त्वपूर्ण है। निम्नलिखित उदाहरण से यह स्पष्ट हो जाता है।

मध्य प्रांत के एक गाँव में चमार आदमी ने जनेऊ पहना इसलिए, वहाँ के ब्राह्मणों ने उस व्यक्ति का षडयन्त्र कर खून कर दिया। तब बाबासाहब ने ही सर्वप्रथम इस अन्याय के विरोध में आवाज उठायी। इस घटना का 'बहिष्कृत भारत' में उन्होंने निषेध किया और ये सवर्ण लोग युरोपियनों के जूते चाटेंगे, मुस्लिम का नाम सुनकर भाग जाएँगे लेकिन महार, चमार, और मांग जाति पर अधिकार जताना "ये अपने बापदादाओं का अधिकार समझते हैं। सच में कहा जाय तो इन लोगों को 'स्वराज्य' शब्द का भी उच्चारण करने में शर्म आनी चाहिए। खुद गुलाम होकर दूसरों को भी गुलाम बनाने चले"[11] इस तरह से उन्होंने निषेध व्यक्त किया था।

इस तरह की स्पष्ट भूमिका उन्होंने ली थी फिर भी सम्पूर्ण चमार समाज ने उनका समर्थन नहीं किया। उसी तरह राजनीतिक और सामाजिक लड़ाई में शामिल होनेवाले कुछ कार्यकर्ता भी धर्मपरिवर्तन की भूमिका से दूर रहे, परन्तु आम्बेडकर ने उसकी भी परवाह नहीं की। इसके विरोध में कुछ कार्यकर्ताओं ने ही पश्चात्तापदग्ध होकर पुनः आम्बेडकर के आन्दोलन में सहभागी हुए उसमें से राजभोज एक थे। धर्म-परिवर्तन के प्रश्न पर उन्होंने आम्बेडकर का साथ छोड़ा था। वास्तव में हिन्दू महासभा व सनातनी लोगों की कृतियों के वे शिकार हुए थे, राजभोज के साथ भी यही हुआ। जिस समय राजभोज ने धर्म परिवर्तन के सम्बन्ध में बाबासाहब के साथ विचार व्यक्त किये उस समय बहुत से हिन्दू महासभा के कार्यकर्ताओं ने उनको इससे दूर रखने का प्रयत्न किया। इस बारे में वि. दा. सावरकर ने तो उनकी भावनाओं को आह्वान करनेवाला लंबा सा पत्र लिखा था। इसमें ऐसा लिखा था, "राजभोज तुम्हारे जैसा युवक एक जाति का दुःख अपना समझकर लड़नेवाले को धर्मवीर कहने का मन होता है। लेकिन ऐसा नहीं हुआ। हिन्दू धर्म का त्याग करूँगा, इस भाषा से आपकी जिह्वा थोड़ी भी कलंकित न हुई होती तो राजभोज, आपको मैं धर्मवीर कहता रहता। फिर भी यह दोष आपका नहीं था। आपकी जिह्वा का था। हृदय का नहीं था। ...आप खून, बीज से ही नहीं, हृदय से भी हिन्दू ही हैं।[12] इसी कारण राजभोज धर्मांतर से दूर गये। लेकिन बाद में आम्बेडकर के आन्दोलन में शामिल हुए। इतना ही नहीं, इस आन्दोलन से बिछड़ने का पछतावा भी उनको हुआ था। यह उनके 31.12.1940 के भाषण से स्पष्ट होता है। इस भाषण में उन्होंने कहा —

"मैं आज तक दलित समाज को छोड़कर हिन्दू सभा जैसी संस्थाओं में कार्य कर रहा था। मैं. डॉ. बाबासाहब का विरोधक बना था और अपने समाज का ही खून करने का पाप मुझसे हुआ। काँग्रेस या हिन्दू महासभा यह झूठे आकर्षणों में कैसे फँसाती है। इसे मैं प्रत्यक्ष अनुभव से समझ चुका हूँ। अब मैं आप लोगों में आया हूँ, आप मुझे स्वीकार करें। हिन्दू महासभा के और काँग्रेस के (बगलबच्चे) चमचे अछूत समाज को धूल में मिलाने की कोशिश कर रहे हैं। इसके बाद अगर मैं बेईमान हुआ तो मेरा रक्तपात करवाना यह आपका कर्तव्य है। आज हम लोगों का पुण्य है हमें अत्यन्त विद्वान, कूटनीतिज्ञ महान पुरुष मिले हैं। पुण्य पुरुष डॉ. बाबासाहब आम्बेडकर ने हमें सत्य, स्वाभिमान की शिक्षा दी। आप सभी किसी भी पार्टी में न जाते हुए समाज में विश्वासघात करनेवाले लोगों से सजग रहें। उन्हें थोड़ा सा भी महत्त्व न दें। अछूत समाज किनसे सहकार्य करें यह डॉ. बाबासाहब निश्चित करेंगे।"[13]

चमार समाज को दलित आन्दोलन के बारे में क्या लगता है?

डॉ. आम्बेडकर के आन्दोलन के बाद चमार समाज भी दलित आन्दोलन से दूर हुआ। उसके लिए दलित आन्दोलन भी एक कारण हुआ होगा। परन्तु वही एक मात्र कारण है ऐसा नहीं कह सकते। लेकिन डॉ. बाबासाहब आम्बेडकर के बाद चमार समाज का दलित आन्दोलन के बारे में जो दृष्टिकोण है, वह सम्भ्रम पैदा करनेवाला है। इसके जो कारण हैं वे निम्नलिखित हैं। दलित आन्दोलन में शामिल न होने की चमार समाज की मानसिकता थोड़ी अलग ही नजर आती है। हमें दलित आन्दोलन में शामिल नहीं किया गया ऐसा आरोप मांग समाज और उनके नेताओं का है, लेकिन ऐसा आरोप चमार समाज को करने की जरूरत नहीं है। इसके लिए भी निम्नलिखित कारण बताए जा सकते हैं।

1. महाराष्ट्र का चमार समाज अन्य अछूतों की तुलना में खुद को श्रेष्ठ मानता है। क्योंकि गाँव में इतर अछूतों की तुलना में इनका स्थान सवर्णों के अधिक निकट होने के कारण उनकी यह मानसिकता बन गयी है।

2. इस समाज की आर्थिक स्थिति अन्य अछूत जाति की तुलना में अच्छी है। इसके अलावा हिन्दू संस्कृति के और वर्णव्यवस्था के विराध में बोलने का साहस उसमें नहीं है, अथवा उनकी वैसी इच्छा नही हैं। या फिर आरोप करते रहने की उनकी मानसिकता है, ऐसा कहना गलत नहीं होगा।

3. औरंगाबाद के मिलिंद महाविद्यालय से या मुंबई के सिद्धार्थ महाविद्यालयों से दलित आन्दोलन के लिए कार्यकर्ता तैयार हुए हैं। उदाहरणार्थ राम दोतोंडे आदि कुछ कार्यकर्ता। लेकिन उनका प्रभाव उनके सम्पूर्ण समाज पर हुआ है ऐसा कहना भी साहस

पूर्ण ही होगा।

4. आजकल के युवकों को गुलामी के विरोध में आवाज उठाने की आवश्यकता महसूस नहीं होती। इसके उल्टे पिछड़ी जाति के छात्र कुछ पता नहीं चलने देते और शिष्यवृति लेते हैं। इस तरह के उदाहरण महाविद्यालयों में हमेशा दिखाई देते हैं।

5. हिन्दू समाज के गुलामी की नाल न टूटने का क़ारण अर्थात आज भी चमार समाज अपने रूढ़िवादी व्यवसाय से अलग नहीं हुआ है।

इस सम्बन्ध में डॉ. सुनंदा पटवर्धन द्वारा किये गये अनुसन्धान से ऐसा निष्कर्ष आया है कि आज भी चमार समाज के 69% लोग रूढ़िवादी व्यवसाय में उलझे हुए हैं। रूढ़िवादी व्यवसाय के कारण ही उन्हें एक ही गाँव पर निर्भर होना पड़ता है। शायद इसीलिए वह उनके विरोध में नहीं जाते हैं। इसीलिए उनको दलित आन्दोलन में शामिल होने की जरूरत महसूस नही होती।[14]

6. इस बारे में एक और कारण बता सकते हैं कि सभी अछूत जातियों में महाराष्ट्र का चमार समाज यह अधिक समझौतावादी रहा है। भारतीय राजनीति में आरक्षित जगहों पर काँग्रेस तथा अन्य राजनीतिक दलों को वह महत्त्व देता है। इस कारण भी उन्हें दलित आन्दोलन से लगाव नहीं होता। इस दृष्टिकोण से ही बाबू जगजीवन राम के राजनीतिक नेतृत्व की शुरुआत हुई ऐसा कहें तो भी गलत नहीं होगा।

7. चमार समाज ने हिन्दू देवी-देवताओं पर जानबुझकर हमला बोलने / करने से नकारा है। वास्तव में धर्मपरिवर्तन के आन्दोलन के समय ही चमार समाज को तथा इतर अछूतों को आम्बेडकर के आन्दोलन में आना चाहिए था; परन्तु दुर्योग से ऐसा हुआ नहीं। लेकिन इसके बाद बाबू जगजीवन राम ने अपना राजनीतिक अस्तित्व मजबूत करने की दृष्टि से मैं धर्म बदलूँगा तथा मुस्लिम धर्म को अपनाऊँगा इस तरह की धमकी भी काँग्रेस को दी थी। उस तरह के पोस्टर्स भी लगाए गये थे। उर्दू और अंग्रेजी में उस पर लिखा था। "बाबू जगजीवनराम मुसलमान बनेंगे। 21 अगस्त को जामा मस्जिद में समारोह होगा। अहमद बुखारी उनको कलमा देंगे। इस पोस्टर्स पर बाबूजी का एक फोटो भी छपा था।"[15] लेकिन वास्तव में ऐसा हुआ नहीं। इससे यह स्पष्ट होता है कि यह उनकी राजनीतिक चाल थी। जब उन्होंने सम्पूर्णानंद के पुतले का अनावरण किया, तब वह पुतला गोमूत्र से शुद्ध किया गया था, उसी वक्त उन्होंने यह निर्णय लिया होता तो, उसे अलग ही स्वरूप प्राप्त हुआ होता; लेकिन यह उनका राजनीतिक खेल था।

8. आज के चमार युवकों को बाबासाहब के विचारों का जितना आकर्षण होना चाहिए उतना नहीं है। इसके उल्टे उन्होंने हमारे लिए क्या किया? इस संकुचित दृष्टिकोण से कुछ लोग उनकी ओर देखते हैं। इसी दृष्टिकोण से मुंबई के 'नवशक्ति'

में एक चमार युवक कार्यकर्ता ने लिखा था कि "डॉ. आम्बेडकर ने उम्र भर हिन्दू धर्म से लड़ाई की, वह सिर्फ महार जाति के लिए ही थे। आज पिछड़ो को तथा हिन्दू धर्म ने जिन्हें अछूत बनाया उन जातियों को जो सुविधाएँ मिलती हैं, वह बाबासाहब के कारण नहीं मिलती हैं, तो अन्य दूसरी जातियों के लोगों ने खुद लड़ाई करके इसे हासिल किया है। बाबासाहब ने सिर्फ महार को मनुष्य बनाया दूसरी जातिवालों को नहीं आदि।"[16] इससे उनकी मानसिकता स्पष्ट होती है। लेकिन उससे अधिक महत्त्वपूर्ण बात यह है कि यहाँ उनका अज्ञान प्रगट होता है।

इस चमार लेखक के लेख पर राजा ढाले ने अपने एक लेख में उस युवक का अज्ञान स्पष्ट करने का प्रयत्न किया है। इस लेख पर अपनी प्रतिक्रिया व्यक्त करते हुए वे कहते हैं, "आप बाबासाहब को नहीं मानते हैं, ऐसा कोई कहता हैं तो यह उसकी संकुचित मनोवृत्ति है। इससे बाबासाहब के ऐतिहासिक कार्य और उनकी महत्ता को बाधा नहीं पहुँचती। बाबासाहब का कार्य महान है ही और इस तरह की झूठी बातें करनेवाले बातें ही करते रहेंगे। बाप को बाप न कहना इसमें खुद का ही अज्ञान है, बाप को इसका दोष नहीं दे सकते और बाप को नकार भी नहीं सकते। आज नहीं तो कल आपको अपनी गलती का एहसास होगा।"[17]

राजा ढाले की प्रतिक्रिया चुभनेवाली है। फिर भी उनकी सत्यता को नकार नहीं सकते। क्योंकि सभी दलित समाज को इकट्ठे कर संघटना को मजबूत बनाने का स्वप्न उन्होंने कई बार देखा था। इसी कारण इन विचारों को समझ लेना जरूरी है। इसका अर्थ यह नहीं कि सभी चमार समाज दलित आन्दोलन का विरोधक है, क्योंकि आज ऐसे भी युवक हैं, जो अपने समाज में डॉ. बाबासाहब की प्रेरणा से बदलाव करवाना चाहते हैं। इसमें प्रमुखता से इस समाज के अनेक दलित साहित्यकारों का उल्लेख कर सकेंगे। परन्तु पूरे चमार समाज में जो नवचैतन्य निर्माण होना चाहिए था, वह निर्माण होने का चिह्न धुँधलाता दिखाई पड़ता है। शायद अछूत समाज में परिवर्तन होना चाहिए, हमारी भी मुक्ति इस दास्यता से होनी चाहिए, अपनी इस आंतरिक इच्छा को वे शायद बाहर नहीं निकाल पा रहे होंगे। इसके मूल में श्रेष्ठता कनिष्ठता की मानसिकता होगी या विद्रोह करने से डरते होंगे। शायद हिन्दू समाज हमें स्वीकार कर लेगा यह झूठी आशा भी उन्हें हो सकती है। लेकिन कुछ भी हो, जब तक उनके मन की आवाज़ बुलन्द नहीं होगी, जाति व्यवस्था द्वारा थोपी गयी गुलामी और लाचारी की श्रृंखला तोड़ने की और उसके विरोध में विद्रोह करने की भाषा उनकी जिह्वा पर नहीं आएगी। अन्याय का प्रतिकार करने की शक्ति निर्माण होकर उनका खून जब तक गरम नही होगा तब तक उनको इस दास्यता से मुक्ति नहीं मिलेगी।

उसी तरह इस दास्यता से किसी दूसरे वर्ग का व्यक्ति आकर हमें मुक्त करेगा

इस आशा से भी उन्हें बाहर आ जाना चाहिए। क्योंकि यह समय की जरूरत है। दलित आन्दोलन में सक्रिय होने से उन्हे कोई कभी इसकी भी जरूरत नहीं रहेगी। यह सच है फिर भी दलित नेता को चाहिए कि वे उन्हे जागृत करने का प्रामाणिक प्रयत्न करते रहें। इसी से दलित आन्दोलन में बहार आएगी, यश मिलेगा इसे कोई भी नकार नहीं सकता।

डॉ. आम्बेडकर और मातंग समाज

महार समाज ने 'चोखामेला' अथवा चमार समाज ने 'रोहिदास-ज्ञानदेव समाज' इस नाम से संगठन बनाया, इस प्रकार का कोई आदर्श मांग समाज के सामने नहीं दिखाई देता। इसीलिए अपनी संघटना को किसी भी व्यक्ति का नाम न देते हुए 'मांग-समाज' इस नाम से इन्होंने संघटना निर्माण की ऐसा दिखाई देता है। मांग समाज में मुख्यतः कोंडिबा काशिनाथ सकट, सीताराम बाबाजी लांडगे, जी. बी. माने, तुकाराम काळोखे, इंगळे, कोंडिबा दाजीबा रणदिवे, तात्या साधू गायकवाड, एम. व्ही. दोंदे आदि कार्यकर्ता आम्बेडकर पूर्व आन्दोलन में कार्य कर रहे थे। कुछ लोगों ने आम्बेडकर के आन्दोलन मे सक्रिय भागीदारी की थी, ऐसा स्पष्ट होता है। इतना ही नहीं तो 'मांग विजय' 'मांग तलवार' (त्रैमासिक) ये पत्रिकाएँ भी इसी समाज से निकाले जाने के उल्लेख मिलते हैं। इससे मांग समाज में भी सामाजिक आन्दोलन की परम्परा थी यह सिद्ध होता है।

उपरोक्त उल्लिखित कार्यकर्ताओं में से बहुत से कार्यकर्ता आम्बेडकर के साथ उनके आन्दोलन में कार्य कर रहे थे; इसका भी उल्लेख है। उदाहरणार्थ एम. व्ही. दोंदे, तुकाराम काळोखे, सीताराम बाबाजी लांडगे आदि कार्यकर्ता उनके आन्दोलन में शामिल हुए यह स्पष्ट है। इतना ही नहीं तो, मांग समाज का हृदय बने लोकशाहीर अण्णाभाऊ साठे ने भी अपने जीवन के अन्तिम दिनों में आम्बेडकरी आन्दोलन पर ही निष्ठा रखी थी। शायद इसीलिए उन्होंने अपना महत्त्वपूर्ण उपन्यास 'फकीरा' डॉ. बाबासाहब आम्बेडकर को समर्पित किया था। इसी प्रेरणा से 'दुनिया बदलना है तो करो प्रहार, ऐसा मुझे कह गये भीमराव' यह सामाजिक परिवर्तन के विचार निष्ठापूर्वक उन्होंने अपने काव्य द्वारा दिये। डॉ. बाबासाहब आम्बेडकर पर जैसे सभी दलितों ने प्राणों से भी अधिक प्यार किया और आम्बेडकर ने भी उन्हें प्यार दिया इसमें मांग समाज भी अपवाद नहीं है। डॉ. बाबासाहब ने एक मांग उम्मीदवार के बारे में भाषण में कहा था, "मैं इस विधान मंडल चुनाव में हार भी गया तो कोई समस्या नहीं; लेकीन मुंबई 'जी' वार्ड उपविभाग के प्रतिनिधि हमारे उम्मीदवार मि. कालोखे को आप लोगों को चुनकर देना होगा। इसमें ही हम सबका कल्याण है, मांग महार भेद मत समझो। इसी में हमारी

इज्जत है। हम एक हैं, यह उज्ज्वल भाव निरन्तर ह्रदय में रखो"।[18]

इससे बाबासाहब का मांग युवक कार्यकर्ताओं के प्रति प्रेम, विश्वास प्रगट होता है। एम. व्ही. दोंदे मांग कार्यकर्ता तो थे ही, डॉ. बाबासाहब आम्बेडकर के नजदीकी कार्यकर्ता भी थे। अति विश्वसनीय कार्यकर्ता थे ऐसा कहना गलत नहीं होगा। क्योंकि 14.4.1991 को डॉ. बाबासाहब आम्बेडकर की स्वर्ण जयंती उत्सव के समय 'स्वर्ण महोत्सव सीमिति' के अध्यक्ष दोंदे ही थे। इसी तरह बाबासाहब की जब श्रममन्त्री पद पर नियुक्ति हुई उस समय किये गये सत्कार के कार्यक्रम के भी प्रमुख वही थे।"[19] इसी तरह दोंदे को राजनीति में प्रतिनिधित्व मिले इसीलिए बाबासाहब भाऊराव को पत्र लिखते हैं। इस पत्र का विषय इस तरह था। "दुर्भाग्य से दोंदे को पहले क्रमांक के मत ठाणे से हासिल नहीं हुए लेकिन मालेगाँव से मिलना जरूरी है। इसके लिए अधिक प्रयत्न करना चाहिए।"[20] डॉ. बाबासाहब आम्बेडकर द्वारा शुरू किया हुआ मानव मुक्ति का आन्दोलन कुछ जातियों तक सीमित नहीं था। समाज की सभी जातियों को इसमें सहभागी होना चाहिए ऐसी उनकी इच्छा थी, यह स्पष्ट होता है। लेकिन दुर्भाग्य से ऐसा हुआ नहीं था, इसका भी दुख; उनके मन में था। यह दुःख उन्होंने 31 दिसम्बर 1938 को करकम में बुलाए गये मांग सम्मेलन मे व्यक्त किया था। उन्होंने कहा था।

"अछूत समाज में महार, मांग, भंगी आदि जातियों में एकता नहीं है, यह हम सबका दुर्भाग्य है। एकता न होने का सही कारण अर्थात हिन्दू समाज का जातिभेद ही है। इस जातिभेद के लिए महार, मांग, चमार या भंगी जिम्मेदार नहीं हैं। जातिभेद यह उच्च जातियों से आयी हुयी एक गंदी नाली है। यह हमारी ओर बहकर आनेवाला नरक है; इसीलिए इसका फल कड़वा है, उसका दुष्परिणाम हमें सहन करना पड़ता है। दूसरी दुःख की बात यह है कि, हिन्दू लोग हम लोगों का जातिभेद तो दूर करते नहीं उल्टे अछूतों के अज्ञान का फायदा लेकर उन लोगों में जातिभेद दृढ़ करने प्रयत्न करते हैं। चमार को साथ लेकर मांग-महार के विरूद्ध उन्हें पटाना, मांग को साथ लेकर महार के विरुद्ध उसे खड़ा करना और अपनी जातिभेद की नीति को फैलाना और हम लोगों में एकता नहीं होने देना। इस जातिभेद की मूल जिम्मेदारी अगर हिन्दू समाज की होगी तो भी हम हमारी जिम्मेदारी को भूलें यह आत्मघात जैसा ही होगा। हम लोगों में से जातिभेद को नष्ट करना यह हमारा कर्तव्य है। महार-मांग, चमार तथा भंगी आदि जातियों मे रोटी बेटी व्यवहार बन्द है, उसे हटाना चाहिए। हर जाति अगर खुद का बड़प्पन दिखाने के लिए अपनी ही जाति से निजात नहीं पाना चाहेगी तो फिर महार महार ही रहेगा, मांग-मांग ही रहेगा और हम पर होनेवाले अन्याय का प्रतिरोध हम नहीं कर पाएँगे । महार या मांग इन जातियों के नाम में ऐसा क्या है कि जिसका आप लोगों को अभिमान होना चाहिए?[21]

आज आप लोगों की कीमत कूड़े-कचरे जितनी भी नही है। इसलिए अपने सारे समाज को संगठित होना चाहिए न कि अपनी जातियों का अभिमान रखना चाहिए। यह हमें अच्छी तरह से समझना चाहिए और महार, मांग समाज आदि को संगठित हो जाना चाहिए।''

''इससे भी अधिक महत्त्वपूर्ण बात यह है, कि जिस तरह से सवर्ण-अछूत में जो विषमता है, वह दूर होनी चाहिए। इसी तरह से अछूतों के बीच में जो विषमता है, वह भी दूर होनी चाहिए।'' ये महत्त्वपूर्ण विचार आम्बेडकर रखते आये हैं। इससे स्पष्ट होता है कि उनका यह आन्दोलन सामाजिक समता के लिए था। न कि किसी जाति धर्म के विरुद्ध। निम्नलिखित उदाहरण से यह स्पष्ट होता है। 28 मई 1927...को कामाठीपुरा (नागपुर) के कुछ महारों ने मांगों को 'मरी माँ' के मन्दिर में प्रवेश हेतु नकारा था। तब वहाँ के कार्यकर्ताओं ने उनका निषेध किया था। इस सम्बन्ध में डॉ. बाबासाहब आम्बेडकर ने अपने 'बहिष्कृत भारत' के 13 जनवरी, 1928 के अंक में लिखा था कि, ''हमारी अपनी अस्पृश्यता को नष्ट करो; ऐसा जब हम कहते हैं, तब हमें हम लोगों के बीच की छुआछूत को नष्ट करने को तैयार हो जाना चाहिए। जो महार मांग को या चमार महार मांग को निम्न दृष्टि से देखते हैं; उन्हे ब्राह्मणों से हमारी अस्पृश्यता नष्ट करो ऐसा कहने का कोई अधिकार नहीं है। इसलिए इसका भी बन्दोबस्त होना चाहिए।''[22] बाबासाहब अपनी इस भूमिका को हमेशा से स्पष्ट करते आये हैं। इसी भूमिका को नजर में रखते हुए उन्होंने अपने आन्दोलन में तथा अपनी पार्टी में अछूतों को शामिल करने का प्रयास किया। क्योंकि अछूतों के उज्ज्वल भविष्य के लिए संगठन मजबूत और विशाल होना बहुत जरूरी था। और इन जातियों का कल्याण कोई दूसरा आकर करेगा इस पर उनका बिलकुल भी विश्वास नहीं था। इसी तरह के विचार उन्होंने एक मांग समूह में व्यक्त किये थे। वे कहते हैं —

''आप लोगों को काँग्रेस से दूर रहना चाहिए। उसका एक ही कारण है, अर्थात काँग्रेस का यह माया जाल है। गरीब जनता को अपना खुद का जीवन सुखी करने के लिए अपनी शक्ति को बढ़ाना जरूरी है और वह शक्ति बढ़ाने के लिए अर्थात अपने हितों के लिए अस्तित्व में आया ऐसे स्वतन्त्र मजदूर पार्टी का सदस्य आपको हो जाना चाहिए।''[23]

उपरोक्त विवेचन से डॉ. आम्बेडकर का मांग समाज क कार्यकर्ताओं के बारे में तथा अछूत समाज के आन्दोलनों के बारे में दृष्टिकोण व्यक्त होता है। उनके नेतृत्व का महत्त्वपूर्ण गुण यह है कि वे अपने कार्यकर्ताओं पर प्राण से ज्यादा प्यार करते थे। उन पर विश्वास रखते थे। उसी तरह जो लोग उनके आन्दोलनों का विरोध करते थे, उन्हें उनकी जगह दिखाने में भी वे माहिर थे। फिर वह व्यक्ति किसी भी जाति धर्म का

रहे। वे उन लोगों पर क्रोधित होते थे। लेकिन उनके क्रोध में भी उनके विचार भरे हुए थे। एक घटना से यह बात स्पष्ट होगी।

डॉ. बाबासाहब ने महाड सत्याग्रह की घोषणा करते ही के. के. सकट नामक व्यक्ति ने हिन्दू महासभा द्वारा दी गयी सहायता से एक पत्रक निकाला था कि 'महार अगर मांग के साथ समानता का आचरण नहीं करेंगे तो उन्हें चवदार तालाब पर सत्याग्रह करने का क्या अधिकार है?' इस पर डॉ. बाबासाहब आम्बेडकर ने 'बहिष्कृत भारत में' जो उत्तर दिया था, वह अधिक महत्त्वपूर्ण है। वे लिखते हैं 'महार लोग मांग जाति पर अन्याय करते हैं, तो वह अन्यायकारक है, उन्हें उनकी जगह दिखाने का काम सकट को करना चाहिए। उन्हें इस काम में मद्द करने का वचन मैं देता हूँ। लेकिन चददार तालाब का पानी लेने का अधिकार सकट नकार नही सकेंगे, क्योंकि अस्पृश्य माने गये प्रत्येक जाति का चवदार तालाब का पानी लेना यह कानूनी अधिकार है इसे स्थापित करने के लिए प्रत्येक जाति को अपना सर्वस्व इस कार्य में लगाना चाहिए। लेकिन महार मांग इन जातियों के हित की अपेक्षा ब्राह्मणों के हित में उलझे हुए सकट को यह सब कैसे समझ में आएगा?'' कुछ ही दिनों कें बाद 'भालाकारने' ऐसा विधान किया कि ''अछूत जाति और सवर्णों में शादी का व्यवहार तो बहुत दूर की बात है। परन्तु रोटी व्यवहार होने के लिए भी कम-से-कम सात पीढ़ियों का समय लग जाएगा। भालकार का सकट के इस सहकारी का— यह शाप है कि वरदान यह सकट को निश्चित करना चाहिए। और समझ में न आये तो अपने गुरु से (माटे) से पूछें।''[24] इसके बाद सकट ने एक पत्रक में इस तरह का उल्लेख किया कि ''मांग जाति का नेता आनेवाला है। अर्थात् आम्बेडकर ये मांग जाति के नेता नहीं हैं।'' ऐसा सकट को सूचित करना था।

इस सम्बन्ध में आम्बेडकर ने 'बहिष्कृत भारत' में लिखा था कि 'मांग जाति का एक और नेता आनेवाला है- सकट का वक्तव्य सही है, पर मेरी इच्छा है कि वह नेता अपने जन्मदाता माता-पिता से आवश्यक उतना अनाज लेकर आये। नही तो भूख के कारण अपनी अक्ल बेचने का समय उस बिचारे पर न आये।''[25] इससे उनके आन्दोलन को विरोध के लिए विरोध करनेवाले व्यक्ति को वे किस तरह से जबाव देते थे, यह ध्यान में आता है।

वास्तव में कोन्डिबा काशिनाथ सकट मांग समाज के अत्यन्त क्रियाशील कार्यकर्ता थे। मांग समाज के सुधार के लिए उन्होंने कई बार सम्मेलन आयोजित किये थे। उनमें जागृति करने का प्रयत्न किया था। मांग समाज को नौकरी दिलवाने की कोशिश की। सबसे बड़ी बात यह है कि 'भीख मांगकर खाना खाना' जैसी बुरी प्रथा का उन्होंने स्पष्टतः विरोध किया था। प्रत्यक्ष कृति द्वारा उन्होंने बाबु धोंडे वायदंडे के

सहकार्य से 'मांग बन्धु' नाम की मासिक पत्रिका 1923 में शुरू की थी। इतने रचनात्मक कार्य के बाबजूद ब्राह्मणों का शिकार होने के कारण और उनके हाथ की कठपुतली बन जाने के कारण उनके कार्य को व्यापक स्वरूप प्राप्त नहीं हो सका। इतना ही नहीं वे ब्राह्मणों के षड्यन्त्र का शिकार अगर न होते और बाबासाहब के आन्दोलन में शामिल हो जाते तो उनके कार्य में चार चाँद लग गये होते - ऐसा कहना भी गलत नहीं होगा।

इन सब बातों का एहसास सनातनियों को था। और इसलिए हिन्दू महासभा तथा अन्य सनातनी लोगों ने उन्हें अपनी जाति से बाहर आने नहीं दिया। सनातनी के षडयन्त्रों के फँसकर सकट ने आम्बेडकर जी के आन्दोलनों का विरोध किया, यह सच है। बावजूद इसके अनेक मांग जाति के कार्यकर्ता बाबासाहब के आन्दोलन में सक्रिय थे। इसका उल्लेख इस आधार पर किया जा सकता है। 13 अक्तूबर, 1929 में पुणे में उनकी प्रेरणा से शुरू किये गये पर्वती सत्याग्रह में सीताराम लांडगे घायल हुए थे। इस सत्याग्रह का भी सकट ने विरोध दर्शाया था। इन मांग कार्यकर्ताओं ने सकट का निषेध भी किया था।

डॉ. बाबासाहब आम्बेडकर जी ने येवला में 13 अक्तूबर, 1935 को धर्म परिवर्तन की घोषणा की थी। इस घोषणा को मांग समाज का समर्थन प्राप्त करने हेतु वऱ्हाड प्रदेश की मांग सोसायटी के प्रमुख नेता एस. एस. बेंगाळे 8 जनवरी, 1936 को एक पत्रक निकालकर धर्म परिवर्तन को समर्थन दिया था।''[26] ठीक इसी प्रकार 29 दिसम्बर, 1936 को सम्पन्न अस्पृश्य परिषद में भी मांग समाज ने धर्मपरिवर्तन का समर्थन किया था। यह प्रस्ताव मांग नेता बोरहाडे ने रखा था। इससे आम्बेडकर के आन्दोलन का और मांग समाज की भूमिका का चित्र स्पष्ट हो जाता है। डॉ. बाबासाहब आम्बेडकर ने मांग समाज को जागृत करने हेतु 31.12.1937 को करकम में, 1 जनवरी, 1938 को सोलापुर में मांग परिषद बुलवाई थी। इसके बाद 16-12-1939 को हरेगाव, तहसील श्रीरामपुर में परिषद बुलवाई थी। उसके बाद 23 फरवरी, 1941 को तडवले (कसबे, अब जि. उस्मानाबाद महाराष्ट्र) में महार-मांग परिषद आयोजित की थी। यह सारी जानकारी कितने महार मांगों को है? इससे डॉ. बाबासाहब आम्बेडकर जी का मांग समाज के प्रति जो दृष्टिकोण था वह स्पष्ट हो जाता है। तडवले में आयोजित महार-मांग परिषद में उन्होंने सभी जातियों को एक हो जाने की सलाह दी थी।

इस ऐतिहासिक परिषद को सोलापुर के जीवप्पा ऐदाळे, तडवला के सोनवणे, भालेराव गुरुजी जो आज भी हैं ठीक इसी प्रकार वाघोली के सोपान वाघमारे आदि लोग इस ऐतिहासिक सत्याग्रह में सम्मिलित थे। इससे उनके आन्दोलन की व्यापकता ध्यान में आ जाती है। परन्तु आज मांग समाज को आम्बेडकर जी के आन्दोलनों के सम्बन्ध में क्या लगता है, इसे जान लेना जरूरी है। अब उससे सम्बन्धित विवेचन —

मांग समाज को आम्बेडकर जी के आन्दोलनों के सम्बन्ध में क्या महसूस होता है?

मांग समाज के इस दृष्टिकोण के सम्बन्ध में काफी भ्रमपूर्ण और गलतफहमी की अवस्था कुल महार समाज में और कुल आन्दोलन में भी दिखलाई देती है। इनमें से अधिकांश लोग नकारात्मक भूमिका लेते हैं। परन्तु वह कितनी सही है इस सम्बन्ध में विचार जरूरी है। ठीक इसी प्रकार दलित आन्दोलन और मांग समाज में जो गलतफहमी निर्माण हो चुकी है, उसका पर्दा दूर करने पर एक अलग ही चित्र दिखलाई देने लगता है। आज के अधिकांश युवक आम्बेडकर के विचारों से प्रेरित-प्रभावित हैं। इनके परिणामस्वरूप आज मराठवाडा में लहूजी सावळे कर्मचारी संघ के कार्यकर्ता, इनमें प्रमुख रूप से बी. बी. गायकवाड, टी. के. शिंदे, प्रो. एम. पी. गादेकर, नरसिंग घोडके कार्यकर्ता आम्बेडकर आन्दोलक के प्रसारक हैं, ऐसा दिखलाई देगा। ठीक इसी प्रकार 'दलित स्वयंसेवक संघ' का कार्य भी महत्त्वपूर्ण है। ठीक इसी प्रकार मांग कार्यकर्ता आर. के. त्रिभुवन जैसे लोग दलित आन्दोलन में सक्रिय हैं, कितने लोग जानते हैं?

आम्बेडकर के प्रति निष्ठा बतलाने की प्रेरणा से ही एक मांग युवक अपने लेख में लिखता है, "पत्थरों को भगवान माननेवाली संस्कृति ने जो चातुर्वर्ण्याधिष्ठित जातिव्यवस्था निर्माण की उसे कई मांगों ने नकारा नहीं है। ऐसों के लिए डॉ. बाबासाहब आम्बेडकर जी ने अपने विचारों का, खजाना निर्माण कर रखा है उसपर उन्हें टूट पड़ना चाहिए।"[27] तो दूसरा एक मांग युवक अपने युवा मित्र को लिखता है, "वंदनीय बाबासाहब के उपकार मांग समाज पर भी हैं। इसे हमारे कुछ मांग साथी मानने को तैयार नहीं हैं। परन्तु... कल्पना करो अगर बाबासाहब न होते तो... तो क्या? मैं जो दो अक्षर मैं तुम्हें लिख रहा हूँ, वह भी शायद लिख नहीं पाता। इसलिए बाबासाहब का ऋण न मानना कृतघ्नता की हद होगी।"[28] इसमें मांग समाज के युवकों की भावना व्यक्त नहीं हो रही है क्या? आज का मांग युवक इसी प्रेरणा से विद्रोही बनते जा रहे हैं। इतना ही नहीं पूरे मांग समाज को इसी दिशा में निकालें ऐसा उन्हें लगता है। इसलिए आम्बेडकर के विचारों का प्रसार मांग समाज में होना चाहिए ऐसी उसकी इच्छा है। परन्तु वह हो नहीं हो पा रहा है इसकी व्यथा भी उसमें है। इसलिए वह लिखता है, "डॉ. बाबासाहब कौन है? उन्होंने हमारे लिए क्या किया? यह सब मांग जाति के लड़कों को कब समझ में आएगा? कौन कहेगा यह सब? और फिर लगने लगता है कि मेरा जन्म मांग जाति में न हुआ होता तो मेरे जीवन को भी अलग दिशा मिल जाती। मेरा मन भी विद्रोही बन जाता।"

उसी तरह एक मांग युवक यह कहता है कि, "जिस आत्मविश्वास के प्रभाव से डॉ. बाबासाहब आम्बेडकर ने अपने विचारों से, अपनी कृति से, और अण्णाभाऊ साठे

ने अपनी प्रकाशमयी लेखनी से जो नयी दृष्टि दी है उस नयी दृष्टि पर पुनर्विचार करके मांग समाज को परिवर्तन की दिशा में चलना चाहिए"[29] इससे मांग समाज का युवक आम्बेडकर के विचारों तथा अण्णाभाऊ साठे द्वारा अपनी लेखनी से प्रकट किये गये विचारों को अपने साथ लेकर चलने की इच्छा रखता है। किसी भी जाति, धर्म, वंश आदि इकइियों का और आम्बेडकरवादी होने का किसी भी प्रकार का कोई सम्बन्ध नहीं है। अर्थात आम्बेडकरवादी किसी जाति धर्म के पंथ का होना चाहिए इस तरह का आग्रह अवैज्ञानिक है। डॉ. बाबासाहब आम्बेडकर के विचारों का प्रसार होना चाहिए इस उद्देश्य से खडकी पुसद में 8 जनवरी, 1977 को बड़े पैमाने पर मांग जातियों का सम्मेलन आयोजित किया गया था। इस सम्मेलन में मांग युवक नेताओं ने कहा, "मैं जन्म से मांग हूँ। फिर भी मैं आम्बेडकरवादी हूँ। डॉ. आम्बेडकर ने अस्पृश्यता के विरुद्ध लड़ाई की, आज मांग और चमारों को बौद्धों का साथ देना चाहिए। तभी हम लोग अस्पृश्यता की भयावह बीमारी से मुक्त हो सकेंगे। यह युग की जरूरत है। मांग और इतर लोगों की भावना इस दृष्टिकोण से समझने की जरूरत है।"[30]

उपरोक्त विवेचन से यह स्पष्ट होता है कि मांग युवक आज दलित आन्दोलन की तरफ नयी उम्मीद से देखता है। उनको समझ लेना महार नेताओं का और इस समाज का प्रमुख कर्तव्य है। इससे आम्बेडकर के आन्दोलन का स्वप्न सच होनेवाला है। परन्तु आज ऐसा नहीं हो रहा है।

डॉ. आम्बेडकर और आदिवासी समाज

अछूतों के बाद भारतीय हिन्दू संस्कृति का जो शिकार बना है वह वर्ग है आदिवासी समाज। आदिवासी समुदाय का भी शोषण यहाँ की समाजव्यवस्था ने किया है। भारत की जनसंख्या में आदिवासियों कीं संख्या एक करोड़ से भी अधिक है। अर्थात कुल जनसंख्या के 7.07% संख्या अदिवासियों की है। उनमें साक्षरता की दृष्टि से देखें तो रार्वाधिक शिक्षित, अर्थात 29% आदिवाराी गणीपुर गें हैं तो राबरो कग अर्थात 5% जनसंख्या आंध्रप्रदेश मे देखने को मिलती है। महाराष्ट्र में आदिवासियों की जनसंख्या 12% से भी अधिक होने का दावा 1971 की जनगणना में देखने में आया है।"[31] इतना बड़ा वर्ग होकर भी भारतीय संस्कृति ने इस वर्ग को उपेक्षित रखा था। इस देश का निवासी होकर भी वह पराया था, उपेक्षित बना था। इन लोगों के प्रश्नों पर सर्वप्रथम ध्यान केंद्रित किया वह ईसाई मिशनरियों ने। धर्म का प्रसार करने के उद्देश्य से वे आदिवासियों में गये। उन तक पहुँचकर, उन्हें नजदीक करनेवाले ये ईसाई मिशनरी ही थे इस सत्य को नकार नहीं सकते। इस उपेक्षित माने गये समूह का शोषण

यहाँ की व्यवस्था ने किया है। तब उनकी भी इस दास्यता से मुक्ति होनी चाहिए। डॉ. बाबासाहब आम्बेडकर ने "दी अनटचेबल्स" ग्रन्थ में लिखा है कि "शूद्र के अलावा हिन्दू संस्कृति में और तीन वर्ग हैं। वे निम्नलिखित हैं।

1. अपराधी समझी गयी जमात। (Criminal Tribes) जिनकी संख्या 2 करोड़ के लगभग।
2. प्राचीन आदिम (Aboriginal Tribes) डेढ़ करोड़ होगी।
3. और अछूत (untouchable) जिनकी संख्या पांच करोड़ से भी अधिक होगी।

दलित आदिवासी जनता जातिव्यवस्था की सबसे बड़ी शिकार होने के कारण उनमें भारत की जनतान्त्रिक व्यवस्था का एहसास हो, उनमें नेतृत्व विकसित हो।"[32] इस प्रकार की उनकी धारणा थी।

अछूत और अदिवासी इनका दुःख एक ही है। दोनों भी हिन्दू संस्कृति के शिकार बने हैं, इस तरह की डॉ. आम्बेडकर की धारणा थी। डॉ. बाबासाहब आम्बेडकर की तरह आदिवासी व आज के अछूत एक ही हैं ऐसा माननेवाले प्रसिद्ध समाज वैज्ञानिक दत्तात्रय पुरुषोत्तम खानापूरकर थे। उनके अनुसार "अछूत और आदिवासी एक ही हैं। और वही हिन्दुस्तान के मूलनिवासी हैं। लेकिन, आदिवासियों को आर्य कभी पराजित नही कर सके। उसी कारण वे आर्य के गुलाम कभी नही बने। आर्य के जाल में कभी नहीं फँसे। उल्टे आर्यों के पुरोहितों को वे भगाकर ले जाते और उन्हें अपने देवता के सामने विधिनुसार बलि देते थे।"[33]

जिस तरह अछूत जातियों की लड़ने की परम्परा है उसी तरह या उससे भी अधिक लड़ाकूपन आदिवासी समूह में था। इतना ही नहीं, इन आदिवासियों ने संगठनात्मक कुशलता से अंग्रजों से संघर्ष किया था। इसके बहुत से उदाहरण मिलते हैं महाराष्ट्र में स्थित महादेव कोळी, गोंड, भील ये मूलतः लड़ाकू जमात थी। 1818 में भील्लों ने तंट्या नामक भीलों सरदार के नेतृत्व में अंग्रेज़ों के विरोध में युद्ध छेड़ा था। अखिर में 1891 में तंट्या को गणपत राजपूत नामक उसके निकट के मित्र ने पकड़वा दिया। तब तंट्या को जबलपुर के जेल में फांशी की सजा दी गयी।[34] नासिक के भागुजी नाईक व राघोबा मांजरेकर के नेतृत्व में आदिवासियों ने अंग्रेजों के विरोध में प्रचंड संघर्ष किया था। यही नहीं, म. गाँधी के असहकार आन्दोलन में आदिवासी बड़े पैमाने पर शामिल हुए थे। अंग्रेजों के विरोध में लड़नेवाले, महात्मा जी की लड़ाई में शामिल हुए आदिवासियों को क्या मिला? इस प्रश्न का उत्तर है? कुछ नहीं। लेकिन एक बात निश्चित है। भारत में बन्धुआ मजदूर (Bonded Labour) और श्रमिकों की भरती सिर्फ आदिवासी व दलितों में ही होती है। "उत्तर भारत से लायी गयी महिलाएँ राजस्थान के

ढोलपुर के बाजार में नीलामी में बेची जाती हैं।[35]

"स्वतन्त्रता की लडाई में लड़नेवाले लोगों को क्या यही पुरस्कार मिलनेवाला है। यह एक कड़वा सच है। कुल मिलाकर संस्कृति से पराए बने हुए लोगों को जगाना आसान बात नहीं है। फिर भी ठक्कर बाप्पा, गोदूताई शामराव परुळेकर और शामराव परुळेकर ने संघटना के माध्यम से उनमें जागृति का काम किया है। इसके बाद इन जनजातियों को सामाजिक समता का दर्शन हो इस तरह का प्रयत्न डॉ. आम्बेडकर ने किया। उन्होंने सबको न्याय दिलवने का प्रयत्न किया। दिंडोरी तहसील में जब एक आदिवासी का क्रूरता से कत्ल किया गया, तब उस बारे में 29-9-1927 को भाऊराव को लिखे पत्र में डॉ. आम्बेडकर कहते हैं "दिंडोरी में एक भील मारा गया है। इस घटना के बारे में पूरी जानकारी लाता हूँ कहकर एक आदमी गया जो अब तक वापस नही आया है। उस बारे में आप मुझे जानकारी दीजिए।"

आदिवासियों की मुक्ति जिस तरह से सामाजिक गुलामी से होनी चाहिए, उसी तरह आर्थिक गुलामी से भी उन्हें मुक्ति मिलनी चाहिए, यह विचार उनके मन में था। उसका परिणाम यह कि उन्होंने आदिवासियों को आर्थिक गुलामगिरी से मुक्ति कैसे मिलेगी, इसके लिए एक सिद्धान्त प्रस्तुत किया है।

अन्य अछूत जातियों की तरह आदिवासियों को भी अपने आन्दोलन में शामिल करने का प्रयत्न उन्होंने किया था। बहिष्कृत हितकारणी सभा की स्थापना की थी, उसमें झो. मु. राठोड यह प्रमुख कार्यकर्ता कार्यरत थे, जो आदिवासी थे। उसी तरह 1952 के चुनाव के लिए उन्होंने यह दर्ज किया था कि भारत के निचले स्तर की सभी अनुसुचित जातियाँ, घुमक्कड़ जातियाँ, विमुक्तजन इन सबकी एक संघटना बनाई जाएगी।[36] बाबासाहब को संविधान निर्माण का अवसर प्राप्त हुआ। तब उन्होंने संविधान में जो व्यवस्था की थी वह महत्त्वपूर्ण है। उस समय उन्होंने संविधान मे धारा 15, 16, 23, 29, 30 द्वारा भारतीय नागरिक को मिलनेवाले मूलभूत अधिकार आदिवासियों को प्राप्त करवा दिये। उनको भारतीय संस्कृति में शामिल करवाने का पहला प्रयत्न किया, ऐसा कहें तो गलत नहीं होगा। आदिवासी के सुधार के लिए वैशिष्ट्यपूर्ण व्यवस्था होनी चाहिए, उसके लिए उन्होंने आग्रह पकड़ा था

उन्होंने संविधान की 5 वीं और छठी धारा में ऐसी व्यवस्था करने का माँग की और वह माँग स्वीकारी भी गयी। और धारा 244 के तहत 5 वें शेल्डयूल्ड के प्रशासन में स्वतन्त्र व्यवस्था की। उसी तरह (Tribal Advisory Council) का निर्माण किया और इस तरह से उनके आर्थिक प्रश्न का हल निकालने का प्रयत्न किया और आदिवासियों पर जो गुनहगार का ठप्पा लगाया गया था, उसे मिटाने का प्रयत्न किया। डॉ. आम्बेडकर का यह कार्य महत्त्वपूर्ण और अविस्मरणीय है।[37]

डॉ. बाबासाहब की मृत्यु के बाद उनकी प्रेरणा से उनके निकट के साथी रिपब्लिकन पार्टी के नेता भाऊराव गायकवाड "जो श्रम करेगा उसकी जमीन परन्तु जिसके पास जमीन नहीं, उसका क्या." इस तरह का सवाल पूछकर आदिवासियों को जमीन दिलवाले का प्रयत्न किया।[38] इसके बाद इसी बीच मालेगाँव में दादासाहब के नेतृत्व में सौंदणे आदिवासियों ने अनेक मोर्चे निकाले थे।[40] डॉ. बाबासाहब ने ही आदिवासी समुदाय को भी अछूतों का ही एक वर्ग माना है, लेकिन अपने कार्य की सीमाओं के कारण वे सम्पूर्ण आदिवासियों को एकत्रित नहीं कर पाए। उन सबको इस आन्दोलन में शामिल करवाना यह कठिन बात थी; लेकिन उनमें जागृति निर्माण करने का प्रयत्न उन्होंने किया। उन्हें संविधान में न्याय दिलवाने का प्रयत्न किया। और उसके साथ ही अछूत और आदिवासियों का मजबूत संगठन होना चाहिए इस कल्पना को हमेशा से उन्होंने उठाया।

आदिवासी नेताओं को दलित आन्दोलन के बारे में क्या लगता है?

उपरोक्त विवेचन से डॉ. आम्बेडकर और आदिवासी समूह इनके बीच के सम्बन्धों की कल्पना आ जाती है। आदिवासी समूह अछूतों की तरह उपेक्षित समाज है। वे आम्बेडकर के आन्दोलन में कुछ कारणों से शामिल नहीं हो पाए, क्योंकि उनकी समस्याएँ अलग थीं। उनका दुःख अलग था और कार्य की व्यापकता के कारण आम्बेडकर की भी सीमाएँ होना स्वाभाविक था। लेकिन आदिवासी नेताओं ने डॉ. बाबासाहब आम्बेडकर के विचारों के अलावा हमें मुक्ति नहीं यह विचार प्रभावपूर्ण ढंग से रखा है, और उसे स्वीकारने का प्रयत्न किया है। दलित आन्दोलन की दृष्टि से यह अधिक महत्त्वपूर्ण बात है, ऐसा कहें तो गलत नहीं होगा। इन नेताओं में लक्ष्मण माने, राजाराम राठोड, लक्ष्मण गायकवाड जैसे आदिवासी- विमुक्तों को नयी शक्ति देनेवाले नेता मिले यह बहुत गौरवास्पद बात है।

लक्ष्मण माने कहते हैं, "इस देश में आम्बेडकर नाम का तूफान आया इसीलिए हम रुक गये। नहीं तो हम सभी तभी नक्सलवादी बन गये होते।"[40] इसी तरह अपने हिस्से में आयी हुई स्थिति का एहसास उन्हें हुआ है। प्रचलित समाजव्यवस्था में बुनियादी परिवर्तन हशख्रेना चाहिए, अगर ऐसा नहीं हो सकता तो उनमें भी कोई परिवर्तन नहीं होगा। इसीलिए लक्ष्मण माने "मैं आम्बेडकर शताब्दी के निमित्त से धर्मपरिवर्तन करूँगा" ऐसी घोषणा करते वक्त कहते हैं, "मैं हिन्दू धर्म मैं जन्मा हूँ लेकिन हिन्दू धर्म में नहीं मरूँगा।" इस तरह की घोषणा आम्बेडकर ने की थी। सनातनियों के विरोध में विद्रोह कर गुलामी के विरुद्ध आवाज उठानेवाला तथा नये ढंग से समाज की रचना करनेवाला यह दलित आन्दोलन हमारा भी आन्दोलन है। इसीलिए

दलित आन्दोलन का आकर्षण लक्ष्मण माने को रहा है।

लक्ष्मण गायकवाड कहते हैं,"दलित आन्दोलन को व्यापक बनाना चाहिए। इसके सिवाय कोई विकल्प नहीं है। लेकिन दुर्भाग्य से यह होता नहीं" ऐसी चिन्ता भी उन्होंने व्यक्त की। महाराष्ट्र के दलित आन्दोलन में आदिवासी हमेशा शामिल हुए हैं। फिर वह मराठवाडा का नाम विस्तार आन्दोलन हो या बंजर जमीन की माँग हो। 1979 - 1982 के बीच नाम विस्तार की लड़ाई में अपनी पारम्पारिक वेशभूषा में पैंथर नेता गंगाधर गाडे के नेतृत्व में और वाम पार्टी के नेतृत्व में पारम्पारिक वेशभूषा में शामिल हुए उस आदिवासी समाज को कौन भूलेगा? इससे आदिवासी समूह और दलित आन्दोलन का रिश्ता भी स्पष्ट होता है।

इस तरह कुल मिलाकर दलित आन्दोलन का निरीक्षण करने के बाद यह ध्यान में आता है कि डॉ. बाबासाहब आम्बेडकर का आन्दोलन सर्वसमावेशक था। और उसी तरह उनके इस आन्दोलन में बहुत से गैर महार कार्यकर्ता सदस्य शामिल हुए थे। इन सभी कार्यकर्ताओं को आम्बेडकर ने प्राण से भी ज्यादा प्यार दिया। लेकिन ऐसा होने के बावजूद भी डॉ. बाबासाहब को सभी अछूत समाज ने साथ नहीं दिया। उनकी मृत्यु के बाद तो उनके द्वारा प्रयत्नपूर्वक स्थापित की हुई एकता को भी तोड़ दिया गया।

डॉ. बाबासाहब आम्बेडकर के साथ काम करनेवाले व्यक्ति भी धीरे-धीरे इन आन्दोलनों से दूर हो गये। कुछ लोगों ने खुद के स्वार्थ के लिए पहले इस आन्दोलन का त्याग किया था। यह निश्चित ही दुर्भाग्यपूर्ण प्रसंग हुए हैं। लेकिन इससे भी बुरी बात अर्थात इन अछूत जातियों ने ही एक दूसरे के विरोध में आरोप-प्रत्यारोप करना शुरू कर दिया। अपना स्वतन्त्र संगठन स्थापित किया। फिर भी अपना विकास करने के अलावा ये सभी सदस्य एक-दूसरे पर गम्भीर आरोप लगाने में व्यस्त हुए थे। इसमें से कुछ आरोपों को या एक-दूसरे से सम्बन्धित जो गलतफहमियाँ हैं उसे समझना जरूरी है।

17 अक्तूबर, 1990 को मंडेला जब भारत आये तब एक कार्यक्रम में बोलते हुए उन्होंने कहा कि, डॉ. बाबासाहब के व्यक्तित्त्व से हम बहुत ही प्रभावित हुए। उन्होंने सामाजिक अन्याय के विरूद्ध जो संघर्ष किया, वह हमें उपनिवेशवाद और वर्णद्वेषी व्यवस्था के विरोध के संघर्ष करते समय हमेशा प्रेरक साबित हुआ है।[41] इससे यह बात स्पष्ट होती है कि हजारों मील दूर रहनेवाले मंडेला ने आम्बेडकर का स्वीकार किया है। सामाजिक गुलामी से मुक्ति के लिए उत्सुक जातियों और समूहों को आम्बेडकर का स्वीकार करना चाहिए।

अनुवाद - अर्चना मून, वर्धा

❑❑❑

सन्दर्भ

1. खरात शंकरराव : डॉ. बाबासाहबांची पत्रे, पृ. 198
2. कित्ता
3. कित्ता
4. कांबळे बी. सी. : समग्र आम्बेडकर चरित्र, पृ. 17
5. मून वसंत : मध्य वऱ्हाडातील डॉ. आम्बेडकरपूर्व दलित चळवळी, पृ. 120
6. कित्ता, पृ. 102
7. कित्ता, पृ. 103
8. कित्ता
9. प्रा. गांजरे मा. फ. : डॉ. बाबासाहब आम्बेडकरांची भाषणे, खंड 2, पृ. 45
10. कित्ता
11. गणवीर रत्नाकर : बहिष्कृत भारतातील डॉ. आम्बेडकरांचे स्फुट लेख, पृ. 27
12. समग्र सावरकर वाङ्मय
13. राजभोज यांचे एक भाषण
14. डॉ. पटवर्धन सुनंदा : चेंज अमंग इंडियाज हरिजन, पृ. 68
15. वागळे निखिल : सा. दिनांक, 6 सप्टें. 1981, पृ. 21
16. दै. नवशक्ती, मुंबई : 17 जुलै, 1977
17. कित्ता
18. प्रा. गांजरे : डॉ. बाबासाहब आम्बेडकरांची भाषणे, खंड 3 रा. पृ. 90
19. माने जी. बी. : डॉ. बाबासाहब आम्बेडकर यांचा दलित मुक्ति संग्राम
20. खरात शंकरराव : डॉ. बाबासाहब आम्बेडकरांची पत्रे, पृ. 199
21. प्रा. गांजरे मा. फ. : डॉ. बाबासाहब आम्बेडकरांची भाषणे खंड 3 रा. पृ. 131
22. गणवीर रत्नाकर : बहिष्कृत भारतातील डॉ. बाबासाहब आम्बेडकरांचे स्फुट लेख
23. गांजरे मा. फ. : डॉ. बाबासाहब आम्बेडकरांची भाषणे, खंड 3 रा, पृ. 131
24. रणवीर रत्नाकर : ब. भारतातील डॉ. बाबासाहब आम्बेडकरांचे स्फुट लेख, पृ. 180
25. कित्ता
26. कोसारे एच. एल. : विदर्भातील दलित चळवळीचा इतिहास, पृ. 284
27. सं. वानखेडे चंद्रकांत : मातंग - प्राचीनता आणि सामाजिक परिवर्तनाची दिशा, पृ. 46

28. कित्ता, पृ. 54
29. कित्ता, पृ. 51
30. कित्ता, पृ. 72
31. पाटील शरद : सत्यशोधक मार्क्सवादी : दिसंबर 89, दिसंबर 90, पृ. 25
32. डॉ. आम्बेडकर भीमराव : दि. अन्टचेबल्स, पृ. 8, 9
33. खैरमोडे चां. भ. : डॉ. भीमराव रामजी आम्बेडकर : खंड 1 ला, पृ. समग्र 5
34. पाटील शरद : सत्यशोधक मार्क्सवादी, पृ. 12
35. कित्ता
36. प्रा. गांजरे मा. फ. : डॉ. बाबासाहब आम्बेडकरांची भाषणे
37. राठोड मोतीराज : भटक्या विमुक्तांचा जाहीरनामा, पृ. 82
38. पाटील शंकर : सत्यशोधक मार्क्सवादी, पृ. 10
39. कित्ता, पृ. 13
40. माने लक्ष्मण : स. भु. महाविद्यालय 4/2/81 गुरुवार, दिलेले येथील वाक्य.
41. दै. सकाळ : दि. 17 अक्टूबर, 1990

***

॥ 3 ॥

बाबासाहब के मन में आरम्भ से ही किसानों के प्रति आत्मीयता और उनके अभ्युदय के प्रति आस्था थी। 10-1-1938 को कोंकण, सातारा और नासिक जिले के किसानों ने असेम्बली हॉल पर जुलूस निकला था, तब बाबासाहब ने उन्हें सम्बोधित किया, उन्होंने कहा, "श्रमजीवी लोगों का संगठन करना हो तो उसमें जातिभेद, धर्मभेद को आश्रय नहीं मिलना चाहिए। श्रमजीवी वर्ग पहले ही आर्थिक दबावों के नीचे दबा हुआ है।" उस समय मुंबई सरकार के सामने प्रस्तुत की गयी माँगे इस प्रकार थीं :

1. किसान वर्ग स्वतन्त्र रूप से एवं सुख सन्तोष से रह सके।
2. भूमि में परिश्रम करनेवालों के आर्थिक हितों की रक्षा की जाय।
3. खेती की जोताई करनेवालों के उदरनिर्वाह की व्यवस्था की जाए
4. खेतिहर मजदूर को न्यूनतम मजदूरी देने की कानूनन व्यवस्था की जाय आदि। भारतीय संविधान में भी सातवें शेड्युल में कृषि सम्बन्धी कई प्रबन्ध किये गये हैं। वे इस प्रकार हैं।

1. कृषि सम्बन्धी उचित शिक्षा दी जाय तथा अनुसन्धान किया जाय।

... 14 ...

डॉ. बाबासाहब आम्बेडकर और कृषि

ना. मा. निमगडे

---

2. फसल की हानि करनेवाले कीटकों से और रोगों से फसल की रक्षा की जाय।
3. कृषि के लिए उपयुक्त पशुओं की रक्षा और उनकी बढ़िया परवरिश।
4. कृषि के लिए सिंचन व्यवस्था और सदुपयोग।
5. किसानों के अधिकारों की रक्षा।
6. भूमि का बँटवारा, भूमि सुधार और उसके लिए सरकार की ओर से ऋण देने की व्यवस्था।
7. वन और उनकी हिफाजत।
8. वन्य जीवों की रक्षा।
9. मत्स्यपालन आदि कई विषयों का उसमें उल्लेख किया गया है।

भारतीय संविधान निर्माण के समय कृषि विषय पर और किसानों की भलाई से सम्बन्धित कई विषयों पर बहस हुआ करती थी। उस समय गरीब किसानों का पक्ष लेनेवाले और उनकी भलाई के लिए आस्था से लड़नेवाले भारत कृषक समाज के

संस्थापक भाऊसाहब पंजाबराव देशमुख ने सितम्बर 1949 को किसानों के अभ्युदय की दृष्टि से कानून का प्रस्ताव रखा और विनती की कि डॉ. आम्बेडकर इस पर ध्यान दें। बाबासाहब उस समय विधि मन्त्री थे और किसानों के प्रति उनके मन में अत्याधिक आत्मीयता थी, इसलिए उन्होंने वह प्रस्ताव तुरन्त पारित किया।

18-19-20 जुलाई, 1942 को बाबासाहब अखिल भारतीय दलित परिषद के लिए नागपुर आये थे। उस समय उन्हें व्हाइसराय के कौन्सिल की सदस्यता का नियुक्ति पत्र मिला था और उन्होंने नागपुर से ही तार से अपनी स्वीकृति व्हाइसरॉय को सूचित कर दी थी, यह घटना बिलकुल अद्‌भुत थी; क्योंकि इसके पहले इतने उच्च सम्मान पद पर अस्पृश्य समाज के किसी को भी ऐसा सुवर्ण अवसर किसी ने भी दिया नहीं था।

दिल्ली लौटने के बाद बाबासाहब सोचने लगे कि देश के गरीब लोग किस प्रकार सुखी होंगे और उस दृष्टि से उन्होंने कार्य भी किया।

भारत में अत्याधिक उग्र अकाल बार-बार पड़ते थे। उनमें से 1943 का बंगाल का अकाल अत्याधिक भयावह था। उस समय लाखों लोग भूख से मर गये थे। दूसरे विश्वयुद्ध का समय था वह। अनाज के अभाव के साथ ही किरोसिन, चीनी आदि अत्यावश्यक वस्तुओं की सम्पूर्ण देश में कमी थी। इसी कारण ये अत्यावश्यक वस्तुएँ गरीबों को सस्ते दामों पर मिलें इसलिए बाबासाहब ने अनाज के साथ किरोसिन और चीनी जैसी वस्तुओं की रेशनिंग शुरू की थी।

लोगों का अन्नदाता किसान अत्याधिक उपेक्षित था। इसीलिए बाबासाहब ने बेहतरीन खेती कैसे कर सकेंगे इसके सम्बन्ध में ज्ञान का प्रसार हो ऐसा आग्रह पकड़ा था। 'अधिक अनाज उपजाओ' यह मुहिम उन्होंने चलाई थी।

इतना ही नहीं उन्होंने स्वयं भी इस सम्बन्ध में प्रयोग किये थे। दिल्ली में 22, पृथ्वीराज रोड के शासकीय निवास स्थान में वे रहते थे। उस बंगले की खुली जगह पर शोभा के लिए हरियाली रोपी गयी थी। उसे निकाल कर वहाँ गेहूँ की बढ़िया फसल निकाली थी और कई तरह की सब्जियाँ भी लगाई थीं। इन फसलों का उन्होंने पूरा हिसाब लिखकर रखा था। कितना बीज बोया, कितना खाद कितने दिन दिया, मजदूरी कितनी हुई, इसके आँकडे तथा पाई-पाई का हिसाब और फसल के आने तक का पूरा खर्च विस्तार से लिखकर रखा था। ये सभी अनुभव, वे मिलने आनेवाले किसानों को बताया करते। 'जो दूसरों पर निर्भर रहा उसका कार्य चौपट हुआ' यह उनकी आदर्शोक्ति थी।

बाबासाहब को कृषि के बारे में बहुत जिज्ञासा थी। भारतीय कृषि अनुसन्धान संस्था, दिल्ली के प्राकृतिक परिवेश में वे प्रातः समय घूमने जाया करते थे। उनके बंगले से संस्था बहुत दूर होने से वे मोटर से जाते। मोटर संस्था के बाहर ही खड़ी करके

अन्दर, वे पैदल घूमने जाया करते थे। उनके पास अधिक समय हो तो वे बड़ी उत्सुकता से शास्त्रीय पद्धति से परवरिश किये गये फसलों का तथा फल-फूलों का निरीक्षण करते थे। यह बात उन्होंने मुझे बातचीत के दौरान बताई थी।

1949 में एक बार मैंने उनसे प्रार्थना की थी कि "बाबासाहब हमारी पुसा इंन्स्टिट्यूट बहुत सुन्दर है। आप जरूर देखने आइये। इस पर उन्होंने कहा था, 'अरे वहाँ तो मैं अक्सर घूमने जाता हूँ। मिलिंद महाविद्यालय के परिवेश मे स्थित उद्यान में लगाने के लिए कई प्रकार के फूलों की, गुलाब की तथा लताओं की टहनियाँ (उन्होंने जल्दी से कई बोटॅनिकल नामों का उच्चार भी किया था) औरंगाबाद ले गया था। मुझे वह इंन्स्टिट्यूट बहुत पसन्द आया।" यह सुनकर मुझे बहुत अच्छा लगा।

कृषि सम्बन्धी उनके विचार बताते समय, कृषि के लिए उपयुक्त कुछ योजनाएँ उन्होंने तैयार की थीं, जिनका यहाँ उल्लेख करना आवश्यक है। उनमें से 'दामोदर व्हॅली योजना' महत्त्वपूर्ण है। यह योजना अमेरिका की 'टेनेसी व्हॅली ऑथॉरिटी' के आधार पर आधारित थी।

'दामोदर' नदी का उद्‌गम छोटा नागपुर के टीलों में से हुआ है। यह नदी बिहार में 290 किलोमीटर दूर तक बहती है, बाद में बंगाल प्रदेश से बहती हुई कोलकता से 48 किलोमीटर नीचे हुगली नदी में मिलती है। 540 किलोमीटर लंबाई की इस यात्रा में दामोदर नदी की विशेषता यानी प्रारम्भ में वह बहुत तेजी से बहती है तथा भूमि की तबाही करती है। दूसरे हिस्से में वह धीमी गति से बहती है; लेकिन बाढ़ के कारण अत्याधिक हानि करती है। 1859 से 1943 तक इस नदी में बारह बार भयावह बाढ़ आयी और जीवन माल की अत्याधिक हानि हुई। साथ ही बाढ़ के कम होने पर मलेरिया और कॉलरा जैसी प्राणघातक बीमारियाँ फैलती थीं और यह नदी बार-बार अपना मार्ग बदलती थी। ऐसी भयावह नदी को नियंत्रित कर बाबासाहब ने उसे जीवनोपयोगी बनाने का निर्णय लिया। वह इस प्रकार,

1. उसके जल का उपयोगी खेती के लिए करके भरपूर फसल उगाने के लिए।
2. विद्युत निर्माण के लिए।
3. जल परिवहन (संचार) बढ़ाने के लिए।

इन बहुविध उपयोगों की दृष्टि से इस योजना को कार्यान्वित करने का उन्होंने निश्चय किया। इसके लिए बाबासाहब ने अमेरिका से कई ग्रन्थ मँगवाकर स्वयं अध्ययन किया और योजना बनाई, नक्शे तैयार किये। इस कार्य को भलीभाँति सफल बनाने के लिए रायबहादुर ए. एन. खोसला की चीफ इंजिनियर के रूप में नियुक्ति की और 'सेंट्रल टेक्निकल पॉवर बोर्ड' की स्थापना तक की।

जब वह काम पूरा हुआ और उन्होंने बाबासाहब को उद्‌घाटन के लिए निमन्त्रित

किया तब बाबासाहब ने अपने निजी सचिव को भेजा; खुद गये नहीं, क्योंकि उन्हें काम महत्त्वपूर्ण लगता था, उद्घाटन नहीं।

इस सन्दर्भ में अणुशक्ति का उपयोग भी जनकल्याण के उपयुक्त कामों के लिए करने की बात बाबासाहब के मन में थी। उनका कहना था कि भारत की जनसंख्या तेजी से बढ़ रही है। प्रकृति भी कई बार हानि पहुँचाती है। बारिश के दिनों में नदियों की बाढ़ से काफी नुकसान होता है। बार-बार की बाढ़ से नदियों के पाट उथले हो चुके हैं। पाट में रेत अत्याधिक मात्रा में जमा होती है। बाढ़ से लोगों की जीवित हानि होती है, इसलिए बाबासाहब बहुत छटपटाते थे। 6.8.1945 को अमेरिका ने हिरोशिमा पर बम फेंककर अत्याधिक विनाश किया था। उन्होंने ऐसा विचार किया यही अणुशक्ति यदि नदियों के पाटों की सफाई के लिए प्रयुक्त की जाय तो इतनी बाढ़ नहीं आएगी, क्यों कि नदियों के पाट गहरे बन जाने से आस-पास के गाँवों में पानी नहीं फैलेगा और जीवित हानि तथा फसलों की बर्बादी नहीं होगी। नदियों के पानी का सदुपयोग होगा, जलसंचार बढ़ेगा तथा सुरक्षित बनेगा और इस प्रकार बाढ़ के कारण दुःखदायी नदियों का उपयोग इन्सानी भलाई के लिए किया जा सकेगा।

बाबासाहब को अपनी जिन्दगी के अन्तिम दिनों में ऐसा महसूस होता था कि उन्होंने आज तक सुशिक्षितों के लिए बहुत काम किया है लेकिन सुशिक्षितों ने अपने उत्तरदायित्त्व को ठीक से सँभाला नहीं। अपने अशिक्षित बान्धवों से वे एकरूप नहीं हुए। उलटे उनसे तटस्थ होने लगे हैं। इसी कारण उनकी इच्छा थी कि बची हुई जिन्दगी में इसके बाद मजदूर एवं भूमिहीनों की भलाई हेतु अपनी शक्ति और समय दें। उन्होंने भूमिहीनों को सरकार की ओर से भूमि प्राप्त करा देने की इच्छा भी व्यक्त की थी।

25 मार्च, 1956 को वे अपनी मोटर से मीटिंग के लिए आगरा जा रहे थे। रास्ते में मथुरा के बाद उन्हें काफी परती भूमि दिखाई दी। सोहनलाल शास्त्री उनके साथ थे। बाबासाहब ने कहा, "यह इतनी अधिक परती भूमि ऐसी ही पड़ी है। वह यदि भूमिहीनों को मिले तो उनका भला होगा। अधिक फसल निकल सकेगी।" यही विचार उन्होंने बाद में आगरा की सभा में व्यक्त किये थे।

कृषि के सम्बन्ध में उन्हें कितनी आत्मीयता थी, इस सम्बन्ध में मैं अपने अनुभव बताता हूँ। स्वतन्त्र भारत के प्रथम चुनाव में बाबासाहब मुंबई से चुनाव लड़ रहे थे। उस समय राजभोज शेड्यूल्ड कास्ट फेडरेशन के सचिव थे। वे भी चुनाव लड़ रहे थे। उनका कहना था कि विद्यार्थी चुनाव में शे. का. फे. का प्रचार करें, इसीलिए मै प्रचार करने के लिए मुंबई जाने के लिए तैयार हुआ। इसके पहले 26, अलीपुर रोड के बंगले पर बाबासाहब से मिलने गया था। यूँ ही बातचीत के दौरान उनको बताया कि मैं भी प्रचार के लिए मुंबई जा रहा हूँ।

इस पर बाबासाहब ने कहा, 'छात्रों को पहले अपने अध्ययन पर ध्यान देना चाहिए।' उन्ही के शब्दों में बताता हूँ। Students Should persue their studies very sincerely. You have done a good thing. That you came to see me before leaving Delhi. I do not want victory at the cost of my best students. You should return the ticket and do not go to Bombay for convacing. You are conducting research for Ph. D. in Agriculture which is very important subject. I wish, you should concentrate on your research. For your information I tell your that we have made good provision in constitution for encouraging agricultural developments.

यह सुनकर मैं कृतार्थ हुआ। बाबासाहब को कृषि के सम्बन्ध में बहुत आत्मीयता है यह समझ में आया। उसी तरह उनके जैसे श्रेष्ठ विद्वान द्वारा मुझे जैसे सीधे-सादे छात्र को 'बेहतरीन छात्र' कहने से मेरा अन्तःकरण रोमांचित हुआ और इसके बाद खूब अध्ययन करने और सचमुच बेहतरीन छात्र बनने की प्रतिज्ञा की।

मुझे रॉकफेलर फाऊंडेशन की फेलोशिप देने के सम्बन्ध में पत्र आया था। वह मैंने बाबासाहब के निजी सचिव नानकचंद रत्तू को बताया था; साथ ही यह भी बताया कि मुझे अमेरिका जाने के लिए सरकार की ओर से छुट्टी नहीं मिली। रत्तू ने यह पत्र बाबासाहब को दिखाया। पत्र पढ़कर बाबासाहब बहुत खुश हुए; लेकिन जब रत्तू ने बताया कि उसे अमेरिका जाने के लिए सरकार की ओर से छुट्टी नहीं मिली, यह सुनकर उन्हें गुस्सा आया। वे मुझ पर बिगड़ पड़े और कहा, ''अरे, तू मेरे पास अक्सर आता है। सरकार की ओर से छुट्टी नहीं मिली, यह तूने मुझे पहले क्यों नही बताया दूसरे लोग आते हैं, काम करा लेते हैं और बाद में मुँह नहीं दिखाते। तू मगर मिलने आता है और व्यर्थ का चक्कर लगा जाता है।''

उन्होंने तुरन्त नानकचंद रत्तू को बुलाया और कहा,''कौन है रे इसका मिनिस्टर? उसे तुरन्त फोन कर!''

रत्तू ने भाऊसाहब पंजाबराव देशमुख को फोन किया। फोन पर प्रारम्भिक बातचीत के बाद बाबासाहब ने कहा, ''पंजाबराव मेरे पास एक छात्र है। निमगडे उसका नाम है। उसे पीएच. डी. करने के लिए अमेरिका के रॉकफेलर फाऊंडेशन की फेलोशिप मिली है। लेकिन हमारी सरकार उसे अमेरिका जाने के लिए छुट्टी नहीं देती।''

इस पर भाऊसाहब ने कहा, ''बाबासाहब मैं उसे अच्छी तरह से जानता हूँ। आपके पास न आकर उसने मुझे बताया होता तो भी उसका काम हो जाता।'' यह सुनकर बाबासाहब को बड़ा आश्चर्य हुआ कि ये दोनों महापुरुष मुझे अच्छी तरह से

पहचानते हैं फिर भी मैंने दोनों को भी अपना काम नहीं बताया। उन्होंने मुझसे कहा "अरे, तूने मुझे अब तक क्यों नहीं बताया?" मैंने कहा, "बाबासाहब आपका समय बहुत कीमती है और वह देश तथा समाज के काम आ रहा है। ऐसे समय मेरा यह मामूली काम बताकर मैं आपका समय नष्ट करना नहीं चाहता। हम आपके पास कभी भी आते हैं। आप जो कहते हैं वह सुनते हैं। कभी कभार आपसे बात भी कर सकते हैं यह हमारा कितना बड़ा लाभ है।" यह सुनकर बाबासाहब शात हुए।

इतने में माईसाहब वहाँ आयी। उन्होंने रॉकफेलर फाऊंडेशन की ओर से आया पत्र पढ़ा। उन्होंने मुझे कहा, "अरे निमगडे, आज डॉक्टरसाहब तुझ पर बहुत खुश दिखाई दे रहे हैं, तो तू उन्हें Character Certificate माँग।"

बाबासाहब कभी भी किसी को सर्टिफिकेट देते नहीं थे। मेरे सामने ही उन्होंने कई लोगों को सर्टिफिकेट देने से इन्कार किया था।

वे कहते थे, "मुझे क्या पता तुम लुच्चे हो, लफंगे हो, या कैसे हो? मैं कैसे सर्टिफिकेट दूँ?" इसकी जानकारी होने से बाबासाहब से सर्टिफिकेट माँगने में मुझे डर लगता था, लेकिन उस दिन माईसाहब के सुझाव पर हिम्मत बाँध, और बाबासाहब से कहा, "मुझे विदेश में पीएच. डी. करने जाना है। मेहरबानी करके Character Certificate देंगे तो अच्छा होगा।"

इस पर खुशी से उन्होंने कहा, "ठीक है, तू अपने बारे में जानकारी लिखकर दें।" मैंने तुरन्त बड़े कागज पर अपने सम्बन्ध में जानकारी लिखकर दी।

बाबासाहब ने वह जानकारी पढ़ी। मैंने मेरा पेन उन्हें दिया, उन्होंने एक दो अक्षर लिखकर उसे लौटा दिया और खुद का पेन मँगवाया। (I dont want to spoil my handwriting) क्योंकि मेरे पेन की नीब अच्छी नहीं थी। उन्होंने मेरा लिखा पूरा काट दिया और अपने मन से सर्टिफिकेट का मजमून लिखा। मुझसे कहा,"अब रात हो गयी। तू घर जा।"

उसी रात 11 बजे नानकचंद रत्तू वह सर्टिफिकेट टंकलिखित करके तथा उस पर बाबासाहब के हस्ताक्षर लेकर पूसा इंन्स्टिट्यूट में आये। उन्होंने कहा, "बाबासाहब का आदेश है कि आज ही यह सर्टिफिकेट पहुँचा दे, इसलिए अभी रात में आया।" इससे बाबासाहब के विद्याप्रेम का और विद्यार्थीप्रेम का उस दिन मुझे सही परिचय हुआ।

अनुवाद - डॉ. नागनाथ कुंटे, लातूर

❑❑❑

किसानों की आत्महत्याएँ आज एक गम्भीर विषय बन गया है। लगातार हो रही किसानों की आत्महत्याओं की जाँच करना और जाँच से प्राप्त निष्कर्षों के बाद सरकार उनके परिवारों को आर्थिक सहायता देकर उससे पल्ला झाड़ लेती है और समाज भी उस विषय पर गम्भीरता से विचार करता हुआ दिखाई नहीं देता।

आज भी भारत में यहाँ का उपेक्षित वर्ग बड़े पैमाने पर खेती पर जीवन-यापन करता है। कितना भी औद्योगिक विकास हुआ हो और विश्वग्राम निर्माण करने और वैश्वीकरण के विचारों की सर्वत्र चर्चा हो तब भी भारत एक कृषिप्रधान देश है इसे भुलाया नहीं जा सकता। अधिक रोजगार और उत्पादन के अवसर अभी भी इसी क्षेत्र में उपलब्ध हैं। जो रात दिन खेत में काम करता है, उत्पादन करता है, उस किसान के जीवन में इतना अँधेरा क्यों छा गया? पहले साहूकार किसानों को कर्ज देते थे अब कानून से निर्मित संस्थाएँ कर्ज देती हैं। कर्ज के बोझ से अभी भी वह मुक्त नहीं है। प्रकृति का कोप, अनिश्चित वर्षा और कम उत्पादन फिर अपनी मूलभूत आवश्यकताओं को पूर्ण करते समय होनेवाली परेशानी और कर्ज के अदायगी न होना इस चक्रव्यूह से किसान

... 15 ...

डॉ. बाबासाहब आम्बेडकर और किसानों के प्रश्न

बी. आर. वाघमारे

का जीना दूभर होता है इसीलिए वे जीवन ही समाप्त करने का विचार कर बैठते हैं।

किसानों के शोषण की समस्या पर स्वातन्त्रपूर्व काल में कुछ स्थानों पर किसान संगठित होकर प्रतिकार कर रहे थे। ई. स. 1857 से 1921 इस काल में किसान आन्दोलन का विकास हुआ। जमींदारों के अत्याचार और ब्रिटिशों के अन्यायकारक कृषीकर के कारण किसान असहाय बन गये थे। उन पर होनेवाला अन्याय इतना अधिक होता गया कि किसानों ने स्वेच्छा से असंगठित विरोध प्रारम्भ किया। 1923 से 1946 के काल में जो लोग राजनीतिक स्वतन्त्रता के लिए आन्दोलन कर रहे थे, वे किसानों के हितों की रक्षा करने एवं उनके प्रश्नों को खारिज करने में असमर्थ हैं इस भावना से प्रेरित होकर किसानों ने 1935 में 'अखिल भारतीय किसान सभा' की स्थापना की। इस सभा ने विविध प्रान्तों में जमीदारों के अन्याय के विरूद्ध अभियान चलाकर लोगों का ध्यान उस ओर आकर्षित किया।

स्वातन्त्र्यपूर्व काल में और स्वातन्त्र्योतर काल में भी किसानों की मूलभूत समस्याओं पर कोई ठोस उपाय योजना नहीं की गयी। किसान और कृषि मजदूरों के

प्रश्न अनदेखे ही रह गये। उनके प्रश्नों को गम्भीरता से एवं अन्तःकरण से विचार कर उसका हल ढूँढने का प्रयत्न ही नहीं हुआ।

देश की समाजनीति में एवं राजनीतिक क्षेत्र में आम्बेडकर का आना उपेक्षितों की समस्या पर जी जान से मूलभूत विचार करने की दृष्टि से महत्त्वपूर्ण है। लेकिन उनके प्रयत्नों को जातीय एवं धार्मिक पहलू मानकर उनके विचारों को जनता में बोने के लिए आज भी कोई तैयार नहीं है।

26 नवंबर, 1949 को संविधान का प्रारूप संसद में प्रस्तुत किया गया, उस समय चर्चा के बाद अन्त में भाषण देते समय डॉ. बाबासाहब आम्बेडकर ने चेतावनी दी थी उस बात की याद आज करना आवश्यक है। "26 जनवरी, 1950 को हम जिस जीवन का प्रारम्भ करने जा रहे हैं वह विषमता से भरा हुआ है। राजनीतिक जीवन में समता दिखाई देगी, लेकिन सामाजिक एवं आर्थिक जीवन में विषमता ही दिखाई देगी। इस विसंगतिपूर्ण जीवन को हम कितने दिनों तक चलाते रहेंगे? आर्थिक एवं सामाजिक जीवन में समता को हम कब तक रोक रखेंगे? हम अगर अधिक काल तक समता का विरोध करते रहेंगे तो हमारा राजनीतिक जनतन्त्र अधिक दिनों तक सुरक्षित नहीं रहेगा। यह विषमता यथासम्भव शीघ्र नष्ट की जानी चाहिए। ऐसा नहीं हुआ तो विषमता से पीड़ित लोग, इस संविधान सभा द्वारा प्रयत्नपूर्वक निर्मित राजनीतिक जनतन्त्र के मन्दिर को ध्वस्त किये बिना नहीं रहेंगे।"[2]

आज लाखों बेरोजगारों की फौज, किसानों की निराशा और उससे पनपा बेचैन समाज विनाशकारी भूमिका नहीं लेगा, ऐसा नहीं कहा जा सकता और उससे राजनीतिक जनतन्त्र के मन्दिर में दरारे नहीं आएँगी इसकी गारंटी कौन देंगा?

डॉ. बाबासाहब आम्बेडकर की आर्थिक समता की योजना

सामाजिक समता की नींव अधिक मजबूत बनाने के लिए आर्थिक आयाम देने की आवश्यकता अनुभव कर डॉ. बाबासाहब आम्बेडकर ने स्वतन्त्र मजदूर दल की स्थापना 1936 में की थी। 19 मार्च, 1940 को डॉ. बाबासाहब आम्बेडकर ने स्वतन्त्रता दिवस के अवसर पर जो भाषण दिया उसमें उन्होंने कहा, "चवदार तालाब के अभियान से स्वतन्त्र मजदूर दल का उदय हुआ है। यह दल इस अभियान का राजनीतिक परिणाम है। चवदार तालाब के अभियान के कारण ही हमारे वर्ग में राजनीतिक, सामाजिक एवं आर्थिक चेतना विकसित हुई है, इस बात को भुलाया नहीं जा सकता।"[3] डॉ. बाबासाहब आम्बेडकर के इन विचारों से यह स्पष्ट है कि उन्होंने सामाजिक और राजनीतिक समता के साथ-साथ आर्थिक समता के निर्माण के उद्देश्य से ही स्वतन्त्र मजदूर दल की स्थापना कर किसान और कृषि मजदूरों के प्रश्नों को लोगों

के सामने रखने का प्रयत्न किया।

डॉ. बाबासाहब आम्बेडकर ने प्रांतीय विधान सभाओं के चुनाव में मुंबई प्रांत एवं मध्यप्रांत विदर्भ में अपने दल के उमीदवार खड़े किये। किसान नेता डॉ. भाऊसाहेब पंजाबराव देशमुख को अमरावती तहसील मतदाता क्षेत्र से और उनकी पत्नी विमलाताई देशमुख को अमरावती अकोले महिला मतदाता क्षेत्र से, तो मजदूर नेता अॅड. रा. बा. फुले को नागपुर क्षेत्र सें स्वतन्त्र मजदूर दल की ओर से चुनाव में खड़ा कर उन्होंने अपने दल की व्यापकता सिद्ध की थी। डॉ. पंजाबराव ऊर्फ भाऊसाहेब देशमुख को तो उन्होंने स्वतन्त्र मजदूर दल की कार्यकारिणी में समाविष्ट किया था। इस चुनाव में स्वतन्त्र मजदूर दल ने 14 जगहों पर विजय प्राप्त की थी, तो वर्धा हिंगनघाट चुनाव क्षेत्र से चुने गये बागी प्रत्याशी श्री. दशरथ लक्ष्मण पाटील भी बाबासाहब के दल में सहभागी बने। दि. 30.5.1937 को स्वतन्त्र मज़दूर दल के जो उमेदवार चुने गये थे उनके अभिनन्दन की सभा आयोजित की गयी थी, उस समय डॉ. बाबासाहब आम्बेडकर ने कहा था, ''हमारा स्वतन्त्र मजदूर दल किसान और मजदूरों पर अमीरों की ओर से होनेवाले अन्याय को समाप्त करने के लिए ही स्थापित हुआ है।''

विधान मंडलों में किसानों के हितों की कृति

डॉ. बाबासाहब आम्बेडकर ने कर्ज के बोझ में डूबे किसान और मजदूरों की स्थिति में सुधार लाने के लिए वर्तमान कानूनों में दुरूस्ती सुझानेवाले विधेयक मुंबई विधानसभा में रखे। इन विधेयकों पर चर्चा के समय और विधेयक के पक्ष में जनमत अनुकूल करने के लिए चलाये गये प्रचार अभियान में कर्ज से दबे किसानों, कृषि मजदूरों एवं बन्धुआ मजदूरों की सम्याओं को उजागर किया। सरकार की नीति किस प्रकार पूँजीपतियों के अनुकूल है, साहूकारों और जमींदारों द्वारा किया जानेवाला शोषण वह बन्द करना नहीं चाहती, यह बात जनता के सामने रखने का प्रयास डॉ. बाबासाहब ने लगातार किया। मुंबई प्रांत के गवर्नर ने गरीब किसानों पर करों का बोझ लादकर उनकी दशा और कठिन बनाने की नीति स्वीकार की तब अंग्रेजों की नीति की खाल उधेड़ने में डॉ. बाबासाहब अग्रसर रहे।

साहूकारी नियन्त्रण विधेयक

किसानों को अपने कठिन दिनों में जो कर्ज लेना होता था, उस कर्ज पर गाँव में रहनेवाले साहूकार अनियन्त्रित सूद लगाकर किसानों की मेहनत का अधिकांश हिस्सा स्वयं ही हड़प लेते थे और किसान फिर कंगाल ही रह जाता था। इस पर नियन्त्रण रखने के उद्देश्य से डॉ. बाबासाहब आम्बेडकर ने 1937 में 'साहूकारी नियन्त्रण

विधेयक' विधान सभा में प्रस्तुत कर निम्नलिखित उपाय सुझाये थे।

1. भारत के किसी भी प्रांत में साहूकारी करनेवाले साहूकार का क़ानूनी पंजीकरण अनिवार्य हो।
2. साहूकारी व्यवसाय करनेवालों को सरकार एक वर्ष के लिए लायसन्स दे।
3. प्रतिवर्षं इस लायसन्स का नूतनीकरण अनिवार्य हो।
4. साहूकार का गैर. व्यवहार सिद्ध होने पर उसका लायसन्स निरस्त किया जाय।
5. व्यवहार लिखित हो, धन देने वाला, धन लेने वाले को इस व्यवहार की लिखित खाता पुस्तिका दे।

ऊपर लिखे गये नियमों से युक्त विधेयक को डॉ. बाबासाहब आम्बेडकर ने किसानों के हित के लिए सदन में रखा था। यह विधेयक उस समय यथावत मंजूर होता तो किसानों को मिलनेवाले कर्ज के व्यवहार में नियमितता आती तथा यह विधेयक किसानों की शोषण मुक्ति की समस्या का एक हल सिद्ध होता।

खोती (ठेका) प्रथा नष्ट करने सम्बन्धी विधेयक

सरकारी नियन्त्रण के साथ साथ खोती प्रथा नष्ट करनेवाला विधेयक भी डॉ. बाबासाहब आम्बेडकर ने दि. 20 अगस्त, 1937 क्रमांक वाला विधेयक 17 सितम्बर, 1937 को विधानसभा में रखा था। 'जमींनदारों द्वारा होनेवाला किसानों का शोषण किसान कुलो से (कब्जेदारों से) जमीन का मालिकाना अधिकार छीनने की जमींनदारों की प्रवृत्ति, विशेषकर खोती एवं तालुकदारी प्रथा से किसानों का शोषण होता था। यह शोषण रोककर किसानों के हितों की रक्षा हो इसी हेतु डॉ. बाबासाहब आम्बेडकर ने यह विधेयक रखा था। 1864 से सरकार खेत मालिकों के अधिकारों को सीमित करने का प्रयत्न कर रही थी फिर भी कानून ताक पर रखकर खेत मालिक किसानों का मनमाना शोषण कर रहे थे। खेत मालिकों द्वारा खुलेआम की जानेवाली लूट असह्य होने पर खेत मालिक और किसानों में संघर्ष होता था, मारपीट होती एवं कत्ल भी होते थे।1934 में प्रसिद्ध 'उदेरी' मामले में तबीयत ठीक न होने पर भी डॉ. बाबासाहब आम्बेडकर ने उच्च न्यायालय में किसानों के समर्थन में खड़े होकर दलीलें दीं और निचली अदालत द्वारा दी गयी सजा को कम करने में सफल हुए थे।[7] खेत मालिकों द्वारा किसानों पर जो जोर जबरदस्ती एवं अत्याचार होता था, उससे सम्बन्धित समाचार डॉ. बाबासाहब आम्बेडकर द्वारा संचलित 'जनता' साप्ताहिक में छपा। अन्य दलों से सम्बन्धित लोगों की नीति जमींदार समर्थक एवं साहूकार समर्थक होने के कारण डॉ. बाबासाहब आम्बेडकर उनकी निन्दा करते थे और उनका असली रूप जनता के सामने लाते थे। किसानों और जोतदारों

को संगठित कर सरकार को किसान हित की नीति अपनाने का तन्त्र भी डॉ. बाबासाहब आम्बेडकर उपयोग में लाते थे।

किसानों को संगठित करने का प्रयत्न

1 जनवरी, 1938 को दापोली में खेती की वतन पद्धति समाप्त करने के लिए रघुनाथ धोंडिबा खांबे की अध्यक्षता में तिल्लोरी किसानों की परिषद आयोजित की गयी थी। इस परिषद में सहभागी होने के लिए डॉ. बाबासाहब आम्बेडकर ने अपने स्वतन्त्र मजदूर दल के सहयोगी श्री अनंतराव चित्रे, सुरबा नाना टिपणीस को भेजा था। डॉ. बाबासाहब आम्बेडकर के इन सहयोगियों ने अपने वक्तव्य से सभी को प्रभावित किया और उसी के कारण खेत मालिकों के अत्याचार से पीड़ित किसानों को अन्याय और अत्याचार के विरोध में आन्दोलन चलाने की प्रेरणा मिली थी। इस सम्बन्ध में उनके वक्तव्यों को गैरकानूनी करार देकर उन पर मुकदमे दाखल किये गये थे। उस समय न्यायालय में डॉ. बाबासाहब आम्बेडकर ने उनके समर्थन में दलीलें दी थीं।[8]

डॉ. बाबासाहब आम्बेडकर द्वारा आयोजित किसान मोर्चा

10 जनवरी, 1938 को मुंबई में डॉ. बाबासाहब आम्बेडकर ने स्वतन्त्र मजदूर दल की ओर से बीस हजार किसानों का मोर्चा आजाद मैदान से कौन्सिल हॉल तक आयोजित किया था। मोर्चा समाप्त होने के बाद मोर्चा की ओर से कॉंग्रेस मन्त्रिमंडल के सम्मुख किसानों की चार मूलभूत माँगे और तेरह तात्कालीक माँगे रखी गयी थीं।[9]

1. जमीन जोतनेवालों को उसका उचित फल मिलना चाहिए।
2. खोत, इनामदारों जैसे मध्यस्थ ठेकेदारों को हटा देना चाहिए।
3. किसानों पर कर लगाने से पहले उनकी उपजीविका चलाने की योग्य व्यवस्था करनी चाहिए।
4. खेती में काम करनेवाले मजदूरों को न्यूनतम मजदूरी मिलने की व्यवस्था कानूनन होनी चाहिए।

जमीन की न्यूनतम आय निश्चित कर उससे कम आय पर बड़ी हुई तहसील (कर निर्धारण करने) के लिए जमीन कर निर्धारण (तहसील) कानून में संशोधन करना चाहिए। तब तक वार्षिक 75 या उससे कम कर देनेवाले क़िसानों का कर तत्काल 50 प्रतिशत करना चाहिए। खोती और इनामदारी प्रथा मुआवजे के साथ बन्द करने के लिए शीघ्र ही कानून बनाना चाहिए। तीन वर्ष तक जमीन जोतनेवाले कब्जे को स्थायी कब्जेदार मानना चाहिए। खेती से सम्बन्धित समस्याओं की जाँच के लिए आयोग की स्थापना की जानी चाहिए। छोटे किसानों का जल कर पचास प्रतिशत कम करना चाहिए।

सभी गाँवों में मुफ्त चारागाह होने चाहिए है। 'कर्ज मुक्ति कानून' लागू होने तक कर्ज की वसूली स्थगित होनी चाहिए। साहूकारी व्यवसाय पर नियन्त्रण होना चाहिए। किसानों को अपनी उपजीविका चलाने के लिए आवश्यक जमीन और उदरनिर्वाह के लिए आवश्यक वस्तुओं पर साहूकारी जप्ती लाने पर बन्दी डालनी चाहिए। बन्धुआ मजदूर प्रथा को कानूनन अपराध माना जाना चाहिए। सभी बिन जोती हुई जमीन को मजदूरों में बाँट दिया जाय। इस प्रकार की विभिन्न माँगों को तेरह तात्कालिक माँगों में रखा गया था। उस समय कुछ लोगों को ही मत देने का अधिकार था इसीलिए सही जनमत का प्रतिनिधित्व विधान मंडलों में नहीं होता था। इसीलिए सभी प्रौढ़ स्त्री पुरुषों को मताधिकार मिलना चाहिए इस प्रकार की माँग भी किसानों के मोर्चे द्वारा रखी गयी थी।''

स्वतन्त्र मजदूर दल का काम इतना प्रभावपूर्ण था कि सरदार पटेल ने प्रांतीय मन्त्रिमंडल गठित होने के उपलक्ष्य में शनिवार वाडा के सामने जो भाषण दिया था उसमें 'मुबंई असेंम्ब्ली में अलग अलग दल हैं उसमें डॉ. बाबासाहब आम्बेडकर द्वारा स्थापित स्वतन्त्र मजदूर दल अत्यन्त महत्त्वपूर्ण है।'' कहकर सरदार वल्लभभाई पटेल ने उसका महत्त्व स्पष्ट किया था।[10] अन्तरराष्ट्रीय राजनीति के दाँवपेंच के कारण डॉ. बाबासाहब आम्बेडकर को 1942 में मजबूरी में स्वतन्त्र मजदूर दल का विलय करना पड़ा था। आगे चलकर उन्होंने अपनी आर्थिक योजनाओं को विविध रूपों में साकार करने का प्रयत्न किया।

आर्थिक समता की रचना

स्वतन्त्र मजदूर दल के माध्यम से किसान और कृषि मजदूरों की समस्याओं को हल करते समय ही 1939 में दूसरा महायुद्ध प्रारम्भ हुआ। भारत की ब्रिटिश सरकार उसमें प्रमुखता से उलझी होने के कारण देश की सभी समस्याएँ प्रलम्बित रह गयीं। दूसरे महायुद्ध की समाप्ति के बाद अंग्रेजों ने भारत को स्वतन्त्रता देने को लिए संविधान सभा की स्थापना की। उसमें डॉ. बाबासाहब आम्बेडकर को सहभागी किया गया।

संविधान सभा के माध्यम से देश में किसान, मजदूर और उपेक्षितों की समस्याओं के साथ न्याय कर उनका होने वाला शोषण रोक कर उनके कल्याण की योजनाएँ अमल में लाने के लिए डॉ. बाबासाहब आम्बेडकर ने योजनाएँ बनायीं। राज्य समाजवाद की अवधारणा को रखकर राजनीतिक एवं सामाजिक जनतन्त्र को आर्थिक आयाम देने एवं देश के किसान एवं मेहनतकशों के जीवन में व्याप्त अन्धकार को नष्ट करने के लिए योजनाएँ बनाने की दृष्टि से उन्होंने पंडित जवाहरलाल नेहरू को पत्र लिखकर अपनी भूमिका विशद की। उस योजना के अनुसार—

1. औद्योगिकीकरण की दृष्टि से जो उद्योग महत्त्वपूर्ण माने जाते हैं वे उद्योग और

आर्थिक विकास का मूल आधार समझे जानेवाले उद्योग राष्ट्र के अधिकार में होने चाहिए।

2. ये उद्योग सरकारी विभागों की ओर से अथवा सार्वजनिक निगमों के द्वारा चलाए जाने चाहिए।

3. बीमा व्यवसाय का राष्ट्रीयकरण होना चाहिए।

4. सभी कृषि भूमि सरकार को कब्जे में लेनी चाहिए और सामूहिक पद्धति से खेती करनी चाहिए।

इस अवधारणा में कोई जमींदार, कोई कब्जेदार कोई मजदूर नहीं रहेगा। इसमें सभी किसान एवं जोतदारों का अपना अपना सहभाग होगा, सभी समान मालिक होंगे। देश में उत्पादन के जो साधन रहेंगे उन सभी पर मेहनत करनेवाले किसानों एवं कृषि मजदूरों का अधिकार होगा और उससे होनेवाली आय का लाभ सभी स्तरों पर उन उन लोगों को उनके परिश्रम के अनुसार विभाजित किया जाएगा, इस प्रकार की समाजवादी आर्थिक रचना संविधान द्वारा ही अमल में लाने का प्रयत्न डॉ. बाबासाहब आम्बेडकर ने किया था। लेकिन संविधान सभा द्वारा स्थापित उपसमितियों में इस आर्थिक योजना को नकारा गया।

इस सम्बन्ध में डॉ. बाबासाहब आम्बेडकर ने पंडित जवाहरलाल नेहरू को दि. 14 मई, 1947 को पत्र लिखकर समाजवादी आर्थिक रचना की योजना को साकार करने में संविधान सभा की उपसमितियों में आनेवाली रुकावटों को स्पष्ट किया। इस पर पंडित जवाहरलाल नेहरू ने इस योजना को तत्त्वरूप से समर्थन दिया। पंडित जवाहरलाल नेहरू ने 22 मई, 1947 को डॉ. बाबासाहब आम्बेडकर को उत्तर भेजा। उसमें उन्होंने कहा 'आपकी सूचनाओं को, संविधान में समाहित करने का आपका आग्रह उचित नहीं रहेगा। आर्थिक याजेनाओं के लिए अलग समिति नियुक्त करना उपयोगी होगा। लेकिन संविधान से उसका कोई सम्बन्ध नहीं रहेगा। इस समय हर प्रकार की अलगाववादी शक्तियाँ सक्रिय हैं उन सब का मुकाबला करने एवं उसी समय देश की सभी प्रगतिशील शक्तियों की सहायता से प्रशासन निर्माण करना, पहली आवश्यकता है। अगर हम सागझदारी रो आगे नहीं बढ़ेंगे तो प्रतिगामी शक्तियाँ भारत में अराजकता निर्माण करेंगी और किसी भी प्रकार से तानाशाही लाएँगी।''[12] इसलिए भारतीय संविधान में इनकी योजना अमल में नहीं आ सकी।

डॉ. बाबासाहब आम्बेडकर ने अपनी आर्थिक समता की योजना को फिर भी नहीं छोड़ा क्योंकि पंडित जवाहरलाल नेहरू उनके आर्थिक दृष्टिकोण से सहमत होने का उन्हें एहसास था। इसीलिए उन्हें योजना समिति पर नियुक्त किया जाय, जहाँ यह अभिनव क्रान्तिकारी कल्पना को साकार करने का अवसर मिलेगा, इस प्रकार की अपेक्षा उन्होंने पंडित जवाहरलाल नेहरू के सामने व्यक्त की थी। लेकिन दि. 15 मार्च, 1950 को

भारत सरकार ने योजना आयोग की नियुक्ति की तब वहाँ डा. बाबासाहब आम्बेडकर को नहीं लिया गया। आगे 1951 में केन्द्र में पहली बार योजना मन्त्री का पद निर्माण किया गया, तब यह विभाग गुलजारीलाल नंदा को दिया गया।

आश्वासन देकर भी डॉ. बाबासाहब आम्बेडकर को आर्थिक योजना की रचना से दूर रखा गया इसलिए डॉ. बाबासाहब आम्बेडकर ने तत्काल कानून मन्त्री पद से इस्तीफा दे दिया। उन्होंने 11 अक्तूबर, 1951 को जो स्पष्टीकरण दिया था उसमें उन्होंने अपने इस्तीफे का कारण, आर्थिक रचना में उनके सहभाग को नकारना और दूसरा कारण स्त्रियों के अधिकार सम्बन्धी विधेयक का मान्य न होना था।[13]

सामाजिक समता का आन्दोलन चलाते समय डॉ. बाबासाहब आम्बेडकर के विचार को दलितों का विचार मानकर उस ओर ध्यान नहीं दिया गया। सुरबा नाना टिपणीस और शंकराचार्य कुर्तकोटी ने डॉ. बाबासाहब आम्बेडकर को धर्मपरिवर्तन करने के बजाय कोई नया धर्म, पंथ या सम्प्रदाय स्थापन करने की सलाह दी थी। उस समय डॉ. बाबासाहब आम्बेडकर ने बड़ा ही मर्मभेदक उत्तर दिया कि "दलित आदमी का उसमें भी 'महार' व्यक्ति का धर्म / पंथ / सम्प्रदाय कौन स्वीकार करेगा?" आर्थिक समता का उनका विचार स्वीकारते समय तो ऐसा नहीं होना चाहिए। आर्थिक समता की रचना का आन्दोलन खड़ा करते समय डॉ. बाबासाहब आम्बेडकर का विचार देश के, राष्ट्र के और किसान, मजदूर तथा सामान्य लोगों के जीवन को मंगलमय बनानेवाला विचार समझ कर आज स्वीकार किया जाना चाहिए। वह विचार अब 55 वर्ष बाद जैसा था वैसा स्वीकार करना सम्भव न हो तो आज की वैश्विक स्थिति, देश की परिस्थिति देखकर कालानुरूप सफल बनाने के लिए आवश्यक मूलभूत परिवर्तन कर तथा इसे संस्कारित कर स्वीकार किया जाना चाहिए। उनके विचारों को जाति, धर्म, सम्प्रदाय और देश की सीमा लाँघकर केवल मनुष्य केन्द्रीभूत मानकर उसके सुख की पालक वहन करेंगे तभी स्वातन्त्र्य समता एवं बन्धुत्त्व का उजाला फैलेगा। आज के भूमंडलीकरण की आपाधापी में तो डॉ. बाबासाहब आम्बेडकर के विचारों का मूलभूत अध्ययन कर उसका स्वीकार अनिवार्य है।

अनुवाद - डॉ. नरसिंग दुबे, उदगीर

□□□

सन्दर्भ

1. सामाजिक आन्दोलन - नागगोडे गुरूनाथ, पृष्ठ - 2.
2. भारतीय राज्यघटना - अनुवाद तुलसी पगारे, पृष्ठ - 17

3. 'जनता' समाचार पत्र के लेख, डॉ. बाबासाहब आम्बेडकर सं. अरुण कांबळे
4. जागतिक कृषक क्रांतीचा विधाता लोकनेता, डॉ. पंजाबराव देशमुख, वीर उत्तरराव मोहिते, पृष्ठ 193
5. जनता पत्रातील लेख - डॉ. बाबासाहब आम्बेडकर, सं. अरूण कांबळे, पृष्ठ 108
6. डॉ. बाबासाहब आम्बेडकर रायटिंग एंन्ड स्पीचेस, खंड - 2, पृष्ठ 96
7. आम्बेडकरी चळवळ - य. दी. फडके, पृष्ठ 139
8. आम्बेडकरी चळवळ - य. दी. फडके, पृष्ठ 142-43
9. आम्बेडकरी चळवळ - लेखक य. दी. फडके, पृष्ठ 143
10. 'जनता' समाचार पत्र के लेख, डॉ. बाबासाहब आम्बेडकर, सम्पादक, अरुण कांबळे, पृष्ठ - 110
11. 1 टक्का विरूद्ध 99 टक्के, लेखक - निलकंठ खाडीलकर - पृष्ठ 63
12. 1 टक्का विरूद्ध... निलकंठ खाडीलकर पृष्ठ 77
13. डॉ. बाबासाहब आम्बेडकर आणि इंडियन नेशनल कॉंग्रेस - य. दि. फडके पृष्ठ 45.

***

... 16 ...

डॉ. बाबासाहब आम्बेडकर का भारतीय जलनीति को योगदान

डी. टी. गायकवाड़

प्रज्ञासूर्य डॉ. बाबासाहब आम्बेडकर एक असामान्य प्रतिभावान व्यक्ति के रूप में जाने जाते हैं, उनके व्यक्तित्त्व के विभिन्न पहलू भारतीयों को परिचित हैं। समाजविज्ञान, मानववंशविज्ञान और राजनीति विज्ञान आदि अनेक क्षेत्रों में उन्होंने अमूल्य योगदान दिया है, फिर भी वे मूल रूप में एक अर्थशास्त्री थे। यह बात उनके द्वारा प्राप्त एम. ए. पीएच. डी. और डॉक्टर ऑफ सायन्स इन तीन उपाधियों के लिए लिखे गये प्रबन्धों से स्पष्ट होती है। वे भारतीय संविधान के निर्माता तो थे ही, साथ ही इस देश की आर्थिक योजनाओं एवं जलनीति के भी शिल्पकार थे। यह बात जनता के सामने नहीं आयी है। प्रस्तुत लेख में डॉ. आम्बेडकर का इस देश की जलनीति में किस प्रकार का योगदान था, केंद्रीय तकनीकी विद्युत आयोग (Central Technical Electricity) केंद्रीय जल आयोग (Central Water Commission) और केंद्रीय सिंचाई एवं विद्युत आयोग (Central Board of irrigation and power) इन तकनीकी संस्थाओं का निर्माण डॉ. आम्बेडकर के नेतृत्व में किस प्रकार पूर्ण किया गया, देश की जलनीति क्या होनी चाहिए, दामोदर थल परियोजना, महानदी परियोजना, सोननदी परियोजना कार्यान्वित करने में उनकी भूमिका किस प्रकार महत्त्वपूर्ण थी, यही नहीं बल्कि हीराकुंड परियोजना के निर्माण में आम्बेडकर ने महत्त्वपूर्ण भूमिका निभाई थी, इन बातों की चर्चा बहुत कम हुई है।

डॉ. आम्बेडकर के योगदान का विचार करने पर यह स्पष्ट हो जाता है कि उन्होंने राजनीतिक एवं आर्थिक क्षेत्र में कितना योगदान दिया है। यह बात उनके द्वारा लिखे गये विभिन्न ग्रन्थों से भी स्पष्ट होती है। 'राज्य और अल्पसंख्यक', 'पाकिस्तान और देश विभाजन', 'पुणे करार', 'स्टेट की भूमिका', 'शासकीय समाजवाद', 'सामाजिक नीति', 'श्रमविषयक नीति' आदि विषयों पर ग्रन्थ लिखकर उन्होंने इस विवेचन में गरीबों को केन्द्र में रखकर सदैव उन पर विचार किया है।

20 जुलाई, 1942 को डॉ. आम्बेडकर ने श्रममन्त्री के रूप में पदभार स्वीकार किया। डॉ. आम्बेडकर को व्हाईसराय कार्यकारी मंडल के सदस्य के रूप में रखा गया था। और उनकी ओर श्रम, सिंचाई एवं बिजली विभाग सौंपे गये थे। इस काल में उन्होंने देश के सर्वांगीण विकास के लिए मूलभूत परियोजनाएँ एवं विकास योजनाओं को अमल में लाने का सफल प्रयास किया। देश के बहुमुखी विकास के लिए यातायात, सड़कें

एवं बिजली की व्यवस्था आवश्यक है, यह बात वे बार बार और लगातार कह रहे थे।

भारत का स्वतन्त्र 'श्रम विभाग' नवंबर 1936 में निर्माण किया गया, वह औद्योगिक विभाग, उद्योग और श्रमविभाग का एक हिस्सा था। उद्योग और श्रम विभाग व्यापार विभाग के संयुक्त भाग थे, इसीलिए सिंचाई, बिजली और अन्य सार्वजनिक कार्य नवनिर्मित श्रम विभाग से सम्बन्धित थे। इसीलिए सिंचाई एवं विद्युत शक्ति (irrigation and electric Power) से सम्बन्धित कार्य विभागप्रमुख के रूप में डॉ. आम्बेडकर के अधीन थे।

जब से डॉ. आम्बेडकर इसमें प्रत्यक्ष रूप में सहभागी हुए तब से राष्ट्रीय स्तर पर विद्युत एवं सिंचाई से सम्बन्धित आर्थिक योजनाओं का प्रारम्भ हुआ। जलसम्पत्ति एवं विद्युत सम्पत्ति से (Water Resourees and electricity Resources) सम्बन्धित निश्चित नीति अमल में आयी। उस समय से मूलभूत जल, बिजली सिंचाई आदि का राष्ट्रीय स्तर पर आयोजन आवश्यक बन गया। 1943-1945 के बीच केन्द्र सरकार ने जलसंपत्ति एवं विद्युत शक्ति की विकास सम्बन्धी नीति निश्चित की। यह इस प्रकार :

अ) राष्ट्रीय स्तरपर जल एवं विद्युत शक्ति का विकास करना।

ब) तकनीकी एवं प्रशासनिक देखभाल के लिए केन्द्रीय जल आयोग एवं केन्द्रीय विद्युत प्राधिकरण का निर्माण करना।

क) 'रिव्हर व्हॅली अॅथॉरिटी' की अवधारणा को स्वीकार करना एवं राज्य और केन्द्र के बीच राज्यों की नदियों का उपयोग सिंचाई एवं बिजली निर्माण के लिए करना।

ड) नदी थाल परियोजना अमल में लाना।

डॉ. आम्बेडकर ने श्रम, सिंचाई एवं बिजली विभाग के प्रमुख के नाते राष्ट्रीय स्तरपर जलसंपत्ति और विद्युत संपत्ति के विकास के लिए निश्चित नीति निर्धारित की। उनका अर्थशास्त्र, राजनीतिशास्त्र एवं संविधान से सम्बन्धित योगदान महत्त्वपूर्ण है ही साथ ही जलनीति के विकास में मूल योगदान देनेवाले व्यक्ति के रूप में भी है। सच तो यह है कि जलनीति एवं विद्युत विकास की नीति के क्षेत्र में स्वातन्त्र्यपूर्व काल में वे आधार स्तम्भ थे। उनके व्यक्तित्त्व का यह पहलू अनछुआ रह गया है। स्वतन्त्रता के पूर्व उन्होंने देश के विकास की विभिन्न अवधारणाएँ एवं परियोजनाएँ अमल मे लाना शुरू किया था। नदीथाल परियोजना, तकनीकी संस्थाओं का निर्माण और अलग अलग बाँधों के निर्माण में उनका महत्त्वपूर्ण योगदान था। यह बात इससे सिद्ध होती है।

'जलनीति का मूल'

दूसरे महायुद्ध में नष्ट हो चुकी औद्योगिक एवं मूलभूत सम्पत्ति दुरुस्त करना

आवश्यक था। अनेक यूरोपियन देशों में आर्थिक नवनिर्माण एवं उद्योगों के स्थलान्तर का कार्य चल रहा था। इसीलिए सभी देशों में पुनर्वसन एवं पुर्ननिर्माण के लिए आर्थिक योजना का कार्य प्रारम्भ हुआ था। उसी प्रकार भारत में भी केन्द्र सरकार ने युद्ध प्रभावित सैनिकों एवं कर्मचारियों को बसाने का कार्य प्रारम्भ किया था। इसके लिए अलग-अलग योजनाएँ बनाकर केन्द्रीय सरकार के सुपुर्द की गयीं। इसमें बॉम्बे योजना (Bombay Plan) जे. आर. डी. टाटा और अन्यों ने मिलकर बनाई थी। साथ ही जन योजना (People Plan) नामक योजना बॅनर्जी, पारेख और तारकुंडे, जवाहरलाल नेहरू और सुप्रसिद्ध वैज्ञानिक मेघनाद शाह ने काँग्रेस योजना (Congress Plan) तैयार की। इन सभी योजनाओं का उद्देश्य था देश की आर्थिक योजना तैयार करना। 1950-60 के बीच युद्ध के बाद पुनर्वसन एवं पुनर्निर्माण लिए आर्थिक योजना बनाने के लिए अनेक प्रसिद्ध अर्थशास्त्री व्ही. के. आर. राव, डी. आर. गाडगील, सी. एन. वकील एवं पी. एस. लोकनाथन का प्रमुख सहभाग था। 1942-46 के बीच पुनर्निर्माण एवं आर्थिक विकास का मूल आधार जल एवं विद्युत नीति थी। आर्थिक विकास की योजनाएँ सर्वव्यापी एवं समान्तरित बनाने के लिए एवं सरकार की नीति एवं योजना कार्यान्वित करने के लिए पाँच अलग-अलग समितियों की नियुक्ति की गयी थी। इसमें मुख्य निर्माण कार्यवाही समिति (Reconstruction committee of th council) का मुख्य कार्य, हेतु एवं उद्देश्य निश्चित करना था। इस समिति में कैबिनेट सदस्य और व्हाईसरॉय अध्यक्ष थे। प्रत्येक समिति में नीति समिति (Policy committee) का प्रमुख सम्बन्धित विभाग का कैबिनेट सदस्य होता था और राज्य के प्रतिनिधि, व्यापार, उद्योग एवं औद्योगिक क्षेत्र से सम्बन्धित प्रतिनिधि होते थे। उसमें कार्यालयीन समिति के प्रमुख उस उस विभाग के सचिव होते थे।

डॉ. बाबासाहब कर्णधार परिषद और योजना समिति के अध्यक्ष के रूप में सिंचाई एवं बिजली विभाग का कामकाज देखते थे। योजना एवं कार्यालयीन समिति का काम सिंचाई एवं बिजली उत्पादन का अध्ययन करना और उस पर उपाय सुझाना था। डॉ. आम्बेडकर ने प्रमुखता से लगातार जल एवं बिजली संपत्ति का अधिकाधिक उपयोग एवं विकास के लिए नीति निश्चित करने एवं कार्ययोजना बनाने में महत्त्वपूर्ण भूमिका निभाई थी वह इस प्रकार —

1. युद्ध के बाद व्यापक आर्थिक विकास की नीति तैयार करना।
2. सिंचाई एवं बिजली इन विषयों पर ब्योरेवार नीति तैयार करना।

मुख्य नीति

1935 के समझौते के अनुसार श्रम विभाग ने सिंचाई एवं बिजली के विकास

के लिए निम्न तीन बातें मुख्य रूप से कार्यान्वित करने का निर्णय लिया।

1. एक से अधिक राज्यों में बहनेवाली नदियों का नियन्त्रण एवं व्यवस्थापन विकसित करना।
2. राज्यों में बहनेवाली नदियों पर जल एवं जलविद्युत ऊर्जा संपत्ति (हाईड्रोलेक्ट्रिक पावर रिसोर्सेस) निश्चित करना।
3. प्रशासकीय एवं तकनीकी विकास के लिए, राष्ट्रीय सिंचाई नीति क्या होनी चाहिए यह बात इसी काल में निश्चित करना।

15 नवंबर, 1943 से 8 नवम्बर, 1946 के बीच यह नीति निश्चित की गयी यह बात उस समय की चर्चाओं एवं भाषणों से स्पष्ट होती है। इस काल में आयोजित परिषद में आम्बेडकर कहते हैं "अतिरिक्त जल से मनुष्य की उतनी तबाही नहीं होती जितनी तबाही पानी कम रहने से होती है। जल राष्ट्रीय सम्पत्ति है। यह सम्पत्ति हमें सँभालनी चाहिए। पानी का उपयोग योग्य रूप में करने के लिए हमारे पास एक स्थायी नीति होनी चाहिए। लगातार आनेवाली बाढ़ के कारण प्रकृति के सम्बन्ध में शिकायत न कर अतिरिक्त जल का भंडारण ठीक से करना चाहिए।" इससे अतिरिक्त जल के सम्बन्ध में उनका सकारात्मक दृष्टिकोण सामने आता है। बाढ़ से आनेवाला अधिक जल आपत्ति है ऐसा मानकर उसकी व्यवस्था करने के लिए केवल बाढ़ पर काबू पाना यही एकमात्र कार्य न मानते हुए अन्य विकसित राष्ट्रों के समान नहरें बनाकर पानी का स्थाई भंडारण करना चाहिए और पानी का बहुउद्देशीय उपयोग करना चाहिए। जल भंडारण से सिंचाई, नौकायन और विद्युत निर्माण का कार्य किया जा सकता है, यह उपाय उन्होंने सुझाया था (8 नवम्बवर, 1946) इसी पर आधारित मूल अवधारणा एवं नीति उन्होंने निश्चित की थी, वह इस प्रकार है।

1. जलसंपत्ति के साधनों के विकास के लिए बहुआयामी दृष्टि अपनाना चाहिए।
2. रिव्हर व्हॅली अॅथॉरिटी अवधारणा का प्रारम्भ—
3. केन्द्रस्थान में नदी जल स्त्रोत के विकास के लिए तकनीकी संस्थाओं का निर्माण करना आवश्यक बन गया। सेंट्रल वॉटर वेज नॉव्हिगेशन, एंड इरिगेशन और सेंट्रल टेक्निकल पॉवर बोर्ड।

तकनीकी संस्थाओं का गठन

राज्य एवं केन्द्र की जल परियोजनाओं से सम्बन्धित नीति निश्चित करने के लिए एक तकनीकी आयोग गठित करने की आवश्यकता महसूस की जाने लगी थी, उस समय श्रम विभाग को राज्यों से संपर्क कर राष्ट्रीय स्तर पर एक आयोग नियुक्त करना पड़ा। यह आयोग राज्य एवं केन्द्र की जल सम्बन्धी समस्याएँ हल करने के लिए मूलभूत जानकारी, पर्जन्यवृष्टि की जानकारी, अलग-अलग राज्यों की नदियों की मुलभूत

जानकारी इकट्ठा कर उस पर उपाय निश्चित करेगा। उस समय यह कहा गया कि यह कार्य पूर्ण करने के लिए एक केन्द्रीय जलमार्ग एवं जल परियोजना विभाग तथा एक जल आयोग की केन्द्र में आवश्यकता है। राज्यों की समस्याओं को प्रत्यक्ष देखकर उपाय सुझाना चाहिए, ऐसा निश्चित किया गया। सभी राज्यों द्वारा सहमति दर्शाने के उपरात मार्च 1944 में डॉ. बाबासाहब के नेतृत्व में केन्द्रीय जल आयोग एवं जल परियोजना व नौकायन आयोग गठित किया गया।

'सार्वजनिक जल परियोजना एवं ऊर्जा शक्ति' नीति निर्धारण समिति की प्रथम बैठक में 25 अक्टूबर, 1943 को केन्द्रीय तकनीकी समिति की स्थापना की गयी। यह समिति देश की सार्वजनिक सिंचाई परियोजनाएँ एवं ऊर्जा शक्ति की रूपरेखा बनाना, सर्व्हे करना, ऊर्जा विभाग के सहयोग से विभन्न योजनाएँ बनाना आदि कार्य करेगी ऐसा कहा गया। यह ऊर्जा समिति सम्पूर्ण देश में केन्द्र, राज्य एवं विभिन्न संस्थाओं के बीच समन्वय स्थापित कर उर्जाविषयक योजना एवं विकास के लिए स्थापित की गयी थी। 1942 से 1946 इन चार वर्षों के बीच अल्प अवधि में श्रम मन्त्रालय के सहयोग से, अर्थात डॉ. आम्बेडकर की अध्यक्षता में नदी जल विकास प्राधिकरण स्थापित कर अन्तरराज्यीय नदियों का विकास एवं बहुआयामी विकास करने एवं नदियों पर बाँधों का निर्माण करने के लिए इन दो संस्थाओं का गठन किया गया।

'जलसम्बन्धी संवैधानिक व्यवस्था'

डॉ. आम्बेडकर को सिंचाई एवं विद्युत विभाग के श्रम मन्त्री के रूप में पद स्वीकार करते समय (1942 से 1946) जलसम्बन्धी जटिल समस्याओं की जानकारी थी। 1946 को जब वे संविधान की मसौदा समिति के अध्यक्ष थे तब भारत में 1935 के कानून के आधार पर राज्यों का निर्माण हुआ था। उस व्यवस्था में 'जल' यह विषय राज्यों के अधिकार में रखा गया था। इस कानून में 'जल' से सम्बन्धित कोई अधिकार केन्द्र सरकार को नहीं था। तब आम्बेडकर ने संविधान का मसौदा संविधान सभा के सामने प्रस्तुत करते समय जब यह विषय केन्द्र सरकार के अधिकार में हो इस प्रकार की भूमिका रखी। इसी कारण भारतीय संविधान में 'जल' यह विषय धारा 56 के अंतर्गत समाहित हुआ और केन्द्र सरकार को उसके सम्बन्ध में कानून बनाने का अधिकार प्राप्त हुआ। अंतरराज्यीय नदी एवं नदीथाल नियमन और विकास करने का अधिकार अमल में आयेगा। धारा 56 के अनुसार ही सुरेश प्रभु इस योजना के अध्यक्ष हैं। भारतीय संविधान में यह व्यवस्था धारा 262 के अन्तर्गत की गयी है। इसी व्यवस्था के अन्तर्गत अंतरराज्यीय जल विवाद कानून, नदीथाल प्राधिकरण कानून 1956 में पारित किया गया।

उड़ीसा राज्य में लगातार वर्षा से बड़ी मात्रा में प्राणहानि वित्तहानि होती थी। उस

समय 1942 से 1945 के बीच इस समस्या पर उपाय सुझाने के लिए अनेक समितियाँ नियुक्त की गयीं। उन सभी समितियों की रपटों का अध्ययन डॉ. आम्बेडकर ने किया लेकिन उन रपटों में एक भी प्रतिवेदन उन्हें बहुआयामी नहीं लगा। उनके अनुसार यह रपटें एकांगी थीं। 8 नवंबर, 1945 को कटक में आयोजित परिषद में डॉ. आम्बेडकर ने देश के सामने अत्यन्त मौलिक विचार रखे हैं। उनके अनुसार 'जल एवं बाढ़' देश के लिए विनाशकाल हैं ऐसा मानकर उपाय नहीं सुझाए जाने चाहिए। देश में इतना जल उपलब्ध नहीं है कि वह हानिकारक सिद्ध हो। भारतीय जनता को पानी की कमी के कारण तकलीफें सहनी पड़ता हैं, अधिक जल की उपलब्धि के कारण नहीं। जल राष्ट्रीय सम्पत्ति होने के कारण और बरसात के मौसम में बरसनेवाले जल का प्रमाण असमान एवं अविश्वसनीय होने के कारण बाढ़ के अधिक जल की शिकायत करने के बजाय उस बाढ़ के जल का उपयोग बाँध बाँधकर मनुष्य के विकास के लिए किस प्रकार किया जा सकता है, यह दृष्टि होनी चाहिए और स्थानों पर बाँध बाँधकर, वह जल समुद्र में जाने से रोककर विकास के लिए उपयोग में लाना उचित रहेगा इस प्रकार के विचार रखे थे। इसके लिए नदी जल प्राधिकरण की स्थापना कर उस की आवश्यकता भी उन्होंने प्रतिपादित की थी।

'दामोदर घाटी परियोजना की स्थापना'

डॉ. आम्बेडकर द्वारा बनायी गयी 'राष्ट्रीय जलनीति' दूसरे महायुद्ध के बाद बनायी गयी आर्थिक रूपरेखा का एक हिस्सा थी। इस रूपरेखा का प्रारम्भ जल का राष्ट्रीय स्तर पर व्यवस्थापन, वितरण, जलविद्युत निर्माण अनेक आयामी परियोजनाएँ और अंतरराज्यीय नदियों की समस्या सुलझाने के लिए थाल (बेसिन) निहाय प्राधिकरण होना चाहिए और इन बातों को कार्यान्वित करने के लिए राष्ट्रीय स्तर पर एक संगठन होना चाहिए इसीलिए डॉ. आम्बेडकर ने केन्द्रीय जलमार्ग, सिंचाई, नौकानयन आयोग (Central water ways, irrigation and Navigation) और केन्द्रीय तकनीकी और केन्द्रीय तकनीकी विद्युत प्राधिकरण (Central Technical Power Board) की स्थापना की। उसी प्रकार अंतरराज्यीय नदियों का विकास करना हो तो बहुउद्देशीय परियोजनाएँ प्रारम्भ करना आवश्यक है, ऐसी उनकी धारणा थी।

इस सम्बन्ध में डॉ. आम्बेडकर के नेतृत्व में नदी थाल परियोजना स्थापन करने का कार्य 1944 से 1946 के बीच युद्ध स्तर पर चल रहा था। इसमें दामोदर नदी परियोजना, सोननदी परियोजना, महानदी, कोसी, चम्बल और दक्कन की नदियों के लिए प्राधिकरण स्थापित करने का कार्य डॉ. आम्बेडकर ने प्रारम्भ किया था। यह सारी परियोजनाएँ बहुउद्देशीय थीं, बाँध बाँधकर जलाशयों का निर्माण करना, इस जल का

उपयोग जलविद्युत, सिंचाई और पेयजल के रूप में करना साथ ही नौकायन का उद्देश्य भी इसके साथ जुड़ा था। इसी आधार पर डॉ. आम्बेडकर ने दामोदर घाटी प्राधिकरण की स्थापना की थी। यह परियोजना नदी जल विकास की प्रथम परियोजना थी।

दामोदर नदी का उद्‌गम बिहार राज्य के पश्चिमी क्षेत्र से 610 मी. समुद्र सतह की ऊँचाई पर है। दक्षिण-पूर्व दिशा से 540 कि. मी. (240 कि. मी. बिहार में और 250 कि. मी. पं. बंगाल में) के अन्तर पर कोलकाता शहर से 50 कि. मी. नीचे के अन्तर पर हुगली नदी से संगम होता है। दामोदर नदी का मुख्य प्रवाह बिहार राज्य से निकल कर बराकर नदी को मिलता है। इस नदी का कुल विस्तार 22000 चौ. कि. मी. है, इसमे 19000 चौ. कि. मी. पहाड़ों पर एवं शेष 3000 चौ. कि. मी. मैदानों में फैला है। दामोदर नदी के प्रवाह से बिहार राज्य के ऊपरी हिस्से से नदीजल के साथ बहकर आनेवाली मिट्टी पश्चिम बंगाल की हुगली नदी में आकर गिरती थी। परिणाम स्वरूप इस मिट्टी का बहकर आना दोनों राज्यों के लिए हानिकारक था। दामोदर नदी की इसी हानिकारक प्रवृत्ति के कारण उसे 'दुःखदायी नदी' के नाम से सम्बोधित किया जाने लगा था। इस पर उपाय के रूप में डॉ. आम्बेडकर ने दामोदर घाटी परियोजना गठित करने का निर्णय लिया। इस सन्दर्भ में डॉ. आम्बेडकर ने तीन परिषदें आयोजित कीं। पहली एवं दूसरी परिषद दि. 3 जनवरी, 1944 और 23 अगस्त, 1944 को कोलकाता में तो तीसरी परिषद 8 नवंबर, 1945 को कटक में आयोजित की गयी थी। दामोदर जल परियोजना का प्रारूप तैयार किया गया और वह 6 जनवरी, 1947 को आयोजित परिषद में रखा गया। 27 अप्रैल, 1947 को आयोजित पाँचवी परिषद में इसे मंजूरी दी गयी। राज्य सरकारों द्वारा इस प्रारूप को असेम्ब्ली में मंजूर करने के बाद दामोदर घाटी प्राधिकरण स्थापित करने का विधेयक संसद में 01 दिसंबर, 1947 को रखा गया। और 18 फ़रवरी, 1948 को संसद में मान्यता मिली। अंत में 01 जुलाई 1948 को दामोदर नदी जल परियोजना प्राधिकरण कानून अमल में आया। ये सारे कार्य डॉ. आम्बेडकर के नेतृत्त्व में पूर्ण किये गये। इस प्राधिकरण के अधिकार में निम्नलिखित बातें रखी गयी हैं।

1. बाँध बाँधकर सिंचाई की व्यवस्था,
2. विद्युत निर्माण कर उसका वितरण करना।
3. बाढ़ नियन्त्रण करना।
4. दामोदर नदी एवं उसकी सहायक नदियों का उपयोग जलमार्ग के लिए करना।
5. दामोदर नदी क्षेत्र में जंगल विकसित कर जमीन को उपजाऊ बनाना।
6. नदीक्षेत्र में स्वास्थ्य आरोग्य, कृषि, उद्योगों का विकास करना।

इस परियोजना / प्राधिकरण का गठन बिहार / पश्चिम बंगाल राज्य एवं केन्द्र

सरकार के सहयोग से किया गया। मूल योजना में दामोदर और बराकर नदियाँ तथा उनकी उपनदियों पर कुल सात बाँध बाँधे जाएँ यह योजना थी लेकिन प्रत्यक्ष में चार बाँध तिलैया, मैथॉन, पानशेत और कोनार में बाँधना और इनमें से पहले तीन स्थानों पर कुल 104 में वाट क्षमता के तीन जलविद्युत केन्द्र निर्माण का निश्चय किया गया। ये चारो बाँध बिहार में हैं और इनके निर्माण में 42 करोड़ खर्च हुआ। तिलैया बाँध 1953 में, कोनार बाँध 1955 में, मैथॉन बाँध 1957 में पूर्ण हुआ। खास बाढ़ नियन्त्रण के लिए दामोदर नदी पर बाँधा गया पानशेत बाँध और वहाँ का जलविद्युत केन्द्र 1959 के अन्त में कार्यान्वित हुआ। इससे पहले 1955 में दामोदर नदी पर दुर्गापुर में 692 में लम्बा और 11.58 मी. उँचा बाँध पूरा किया गया। यह लघु बाँध अन्य चार बाँधों के पानी की सहायता से लगभग 3.7 लाख हेक्टर जमीन की सिंचाई कर सकता है। बिजली उत्पादन के लिए तिलैया, मैथॉन और पानशेत में जलविद्युत केन्द्र और बोकारो दुर्गापुर में 692 मी, लम्बा और 11.5 8 मी. उँचा बॉन्ध पूरा किया गया। यह लघु बाँध अन्य चार बाँधों के पानी की सहायता से लगभग 3.7 लाख हेक्टर जमीन की सिंचाई कर सकता है। बिजली उत्पादन के लिए तिलैया, मैथॉन, और पानशेत में जलविद्युत केन्द्र और बोकारो, दुर्गापुर तथा चंद्रपुर में औणविक विद्युत केन्द्र का निर्माण किया गया है।

हीराकुंड बाँध परियोजना

8 नवंबर, 1945 को डॉ. आम्बेडकर की अध्यक्षता में एक परिषद का आयोजन किया गया। इसमें उड़ीसा राज्य के प्रतिनिधि तथा भारत सरकार के प्रतिनिधियों ने उड़ीसा में बहनेवाली नदियों का विकास करने के लिए गहन विचार विमर्श किया। महानदी का सर्वेक्षण जाँच एवं बहुआयामी विकास पर विस्तार से चर्चा कर हीराकुंड बाँध परियोजना प्रारम्भ करने का निर्णय लिया गया।

उड़ीसा में हमेशा बाढ़ के कारण अत्याधिक नुकसान होता था। इसीलिए वहाँ हर वर्ष बाढ़ और अकाल की समस्याओं से जूझना पड़ता था। तब 1858 में सर ऑर्थर कॉट ने उड़ीसा राज्य के बाढ़ग्रस्त क्षेत्र का दौरा कर महानदी पर बाढ़ का पानी रोकने का सुझाव दिया था। उसके बाद नवम्बर 1927 को बिहार और उड़िसा सरकार ने तीन इंजिनियरों की समिति नियुक्त की थी और उन्हें उड़िसा की बाढ़ समस्या का अध्ययन करने के लिए कहा था। इस समिति ने राज्य का दौरा किया एवं किसान, प्रतिनिधि और स्मरणपत्रों का अध्ययन कर कुछ सिफारिशें सरकार के सामने रखी थी। 1927 में एम. विश्वेश्वरय्या नामक प्रसिद्ध अभियन्ता को अध्ययन के लिए बुलाया गया। सभी दस्तावेजों का अध्ययन कर उन्होंने दो प्रतिवेदन प्रस्तुत किये। 1939 में एम विश्वेश्वरय्या ने श्री. एम. कुनूनगो के साथ दौरा कर महानदी बाँध बाँधते समय आनेवाली समस्याओं एवं राज्य

की सीमा और उपलब्ध धनराशि पर विचार किया। अन्त में विश्वेश्वरय्या के निष्कर्ष पर केन्द्रीय जलमार्ग, जलपरियोजना, नौकायन आयोग के अध्यक्ष श्री. ए. एन. खोसला ने महानदी के बहुउद्देशीय विकास प्रस्ताव पर डॉ. आम्बेडकर से सलाहकर हीराकुंड बाँध की आधारशिला उस समय के उड़ीसा राज्य के गव्हर्नर सर हॉथरॉन सेंव्हिस के कर कमलों द्वारा 15 मार्च, 1946 को रखी।

हीराकुंड बाँध की लम्बाई पांच कि. मी, ऊँचाई 150 फुट और 5 लाख चौ. फुट जमीन पर जलभंडारण फैला है। डेढ़ लाख क्यूसेस जल का भंडार तथा संबलपुर एवं सोनपुर की 8,00,000 एकड़ जमीन सिंचाई के अन्तर्गत आनेवाली थी। साथ ही इस बाँध से 50 हजार कि. वाट बिजली का 300 कि. मी. तक लाभ होना था। यह खर्च सिंचाई एवं ऊर्जानिर्मिति के उत्पन्न से होना था।

निष्कर्ष -

इस प्रतिपादन से यह स्पष्ट होता है कि डॉ. आम्बेडकर भारतीय संविधान के निर्माता तो हैं ही लेकिन उसके साथ ही वे भारत की आर्थिक नीति और जलनीति के निर्माता हैं। देश की जलनीति, दामोदर परियोजना, हीराकुंड बाँध परियोजना, सोननदी परियोजना कार्यान्वित करने के लिए उन्होंने जो भूमिका निभाई वह उल्लेखनीय एवं महत्त्वपूर्ण है। साथ ही केन्द्रीय तकनीकी विद्युत निगम, केन्द्रीय जल आयोग और केन्द्रीय सिंचाई एवं बिजली निगम इन तकनीकी संस्थाओं के गठन में डॉ. आम्बेडकर का योगदान महत्त्वपूर्ण है। वर्तमान राष्ट्रीय नदीजोड़ परियोजना की कल्पना डॉ. आम्बेडकर ने 1942 से 1945 की बीच रखी थी। इस सन्दर्भ में जलसम्बन्धी अंतरराज्य समस्याएँ निर्माण न हों इसीलिए संविधान में ही व्यवस्था की गयी है। इसका लाभ आज जल समस्याओं पर नीतिगत निर्णय लेनेवालों को लेना चाहिए।

डॉ. नरसिंग दुबे, उदगीर

❑❑❑

सन्दर्भ

1. Ambedkar's main academic work & include his M.A. dissertation "Administration and Finance of East India Company" submitted to the Columbia university, Published in Dr. Ambedkar, Writings and Speeches Vol. 6 "On Economics" Vasant moon (ed): Education Dept., Govt. of Maharashtra (1998); Ph. D Thesis on "The Evolution of Provinicial in finance in British India" London; King and son (1925),

D.Sc.Dissertation, "The Problem of Rupees', King and son (1925), Small Holding in India and their Remedies" Journal of Indian Economic Society, Vol. 1, 1918 and "State and Minorities" Bombay Thacker (1947).

2. Ambedkar, The Pricipal Architect of the Constitution of India. Dr. Babasaheb Ambedkar, Writings and speeches Vol. 13 Education Dept, Govt. of Maharashtra (1994)
3. Thorat, Sukhdeo. Ambedkar's Role in Economic Planning and Water Policy, Shipra Publication, 115-A, Vikas Marg, Shakarpur, Delhi-110092. 1998, 288p.
4. The Conferences addressed by Dr. Ambedkar during 1942-45 include, Chronologically:
   a) Post-war Developement of Electric Power in India, Oct. 25, 1943
   b) Damodar Valley Scheme, First conference, Jan. 3, 1945
   c) Post-war Electric Development, of Feb.2, 1945
   d) Multi-purpose Development, of Damodar Valley, Second Calcutta Conference, August 23, 1945
   e) Multi-purpose Plan for Development of Orissa Rivers, Nov. 8, 1945
5. ibid
6. Central Water Commission, New Delhi (1986). Four Decades of Central Water Commission in Service of the Nation, IV-V
7. Ambedkar, B.R. The Partition of India (1946) Thacker and Co. Revised edn.
8. Dr. Babasaheb Ambedkar Writings and speeches (1991) Vol. 10-"Dr. Ambedkar as Member of the Governor General's Ex ecutive General, 1942-46
9. Govt. of India, Central Waterways Irrigation and Navigation Commission, Mahanadi Valley Development, Hirakud Dam Project, June 1947. p. 350.

***

॥ 4 ॥

प्रथम महायुद्ध के बाद के कालखंड में रूस की बोल्शेविक पार्टी तथा इंग्लैडं की लेबर पार्टी के राजनैतिक उदय के कारण साम्यवाद-समाजवाद के प्रति विश्वभर में आकर्षण निर्माण हुआ। भारत में भी समाजवादी विचारों का प्रसार शुरू हो गया था। साम्यवादी पार्टी तथा काँग्रेस अन्तर्गत समाजवादी पार्टी की स्थापना हो चुकी थी। 1927 में नेहरू यूरोप के दौरे से जब वापस आये, तब वे समाजवादी विचारों से पूर्ण रूप से प्रभावित हो चुके थे। काँग्रेस के वार्षिक अधिवेशन के मंच पर से उन्होंने समाजवाद का जबरदस्त समर्थन किया। भारत की अनेक सामाजिक, आर्थिक समस्याओं का निपटारा समाजवाद द्वारा हो सकता है, ऐसा उन्होंने पूरी दृढ़ता से कहा।

एक ओर से समाजवाद की विचारप्रणाली से प्राप्त होनेवाली यह व्यापक लोक स्वीकृति और दूसरी ओर से 1935 के कानूनानुसार आनेवाले चुनाव की राजनीति का दबाव — इन दोनों घटनाओं की पृष्ठभूमि पर डॉ. आम्बेडकर द्वारा 'स्वतन्त्र मजदूर पार्टी' की स्थापना हम समझ सकेंगे। दलितों शोषितों के समावेश के बगैर दूसरा कोई विकल्प नहीं है ऐसी उनकी जो धारणा थी, उसकी पहली अभिव्यक्ति स्वतन्त्र मजदूर पार्टी के

... 17 ...

डॉ. बाबासाहब आम्बेडकर और स्वतन्त्र मजदूर पार्टी

भास्कर लक्ष्मण भोले

रूप में हुई।

डॉ. आम्बेडकर जी को ऐसा लग रहा था कि अस्पृश्यता निवारण जैसी समस्या को अगर छोड़ दें तो अन्य सभी हितसम्बन्धों पर सभी श्रमिकों में एकता सम्भव है। अस्पृश्यता के विरोध में चल रहा आन्दोलन अस्पृश्यों को स्वतन्त्र रूप से अपनी ताकत पर चलाना होगा। परन्तु आर्थिक न्याय का आन्दोलन अलबत्ता किसान-मजदूर आदि के सहयोग के बिना सफल हो पाना सम्भव ही नहीं है। अस्पृश्य-अस्पृश्येतर शोषित-श्रमिकों की यह लड़ाई प्रभावपूर्ण रूप से चलाने की क्षमता समकालीन किसी भी राजनीतिक पार्टी में नहीं है। इस कारण इस वर्ग के लिए ऐसी एक नयी पार्टी का निर्माण यही एक रास्ता उन्हें दिखाई दे रहा था।

काँग्रेस पार्टी की ओर से श्रमिक वर्ग को न्याय मिलने की कोई सम्भावना नहीं है, क्योंकि यह पार्टी पूँजीवादी वर्ग की पार्टी है। काँग्रेस का वर्ग चरित्र तथा उनका दर्शन इन दोनों पर डॉ. आम्बेडकर निरन्तर आक्षेप कर रहे थे। शोषक तथा शोषित इनमें एकजुट करने का प्रयत्न काँग्रेस कर रही है परन्तु दलित शोषितों को सामाजिक, आर्थिक

न्याय दिलाने की दृष्टि से अलबत्ता वे किसी भी काम की नहीं है। साम्राज्यवाद के प्रति काँग्रेस का विरोध भी ऊपर-ऊपर से ही है। कल अगर वह सत्ता में जा जाय तो वह अपनी सत्ता का उपयोग देशी-विदेशी पूँजीपतियों और स्वार्थी हितसम्बन्धी वर्ग की सुविधा की दृष्टि से करेगी। इस सम्बन्ध में डॉ. आम्बेडकर को किसी भी प्रकार की शंका नहीं थी। उनके मतानुसार भले ही काँग्रेस समाजवाद की भाषा बोल रही हो, तो भी किसान और श्रमिकों के हितों को उसने कब की तिलांजली दे रखी है। वर्ग के आधार पर पार्टी की रचना न करते हुए सबको अपने भीतर समा लेने की बात करने से उसके आन्दोलन का स्वरूप इसी प्रकार से रहेगा, वह कभी भी क्रान्तिकारी संघटना नहीं हो सकती। जनसामान्य को न्याय, अवसर तथा स्वतन्त्रता की गारंटी काँग्रेस की ओर से मिलना असम्भव है। 1930 में गैर ब्राह्मण पार्टियाँ जिन अपेक्षाओं से काँग्रेस में विलीन हो गयी थीं, उन अपेक्षाओं की पूर्तता काँग्रेस की ओर से कभी नहीं की गयी। इस कारण उनका भ्रम टूट गया। अब उन्हें काँग्रेस से बाहर निकलने के सिवा और कोई दूसरा विकल्प नहीं था। ऐसे समय उन्हें दलित तथा गैरदलितों की एकजुटता पर आधारित स्वतन्त्र मजदूर पार्टी में जाना पड़ेगा ऐसा डॉ. आम्बेडकर को लगता था।

समाजवादी विचारप्रणाली पर आधारित भिन्न राजनीतिक पार्टी निकालने की अपेक्षा डॉ. आम्बेडकर अपने अनुयायियों के साथ काँग्रेस समाजवादी पार्टी जो वैचारिक दृष्टि से उनके अधिक निकट की थी-की ओर क्यों नहीं गये ऐसा प्रश्न उनके विरोधियों ने तब उपस्थित किया था और आज भी वह कभी-कभार पूछा जाता है, इसका उत्तर डॉ. आम्बेडकर ने विस्तार से कई बार दिया है। समाजवादी पार्टी के सम्बन्ध में उनके कई गम्भीर आक्षेप हैं। काँग्रेस जैसी पूँजीवादी विचारों की पार्टी में रहकर उसे समाजवादी कार्यक्रम स्वीकारने हेतु बाध्य करेंगे समाजवादियों का यह आशावाद डॉ. आम्बेडकर को बेमतलब का लगता था।

दूसरी बात यह भी कि उन्हें समाजवादी नेता मार्क्सवाद के पोंगा पंडित लगते थे। आर्थिक प्रश्न पर ही ध्यान केंद्रित कर सामाजिक विषमता के प्रश्न की वे पूर्णतः उपेक्षा करते थे। मार्क्स के नींव-भवन सिद्धांत को वे शब्दशः सही-सही मानकर चल रहे थे। वर्ग की चौखट के भीतर ही वे भारतीय समाज को देख रहे हैं; इस कारण यहाँ की समस्याओं का उन्हें ठीक से आकलन नहीं हो पा रहा है। यहाँ के समाजवादियों के सम्बन्ध में उनके ये कुछ आक्षेप थे। इस कारण उनसे सहयोग अथवा चुनाव में मित्रता कर श्रमिकों के हितों को साधने की सम्भावना उन्हें दिखलाई नहीं दे रही थी।

1937 के चुनावों ने जो अवसर उपलब्ध करा दिये थे, उनका अधिकाधिक फायदा उठाकर दलित-श्रमिकों को जितना सम्भव हो सके, उतनी सत्ता अपने हाथ में लें क्योंकि खुद सत्ताधारी होना यही न्यायप्राप्ति का एकमात्र रास्ता है, ऐसा डॉ.

आम्बेडकर सोच रहे थे। इस कारण केवल अस्पृश्यों के लिए स्वतन्त्र पार्टी निकालकर सीमित कार्यक्रम बनाने का अपना मूल उद्देश्य बदलकर पार्टी को व्यापक रूप तथा सर्व समावेशक कार्यक्रम देने का निर्णय उन्होंने लिया। 'गैर-अस्पृश्य वर्ग में अपने कार्यों के प्रति आस्था निर्माण हो गयी है, अनेकों ने मेरे कार्यक्रम को स्वीकृति तथा समर्थन दिया है। जहाँ अस्पृश्यों के लिए आरक्षित जगहें नहीं हैं, ऐसे चुनाव क्षेत्र से गैर अस्पृश्य उमीदवार मेरी पार्टी की ओर से खड़े करेंगे, अथवा कम-से-कम ऐसे उम्मीदवारों को समर्थन देकर उस मतदाता क्षेत्र के अस्पृश्यों के सभी मत दिलाकर उसे चुनकर लाएँगे और इससे अस्पृश्य और गैर-अस्पृश्य इनमें कम-से-कम राजनीतिक क्षेत्र में तो सहयोग सम्भव हो पाएगा—' इस आशय की प्रस्तुति डॉ. आम्बेडकर ने की थी। ऐसा उनके 'जनता' पत्रिका में प्रकाशित स्पष्टीकरण से ज्ञात होता है।'

दलित गैर दलितों के सहयोग के बगैर दलितों को अपने आरक्षित स्थानों से बहुत उपयोग होने की कोई सम्भावना नहीं है, यह स्पष्ट ही था। मुंबई विधान सभा के 175 स्थानों में से मुस्लिम, भारतीय अंग्रेज, यूरोपीय जमींदार, व्यापारी, उद्योगपति, स्त्रियाँ आदि के साठ स्थानों को छोड़ दें तो शेष 115 स्थानों मे से केवल 15 स्थान दलितों के हिस्से में आये थे। इन सभी स्थानों पर विजय हासिल करने पर कुछ भी नहीं मिलनेवाला था। सर्वसाधारण (Open) स्थानों में से कुछ सवर्ण हिन्दू उम्मीदवारों को वहाँ के अस्पृश्यों के सभी मत दिलवाकर चुनकर लाया जाय तो ही उनके सहयोग से सभागृह में स्थित अस्पृश्यों के प्रतिनिधि अपना थोड़ा सा प्रभाव निर्माण कर पाएँगे ऐसा हिसाब डॉ. आम्बेडकर के मन में था। इसीलिए उन्होंने स्वतन्त्र मजदूर पार्टी की स्थापना की थी। इतर राजनीतिक पार्टी की अपेक्षा भिन्न तथा प्रत्येक प्रश्न की ओर गुणवत्ता के आधार पर निर्णय लेनेवाला—इस अर्थ में यह पार्टी 'स्वतन्त्र' ही थी। जाति, धर्म, प्रदेश आदि भेदों को अस्वीकार कर वर्गभावना के आधार पर सभी स्पृश्य-अस्पृश्य, किसान, दलित को एकजुट करनेवाली पार्टी इस दृष्टि से 'मजदूर' शब्द का प्रयोग इसके नाम में किया गया था। बहिष्कृत, डिप्रेस्ड क्लासेस आदि संज्ञाओं की तुलना में मजदूर यह संज्ञा अधिक व्यापक थी। पूँजीपतियों की काँग्रेस पार्टी को शह दे सकेगी ऐसी पार्टी उपरोक्त सभी की एकजूटता से ही खड़ी हो सकेगी— ऐसी आशा डॉ. आम्बेडकर ने इस पार्टी की स्थापना के समय मन में की थी। दो पार्टियों की पद्धति पर आधारित संसदीय जनतन्त्र पर उनकी दृढ़ श्रद्धा इस आशावाद में झलक रही थी।

स्वतन्त्र मजदूर पार्टी की भूमिका, रचना तथा कार्यक्रम तय करते समय डॉ. आम्बेडकर के सम्मुख इंग्लैंड की मजदूर पार्टी के प्रतिमान होंगे ऐसा स्पष्ट रूप से लगता है। पार्टी का घोषणापत्र ही नहीं, उसकी नियमावली तथा नीतिविषयक रूपरेखा भी लेबर पार्टी पर से बनायी गयी हैं ऐसा दिखलाई देता है। 1935 के कानून द्वारा प्राप्त सुधारों

में अनेक त्रुटियाँ तथा दोषों के रहते हुए भी, उन्हें क्रियान्वित करने के लिए इस पार्टी का कोई विरोध नहीं था, इसे आरम्भ में ही स्पष्ट करते हुए इस कानून द्वारा गव्हर्नर को प्राप्त अनिर्बंध अधिकारों का उपयोग कर जिम्मेदार शासन का स्वरूप ही नष्ट नहीं किया जाएगा, इस ओर पार्टी का विशेष ध्यान रहेगा ऐसा इस पार्टी के घोषणापत्र में कहा गया है। घोषणापत्र में आगे आर्थिक नीति, शिक्षा तथा राज-कारोबार आदि शीर्षक के अन्तर्गत इस प्रकार प्रस्तुति की गयी है।[2]

स्वतन्त्र पार्टी की आर्थिक नीति मे निम्नांकित 12 बातों का समावेश किया गया था।

1. कृषि की प्रगति हो, यह व्यवसाय अधिक फलदायी करने की दृष्टि से भूतारण बैंक, किसानों के लिए सहकारी पतपेढ़ियाँ तथा खरीदी बिक्री संघ की स्थापना यह पार्टी करेगी।
2. जमीन के छोटे-छोटे टुकड़े होते जाना — यह किसानों की दरिद्रता का मूल कारण है। पूँजी का निवेश तथा आधुनिक पद्धति से छल-प्रपंच इन दोनों बातों के लिए– इन टुकड़ों के कारण— अब कोई गुँजाईश ही नहीं है। बढ़ती जनसंख्या को उपजीविका हेतु कृषि पर ही अवलंबित रहना पड़ रहा है, यह जमीन के टुकड़े होने का मुख्य कारण है। इसलिए विभिन्न रूपों में व्यवसाय उपलब्ध करा के देना यही इस का एक उपाय हो सकता है। इसके लिए कृषि में उत्पादन वृद्धि तथा उद्योग, व्यवसाय में विकास होना ही चाहिए। पुराने उद्योग-व्यवसायों का पुनरुज्जीवन कर उस प्रदेश में प्राप्त कच्चे माल के अनुरूप ऐसे नये उद्योग व्यवसाय पार्टी खड़ी करेगी।
3. अपने-अपने उद्योग व्यवसायों में आवश्यक प्राविण्य प्राप्त कर उत्पादन क्षमता में वृद्धि हो इस दृष्टि से व्यवसायिक शिक्षा का विस्तृत कार्यक्रम पार्टी अपने हाथों में लेगी।
4. लोकहित की दृष्टि सें जरूरी उद्योग-व्यवसाय की मिल्कियत तथा प्रबन्ध सरकार अपने हाथों में ले ऐसी पार्टी की भूमिका रहेगी।
5. जीवन का परिपूर्ण उपभोग स्वतन्त्र रूप से लेने के रास्ते में उपस्थित होनेवाली सभी अड़चनों, दिक्कतों, संकटों को नष्ट करने की दृष्टि से विशिष्ट वर्ग पर अन्याय करनेवाली अर्थव्यवस्था को बदलना, उनमें सुधार करना अथवा नष्ट करना पार्टी का कार्य होगा।
6. खोती, तालुकादारी जैसे पद्धतियों में जमींदार की ओर से किसानों का जो शोषण होता है, उससे किसान का संरक्षण हो ऐसा कानून बनाने का

प्रयत्न पार्टी करेगी।

7. किसान तथा मजदूर इन दो वर्गों की सुधारित जीवनशैली के अनुसार जीवन जीने आना - इतनी तो मजदूरी उन्हें मिले ऐसी व्यवस्था करने के लिए पार्टी प्रतिबद्ध रहेगी।
8. कारखानों के मजदूरों को नौकरी की तथा वेतनवृद्धि की गारंटी, काम के नियमित घंटे, श्रम के अनुसार वेतन, छुट्टियाँ, बोनस, पेंशन आदि सुविधाएँ। बेरोजगार, बीमारी, दुर्घटना आदि अवसरों पर सहायता मिले ऐसी बीमा की सुविधा, सस्ते किराए के मकान आदि बातों की ओर यह पार्टी ध्यान देगी।
9. मजदूरों की तरह किसानों के हित की भी चिन्ता पार्टी करेगी।
10. बेरोजगारी निवारण यह सरकार की जिम्मेदारी है। इसे यह पार्टी तत्व के रूप में स्वीकार करती है और उस हेतु रोजगारों के लिए नये अवसर सरकार उपलब्ध करा दे ऐसा आग्रह यह पार्टी करेगी।
11. अधिक से अधिक ब्याज लेनेवाले, झूठे तथा घोटालों के व्यवहार करनेवाले साहूकारों से, महाजनों से, गरीब ऋणकों का संरक्षण हो तथा किसान ऋणमुक्त हो जाय ऐसे कानून बना लेने का प्रयत्न यह पार्टी करेगी।
12. बड़े शहरों में तथा औद्योगिक बस्तियों में रहनेवाले, मध्यम स्थिति में जीनेवाले लोगों को सुविधाजनक किराए के मकान मिले, ऐसा कानून यह पार्टी बनवा लेगी।

कर (Tax) पद्धति से सम्बन्धित इस पार्टी की ऐसी अपेक्षा थी कि प्रजाकल्याण तथा प्रगति जिससे हो ऐसे राष्ट्रसंवर्धक कार्यक्रमों के लिए लगनेवाला पैसा कर रूप से वसूल करते समय गरीब वर्ग पर उसका विशेष भार न पड़े, इस पर सरकार ध्यान दे। उस समय की कर पद्धति इस दृष्टि से पार्टी को अन्यायपूर्ण तथा पक्षपातपूर्ण लगती है। आर्थिक विषमता नष्ट करने हेतु इस कर पद्धति में जरूरी परिवर्तन हो ऐसा आग्रह यह पार्टी करेगी।

कुछ महत्त्वपूर्ण सामाजिक सुधार कार्यक्रम से करने का आश्वासन स्वतन्त्र मजदूर पार्टी के घोषणापत्र में दिया गया था। सनातनी वृत्ति के लोग समाज सुधारकों पर जो बहिष्कार डाल रहे थे, उसे रोकना, व्यक्ति के कानूनी अधिकार तथा स्वतन्त्रता का उपभोग लेने के बीच में खड़ी दहशत अथवा बहिष्कार को दंडनीय अपराध घोषित करनेवाले कानून का निर्माण करना, धर्म के नाम पर इकट्ठी सम्पत्ति का दुरुपयोग न हो, शिक्षा संस्था जैसे कामों में उसका सदुपयोग हो, इस हेतु सार्वजनिक धर्मादाय संस्थाओं पर सरकारी नियन्त्रण रखनेवाले कानून बनाना, भिखारी तथा अन्य निराश्रित लोगों के

कल्याण हेतु कानूनी व्यवस्था तैयार करना।

ग्राम संघटना की दृष्टि से जरूरी ऐसी सुख की जीवनशैली ग्रामीण लोगों को प्राप्त हो, इस हेतु अधिकाधिक प्रयत्न किये जाएँ, नगर रचना की तरह ग्रामीणों के घर बाँधकर उनके स्वास्थ्य हेतु सुविधाएँ निर्माण करना, देहातों में वाचनालय, सार्वजनिक सभागृह, टूरिंग थिएटर्स, रेडिओ आदि सुविधा देकर ग्रामीणों के विचारों को गति मिले ऐसा प्रयत्न यह पार्टी करेगी, ऐसा आश्वासन इस घोषणापत्र में दिया गया है।

शिक्षा के सन्दर्भ में निशुल्क तथा अनिवार्य प्राथमिक शिक्षा की योजना क्रियान्वित करना, साक्षरता प्रसार हेतु प्रौढ़ शिक्षा की मुहिम चलाना, व्यवसायिक शिक्षा पर विशेष बल देना, शैक्षिक दृष्टि सें पिछड़ी जाति के बुद्धिमान युवकों को देश तथा विदेश में उच्च शिक्षा लेने हेतु सरकारी सहायता मिले ऐसी कानूनी व्यवस्था करना, जहाँ जरूरी है वहाँ प्रदेश में प्रत्यक्ष शिक्षा देनेवाले प्रादेशिक विश्वविद्यालयों की स्थापना कर विश्वविद्यालयीन शिक्षा की पुनर्रचना करने हेतु कानून तैयार करना, छात्रों के श्रम तथा उनकी बुद्धिमत्ता का मटियामेट करनेवाली इन दिनों की परीक्षा पद्धति को नष्ट करना— इन बातों के लिए पार्टी की ओर से प्रयत्न किये जाएँगे ऐसा घोषणापत्र में कहा गया है।

राज्य प्रशासन के सम्बन्ध में पार्टी का घोषणापत्र इस बात की गारंटी देता है कि राज्य प्रशासन की पद्धति सूक्ष्म, दोषरहित तथा जरूरी प्रभाव उत्पन्न करनेवाली हो इसके लिए पार्टी के प्रयत्न जारी रहेंगे। इस हेतु न्याय तथा क्रियान्वयन इन विभागों को अलग करना, आधुनिक परिवेश के अनुरूप वेतन पद्धति की योजना— इन दो योजनाओं को पार्टी अपने हाथ में लेगी। सरकारी नौकरी में कहीं पर भी एक ही जाति की या वर्ग की भरती न हो ऐसी पार्टी की नीति है। सभी जातियों-वर्गों को उचित मात्रा में प्रवेश मिले और प्रदेश का प्रशासन अधिक प्रभावपूर्ण करने का प्रयास पार्टी की ओर से किया जाएगा।

"इतना ध्येयपूर्ण, निःसंदिग्ध तथा जनहित के प्रति दक्षता बतलानेवाला घोषणापत्र तत्कालिन राजनीतिक पार्टियों में शायद ही कहीं मिलेगा।" इन शब्दों में नामदेव ढसाळ ने स्वतन्त्र मजदूर पार्टी के घोषणापत्र का गौरव किया है, जो गलत नहीं है। मतदाताओं ने चुनाव में इस पार्टी को अच्छा प्रतिसाद दिया। पंद्रह आरक्षित जगहों में से ग्यारह स्थानों पर पार्टी विजयी हुई। काँग्रेस को केवल चार स्थान मिले। इससे यह स्पष्ट हो जाता है कि राज्य में स्थित अधिकांश अस्पृश्य समाज डॉ. आम्बेडकर जी के साथ था। स्वतन्त्र मजदूर पार्टी द्वारा जीते गये स्थानों में से चार स्थानों पर उम्मीदवार गैर- दलित थे यह विशेष है। मुंबई विधिमंडल में विरोधी पार्टी का दर्जा इन्हें हासिल हुआ। आरक्षित स्थानों के अलावा सर्वसाधारण (open) स्थानों पर अस्पृश्य मतों के आधार पर पार्टी द्वारा समर्थन दिये गये गैर-अस्पृश्य उम्मीदवारों को भारी संख्या में चुनकर लाया जा सकता

है — डॉ. आम्बेडकर की यह उम्मीद अलबत्ता गलत साबित हुई। उनका गणित ऐसा था कि पंद्रह आरक्षित और 30 समर्थन प्राप्त ऐसे कुल 45 प्रतिनिधि स्वतन्त्र मजदूर पार्टी विधानसभा में भेज सकती है। परन्तु प्रत्यक्ष में पार्टी द्वारा समर्थन प्राप्त केवल तीन ही उम्मीदवार चुनकर आ सके।

इस पार्टी ने सभागार में तथा सभागार के बाहर भी घोषित विचारों के अनुरूप ही कार्य किया है, यह उनके लिए विशेष गौरव की बात थी। खेर मन्त्रिमंडल ने विधानमंडल मे प्रस्तुत 'औद्योगिक कलह विधेयक का मसौदा लोकमत जान लेने हेतु 1938 में सभागार में प्रस्तुत किया। मजदूरों के हड़ताल तथा 'कारखाना बन्द' इन बातों पर प्रतिबन्ध लगाने हेतु और मालिक तथा मजदूर इन्हें समझौता करने के लिए विवश करने हेतु, समझौता करना अनिवार्य करने हेतु यह कानून— ऐसा इस विधेयक का आशय था। स्वतन्त्र मजदूर पार्टी के आम्बेडकर-परुळेकर आदि प्रतिनिधियों ने विधानसभा में इस विधेयक पर जबरदस्त प्रहार किये। हड़ताल का अधिकार निकाल लेनेवाला यह विधेयक मजदूरों पर गुलामी लादनेवाला है ऐसा इनका आरोप था। सभागार में स्थित बहुमत की ताकत पर प्रस्तुत विधेयक को मंजूरी मिलनेवाली है, ऐसा दिखलाई दे रहा था। इसलिए मजदूरों की सामूहिक हड़ताल करवाई जाय- ऐसा प्रयत्न साम्यवादी नेताओ ने शुरू किया और उसे कार्यान्वित भी किया। इस हड़ताल को सफल बनाने में स्वतन्त्र मजदूर पार्टी सर्वाधिक आगे थी। काँग्रेस सरकार ने आम्बेडकर-परुळेकर आदि पर चित्र-विचित्र आरोप कर अपनी ही स्थिति हास्यास्पद कर ली। स्वतन्त्र मजदूर पार्टी ने मध्यप्रान्त (Central Province) तथा वऱ्हाड के बीडी बनानेवाले मजदूरों को न्याय प्राप्त करा देने के लिए वहाँ की विधानसभा के मंच का उपयोग किया था, इसकी नोटिस डॉ. फडके जी ने ली है।"[4]

स्वतन्त्र मजदूर पार्टी के घोषणापत्र में दिये गये आश्वासनों से ईमानदार होते हुए डॉ. आम्बेडकर मुंबई विधानसभा में महार-वतन नष्ट करते हैं ठीक इसी प्रकार खोती पद्धति को नष्ट करने हेतु दो विधेयक उन्होंने प्रस्तुत किये। शहरों में जीनेवाले अस्पृश्य मजदूरों की ऋण लेने की वृत्ति पर उपाय करने के लिए एक 'साहूकार नियन्त्रण विधेयक' भी तैयार कर विधान मंडल में रखने की अनुमति उन्होंने माँगी।

महार वंतनदारी के कारण महार स्वाभिमान शून्य, आलसी, परावलम्बी और पराधीन हो जाते हैं, ऐसी डॉ. आम्बेडकर जी की भूमिका बहुत पहले से ही थी। और इसी कारण यह वतन खालसा करने के लिए, जरूरत हो तो, जबरदस्ती करें तो भी उनका कोई आक्षेप नहीं था। तो भी महार बन्धुओं में इस वतन के प्रति जो आकर्षण था, उसे देखते हुए महार वतन नष्ट करने हेतु लाये गये विधेयक में वे वतन छोड़े ऐसी जबरदस्ती किसी पर भी नहीं की गयी थी। महार वतन यह महारों का वंश परम्परागत

इनाम नहीं था, वह उनके काम से संलग्न था और इस काम की कहीं पर भी स्पष्ट परिभाषा न होने के कारण काम की कोई सीमा ही नहीं थी। परिणामतः महारों को चौबीस घंटे काम करना पड़ता था, इसकी याद डॉ. आम्बेडकर जी ने अपने जात भाइयों को करा दी। महारों को गाँव में 19 प्रकार के काम करने पड़ते हैं, इन 19 कामों की सूची उन्होंने सरकार की ओर से ही प्राप्त कर ली थी।

खोत-प्रथा के विरुद्ध जनमत जागृत करने हेतु किसानों पर (कुळ) की गयी थी। जबरदस्ती की कहानियाँ डॉ. आम्बेडकर जी ने 'जनता' साप्ताहिक में पत्र रूप में प्रकाशित कीं। काँग्रेस ने खोतों के सम्मुख शरणागति स्वीकार कर ली है, इस कारण मेरे इस विधेयक को मंजूरी मिलने की कोई सम्भावना नहीं है, इसे आम्बेडकर स्पष्ट रूप से महसूस कर रहे थे। परन्तु काँग्रेस के जमींदार, साहूकार और उनके समर्थकों के असली चेहरे का पर्दाफाश करने हेतु उन्होंने इस विधेयक के लिए अपने प्रयत्न जारी रखे। विधानमंडल के पटल पर भी इस प्रश्न पर जनमत जागृत करने का प्रयत्न स्वतन्त्र मजदूर पार्टी ने किया था।

साहूकारों को अपना व्यवसाय करने के लिए अनुमति पत्र (लाइसेंस) लेना पड़ेगा, उस अनुमति पत्र की अवधि एक वर्ष तक ही होगी, प्रति वर्ष उसका नूतनीकरण करना होगा, साहूकार अगर गलत व्यवहार करता हो तो उसका अनुमति पत्र (लाइसेंस) रद्द कर दिया जाय, ऋण के सारे व्यवहार लिखित रूप में हों और धनकों ऋणकों को (साहूकार तथा ऋण लेनेवाला) इस पूरे व्यवहार को जिस नोटबुक में दर्ज किया जाता है, वह नोटबुक दें— ऐसी अनेक नयी व्यवस्थाएँ 'साहूकार नियन्त्रण विधेयक' में डॉ. आम्बेडकर जी ने कीं।[5] उनके इस विधेयक के अनुरूप ही मुंबई सरकार द्वारा प्रस्तुत विधेयक विधानसभा में बाद में पारित किया गया था।

10 जनवरी, 1938 को मुंबई में स्वतन्त्र मजदूर पार्टी बीस हजार किसानों का मोर्चा विधानसभा पर ले गयी। मोरचे की ओर से डॉ. आम्बेडकर जी काँग्रेस मन्त्रिमंडल को किसानों की चार बुनियादी माँगे तथा तेरह ऐसी माँगे जिनकी पूर्तता तत्काल की जाय प्रस्तुत की थी। जिस जमीन पर जो श्रम करता है, उसे उसके श्रम का पारिश्रमिक मिलना ही चाहिए। खोत इनामदार जैसे मध्यस्त या दलाल नहीं चाहिए। खेती द्वारा मजदूर को न्यूनतम वेतन मिलना चाहिए, किसान पर लगान या अन्य कोई राशि बिठाने के पूर्व उन्हें उनके चरितार्थ के लिए जरूरी सुविधाएँ उत्पन्न करा दी जाएँ, ये चार बुनियादी माँगे थीं।

न्यूनतम निर्धारित आय से कम आय होने पर लगान पूर्णरूप से माफ कर दें, तीन सालों से जमीन पर श्रम करनेवाले के नाम वह जमीन कर दी जाय, कृषि प्रश्नों से सम्बन्धित आयोग का निर्माण किया जाय, पानी पर का कर कम कर दिया जाय, निःशुल्क चराई के स्थान सभी देहातों में उपलब्ध कराए जाएँ, ऋण लेने पर तथा देने

पर सरकारी नियन्त्रण हो, चराई के लिए जरूरी जमीन और कृषि विषयक साधन कुर्क न दिए जाएँ, सभी उपजाऊ जमीन किसानों में निशुल्क बाँट दी जाय आदि माँगों का अन्तर्भाव तुरन्त पूर्तता करनेवाली माँगों की सूची में था।'' ''विशिष्ट आयु प्राप्त सभी स्त्री पुरुषों को मतदान का अधिकार प्राप्त हो ऐसी माँग भी इस मोरचे ने की थी।''

स्वतन्त्र मजदूर पार्टी के निर्माण की प्रक्रिया में डॉ. आम्बेडकर जी की विद्वता तथा लोकप्रियता, वामपंथी विचारों के स्नेहीजनों का सहयोग और वैचारिक, व्यावहारिक ऐसे दोनों स्तरों पर पार्टी द्वारा स्वीकार की गयी सही दिशा ऐसे स्वतन्त्र योग्य इकाईयों का योगदान होने के बावजूद यह पार्टी सफल नही हो पाई। काँग्रेस के लिए वह विकल्प बन नहीं पाई। विकास तो जाने दीजिए पर काँग्रेस के लिए प्रतिस्पर्धी पार्टी के रूप में भी अपना अस्तित्व बहुत समय तक-वह टिका नहीं रख सकी। केवल छह वर्ष की अवधि में ही डॉ. आम्बेडकर जी को यह पार्टी विसर्जित कर 'शेड्यूल्ड कास्ट फेडरेशन' इस जातिनामवाचक पार्टी की स्थापना करनी पड़ी। डॉ. बाबासाहब ने ऐसा क्यों किया? स्वतन्त्र मजदूर पार्टी की असफलता के लिए कौन कारणीभूत है? इन प्रश्नों के उत्तर अध्यताओं ने अपने-अपने दृष्टिकोण से देने का प्रयत्न आज तक किया है। इस पार्टी की नीति तथा इसका कामकाज वामपंथी विचारों से ईमानदारी से जुड़ नहीं पाया और इस कारण उसकी यह अवस्था हुई ऐसा निःसंदिग्ध स्पष्टीकरण वामपंथी अध्यक्ष देते हैं। तो तत्कालीन वामपंथी आन्दोलन की ब्राह्मणी प्रवृत्तियों को डॉ. आम्बेडकर जी की प्रस्तुति में स्थित पूँजीवाद का विरोध बहुत अच्छा लगा। परन्तु इसमें स्थित ब्राह्मणशाही का विरोध उन्हें मान्य नहीं था। इस कारण उन्होंने स्वतन्त्र मजदूर पार्टी को मन से कभी सहयोग नहीं दिया। ऐसी इस पार्टी की असफलता की मीमांसा आम्बेडकरवादी अध्येता करते हैं।

मजदूर पार्टी का कार्य डॉ. आम्बेडकर जी को छोड़ देना पड़ा, इसके लिए इस देश की अमानवीय समाज-व्यवस्था, जातिप्रथा तथा अस्पृश्यता कारणीभूत रही है, ऐसा कह सकते हैं। क्योंकि श्रमिकों की एकजुटता को आज भी यहाँ की संकुचित निष्ठाएँ छेदती रहती हैं। परन्तु स्वतन्त्र मजदूर पार्टी के शक्तिस्थान तथा मर्मस्थान को अचूक पद्धति से समझ कर उसके पराजय की तथा उसके खत्म हो जाने की प्रमाणों सहित कारण मीमांसा डॉ. य. दि. फडके ने अभी की है।''[7] इसके पूर्व एक दूसरे पर आरोप-प्रत्यारोप अथवा अमूर्त सामाजिक स्थिति के प्रति विषाद इसी रूप में स्वतन्त्र मजदूर पार्टी की पराजय का प्रतिपादन किया जाता था।

चुनाव के दिनों में ही अस्तित्त्व में आयी इस पार्टी की शुरुआत से ही विचार प्रणाली तथा पार्टी की रचना इन दोनों स्तरों पर अनेक परिस्थितियों से जूझना पड़ा ऐसा दिखलाई देता है। डॉ. आम्बेडकर जी ने 1935 में धर्मपरिवर्तन की घोषणा की थी और 1936 में उन्होंने स्वतन्त्र मजदूर पार्टी की स्थापना की। ये दो घटनाएँ भिन्न-भिन्न

दिखलाई दे रही हों तो भी ये दोनों एक दूसरे से सम्बन्धित हैं। इतना ही नहीं तो ये दोनों घटनाएँ परस्पर पोषक होने का आभास देती हैं तो भी प्रत्यक्ष में अलबत्ता इसमें से अनेक तनावों का निर्माण हुआ और इस कारण ये दोनो घटनाएँ एक दूसरे को काट रही हैं— ऐसा अनुभव मे आने लगा। भारतीय श्रमिकों की एकजुट करने हेतु उन्हें जातिमुक्त करना होगा। इनमें भी स्पृश्य-अस्पृश्य श्रमिकों को एक दूसरे से तोड़नेवाली रुढ़ियाँ, प्रथाएँ तथा विश्वास आदि का उच्चाटन तुरन्त हो जाना चाहिए। वर्णव्यवस्था धर्मपुरस्कृत होने के कारण धर्म परिवर्तन के सिवा उसे नकारना सम्भव नहीं है। इस प्रकार डॉ. आम्बेडकर जी की दृष्टि में धर्मपरिवर्तन दलित, श्रमिक, जनसामान्यों के धर्मनिरपेक्ष, समाजवादी तथा जनतान्त्रिक तत्त्व पर आधारित पार्टी के निर्माण की महत्त्वपूर्ण पहली शर्त थी। वह पूर्ण होने के बाद ही सही अर्थो में स्वतन्त्र मजदूर पार्टी की अवधारणा प्रत्यक्ष में साकार हो सकती थी। धर्मपरिवर्तन से अपेक्षित सामाजिक बुनियादी परिवर्तन को आर्थिक, राजनीतिक संघटना का आधार देने की प्रक्रिया स्वतन्त्र मजदूर पार्टी के निर्माण द्वारा डॉ. आम्बेडकर जी को अपेक्षित थी।

प्रत्यक्ष अनुभव अलबत्ता इसके ठीक उलटा निकला। उम्मीदवार के चुनाव के समय से ही धर्मपरिवर्तन के प्रश्न पर से एकजुटता की अपेक्षा टूट-फूट को ही गति मिली। चमार, मातंग, ढोर, भंगी अस्पृश्य समाज की इन इकाईयों को धर्मपरिवर्तन की कल्पना मान्य ही नहीं थी। आरक्षित स्थानों के लिए उम्मीदवार चुनते समय धर्म-परिवर्तन को समर्थन देनेवालों का ही विचार किया जाएगा ऐसी नीति डॉ. आम्बेडकर द्वारा अपनाने के कारण चमार जाति के एक भी उत्सुक व्यक्ति को स्वतन्त्र मजदूर पार्टी का टिकट मिल नहीं सका। इस कारण यह जाति (समाज) इस पार्टी के विरोध में गयी। मुंबई के जिस चुनाव क्षेत्र से डॉ. आम्बेडकर खुद चुनाव लड़ रहे थे, वहाँ उनके तीनों विरोधक चमार जाति के थे, इसे केवल संयोग नहीं कहा जा सकता।

स्वतन्त्र मजदूर पार्टी की समाजवादी विचार प्रणाली और उससे सुसंवादी आर्थिक कार्यक्रम भी अमीर महारों का डॉ. आम्बेडकर के प्रति अलगाव पैदा करने के लिए कारणीभूत रहा। आर्थिक प्रश्नों पर आन्दोलन खड़े करने की इस पार्टी की भाषा अमृतराव रणखाँबे, रोकडे आदि अमीर नेताओं को कतई पसन्द नहीं थी। फिर उसमें रणखांबे को आरक्षित स्थान पर टिकट न देते हुए वे सर्वसाधारण (Open) स्थान पर खड़े रहें— ऐसा आग्रह डॉ. आम्बेडकर उन्हें कर रहे थे, इस कारण रणखांबे उनसे हमेशा के लिए दूर हो गये। 1938 से ही रणखांबे बाबासाहब के विरोध में आक्रामक बोलते थे। उनके विरोध में चल रहे प्रचार मुहिम को उन्होंने पैसा दिया और वे निरन्तर उनके विरोध में ही रहे।

उम्मीदवार को अंग्रेजी का ज्ञान हो, वह युवा हो, और वह पार्टी के अनुशासन

में रहें ये तीन कसौटियाँ भी पार्टी के वरिष्ठ सदस्यों को तकलीफदेह लगी। इनमें से अनेक, जब शिक्षा तथा आयु के कारण टिकट प्राप्त नहीं कर पाए, तब वे पार्टी से हमेशा के लिए अलग हो गये और सीधे काँग्रेस पार्टी में सम्मिलित हो गये। और खुद को 'राष्ट्रीय हरिजन' कहलवाने लगे। डॉ. आम्बेडकर की पार्टी का इससे भारी नुकसान हुआ।

अस्पृश्य समाज के अन्तर्गत हुए इस टूट-फूट का विपरीत परिणाम स्वतन्त्र मजदूर पार्टी की रचना पर भी हुआ। गैर अस्पृश्य परन्तु श्रमिक समाज का सहयोग इस पार्टी को मिला ही नहीं, परन्तु अस्पृश्य समाज में से भी पार्टी के सदस्य होने हेतु मुंबई शहर में से भी बहुत बड़ी संख्या में लोग आगे नहीं आये। धर्मपरिवर्तन के लिए स्वीकृति न देने के कारण पार्टी ने टिकट नहीं दिया इसलिए गैर-महार परन्तु अस्पृश्य पार्टी से दूर चले गये तो महार वतन विधेयक जिन्हें स्वीकार नहीं था, ऐसे महार भी पार्टी पर नाराज थे। अनुभवी, प्रतिष्ठित परन्तु अशिक्षित ऐसे पुराने नेता पार्टी से दूर हो गये। अमीर नेता पार्टी के समाजवादी कार्यक्रम से नाराज थे। सदस्यत्व के सम्बन्ध में ऐसी कुल प्रतिकूलता थी। इस कारण पार्टी की आर्थिक स्थिति परेशानी की ही थी। अपनी जेब से खर्च करके डॉ. आम्बेडकर स्वतन्त्र मजदूर पार्टी का 'जनता' साप्ताहिक या पार्टी का मुखपत्र चला रहे थे। अन्त तक यह पार्टी गरीबों की ही पार्टी रही।

अपने अत्यन्त विश्वसनीय ऐसे साथीदार खो जाने का आघात डॉ. आम्बेडकर जी को बार-बार सहना पड़ा। एल. एन. हरदास और उनके पीछे-पीछे सुभेदार सवादकर का निधन हो गया। अमृतराव रणखांबे के साथ-साथ शिवरकर और शंकरदास बर्वे उन्हें छोड़कर चले गये। स्वतन्त्र मजदूर पार्टी पर वे प्रखर टीका कर रहे थे।

इस पार्टी में केवल सवर्ण ही सवर्ण हैं, यह पार्टी रूस के लाल ध्वज के तले अस्पृश्य समाज को ले जा रही है, काँग्रेस द्वेष और अवसरवादी राजनीति यही इस पार्टी की नीति है— आदि उनके आरोपों का आशय था। व्यक्तिशः डॉ. आम्बेडकर पर भी वे कीचड़ उछाल रहे थे। परन्तु डॉ. आम्बेडकर ने कभी भी इन आरोपों को अधिक कीमत नहीं दी, गम्भीरता से इनकी नोटिस भी नहीं ली, बावजूद इसके, इस काम के प्रति उनका उत्साह कम हो जाना स्वाभाविक था। उन दिनों वे अस्वस्थ भी चल रहे थे। स्वतन्त्र मजदूर पार्टी के कार्य पर इन सीमाओं के आने-जाने में तत्कालीन स्थितियों का बहुत बड़ा हिस्सा है।

डॉ. आम्बेडकर की समाजवाद से सम्बन्धित सन्देह पूर्ण भूमिका भी उन्हें स्वतन्त्र मजदूर पार्टी का नाम आगे शुरू न रखने के निर्णय तक ले गयी होगी। इस निष्कर्ष पर आने के लिए कुछ जगह है। इस समाज को वर्गीय समाज का रूप अभी आया नहीं है, और जब तक अस्पृश्यता तथा जातीयता समाज में दृढ़ रूप से है, तब तक मजदूरवर्ग

एक जैसा है— ऐसा समझकर मजदूर आन्दोलन चलाना भ्रममूलक होगा ऐसी उनकी समझ थी। स्वतन्त्रता, समता, बन्धुत्व इन तीन तत्त्वों का विरोध करनेवाले ब्राह्मणवाद का समूल नाश किये बगैर वर्गीय समाज और खालिस वर्ग संघर्ष यहाँ खड़ा ही नहीं किया जा सकता। दुःख इस बात का है कि सवर्णों की मजदूर संघटनाएँ इस दृष्टि से कुछ करने के लिए आगे आती ही नहीं। इसी कारण अस्पृश्य रेल कामगारों की अलग परिषद डॉ. आम्बेडकर जी ने 1938 में आयोजित की थी। अस्पृश्यों की स्वतन्त्र रूप से संघटनाएँ हों इसमें उन्हें कुछ गलत नहीं लग रहा था। मजदूरों के अधिकार तो यथावकाश प्राप्त होंगे ही परन्तु इसके पूर्व मनुष्यता के अधिकार पाने हेतु उन्हें यह सब जरूरी लग रहा था।

ब्राह्मणशांही के साथ-साथ पूँजीवाद भी मजदूरों का शत्रु सिद्ध किया जा चुका है तो भी पूँजीवाद के सकारात्मक चीजों को नकार कर नहीं चलेगा, उल्टे अस्पृश्यता के निवारण के काम में उसका स्वेच्छा से उपयोग कर लेने में हर्ज क्या, ऐसी दृष्टि डॉ. आम्बेडकर की थी। उसका आशय ऐसा : व्यक्ति स्वतन्त्रता का महामन्त्र विश्व को देनेवाले पूंजीवाद ने श्रमिकों की दैहिक गुलामी को विश्व में से नष्ट कर दिया। भारत में अलबत्ता वह अस्पृश्यता के रूप में आज भी स्थायीरूप में है। बहुसंख्य अस्पृश्य श्रमिकों को इस प्रथा के कारण पूँजीवाद के खुले बाजार में अपनी श्रमशक्ति को बेचने पर प्रतिबन्ध लगाया जाता है।

धन देनेवाले अनेक व्यवसाय उनके लिए वर्ज्य किये गये हैं। अस्पृश्यता के विनाश के लिए पूँजीवाद का विरोध नहीं है। उल्टे इस विनाश के लिए उसका समर्थन ही है। इसलिए पूँजीवादी शासन संस्था के सहयोग से अस्पृश्यता को नष्ट करना सम्भव है। इस कारण अस्पृश्य वर्ग को चाहिए कि वे संवैधानिक रास्ते से राजनीतिक सत्ता, अंशतः भी क्यों न हो, हस्तगत करें। कानूनी तौर से मिलनेवाले हकों का उपयोग कर अपनी सामाजिक-आर्थिक-शैक्षिक उन्नति कर लें, ऐसी डॉ. आम्बेडकर की धारणा थी।

लोकहित के दृष्टि से जरूरी उद्योग व्यवसायों पर सरकार का अधिकार हो। इन उद्योग व्यवसायों की जिम्मेदारी सरकार खुद अपनी ओर लें, आदि कुछ व्यवस्थाओं के कारण स्वतन्त्र मजदूर पार्टी का घोषणापत्र समाजवाद की ओर ले जानेवाला लगे, तो भी उसमे कर-पद्धति (Tax System) की स्पष्ट समाजवादी रूपरेखा कहीं पर भीं नहीं दी गयी है। अथवा समाजवाद से समग्र रूप से जुड़नेवाली ऐसी अर्थव्यवस्था की प्रस्तुति कहीं पर भी दिखलाई नहीं देती। यह सच है कि काँग्रेस पर आरोप करते समय डॉ. आम्बेडकर उसे वह पूँजीवादियों की पार्टी कहा है और इसीलिए उसके विकल्प हेतु कामगारों में एकजुटता हो ऐसा वे बारबार कहते रहे। विशेषतः 1936 के बाद कुछ काल तक उनकी प्रस्तुति में पूँजीवाद का, शोषण का और मजदूर संगठनों का उल्लेख बार-

बार आते रहता है। "राजनीति वर्गीय चेतना पर ही खड़ी होनी चाहिए। वर्ग चेतना के अभाव में की जानेवाली राजनीति विशुद्ध पाखंडपन है," ऐसा भी मत उन्होंने अपने एक भाषण में प्रगट किया है। समाजवादी विचारों के प्रति उनका आकर्षण बारबार व्यक्त होते रहा है। परन्तु बावजूद इसके वर्गीय विश्लेषण का स्वीकार उन्होंने पूरी गम्भीरता से किया था, ऐसा नहीं लगता। जातियों में बँटा हुआ यह समाज निकट भविष्य में केवल वर्गीय नीव पर खड़ी हुई राजनीति करेगा ऐसा सम्भव नहीं लग रहा है और केवल पूँजीवाद से लड़कर श्रमिकों की मुक्ति करना सम्भव नहीं है इस पर उनका दृढ़ विश्वास था, और वह पूर्णतः गलत है ऐसा भी नहीं कह सकते।

बीसवीं सदी के तीसरे दशक के मध्य में दूसरे महायुद्ध ने भारतीय राजनीति को नया मोड़ दिया और सारे सन्दर्भ ही बदल गये। स्वतन्त्रता के आसार दिखलाई देने लगे। इस कारण दीर्घकालीन क्रान्तिकारक परिवर्तन की अपेक्षा तत्कालीन सत्ता के बँटवारे के प्रश्न को ही महत्त्व प्राप्त हो गया। अस्पृश्यों सहित सभी अल्पसंख्यकों के हकों को सुरक्षित कर लेने की जरूरत डॉ. आम्बेडकर को विशेष रूप से महसूस होने लगी। अपने व्यक्तिगत हितसम्बन्धों की अपेक्षा देशहित को ही महत्त्व देना यह जिस प्रकार मेरी जीवन भर की निष्ठा है, ठीक इसी प्रकार जिसमें मैंने जन्म लिया उस समाज पर भी मेरी दृढ़ निष्ठा है ऐसा दर्ज करते हुए आम्बेडकर जी ने यह स्पष्ट रूप से कहा है कि "जब जब देश और अस्पृश्य इनके हितसम्बन्धों में द्वैत निर्माण होगा, तब-तब मैं देश की अपेक्षा अस्पृश्यों के हितसम्बन्ध बनाए रखने को अग्रक्रम दूँगा।"[९]

अक्तूबर 1939 में काँग्रेस मन्त्रिमंडल से त्यागपत्र देने के कारण विरोधी पार्टी की गठबन्धन की सरकार तैयार करने की आशा डॉ. आम्बेडकर जी से थी। काँग्रेस मन्त्रिमंडल ने त्यागपत्र देने के बाद मुस्लिम लीग द्वारा मनाए गये आनन्दोत्सव में भी उन्होंने बॅरिस्टर जिन्ना के साथ सहयोग किया। किसी भी क्षण अंग्रेज इस देश की जटिल समस्याओं को छुड़ाने हेतु काँग्रेस से बातचीत करेंगे और ऐसे समय अस्पृश्यों के प्रतिनिधियों को टालकर राजनीतिक सौदा न हो इसलिए काँग्रेस विरोधकों से सहयोग करने डॉ. आम्बेडकर तैयार हुए थे। पाकिस्तान निर्माण का समर्थन भी उन्होंने किया था।

दूसरी ओर से कम्युनिस्टों की युद्धविषयक नीति उनकी अपनी नहीं है इस युद्ध प्रयत्न में वे रूस के इशारे से बाधाएँ निर्माण कर रहे हैं ऐसा विश्वास हो जाने के कारण डॉ. आम्बेडकर उस पार्टी से दूर हो गये थे। बाबासाहब के इस काँग्रेस तथा कम्युनिस्ट विरोध का अचूक उपयोग अंग्रेज सत्ताधीशों ने अपने साम्राज्य काल की राजनीति के लिए करा लिया। व्हाईसराय की कार्यकारणी में श्रममन्त्री के रूप में उनकी नियुक्ति के मूल में यही राजनीति थी। नये पद की जिम्मेदारी स्वीकारने के पूर्व ही डॉ. आम्बेडकर ने स्वतन्त्र मजदूर पार्टी बरखास्त कर शेड्यूल्ड कास्ट फेडरेशन की स्थापना की थी।

स्वतन्त्र मजदूर पार्टी का कार्य डॉ. आम्बेडकर को छोड़ना पड़ा। इसके मूल में इस प्रकार की अनेक इकाईयाँ और घटनाओं का हिस्सा है। इनमें से किसी एक कारण पर इस घटना का बोझ डालना इतिहास के अनुरूप नहीं होगा।

अनुवाद - सूर्य नारायण रणसुभे

□□□

सन्दर्भ

1. य. दि. फडके- आम्बेडकरी चळवळ, श्री विद्या प्रकाशन, 1990 पृ. 84
2. 'आम्ही', अगस्त 1973, पृ. 19-21
3. नामदेव ढसाळ- आम्बेडकरी चळवळ आणि सोशलिस्ट, कम्युनिस्ट पृ.20
4. य. दि. फडके पूर्वोक्त पृ. 125
5. वही पृ. 135
6. वही पृ. 143-144
7. वही पृ. 146-160, 172-185 इस लेख का विवेचन डॉ. फडके के प्रस्तुत शोध पर आधारित है
8. वही पृ. 89
9. वही पृ. 160

***

भारत की आजादी के अन्तिम दौर में कैबिनेट मिशन आया। उस समय काँग्रेस तथा मुस्लिम लीग के साथ ब्रिटिशों ने चर्चा की। डॉ. बाबासाहब आम्बेडकर को उस समय टाल दिया गया, उसी समय स्टॅफर्ड क्रिप्स ने संविधान समिति का गठन कर भारत का संविधान बनाने का आदेश दिया। इसके अलावा एक अन्तरिम सरकार भी बनायी। उससे भी डॉ. आम्बेडकर जी को दूर रखा गया। उस सरकार (मन्त्रिमंडल) में भी उनका समावेश नहीं होने दिया।

हर प्रदेश की विधिमंडल से संविधान समिति के लिए सदस्य लिये गये। बॅ. एम. आर. जयकर तथा के. एम. मुन्शी काँग्रेस के न होते हुए भी उन्हें चुनकर लाया गया। दूसरी और काँग्रेस ने तय किया कि बाबासाहब आम्बेडकर को कोई भी चुनकर न लाए।

स्वाधीन भारत में दलितों के हित क्या हों, उनके उद्धार हेतु संविधान में कौन-कौन सी योजनाओं का अन्तर्भाव किया जाय यह चिन्ता डॉ. आम्बेडकर को थी और इसीलिए संविधान समिति में जाना उन्हें जरूरी लगा। किन्तु काँग्रेस ने सभी दरवाजे बन्द कर रखे थे। ज्यादातर प्रदेशों की विधानसभाओं में काँग्रेस का बहुमत था। बंगाल

... 18 ...

डॉ. बाबासाहब आम्बेडकर और भारतीय संविधान

रमेश शिंदे

विधानसभा में एकमात्र सदस्य शे. का. फे. का 'आम्बेडकर जी के दल' का था। अधिकांश विधायक 'मुस्लिम लीग' के थे। सिवाय इसके 25 सदस्य दलित काँग्रेस के 4 दलित परन्तु निर्दलीय। आखिर में जोगेंद्रनाथ मंडल नामक सदस्य ने मुस्लिम मतों को अपनी ओर मोड़कर डॉ. आम्बेडकर जी को निर्वाचित करवाया। प्रत्यक्ष मतदान के बाद डॉ. आम्बेडकर पहले ही दौर में निर्वाचित हुए। इस तरह संविधान समिति में उनका प्रवेश हुआ। शत्रुओं के शिविर में एकमात्र डॉ. आम्बेडकर थे।

संविधान समिति की प्रथम सभा 9 दिसंबर, 1946 को हुई। पंडित नेहरू ने 13 दिसम्बर को संविधान के उद्देश्य और लक्ष्यों के सम्बन्ध में प्रस्ताव रखा। जिसपर डॉ. आम्बेडकर ने दलील प्रस्तुत की। उन्होंने कहा, "प्रधानमन्त्री द्वारा रखे गये प्रस्ताव में अधिकारों का उल्लेख तो है, किन्तु इन अधिकारों के विखंडन की स्थिति में क्या उपाय किये जाएँ, यह स्पष्ट नहीं किया गया है। साथ ही नागरिकों की आजादी, जायदाद आदि पर बगैर किसी कानूनी कारवाई के कोई छिना-झपटी नहीं होगी, यह भी स्पष्ट नहीं है। उनके मूलभूत अधिकारों पर वैधानिक एवं नैतिक बन्धन रखे गये हैं। किन्तु वैधानिक एवं

आम नीति को लेकर सरकार कैसे नतीजे तक पहुँचेगी? लक्ष्यों की मात्र घोषणा करने से काम नहीं चलता, बल्कि उसके साथ-साथ उपाय बतलाना भी आवश्यक होता है। धर्म, जाति एवं सम्प्रदायों की अनेकता के बावजूद भी एक अखंड देश के निर्माण में हम सफल होंगे, इस बारे में मेरे मन मे सन्देह नहीं है। इसी तरह मुस्लिमों के ध्यान में आएगा कि हिन्दुस्तान में रहने में ही उनका हित है। साथ ही यह भी आग्रहपूर्वक कहना आवश्यक है कि केन्द्रीय शासन की मजबूती ही लोकतन्त्र और आजादी की आत्मा है।''

इस तरह प्रधानमन्त्री के प्रस्ताव में द्रष्टव्य कमियों की ओर डॉ. आम्बेडकर ने दोटूक शब्दों में इशारा किया। दूसरी ओर सदस्यों को यह समझने में देर नहीं लगी कि यह विश्लेषण उनकी विलक्षण मेधा का परिणाम है। अतः उनको यकीन हो गया कि आगे चलकर इस व्यक्ति का लाभ उन्हें अवश्य होगा।

भारत और पाकिस्तान की आजादी की घोषणा होते ही डॉ. आम्बेडकर की सदस्यता खारिज हो गयी। जिस काँग्रेस ने शुरू में आम्बेडकर का विरोध किया था, उसी काँग्रेस ने अर्थात राजेंद्र प्रसाद तथा वल्लभभाई पटेल ने महाराष्ट्र के तत्कालीन मुख्यमन्त्री बाळासाहेब खेर को सूचित कर उनके माध्यम से उन्हें निर्वाचित करवाया।

देश के नेताओं के सामने सवाल यह था कि आजादी तो मिल गयी, किन्तु अब संविधान बनाने की दृष्टि से क्या क्या किया जाय? संविधान से सम्बन्धित एक भी विशेषज्ञ उन्हें नजर नहीं आ रहा था। इस सन्दर्भ में सुविख्यात पत्रकार पद्मभूषण अक्षयकुमार जैन का उल्लेख महत्त्वपूर्ण प्रतीत होता है। पंडित नेहरू एवं सरोजिनी नायडू एक दिन महात्मा जी से मिलने गये। पंडित जी कुछ चिंतित और उदास दिखाई दे रहे थे। महात्मा जी के इसका कारण पूछने पर पंडित जी ने कहा कि भारत का संविधान बनाने के लिए एक विशेषज्ञ की आवश्यकता है। एशिया द्वीप के कुछ देशों के संविधान-निर्माता सर आयव्हर जेनिंग्स को इस कार्य हेतु बुलाये जाने की बात कुछ लोगों द्वारा उठाई गयी थी। तब महात्मा जी ने नेहरू जी से उल्टा सवाल किया कि हमारे देश के ही एक संविधान विशेषज्ञ डॉ. आम्बेडकर का नाम उनके ध्यान में क्यों नहीं आया?

एक अन्य प्रसंग स्वयं पंडित नेहरू जी के सेक्रेटरी एम. ओ. मथाई ने बताया है। वे एक बार डॉ. आम्बेडकर जी से मिलने गये। बहस में रंग आने पर डॉ. आम्बेडकर बोले — ''हिन्दुओं को महाभारत की जरूरत थी तब उन्हें व्यास मिला। वह शूद्र था। रामायण के लिए वाल्मीकि को बुलाया। वह भी शूद्र। और अन्त में हिन्दुओं को संविधान की जरूरत पड़ी। तब मुझे बुलाया गया, मैं भी शूद्र।'' तब मैंने डॉ. आम्बेडकर को यह याद दिलाया कि 'मन्त्रिमंडल में डॉ. आम्बेडकर को लिये जाने का सुझाव पं. नेहरू को महात्मा गाँधी जी ने दिया और उसी आम्बेडकर ने आगे चलकर संविधान समिति में भारतीय संविधान का विधेयक प्रस्तुत किया।

इसी के साथ एक और मजेदार वाकया हुआ— काँग्रेस के कुछ वरिष्ठ नेता वल्लभभाई पटेल से मिले और बोले– "हम एक शिकायत लेकर आपके पास आये हैं।" वल्लभभाई द्वारा पूछे जाने पर वे फिर बोले— "महात्मा गाँधी के आलोचक तथा काँग्रेस के विरोधी डॉ. आम्बेडकर को 'प्रारूप समिति' की अध्यक्षता क्यों सौंपी गयी?" तब तैश में आकर पटेल ने कहा- 'What do you know of Constitution? We have chosen the best man for the job.' (संविधान का प्रारूप तैयार करना क्या होता है, इस बारे में तुम क्या जानते हो? हमने इस कार्य के लिए अत्यन्त योग्य आदमी का चयन किया है।) (Sardar Patel's corrospondence : Vol 10' page 494)

इस तर्कपूर्ण विवेचन का अभिप्राय यह है कि भारत का संविधान तैयार करने हेतु डॉ. बाबासाहब आम्बेडकर का चयन काँग्रेसी नेताओं ने क्यों किया? सर बेनेगल, नरसिंहराव जैसों का चयन क्यों नहीं किया? बेनेगल के सम्बन्ध में किसी के भी द्वारा कुछ कहे जाने की बात न तो सुनने को मिली है न ही पढ़ने को। राव के पांडित्य से क्या महात्मा गाँधी और नेहरू परिचित नहीं थे? आजादी मिले 60 साल हो रहे हैं। संविधान भी 50 साल का हो गया है। फिर इस अनमोल रत्न की याद अरूण शौरी और दुर्गा भागवत को 50 साल बाद कैसे आयी? चार देशों के संविधानों को इकठ्ठा कर उसके आधार पर कच्चा प्रारूप तैयार करना और लगातार तीन साल भारतीय समाज के प्रतिनिधियों से बहस कर सर्वसम्मति से निर्णय तक पहुँच कर फिर वह संविधान द्वारा प्रतिबिम्बित करना अलग! संविधान का मतलब मात्र कानूनी दायरे से सम्बद्ध शब्दावली नहीं होती। संविधान की एक सार्थकता होती है। संविधान की यही सार्थकता उसके शब्द गठन की अपेक्षा कहीं अधिक महत्त्वपूर्ण होती है। संविधान की सार्थकता यद्यपि नेताओं के द्वारा मुखर होती है, तथापि उन्हें नेतृत्व का अवसर जनता द्वारा प्रदान किया जाता है। ठीक यही काम डॉ. आम्बेडकर ने किया है। इसलिए वे 'संविधान निर्माता' (शिल्पी) सिद्ध हुए।

डॉ. आम्बेडकर न केवल एक कानूनविद या पंडित थे, बल्कि अर्थविज्ञान, समाजविज्ञान, शिक्षाविज्ञान, धर्मविज्ञान, संविधान विज्ञान आदि विषयों पर भी साधिकार बोल सकते थे।

संविधान समिति में कई बार जब एकाध जटिल प्रश्न उभरकर आता और जब कोई उसका उत्तर न दे पाता, तब डॉ. राजेंद्र प्रसाद डॉ. आम्बेडकर की ओर अँगुलीनिर्देश करते और कहते — "अब वे बोलेंगे।"

200 वर्ष पहले अमेरिका का संविधान बना। जॉर्ज वॉशिंग्टन, थॉमस जेफर्सन, अलेक्जेंडर हॅमिल्टन, जॉनजय और जेम्स मॅडिसन इन सबने दिन रात एक कर संविधान का निर्माण किया। संविधान-पंडित थॉमस जेफर्सन का इस कार्य में सर्वाधिक योगदान

था। इसलिए अमेरिका के संविधान-निर्माता का श्रेय उन्हीं को दिया जाता है। इसी तरह दुनिया भर के देशों ने यह स्वीकार किया है कि भारतीय संविधान के निर्माता डॉ. आम्बेडकर हैं। किन्तु वृत्ति की क्षुद्रता हमारे देश में ही दिखाई देती है। यह न्यायोचित है कि जिसने कार्य किया है, उसका सम्मान उसे मिलना चाहिए। दुनिया ने भारत के नेताओं ने, महात्मा गाँधी ने और संविधान समिति के सदस्यों ने डॉ. आम्बेडकर का कृतित्व स्वीकार किया है। दुनिया के इतिहास में यह बात कब की लिखी जा चुकी है।

अमरिका स्थित कोलंबिया विश्वविद्यालय ने डॉ. आम्बेडकर को एल. एल. डी. की उपाधि प्रदान की है। डॉक्टर ऑफ लॉ और डॉक्टर ऑफ लिटरेचर की उपाधि मात्र संविधान निर्माण कार्य के उपलक्ष्य में दी गयी है।

दूसरी ओर किसी भी विश्वविद्यालय के द्वारा सर बेनेगल तथा नरसिंहराव को उपाधि दी जाने की बात सुनने को नहीं मिली है। और यदि हो तो अरूण शौरी या दुर्गा भागवत बताएँ।

17 नवंबर, 1948 के संविधान के अन्तिम प्रारूप के तृतीय वाचन के लिए डॉ. आम्बेडकर ने संविधान समिति के सम्मुख प्रस्तुत किया। तब उनकी प्रशंसा करनेवालों में — डॉ. राजेंद्र प्रसाद, पं. नेहरू, वल्लभभाई पटेल, टी. टी. कृष्णमाचारी, अनंतशयनम अय्यंगार, गोकुलभाई दौलतराम भट, पं. लक्ष्मीकांत मैत्र, के संथानम, रेव्ह जे. जे. एम निकोल्स रॉय, एच. व्ही. कामथ, शेठ दामोदर स्वरूप, टी प्रकाशम्, शंकरराव देव, सरदार हुकुमसिंह, जसपत राय कपूर, बेगम ऐजाज ए. रसूल आदि थे।

कुछ प्रतिक्रियाएँ उदृत करना अनिवार्य है।

महावीर त्यागी - विगत 30 साल जिसके लिए जिन्दगी दाँव पर लगाई, उस परिश्रम का सुफल हमारे सम्मुख इस संविधान के रूप में दिखाई दे रहा है। डॉ. आम्बेडकर जो इस चित्र के वास्तविक चित्रकार हैं, उन्होंने अपनी कूँची एक ओर रखकर इस चित्र को उद्घाटित किया है। जनता तथा हमारे द्वारा उस पर अपना अभिमत व्यक्त करने हेतु यह चित्र अनावृत्त किया गया है।

शंकरराव देव - संविधान बनाने के लिए तत्संबद्ध परिपूर्ण ज्ञान रखनेवाले विशेषज्ञ तथा संविधान विद अधिवक्ता की आवश्यकता थी। डॉ. आम्बेडकर तथा उनके सहयोगियों के रूप में इस आवश्यकता की पूर्ति हुई। मेरी राय में दुनिया के किसी भी देश के किसी भी संविधान विशेषज्ञ के मुकाबले डॉ. आम्बेडकर जी का महत्त्वपूर्ण कार्य है।

शामनंदन सहाय (बिहार) महात्मा जी ने आजादी दी और उनके कटु आलोचक डॉ. आम्बेडकर ने भारत का संविधान बनाने का महत् कार्य किया। न केवल संविधान समिति बल्कि अखिल भारतवर्ष उनका आभारी रहेगा। जिस क्षमता से उन्होंने

प्रारूप तैयार किया, उसी के बल पर आम्बेडकर ने संविधान समिति द्वारा उसकी स्वीकृती कराई। उनकी इस कुशलता को न केवल वर्तमान अपितु भविष्य भी कृतज्ञतापूर्वक स्मरण रखेगा।

अल्लादी कृष्णस्वामी अय्यर - मेरे मित्र डॉ. आम्बेडकर ने जिस कुशलता और गहन समझ के साथ संविधान का गठन किया है, उसके लिए वे धन्यवाद के काबिल हैं।

केशवराव जेधे– इस संविधान को मनुस्मृति न कहकर भीमस्मृति कहना चाहिए। आम्बेडकर का कर्तृत्व एवं बौद्धिक योग्यता अलौकिक है।

फ्रैंक एंथनी - इस प्रचंड और क्लिष्ट दस्तावेज को बनाने के लिए कितने परिश्रम और मानसिक एकाग्रता की जरूरत पड़ी होगी, इसकी कल्पना शायद ही कोई कर पाएगा! डॉ. आम्बेडकर का विषय ज्ञान मात्र मूलभूत तत्त्वों तक सीमित न होकर बड़ा सूक्ष्म है और यही कारण है कि उन्होंने उन सभी तत्त्वों का स्पष्टीकरण बड़ी सरलता से कर दिया है। इस सम्बन्ध में खुद का समर्थन करनेवाला उनका भाषण सुनते हुए मुझे हमेशा खुशी हई है।

डॉ. पट्टाभि सीतारामय्या - डॉ. आम्बेडकर ने अप्रतिम एवं प्रचंड कार्य किया है। इसके लिए आवश्यक वाष्प इंजिन की ताकतवाली अपनी मेधा का प्रयोग उन्होंने किया है। किसी से भी हार न माननेवाली, न झुकनेवाली अपराजेय ऐसी अपनी मेधा से वे पाम के पेड़ की भाँति ऊँचे, बौने - नाटे बिरवे - सबका दमन करते थे। स्वयं को उचित प्रतीत होनेवाले कार्य को अन्जाम देते समय वे परिणामों की चिन्ता किये बगैर आगे बढ़ते थे।

दि. 17 नवम्बर, 1949 से लगातार 25 नवम्बर, 1949 तक पूरे सप्ताह भर एकाध सदस्य को छोड़ सभी ने डॉ. आम्बेडकर के कर्तृत्व, मेधा/बुद्धिमत्ता, अथक परिश्रम, कानूनविषयक ज्ञान, क्लिष्ट विषय को सरलता से समझाने का ढंग, राजनीति, धर्मविज्ञान, अर्थविज्ञान, विधिविज्ञान से सम्बद्ध ज्ञान एवं वाकपटुता की संविधान समिति की चर्चाओं के इतिवृत्त में जी खोलकर प्रशंसा की हुई प्रतीत होती है। प्रशंसा करनेवालों में कॉंग्रेस के नेता, कट्टर पंथी एवं हिन्दुत्ववादियों की अधिकता थी।

संविधान समिति के प्रतिवाद खंडो में सर वं.. एन. राव की प्रशंसा के उल्लेख नहीं प्राप्त होते। कुल 12 खंडों में मात्र दो एक बार ही उनका नामोल्लेख किया गया है।

एक संविधान विशेषज्ञ एन. व्ही. पायली कहते हैं - "डॉ. आम्बेडकर ने अपनी विद्वत्ता, कल्पनाशक्ति, तर्कनिष्ठा, कर्तृत्व एवं अनुभव दाँव पर लगाया है। अत्यन्त क्लिष्ट प्रश्न को भी वे बड़ी सरलता से स्पष्ट करते थे। साथ अपनी राय प्रभावशाली ढंग से किन्तु सरल शब्दों में प्रस्तुत करते थे। दुनिया के सभी उन्नत देशों के संवैधानिक कानून

का उनका ज्ञान प्रचंड था। साथ ही सन 1935 के कानून का भी उन्होंने गहन अध्ययन किया था। संविधान के प्रारूप पर बहस के दौरान होनेवाली आलोचना का वे सरल और स्पष्ट शब्दों से में जवाब देते थे। उनका जवाब पाकर सदस्यों की सन्देह और असमंजस की स्थितियों का आप ही आप निराकारण हो जाता था। तर्क एवं बहस में उनके जैसा निपुण, प्रभावशाली और सबको समझा पाने की योग्यता और हर दलील का तत्काल प्रतिवाद कर उसे समाप्त करने का कौशल अन्य सदस्यों में नहीं था। यही नहीं, विपक्षियों की दलील उचित होने पर, उसे वे खुशी खुशी स्वीकार भी करते थे। इतनी उदारता उनमें अवश्य थी। यही कारण है कि उन्हें आधुनिक मनु या भारतीय संविधान का जनक कहा जाता है।'' (constitutional; Govt. Of India - N. V. Pylee P. 60-61)

2. सितं., 1953 को राज्यसभा में आंध्र विधेयक रखा गया। इस बीच डॉ. आम्बेडकर के भाषण के दौरान कुछ सदस्यों ने उपहास के स्वर में कहा— ''भारतीय संविधान के जनक तुम हो। फिर अब क्यों चिल्लाते हो?'' तब गुस्से में डॉ. आम्बेडकर ने कहा— ''मैं बोझ ढोनेवाला बैल था। मेरी मर्जी के मुताबिक संविधान नहीं बना, इसलिए ऐसा संविधान जला देना चाहिए।''

परन्तु संविधान का चतुर्थ संशोधित विधेयक 19 मार्च, 1955 को जब राज्यसभा में आया तब अपने भाषण में डॉ. आम्बेडकर ने कहा— ''जिसे अंग्रेजी लिखना-पढ़ना आता है, ऐसे आदमी की समझ को ध्यान में रखकर आसान 'भाषा में' मैंने संविधान बनाया है। दुनियाभर के अनेक लोगों ने मुझे धन्यवाद दिये। कई प्रकाशकों ने कहा, 'संविधान की समीक्षा लिखिए, भरपूर रुपये मिलेंगे, किन्तु मैंने इन्कार किया।' उसी समय डॉ. अनुपसिंग नामक सदस्य ने मुझे प्रश्न किया, ''पिछली बार आपने संविधान जलाने की बात की थी,' तब इसका जवाब देते हुए डॉ. आम्बेडकर ने कहा, ''मैंने संविधान रूपी पवित्र मन्दिर बनाया किन्तु उसमें भगवान की मूर्ति रखने से पहले ही एक दानव घुस गया। उसने उस मन्दिर को भ्रष्ट किया। अतः उसे जलाना ही उचित है।'' तभी बी. के. पी. सिंह ने पूछा, ''मन्दिर जलाने के बजाय उस दानव को ही क्यों नहीं मार देते?'' इस पर डॉ. आम्बेडकर बोले 'यह राक्षस बड़ा शक्तिमान है, उसने अमृत प्राप्त किया है।'' इसके लिए 'शतपथ ब्राह्मण' नामक ग्रन्थ का प्रमाण उन्होंने दिया।

यह संशोधित विधेयक संविधान के 31 वें अनुच्छेद का था। यह अनुच्छेद काँग्रेस द्वारा डाला गयाा था। संविधान समिति अथवा डॉ. आम्बेडकर इसके जिम्मेदार नहीं थे। यही अनुच्छेद चौथे वर्ष में संशोधन हेतु आया था। उसी के सम्बन्ध में डॉ. आम्बेडकर बोल रहे थे।

मेरा यह दावा नहीं है कि संविधान का हर शब्द डॉ. आम्बेडकर का है या वह

केवल उन्हीं की मर्जी से बना है और लोकतन्त्र में यह सम्भव भी नहीं है। क्योंकि संविधान में जनता के सपने और अभिलाषाएँ प्रतिबिम्बित होती हैं। संविधान का आशय भिन्न-भिन्न तथा कई तरह के नेताओं द्वारा मुखरित होने के बावजूद भी यह कार्य उन्हें जनता सौंपती है।

संविधान के आमुख से लेकर अन्तिम अनुच्छेद तक डॉ. आम्बेडकर की छाप है। उनका बुद्धिकौशल है और उनका अथक परिश्रम है। उनके पांडित्य की ही परिणति 'संविधान शिल्पी' के सम्बोधन में समायी हुई है। पं. नेहरू, सरदार पटेल, राजेंद्र प्रसाद तथा संविधान समिति के अन्य सदस्यों की गवाही से ही भारतीयों को उनके भीतरी 'शिल्पी' का पता चला। क्योंकि आम जनता इस प्रक्रिया से काफी दूर थी। राज्यकर्ता या जन-प्रतिनिधियों ने इस प्रक्रिया में प्रत्यक्ष उनके साथ काम किया। अच्छे कार्य को हमेशा पुरस्कृत किया जाता है। डॉ. आम्बेडकर को 'संविधान-शिल्पी' के रूप में पुरस्कृत किया गया। यही कारण है कि डॉ. आम्बेडकर ही भारतीय संविधान के 'वास्तविक शिल्पी' ठहरते हैं। यह तो निर्विवाद है कि सहयोग सभी ने किया, किन्तु इस कारण 'शिल्पी' अनेक (सभी) नहीं कहला सकते। वह तो एक ही होता है।

अमेरिका का संविधान बनाते समय थॉमस जेफर्सन को अनेकों की सहायता मिली फिर भी 'अमेरिका के संविधान का शिल्पी' केवल जेफर्सन को ही माना जाता है। हीरे कई होते हैं किन्तु सबको कोहिनूर नहीं कहा जाता। कोहिनूर कोहिनूर होता है। उसका स्थान सर्वोच्च होता है। वहाँ तक सदियों में से एकाध पहुँच पाता है। वह भी डॉ. बाबासाहब आम्बेडकर जैसा। इसी कारण डॉ. आम्बेडकर ही संविधान के एकमात्र शिल्पी ठहरे।

अनुवाद - डॉ. जे. एस. मोरे, येवला

❑❑❑

1940 के बाद भारत को पूर्ण रूप से राजनीतिक स्वतन्त्रता प्राप्त हो जाएगी ऐसा तत्कालीन भारतीय नेताओं को लग रहा था। तब स्वतन्त्र भारत में किस प्रकार का जनतन्त्र लागू किया जाय — इस पर बहस शुरू हो गयी थी। 1919 के कानून के अनुसार विकृत रूप में भी क्यों न हो भारत में ब्रिटिश पद्धति के जनतन्त्र का प्रयोग शुरू हो गया था। इस कारण उसी पद्धति को स्वतन्त्र भारत स्वीकार करें— ऐसा एक गुट का कहना था। 17 सितम्बर, 1943 को दिल्ली में किये गये एक भाषण में इस सन्दर्भ में डॉ. आम्बेडकर ने भारतीय जनता को ऐसा इशारा दिया था कि, "सावधान! संसदीय जनतन्त्र से सावधान! संसदीय जनतान्त्रिक प्रणाली जैसी अच्छी दिखलाई देती है, वैसी वह है नहीं।" परन्तु 1950 में उन्होंने जो संविधान तैयार किया, वह संसदीय जनतन्त्र का ही संविधान था और फिर उन्होंने इसी संसदीय जनतन्त्र की प्रशंसा की है। यह एक स्पष्ट ऐसी विसंगति है। परन्तु प्रत्यक्ष में वह विसंगति है क्या? और अगर है तो फिर 1943 में उन्होंने जो कहा था, उसे स्वीकार करें या 1950 के बाद के उनके विचार?

संसदीय जनतन्त्र भारत के लिए अयोग्य कैसे है, इसकी कारण मीमांसा करते

... 19 ...

डॉ. बाबासाहब आम्बेडकर और जनतन्त्र

सुधाकर शि. गायकवाड

हुए डॉ. आम्बेडकर कहते हैं, "संसदीय जनतन्त्र की असफलता के मूल में दो कारण हैं— एक गलत तत्त्वप्रणाली और दो गलत संगठन। गलत तत्त्वप्रणाली में पहली बात है करार की स्वतन्त्रता। संसदीय जनतन्त्र आर्थिक विषमता की ओर तथा करार की स्वतन्त्रता से निर्माण होनेवाले परिणामों की ओर ध्यान ही नहीं देता। उसने राजनीतिक स्वतन्त्रता पर ही अधिक बल दिया है। परन्तु गरीबों के प्रश्न की ओर अथवा उनकी आर्थिक स्वतन्त्रता की ओर कभी ध्यान ही नहीं दिया है।"

संसदीय जनतन्त्र पर उनके द्वारा लिये गये इस आक्षेप पर ध्यान दें तो स्पष्ट हो जाएगा कि उनके अनुसार संसदीय जनतन्त्र का अर्थ राजनीतिशास्त्र में जिसे पश्चिमी जनतन्त्र अथवा 'उदारमतवादी जनतन्त्र (Liberal Democracy) अथवा पूँजीवादी जनतन्त्र कहते हैं, उससे सम्बन्धित है। 7 सितम्बर, 1943 के दिन मजदूरों के सम्मुख किये गये अपने भाषण में वे संसदीय जनतन्त्र का अर्थ उदारमतवादी जनतन्त्र ऐसा ही अर्थ लेते हैं। वे कहते हैं, "जो औद्योगिक संगठन की पूँजीवादी राजनीतिक रचना में, –जिसे संसदीय जनतन्त्र कहते हैं, रहते हैं उन्हें उसकी रचना में स्थित विसंगति का

एहसास हो जाना चाहिए। वह विसंगति है प्रचंड अमीरी और प्रचंड गरीबी— इनमें स्थित खाई। जो श्रम करते हैं; उन्हें सम्पत्ति नहीं मिलती और जो श्रम नहीं करते उनके पास अलबत्ता प्रचंड मात्रा में सम्पत्ति केन्द्रीभूत हो जाती है। इसका अर्थ हुआ कि लोगों को राजनीतिक समता प्राप्त हो जाती है, परन्तु आर्थिक समता मिल नहीं पाती।

जिस काल में आम्बेडकर ने संसदीय अथवा उदारमतवादी जनतन्त्र पर टीका की थी, उसी काल में दुनिया के अनेक उदारमतवादी इस संसदीय या उदारमतवादी जनतन्त्र की ओर सन्देह से देख रहे थे। इसका मुख्य कारण 1917 में रूसी क्रान्ति ने उदारमतवादी जनतन्त्र को जबरदस्त धक्का पहुँचाया था। रूसी क्रान्ति ने पूँजीवादी जनतन्त्र पर सैद्धान्तिक तथा व्यावहारिक दोनों स्तरों पर प्रहार करना शुरू किया। दूसरी ओर पूँजीवादी जनतन्त्र ने अत्यन्त महत्त्वपूर्ण स्थान दिया स्वतन्त्रता को। पूँजीवादी अर्थव्यवस्था के अभाव में स्वतन्त्रता टिक ही नहीं सकती, ऐसा उदारमतवादियों का आग्रहपूर्वक प्रतिपादन था। परन्तु जर्मनी में विकसित पूँजीवादी जनतन्त्र फासीवाद में परिणत हुआ, इस कारण उदारमतवादी गड़बड़ा गये। उन्हें फासीवाद जनतन्त्र पर बड़ा संकट महसूस होने लगा। उन्होने उदारमतवाद की समीक्षा शुरू की। हेराल्ड लास्की ने तो उदारमतवादी जनतन्त्र की समीक्षा मार्क्स के ऐतिहासिंक भौतिकवाद के आधार पर ही शुरू की। उन्होंने स्वतन्त्रता के राजनीतिक आयाम के साथ आर्थिक आयाम पर भी बल दिया। ब्रिटन की मजदूर पार्टी ने घोषित किया कि फासीवाद की प्रतिक्रान्ति अगर नेस्तनाबूत करनी हो, तो प्रस्थापित अर्थरचना बदलनी ही पड़ेगी। मतलब संसदीय जनतन्त्र को जो चुनौती मिली, उसके बहुत से कारण दोनों महायुद्धों से बदलती गयी आर्थिक राजनीतिक परिस्थिति में थे। डॉ. आम्बेडकर की संसदीय जनतन्त्र पर की गयी टीका पर विचार करते समय इन वैश्विक सन्दर्भों की उपेक्षा भी नहीं की जानी चाहिए।

अब हम डॉ. आम्बेडकर के उदारमतवादी जनतन्त्र के टीका की सैद्धान्तिक छानबीन करेंगे।

जीवन साधनों का अभाव तथा श्रम साधनों का अभाव ये आर्थिक विकास के मोड़ पर अवलम्बित होते हैं। अविकसित देशों में यह अभाव बड़ी मात्रा में होता है। इसलिए वहाँ आर्थिक विषमता बड़े पैमाने पर होती है। ऐसी विषमता जनतन्त्र के लिए घातक होती है, इसलिए आर्थिक, सामाजिक न्याय के लिए श्रम के तथा जीवन के भरपूर साधनों की सार्वजनिक उपलब्धता जरूरी होती है। परन्तु ऐसे प्राकृतिक साधनों का अभाव उदारमतवादी जनतन्त्र तथा मुक्त अर्थव्यवस्था के समर्थकों ने स्वीकार ही किया है। यह उनका मुख्य गृहित कृत्य है। उनका दूसरा गृहित कृत्य है— मनुष्य मुख्यतः उपभोक्ता है। जीवन जीने के लिए मनुष्य को वस्तुओं का उपभोग जरूरी होता है। ऐसे इस उपभोग के मूल में स्थित मनुष्य की इच्छा ही बाजार में 'माँग' के रूप में उभरती

है। इस माँग के अनुसार वस्तुओं की 'आपूर्ति' उत्पादक करने लगता है। 'माँग' के अनुसार आपूर्ति यह अर्थशास्त्र का मूलभूत नियम हो गया तो राजनीतिशास्त्र में वस्तुओं का उपभोग यह मनुष्य के अस्तित्व का हिस्सा हो जाने के कारण वह 'जीवन जीने का अधिकार' इस तत्त्व में परिणत हो गया। रिकॉर्डो, बेथॉम, लीग, हॉब्स आदि राजनीति के अध्येताओं ने जीवन जीने का यह प्राकृतिक अधिकार है, ऐसा माना है।

"मनुष्य का जीवन जीने का अधिकार" इस सिद्धान्त में से एक अन्य उपसिध्दांन्त निकलता है। मनुष्य जीवन के अस्तित्व के लिए वस्तुओं का उपयोग जरूरी है, उसमें से मनुष्य को समाधान प्राप्त होता है, इस समाधान को मनुष्य का आनन्द या उसके जीवन की सफलता के रूप में देखा गया। 4 जुलाई, 1861 की अमेरिका की स्वतन्त्रता की घोषणा में 'आनन्द की प्राप्ति के लिए प्रयत्न' इसे मनुष्य के हक के रूप में घोषित किया गया। बाद में, 19 वीं सदी में, उपयुक्ततावादियों ने 'अधिकतम सुख अधिकाधिक लोगों के लिए' ऐसा सिध्दान्त ही प्रस्तुत किया।

सुख के लिए प्रयत्नशील होना— इसका दूसरा अर्थ यह है कि अत्युच्य समाधान के लिए जरूरी वस्तुओं का अपनी इच्छानुसार उपभोग लेना, उपयोग करना, विनियोग करना है। इसके लिए किसी भी तरह का हस्तक्षेप, प्रतिबन्ध, निर्बंध न हो। बाह्य हस्तक्षेप, प्रतिबन्ध निर्बंध, के सिवा की जानेवाली व्यक्ति की कृति उसकी स्वेच्छा की निष्पात्ति होती है। ऐसी कृति का दूसरा नाम है स्वतन्त्रता! मतलब स्वतन्त्रता यह व्यक्ति का प्राकृतिक हक या अधिकार है। इस अधिकार के ही कारण उदारमतवादियों ने राज्य को व्यक्ति के जीवन में किसी भी प्रकार से, प्रत्यक्ष अथवा अप्रत्यक्षरूप में हस्तक्षेप का विरोध किया है।

दूसरी बात, व्यक्ति की स्वतन्त्रता के कारण घटित होनेवाली कृति दूसरे की स्वतन्त्रता पर आक्रमण भी हो सकती है। इसलिए दूसरे की स्वतन्त्रता पर आक्रमण न हो यह स्वतन्त्रता की पहली शर्त है। 1879 के फ्रान्स के संविधान की चौथी धारा तथा 1793 के संविधान की पहली धारा के अनुसार स्वतन्त्रता का अर्थ है दूसरे के अधिकार पर आघात न करते हुए मनुष्य को चाहे जो करने का अधिकार। इसमें से व्यक्तिवादियों तथा उदारमतवादियों के विचारों में एक मूलतत्त्व निकला कि जीवन जीना, स्वतन्त्रता तथा सुख पाना ये मनुष्य के अबाधित, अदेय बुनियादी अधिकार हैं।

अब शेष रहा जाता है एक उपसिध्दान्त अर्थात् सम्पत्ति धारण करने का अधिकार। मनुष्य अस्तित्व के लिए जरूरी होती है— वस्तुओं की उपलब्धता। परन्तु वस्तु यह मनुष्य के श्रम तथा साधन-सामग्री से निर्माण होती है। श्रम मनुष्य की अविभाज्य अंगीभूत बात है। इस कारण उसमें से निर्माण होनेवाली वस्तु पर उस व्यक्ति का ही अधिकार होता है। इसलिए वस्तुओं का उपभोग करना, विनिमय करना, संचय करना

यह व्यक्ति का अधिकार है। इसका अर्थ यह हुआ कि वस्तु जिसके पास होती है उसी को अथवा उस वस्तु का जो मालिक होता है उसीको उस वस्तु का उपभोग करने का अधिकार है। इसमें दूसरे को उस उपभोग से अथवा उसमें से निर्माण होनेवाले फायदों से वंचित किया जाता है।

दूसरी बात यह है कि मनुष्य का उच्चतम समाधान वस्तु के उपभोग पर अवलम्बित होने के कारण उदारमतवादियों ने वस्तु की मिल्कियत उसकी पहली शर्त मानी है। इसलिए व्यक्तिगत मिल्कियत वस्तु के निर्माण की मुख्य तथा मूल प्रेरक शक्ति साबित हो गयी। बाजार के समाज में श्रम के पारिश्रमिक को व्यक्तिगत मिल्कियत इस प्रेरक शक्ति से जोड़ा गया। मतलब जमींदार का लगान, पूँजीपतियों का फायदा श्रमिकों के वेतन इन सबके मूल में 'व्यक्तिगत सम्पत्ति' यही प्रेरक शक्ति होती है— यह सूत्र निश्चित किया गया।

उदारमतवादियों ने ऐसे इस बाजार के समाज से निर्माण हुए तथा उस पर खड़े हुए उदारमतवाद पर जनतन्त्र का ढाँचा खड़ा किया। उदारमतवाद उदारमतवादी जनतन्त्र में परिणत हुआ। पूँजीवाद के विकास के लिए बाजार के समाज पर खड़ी हुई जनतान्त्रिक राजनीतिक रचना की जरूरत थी। जीवन जीना, स्वतन्त्रता, सुख, आनन्द आदि बाजारू समाज में वस्तु की उपलब्धतता और उसकी मिल्कियत से सम्बन्धित होते हैं। इस कारण व्यक्ति की क्रयशक्ति के अभाव में वस्तुओं का उपभोग असम्भव है। क्रयशक्ति यह सभी के आय के विभाजन पर अवलम्बित होती है। परन्तु खुली अर्थव्यवस्था तथा व्यक्तिगत मिल्कियत के कारण उत्पादन के साधनों की मिल्कियत कुछ ही लोगों के हाथों चली गयी। परिणाम स्वरूप गरीब तथा अमीर में भयावह खाई पैदा हो गयी और इसी परिणाम पर डॉ. आम्बेडकर ने उँगली रखी। इस कारण जब डॉ. आम्बेडकर उदारमतवादी जनतन्त्र को नकारते हैं, तब इन सबसे सम्बन्धित जो तत्त्व सूत्र है— जीवन जीना, आनन्द समाधान के लिए प्रयत्न करना, स्वतन्त्रता तथा सम्पत्ति धारण करने का अधिकार— आदि पर बहस करना जरूरी हो जाता है। क्योंकि डॉ. आम्बेडकर कहते हैं कि संसदीय जनतन्त्र, मनुष्य को आनन्द, समाधान, स्वतन्त्रता, सम्पत्ति तथा जीवन जीने का अधिकार सर्वसामान्य मनुष्य को बहाल करने में असफल हुआ है। परन्तु यह असफलता उपरोक्त तत्त्वसूत्रों के विरोध का प्रमाण नहीं हो सकता। उस असफलता का कारण बाजार के समाज के अन्तरविरोध में था। इसलिए इन तत्त्वसूत्रों का सामान्य जनता के जीवन में अविष्कार करने हेतु बाजार के इस समाज को ही नकारना पड़ता है। To reject market society.

डॉ. आम्बेडकर के राज्य समाजवाद के सिद्धान्त की पृष्ठभूमि इसी विचार में है। उनके सम्मुख प्रश्न खड़ा था कि जीवन जीना, स्वतन्त्रता तथा आनन्द की खोज इन

बुनियादी अधिकारों से गरीबों को वंचित किया जाता है। इससे उनका संरक्षण कैसे किया जाय? इसके लिए उन्होंने ऐसी योजना बनाई कि जिसमें सबलों का कमजोरों के जीवन पर वर्चस्व या हुकुमत करने की वृत्ति पर सीमाएँ डाल दी गयी हों या उन्हें इस हेतु नियन्त्रित किया गया हो। इसका दूसरा अर्थ यह था कि सबलों का कमजोरों के आर्थिक-सामाजिक कृति पर स्थित नियन्त्रण को खत्म कर देना। वास्तव में यह धारा 1793 के फ्रान्स के राज्य संविधान की धारा का अन्तर्विरोध है। यह धारा व्यक्ति को दूसरे की स्वतन्त्रता पर आघात न करते हुए उसे जो चाहिए उसे प्राप्त करने का अधिकार देती है। परन्तु प्रत्यक्षतः बाजारू समाज में दूसरे की स्वतन्त्रता का संकोच करने के बाद ही जो चाहिए वह करने की स्वतन्त्रता व्यक्ति को प्राप्त होती है। बाजारू समाज में स्थित यह अन्तरविरोध फ्रान्स के संविधान कर्ताओं के ध्यान में नहीं आया था। डॉ. आम्बेडकर ने ठीक उसी पर उँगली रखी।

अब अगर बाज़ारू समाज को नकारना हो तो उससे सम्बन्धित मूल गृहीत तत्त्व कि मनुष्य मूलतः उपभोक्ता है को नकारना पड़ेगा फिर इसके लिए क्या विकल्प है? विकल्प यह है कि मनुष्य मूलतः कृतिशील प्राणी है– । मार्क्स के सिद्धान्तानुसार मूल गृहीततत्त्व यही था। इस गृहीत तत्त्व की तार्किक परिणति— मनुष्य में जो सुप्त गुण हैं, शक्ति है, उसका अधिकतम उपयोग अथवा विकास करने के लिए ही मनुष्य की कृति घटित होती रहती है। मनुष्य की विशेषता वह उपभोक्ता है यह न होकर, वह स्व-विकास कर लेनेवाला है– यह है। यह मूलतः नैतिक तत्त्व है। और वह बाजारू समाज के विरोध में प्रस्तुत किया गया है। इस तत्त्व को हेराल्ड लास्की ने नाम दिया— 'स्वतन्त्रता! और इसी सन्दर्भ में आम्बेडकर प्रश्न पूछते हैं कि, "मनुष्य को उसकी अपनी सत्ता का परिणामकारक तथा कार्यक्षम उपयोग से मिलनेवाला फायदा स्वतन्त्रता को क्यों न लेने दें? इसका समाकरात्मक अर्थ यह है कि मनुष्य शक्ति के, तथा सत्ता के पूर्ण विकास में ही स्वतन्त्रता निहित है। यहाँ मनुष्य व्यक्तित्त्व के पूर्ण विकास हेतु डॉ. आम्बेडकर ने अंग्रेजी शब्द पॉवर (Power) अर्थात सत्ता शब्द का उपयोग किया है। इसका अर्थ यह कि मनुष्य के सुप्त गुणों का तथा शक्ति का अधिकाधिक विकास करने की मनुष्य की शक्ति ही मनुष्य की सत्ता है। यहाँ डॉ. आम्बेडकर की 'सत्ता' इस अवधारणा की परिभाषा मिलती है। ऐसी सत्ता को सी. बी. मैकपरसन 'विकसनशील सत्ता' कहते हैं।

अर्थात् इसमें नया कुछ भी नहीं है। अरस्तू तथा अफलातून इन 'ग्रीक' दार्शनिकों ने सत्ता की ऐसी ही परिभाषा की थी। उनके मतानुसार मनुष्य का अन्तिम ध्येय तथा कार्य वास्तव में खुद के गुणों तथा अन्तरनिहित शक्ति का अत्युच्च विकास करना है और उनकी इस सुप्त क्षमता के उपयोग को तथा विकास को ही सत्ता कहते हैं।

अपने सुप्त गुणों का तथा शक्ति का अधिकतम उपयोग तथा विकास करने की

क्षमता उस व्यक्ति में हो तो उसे विकास के रास्ते पर किसी भी प्रकार की बाधा या रुकावट न हो। परन्तु प्रत्यक्ष यथार्थ में ऐसी रुकावटें आर्थिक, सामाजिक रचना में ही अन्तर्भूत होती हैं। डॉ. आम्बेडकर स्पष्ट रूप में कहते हैं कि समाजवैज्ञानिकों के मतानुसार जिसके भीतर जो गुण होगा, उसका पूर्ण विकास होने में समाजव्यवस्था ही मुख्य रूप से कारण होती है। सूत्रमय भाषा में इसे ऐसा कह सकते हैं कि मनुष्य के व्यक्तित्त्व का विकास सामाजिक बाधाओं के विपरीत प्रमाण में होता है।

प्रश्न यह है कि सामाजिक बाधाएँ कौन-सी इसे कहने के पूर्व सत्ता का विश्लेषण करना जरूरी है। समाज विज्ञान के अनुसार सत्ता का अर्थ है दूसरे की कृति को नियन्त्रित करने का व्यक्ति को अधिकार। व्यक्ति को ऐसा अधिकार कौन देता है? डॉ. आम्बेडकर के मतानुसार, व्यक्ति को यह अधिकार धर्म, सामाजिक प्रतिष्ठा तथा सम्पत्ति देती है। उन्ही के शब्दों में कहना हो तो धर्म, सामाजिक प्रतिष्ठा और सम्पत्ति ये सत्ता के मूलस्रोत हैं। धर्म, सामाजिक प्रतिष्ठा तथा सम्पत्ति समाज में प्रत्यक्ष वर्ग (class) तथा जाति (caste) निर्माण करते हैं। ऐसे विषम समाज में सत्ता का विषम बँटवारा होता है। जो गुट, जाति या वर्ग सामाजिक, धार्मिक तथा आर्थिक दृष्टि से अधिक शक्तिसम्पन्न, सबल होते हैं, उन्हें अतिरिक्त सत्ता प्राप्त होती है और इस अतिरक्त सत्ता के कारण वे औरों की स्वतन्त्रता को नियन्त्रित करते जाते हैं। इस विषम सामाजिक रचना से सम्बन्धित सामाजिक सत्ता को हम 'सामाजिक अधिसत्ता' कहेंगे। यह सामाजिक अधिसत्ता व्यक्तित्व के व्यक्तित्व विकास में बाधा बनकर खड़ी हो जाती है। यह बाधा स्वतन्त्रता तथा समता के लिए और प्रकारान्तर से जनतन्त्र के लिए घातक साबित होती है। इस सामाजिक सत्ता के स्तर पर जनतन्त्र को अगर खड़ा किया जाय तो सम्पूर्ण सरकारी सत्ता को सामाजिक सत्ताधारी वर्ग ही हथिया लेगा। डॉ. आम्बेडकर के शब्दों में कहना हो तो उच्च जाति या सम्पन्न वर्ग ही केवल सत्ताधारी हो जाते हैं। उसे वे नाम देते हैं— साम्राज्यवाद। इस तरह सामाजिक अधिसत्ता तथा राजनीतिक समाज के शासक तथा शासित ऐसे दो वर्ग निर्माण हो जाते हैं। इसलिए डॉ. आम्बेडकर कहते हैं कि "तो फिर जनतन्त्र लोगों ने लोगों के लिए चलाई गयी शासनसंस्था न होकर पीढ़ी-दर-पीढ़ी लोगों द्वारा उन्हीं के लोगों के लिए चलाई गयी शासन संस्था बन जाती है।"

व्यक्ति विकास यह हमारा गृहीतकृत्य है। उसमें सबसे बड़ी बाधा सामाजिक सत्ता का विषम विभाजन है। मतलब सामाजिक अधिसत्ता का समानीकरण करना जरूरी है। सामाजिक अधिसत्ता का समानीकरण यह डॉ. आम्बेडकर के जनतन्त्र के मूल में बुनियादी सिद्धान्त हैं।

'सामाजिक अधिसत्ता का समानीकरण' का ही दूसरा नाम है 'सामाजिक न्याय'।

यह सामाजिक न्याय समता की स्थापना करता है। व्यक्ति विकास के लिए जरूरी बाह्य परिवेश की उपलब्धतता पर ही समता की सम्भावना होती है। प्रत्येक व्यक्ति का व्यक्तित्व विकास करना यह उसकी अपनी स्वतन्त्रता होती, तो समता उस हक का मूल अधिष्ठान साबित हो जाती है। इसका दूसरा अर्थ यह है कि सामाजिक सत्ता का समानीकरण ही स्वतन्त्रता और समता में सन्तुलन बनाए रखता है।

अब सामाजिक अधिसत्ता का समानीकरण शक्तिसम्पन्न राजनीतिक सत्ता के अभाव में सम्भव नहीं हो पाता। दूसरे शब्दों में ऐसा कह सकते हैं कि विषम सामाजिक रचना को बदलकर प्रत्येक मनुष्य के व्यक्ति विकास के लिए अनुकूल ऐसी रचना करने हेतु शक्ति सम्पन्न राजनीतिक सत्ता की जरूरत होती है, और राजनीतिक सत्ता की शक्ति का स्वरूप यह उस समाज के आर्थिक, सामाजिक विकास की अवस्था से सम्बन्धित होता है। आर्थिक सामाजिक समाज जितना पिछड़ा हुआ होगा, उतनी ही मात्रा में सत्ता का सामाजिकरण करने हेतु उपयोग में लाई जानेवाली राजनीतिक सत्ता अधिक शक्तिसम्पन्न होने की ओर मुड़ती है। अगर वह अधिकाधिक शक्ति सम्पन्न होती गयी तो वह तानाशाही में परिवर्तित हो जाएगी। यह तानाशाही वास्तव में रूस की कम्युनिस्ट पार्टी की तानाशाही की तरह तात्विक स्वरूप की नहीं होती, पिछड़े समाज में स्वतन्त्रता और समता में सन्तुलन निर्माण करने हेतु शक्ति सम्पन्न होने की ओर इस राजनीतिक सत्ता की प्रवृत्ति होती है। रिचर्ड लॉवेनथॉल ऐसी तानाशाही को 'विकासात्मक तानाशाही' कहते हैं। डॉ. आम्बेडकर को ऐसी तानाशाही का खतरा महसूस हो रहा था। ऐसी तानाशाही को टालकर जनतान्त्रिक रास्ते से ही आर्थिक-सामाजिक परिवर्तन कैसे किया जा सकता है— यह प्रश्न उनके सम्मुख था। इसके लिए उन्होंने जो योजना प्रस्तुत की उसका नाम था राज्य समाजवाद (state socialism)। वे कहते, "केवल इस योजनानुसार तीन लक्ष्य साकार हो सकते हैं। 1) समाजवाद की प्रस्थापना, 2) जनतन्त्र को टिकाए रखना और 3) तानाशाही को प्रतिबन्धित करना।

अब यह राजनीतिक सत्ता, सामाजिक सत्ता का समानीकरण करने हेतु उपयोग में लाती है, इसलिए वह सामाजिक सत्ता की अपेक्षा निश्चित ही शक्ति सम्पन्न होनी चाहिए, परन्तु वह इतनी भी शक्तिसम्पन्न न हो जिससे वह तानाशाही में परिणत हो। जनतन्त्र की चौखट में ही इस काबिल, सम्पन्न राजनीतिक सत्ता का उपयोग होना चाहिए और राजनीतिशास्त्र के इतिहास में राजनीतिक सत्ता को हमेशा सीमा में रखा संवैधानिक वाद ने (constitutionalism) मतलब राजसत्ता का कार्य राजसंविधान की चौखट में ही सीमित करना पड़ेगा। यहाँ हमें राजनीतिक सत्ता को जोड़ देना पड़ता है सार्वभौमत्व की अवधारणा से।

सार्वभौमत्व से तात्पर्य अन्तिम सत्ता। जनतन्त्र में यह अन्तिम सत्ता कभी भी

सीमित नहीं होती। तो भी जनतन्त्र में सार्वभौमत्व का स्थान किसमें है, यह बहुत जटिल प्रश्न है और कुछ कुछ अनिर्णीत ऐसा यह प्रश्न है। प्रश्न है कि सार्वभौम कौन? जनता, संसद कि संविधान? आम्बेडकर के तत्त्वविचार में सार्वभौमत्व जनता में होता है— यह विचार टिक नहीं पाता क्योंकि तब फिर हमें उदारमतवाद का या व्यक्तिवाद का सहारा लेना पड़ेगा। इसके अलावा जिस समाज में जाति, वर्ग शक्तिमान होते हैं, जहाँ आर्थिक विषमता भयंकर होती है, वहाँ जनता का सार्वभौमत्व यह शक्तिसम्पन्न, जाति, वर्ग की तानाशाही में परिणत हो जाता है। ऐसी स्थिति को आम्बेडकर 'साम्राज्यवाद' नाम देते हैं।

तो फिर सार्वभौम कौन? संसद कि संविधान? 17 सितंबर, 1949 को संविधान सभा में बोलते हुए डॉ. आम्बेडकर ने कहा था कि, 'संसद संविधान के तीसरे हिस्से को छोड़कर शेष किसी भी हिस्से को संशोधित कर सकती है, बदल सकती है। संविधान का तीसरा हिस्सा बुनियादी, मूलभूत अधिकारों से सम्बन्धित है। और मूलभूत अधिकारों को बदलने का, उनका संकोच करने का अथवा उन्हें संशोधित करने का कोई अधिकार संसद को नहीं है ऐसा उसका अर्थ होता है। मतलब यहाँ संसद सार्वभौम साबित नहीं हो सकती। पी. के. त्रिपाठी अपने ग्रन्थ some inside in to fundamental rights में लिखते हैं कि, डॉ. आम्बेडकर शायद ऐसा असावधानी से बोले होंगे। उनके मतानुसार डॉ. आम्बेडकर संसद बुनियादी अधिकारों को बदल नहीं सकती— इस मत के नहीं थे। मतलब वे सुझा रहे हैं कि, डॉ. आम्बेडकर संसद को ही सार्वभौम मानते थे।

परन्तु संसद जाति और वर्ग में विभाजित समाज के प्रतिनिधियों से तैयार होती है, और ऐसे जाति और वर्ग से गये हुए प्रतिनिधियों का बहुमत जातीय होता है, ऐसा डॉ. आम्बेडकर ही कहते हैं। तो फिर संसद सार्वभौम है, ऐसा डॉ. आम्बेडकर को अभिप्रेत था, ऐसा जो पी.के. त्रिपाठी सुझाते हैं, उसे स्वीकार नहीं किया जा सकता। तो फिर डॉ. आम्बेडकर संविधान को ही सार्वभौम मानते हैं क्या? इसका उत्तर 'हाँ' में देने के सिवा दूसरा कोई विकल्प नहीं है। इससे सम्बन्धित प्रमाण हमें उनके ग्रन्थ state and Minorities में मिलते हैं।

डॉ. आम्बेडकर राज्य-समाजवाद को संवैधानिक कानून का दर्जा देते हैं। इससे सम्बन्धित बहस के अन्त में वे कहते हैं, "राज्य—समाजवाद को स्थगित करने का, बदलने का अथवा उसका संकोच करने का अधिकार संसदीय बहुमत के क्षेत्र से बाहर रखना जरूरी है।" इसका अर्थ ही हुआ कि संसद को, संविधान के बुनियादी कानून का दर्जा प्राप्त राज्य समाजवाद को बदलने का अधिकार नहीं है, ऐसा वे स्पष्ट कहते हैं। प्रकारांतर से वे सार्वभौमत्व को संविधान में बन्द कर देते हैं।

जनतन्त्र में 'संविधान का सार्वभौमत्व' यह वास्तव में जॉन ऑस्टिन के 'कानून का सार्वभौमत्व' इस कल्पना का विकासात्मक तथा संशोधित विचार है। आधुनिक राजनीतिशास्त्र में अर्नेस्ट वार्कर तथा अॅन्थॉनी क्विन्टोन नें इसे पुरजोर तरीके से रखा था। परन्तु संविधान का सार्वभौमत्व अन्ततः संविधान का अर्थ लगानेवाले न्यायाधीश की ओर ही जाता है। तो फिर इसमें से जनता द्वारा चुने गये प्रतिनिधि और उनसे बनी संसद श्रेष्ठ अथवा सरकार द्वारा नियुक्त किये गये न्यायाधिश श्रेष्ठ ऐसा विवाद निर्माण हो जाता है। हमारे यहाँ ऐसा विवाद गोलकनाथ बनाम केशवानंद भारती के मुकदमें में न्यायालय द्वारा दिये गये निर्णय के सम्बन्ध में निर्माण हुआ था। इन दोनों मुकदमों में सर्वोच्च न्यायालय ने संसद के सार्वभौमत्व को नकारा था और मिनर्वा मुकदमे में भी इसी मत का पुनरुच्चार उच्चतम न्यायालय ने किया था।

अब हम फिर से मूल मुद्दे की ओर मुड़ते हैं। डॉ. आम्बेडकर संविधान को सार्वभौम रखकर राज्य को शक्तिशाली बनाकर विषम सामाजिक अधिसत्ता का समानीकरण और इसलिए स्वतन्त्रता और समता में सन्तुलन स्थापित करना चाहते हैं। यही है उनका जनतन्त्र का सिद्धान्त। इस सिद्धान्त को वे इस प्रकार रख सकते हैं— सार्वभौम संविधान द्वारा शक्तिशाली राज्य की ओर से विषम आर्थिक, सामाजिक अधिसत्ता का समानीकरण अन्ततः आर्थिक, सामाजिक, स्वतन्त्रता तथा समता के संतुलन से सच्चे जनतन्त्र में परिणत हो जाना। इसके लिए उन्होंने जो मॉडेल तैयार किया है— सुविधा के लिए इस मॉडेल के दूसरा हिस्से किये जा सकते हैं। एक राजनीतिक मॉडेल दो आर्थिक मॉडेल। यहाँ हम राजनीतिक मॉडेल की संक्षेप में चर्चा करेंगे।

वे प्रथमतः संसदीय प्रतिनिधित्त्व की रंचना ही इस पद्धति से करते हैं कि प्रत्येक जाति, जमात, धर्म को इसमें स्थान मिले। परन्तु किसी भी जाति धर्म के प्रातिनिधियों की संख्या, सम्बन्धित जाति धर्म की सामाजिक प्रतिष्ठा, आर्थिक, शैक्षिक प्रगति के विपरीत रखते हैं। मतलब आर्थिक-सामाजिक पिछड़े समाज को उनकी जनसंख्या की तुलना में उन्हें अधिक प्रतिनिधित्त्व मिलता हैं। तो उच्च जाति-धर्म के समाज गुटों के प्रतिनिधियों की संख्या वे इस तरह निर्धारित करते हैं कि उनका बहुमत निम्न जाति-जमात पर अन्याय पूर्ण बहुमत न हो।

अब विस्तार भय के कारण इस मॉडेल की अन्य बातें अलग से रखेंगे और सरकार बनाने की प्रक्रिया के सम्बन्ध में उनकी योजना ध्यान में लेंगे। यह योजना उनके "State and Minority और communal deadlock and a way to solve it." इस ग्रन्थ में मिलती है।

1) शासन संस्था यह असंसदीय होगी, मतलब उसकी पूर्ण कालावधि के पहले शासन को बरखास्त नहीं किया जा सकता।
2) शासन के प्रतिनिधियों को संसद में बैठने का, बोलने का अधिकार होगा।
3) प्रधानमन्त्री सम्पूर्ण सभागृह द्वारा चुना जाएगा।
4) शासन में स्थित भिन्न-भिन्न अल्पसंख्यक जाति-जमात के प्रतिनिधि ये संसद के सम्बन्धित जाति-जमात के प्रतिनिधियों के माध्यम से ही चुने जाएँगे।
5) शासन में स्थित अधिकांश जाति-जमात के प्रतिनिधि सम्पूर्ण सभागृह के मतों द्वारा चुने जाएँगे।
6. शासन में स्थित किसी भी प्रतिनिधि को संसद में उस पर भ्रष्टाचार आदि आरोपों के सन्दर्भ में जब तक अविश्वास प्रस्ताव पारित नहीं होगा तब तक उसे शासन में से निकाल नहीं सकेंगे।

अब यहाँ यह स्पष्ट है कि, इस मॉडेल में बहुमत धारण करने वाले सभी जाति जमातों के साथ-साथ अल्पसंख्य जातियों और जमातों को भी शासन में सहभागिता प्राप्त होती है। बहुसंख्यक जाति-जमात के प्रतिनिधियों की संख्या इस प्रकार तय की जाती है कि उनका बहुमत अल्पसंख्य जाति-जमात पर लादा नहीं जाएगा। किंबहुना शासन में स्थित अल्पसंख्य जाति-जमात के प्रतिनिधियों का समर्थन लेकर ही शासन कार्य करेगी।

इस तरह से किये गये प्रतिनिधित्व की रचना के कारण जिन बहुसंख्य जाति-जमात के पास जो अतिरिक्त अधिसत्ता होती थी, वह अपने आप कम हो जाती, तो अल्पसंख्यकों की अधिसत्ता में वृद्धि हो जाती है। एक दृष्टि से शासकीय स्तर पर सत्ता में सन्तुलन स्थापित हो जाता परन्तु प्रत्यक्ष समाज में सामाजिक अधिसत्ता विषम ही होती है। यहाँ समाज में स्थित सामाजिक अधिसत्ता का शासन पर होनेवाला प्रभाव परिणाम-शून्य किया जाता है। इसके अलावा शासकीय स्तर पर सत्ता का सन्तुलन प्रत्यक्ष समाज में स्थित सामाजिक अधिसत्ता को कम करने हेतु उपयोग में लाया जा सकता है। स्वतन्त्रता तथा समता ये दोनों सामाजिक अधिसत्ता की मात्रा में विपरीत स्तर पर होने के कारण सामाजिक अधिसत्ता की विषमता जितनी कम उतनी स्वतन्त्रता तथा समता की प्रस्थापना समाज में होने की सम्भावना बढ़ जाती है।

अब इस मॉडेल की ओर हम समीक्षात्मक दृष्टि से देखेंगे। यह मॉडेल संयुक्त गठबन्धन की सरकार (Coalition Government) को स्थापित करता है। फ्रान्स, इग्लैंड को संयुक्त सरकार का अनुभव बहुत पहले से है। ऐसी सरकारें परिणामकारक (प्रभावपूर्ण) हो सकती हैं क्या? प्रत्येक जाति-जमात के प्रतिनिधि अपनी ही जाति-जमात

के हितसम्बन्धों को देखेंगे और प्रत्येक जाति-जमात के हितसम्बन्ध अगर एक दूसरे को छेद देते होंगे तो फिर शासन की निर्णयप्रकिया विवाद ग्रस्त हो जाएगी। मन्त्रिमंडल एक जैसा नहीं रह पाएगा। अगर मतभेद तीव्र बन गये तो सरकार अस्थिर हो आएगी। हर्मन फिनर ने अपने "The theory and practice of modern Government." इस ग्रन्थ में 1873 से 1940 के बीच फ्रान्स में सौ संयुक्त सरकारें गठित हो चुकी थीं, इसकी ब्योरेवार जानकारी दी है। हमारे यहाँ भी भिन्न-भिन्न राज्यों में संयुक्त सरकारें 1967 में किस प्रकार धराशायी हो गयी थीं, इसका अनुभव है। डॉ. आम्बेडकर इस खतरे को समझ रहे थे। इसी कारण तो उन्होंने शासन को असंसदीय रखा। मतलब किसी भी स्थिति में अपने निर्धारित समय के पूर्व सरकार को बरखास्त न किया जाय और न उसको गिराया जाय। मतलब यह मॉडेल ब्रिटिश तथा अमेरिकन शासनसंस्था का मिश्रण कर उसका संशोधित संस्करण है। अब किसी नीति के सम्बन्ध में किसी प्रतिनिधि का तीव्र मतभेद हो तो प्रधानमन्त्री उसे मन्त्रीमंडल से निकाल बाहर नहीं कर सकेंगे। इससे यह स्पष्ट हो जाता है कि शासकीय निर्णय समझौते से ही लिये जाएँगे और वह निर्णय प्रत्येक जाति-जमात के हितसम्बन्ध से जुड़ा रहेगा। परन्तु इस कारण निर्णय की गुणवत्ता का प्रश्न निर्माण हो जाता है। मतलब समझौता होगा वह ऐसे विकृत स्वरूप में होगा कि उसके अनुसार निर्धारित किये गये कार्यक्रमों के कार्यान्वयन के कारण मूल आर्थिक - सामाजिक प्रश्नों से निपटारा न होते हुए उस पर केवल मलमपट्टी हो जाएगी।

फिर इस मॉडेल के उचित तथा प्रभावपूर्ण निर्णय हेतु दो प्रमुख गृहीत कृत्यों को स्वीकारना होगा—

1) प्रत्येक जाति-जमात का शासन में स्थित प्रतिनिधि यह अपने जाती-जमात के हितसम्बन्धों की अपेक्षा सम्पूर्ण समाजहित तथा देशहित देखें।

2) मन्त्री शिक्षित, अध्ययनशील, बुद्धिवादी, ध्येयवादी तथा शुद्ध चरित्र के हों।

उपरोक्त दोनों गृहीत कृत्य सत्य के रूप में अगर स्वीकार करें तो ही यह मॉडेल प्रभावपूर्ण बनेगा अन्यथा नहीं। इसके अलावा इसमें एक महत्त्वपूर्ण दोष है। वह यह कि प्रधानमन्त्री का विभिन्न मन्त्रियों के विभाग निश्चित करने का अधिकार। कल्पना कीजिए, प्रधानमन्त्री बहुजन समाज का है। उसने उपरोक्त मॉडेल के अनुसार मन्त्रिमंडल की रचना की है; परन्तु सरकार में कुछ विभाग अत्यन्त महत्त्वपूर्ण होते हैं। जैसे गृहविभाग, अर्थविभाग आदि। फिर यहाँ सम्भावना ऐसी होती है कि प्रधानमन्त्री अल्पसंख्यांक जाति-जमात के प्रतिनिधियों को ऐसे विभाग देंगे कि जो बहुत महत्त्वपूर्ण नहीं हैं। वह उन्हें मंत्रिमंडल में लेंगे, परन्तु कैबीनेट में लेंगे ही — यह जरूरी नहीं है।

दूसरी बात यह कि किसी भी प्रजातन्त्रीय देश के शासन की निर्णय प्रक्रिया की अगर जाँच-पड़ताल करेंगे तो ऐसा दिखलाई देगा कि प्रधानमन्त्री, महत्त्वपूर्ण विभाग के

मन्त्री तथा अपने विश्वासपात्र सहयोगियों की सहायता से ही निर्णय लेते रहते हैं। तो फिर इस मॉडेल में निर्णय प्रक्रिया कैसी होगी इस सम्बन्ध में डॉ. आम्बेडकर कुछ नहीं कहते। इसके सम्बन्ध में उनके ही अनुभव बतलाए जा सकते हैं। जब वे नेहरू मन्त्रिमंडल में थे, तब उन्हें कैबिनेट की मीटिंगों का निमन्त्रण नहीं दिया जाता था। वे अर्थमन्त्री होना चाहते थे, परन्तु उनको दिया गया न्याय तथा विधि विभाग।

राजसत्ता में सहभाग जितना महत्त्वपूर्ण होता है, उतना ही निर्णय प्रक्रिया में सहभाग भी महत्त्वपूर्ण होता है। इस मॉडेल में अल्पसंख्य जाति-जमात को सत्ता में सहभागिता प्राप्त हो जाती है; परन्तु निर्णय प्रक्रिया में वह मिलेगी ही, ऐसा नहीं। और निर्णय प्रक्रिया में उनका सहभाग ही न हो तो फिर यह मॉडेल परिणामशून्य हो जाएगा।

हम अपनी कल्पनाशक्ति पर जोर देते हुए कहेंगे कि प्रत्येक निर्णय सभी मन्त्रियों के सहयोग और सहमति से ही लिए जाते हैं। परन्तु जैसा कि इसके पहले कहा गया है कि यहाँ निर्णय की गुणवत्ता का प्रश्न निर्माण हो जाता है। यहाँ शासनसंस्था स्थिर है। यह इस मॉडेल की विशेषता है। परन्तु वह तीव्र मतभेदों से भरी हुई भी हो सकती है और अगर वैसा होगा तो फिर सरकार कार्यक्षम नहीं रह सकती। और उस कारण प्रत्यक्ष समाज में स्थित विषम सामाजिक अधिसत्ता में सन्तुलन स्थापित करने हेतु अगर राजसत्ता को उपयोग में लाना हो तो वह उतनी प्रभावात्मक रूप से उपयोग में नहीं लाई जाएगी और अगर वैसा हो गया तो सामाजिक अधिसत्ता का समानीकरण कर स्वतन्त्रता तथा समता से सन्तुलन स्थापित करने का दावा यह जो मॉडेल कर रहा है, वह बेकार का साबित हो जाता है। इसका अर्थ यह हुआ कि डॉ. आम्बेडकर का जनतन्त्र प्रत्यक्ष में लाने के लिए यह मॉडेल प्रभावपूर्ण होगा ऐसा नहीं कह सकते।

डॉ. आम्बेडकर इस खतरे को महसूस कर रहे थे। इसीलिए वे (Communal dead lock and a way to solve) में हिन्दुओं को ऐसी सलाह देते हैं कि विधान मंडल में तथा शासन संस्था में अगर सर्वसम्मति से निर्णय लिये गये हों अथवा सबकी सहमति से –यही नियम बनाया जाय, तो फिर भारत में जातीय प्रश्न नाम की बात ही शेष नहीं रहेगी। पूर्ण सहमति अगर सम्भव न हो, तो निर्णय सापेक्ष बहुमत से (Relative mejority) लिया जाय, इस पर उन्होंने बल दिया है। अगर ऐसा हो तो उनका यह मॉडेल प्रभावपूर्ण होगा इसमें कोई सन्देह नहीं।

इस मॉडेल में एक अन्य दोष भी है। इस मॉडेल में समाज का वर्गीकरण अल्पसंख्यक, अनुसूचित जाति, धर्म इसी के सन्दर्भ में ही किया गया है। प्रत्येक जाति, धर्म ये एक दूसरे में विलीन न होते हुए अपने अस्तित्व को स्वतन्त्र रूप से बनाए रखते हैं। परस्पर भिन्न जाति-धर्म के प्रतिनिधि संसद में आते हैं। संसदीय जनतन्त्र में राजनीतिक पार्टियों की जरूरत होती ही है। इस मॉडेल में ये राजनीतिक पार्टियाँ सम्बन्धित जाति-

धर्म की पार्टियों में परिणत हो जाती हैं। मतलब कोई विशिष्ट जाति तथा धर्म और उसके साथ उनकी पार्टी। अन्य जाति-धर्म के लोग उस पार्टी के सदस्य नहीं बनते। यूँ देखा जाय तो किसी बड़ी पार्टी में विभिन्न जाति-धर्म के लोग इकट्ठे आ सकते हैं। जैसे स्वतन्त्रता-पूर्व काल में तथा बाद में भी काँग्रेस पार्टी में विभिन्न जाति-धर्म के लोग इकट्ठे आये। ऐसी पार्टियों को इस मॉडेल में कोई स्थान नहीं है।

अब तक हमने व्यक्ति विकास में सामाजिक बाधाओं की चर्चा की। अब आर्थिक बाधाओं के सम्बन्ध में चर्चा करेंगे।

सी.बी. मैकपरसन ने व्यक्तिविकास में आनेवाली आर्थिक बाधाएँ बतलाई हैं। इनमें से दो महत्त्वपूर्ण हैं- एक श्रम-साधनों का अभाव तथा दूसरा जीवन-साधनों का अभाव। इसकी चर्चा आरम्भ में ही की गयी है, इस कारण इसकी पुनरावृत्ति को टालेंगे।

"बाजार से सम्बन्धित समाज में मनुष्य की जरूरतों की तुलना में उन जरूरतों की आपूर्ति करने के लिए आवश्यक प्राकृतिक साधन सामग्री का अभाव होता है। सम्पत्ति की मिल्कियत अत्यन्त निजी तथा व्यक्तिगत हो जाने के कारण अपर्याप्त साधन साम्रगी का विभाजन तथा उसका कार्यक्षम उपयोग यही पूँजीवादी अर्थव्यवस्था का केन्द्र बन जाता है। ठीक इसी प्रकार सम्पत्ति की निजी मिल्कियत यही उत्पादन की प्रमुख प्रेरणा स्वीकारने के कारण, उत्पादन की इकाईयों का कार्यक्षम उपयोग कर लेते हुए अधिकतम सम्पत्ति प्राप्त करना आर्थिक कृति का उद्देश्य हो गया है। इसलिए मनुष्य की जरुरतों की पूर्तता हेतु उसकी क्रयशक्ति महत्त्वपूर्ण होती है। मतलब सम्पत्ति के अभाव में बाजार में माँग निर्माण नहीं होती। इसलिए जिसके पास सम्पत्ति नहीं है; वह अपनी जरुरतों को पूरी नहीं कर सकता। इसलिए उसे अपना विकास करा लेना भी सम्भव नहीं है। इसका अर्थ सम्पत्ति का अभाव व्यक्ति विकास में सबसे बड़ी बाधा है। ऐसे समाज में डॉ. आम्बेडकर कहते हैं— जमींदारों तथा पूँजीपतियों को स्वतन्त्रता का पूर्ण उपभोग लेने के अवसर प्राप्त होते हैं। इस कारण स्वतन्त्रता अगर प्रत्येक का मूलभूत बुनियादी हक हों तो प्रत्येक के पास उचित मात्र में सम्पत्ति होनी ही चाहिए। इसलिए राष्ट्रीय सम्पत्ति का सब में समान रूप से बँटवारा हो। और इसीलिए उत्पादन के साधनों का भी बँटवारा होना चाहिए।

परन्तु यहाँ यह प्रश्न निर्माण होता है कि उत्पादन के साधनों का बँटवारा कैसे किया जाय? इसके लिए दो मार्ग उपलब्ध हैं— पहला उत्पादन का समान बँटवारा किया जाय। प्रकारान्तर से सभी उत्पादन साधनों का राष्ट्रीयकरण किया जाय। इस सम्बन्ध में मैंने बहुत विस्तार से चर्चा की है, अपने एक अन्य आलेख में— 'डॉ. बाबासाहब आम्बेडकर की अन्वेषण पद्धति : एक खोज'। उसकी पुनरावृत्ति मैं टाल रहा हूँ।

दूसरा मार्ग — उत्पादन का न्यायपूर्ण बँटवारा। और डॉ. आम्बेडकर ने इसी मार्ग

का अनुसरण किया है।

उत्पादन के साधनों का समान/योग्य बँटवारा करने के बाद भी मुख्यतः दो आर्थिक प्रश्न निर्माण हो जाते हैं। प्रा. वि. म. दांडेकर तथा नीलकंठ रथ Poverty in India ग्रन्थ में लिखते हैं कि उत्पादन साधन कम होने के कारण जनसंख्या के प्रमाण में उनका समान बँटवारा करना सम्भव नहीं हो पाता। और अगर कर भी दें तो प्रत्येक से उत्पादन साधनों का कार्यक्षम उपयोग कर उत्पन्न (आय) अत्युच्च स्तर पर बढ़ा नहीं सकते। इस कारण आर्थिक विकास में अवरुद्धता की स्थिति पैदा हो जाती है। आय कम हो ज़ाने से और उसका उचित अथवा समान बँटवारा प्रतिव्यक्ति आय कम कर देती है। इस कारण व्यक्ति तथा समाज का भी जीवनस्तर नीचले स्तर पर ही रह जाता है।

फिर यहाँ प्रश्न निर्माण होता है आय अत्युच्च स्तर पर बढ़ाने का। दांडेकर- रथ इस पर कुछ उपाय सुझाते हैं, ये उपाय इस प्रकार के उत्पादन के उचित बँटवारे के साथ-साथ निजी उद्योग-व्यवसायों को अवसर देना। वह इसलिए कि निजी मिल्कियत के कारण व्यक्ति को आर्थिक कार्य करने की प्रेरणा मिलती है और आय बढ़ जाती है। इसका अर्थ हुआ कि सभी के सभी उत्पादन साधनों का राष्ट्रीयकरण न किया जाय मतलब महत्त्वपूर्ण उत्पादन साधनों का ही राष्ट्रीयकरण किया जाय। तथा शेष को निजीक्षेत्र में निजी उद्योग व्यवसायों को अवसर दिया जाय। इसमें से एक तत्त्व निर्माण हो जाता है कि उत्पादन अत्युच्च स्तर पर बढ़ाना। निजी मिल्कियत को अवसर देना, तथा उत्पादन का उचित तथा न्यायपूर्ण बँटवारा करना। यह तत्त्व और दूसरा या तीसरा न होकर डॉ. आम्बेडकर के राज्य-समाजवाद (state socialism) का मूल सिद्धान्त है। इसी सिद्धान्त पर उनका राज्य-समाजवाद खड़ा है। इस तत्त्व को मैं उन्हीं के शब्दों में कहना चाहूँगा। "इस धारा का मुख्य उद्देश्य है— राज्य पर लोगों के आर्थिक जीवन का इस मार्ग से नियोजन करने की जिम्मेदारी सौंप देना कि जिससे निजी उद्योग व्यवसाय का प्रत्येक मार्ग बन्द न करते हुए उत्पादन अत्युच्च स्तर पर बढ़ेगा और उससे सम्पत्ति के उचित बँटवारे की व्यवस्था भी होगी।"

वास्तव में इस सिद्धान्त में भी विसंगति है। एक ओर उत्पादन का उचित तथा न्यायपूर्ण बँटवारा करना तो दूसरी ओर व्यक्तिगत मिल्कियत की व्यवस्था बनाए रखना — इसी में विसंगति है। उत्पादन बढ़ाने हेतु निजी उद्योग व्यवसायों को अवसर देने का अर्थ ही होता है— पूँजीपतियों को नफा कमाने हेतु स्वतन्त्रता दे देना। नफा यह पूँजीपातियों की प्रेरक शक्ति होती है। अधिकतम नफा (फायदा) यह उनका लक्ष्य होता है। तो एक ओर से पूँजीपतियों के इस फायदे को, नफे को स्वीकार कर लिया जाय, तो सम्पत्ति का न्यायपूर्ण बँटवारा हुआ, ऐसा कह नहीं सकते। अर्थात् यहाँ एक बात ध्यान में लेनी होगी कि आर्थिक बजट में स्थित व्यवस्थाओं के द्वारा नफा या फायदे की

मात्रा अथवा निजी सम्पत्ति एक निश्चित सीमा के आगे न जाय, इसकी चिन्ता सरकार करेगी ही। यह यहाँ का गृहीत कृत्य ही होता है। यह गृहीत कृत्य सैद्धान्तिक दृष्टि से स्वीकार करने के बाद भी यह कहना पड़ेगा कि प्रत्यक्ष में यह बहुत धोखेबाज है। आर्थिक विकास में एक बार निजी उद्योग-व्यवसायों ने अपना पैर मजबूत कर दिया कि वह अर्थरचना पूँजीवाद में परिणत हो जाती है और पूँजीवाद में सम्पत्ति का न्यायपूर्ण बँटवारा यह एक भ्रम होता है — इसे अगर स्वीकार कर लें तो आम्बेडकर के आर्थिक सिद्धान्त में कुछ मात्रा में क्यों न हो— आर्थिक विषमता होती है इसे स्वीकार करना पड़ेगा। इस कारण कुछ मात्रा में आर्थिक विषमता का समर्थन करना पड़ता है और इस विषमता को स्वीकार करने पर उनके आदर्श जनतन्त्र की जड़ में स्थित स्वतन्त्रता और समता का सन्तुलन ढल जाता है। इस कारण उनका जनतन्त्र अप्रत्यक्ष रूप से बाजार से सम्बन्धित समाजवाद की ओर झुक जाता है। इसका अर्थ ऐसा कि डॉ. आम्बेडकर का राज्य-समाजवाद उनके आदर्श जनतन्त्र को पूर्ण रूप से प्रत्यक्ष में साकार नहीं कर सकता। सूत्रमय भाषा में कहना हो तो उनका जनतन्त्र सम्पत्ति का न्यायपूर्ण बँटवारा तथा निजी मिल्कियत इनमें स्थित भेद के विपरीत मात्रा पर अवलम्बित होता है। यह भेद जितना कम उतना उनके जनतन्त्र की सफलता की सम्भावना अधिक। परन्तु प्रत्यक्ष जीवन में यह भेद बढ़ता ही गया है, जैसे हमारा भारत।

1943 में डॉ. आम्बेडकर ने जब संसदीय जनतन्त्र के विरोध में भारतीय जनता को सावधानी का इशारा दिया था, तब उसके मूल में बाजार पर आधारित समाज यह कारण था। क्योंकि पश्चिमी जनतन्त्र और उसके अनुसंग से पूँजीवादी अर्थरचना का स्वीकार दलितों के और कुल भारतीयों के हित की दृष्टि से खतरे का ही था। इसके अलावा उस सदी के चौथे दशक में (1935-40) महायुद्ध ने, पूँजीवाद ने, साम्यवाद और फासीवाद ने जनतन्त्र के सामने खतरे पैदा किये थे। जनतन्त्रवादियों को जनतन्त्र को कैसे जीवित रखेंगे, यह प्रश्न सता रहा था। पूँजीवादी अर्थरचना जनतन्त्र के लिए हानिकारक है, इस सम्बन्ध में राजनीतिशास्त्र में करीब-करीब सब की सहमति होती जा रही थी। इस कारण अर्थ प्रेरणा को पूर्णतः मुक्त न रखते हुए उस पर शासन को कुछ तो नियन्त्रण जरूरी लग रहा था। इसी में से कल्याणकारी राज्य तथा अर्थरचना का जन्म हुआ। साम्यवादी रचना ने बाजार-समाज को विकल्प दिया, यह सच है। परन्तु सभी उत्पादन साधनों के राष्ट्रीयकरण से जनतन्त्र के मूल में स्थित स्वतन्त्रता का लोप हो जाता है, यह भी उतना ही सच है। परन्तु अर्थ प्रेरणा पर नियन्त्रण महत्त्वपूर्ण होने के कारण केवल मुख्य और महत्त्वपूर्ण उद्योग-व्यवसाय ही समाज की मिल्कियत के रूप में रखें जाएँ तथा शेष क्षेत्रों में निजी उद्योग-व्यवसायों को इस प्रकार अवसर दिये जाएँ कि वे व्यक्ति-स्वतन्त्रता पर प्रहार नहीं करेंगे ऐसा सूत्र तय किया गया। हेराल्ड लास्की जैसे विश्व के

जनतन्त्रवादी ने भी इसी सूत्र को स्वीकारा। और डॉ. आम्बेडकर ने भी इसी सूत्र को स्वीकारा है। 'स्टेट एंड मायनारिटीज' में उन्होंने इसी का समर्थन किया है। इसमें स्थित सभी कल्पनाओं को वे संविधान में समाविष्ट नहीं कर सके तो भी अधिकांश कल्पनाओं को उन्होंने संविधान में अन्तर्भूत कर दिया है। इस कारण उन्हें ऐसा विश्वास हो रहा था कि पश्चिमी जनतन्त्र के खतरे को मैंने भारतीय संविधान में टाला है, इसलिए उन्होंने 1950 के बाद संसदीय जनतन्त्र का समर्थन किया है। मतलब 1943 के तथा 1950 के बाद में उनके वक्तव्यों में विसंगति नहीं है ऐसा दिखलाई देगा।

साम्यवादी अर्थरचना ने बाजार-समाज (market society) को विकल्प दिया है, यह सही है। परन्तु अब उसकी अर्थरचना के दोष स्पष्ट हो रहे हैं। रूस तथा चीन इन साम्यवादी देशों ने अपनी अर्थरचना में काफी बड़ा परिवर्तन किया है, कर रहे हैं। उन्होंने निजी मिल्कियत को कुछ मात्रा में अवसर दिये हैं। 1978 की नीति के अनुसार चीन ने किसानों को अधिक कृषि उत्पादन निर्माण करने हेतु अपने कृषि उत्पादन के कुछ हिस्से को बाजार में बेचकर नफा-फायदा मिला लेने की छूट दी है। 1984 की आर्थिक नीति के अनुसार कुछ उद्योग-व्यवसायों को पूर्णतः स्वायत्तता (स्व-शासी) देकर उद्योगपतियों को किस वस्तु का उत्पादन वे करें इसके निर्णय की स्वतन्त्रता, कच्चे माल को बाजार से खरीदी करने की स्वतन्त्रता, वस्तु की कीमत निर्धारित करने की स्वतन्त्रता तथा फायदा-नफा कमाने की स्वतन्त्रता दे दी है। अब की रूसी अर्थव्यवस्था को वामपंथी विचारक राज्य-पूँजीवाद ऐसा सम्बोधन कर रहे हैं। इससे स्पष्ट है कि साम्यवादी देशों ने भी बाजार-समाज को स्वीकार कर लिया है। मतलब बाजार समाज को निश्चित ऐसा कोई विकल्प नहीं है। तो फिर बाजार समाज डॉ. आम्बेडकर के तत्त्व सूत्र में आता है इसलिए उस पर टीका न की जाय। यहाँ एक बात ध्यान में रखनी चाहिए कि साम्यवादी देशों का राजनीतिक ढाँचा एकाधिकार शाही का (Dictatorship) होने से बाजार समाज पूँजीवादी समाज में परिणत होने के विरोध में सहज रूप से कुछ उपाय, कुछ मार्ग निकालना सम्भव होता है। परन्तु जनतन्त्र की राजनीतिक रचना में उसे कैसे नियन्त्रित किया जाय, या उसे कैसे प्रतिबंधित किया जाय— यही महत्त्वपूर्ण प्रश्न होता है।

अनुवाद - डॉ. सूर्यनारायण रणसुभे

□□□

आज अपना देश भारत इक्कीसवीं सदी की दहलीज पर खड़े होते हुए भी अनेक समस्याओं की शृंखलाओं से जकड़ गया है। सामाजिक एवं आर्थिक विषमता, राजनीतिक अस्थैर्य और साम्प्रदायिकता ऐसी कई समस्याएँ हैं, जिससे सामान्य जनजीवन बिखर रहा है। इतना ही नहीं, असंख्य भारतीयों का अस्तित्व और उनकी एकता खतरें में है। इनमे विशेषतः दीन-हीन, निर्धन, शोषित और सत्ताहीन दलित अधिक-से-अधिक पीसे जा रहे हैं। इनमें लाखों लोग अभी तक अशिक्षित, अन्धश्रद्धा से ग्रस्त, दरिद्र-रेखा के नीचे किसी भी तरह अपना जीवन जी रहे हैं। स्वाधीन भारत के संविधान ने उन्हें स्वाधीनता एवं समानता का वरदान दिया, किन्तु स्वाधीनता प्राप्ति के चालीस वर्ष पश्चात भी उनकी स्थिति में कोई परिवर्तन नहीं आया। ऊपर से सनातनियों का भस्मासुर आग में घी डालने का कार्य कर रहा है। ऐसी स्थिति में बाबासाहब आम्बेडकर का स्मरण तीव्रता से होता है तथा उनकी कमी भी अखरती है। दलितों के समर्थक, दलितों के अधिकारों के लिए आजीवन लड़नेवाले लड़ाकू, सामाजिक अन्याय के विरोध में विद्रोह करने के लिए सशक्त नेतृत्व करनेवाले नेता, संविधानकार बाबासाहब आज जीवित होते, तो राष्ट्रीय

... 20 ...

डॉ. बाबासाहब आम्बेडकर और राष्ट्रीय एकात्मता

सुनंदा कर्नाड

एकात्मता का सपना साकार करने के लिए वे अपने मार्ग में आनेवाली अनेक बाधाओं को कुशलता से दूर करने के लिए अथक प्रयास करते। बीसवी सदी का यह महापुरुष हमें मार्गदर्शन करने के लिए अधिक दिनों तक जीवित नहीं रहा, यह हमारा दुर्भाग्य!

बाबासाहब के जीवन का एकमात्र उद्देश्य था— उन्हें जो 'अछूत' का कलंक लगा था, उसे धोकर निकालना तथा देश के अन्य असंख्य 'अछूत' भाइयों को 'मनुष्य' के रूप में जीवन जीने का अधिकार प्राप्त करा देना। 'हजारों वर्ष अज्ञान, अन्याय एवं अत्याचार के शिकार अछूत भाइयों के मन में आत्मविश्वास की भावना निर्माण करने के लिए और उन्हें अपने अधिकारों के लिए संगठित कर संघर्ष करवाने के लिए डॉ. बाबासाहब ने अपना सर्वस्व समर्पित किया।[1] किन्तु यह सब करते समय 'भारत स्वाधीन होना चाहिए' इस बुनियादी अनिवार्यता को नजरअन्दाज नहीं किया। अंग्रेजों की दासता के विरोध में राजनीतिक नेता संघर्ष कर रहे थे। पर हिन्दू धर्म द्वारा लादी गयी मानसिक एवं सामाजिक दासता के विरोध में आवाज नहीं निकाल रहे थे। स्वाधीनता प्राप्ति के पश्चात बहुसंख्यक हिन्दू सत्ताधारी, दलितों को राजनीतिक सत्ता में सहभागी करेंगे अथवा

उन्हें समानता से अपने साथ रखेंगे, यह विश्वास बाबासाहब को न था। चूँकि बाबासाहब ने भारत के राजनीतिक नेताओं को सहकार्य करने की अपेक्षा, अंग्रेज साम्राज्य को सहकार्य किया और उसके बदले में दलितों को अधिकार एवं सुविधाएँ दिलवाने तथा उनका उद्धार करने के लिए महत प्रयास से अनुकूल वातावरण निर्माण किया। सम्भवतः इसलिए वे अंग्रेजों के प्रति ईमानदार रहे। स्वयं उन्होंने अनेक जगह पर कहा कि "मैं अंग्रेज शासन के साथ निरन्तर ईमानदार रहा।'[2] उनका यह कथन उनके प्रति फैली गलतफहमी को आग में घी डालने का काम करता रहा। भारत देश के प्रति असीम प्रेम करनेवाले तथा उसके भविष्य की हमेशा चिन्ता करनेवाले बाबासाहब को 'राजनीतिक विरोधी' एवं अंग्रेज साम्राज्य का सहायक कहलवा लेना पड़ा। राष्ट्रीय पत्रकारों की अखंड आलोचना का पात्र बनना पड़ा। यह कार्य भी स्वयं उन्होंने शुरू किये 'मूकनायक', 'बहिष्कृत भारत', 'जनता' आदि समाचार पत्र के जुझारू पत्रकार की भूमिका में निरन्तर किया। साथ ही इन समाचार पत्रों के द्वारा अछूतों के हित-अहितों की चर्चा करना, उनके दुःखों का प्रकटन करना, उन पर होने वाले अन्याय-अत्याचारों का शासन को एहसास कराना तथा सामाजिक अन्याय के विरोध में आन्दोलन करने के लिए अछूतों में अस्मिता जगाना उनका उद्देश्य था।

राष्ट्रीय एकात्मता की सफलता के लिए 'मानवी एकात्मता' का निर्माण अत्यन्त अनिवार्य है, ऐसा मत बाबासाहब का रहा है। उनकी दृष्टि में मात्र मनुष्यों का एक दूसरे के साथ रहने से ही समाज़ नहीं बनता, बल्कि सही अर्थों में समाज के अस्तित्व की संकल्पना सभी मनुष्यों को एक सूत्र में बाँधकर रखने में ही है। 'आदर्श समाज की निर्मिति स्वातन्त्र्य, समता एवं बन्धुता के आधार पर होती है। गतिशीलता यह उसका अन्तःसूत्र है। अतः संक्षेप में यह कह सकते हैं कि मानवी एकात्मता ही डॉ. आम्बेडकर के आदर्श समाज की संकल्पना है और यह सूत्र लेकर ही उन्होंने हिन्दू समाजव्यवस्था का विचार किया है। विधवाओं का केशवपन, बालविवाह, विधवा विवाह आदि कुलाचार से सम्बन्धित समस्याओं से परे महाराष्ट्र के अनेक समाजसुधारकों का ध्यान कभी उधर गया ही नही। चूँकि डॉ. बाबासाहब कहते हैं।[3]— "सामाजिक सुधार की रटाई करने पर भी इन समाजसुधारकों को जातिभेद, छुआछूत का निर्मूलन करने नहीं आया। उनका दृष्टिकोण स्वजातीयों का शुद्धिकरण इतना ही संकुचित था। इसके विपरीत एक ही धर्म और एक ही संस्कृति में वृद्धिंगत, किन्तु पृथक, सामाजिक जीवनयापन करनेवाले हिन्दू और अछूतों को इकट्ठा कैसे किया जाएगा? अस्पृश्यता तथा जातिवाद को नष्ट कर दलितों को मनुष्य के रूप में जीवन जीने का अधिकार कैसा दिया जाएगा? सभी लोगों को इकट्ठा कर हिन्दू समाज अर्थात भारत देश अखंड राष्ट्र कैसे बनेगा? इसका चिन्तन डॉ. आम्बेडकर निरन्तर कर रहे थे। एक विशुद्ध भारतीय अपने देश के लिए किस

उच्चतम उद्देश्य की कामना करेगा? यह सवाल उपस्थित कर डॉ. बाबासाहब ने कहा, "अन्य सभी बातें समान रहने पर सौ प्रतिशत भारतीय अपने देश के प्रति स्वाभिमान रखनेवाला भारतीय कहेगा, एक अभिन्न और स्वतन्त्र भारत ही मेरे भारतीयों का लक्ष्य है।" बाबासाहब के इस कथन में उनका भारत के प्रति राष्ट्रप्रेम कूट-कूटकर भरा है, इस सत्य को नकारा नहीं जा सकता।

सन 1938 में कर्नाटक प्रान्त की स्वतन्त्र प्रान्त-रचना हो गयी। उस समय प्रान्तवाद का धिक्कार करते हुए डॉ. बाबासाहब ने कहा 'हम सब भारतीय हैं, यह भावना करना, यही हमारा उद्देश्य होना चाहिए।' हिन्दू, मुस्लिम, सिक्ख, ईसाई यह धार्मिक भेदभाव भूलकर हम सब मात्र भारतीय हैं, यही विश्वास हर एक में होना चाहिए। यह विश्वास किसी भी स्पर्धा से दागदार नहीं होना चाहिए। चूँकि वे कहते है, "मुझे लगता है सभी भारतीयों को सर्वप्रथम और मात्र भारतीय ही होना चाहिए, अन्य और कुछ नहीं!"[4] उनका यह प्रतिपादन उनके प्रखर राष्ट्रवाद का और राष्ट्रीय एकात्मता के उद्देश्य का सजीव प्रमाण दिखाई देता है। स्वतन्त्रता, समता और बन्धुत्व इन जीवनमूल्यों पर असीम प्रेम करनेवाले तथा उन मूल्यों पर प्रजातन्त्र का निर्माण करने का सपना देखनेवाले डॉ. बाबासाहब के विचारों को समकालीन बुद्धिजीवी सही रूप में समझ ही नहीं पाए। तत्कालीन राष्ट्र के सभी प्रगतीशील वृत्तपत्रों ने उन्हें 'राष्ट्रद्रोही' घोषित कर उन पर जहरीले शब्द-बाणों की वर्षा की। इसके साथ-साथ उनका राष्ट्रीय काँग्रेस के प्राण रहे गाँधी जी के साथ लगभग पच्चीस वर्षों तक वैचारिक संघर्ष चलता रहा तथा हिन्दुस्तान के विभाजन सम्बन्धी उनके विचार, आदि ने उन्हें आलोचना के कटघरे में ला खड़ा कर दिया। दूसरी ओर वर्णव्यवस्था स्थायी रखकर छुआछूत की समस्या का निर्मूलन किया जाएगा, वर्ण-कल्पना जन्म के साथ संलग्न है, अतः व्यवसाय वर्ण के अनुसार निश्चित है, आदि गाँधी जी के मत बाबासाहब को कभी मान्य ही नहीं थे। उन्हें दलित जाति, जनजातियों में नया आत्मविश्वास, मनुष्य के रूप में प्रतिष्ठित जीवनयापन की दृढ़ता निर्माण करनी थी। साथ ही उन्होंने सभी अछूत भाइयों को संगठित कर, उनमें स्वाभिमान निर्माण करने तथा हिन्दू धर्म द्वारा लादी हुई दासता के विरूद्ध विद्रोह करने के लिए अनेक आन्दोलन भी किये। विषमता का समर्थन करनेवाले एवं उसे पवित्र माननेवाले हिन्दू धर्मियों पर उन्होंने धावा बोल दिया। गाँधी एवं काँग्रेस के साथ असहयोग की नीति अपनाई। अस्तु, इन सबसे उनका देशाभिमान कमदर्जे का था या, वे देशभक्त ही नहीं थे, ऐसा कहना गलत है। उनका देशप्रेम गाँधी-नेहरू के देशप्रेम के उतना ही सानी रखता था। मात्र उनके अग्रक्रम अलग थे। स्वाधीनता-प्राप्ति पूर्व अछूतता का निर्मूलन करना, अछूतों को मनुष्य के रूप में जीवनयापन करने की अधिकार-प्राप्ति तथा उन्हें स्वतन्त्र चुनाव-क्षेत्र की प्राप्ति एवं स्वाधीनता के सूर्यप्रकाश में अछूतों को समानता और अधिकार का स्थान प्राप्त होना

चाहिए, इन सभी को बाबासाहब ने अग्रक्रम दिया था। इसीलिए उन्होंने दलितों को 'शिक्षित हो जाओ, संगठित हो तथा संघर्ष करो' ऐसा आदेश देकर यह कहा कि हमारे जन्मतः अधिकार हम प्राप्त करेंगे, हमें किसी का उपकार नहीं चाहिए।' ऐसी स्वाभिमानी भूमिका लेनेवाले डॉ. बाबासाहब आम्बेडकर प्रथम श्रेणी के देशभक्त थे, इसमें कोई सन्देह ही नहीं।

बाबासाहब देश की स्वाधीनता के लिए आग्रही थे, इसीलिए उन्हें दिल से लगता था कि सत्तान्तर हो जाय। लेकिन अनेक वर्षों से एक वर्ग द्वारा दूसरे वर्ग पर स्थापित किया गया वर्चस्व स्वाधीनता-प्राप्ति के पश्चात भी उसी तरह कायम रखने को बाबासाहब का सख्त विरोध था। दो हजार सालों से सनातनी हिन्दुओं द्वारा अछूतों पर लादी गयी दासता से, उन्हें 'मानसिक स्वतन्त्रता' प्रथम प्राप्त करनी थी। लाखों बहिष्कृत अछूत बांधवों को सामाजिक समानता प्राप्त करवाकर देनी थी। अतः इस उद्देश्य-पूर्ति के लिए उन्होंने सनातनी हिन्दू धर्म और हिन्दुओं से दुश्मनी मोल ली। क्योंकि उनकी दृष्टि में हिन्दुओं की अपेक्षा अंग्रेज साम्राज्य तथा उनका शासन अछूतों का कम दुश्मन था। चातुर्वर्ण्यव्यवस्था का समर्थन करनेवाला हिन्दू धर्म, बीस प्रतिशत हिन्दुओं को 'अछूत' ठहराकर उनका युग-युग से शोषण करनेवाला हिन्दू समाज, अछूतों को दासता का घटिया जीवन जीने के लिए जिम्मेदार ग्रामीण जातिव्यवस्था आदि बाबासाहब के मुख्य दुश्मन थे। नतीजा, उन्होंने काँग्रेस के साथ सहयोग कर स्वाधीनता के लिए आन्दोलन करने की अपेक्षा भारत मे सामाजिक और आर्थिक प्रजातन्त्र तथा समताधिष्ठित समाजरचना के लिए आजीवन प्रयत्न किया। उन्हें यह दृढ़ विश्वास रहा कि समाज में नया गतिशील विचार अंकित किये बिना सम्यक क्रान्ति की प्रक्रिया शुरू नहीं हो सकती। इसके लिए किसी हिंसात्मक रक्तरंजित क्रान्ति की आवश्यकता नहीं, तो समाज में जन जागृति कर के आन्दोलन से सशक्त वैधानिक मार्ग को स्वीकार करना चाहिए।

प्रजातन्त्रीय जीवनप्रणाली पर बाबासाहब का अत्यन्त विश्वास था। अतः उन्होंने हजारों जाति-जनजातियों में विभाजित भारत को राष्ट्र कैसे कहना चाहिए? ऐसा सवाल 25 नवंबर, 1949 को संवैधानिक समिति के कार्य समापन के व्याख्यान में खड़ा किया। साथ-ही उन्होंने यह प्रतिपादित किया कि प्रजातन्त्र में जातिभेद को आश्रय नहीं देना चाहिए। राजनीति में व्यक्तिपूजा अवनति की ओर ले जाती है तथा राजनीतिक प्रजातन्त्र का सामाजिक प्रजातन्त्र में रूपान्तरण किया जाना चाहिए। दूसरी ओर यह भी कहा कि स्वातन्त्र्य, समता तथा बन्धुत्व इन तत्त्वों पर आधारित मनुष्यों का जीवन-मार्ग होना चाहिए और 'एक मनुष्य एक मत' की अपेक्षा 'एक मनुष्य एक मूल्य' यह समझ जनता में अंकित करना चाहिए। बाबासाहब के ये तत्त्व राष्ट्रीय जीवन में अगर आचरण में लाये जाते, तो मतदान की पेटी मूल्यवान सिद्ध होती और जाति की राजनीति नहीं होती।

भ्रष्टाचार के मार्ग को स्वीकार कर चुनाव जीतने का प्रयत्न न हुआ होता और न ही मनुष्य का मूल्य, सत्ता, सम्पत्ति, प्रतिष्ठा, धर्म एवं जातिनुसार निश्चित होता। सद्यः स्थिति में जहाँ राष्ट्र का सामाजिक, आर्थिक एवं राजनीतिक जीवन ही विश्रृंखलित हुआ है, वहाँ राष्ट्रीय एकात्मता सिद्ध कैसे की जा सकती है? भारत में सभी ओर विभिन्न विघातक शक्तियाँ राष्ट्रीय एकात्मता नष्ट-भ्रष्ट करने में मशगूल हैं। ऐसे समय में बाबासाहब की तत्त्वप्रणाली समय की माँग सिद्ध होती है।

डॉ. बाबासाहब आम्बेडकर के प्रति अनेक गलतफहमियाँ जिस प्रकार सवर्ण हिन्दुओं के मन में थीं, उसी प्रकार कुछ गलतफहमियाँ महार जाति को छोड़कर अन्य अनुसूचित जाति जनजातियों में भी थीं। इसकी वजह डॉ. बाबासाहब का जन्म महार जाति में हुआ और वे मात्र महार जाति की ही भलाई करेंगे, ऐसी गलतफहमी कुछ काँग्रेसी लोगों ने उस समय फैलाई। किन्तु ऐसी गलतफहमियों से या आलोचना से समग्र दलित वर्ग का उद्धार एवं उन्नति करना यही अपना उद्देश्य माननेवाले बाबासाहब अपने कार्य से क्षणभर भी ढले नहीं। लेकिन तीसरे दशक में व्होटर्स लिष्ट निर्माण करते समय विभागीय माँगे या राष्ट्रहित इस सवाल ने बाबासाहब को डराया। दलितों के लिए विभागीय माँगों पर ज्यादा बल दिया जाय तो क्या राष्ट्रहित में प्रतिरोध निर्माण होगा। दोनों में सन्तुलन कैसे होगा? आदि प्रश्न बाबासाहब को परेशान कर रहे थे। सभी दलितों को प्रौढ़ मताधिकार के तत्त्वानुसार व्होटर्स लिष्ट में शामिल करना तथा स्वतन्त्र निर्वाचन क्षेत्र की माँग करना, ऐसा दोहरा लक्ष्य उन्हें साध्य करना था।

सन 1931 को लंदन में आयोजित गोलमेज परिषद में स्वतन्त्र निर्वाचन-क्षेत्र के बहाने आम्बेडकर-गाँधी संघर्ष का आरम्भ हुआ। बाबासाहब ने अछूतों के लिए जिस स्वतन्त्र निर्वाचन क्षेत्र की माँग की, उस सम्बन्ध में गाँधी जी की भूमिका नकारात्मक थी, किन्तु बाबासाहब ने यह माँग राजनीतिक हितरक्षण के उद्देश्य को केन्द्र में रखकर ही की थी, इसमें कोई सन्देह नहीं। 'स्वतन्त्र निर्वाचन क्षेत्र के फैसले से अछूत हिन्दू से अलग हो जाएँगे,' गाँधी जी का यह तर्क एवं डर वास्तविकता की दृष्टि से नासमझी थी। उक्त माँग के विरोध में म. गाँधी ने आमरण उपोषण किया। उस समय सभी राष्ट्रीय पत्रों ने और राजनीतिक नेताओं ने बाबासाहब को दोष दिया तथा 'राष्ट्रद्रोही' के रूप में सम्भावना की। राष्ट्रहित एवं गाँधी जी के प्राण बचाने के लिए बाबासाहब पीछे हटे और प्रसिद्ध 'पुणे करार' हो गया। लेकिन अछूतों को अपना उम्मीदवार स्वतन्त्रता से चुनकर देने के विचार को हमेशा के लिए त्यागना पड़ा, इसका पछतावा बाबासाहब को सदैव होता रहा।'[3]

स्वतन्त्र निर्वाचन-क्षेत्र की माँग के समय तथा सन 1940 के पूर्वार्ध्द में मुस्लिम लीग द्वारा की हुई देश-विभाजन की माँग मान्य की जानी चाहिए, ऐसा कथन बाबासाहब ने किया और वे फिर एक बार 'विभाजक' के रूप में आलोचना के पात्र बन गये। परन्तु

हिन्दू-मुस्लिम संघर्ष से परे जाकर ठोस यथार्थ की जमीन पर खड़े होकर विचार करनेवाले एक-ही व्यक्ति डॉ. आम्बेडकर थे। उन्हें मुस्लिमों की धर्मांधता जितनी नापसन्द थी, उतनी ही सवर्ण हिन्दुओं की बहिष्कृत भावना भी। उनकी यह सूचना कि सीमित अधिकारों से मुक्त केन्द्र अथवा बहुसंख्यक मुस्लिमों युक्त प्रदेश से पृथक बना पाकिस्तान। आरम्भ में गाँधी एवं अन्य राजनीतिक नेताओं ने इस सूचना का विरोध किया था पर अन्त में उन्हें भी यह मान्य करना पड़ा।

बाबासाहब ने हिन्दुस्तान का विभाजन कर मुस्लिमों को आत्मनिर्भर एवं स्वयं के भाग्य का निर्माण करने का अधिकार तो स्वीकार किया; परन्तु दूसरी ओर एक देशभक्त के नाते 'अखंड' भारत का सपना टूट जाने से बहुत बेचैन भी हो गये। उन्होंने भारत के इतिहास का अध्ययन कर तथा भारत की सीमा-सरंक्षण की समस्या का विचार कर विभाजन की सूचना दी थी। उन्होंने भारत की उत्तर सीमाओं का सन्दर्भ देकर कहा कि भारत को पराधीनता का डर उसके भौगोलिक कारणों से है। क्योंकि हिन्दुस्तान के एक ओर चीन और जपान जैसे राष्ट्र हैं, तो दूसरी ओर तुर्क, प्रशिया एवं अफगानिस्तान जैसे मुस्लिम राष्ट्र हैं। अतः समयानुरूप ये मुस्लिम राष्ट्र इकठ्ठा आ सकते हैं इसमें असम्भव ऐसा कुछ नहीं और अगर ऐसा हुआ तो हिन्दुस्तान के लिए यह बहुत बड़ा खतरा है।[4]

इस देश के द्विराष्ट्रवाद की मार्मिकता से चर्चा करते समय बाबासाहब कहते हैं- "इस देश में हिन्दू और मुस्लिम ये दो समाज नहीं दो राष्ट्र यहाँ निवास करते हैं। भारतीय मुस्लिमों का आकर्षण मुस्लिम संस्कृति के राष्ट्रों की ओर होना स्वाभाविक है... पर हिन्दुस्तान अपना देश है और देश के बारे में जिन्हें अभिमान नहीं तथा उसमें भी समीपवर्ती हिन्दू भाइयों के प्रति जिन्हें तनिक भी अपनापन नहीं ऐसे मुसलमान, मुस्लिम शत्रु के आक्रमण से हिन्दुस्तान का संरक्षण करने के लिए तत्पर रहेंगे; ऐसा मानना खतरे का है ऐसा हमें लगता है।[5] बाबासाहब के इस कथन से बाबासाहब भारत की रक्षा के सम्बन्ध में कितने चिंतित थे, यह स्पष्ट हो जाता है। भारत की अंग्रेज सेना में मुस्लिमों की भीड़ होने से तथा उनकी जातीय भावना तीव्र रहने से अगर केन्द्रवर्ती मुख्य स्थान कमजोर रहा तो भारत की सुरक्षा संकट में आ सकती है, यह डर, भी उन्हें लगता रहा। अपने देश पर निस्सीम प्रेम करनेवाले देशभक्त बाबासाहब के जैसा ही देश की ऐसी चिन्ता कर सकता है।

हिन्दुस्तान के विभाजन की सूचना के पीछे का अन्य कारण सम्भवतः उनके मन में बैठा था। एक अप्रकट डर कि कहीं काँग्रेस भारत को दो टुकडों मे न बँटने देने के लिए मुस्लिमों को मनचाही सुविधाएँ दे देगी। और उसका सीधा परिणाम अनुसूचित जाति-जनजातियों की सुविधाओं पर होगा। ये जातियाँ जो स्वयं के अधिकारों का आग्रह न करनेवाली हैं। परिणामतः इन अल्पसंख्यक लोगों की हानि हो जाएगी। इस सन्दर्भ में

बाबासाहब ने कटुता से कहा– "अछूतों को किसी भी प्रकार की राजनीतिक सुविधाएँ देने के लिए विरोध करने का निर्णय जिन्होंने लिया है ऐसे गाँधी मुस्लिमों की सुविधाओं के लिए कोरे चेक पर हस्ताक्षर करने के लिए तैयार हैं। यह सच है कि हिन्दू शासनकर्ता वर्ग शूद्रों और अछूतों को सत्ता में साझेदारी देने की अपेक्षा मुस्लिमों जैसे आला दर्जे के साथ साझेदारी करने के लिए निरन्तर तैयार रहता है।"[6]

देश का विभाजन शान्ति से होना चाहिए और दोनों राष्ट्रों में मित्रता के सम्बन्ध रहने चाहिए यह बाबासाहब की कामना पूरी नहीं हो पाई। किन्तु शक्तिशाली केन्द्रीय सरकार और उन्हें बहुमूल्य प्रतीत होनेवाली अनुसूचित जाति को अपेक्षित सुविधाएँ, ज्ञान एवं प्रतिरोधक उपायों के साथ मूलभूत अधिकार प्राप्त करने में वे सफल हो गये।

डॉ. बाबासाहब आम्बेडकर ने दलितों पर होनेवाले अन्यायों को दूर करने के लिए ही आन्दोलन किये हैं ऐसा नहीं, उन्हें तो मनुष्य निर्मित जाति की बाधा को नष्ट कर सभी को समानता से अवसर उपलब्ध करा कर उन्हें सामाजिक क्रान्ति करनी थी। 'सभी हिन्दुओं को इकट्ठा कर अखंड जाति निर्माण करने में गर हमें सफलता मिली, तो मेरे इस आन्दोलन से भारत देश की विशेषतः हिन्दू समाज की बहुत बड़ी सेवा होगी' यह कामना बाबासाहब को थी। लेकिन भारतीय राष्ट्रीय सभा जैसी प्रचंड राजनीतिक शक्ति की वजह से सभी हिन्दुओं को इकट्ठा करना सम्भव नहीं हुआ। साथ-ही गाँधी जी पर विश्वास प्रकट करनेवाली कुछ अनुसूचित जातियों ने उनके नेतृत्त्व को नकार कर दलित वर्ग में भी दरारें पैदा कीं। जिनके लिए बाबासाहब ने अपना समग्र जीवन समर्पित किया, उनमें से ही एक गुट ने उनसे सम्बन्ध तोड़कर विश्वासघात किया।

बाबासाहब ने निश्चयपूर्वक दर्शाया था कि जाति व्यवस्था और उनमें स्थित मतभेद के कारण समाज की एवं पर्याय रूप से देश की शक्ति नष्ट हो रही है। उन्होंने जिस सत्य को अनेक दशकों पूर्व कहा था; वह आज भी हमारे राष्ट्रीय जीवन का नाश कर रहा है और राष्ट्रीय एकात्मता के लिए खतरा बन गया है।

भारत के प्रति अतूट श्रद्धा रखनेवाले डॉ. आम्बेडकर अछूत समाज में जन्म लेने से उस समाज के प्रति वफादार है, यह गलतफहमी फैलने के मूल में एक और कारण यह था कि उन्होंने खुले अन्तःकरण से घोषणा की थी, कि "जिस समय राष्ट्रहित और अछूतों का हित इनमें संघर्ष निर्माण होगा, उस समय मैं राष्ट्रहित की अपेक्षा अछूतों के हित को प्राधान्य दूँगा। जिस समय देशहित तथा स्वयं मेरे हित का सवाल उठ खड़ा होगा, उस समय मैं देशहित को ही महत्त्व दूँगा। किन्तु दलित वर्ग के हित के लिए राष्ट्रहित को प्राधान्य न देकर दलितों का हित मेरे लिए अमूल्य है।' बाबासाहब के इस वक्तव्य से उन्हें 'जातीयवादी' सम्बोधित किया गया। तथापि उनका दृढ़ विश्वास था कि "अछूतों का उद्धार अर्थात देश का उद्धार है।"

आज हमारा देश जातीय दंगा-फसादों, धार्मिक सनकीपन और असंख्य निष्पाप लोगों की जान लेनेवाले आतंकवादियों के घातक षड्यन्त्रों एवं कृत्य से विकलांग हो रहा है। ऐसे समय में बाबासाहब आम्बेडकर जैसे नेता की एवं सामाजिक क्रान्तिकारियों की कमी महसूस हो रही है। वे आज जिंदा होते तो जातिव्यवस्था की फौलादी चौखट को चकनाचूर कर सामाजिक समानता स्थापित करने का बेहद प्रयास करते। परन्तु उनके न रहने पर देश के स्वाधीन होकर चार दशक होने के पश्चात भी सामाजिक समता का सपना सपना ही बनकर रह गया।

अनुवाद - डॉ. प्रतिभा येरेकर, धर्माबाद

❑❑❑

सन्दर्भ

1. भालचंद्र फडके - डॉ. बाबासाहब आम्बेडकर, श्रीविद्या प्रकाशन, पुणे, पृ. 4
2. Kunte B. G. (complied) Source Material on Dr. Babasaheb Ambedkar and the movement of untouchables (Vol. I). 1982.
3. गंगाधर पानतावणे - पत्रकार डॉ. बाबासाहब आम्बेडकर, अभिजित प्रकाशन, नागपुर 1987, पृ. 80
4. Vasant Moon (complied) B.R. Ambedkar : Writings and Speeches, Vol. 2, Bombay, 1982
5. बहिष्कृत भारत, 18 जनवरी, 1929 नेहरू समिति की योजना एवं हिन्दुस्तान का भविष्य।
6. Keer Dhananjay : Dr. Ambedkar - Life and Mission, Popular Prakashan, Bombay 1971

***

महाराष्ट्र के सन्तों ने वारकरी सम्प्रदाय के रूप मे महाराष्ट्र में अध्यात्मिक समता प्रस्थापित करने का प्रयास किया, ऐसा बार-बार कहा जाता है। कई बार सन्तों की सीमाओं का ध्यान न रखते हुए इस सम्बन्ध में अतार्किक कथन किये जाते हैं। यह बात सच है कि महाराष्ट्र का सम्प्रदाय उदारमतवादी है। इस सम्प्रदाय ने सभी जाति-जमातियों के सन्तों का निर्माण किया। पंढरी के पांडुरंग के कारण सभी जाति जमातियों के लोगों का मेला पंढरपुर में लग रहा था 'भक्ति गा येथ सरे। जाति अप्रमाण।' यह भूमिका भक्ति के क्षेत्र में वारकरी सम्प्रदाय द्वारा स्वीकार करने से अस्पृश्य वर्ग को भी पंढरपुर के पांडुरंग की भक्ति का अधिकार प्राप्त हुआ, परन्तु सन्तों की यह समता अध्यात्म तक ही सीमित थी। व्यवहार में 'भजनात एकी आणि भोजनात बेकी' अर्थात भजन में एकता और भोजन आदि में असमानता' यही व्यवहार था।

डॉ. आम्बेडकर ने महाराष्ट्र के भागवतधर्मी साधु संतों का आलोचनात्मक विश्लेषण किया है ऐसा 'बहिष्कृत भारत' के उनके लेखन से लगता है। वे कहते हैं "चातुर्वर्ण्य व्यवस्था के विरोध में हिन्दू धर्म में जो जो आन्दोलन हुए हैं, उनमें भागवत

... 21 ...

डॉ. बाबासाहब आम्बेडकर और सन्त

अरुण कांबले

धर्म के साधुसन्तों का आन्दोलन प्रमुख है। किन्तु इस आन्दोलन का स्वरूप अलग है। मानव ब्राह्मण श्रेष्ठ या शूद्र भक्त श्रेष्ठ? यह प्रश्न सुलझाने के पीछे साधू सन्तों को कोई रूचि नहीं थी।" (ब. भा. दिनांक 1-2-1929) इसलिए सन्तों के आन्दोलन का कोई फायदा चातुर्वर्ण्य व्यवस्था समाप्त करने के लिए नहीं हुआ। आप अपनी चातुर्वर्ण्य व्यवस्था बरकरार रखो। हम भक्त बनकर ब्राह्मणों पर विजय हासिल करेंगे। इस पर गर्व करेंगे। सन्तों ने चातुर्वर्ण्य व्यवस्था को हाथ नहीं लगाया।

डॉ. आम्बेडकर कहते हैं, "भक्ति के मरहम से इन्सानियत की कीमत आती है ऐसा नहीं है। उसकी कीमत स्वतः प्रमाणित है। भक्ति के सन्दर्भ में, 'सभी इन्सान भगवान के बच्चे हैं' ऐसा सन्त कहते किन्तु सभी मानव समान हैं, ऐसा उनका उपदेश नहीं था। ईश्वर की नजर में सभी मानव एक होने के बावजूद एक दूसरे के साथ आचरण करते समय वह विषमता, नीचता, ऊँच-नीच इन प्रवृत्तियों को अपनाता है। इसका यह अर्थ निकलता है कि, सन्तों ने जातिव्यवस्था के विरोध में कोई आन्दोलन नहीं किया। उन्होंने जाति-व्यवस्था का समर्थन किया और इसी में अपना सुख समझा ऐसा आम्बेडकर

का कहना है। इस सन्दर्भ मे वे सन्त ज्ञानेश्वर का उदाहरण देते हैं। ज्ञानेश्वरी, एकनाथ का भागवत, और तुकाराम की गाथा आदि ग्रन्थों को हम पढ़ते हैं। ज्ञानेश्वर विद्वान थे; किन्तु मुझे एक शक है कि समस्त ज्ञानेश्वरी में ज्ञानेश्वर ने वेदों के बारे में चर्चा की है। ब्रह्म सत्य है और वह सर्वत्र व्याप्त है ऐसा ज्ञानेश्वर कहते हैं। किन्तु अन्त में उन्होंने चातुर्वर्ण्यव्यवस्था का पुरजोर समर्थन किया है। ज्ञानेश्वर और उनके भाई-बहनों को ब्राह्मणों ने जाति से बहिष्कृत किया था। उन्हें पुनः जाति में प्रवेश करना था; इसलिए चातुर्वर्ण्य की मूल कल्पनाओं का समर्थन किया और समाज के सामने हार मान ली। ब्रह्म अगर सर्वत्र है; तो ज्ञानेश्वर यह कह सकते थे कि, आपने मुझे बहिष्कृत किया, मैं महार बस्ती में जाकर रहूगाँ, उनमें भी ब्रह्म है।'' (जनता दि. 27.11. 1954)

डॉ. आम्बेडकर ने यह विचार हैदराबाद में दिनांक 14/11/1954 में आयोजित मराठवाडा साहित्य परिषद में दिये गये भाषण में व्यक्त किये थे। इससे सन्तों के कार्यों पर उनके द्वारा किये गये बौद्धिक विरोध का स्वरूप स्पष्ट होता है। सन्तों के संदर्भों में विचार व्यक्त करते हुए अपने 'जातिभेद निर्मूलन' इस ग्रन्थ में बाबासाहब कहते हैं', सन्त जिस जाति में जन्में उसी में बड़े होकर उसी में वे मर गये।' अस्पृश्यों के सन्दर्भ में संत रूढ़िवादी थे। सन्त एकनाथ महाराज ने कड़े धूप में छटपटा रहे एक महार के छोटे बच्चे को गरम रेत से उठाकर, गोद मे लेकर उसको महार बस्ती के घर पहुँचाया। यह उदाहरण सन्त एकनाथ महाराज की मानवीयता के सन्दर्भ दिया जाता है। किन्तु यह मात्र एक मिथक है। क्योंकि इसी सन्त एकनाथ महाराज ने अपने एकनाथी भागवत ग्रन्थ में ऐसा स्पष्ट कहा है कि, 'अंत्यजाचा विटाळ ज्यासी। गंगास्नाने शुद्धत्व त्यासी। ते गंगास्नान अंत्यजाशी शूद्रत्वास अनुपयोगी।' (एकनाथी भागवत; अध्याय - 28 दोहा 191) सन्त एकनाथ महाराज ने अस्पृश्य के बच्चे को स्पर्श किया क्योंकि उनकी यह मान्यता थी कि, 'अस्पृश्य को स्पर्श करने से हुए बाँट को गंगा के शुद्ध पानी में स्नान करने से नष्ट किया जा सकता है।' (जातिभेद निर्मूलन पृष्ठ 128) डॉ. आम्बेडकर ने सन्तों के सामाजिक कार्य का मूल्यांकन करते हुए स्पष्ट रूप से कहा है कि, 'मेरी जानकारी के अनुसार सन्तों ने जातिभेद और अस्पृश्यता के विरोध में कभी कोई आन्दोलन नहीं किया' (जातिभेद निर्मूलन पृष्ठ 128-129)

सवर्ण सन्तों के द्वारा चातुर्वण्य व्यवस्था के विरोध में कोई आवाज नहीं उठी, किन्तु इसके साथ अस्पृश्य सन्तों ने भी अस्पृश्यता के विरोध में कोई आवाज नहीं उठाई। ऐसा आम्बेडकर के देखने में नहीं आया। चोखामेळा द्वारा अस्पृश्यों के उद्धार के लिए भक्तिमार्ग के अलावा दूसरा कोई मार्ग नहीं बताया। इसलिए स्पृश्य हिन्दुओं को बहाना मिला, वे कहने लगे, 'आप चोखामेळा जैसे सन्त बनो, फिर आपको अपनाएँगें।' (ब. भा. अंक दिनांक 1/12/1929)

यद्यपि 'कोई एक चोखामेळा जैसा सन्त समाज में निर्माण होने के कारण क्या समस्त समाज का उत्थान होता है?' (वही) ऐसा प्रश्न पूछकर बाबासाहब कहते हैं, 'समाज की संरचना के सन्दर्भ में विचार करते समय वह सभी जनसमूहों के सन्दर्भ में किया जाना चाहिए। चोखोबा, संत रोहिदास जैसे महापुरुष किसी भी समाज में हजारों में पैदा नहीं होते। बहिष्कृत वर्ग के सभी लोग साधु नही हैं। (ब. भा. अंक दिनांक 29-7-1927)

सन्तों ने चातुर्वर्ण्यों के विरोध मे कोई आवाज नहीं उठाई बल्कि उसका समर्थन किया और उसे बढ़ावा देने में मदद की। वे कहते है 'सन्त रामदास ने 'दासबोध' इस ग्रन्थ में कहा है कि, 'कोई अंत्यज केवल पंडित है इसलिए हम उसे स्वीकारते हैं क्या?' (जातिभेद निर्मूलन पृ. 128-129)

'अंत्यज शब्द झाला बरवा। परी तो घेवून काय करावा?
ब्राह्मणा संन्रिध पुजावा। हे तो न घडे।
ब्राह्मण वेद मूर्तिमंत। ब्राह्मण तोचि भगवंत।
पूर्ण होती मनोरथ। विप्र वाक्ये करोनी।
अशा ब्राह्मणा सूरवर वंदितों। तेथे मानव बापुडे किती?
जरी तो ब्राह्मण मूढमति। तरी तो जगत वंद्य।।'

ब्राह्मणों के श्रेष्ठत्व की अधिकार से घोषणा करनेवाले सन्त रामदास की भूमिका वर्ण के श्रेष्ठत्व की घोषणा करनेवाली है, यह साफ है। ''गुरु तो सकळांशी ब्राह्मण। जरी तो असला विद्याहीन। तरी तयाशीच शरण अनन्य भावे असावे।' यह रामदास की भूमिका 'वर्णांना ब्राह्मणों गुरु :' इस शास्त्र वचन से मिलती है। डॉ. आम्बेडकर ने इस सन्दर्भ में रामदास की कड़ी आलोचना करते हुए यह कहा कि, 'रामदासी पंथ का संस्थापक जाति के अहंकार से भरा हुआ था। (ब. भा. अ. दिनांक 12 जुलाई, 1929) इस प्रकार महाराष्ट्र के सन्तों के कार्य का जायजा लेकर सन्तों ने जातिभेद निर्मूलन तथा अस्पृश्यता की समाप्ति हेतु कोई प्रयास नहीं किया, बल्कि जातिभेद को और मजबूत करने के लिए प्रयत्न किये, यह भूमिका डॉ. आम्बेडकर ने रखी। सामाजिक समतामूलक समाज तथा जातिभेद निर्मूलन का सन्तों ने कोई विशेष कार्य नहीं किया बावजूद इसके उनके साहित्य के कार्य को डॉ. आम्बेडकर ने कई बार सम्मानित किया है। सन्त साहित्य के वे अच्छे पाठक और भक्त थे। 'मेरे जैसा मराठी सन्तकवियों का इतनी गहराई से अध्ययन करनेवाले बहुत थोड़े लोग होंगे। (नवयुग : डॉ. आम्बेडकर विशेषांक दि 13-4-47) यह उल्लेख उन्होंने प्रो. सत्यबोध हुदलीकर को दिये गये साक्षात्कार में किया है। इसलिए डॉ. आम्बेडकर के भाषणों में सन्तों के वचनों, कथनों और दोहों का उल्लेख होता था। डॉ. आम्बेडकर ने अहिंसा शब्द की परिभाषा सन्त तुकाराम के शब्दो में दी है, वे कहते

है, 'संत तुकाराम द्वारा जो अहिंसा की परिभाषा दी है, वही मेरी परिभाषा है। 'दया तिचे नाव। भुतांचे पाळण। आणिक निर्दाळण। कंष्टकांचे।' जानवरों पर दया करें लेकिन इसके साथ दुष्ट को भी समाप्त करना चाहिए, यह मेरी भी धारणा है।' (पुणे दि. 21/7/1946 मा. क. गांजरे भाषण खंड 1, पृ. 161)

भाषण और लेखन करते समय डॉ. आम्बेडकर अपने विचार आम जनों की समझ में आसानी से आ जाय इसलिए सन्तों के दोहों, वचनों का बड़ी सहजता से प्रयोग करते थे। महाड़ के परिषद में उन्होंने अस्पृश्यों को सन्तों के शब्दों मे निवेदन किया, 'भले कुलवंत म्हणावे। तेही बेगी हजीर व्हावे। हजीर न होता कष्टावें। लागेल पुढे।' (ब.भा. अंक दि 20-05-1927) उनके कुछ सम्पादकीय लेखों के शीर्षक उन्होंने सन्तों की वाणी से किये हैं। जैसे 'आजवरी होतो तुझे सत्तेखाली। तोंवरी तो केली विटंबना।' अर्थात (आज तक आपका वर्चस्व था इसलिए आपने मेरा शोषण किया है) यह दिनांक 16।11।1928 के बहिष्कृत भारत के सम्पादकीय का शीर्षक ध्यान देने योग्य है। 'महापुरे झाडे जाती। तेथे लव्हाळी राहती', तथा 'समर्थांशी द्वंद्व बन्धुनी। मग कोठे तगावे?' और 'विष्णुमय जग। वैष्णवाचा धर्म। भेदाभेद भ्रम अमंगळ।' डॉ. आम्बेडकर के लेखन में आनेवाले ऐसे सन्त वचन देखने जैसे हैं।

डॉ. आम्बेडकर द्वारा सम्पादित 'मूकनायक' तथा 'बहिष्कृत भारत' इन दोनों पत्र पत्रिकाओं के शीर्षक पर सन्त वचनों का मुख्य विचार के रूप में प्रयोग किया गया है। 'मूकनायक' इस पाक्षिक वृत्तपत्र के शीर्ष में सन्त तुकाराम महाराज की गाथा से निम्नलिखित अभंग दिया गया था। 'काय करू आता। धरूनीया भीड़। निःशंक हे तोंड। वाजविले। नव्हे जगी कुणी। मुकियांचा जाण। सार्थक लाजून। नव्हे हीत'

'बहिष्कृत भारत' पाक्षिक के शीर्ष भाग में द्वितीय अंक से निम्नलिखित वचन दिया गया था। यह वचन 'ज्ञानेश्वरी' से लिया था। 'आता कोदंड घेऊन हाती। आरूढ पा इथे रथी। देई आलिंगन वीरवृत्ती समाधाने। जगी किर्ती रूढवी। स्वधर्माचा मानु वाढवी। अिया भारा पासोनि सोडवी। मेदिनी हे। आता पार्था निःशंकू होई। या संग्रामा चित देई।' सन्त एकनाथ पर केन्द्रित एक ग्रन्थ का प्रकाशन औरंगबाद की एक संस्था की ओर से करते समय डॉ. आम्बेडकर ने जो सन्देश भेजा था, उसमें व्यक्ति में नैतिकता का विकास होने में सन्त साहित्य की भूमिका महत्त्वपूर्ण है, ऐसा प्रतिपादित किया था। इसके साथ ही अपनी युवा अवस्था में मैंने महाराष्ट्र के सन्तों के साहित्य का अपनी रुचि से पठन-पाठन किया है' यह उल्लेख भी किया है। (श्री सन्त एकनाथ, दर्शन : खंड 1, प्रकाशक - श्री. एकनाथ संशोधन मन्दिर, औरंगाबाद)

अस्पृश्यता के उद्‌भव के सम्बन्ध में महत्त्वपूर्ण विश्लेषण करनेवाला 'The untouchables : who are they & why they become untouchables?'

यह ग्रन्थ डॉ. आम्बेडकर ने अस्पृश्य सन्तों को समर्पित किया है। उसमें वे लिखते हैं, ''नंदनार, रविदास आणि चोखामेळा यह तीन सुपरिचित सन्तों ने अस्पृश्य रूप में जन्म लिया और अपने पवित्र कर्मों से सभी के बराबरी का स्थान प्राप्त किया। उनकी स्मृति में।''

सन्त साहित्य से आम्बेडकर का लगाव एक अन्य उदाहरण से स्पष्ट होता है। श्री. ज. रा. जोशी से 'मराठी भाषा और मराठी साहित्य' के सन्दर्भ में चर्चा करते समय 18 अगस्त, 1943 को बाबासाहब ने कहा, ''समस्त उपलब्ध मराठी पुस्तकों और ग्रन्थों को कल अगर किसी ने अरबी समुद्र में डुबोया तथा जलाया तो मुझे कोई पीड़ा नहीं होगी, दो ग्रन्थों के अपवाद को छोड़कर एक 'तुकाराम की गाथा' और द्वितीय ज्ञानेश्वर की 'ज्ञानेश्वरी'। इन दो ग्रन्थों के आधार पर मेरी मराठी 'यावश्चंद्र दिवाकरौ' गर्व और बड़े शान से जीवित रहेगी।' (मराठा दि. 14/10/1973) सन्त साहित्य की महत्ता को उनके द्वारा बखूबी समझा इससे साफ स्पष्ट होता है। किन्तु सन्त साहित्य की तटस्थ समीक्षा करते हुए उन्होंने यह कहा है कि, 'आपके सन्त साहित्य में क्या 'हाक मारूनी सांगे तुका। नाम घेतल्यावीण राहू नका।' इससे आगे क्या है और नामस्मरण करने से आपका काम होनेवाला है?' (दलितांचे विद्रोह वाङ्मय प्रा. म. ना. वानखेडे पृ. 17)

सन्त साहित्य के बारे में डॉ. आम्बेडकर द्वारा कई जगहों पर प्रशंसा करने के बावजूद कई बार सन्तों के कार्यों पर कड़ी आपत्ति उठाई है। क्योंकि उनकी यह धारणा थी कि, 'सन्तों द्वारा चातुर्वर्ण्य व्यवस्था के विरोध में कोई ठोस कार्य नहीं किया।' उन्होंने कहा कि, 'सोलहवी शती में साधु संतों द्वारा समाज की कुप्रथाओं; अंधश्रद्धाओं पर कई प्रहार किये; किन्तु अस्पृश्यता को समाप्त करना तो दूर सन्तों के इस प्रहार से अस्पृश्यता पर कोई असर भी नहीं हुआ।' (ब. भा. अंक दिनांक 03/06/1927)

चातुर्वण्य व्यवस्था को समाप्त करने में सन्तों को सफलता नहीं मिली इस बात का आम्बेडकर को दुःख था। उनके पिताजी स्वयं कबीर पंथी थे। 'पिताजी के कारण ही मैंने मुक्तेश्वर, तुकाराम, आदि सन्तों के वचनों और दोहों को याद किया, तथा उन पर चिन्तन किया।' ('नवयुग' आम्बेडकर विशेषांक 13-4-1947) ऐसा आम्बेडकर ने कहा है। सन्त साहित्य का बचपन में हुआ प्रभाव उन पर जीवन भर देखने को मिलता है। तथा सन्तों के कार्यों का आलोचनात्मक विश्लेषण करने में उन्होंने आगे पीछे नहीं देखा।

नासिक में 1928 के जनवरी माह में सन्त चोखामेळा के मन्दिर निर्माण के सन्दर्भ में अस्पृश्य समाज के लोगों की सभा में अध्यक्ष की हैसियत से डॉ. आम्बेडकर ने अपनी भूमिका स्पष्ट की, 'सन्तों के मन्दिर निर्माण की अपेक्षा अस्पृश्यता निर्मूलन के कार्य पर जोर देना ज्यादा उचित होगा, यही सन्तों का वास्तव में स्मारक खड़ा करना होगा'। (कीर रचीत आम्बेडकर चरित्र, पृष्ठ 113)

वारकरी सम्प्रदाय के सन्दर्भ में डॉ. आम्बेडकर का आकर्षण समझने के लिए एक और घटना का जिक्र करना होगा। उनका यह विचार था कि, वारकरी पंथ या भागवत सम्प्रदाय पर गौतम भगवान बुद्ध के विचारों का प्रभाव है। इतना ही नहीं, महाराष्ट्र का पंढरपुर पुराने समय में बौद्धों का मुख्य धर्मपीठ था, ऐसा बाबासाहब मानते थे (श्री. खैरमोडे लिखित आम्बेडकर चरित्र, खंड - 3 पृ 13-14)

यह जिक्र उन्होंने देहूरोड में बुद्धमूर्ति की प्रतिष्ठापना करते समय किये गये भाषण में किया है। डॉ. आम्बेडकर ने कहा, "पंढरपुर के विठोबा की मूर्ति मूलतः बुद्ध की मूर्ति है। इस विषय पर मुझे एक प्रबन्ध लिखना है, यह पूर्ण होने के बाद पुणे स्थित भारत संशोधन मंडल के सामने मैं उसका पाठ करने वाला हूँ। विठोबा का पांडुरंग यह नाम पुंडलिक इस शब्द से बना है। पुंडलिक याने कमल और कमल को ही पाली भाषा में पांडुरंग कहते है। यह पांडुरंग दूसरा-तीसरा कोई न होकर बुद्ध ही है। (डॉ. आम्बेडकर चरित्र कीर, पृ. 501) इसके अलावा इस विषय पर मैं एक ग्रन्थ का लेखन भी करनेवाला हूँ ऐसा उन्होंने बतलाया (मार्च 1955)। लोणावळा में इस ग्रन्थ के तीन-चार पन्नों का लेखन भी उन्होंने किया; किन्तु किन्हीं कारणों से इस ग्रन्थ लेखन का कार्य अधूरा रहा। (कीरकृत आम्बेडकर चरित्र पृ. 501)

इस सन्दर्भ में अ. रा. कुलकर्णी ने अपने 'धम्मपद' इस ग्रन्थ के परिशिष्ट में बहुत महत्त्वपूर्ण जानकारी देकर पंढरपुर का पांडुरंग यह बुद्ध ही है यह निष्कर्ष निकाला है। डॉ. आम्बेडकर के जीवनीकार श्री. चां. भ. खैरमोडे ने इस सन्दर्भ में महत्त्वपूर्ण जानकारी दी है, वे कहते हैं, 'पंढरपुर में मानवीयता को मुख्य समझनेवाले बौद्ध धर्म का कुछ सदियों तक राज्य था।' आगे चलकर बौद्ध भन्ते और आचार्य ऐषोआराम तथा सांसरिक सुख की लालच में आने से सातवी सदी में इनके बारे में जनता में क्रोध उत्पन्न हुआ। जब कि हिन्दुओं का भागवत धर्म भले पंढरपुर में तेरहवीं शती से राज्य कर रहा था, बावजूद पंढरपुर और वहाँ का वारकरी अथवा भागवत पंथ पर बौद्ध धर्म के मूल्यों का प्रभाव था। हिन्दू ब्राह्मणों ने बौद्ध धर्म के कुछ मूल्यों तथा आचरणों और विचारों का मिलाप कर पूर्व के सभी बौद्ध अनुयायियों को अपने प्रभाव में लेकर जनता पर भिक्षु और आचार्यों का जो वर्चस्व था उसको समाप्त किया। भिक्षु और आचार्य की जगह लेकर ब्राह्मणों ने अपना वर्चस्व स्थापित करने के बावजूद अल्पसंख्यक लोग बौद्ध धर्म के अनुसार अपना आचरण कर रहे थे और यह परम्परा ज्ञानेश्वर से तुकाराम महाराज तक चली थी।' (खैरमोडे लिखित अंबेडकर चरित्र खंड - 3 पृष्ठ 13-14)

इस सन्दर्भ में The poems of Tukaram, Volume I इस ग्रन्थ में महत्त्वपूर्ण जानकारी दी है। vithoba's probably a ralic of Buddhist time of Tukas creed is in some ways a far off reflection of Buddhism. No. one however knew this less than he. (The poems of tukaram, volume-I, page 4 लेखक J. Nelson Fraser, M.A..., Indian education Dept और K.B. Marathe, published by the chirstian Literature Society)

इंडियन ॲन्टिक्वेरी (खंड - 10) में भी पंढरपुर यह जगह पूर्व में बौद्ध की थी, वर्तमान में हिन्दुओं की है यह उल्लेख है। (श्री विठ्ठल और पंढरपुर)

'बौद्धपर्व' इस ग्रन्थ के लेखक श्री. वा. गो. आपटे ने भी यही मत प्रदर्शित किया है। (पृ. 167)

डॉ. आम्बेडकर के विचारों पर अपनी गहरी पकड़ रखनेवाले प्रो. म. भि. चिटणीस ने इस सन्दर्भ में अपना विश्लेषण दिया है। डॉ. आम्बेडकर के 'रिडल्स ऑफ हिन्दुइझम' और 'रेव्हल्यूशन एंड काउंटर रेव्हल्यूशन इन एन्संट इंडिया' 1940-41 में लिखे गये किन्तु अप्रकाशित ग्रन्थों का आधार लेकर इस बारे में अपना विचार रखा है। वे कहते हैं, 'मराठी भाषा के माध्यम से धर्म बतानेवाले मराठी सन्तों का शोषण ब्राह्मणों ने किया। क्योंकि ये साधुसन्त धर्म के नामपर आम जनता में एकता पैदा कर रहे थे। वे जाति की अपेक्षा भक्ति और कुल की अपेक्षा शील को महत्त्व देते थे। वे प्रत्यक्ष रूप में जातिभेद निर्मूलन नहीं कर रहे थे बल्कि उसे कम करने का प्रयास कर रहे थे। बौद्ध क्रान्ति का भारत में जो कुछ थोड़ा बहुत प्रभाव बचा था उसे अपने धर्म के उपदेश में नैतिकता पर जो बल दिया है उसमें दिखाई देता है। महाराष्ट्र के सन्तों के शीर्ष सन्त 'ज्ञानेश्वर' अपने गीता के विश्लेषण में नैतिकता के गुणों के गुणगान में कई पन्नों के पन्ने लिखते हैं। 'अहिंसा' शब्द के अर्थ को स्पष्ट करने के लिए 400 अभंगों का निर्माण करते है लेकिन जिनके मार्गदर्शन पर ज्ञानेश्वर यह कार्य करते हैं उनका नाम है शंकराचार्य जो इस शब्द के अर्थ के आगे नहीं बढ़ते। (सामाजिक लोकतन्त्र के प्रणेता डॉ. बाबासाहब आम्बेडकर, ले. म. भि. चिटणीस, पृ. 41)

म. भि. चिटणीस ने 'बाबा का स्मरण' अपने इस साक्षात्कार में साधु-सन्तों पर बौद्ध विचारों के प्रभाव पर बोलते हुए कहा है कि, 'साधु सन्त तो मेरे खयाल से एक प्रतिध्वनि है; जनता में रुढ़ बौद्ध धर्म की! वे जो कुछ उद्देश्य या दया का महत्त्व बताते हैं, वह कहाँ से आया है, वह आया है बौद्ध धर्म से। बाबासाहब ने जो (अहिंसा) का अर्थ दिया है वही अर्थ 'आणि जगाचिया सुखाचि दोसे। शरीर वाचा मानसे। रहाटणे ते अहिंसे। रूप जाण।' ऐसा ज्ञानेश्वरी में दिया है, यह किसका प्रभाव है? इसका यह अर्थ है कि, 'लोगों में अहिंसा यह महान मूल्य मौजूद है। कई अच्छे गुण हैं। यह कल्पना प्रस्थापित थी और इसका सन्दर्भ गीता के सद्‌गुण, बरवा, स्थितप्रज्ञ के लक्षण पर आधारित प्रवचन गीता में मिलता है।' (ग्रन्थमाला, पुणे प्रकाशित, 'बाबा का स्मरण' प्रो. म. भि. चिटणीस)

साधु सन्तों के सौ वर्षों के कार्य से भी लोगों के मन मे जो जातिव्यवस्था का प्रभाव था वह कम नहीं हो सका। बल्कि रामदास जैसे सन्त ने उसे मजबूत करने का प्रयास किया। कम अधिक मात्रा में ज्ञानेश्वर, तुकाराम, एकनाथ आदि सन्तों के जातिव्यवस्था के सन्दर्भ में परम्परागत भूमिका के यही सन्दर्भ मिलते हैं। यद्यापि सन्तों ने ब्राह्मण के वर्णवर्चस्व तथा वेदों के अधिकारों को चुनौती देने का कार्य किया। ('वेदू ऐसा कृपण नाही? वेदाचा तो अर्थ आम्हासीच ठावा, येऱ्यानी वहावा भार फूका') इस दृष्टिकोण से वारकरी सम्प्रदाय यह उदारमतवादी सम्प्रदाय था। कम-से-कम अध्यात्म के क्षेत्र में सन्तों ने समानता प्रस्थापित करने का प्रयास किया था; बावजूद सन्तों के कार्यो का बौद्धिक दृष्टि से कड़ा आलोचनात्मक विश्लेषण करने में बाबासाहब ने आगे-पीछे नहीं देखा, वे कहते हैं 'सभी संतों के बजाएँ मुझे मुक्तेश्वर, ज्ञानेश्वर का दर्शन मान्य है, ऐसा नहीं है। मुझे उनका जो साहित्य पसन्द है, वह केवल भाषा की संरचना के कारण, दर्शन के कारण नहीं।' (साप्ताहिक आशाप्रमोद दि. 21.01.1940, रविवार पृ. 8, 9)

डॉ. आम्बेडकर का सन्त साहित्य के प्रति यह दृष्टिकोण मराठी साहित्य की दृष्टि से और महाराष्ट्र के सन्तों के कार्य का मूल्यांकन करने की दृष्टि से एकदम नया और सोचने को मजबूर करनेवाला है। मराठी साहित्य का, सन्तों के विचारों का और साहित्य का विश्लेषण इस दृष्टि से नहीं हुआ था, यह स्पष्ट है। डॉ. आम्बेडकर के 'बहिष्कृत भारत' में इस सम्बन्ध में नया दृष्टिकोण मिलता है।

अनुवाद - शैलेश कदम, वर्धा

□□□

॥ 5 ॥

डॉ. बाबासाहब आम्बेडकर एक समय में दो स्तरों पर संघर्ष कर रहे थे। एक तरफ समाज में सत्ता-सम्पत्ति-संस्कृति में जिनका हित छिपा था और अन्य किसी को इसमें भागीदारी नकारने वालों को तर्क से खारिज करना था। यह क्षमता बाबासाहब में थी। आवश्यक विद्वत्ता, सम्पर्क यह चीजें और उन लोगों की अपेक्षा के अनुसार अंग्रेजी भाषा पर पकड़ भी थी। अपनी वैचारिकी के आधार पर वे सक्षमता के साथ जवाब दे सकते थे। इसके लिए 'टाइम्स ऑफ इंडिया' जैसे प्रतिष्ठा प्राप्त समाचार पत्र के कॉलम उनके लेखन हेतु खुले थे। तो दूसरी तरफ अस्पृश्य समाज को शिक्षित, संघर्षशील और संगठित करने की आवश्यकता को वे जानते थे। उनकी आँखों के सामने केवल देश का अस्पृश्य समाज ही नहीं था, तो उनके केन्द्र में ग्रामीण इलाकों में अलग-अलग जगहों में बँटा महार समाज था। गाँव के राजनीतिक षडयन्त्र अन्य सूत्रों के माध्यम से उन तक पहुँचते थे। मराठी भाषा वे जानते थे। लोगों को अक्षर ज्ञान हो चुका था। अस्पृश्यों के घरों में और उच्च वर्ग में नवविचारों को पहुँचाना हो तो उसके लिए पत्रिका ही एक अच्छा माध्यम था। और इसलिए बाबासाहब पत्रिका के बारे में लगातार सोच रहे थे।

... 22 ...

डॉ. बाबासाहब आम्बेडकर और पत्रकारिता

यदुनाथ थत्ते

परिचित से अपरिचित की ओर शिक्षा का प्रवाह होता है। महार समाज को ज्ञात भाषा का प्रयोग कर उन्हें अज्ञात स्वाभिमान और मानवता की ओर जाना जरूरी था। बचपन में आम्बेडकर इन्हीं के साथ रहते थे। बाबासाहब के पिताजी लिखने-पढ़ने वाले थे और उस समय जो दोहे, पुराणकथाएँ प्रकाशित थीं उनका प्रयोग करते हुए उन्होंने बाबासाहब को पढ़ाया था। बाबासाहब गर्व से कहते थे कि सामान्य सवर्ण मराठी भाषा से हिन्दू परम्परा के सन्दर्भ में जो जानकारी ले सकते थे, वही जानकारी मैंने ली है। इस परम्परा का बाबासाहब को सिर्फ अर्थ ज्ञान था ऐसा नहीं हैं बल्कि वे विश्लेषण करने का अधिकार रखते थे। अपने समाचार पत्र-पत्रिकाओं में इसका उपयोग बाबासाहब ने बखूबी किया है। बाबासाहब ने जो पहली मराठी पत्रिका निकाली उसका नाम 'मूकनायक' (बोल न सकनेवाला मौन नायक) था। वह आज तक बोल नहीं पाया इसके बावजूद वह नये समाज का निर्माता नायक है यह, ऐसा सन्दर्भ इसके पीछे था। बाबासाहब मराठी भाषा का कितना सही प्रयोग करते थे, इसका यह उदाहरण है। इस पत्रिका को चलाने की उनकी काफी इच्छा थी। किन्तु पत्रिका चलाने के लिए आर्थिक और अन्य सहयोग

जरूरी होता है, उसे इकट्ठा करने में उनको काफी परेशानी उठानी पड़ती थी। समाचारपत्रों का आर्थिक स्रोत विज्ञापन होता है। समाचार पत्र के पाठकों की क्रयशक्ति की पसन्द-नापसन्द और क्रय क्षमता का अंदाजा लेकर उत्पादक विज्ञापन माध्यमों का चुनाव करता है। डॉ. आम्बेडकर जिस समाज के लिए अपना समाचार पत्र निकालते थे उस समाज की समस्त क्रयशक्ति जीवनयापन करने के लिए अत्यावश्यक चीजों को खरीदने में ही लगती थी। इसलिए उनके लिए विज्ञापन करना याने पैसों को बरबाद करना साबित होता। इसलिए मुनाफे के लिए उद्योग करनेवाले, इस समाचार पत्र की ओर ध्यान नहीं देंगे यही इसका अर्थ था।

1920 की जनवरी में 'मूक नायक' की शुरुआत हुई। 'मूकनायक' नामकरण के पीछे आम्बेडकर का एक और विचार रहा होगा, और वह यह कि, 'मूकं करोति वाचालम्' गूंगे को बोलनेवाला बनाना यह हो सकता है। गूंगे को बोलने के लिए तैयार करना हो तो उसे उसके जीवन के बारे में शिक्षित करना आवश्यक था। इसके बाद ही उसे अपने जीवन के बारे में अपने अनुभव बताने की इच्छा पैदा होती। अपनी व्यस्तता के कारण बाबासाहब का इस साप्ताहिक पत्रिका के लिए समय निकालना असम्भव होने लगा, इसी कारण 'मूकनायक' बन्द हुआ।

1927 में चवदार तालाब के बहाने डॉ. आम्बेडकर के जीवन में एक नया मोड़ आया था। शिक्षा ग्रहण करने के बाद संघर्ष न किया हो तो वह शिक्षा प्रश्न के घेरे में आती है। चवदार तालाब के बहाने उन्होंने मानवीयता को चुनौती देकर उसकी मुहर लगाई। यह कार्य करने हेतु उन्हें दोबारा साप्ताहिक पत्रिका की जरूरत महसूस होने लगी, किन्तु साप्ताहिक पत्रिका निकालने का साहस दिखाने के बजाए उन्होंने 'बहिष्कृत भारत' पाक्षिक की शुरुआत की। 'बहिष्कृत भारत' के लेखन की शैली 'मूकनायक' की शैली से अलग है। गूंगे को बोलने की शक्ति प्रदान करके वह नव निर्माण का नायक है यह आभास कर देनेवाले लेखन की शैली निवेदनात्मक है, किन्तु 'बहिष्कृत भारत का लेखन युद्धभूमि में खड़े सेनापति जैसी है। युद्धभूमि में एक सेनापति अपने शत्रु को जिस तरह ललकारता है, 'बहिष्कृत भारत' का लेखन इस ललकार जैसा ही दिखाई देता है।

बोलता हुआ समाज हर बहस जीत सके, इसलिए उसके पास जो तर्क-वितर्क का ज्ञान होना चाहिए वह ज्ञान 'बहिष्कृत भारत' ने प्रदान किया। विरोधक की तैयारी के पहले ही उसका समाचार लेने से विरोधक का आधा उत्साह अपने आप खत्म होता है। 'बहिष्कृत भारत' के लेखों का संकलन उपलब्ध होने के कारण कम-से-कम डॉ. आम्बेडकर की पत्रकारिता का अध्ययन करने की सुविधा तो उपलब्ध हो चुकी है। डॉ. आम्बेडकर की मराठी भाषा की शैली का भी अध्ययन होना चाहिए। उनके मराठी लेखनमें मराठी भाषा की परम्परा जिस तरह से व्यक्त हुई है, उसी तरह लोक कलाएँ भी व्यक्त हुईं हैं।

1927 में डॉ. बाबासाहब आम्बेडकर ने अपने आन्दोलन को विस्तार देने हेतु

'समता समाज संघ' की स्थापना की। अपने पुर्नगठित आन्दोलन के लिए किसी पत्रिका की जरुरत उन्हें महसूस हो रही थी। और 1928 में 'समता' नामक पत्रिका की शुरुआत उन्होंने की। डॉ. आम्बेडकर को स्वतन्त्रता और समानता यह एक ही सिक्के के दो पहलू लग रहे थे। चवदार तालाब पर महाड़ का सत्याग्रह समानता के अधिकार हेतु किये गये आन्दोलन का एक उदाहरण था। जन्म से अल्पसंख्यक बने केवल अपने अकेले के बल पर लोकतन्त्र में सफलता हासिल नहीं कर सकते, यह उद्देश्य समता पत्रिका के सामने था। समता पत्र इसका उदाहरण है। दुर्भाग्य से यह पत्र ज्यादा दिन नहीं चल पाया।

1930 को आधुनिक भारत के इतिहास में नये पर्व के प्रारम्भ का वर्ष इस रूप में इस वर्ष को दर्ज करना होगा। नमक सत्याग्रह के कारण देश में बहुत ज्यादा लोक चेतना जागृत हुई और अंग्रेज सरकार को इसका अहसास हो गया। इसी समय 'गाँधी-इरविन करार' होता है। गोलमेज परिषदों का घालमेल चलता है और गाँधी आम्बेडकर में चर्चित येरवडा करार (पूना पॅक्ट) होता है। अस्पृश्यों के प्रश्नों को अन्ततः सवर्णों के सन्दर्भ में हल होना होता है। जन्म से अल्पसंख्यक केवल अपने बल पर प्रश्नों का समाधान नहीं कर सकते। उन्हें नैतिक साहस की जरूरत होती है। इसलिए आम्बेडकर 1930 में 'जनता' नामक पाक्षिक की शुरुआत करते हैं।

1935 में डॉ. बाबासाहब ने धर्मपरिवर्तन करने की घोषणा येवला में की थी। घोषणा के बाद से ही अन्य कार्यों को सँभालते अलग-अलग धर्म का अध्ययन कर उनका विश्लेषण करना उन्होंने शुरू किया था। धर्मपरिवर्तन करने के मुख्य पाँच कारण काम, लालच, गुस्सा, बदला और संयम। इनमें पहले चार कारणों का उगमस्थान बीमारी है और इसलिए इनके आधार पर किये गये धर्मपरिवर्तन को संयमी धर्मपरिवर्तन नहीं कहा जा सकता। डॉ. आम्बेडकर सभी धर्मों के बृहत– अध्ययन के बाद बौद्ध धर्म स्वीकार करने के लिए तैयार हो जाते हैं। और यह धर्मपरिवर्तन सामूहिक रूप में किया जाय तब भी इसका समाज पर कुछ असर होगा, यह जानकर डॉ. बाबासाहब आम्बेडकर 1955 को 'प्रबुद्ध भारत' इस साप्ताहिक की शुरुआत करते हैं, किन्तु बाद में उनका स्वास्थ्य बिगड़ जाता है। शायद उन्हें यह आभास हो गया था कि, मैं इस दुनिया में कुछ ही दिनों का मेहमान हूँ। बचे हुए दिनों का सदुपयोग किस तरह हो सकता है यही उनके चिन्तन और मनन का विषय बन चुका था। 1956 को नागपुर में उन्होंने सामूहिक रूप में बौद्ध धम्म की दीक्षा ली। इसके कुछ दिनों बाद ही उनका महापरिनिर्वाण हुआ। प्रबुद्ध भारत में आम्बेडकर की पत्रकारिता को व्यक्त होने के लिए ज्यादा समय नहीं मिल पाया। डॉ. आम्बेडकर के जीवन के यहीं पाँच पड़ाव पत्रकारिता के रूप में दिखाई देते हैं।

शैलेंश कदम, वर्धा

❑❑❑

मूकनायक', 'बहिष्कृत भारत' ओर 'जनता' इन पत्र-पत्रिकाओं के माध्यम से डॉ. आम्बेडकर द्वारा लिखे 42 सम्पादकीय, 155 वैचारिक लेख, और विदेश से पाठकों को भेजे गये 150 पत्र इतना समृद्ध साहित्य मराठी भाषा में स्वतन्त्र चिन्तन और अनुसन्धान का विषय है। एक अलौकिक व्यक्तित्त्व, ध्येयवादी सम्पादक, प्रकांड पंडित, दलितों के आदर्श और भारतीय संविधान के निर्माता और अनेक माध्यमों के जरिये दलितों की अस्मिता को जागृत करनेवाले, गाँव के बाहर रहनेवाले अस्पृश्यों में चवदार तालाब का पानी ले जाकर उनके विचारों में क्रान्ति लानेवाले डॉ. आम्बेडकर का लेखन बार-बार पढ़ने के बाद भी उससे आनन्द में बढ़ोत्तरी ही होती है; क्योंकि उनके लेखों का वैचारिक सौन्दर्य और लेखन शैली में नव अर्थ सृजन के पुनः प्रत्यय का आनन्द कुछ अलग ही होता है।

'बहिष्कृत भारत' के सभी कॉलम बाबासाहब द्वारा लिखे गये हैं। पत्र-पत्रिकाओं के विद्वान लेखक को समाज के समस्त वर्ग के लोगों का विचार बृहद रूप से करना होता है। क्योंकि उसे प्रत्येक घटना को या समस्या को सभी वर्गों के लोगों तक पहुँचाना होता

... 23 ...

डॉ. बाबासाहब आम्बेडकर और लेखनशैली

हरिशचंद्र निर्मले

है। और इसलिए कोई भी विचार सभी लोगों को आकर्षित करें और एक समान अपील हो इस रूप में रखना होता है। एकतरफ़ा, अलग और अतार्किक विचार रखने से स्वयं का नुकसान होने का खतरा होता है। इस नुकसान का उसे हमेशा ध्यान रखना होता है। बाबासाहब ने अपना समस्त लेखन इस बात को ध्यान रखकर किया है।

बाबासाहब को अपने समाज के उद्धार की जो आन्तरिक चिन्ता थी, उससे उन्हें लेखन की प्रेरणा मिली। स्वयं को परिपूर्ण बनाना तथा समाज सुधार के सन्दर्भ में जो उत्साह, लगन और आत्मीयता बाबासाहब में थी, वह उनके लेखन में साफ दिखाई पड़ती है। जिन मूल्यों को समाज के सामने रखना था, उनके प्रति पूर्ण विश्वास होने के कारण ही वे उन पर अडिग थे। इन मूल्यों को उन्होंने पूर्णतः आत्मसात किया था। इसी कारण उन मूल्यों का विश्लेषण, समर्थन और प्रचार-प्रसार करते समय उनके लेखन में एक अलग तेजस्विता आती थी, उसे तेज गति प्राप्त होती थी। इस लेखन से उनके आत्मविश्वास का परिचय होता है। बाबासाहब को जो कुछ कहना-लिखना-होता था, उसें वे निर्भयता से, स्पष्टता से खुलेआम साफ-साफ लिखते-कहते थे।

बाबासाहब मूलतः समाज सुधारक होने के नाते उन्हें समाचार पत्र-पत्रिकाओं के उद्योग का जबरदस्त आकर्षण था। समाज को निर्भयता से खड़ा करना, उसमें आत्मविश्वास पैदा करना, अन्याय को सामने लाना, कभी सम्पादकीय तो कभी कॉलम के माध्यम से अच्छी चीजें रखकर सामाजिक न्याय की स्थापना करना यह कार्य समाचार पत्र के माध्यम से बहुत अच्छी तरह से होता है। इन चीजों को मजबूती से और तर्क के साथ रखनेवाले डॉ. बाबासाहब आम्बेडकर के रूप में दलितों को पत्र-पत्रिकाओं के माध्यम से मिल चुके थे। पत्रकार के कलम को अगर तलवार जैसी धार न हो तो; सत्य लिखना और समाज को न्याय दिलाने का कार्य उसके माध्यम से सफलता पूर्वक करना कदापि सफल नहीं हो सकता, इस बात की जानकारी बाबासाहब को थी। इसी कारण उन्हें सच्चाई का जबरदस्त आकर्षण था। इसीलिए वे पत्रकरिता में आये थे।

कविता और लघु कहानी की अपेक्षा कोई एक ललित लेख या सम्पादकीय लेख भावना और विचारों में विशेष हलचल पैदा करता है। इस कारण भी बाबासाहब को इस क्षेत्र का आकर्षण रहा होगा। मानवीयता को समझाने का मौका इस क्षेत्र के अलावा अन्य में नहीं के बराबर था। सहृदयता, विशाल अनुभूति, प्रखर स्मरणशक्ति, कई विषयों पर पकड़, भाषा-प्रभुत्व, गुणग्राहकता, मानवीयता का पूजन, प्रसंग का ध्यान, समयावधान, और समाज जागृति की आन्तरिक इच्छा आदि सद्‌गुण बाबासाहब में नैसर्गिक रूप में मौजूद थे। इसी कारण पत्रकारिता के क्षेत्र में उनको बहुत कम समय में सफलता मिली। बाबासाहब को दलितों की मूल समस्या की जानकारी हो गयी थी। और 'मूकनायक', 'बहिष्कृत भारत' और 'जनता' के माध्यम से जो उपदेश बाबासाहब कर रहे थे, उसे जनता बखूबी समझ रही थी। जो-जो स्वयं को ज्ञात है, उसे सभी को बताने की आन्तरिक इच्छा बाबासाहब के लेखन क्री मूल प्रेरणा थी। दलितों को संस्कारित किया जाय। उन्हें उनके मूलभूत अधिकारों की जानकारी दी जाय। सामाजिक अन्याय अत्याचार को सामने लाया जाय, उच्च वैचारिकी के लिए जीवन समर्पित करने वालों के बलिदान के लिए उनके उपर मृत्युपश्चात लेख लिखकर कृतज्ञता व्यक्त की जाय। सज्जनों के व्यवहार का सम्मान करके दुर्जनों का बहिष्कार किया जाय। ऐसे कई उद्देश्य इस लेखन के मूल में थे। बाबासाहब द्वारा सम्पादकीय लेख, वैचारिक लेख, किसी की मृत्युपश्चात के लेख और पाठकों की पत्र आदि भूमिका के तहत लिखे गये हैं।

जिस तरह पाठकों की विचारशक्ति को गतीशील बनाना पत्रकार का कार्य है, उसी तरह उनकी भावनाओं में चेतना पैदा करना यह उसकी कला का एक अंग है। बाबासाहब के लेखन ने दलित समाज में परिपूर्ण होने की भावना का विकास किया और कर्तव्यनिष्ठा, वीरता, पवित्रता, उदारता और मानवता के सबक सिखाए। अपनी अस्मिता को बनाए रखने के लिए संघर्ष सिखाया। बाबासाहब का 'बहिष्कृत भारत' यह पत्र

'बहिष्कृत हितकारिणी सभा' का मुखपत्र था। दलित समाज के प्रश्नों को समझ कर इन समाचार पत्रों ने दलित आन्दोलन को आगे बढ़ाया। कई विरोधी समाचार पत्रों के साथ समयानुसार दो-दो हाथ भी किये।

बाबासाहब के लेखन में निबन्ध, व्याख्यान निबन्ध (Lecture Essay), सम्पादकीय लेख, वैचारिक लेख, मृत्युलेख, स्वागत लेख, बहस, भाषण, यात्रावर्णन आदि साहित्य विधाएँ सम्मीलित हैं। कभी ये स्वतन्त्र रूप में तो कभी समिश्र रूप में मिलते हैं। इस लेखन को बाबासाहब के बहुआयामी, विस्तारित, बुद्धिमान और विद्वतापूर्ण व्यक्तिमत्त्व का स्पर्श है। इस लेखन का प्रत्येक वाक्य बाबासाहब के व्यक्तित्त्व का प्रतिबिम्ब है।

बाबासाहब के लेखन में बोलने की कला (वक्तृत्व) का सबसे बड़ा आधार है। बाबासाहब पूर्ण ताकत के साथ विरोधक से जब भिड़ जाते हैं, तब उनके द्वारा लिखा गया प्रत्येक शब्द शरीर पर हमला करने आ रहा है, ऐसा लगता है। कोई विषय विशेषज्ञ अपने व्याख्यान में जिस भाषा का प्रयोग करता है, उसी भाषा का प्रयोग समाचार पत्रों की भाषा में किया जाना चाहिए। उसमें अलंकार न होकर सरल अर्थ होना चाहिए। बाबासाहब का सारा लेखन ऐसा ही है। उनके द्वारा लिखे पत्र-पत्रिकाओं के कॉलम से यह प्रतीत होता था जैसे बाबासाहब के भीतर का वक्ता बोल रहा है और दलित उसे आसानी से समझ रहे हैं। सभी को समझ में आये ऐसे सरल शब्द, सीधे सादे आम बोलचाल के शब्द पाठकों के दिमाग पर धनुष बाण जैसा प्रभाव छोड़ रहे थे। इन्हें पढ़कर बहिष्कृत लोग अन्याय के खिलाफ लोहा ले रहे थे। समाज को आकर्षित करने का तन्त्र बाबासाहब के भीतर के वक्ता ने अच्छी तरह पहचान लिया था। उदाहरण के लिए 'महाड़ स्थित धर्मसंग्राम और अस्पृश्य वर्ग की जिम्मेदारी' यह लेख पढ़ने से पता चलता है।

किसी भी महान लेखक की एक विशेष लेखन प्रक्रिया होती है। डॉ. आम्बेडकर के वैचारिक लेखन की भी एक पद्धति है। पहले उसे समझना आवश्यक है। 'मूकनायक', 'बहिष्कृत भारत' और 'जनता' के माध्यम से समय-समय पर बाबासाहब ने जो लेखन किया, उसकी पहली विशेषता, उस लेखन के माध्यम से रखा गया 'विचार'। प्रत्येक लेख में उन्होंने अलग-अलग किन्तु मौलिक विचारों को रखा है। उनका लेखन तर्कशील होने के साथ-साथ उदाहरणों, प्रमाणों और कथनों, उद्धरणों से भरा हुआ है। अपनी बात रखना और अन्यों की बातों का खंडन तर्क के साथ करना यह है उनकी पद्धति। इसी पद्धति को उन्होंने अपने समस्त लेखन में अपनाया है। इसलिए उनके लेखन में वाद-प्रतिवाद, आक्रामकता एवं भिड़नेवाली प्रवृत्ति अपने आप आती है।

विरोधात्मक लेखन को अप्रत्यक्ष उत्तर देना और अन्य के विचारों को तर्क से आसानी से काटना इन दोनों हथकंडों का प्रयोग करना उनको आता था। और 'ईंट का

जबाब पत्थर' से देनेवाली पद्धति को प्रत्येक आक्रामक पत्रकार को प्रयोग में लाना ही होता है। इसलिए 'भाला' पत्र के भोपटकार और 'बहिष्कृत भारत' के आम्बेडकर के साहित्यक लेखन को एक विशेषता प्राप्त होती थी। लेख हो या कॉलम बाबासाहब का लिखने का ढंग, उसका विश्लेषण, नियोजनानुसार मुद्दों का रखरखाव और विस्तार बहुत सटीक और प्रामाणिक होता था। विषय से भटकाव उनसे कभी नहीं हुआ। सम्पादकीय में वे जिस विषय पर लिखते थे उस पर उनकी गहरी पकड़ रहती थी। कारण यह कि लगातार अनेक विषयों की किताबों को पढ़ते रहना, उनके नोट्स निकालना, कई प्रस्तावों को बनाकर उनमें लगातार सुधार करना यह कार्य वे लगातार करते रहते थे।

वैचारिक लेखन ललित कलाओं की तरह एक कला है। इस कला में लेखक के दिमाग में आया मूल विचार विविध अमूर्त संकल्पनाओं के माध्यम से संस्करित होते होते भाषा के माध्यम से वैचारिक लेखों के माध्यम से व्यक्त होता है। यहाँ उसके संवेदनशील मन में आया विचार सामने आता है। संवेदनशीलता का वैचारिक लेखन से नजदीकी नहीं बल्कि अप्रत्यक्ष सम्बन्ध होता है। मानव जीवन के बाहरी यथार्थ के सन्दर्भ में, और उस यथार्थ में घटित घटनाओं के सन्दर्भ में लेखक की अपनी प्रतिक्रिया व्यक्त करने की पद्धति ही उसकी संवेदनशीलता हैं। यह संवेदना उसके भीतर निहित श्रद्धा और सांस्कृतिक मूल्यों द्वारा संचलित होती है। ऐसा होने के बावजूद वैचारिक लेखन का चेतना से नजदीक का (प्रत्यक्ष) और संवेदना से दूर का (अप्रत्यक्ष) सम्बन्ध होता है। इस सन्दर्भ में 'नमस्कार में ब्राह्मण्य' विषय पर बाबासाहब द्वारा प्रतिवादित विचार पढ़ने जैसे हैं। मनुस्मृति के प्रति सम्मान, संस्कृति मूल्य और श्रद्धा को ध्यान में रखते हुए ब्राह्मण द्वारा अस्पृश्य को 'नमस्कार' कहना वैसे विचित्र ही है, भले ही वह अस्पृश्य विद्वत्ता से उस ब्राह्मण से कई ज्यादा बुद्धिमान हो। अस्पृश्य को किया गया 'राम-राम (बिदाई) यह बाबासाहब का एहसास। उसके प्रति उनकी अधिक निकटता।

अंधश्रद्धा, गलत परम्पराएँ, सनातनी वृत्ति, पाखंडीवृत्ति, पूर्व संस्कारों से तैयार मन, पूर्वग्रहदूषित मन इसके कारण जब जाने अनजाने में दूसरों पर अन्याय किया जाता है, तब अन्याय करनेवाले के खिलाफ पंडितों द्वारा विरोध करना, उसे समझाना एक आम अपेक्षा होती है। अत्याचार (शारीरिक हो या मानसिक) करनेवाले का हृदय परिवर्तन करना यह विद्वानों का मुख्य कर्तव्य बनता है। फिर यह अन्याय किसी राष्ट्र का हो, समाज का हो या व्यक्ति का। कोई भी परिवर्तन घटित होते समय या उस सन्दर्भ में अपने विचार व्यक्त करते समय विद्वानों के मन में वैचारिक संघर्ष चलता है। ललित लेखक बहस करने में विश्वास रखते हैं। मतलब यहाँ मतभेद या टकराव की गुंजाईश कम होती है। विचारकों के बाहरी मन में विद्रोह, क्रान्ति और विरोध या सब कुछ नकारने

की आदत होती है, तो भीतरी मन में समझौता, समन्वय करना, और सारा कुछ नकारने की बजाय धीरे-धीरे परिवर्तन की राह देखने की वृत्ति भी होती है।

इन दोनों के रसायन से लोहा बनकर निकला विचार ही वैचारिक लेखन का मूलस्त्रोत होता है। डॉ. बाबासाहब ने 1935 में येवला के परिषद में धर्मपरिवर्तन करने की घोषणा की और ठीक इक्कीस साल बाद बौद्ध धम्म की दीक्षा ली, ये घटनाएँ उपरोक्त विश्लेषण को सत्यापित करनेवाली नहीं हैं क्या? याने धर्मपरिवर्तन की घोषणा के बाद कई धर्मगुरुओं ने बाबासाहब को अपना धर्म अपनाने के लिए निमन्त्रण दिया। गहन विचार विमर्श और कई धर्मों के तुलनात्मक, विश्लेषणात्मक अध्ययन के बाद बौद्ध धम्म को स्वीकार करने का निर्णय आखिर किसका परिणाम है?

विद्वानों के दिमाग में उत्पन्न मूल विचार और उस पर शैली के अन्य तत्त्वों का संस्कार होकर तैयार भाषिक वैचारिक प्रारूप ही होता है वैचारिक लेखन। इन तत्त्वों में उस वैचारिकता पर पहले से किये गये संस्कार, उसकी शिक्षा-दीक्षा, अध्ययन और सम्पर्क, उसका मानसिक स्वास्थ्य और व्यक्तित्व, तर्कशीलता और विचारों का गहरा प्रभाव, अन्याय की तीव्रता और उसके चलते बनी स्पष्टता, चुनौती, कड़वाहट, वीरता, उत्साह, छलांग, उटपटांगपन, गोपनीय प्रहार, घात, प्रतिघात और इसके कारण लेखन को मिली धार, उपहास और उपरोध, बोलचाल मे स्पष्टता, करुणा, पहेलियाँ, शब्द-संग्रह और उसका सामर्थ्य, भीतर की आवाज से बनी भाषा, यथार्थ का ज्ञान आदि बातों का शैली पर परिणाम होता है। किन्तु ये तत्व एक ही समय में एक साथ अपना कार्य करते हैं ऐसा भी नहीं है। यह लेखन के सन्दर्भ पर निर्भर होता है। पहले राजनीतिक सुधार या सामाजिक सुधार इस सैद्धान्तिक विवाद से निर्माण लो. तिलक "स्वतन्त्रता यह मेरा जन्मजात अधिकार है और उसे मैं हासिल करके रहूँगा" यह प्रतिज्ञा। "जो सच होगा वहीं कहूँगा।।" यह आगरकरजी का निश्चय और 'अस्पृश्यता समाप्त करना ही मेरा प्रथम कर्तव्य है" यह डॉ. बाबासाहब का निर्णय। उपरोक्त तीनों विचार उन व्यक्तियों द्वारा स्वीकार्य मार्ग से प्रस्तुत निर्णय की दृढ़ता, साहस, वीरता, चुनौती, विशिष्ट उद्देश्य और आगे बढ़ने की चाह शैली के इन तत्त्वों का विचार प्रमुख बनता है।

महाड के चवदार तालाब पर दलितों के धर्मयुद्ध की शुरुआत हुई और वहाँ की समाजव्यवस्था के विरोध में बाबासाहब ने जो कड़ा प्रतिरोध किया उसका प्रभाव समस्त महाराष्ट्र में देखने को मिलता है। 'केसरी', 'भाला', 'कुलाबा समाचार', 'चाबुकस्वार', 'संग्राम', 'स्वराज्य', 'पुरुषार्थ' आदि पत्रों ने बाबासाहब द्वारा किये गये विद्रोह के बारे में काफी कुछ लिखा है। घटना के बाद तत्काल 'कुलाबा समाचार' ने अपने हिसाब से समाचार छापा कि महाड में कितने महारों के साथ मारपीट हो गयी यह कहीं पर प्रसारित नहीं हुआ। सैकड़ो अस्पृश्यों को बेरहमी से मारा यह साफ-साफ गलत है। (16.4.927)

तो 'चाबुकस्वार में यह छपा कि, महाड में जो दंगा-फसाद हुआ वह अस्पृश्यों द्वारा चवदार तालाब का पानी पीने के कारण नहीं, वे बाद में वीरेश्वर के मन्दिर में प्रवेश करनेवाले थे इसलिए हुआ। (16.04.1927) इस पर बाबासाहब ने स्पष्ट सवाल पूछा, "तालाब को अपवित्र करने के कारण सवर्ण लोगों को गुस्सा नहीं आया था तो फिर तालाब को शुद्ध क्यों किया गया? सच्चाई यह है कि, सभी ब्राह्मण वर्गों की बैठक 21 मार्च को सम्पन्न हुई थी, तालाब से एक हजार कलश पानी निकालकर बहिष्कृतों द्वारा अपवित्र किये गये इस तालाब को वेदोक्त पद्धति से विधिपूर्वक मन्त्रोच्चार से शुद्धि समारोह किया गया था। (ज्ञानप्रकाश 27.3.1927) 'भाला'कार भोपटकर ने लिखा कि, 'अस्पृश्य लोग मन्दिर या तालाब को अपवित्र करने का प्रयास बन्द करें, नहीं तो हम आपको ठोकेंगे (28.3.1927) इसका बाबासाहब ने बहुत कड़ा जवाब दिया, लिखा कि, 'हम हमारे प्रयास कतई बन्द नही करेंगे, ठोंकनेवालों के हम सिर फोड़ देंगे।' इससे बाबासाहब की निर्भयता, निड़रता, वीरता और चुनौती देने के साहस का परिचय होता है।

मनुस्मृति दहन के सन्दर्भ में 'स्वराज्य' के सम्पादक भुस्कुटे ने बाबासाहब को लिखा कि, 'मनुस्मृति' को जलाने से हिन्दू समाज में रूढ़ आज तक के जातिभेद के विचार को क्या नष्ट किया जा सकता है?' कुलाबा समाचार ने तो बाबासाहब को 'भीमासुर' यह उपाधि दी। 'प्रबोधन', 'रणगर्जना', 'भाला', 'संग्राम पत्रिकाओं ने भी मनुस्मृति दहन के सन्दर्भ में बाबासाहब के विरोध में काफी कुछ लिखा। बाबासाहब ने सब को सम्बोधन करते हुए 'मनुस्मृति क्यों जलाई' यह लेख लिखकर 'दहन करना यह विरोध प्रदर्शित करने का प्रकार है, और वह जंगली न होकर सभ्य है ऐसा स्पष्ट उत्तर दिया। उपरोक्त सभी घटनाओं की ओर 'केसरी' की देखने की दृष्टि भी हिन्दुत्ववादी ही थी। 'केसरी' ने 3.5.1927 के अंक में महाड की घटना का एक छोटा समाचार 'जो घटना घटित हुई वह ठीक नहीं है' इस टिप्पणी के साथ छापा था। इस समाचार के जवाब में केसरी को बाबासाहब लिखते हैं कि, 'अस्पृश्यता निर्मूलन के सन्दर्भ में साऊथ आफ्रीका के गोरे लोगों को अस्पृश्यता निर्मूलन की जितनी संवेदना थी उससे ज्यादा केसरी को नहीं है। दोनों अस्पृश्यता को बरकरार रखना चाहते हैं, तथा, उल्टा अपने स्वार्थ के कारण अस्पृश्यता को जितना बढ़ावा दे सकते हैं, उतना देते हैं।' हिन्दी लोगों द्वारा समानता के अधिकार की माँग करने पर साऊथ आफ्रीका के गोरे लोग अस्पृश्यों पर ज्यादा अन्याय करने लगते थे। ठीक इसी तरह गैरब्राह्मणों ने ब्राह्मणों से समानता के अधिकार की माँग करने पर 'केसरी' का यह सवाल है कि, आप अस्पृश्यता का विरोध करते हैं, तब आपको हमारे समान अधिकार माँगने का क्या अधिकार है? (ब. भा. 20-05-1927)

किन्तु इन विरोधी पत्रों के साथ ही, 'ज्ञानप्रकाश', 'दिनमित्र', 'क्रान्ति',

'जागृति', 'तरुण मराठा', 'नवयुग' 'नवा काळ', 'निजाम विजय', 'प्रबोध', 'प्रजापक्ष', 'राष्ट्रवीर', 'विजयी मराठा', 'संजीवनी' 'विविधवृत्त', 'सत्यशोधक', 'स्वांतन्त्र्य' आदि कई पत्र दलितों के आन्दोलन के बार में अच्छी राय रखते थे। ऐसे सभी पत्रों के कार्य का सम्मान कर के बाबासाहब ने उनके बारे में कृतज्ञता व्यक्त की है।

'बहिष्कृत भारत' के कारण बाबासाहब को लेखन द्वारा लोगों में चेतना पैदा करने के लिए एक नया मंच मिल गया था। 'बहिष्कृत भारत' के माध्यम से विरोधकों के लेखन को कड़े से कड़े शब्दों में जवाब देकर विरोधकों को वे चुप कराते थे और दलितों पर होनेवाले अन्याय को सभा-सम्मेलनों और पत्र-पत्रिकाओं के माध्यम से दुनिया के सामने रखते थे।

बाबासाहब द्वारा चलाए गये आन्दोलन, समय-समय पर व्यक्त विचारों, मतों पर विरोधी पत्रों ने जो विरोध, आलोचना की है उन्हें बाबासाहब ने, 'अब दो दो हाथ होने दो' इस रूप में उत्तर दिया। दलितों पर होनेवाले अन्याय अत्याचार के समाचार पर बाबासाहब बड़े आक्रामक और विश्लेषणात्मक विचार रखते थे। 'जनेऊ के लिए खून' इस कॉलम में वे लिखते हैं, 'ब्राह्मण-क्षत्रियों का धर्माभिमान और वीरता सिर्फ अस्पृश्यों पर लागू करने के लिए है। यह लोग यूरोपियों की चापलूसी करेंगे, मुसलमानों का नाम सुनते ही भाग जाएँगे, किन्तु अस्पृश्यों पर दादागिरी दिखाएँगे, जैसे उन्हें अपने बाप दादाओं से यह विरासत में मिली हो। वास्तव में इन लोगों को 'स्वराज्य' शब्द उच्चारते हुए शर्म आनी चाहिए। ये स्वयं गुलाम होकर तुर्रा दिखाते हैं।' (ब. भा. 3.4.1927) मध्य प्रांत के सतनामी नामक एक चमार ने गले में जनेऊ पहन ली इस कारण ब्राह्मण और राजपूतों ने उसका खून किया, इस घटना से बाबासाहब को क्रोध आना स्वाभाविक था। ऐसी कई घटनाओं के कारण बाबासाहब ब्राह्मण समाज के विरोध में थे।

ब्राह्मणवर्ग अपनी उच्च जाति के कारण जो अन्याय अत्याचार करते थे, उसके विरोध में बाबासाहब लिखते हैं, 'कई जातियाँ स्वयं को ब्राह्मण घोषित करती हैं। उनमें अपनी जाति का प्रथम स्थान बताने के लिए होड़ लगी रहती है। इन ब्राह्मणों में कई उप-जातियाँ हैं, वे एक दूसरों को ऊँच-नीच समझती हैं। एक दूसरों की खूब आलोचना करती हैं। किन्तु जातिभेद को बनाए रखने के लिए एकजुट हो जाती हैं। लोगों द्वारा उन्हें ब्राह्मण कहना चाहिए, भले वह कैसा भी ब्राह्मण कहो उन्हें चलता है। विषैला ब्राह्मण कहो या अपशकुनी ब्राह्मण, आर्य ब्राह्मण कहो या अनार्य ब्राह्मण, षटकोन ब्राह्मण कहो या त्रिकोण ब्राह्मण, हलवाई ब्राह्मण कहो या पानाड़ी ब्राह्मण, धूर्त ब्राह्मण कहो या मूर्ख ब्राह्मण, सब्जीखाऊ ब्राह्मण कहो या माँस खाऊ ब्राह्मण, मटन खाऊ ब्राह्मण कहो या मछली खाऊ ब्राह्मण या मुर्गी खाऊ ब्राह्मण, कैसा भी ब्राह्मण कहो लेकिन ब्राह्मण कहो। यह ब्राह्मणों का आग्रह होता है। (ब. भा. 12.7.1929) कई प्रकार के ऐसे समतामूलक

समाज के विरोधकों से अस्पृश्यता निमूर्लन और समतावादी समाजवाद को संघर्ष करना था, इसलिए बाबासाहब के लेखन में विशेष धार दिखती है।

आघात, प्रत्याघात, प्रहार, प्रति प्रहार इन तत्त्वों का लेखक के वैचारिक लेखन शैली पर काफी परिणाम होता है। इस बहाने 'पाठकों के पत्र', 'किसको क्या लगता है' जैसे स्तम्भ देखने जैसे हैं। 'भाला' पत्र के माध्यम से किया गया विरोध आज भी नजरअन्दाज नहीं कर सकते। 'भाला' और 'बहिष्कृत भारत' में कई सालों तक चला टकराव उपरोक्त लेखन शैली के उदाहरण हैं। शंकराचार्य या संकटाचार्य यह विशेष शब्द भी बाबासाहब का है। पिठ्या महार को दंश किये गये साँप की जाति चमार थी, यह 'कुलाबा समाचार' में प्रकाशित खबर और इसके प्रत्युत्तर में बाबासाहब द्वारा लिखा स्तम्भ 'साँप में चमार या इन्सानों में साँप' प्रत्याघात का एक विशेष उदाहरण है। 'समता' पत्र में बॅ. सावरकर द्वारा प्रचारित शब्द 'पूर्वास्पर्श्य' का बाबासाहब द्वारा किया गया विश्लेषण भी प्रत्याघात का एक उदाहरण है।

अपने विचारों को स्पष्टता से समझाने के लिए बाबासाहब को कई बार शब्दों के साथ जूझना पड़ता था। 'शब्द' उसके अनेक अर्थ और सोच-समझकर उसके सन्दर्भ और सुविधा के अनुसार शब्द का अर्थ लेना समाचार पत्र व्यवस्था का एक महत्त्वपूर्ण अंग होता है। ऐसे शब्दों की उलझन, सही सरल और प्रभावपूर्ण शब्दों के चयन पर इस लेखन की सफलता होती है। 'अस्पृश्यों का पुण्य या सवर्णों की गुंडागर्दी', 'नमस्कार का ब्राह्मणत्व', 'शंकराचार्य या प्रति संकटाचार्य' यह बाबासाहब के स्तम्भ इसी के उदाहरण हैं। 'महाड' के धर्मसंघर्ष के सन्दर्भ में बाबासाहब द्वारा लिखित 'अस्पृश्यता और सत्याग्रह की सिद्धि' इस सम्पादकीय लेख में हिंसा और अहिंसा इन दोनों शब्दों का किया गया विश्लेषण और विवेचन पढ़ने जैसा है। यह सब बाबासाहब के लेखन में निहित होने के बावज़ूद अतिउत्साह में कड़ुवाहट और स्पष्ट प्रतिउत्तर देने के क्रम में उनके लेखन का सन्तुलन न कभी बिगडा और न कभी उसमें बदलाव आया।

खुदपर, खुद के समाज पर होनेवाले अन्याय की तीव्रता के सन्दर्भ में विद्वान जो लेखन करता है, उस पर कई बार वह बड़ी आत्मीयता से और करुणा से अपना विचार समझाने की कोशिश करता है। ऐसे समय उसकी लेखन शैली का स्वरूप बदल जाता है। हमेशा की कठोरता, उत्तर-प्रतिउत्तर देना, शब्दों से जूझना, जो विचार रखा जाता है उसे करुणा का स्पर्श देना ऐसा लेखन पाठकों को सोचने के लिए मजबूर करता है। अपने जायज अधिकारों के लिए समता के अनेक आन्दोलन करने के बावजूद जब निराशा और असफलता हाथ आती है तब, 'अस्पृश्यों ने सवर्ण भाईयों से समानता और प्रेम की भीख माँगी।' किन्तु अस्पृश्यों के पल्लू में दया के बदले अन्याय, अत्याचार डाला गया। बाबासाहब द्वारा लिखा गया यह विचार दलितों के साथ-साथ सवर्णों को भी सोचने

के लिए मजबूर करता है। यहीं बाबासाहब जब ईजिप्त स्थित पिरामिड्स का बारीकी से निरीक्षण करते हैं, तब उनके मन को स्वाभाविक रूप से दुःख होता है। बाहर आकर वे लिखते हैं कि, जिसे हम पिरामिड्स कहते हैं वे तत्कालीन राजवैभव की धरोहर नहीं है बल्कि जिनके श्रम से यह धरोहर खड़ी हो चुकी हैं उन गुलामों और उनके गुलामी प्रथा के स्मारक हैं। जब कोई समाजसुधारक, विद्वान के हिस्से में सारे प्रयास करने के बावजूद असफलता हाथ आती है, तब वह और ज्यादा क्रान्तिकारी बनता है। और ऐसे समय में उसके लेखन को अधिक गति प्रदान होती है, वह लेखन धारदार बनता है। समतामूलक समाज के लिए एक दशक से चलाए गये आन्दोलन के बाद 1935 मे बाबासाहब ने घोषणा की, ''भले मेरा जन्म हिन्दू के रूप में है, किन्तु मैं हिन्दू के रूप में नहीं मरूगाँ।' उस समय उनका विरोध करनेवाले पत्र पत्रिकाओं की कमी नहीं थी। तत्काल श्री. ठाकरे ने 'दलित बन्धु' में लिखा कि, 'धर्म परिवर्तन का बाँम्ब, दूर है दिल्ली सरताज!' समय-समय पर किये गये तत्कालीन परिस्थितियों के सन्दर्भ में इन कथनों में कितना सच और कितनी ताकत थी यह आसानी से समझ में आता है।

अपने समकालीन तर्काधारित और विद्वत्तापूर्ण मुद्दों के स्पष्टीकरणार्थ और सटीक विश्लेषण करते समय बाबासाहब अपने लेखन में संस्कृत ग्रन्थ, सन्त साहित्य और पश्चिम के विद्वानों के कथनों, विचारों, सन्दर्भों को देकर पाठकों तक अपना विचार प्रभावपूर्ण ढंग से पहुँचाते हैं। अस्पृश्यता समाप्त करने हेतु अपना जीवन लगाने में ही जीवन की सार्थकता है इस विचार को समझाते हुए बाबासाहब,

'एतावने, च पुरुषों यदमर्षी यदक्षमौ।
क्षमावतन्नेरमर्षश्च नैवस्त्री पुनः पुमान।।'

अर्थात जिस पुरुष को अन्याय से क्रोध आता है और जो अपमान को नहीं सहता वही पुरुष कहलाता है। जिस पुरुष को क्रोध नहीं आता और अपमान नहीं लगता वह नपुंसक के समान है। इस महाभारत के सन्दर्भित उद्धरण का उदाहरण देते हैं। और ऐसा कठिन किन्तु अत्यावश्यक कार्य पूर्ण करने हेतु अस्पृश्य बन्धुओं को किस प्रकार प्रतिरोध करना चाहिए यह समझाते हुए, ''तप्तेन तप्तायसा घटणाय योग्यम' अर्थात लोहे के दो अलग टुकड़ों को गरम करके लाल करने पर एक होने में समय नहीं लगता का उदाहरण देते हैं। अपने समाज बन्धुओं को उनके जायज अधिकारों की जानकारी देते हुए, महाभारत के श्रीकृष्ण, अर्जुन, धर्म, भीम, दुर्योधन, विदुर के विचारों का बाबासाहब कई बार परिचय कराते हैं।

कौए का हजार वर्ष जीवित रहना और ठीक ऐसा ही हिन्दू समाज का हजार वर्ष जीवित रहना एकसमान है इसे बताते हुए बाबासाहब, ''काकोऽपि जीवति चिरायु बली च भुङ्क्ते' इस कथन का आधार लेकर इन्सान के लिए अत्यावश्यक सच्चे धर्म का परिचय

कराते हुए, 'यतोऽभ्युदय निःश्रेयस सिद्धः स धर्मः। (जिसके संयोग से भौतिक विकास होता है और मोक्ष प्राप्त होता है वह धर्म) इस कथन की ओर इशारा करते हैं।

हिन्दू धर्म के लोग स्वयं को वैष्णव कहते हैं, किन्तु ऐसे लोगों पर बाबासाहब को दया आती है। और वे सन्त तुकाराम के दोहों का सन्दर्भ लेकर कहते हैं, 'विष्णुमय जग, वैष्णवांचा धर्म! भेदाभेद भ्रम अमंगळ' ऐसा महावैष्णवजी ने भले चिल्ला-चिल्लाकर कहा हो, किन्तु जिन पर इसका असर नहीं हुआ वे आज भी जातिभेद करते हैं, इसलिए महाड के धर्म संघर्ष में एक साथ, एकजुट होकर जातिभेद को चुनौती देने के लिए अपने समाज बधुओं से निवेदन करते हुए,

'भले कुलंवत म्हणावे। तेही वेगी हजीर व्हावे.
हजीर न होता। कष्टावें। लागेल पुढे।।'

अर्थात अपनी तथाकथित श्रेष्ठ जाति का अहंकार छोड़कर धर्म संघर्ष के लिए एकसाथ आना चाहिए, नहीं तो भविष्य में इसके परिणाम भुगतने पड़ेंगे।

समर्थ रामदास के इस दोहे का वे सन्दर्भ लेते हैं। हिन्दू समाज बर्बून के राजघराने जैसा, 'न कुछ सीखता है, न कुछ भूलता है। यह बताते हुए उसे, 'Learns nothing forgets nothing' इस अंग्रेजी कथन का सन्दर्भ देते हैं। जिस धर्म में कुछ लोगों के स्वाभिमान को खत्म कर उनकी जाति के विकास पर पाबन्दी लगाई गयी है उस हिन्दू धर्म का विरोध करना स्वाभाविक है। यह समझाते हुए बाबासाहब लॉर्ड ऑलिव्हियर के 'The anatomy of African misery' नीग्रो के अन्याय अत्याचार के विवचेन वाली इस किताब से 'No race can be raised by destorying its self respect' इस वाक्य का सन्दर्भ देते हैं।

बाबासाहब के वैचारिक लेखन में सुन्दरता है। इनका वैचारिक लेखन पाठकों को प्रभावित करता है, उनके विचार पाठकों को चिन्तन और मनन के लिए मजबूर करते हैं। 'इन्सान धर्म के लिए नहीं, धर्म इन्सान के लिए है', 'समता यह सामाजिक नीति का एक मूल तत्त्व है', 'लोगों को एकसाथ' आने का आग्रह, याने सत्याग्रह', 'आत्मसम्मान विरहित जीवन जीना नामर्द की तरह है।' 'जीवन व्यतीत करना कोई खास बात नहीं है', 'कौआ भी अपने समुदाय की शिकार पर हजारों वर्ष जीता है,' 'जब मृत्यु से कोई बच नहीं सकता, तब उसके लिए डर और रोना क्यों?' 'जिस धर्म में जिसको हीन दृष्टि से देखा जाता है, वह उस धर्म के रक्षण में कैसे खड़े होंगे', 'शोषक को कभी शोषित की दया आ सकती है?' 'अस्पृश्यता यानी शुद्ध गुलामी', 'अस्पृश्यता समाप्त करना मेरा प्रथम कर्तव्य है।', 'हिंसा करना गलत होने के बावजूद आत्मरक्षणार्थ हिंसा करना गलत नहीं है।' 'अपनी राजसत्ता समाप्त होने के बाद भीख माँगने से कुछ नहीं मिलता।' 'भिक्षा माँगना ब्राह्मणों का धर्म है, क्षत्रियों का नहीं।' 'जिस देश में दस-

बारह साल के बालकों की शादी करके उनसे प्रजोत्पादन कराया जाता है, उस देश की जनता, दुबली, कुपोषित, अल्पायुषी, निस्तेज, कमजोर और नीरस नहीं होगी तो कैसी होगी?' 'दहन करना विरोध का एक सभ्य प्रकार है जंगली नहीं है।' आदि कई वाक्य बाबासाहब के लेखन में सुविचारों जैसे प्रस्तुत हुए हैं।

अपने विचारों को अधिक प्रभावपूर्ण रूप में रखने के लिए बाबासाहब कई बार प्रामाणिक उपमाओं, रूपकों, अलंकारों का प्रयोग बहुत आसानी से करते हैं। 'हिन्दुस्तान यानी विषमता का सागर है।' 'समाज एक नाव है', 'हिन्दू समाज यानी बिना सीढ़ियों का एक चबूतरा है।', 'धर्म के नाम पर अस्पृश्यता जैसे कई सामाजिक अन्याय के फोड़े फुसियाँ और गहने हिन्दुओं के शरीर पर बढ़ गये हैं। 'ब्राह्मण, गैरब्राह्मण और अस्पृश्य यह ब्राह्मणों द्वारा बनाई गयी सीढ़ी है।' 'बलुतं (ग्राम निर्भरता की अवस्था) यानी भीख और महार यानी भिखारी यह सवर्णों की धारणा बन गयी है।', 'नयी पीढ़ी अनुवंशगत कार्य को स्वीकार नहीं करेगी', 'कोई भी विचार धीरे-धीरे पनपता है।', 'बड़े बड़े दर्शनों के महाजाल में फँसकर वास्तविकता को भूलनेवाले छोटे बच्चे नहीं हैं हम।' 'सोलहवीं शती में साधु-सन्तों ने अस्पृश्यता निर्मूलन हेतु काफी प्रयास किये, किन्तु उन्हें सफलता नहीं मिली।' 'बहिष्कृत भारत के आगमन से हिन्दू समाज हिल गया है', ऐसी कल्पनाओं पर निर्भर हजारों वाक्य बाबासाहब के लेखन को पठनीय और सुन्दर बनाते हैं।

प्रचलित दोहों और लोकोक्तियों को बाबासाहब अपने लेखन में खूब इस्तेमाल करते हैं। 'कार्य के लिए सरकार और खूंटे पर जनता', 'महार की मृत्यु से छुआछूत समाप्त', 'कामचोर का दिन शनिवार', 'बाप दिखाओ या श्राद्ध करो', 'काम के समय पत्नी और खुशिओं के समय रिश्तेदार', 'लातों के भूत बातों से नहीं मानते', 'कुल्हाडी का डंडा घांस का काल', 'जिसकी लाठी उसकी भैंस', 'रस्सी जल गयी मगर बल नहीं गया', 'पुरानी बातों को कुदेरना', 'गाँव भर हल्ला करना।' आदि मुहावरों और लोकोक्तियों के प्रयोग से बाबासाहब की शैली से असली मराठीपन का दर्शन होता है। इसके अलावा 'बीच में मेरा चाँदभाई', 'खानेकू हम और लड़ने को तुम', 'हाथी चलता है और कुत्ता भौंकता हैं हिन्दी की ऐसी लोकाक्तियों का प्रयोग अपने लेखन में कर बाबासाहब उसे अधिक प्रभावपूर्ण बनाते हैं।

बाबासाहब की लेखन शैली से उनका विश्वसनीय व्यक्तित्व सामने आया है। इसका एक और अर्थ भी है। अन्याय के प्रति क्रोध, असामाजिक तत्त्वों पर प्रहार यह बाबासाहब का स्वभाव है। अपने अनेक लेखों के शीर्षकों के माध्यम से यह बात स्पष्ट रूप से सामने आती है। 'गैरब्राह्मणों की छुपाछुपी', 'जनेऊ के लिए खून', 'आईना है, नाक हो तो मुँह देख लीजिए,' 'झूठन खाकर भी ब्राह्मणी ब्राह्मण ही है', 'केसरी का षडयन्त्र', 'पगड़ी घुमाई' 'नमस्कार का ब्राह्मण्य', खुदा देखता है', 'पीर प्रसन्न हुआ',

'देशद्रोही कौन?' 'डाका डालनेवाले धर्म के स्वाभिमानी', 'बीच में मेरा चाँदभाई', 'नाटा, नाटे को हँसता है।', 'अस्पृश्यों की पुण्याई और सवर्णों की गुलामी', 'हिन्दू धर्म को नोटिस', 'भगवान बीच में आता है क्या?' 'आधा भी नहीं दे रहे हो तो सब ले लेंगे', 'आज तक आपकी सेवा में थे, इसलिए आप अन्याय कर सके', 'पहले नींव फिर चबूतरा', आदि शीर्षक बाबासाहब के व्यक्तित्व की कई पहलुओं को उजागर करते हैं। इसके साथ-साथ पाठकों के दिमाग में हलचल मचा देते हैं। यह शीर्षक लेख के बारे में काफी कुछ बता देते हैं।

कुछ विद्वान ऐसे होते हैं कि, वह अपना विचार चुटकुलों (जोक) के माध्यम से प्रभावपूर्ण ढंग से समझाते हैं। ऐसे लेखकों का व्यक्तित्व थोड़ा हँसी मजाकिया होता है। उपहास और उपरोध इनकी लेखन शैली की विशेषता हो जाती है। घटनाएँ, प्रसंग, व्यक्ति और उसके बीच विरोधाभास के कारण ऐसे वैचारिक लेखन शैली पर उपहास और उपरोध ये तत्त्व अप्रत्यक्ष रूप में परिणाम करते हैं। बॅ. सावरकर के साथ भोज में सम्मिलित होकर घर आकर स्नान करनेवाले और समता का नाटक करनेवालों के बारे में बाबासाहब लिखते हैं, 'खुदा देखता है', यह कॉलम या पुणे में चर्चा में आये खान-पाणंदीकर की शादी के सन्दर्भ में लिखा 'मालिन ने मुसलमान की अपेक्षा किसी महार से शादी की होती तो अधिक ठीक होता।', या सनातन वादियों के अभिप्राय पर लिखा गया 'पीर पावला' यह कॉलम ये उनके उपहास और उपरोधों के खास उदाहरण हैं।

समकालीन विषय, सरलता और तेजस्विता बाबासाहब की लेखन शैली की विशेषताएँ हैं। उसमें कहीं भी निरूत्साह नहीं है। सारा लेखन जीवंत, पठनीय और प्रभावपूर्ण रहा है। पाठकों के मन में वह सहज रूप से चेतना पैदा करता है। बाबासाहब का लेखन कितना स्फूर्तिदायक तेजस्वी है, इसका प्रमाण देते हुए 'निजाम विजय' ने 12-4-1927 के अंक में लिखा है कि, 'पत्र में लेखक की भाषा अति प्रभावशील, स्पष्ट, जस का तस जवाब देनेवाली और सत्य के सामने किसी चीज का भय न पालने वाली है, और यही जज्बा पत्रकार जब-तक जारी रखेंगे तब तक वे अपने उद्देश्य में सफल होते रहेंगे।' इससे और अच्छे शब्दों में बाबासाहब के लेखन कौशल का वर्णन और विश्लेषण करना क्या सम्भव है? बाबासाहब की लेखन शैली में मराठीपन और वैचारिकी का जो सौन्दर्य है वह मराठी साहित्य का भूषण है। विषय, वैचारिकता और निबन्ध शैली की दृष्टि से बाबासाहब के लेखन को पत्र-पत्रिकाओं में श्रेष्ठ निबन्धों का स्थान प्राप्त हो चुका है। इसलिए उनके निबन्धों को मराठी साहित्य के इतिहास में एक स्वतन्त्र और विशेष स्थान प्राप्त होकर रहेगा।

अनुवाद - प्रो. शैलेश कदम, वर्धा

❑❑❑

... 24 ...

डॉ. बाबासाहब आम्बेडकर और ग्रन्थ

मदन कुलकर्णी

डॉ. भीमराव रामजी आम्बेडकर जी का गौरव 'ज्ञानयोगी' के रूप में अनेक लेखकों ने किया है। ज्ञान के प्रति उनमें विलक्षण प्रेम था। जिस महार अस्पृश्य समाज में उनका जन्म हुआ, दरिद्रता यही जिस समाज की अमीरी थी, ज्ञान की हवा का झोंका गाँव के बाहर की इस बस्ती को कभी स्पर्श ही नहीं करता, तत्कालीन अस्पृश्य ऐसी महार जाति में जन्मे डॉ. बाबासाहब का कुल कर्तृत्व तथा ग्रन्थप्रेम देखने पर आश्चर्य होता है। एक चमत्कार लगता है। शिक्षा का महत्त्व बाबासाहब समझ चुके थे। शिक्षा के विचार का अर्थ ही है ग्रन्थों की संगत, अध्ययन, 'ग्रन्थ यही मेरे गुरु' इसे बाबासाहब छोटी आयु में ही जान चुके थे। शिक्षा लेकर उपाधि प्राप्त करें और किसी न किसी प्रकार की नौकरी करते हुए शान्ति से जीवन बिताएँ - बाबासाहब को यह कतई पसन्द नहीं था। इस सम्बन्ध में वे अपने समाज को लगातार कह रहे थे। एक भाषण में उन्होंने कहा, "शिक्षा के बाद नौकरी लग गयी कि ज्ञानार्जन का रास्ता ही धीमा पड़ जाता है। ज्ञान की महत्ता का एहसास भी धीमा पड़ जाता है। इसलिए ज्ञान प्राप्ति की प्रक्रिया निरन्तर चलनी चाहिए। पत्नी तथा संतति की अपेक्षा ज्ञान पर जिसका अधिक प्रेम है, उसे ज्ञान का महत्त्व समझ में आ गया है, ऐसा मैं कहूँगा।"[1] 1938 में उन्होंने ये विचार रखे थे, ये विचार आज भी उतने ही अर्थपूर्ण हैं।

राजनीति, समाजनीति और राष्ट्रनीति में डॉ. आम्बेडकर का जीवन पूर्णतः उलझ गया था ऐसा दिखलाई देता है। ऐसे व्यस्त व्यक्ति को अपनी ज्ञान लालसा बनाए रखना कितना कठिन होता है, इसकी कल्पना आप कर सकते हैं। जातिगत विषमता के अपमानरूपी जहर को पचाते हुए ज्ञानतृष्णा को स्थायी रूप से बनाए रखकर अध्ययन की वृत्ति को बनाए रखना उनके लिए कितना कठिन होता होगा। परन्तु इन सब बातों को बाबासाहब मात कर गये। और अपने ग्रन्थ प्रेम को बनाए रखा। जीवन के संघर्षमय काल में भी इस व्यक्ति ने अपने ग्रन्थ प्रेम को सम्भाला यह महत्त्वपूर्ण है! इसे उन्होंने केवल अपने तक सीमित नहीं रखा अपितु समय-समय पर ज्ञान और अध्ययन का महत्त्व अपने समाज को वे बतला रहे थे। इस ग्रन्थप्रेम के कारण, ज्ञान-साधना के कारण वे विलक्षण ऐसी विद्वत्ता तथा प्रकांड पांडित्य को प्राप्त कर सके। जीवन के अन्तिम साँस तक उनका यह ज्ञानयज्ञ चल ही रहा था।

अपने आसपास के परिवेश की उन्हें ठीक से कल्पना थी। इसी कारण उन्होंने अपने जीवन में ज्ञानप्राप्ति को अत्यधिक महत्त्व दिया था। दि. 28 मार्च, 1916 के 'बॉम्बे क्रॉनिकाल' के अंक में 'समाज परिवर्तन में ग्रन्थालय तथा ज्ञान सम्पादन का महत्त्व' विशद करते हुए वे लिखते हैं - 'We have not as yet realised the value of liabrary as an institution in the growth and advancement of society'[2] यह उस समय भी सच था और आज भी उतना ही सच है।

डॉ. आम्बेडकर में बचपन से ही ग्रन्थप्रेम था। उनके भीतर ग्रन्थप्रेम के संस्कारों का बीज बोनेवाले उनके पिता-रामजी थे।'' विद्या (ज्ञान) के कारण ही इस विश्व में मनुष्य श्रेष्ठ बनता है। इस पर रामजी की श्रद्धा थी। हावर्ड की अंग्रेजी पुस्तकें और तर्खडकर के भाषान्तर उन्होंने ही बाबासाहब को सिखाए थे। प्रतिशब्द का कैसे प्रयोग करें यह भी उन्होंने ही समझाया था। ''मेरे अंग्रेजी के वक्तृत्व का और ग्रन्थकर्तृत्व का श्रेय मेरे पिताजी को चला जाता है।''[3] ऐसे कृतज्ञता के उद्‌गार डॉ. बाबासाहब ने निकाले हैं वह इसी कारण!

डॉ. बाबासाहब को संस्कृत भाषा और साहित्य से प्रेम था। उन्हें पर्शियन भाषा नीरस लगती। 'संस्कृत भाषा में काव्य मीमांसा और अलंकार शास्त्र हैं। नाटक हैं। रामायण-महाभारत जैसे महाकाव्य हैं। दर्शन है। तर्कशास्त्र है। गणित है। आधुनिक ज्ञान की दृष्टि से संस्कृत साहित्य में सब कुछ है। वैसी स्थिति पर्शियन की नहीं है। मुझे संस्कृत भाषा का अभिमान है और इस कारण वह मुझे ठीक से आनी चाहिए — ऐसी मेरी भीतरी इच्छा है। वह सुदिन कब आएगा पता नहीं।'[4] उनके इस उद्‌गार से उनकी ज्ञानलालसा और अतीव ग्रन्थप्रेम का एहसास हो जाता है।

डॉ. बाबासाहब को उनके शैक्षिक जीवन से ही ग्रन्थों के प्रति प्रेम महसूस हो रहा था। पाठ्यक्रम के बाहर की पुस्तकें पढ़ने की इच्छा उनमें तीव्र होने लगी। पुस्तकों के प्रति उनमें विलक्षण आकर्षण उत्पन्न होने लगा। इसके लिए वे जिद्द करने लगे। महत्त्वपूर्ण ग्रन्थ देखा कि वह मुझे अपने संग्रह में चाहिए ऐसा आग्रह वे पकड़ते। अध्ययन की उपेक्षा कर अन्य पुस्तकें पढ़ते बैठना रामजी को- उनके पिताजी को- कतई पसन्द नहीं था। बावजूद इसके वे सीधे, मुंबई में ही जिसकी शादी की गयी थी, ऐसी अपनी लड़की के घर जाते। उससे पैसे उधार लेते। उसके पास पैसे न हो तो उसे दिये हुए गहनों में से कोई एक गहना उधार लाते। उस गहने को अपने परिचित एक मारवाड़ी के यहाँ रेहन में रखते, पैसे लेते और बेटे को जो पुस्तक चाहिए उसे खरीद कर ही घर लौटते। पिताजी ग्रन्थ ले आये कि उसे पढ़ते पढ़ते तकिए के पास रखकर भीम सो जाता। उसे ऐसी आदत ही लग गयी थी... तथापि पुस्तकों का अपना संग्रह हो इस इच्छा के कारण किस पुस्तक के किस पृष्ठ पर कौन सा महत्त्वपूर्ण सन्दर्भ है, इसे किसी भी प्रकार

के नोट्स न लेते हुए भी, उन्हें बराबर याद रहता।[5] भूतपूर्व तथा विद्यमान राजनीतिक विद्वान पुरुषों तथा विद्वान राजनीतिज्ञों के जीवन पर से ऐसा निष्कर्ष निकाला जा सकता है कि उनके नेतृत्त्व और कीर्ति की नींव में छात्रावस्था में उनके द्वारा किया गया विशाल ग्रन्थ पठन, मनन और उनका ऐतिहासिक दृष्टिकोण इसी पर खड़ा होता है।''[6] डॉ. आम्बेडकर के सम्बन्ध में भी यही हुआ है।

डॉ. आम्बेडकर का यह ग्रन्थप्रेम उनकी आयु के अनुसार बढ़ता ही गया। जीवन में आये अवसरों का भरपूर फायदा उठाने हेतु आम्बेडकर ने प्रत्येक क्षण को सुवर्णक्षण मानकर उसका उपयोग अध्ययन के लिए किया। अमेरिका में उन्होंने जो ग्रन्थपठन किया वह विलक्षण और अद्‌भुत है। अठारह-अठारह घंटे वे अध्ययन करते। पर अध्ययन केवल उपाधि प्राप्त करने के लिए नहीं होता था। वे तो ''दुनिया में अभी अध्ययन करने जैसा बहुत कुछ है। ज्ञान दिन-ब दिन विकसित ही होते जाएगा। इसलिए प्राप्त ज्ञान पर मैं अगर सन्तुष्ट रहा तो मेरी बुद्धिमत्ता पर मोरचा लग जाएगा और मैं पीछे रह जाऊँगा। ऐसा उन्हें लगता था।''[7] इस कारण ग्रन्थों को खरीद लेने की आम्बेडकर की भूख कभी खत्म नहीं हुई, उल्टे वह बढ़ती ही चली गयी। जब भी समय मिलता वे पुराने ग्रन्थों के दुकानों में भटकते। भूखा रहकर भी ग्रन्थ खरीदने के उनके इस पागलपन के कारण उनके पास दो हजार पुराने ग्रन्थों का संग्रह हो चुका था। इन ग्रन्थों को भारत में ले जाने के लिए, उन्होंने अपने एक मित्र को सौंप दिया। भारत में आने तक इनमें से अनेक ग्रन्थ गुम हो चुके थे, रहे-सहे उनके हाथ लगे।''[8] ग्रन्थों पर इतना प्रेम करनेवाला व्यक्ति अपवाद रूप में ही होता है।

ऐसी ही एक याद उनके लंदन से सम्बन्धित जीवन को लेकर कही जाती है। लंदन स्कूल ऑफ इकॉनॉमिक्स एंड पोलिटिकल साइन्स' इस संस्था में उन्होंने अपने अध्ययन की शुरुआत की। इसी समय बॅरिस्टर का अध्ययन भी उन्होंने 'ग्रेज इन' में शुरू किया। इस समय भी उन्होंने अपना अधिकांश समय ग्रन्थो के बीच ही बिताया। अपने अध्ययन की पूर्णता उन्होंने पाठ्य (Text) पुस्तकों को पढ़कर ही नहीं की। उन्होंने अपनी दृष्टि अध्यात्म तथा ज्ञानशास्त्र से विकसित की। विश्व के प्राचीन इतिहास के तथा परिवर्तन के अवशेष जहाँ सुरक्षित रूप से रखे गये हैं, जहाँ मार्क्स, मॅझिनी, लेनिन, सावरकर ने अपना शोधकार्य किया है, उस लंदन म्युजियम की ओर उनकी दृष्टि गयी। पर्याप्त पैसा न होने के कारण उन्हें अपने सारे अध्ययन विशिष्ट समय में ही पूरे करने थे। आम्बेडकर खुद की जरूरतों पर कम से कम पैसा खर्च कर जितने ग्रन्थ वे खरीद सकते थे, उतने उन्होंने खरीद लिये। यात्रा के लिए खर्च न करते हुए ग्रन्थालय से दुर्लभ ग्रन्थ प्राप्त करने हेतु मीलों वे पैदल चल कर जाते।'

ऐसे समय भूख को मारकर वे पढ़ते बैठते। जब वे ग्रन्थालय से बाहर निकलते

तब नोट्स से उनके जेब भरे रहते, चेहरा पसीने से लथपथ रहता, शरीर थका हुआ होता पर आँखे साफ तथा प्रसन्न होतीं। इस अवस्था में आम्बेडकर ग्रन्थालय से बाहर निकलनेवाले अन्तिम सदस्य होते।

रात में फिर पढ़ाई का दूसरा दौर शुरू हो जाता। आम्बेडकर के विद्याध्ययन का ऐसा वर्णन कर धनंजय कीर आगे लिखते हैं — "उन्हें लगता कि जिन्दगी छोटी और ज्ञान बहुत विशाल है। इस कारण लोहे के चने खाकर अपना अध्ययन पूर्ण करने हेतु वे रातदिन अध्ययन करत रहते। वे इस लिए रातभर जागते। ज्ञान की यह उपासना कितनी कड़ी, उसके लिए बिना थके श्रम, अखंड तपश्चर्या। ज्ञान यज्ञ और दूसरा क्या होता है? विद्यातुराणां न सुखं न निद्रा इस वचन का प्रत्यय उनके जीवन से आता है।"[9]

ग्रन्थों से सम्बन्धित उनका यह प्रेम उनके व्यक्तित्व की एक विशेषता बन गयी थी। ग्रन्थ ही उनके लिए सब कुछ थे। वाचन उनका व्यसन बन चुका था। इसी से मूलगामी विचार करना उनका स्वभाव बन गया था। अपने जीवन में उन्होंने जितने कार्य किये हैं, उन सब पर उनके इस अध्ययन का प्रभाव महसूस होता था, इसका कारण भी यह ग्रन्थप्रेम ही था।

शां. सं. रेगे को डॉ. आम्बेडकर जी के निकट सानिध्य में रहने का अवसर प्राप्त हुआ। डॉ. आम्बेडकर के ग्रन्थप्रेम के सम्बन्ध में वे लिखते हैं उनका पठन-पाठन जितना विशाल था, उतनी ही उनकी आकलनशक्ति भी अपूर्व थी। हमारे कॉलेज के छात्रों से गपशप मारते समय उन्होंने 'वाचन' इस शब्द की व्युत्पत्ति बतलाई थी। 'वच' का अर्थ है बोलना। वच संस्कृत धातु है। इस संस्कृत धातु से यह शब्द बना है। वाचन का अर्थ है बोलना, बोलने लगवाना। अक्षर तथा शब्द मूक-मौन-होते हैं। जो इन मूक शब्दों को बोलने लगवाता है, वही सच्चा वाचक। यह सामर्थ्य, यह योग्यता जिसके भीतर होती है, उसी के साथ अक्षर, शब्द, ग्रन्थ बोलने लगते हैं। उन्हें ही शब्दों का रहस्य समझ में आता है। उसे ही ग्रन्थ में स्थित ग्रन्थकार के विचार समझ में आते है। परन्तु केवल विचार समझ पाने से यह प्रक्रिया पूर्ण नहीं होती। एक मशाल से जैसे दूसरी मशाल सुलगाई जाती है, वैसे ही एक विचार दूसरे विचार को जागृत करता है। वाचन की परिणिति चिन्तन में होनी चाहिए। पढ़ा हुआ शब्द सार्थक है कि नहीं, शब्द में से व्यक्त होनेवाले विचार सत्य और साधार हैं कि नहीं, यह उस पर चिन्तन किये बगैर समझ में नहीं आएगा। वाचन मन को अन्न की आपूर्ति करता है। परन्तु इस अन्न का चर्वण करने पर ही वह पचेगा। अन्न अगर पच गया, तो ही बुद्धि प्रगल्भ हो सकती है।'[10] डॉ. आम्बेडकर के वाचन विषयक ये विचार पढ़ने पर यह स्पष्ट ही जाता है कि ग्रंथवाचन, व्यासंग, चिन्तन का महत्त्व वे कितना मानते थे। यह केवल उपदेश नहीं था, अनुभव के बोल थे।

डॉ. बाबासाहब आम्बेडकर मुंबई के सिद्धार्थ महाविद्यालय के कार्यालय के एक

बड़े कमरे में रहते थे। (1946) शाम के समय वे वहाँ स्थित आँगन में पढ़ने बैठते थे। पढ़ते-पढ़ते मित्रों की चर्चा में हिस्सा भी लेते। और फिर अपने वाचन में डूब जाते। 'कोई क्षण खाली न जाए' यह प्रवृत्ति इसके मूल में थी। इस सन्दर्भ में एक प्रसंग में शा. स. रेगे ने कहा है, "आँगन में इसके पूर्व पढ़ी हुई कोई पुस्तक उनके हाथ में होती। पास के स्टूल पर लाल, नीले रंग की पेन्सिलें, कागज, पेन और भी बहुत कुछ (उसी दिन बाजार से लाई गयी नयी पुस्तकें) रखा होता। अनौपचारिक गपशप शुरू हो जाती।...बाबासाहब हाथ में रखी पुस्तक पढ़ते-पढ़ते बीच में ही पुस्तक में से सिर निकालकर गपशप में हिस्सा लेते और फिर वाचन में डूब जाते। अपने आसपास चलनेवाली गपशप से उनके वाचन में कोई बाधा नहीं आती। उनकी आँखे मुड़ जाती और दूसरे ही क्षण वे फिर से एकाग्र हो जाते। एकाग्रता के इस वरदान के कारण उनकी स्मरणशक्ति सामर्थ्यशील हो सकी थी। एक बार पढ़ी हुई पंक्ति उनकी स्मृति में इतनी अचूक पद्धति से जाकर बैठ जाती थी कि उस पांक्ति का वे कभी भी लेखन या भाषण में सहजता से उपयोग करते, उसे उसी रूप में उद्धृत करते।"[11] ग्रन्थप्रेम और व्यासंग का ही यह परिणाम था यह स्पष्ट है। इसी कारण उनका वृत्तपत्रीय लेखन हो, राऊंड टेबल कॉफ्रेंस में दिया गया भाषण हो, संसद का वाक्‌युद्ध हो, अथवा सामान्य श्रोताओं के सम्मुख दिया जानेवाला भाषण हो, वे अपने विषय के प्रतिपादन हेतु अनेक प्रमाण प्रस्तुत करते। उनके वक्तृत्व में जो निर्भीकता, हाजिरजबाबी वृत्ति, तथा तर्कशुद्धता आ जाती उसका एक मात्र कारण उनका ग्रन्थप्रेम तथा ग्रन्थ व्यासंग था। वकीली करते समय भी वे प्रतिपक्ष को इसी की ताकत पर निरुत्तरित कर देते।

डॉ. बाबासाहब आम्बेडकर ने अंग्रेजी ग्रन्थों का जितना वाचन किया उतना ही मराठी ग्रन्थों का भी किया। मातृभाषा पर उनका प्रेम था, प्रेम ही नहीं उस पर अधिकार था, प्रभुत्व था। ज्ञानेश्वर, तुकाराम, एकनाथ आदि के साहित्य का तथा चिपळूणकर, आगरकर, तिलक, परांजपे, केळकर, अच्चुतराव कोल्हटकर आदि का गद्य उन्होंने प्रेम से पढ़ा था। गडकरी के नाटकों को जब वे लंदन निकले, अगले अध्ययन के लिए, उन्होंने साथ में लिये थे। पुण्य प्रभाव, राजसंन्यास, बेबन्दशाही, आगऱ्याहून सुटका (श्री राम गणेश गडकरी के नाटक) आदि नाटकों में स्थित स्वगत उन्होंने कई बार सुनाए थे।"[12] इसी सन्दर्भ में सुधाकर पवार लिखते हैं - "मराठी साहित्य का वाचन कर मराठी लेखन करने के लिए जरूरी ऐसा भाषा प्रभुत्व उन्होंने प्राप्त कर लिया था। उनकी ग्रहण शक्ति इतना शक्तिशाली है कि आज भी उनके लेखन में स्थित विचारों के साथ ही उनका भाषा प्रभुत्व भी प्रभावपूर्ण लगता है और आश्चर्य यह कि अंग्रेजी पर उनका जो अधिकार था, उसमें साथ-साथ मराठी पर भी। यह उनकी वैचारिक परिपक्वता का हिस्सा था।"[13] 'मूक नायक' पत्रिका के लिए लेखन करते समय आरम्भ में वे अंग्रेजी में लेख लिखते,

बाद में खुद ही उसका मराठी अनुवाद करते और फिर छापने को देते। परन्तु जल्दी ही उन्होंने इस पद्धति को छोड़ दिया और सीधे मराठी में लिखने की आदत डाल ली। सन्त साहित्य, तत्कालीन मराठी पत्रिकाएँ तथा साहित्य का वाचन वे करते थे।[14] 'मूकनायक', 'बहिष्कृत भारत' आदि पत्रिकाओं में प्रकाशित उनका लेखन पढ़ने पर उनके ग्रन्थपठन के प्रमाण जगह-जगह पर मिलने लगते हैं। पत्रिकाओं के लिए जरूरी ऐसा बहुआयामी वाचन आम्बेडकर ने किया था।

डॉ. बाबासाहब आम्बेडकर के ग्रन्थप्रेम तथा ग्रन्थ व्यासंग के मूल में उनका अकेलापन था ऐसा कहा जाता है। परन्तु वे ग्रन्थमित्र हो गये क्योंकि अपने समाज के ज्ञानवंचित्व का उन्हें एहसास था। शिक्षा से क्या चमत्कार होता है, इसे वे अपने समाज को बतलाना चाहते थे। ग्रन्थ व्यासंग का महत्त्व वे सिद्ध कर बतलाना चाहते थे। 'इस ग्रन्थ संग्रह के प्रेम के कारण ही उन्होंने कर्ज निकालकर भव्य 'राजगृह' बाँधा था (मुंबई में) और अपने अध्ययन के कमरे की (Study Room) आकर्षक रचना कर ली थी। उनका प्रयत्न था कि उनके सम्मुख ग्रन्थ निरन्तर दिखलाई दें। दिल्ली में मन्त्रिमंडल में जाने तक उनके इस ग्रन्थ राजगृह में 22 हजार श्रेष्ठ से श्रेष्ठ तथा दुर्लभ ग्रन्थ उन्होंने इकट्ठे किये थे। इस व्यसन पर उन्होंने अपनी सारी आय खर्च कर दी। उनका यह ग्रन्थ संग्रह बनारस हिन्दू वि. वि. खरीदने को तैयार था। पं. मदन मोहन मालवीय ने उन दिनों (1950-53 के आसपास) दो लाख की राशि देने की तैयारी रखी थी। उसके कुछ वर्षों बाद बिरला सेठ ने पिलानी वि. वि. के लिए ये ग्रन्थ माँगे थे। वे इसके लिए छह लाख देने को तैयार थे। परन्तु, बाबासाहब इसके लिए तैयार नहीं हुए। अपने पास स्थित प्रत्येक ग्रन्थ पर उनका प्रेम था। उसकी बिक्री का अर्थ गुलामों के व्यापार से भी अधिक दुष्ट कृत्य है — ऐसा वे कहते। जिन ग्रन्थों ने मुझे ज्ञान दिया, आत्मविश्वास दिया, प्रगल्भता दी, एकान्त में धीरज दिया, और निःस्वार्थ रूप से मेरे साथ रहे, उन ग्रन्थों से हमेशा के लिए दूर हो जाना उन्हें उचित नहीं लग रहा था।''[15]

उनका ग्रन्थप्रेम तथा ग्रन्थ व्यासंग उनकी सहायता के लिए कैसे दौड़ आता इसकी एक घटना का उल्लेख जरूरी है। सिडनेहॅम कॉलेज में पॉलिटिकल इकोनामी' इस विषय के अध्यापन हेतु बाबासाहब की नियुक्ति हो गयी। तब यह नया प्राध्यापक क्या पढ़ाएगा इस भावना से आरम्भ में उनकी उपेक्षा की गयी। परन्तु व्यासंग, ज्ञाननिष्ठा और ज्ञानदान के प्रति प्रतिबद्धता रखनेवाला व्यक्ति जब आपके आगे खड़ा हो तो क्या घटित हो सकता है इसका अनुभव सम्भवतः उन छात्रों को नहीं होगा। आम्बेडकर जी का गहरा अध्ययन, सिद्धान्तों की विस्तृत विवेचन करने की उनकी पद्धति और उनकी विचार प्रर्वतक शैली इन सबने छात्रों के मन पर गहरा प्रभाव डाला। आम्बेडकर के ज्ञानप्रभाव से वे सब चौंधिया गये।[16]

डॉ. आम्बेडकर को अपने ग्रन्थों से तथा ग्रन्थालय से अपार प्रीति थी। जब उनके राजगृह पर सरकारी कुर्की आयी तब उन्होंने कहा, "किसी ने अगर मेरी पुस्तकों को हाथ लगाया, तो मैं उस पर गोली चलाकर उसे वहीं खत्म कर दूँगा।"[17]

किसी कारण से 'राजगृह' के आसपास गुंडे घूम रहे हैं, इसलिए आप वहाँ न जाएँ ऐसा उनके अनुयायी कह रहे थे, तब आम्बेडकर ने कहा, "पुत्र, भतीजा तथा प्राणों से भी प्रिय मेरे ग्रन्थालय को खतरे में रखकर केवल अपने प्राण बचाने के लिए मैं वहाँ न जाऊँ ऐसी कायरता मुझसे नहीं होगी।"[18]

"ग्रन्थों पर के प्रेम के कारण पारिवारिक जीवन की ओर ध्यान देने का उतना समय उन्हें नहीं मिलता। क्योंकि उनके भीतर का 'ग्रन्थप्रेम' उन्हें समय ही नहीं लेने देता। डाक से आयी पुस्तक वे तुरन्त पढ़ने बैठते। न्यायालय में जानेवाला यह व्यक्ति न्यायालयीन कामकाज होने के बाद पुस्तक विक्रेता की दुकान पर जाकर पुस्तकों का बोझ लेकर घर पहुँचता। कोई दुर्लभ पुस्तक किसी परिचित व्यक्ति से प्राप्त करना हो, तो उसके घर जाकर उसे चकित कर देते। बाद में वह ग्रन्थ हाथ में लेकर ही ग्रन्थालय के कोने में बैठकर वे खाना खा लेते। वाचन में डूबे बाबासाहब को उनसे मिलने आये व्यक्ति से बातचीत करने का समय तक नहीं मिलता।"[19]

डॉ. आम्बेडकर का ऐसा विचार था कि ग्रन्थवाचन यह ज्ञान सम्पादन के लिए तथा व्यक्तित्व विकास के लिए अत्यन्त महत्त्वपूर्ण साधन है। इतना ही नहीं, शिक्षा और मनोरंजन ये दोनों बाते इससे प्राप्त होती हैं। कीर लिखते हैं— "ग्रन्थों के सम्पर्क में आम्बेडकर को स्वर्ग का आनन्द प्राप्त होता; गम्भीर, परन्तु लुभावनी ऐसी भिन्न स्थिति में वे पहुँचते; क्योंकि ज्ञान से मनुष्य खुद का मित्र बन जाता है... निरन्तर ज्ञान सम्पादन करना उनका लक्ष्य था। उनकी ज्ञानलालसा भी किसी साम्राज्य की तरह विशाल थी। किसी निर्जन, घने ऐसे अरण्य में ग्रन्थालय खड़ा कर वहाँ प्राचीन ऋषि मुनि तथा दार्शनिकों सें संवाद करते हुए बची हुई जिन्दगी बिताएँ— ऐसी उनकी अन्तिम इच्छा थी।[20]

ऐसा कहते हैं कि थॉमस जेफरसन की पहली पसन्द ज्ञानार्जन थी। लोकमान्य तिलक गणित के प्राध्यापक बनना चाहते थे, तो आम्बेडकर कहते कि देश के संविधान से अस्पृश्यों को समुचित संरक्षण मिल गया तो मेरे लिए अध्यात्मिक चिन्तन और लेखन का कितना विशाल क्षेत्र खुला है। अस्पृश्यता की चीख ने उन्हें राजनीति में खींचा अन्यथा...आम्बेडकर महान दार्शनिक ज्ञानेश्वर हो जाते।"[21]

डॉ. आम्बेडकर के ग्रन्थप्रेम का कितना वर्णन करें? ग्रन्थ से प्रथम भेंट पर ही उनकी उससे पक्की दोस्ती हो जाती। ग्रन्थ का आकार, रंग, प्रकरण इसकी याद वे रखते। ग्रन्थ के प्रति उनकी आसक्ति बढ़ ही रही थी। उनके संग्रह में हजारों ग्रन्थ थे, उसमें विश्व के कुछ दुर्लभ ग्रन्थ भी थे। इनके ग्रन्थप्रेम की विशेषता यह कि वे केवल

विद्याविभूषित ज्ञानी पुरुष ही नहीं थे, अपितु कृतीशील नेता भी थे। ज्ञान और प्रत्यक्ष व्यवहार में समन्वय स्थापित करनेवाला उनका व्यक्तित्व था।

डॉ. आम्बेडकर ने विश्व के सभी धर्मग्रन्थों का गहरा अध्ययन किया था। परस्पर विरोधी विचार करनेवाले धर्मग्रन्थ उनके ग्रन्थालय में एक दूसरे के निकट बैठकर बाबासाहब के हस्तस्पर्श की प्रतीक्षा करते बैठते। डॉ. आम्बेडकर का ग्रन्थालय आचार्य अत्रे ने देखा था, ऐसा उल्लेख अत्रे ने अपनी आत्मकथा 'कऱ्हेचे पाणी' में किया है। ज्ञान का अग्निहोत्र शुरू कर वहाँ बैठे आम्बेडकर को देखकर अत्रे लिखते हैं, "महार जाति में जन्मा यह मनुष्य वृत्ति से, व्यासंग से तथा अधिकार से ब्राह्मण से भी अधिक श्रेष्ठ और अधिक पवित्र ऐसा ब्राह्मण है। इतना ही नहीं वह 'महर्षि' इस श्रेष्ठ उपाधि तक पहुँच गया है। जिस किसी सनातनी ब्राह्मण को अपने जन्मजात, ब्राह्मण्य का घमंड है, वह इस कर्मजात ब्राह्मण के घर जाकर उसका पवित्र, निर्मल और ज्ञानमय जीवन देखे...अब तक आम्बेडकर द्वारा लिखे गये ग्रन्थ तथा भविष्य में वे जिन ग्रन्थों को लिखनेवाले हैं उनके विषय विचार में लेने पर, उनकी विशाल विद्वत्ता को देखकर कोई भी आश्चर्यचकित हुए बगैर नहीं रहेगा। धर्मशास्त्र से लेकर संविधान शास्त्र तक ऐसा कोई भी विषय नहीं, जिसमें उनकी प्रतिभा सहजता से विहार नहीं कर सकेगी। जटिल विषयों पर शोध करने की उनकी इच्छा तो ज्ञानकोशकार केतकर और इतिहासाचार्य राजवाडे की जाति की है। आम्बेडकर की विद्वत्ता का और उनके व्यासंग का प्रतिबिम्ब उनके धार्मिक और राजनीतिक विचारधारा पर पूर्णरूप से दिखलाई देता है। उनके उच्चार और विचार को एक प्रकार की गम्भीरता प्राप्त हो चुकी है। मूल रूप से उनके विद्रोही स्वभाव को निरन्तर अध्ययन से दृढ़ आत्मविश्वास प्राप्त हुआ है। और इसी कारण उनके भाषणों में और लेखन में एक प्रकार की निर्भयता देखने को मिलती है।"[22]

महाराष्ट्र में भंडारकर, तिलक, रानडे, तेलंग, केतकर, राजवाडे आदि की शुद्ध ज्ञानोपासना को उतनी ही तपश्चर्या और अधिकार से चलानेवाला महर्षि आम्बेडकर के सिवा दूसरा कोई नहीं था; क्योंकि वाचन, चिन्तन और लेखन इसके अलावा आम्बेडकर के पास दूसरा कोई जीवन ही नहीं था ऐसा आशय व्यक्त कर अत्रे लिखते हैं — "डॉ. आम्बेडकर जैसा प्रचंड बुद्धि का, विद्वत्ता का और कर्तृत्व का दूसरा महाराष्ट्रीय मनुष्य आज हमें दिखलाई नहीं देता।[21] उनका यह गौरव यथार्थ ही है।

डॉ. आम्बेडकर और लेखकों के ग्रन्थों पर ही केवल प्रेम नहीं करते थे, अपितु, अपने ग्रन्थलेखन पर भी उनका उतना ही प्रेम था। अपना छपा हुआ ग्रन्थ देखकर उन्हें अत्याधिक खुशी होती। उनके ग्रन्थों में उनके विशाल वाचन का प्रतिबिम्ब दिखलाई देता है। उनके ग्रन्थ प्रेम का दृश्य रूप ही उनके अनेक ग्रन्थ हैं। बुद्धिजीवियों को वैचारिक खाद्य देने की ताकत उनके ग्रन्थों में है। इन सभी ग्रन्थों के लेखन के मूल में

सामाजिक प्रश्नों को छुड़ाने का उनका लक्ष्य था। इन ग्रन्थों में से उनकी दूरदृष्टि का पता चल जाता है। अपने पांडित्य का अथवा विद्वत्ता का उन्हें कभी गर्व नहीं था। इस दृष्टि से वे विनयशील थे। "मैं अभी भी छात्र हूँ। मुझे अभी बहुत कुछ सीखना है। विश्व में ऐसा विशाल ज्ञान है। परन्तु उसे साध्य करने के लिए मेरे पास पर्याप्त समय नहीं है — ऐसा वे बारबार कहते।"

ऐसे थे ग्रन्थप्रेमी आम्बेडकर! ग्रन्थ यही उनके जीवन सर्वस्व थे। और वाचन था उनका व्यसन!

अनुवाद - डॉ. सूर्यनारायण रणसुभे, लातूर

□□□

सन्दर्भ

1. डॉ. बाबासाहब आम्बेडकरांची भाषणे - खंड 4 : सं. रत्नाकर गणवीर : पृ. 48 (मूळ भाषण - स्वतः सुधारल्याशिवाय इतरांना तुम्ही काय शिकवणार? जनता दि 17/12/1938.)
2. म. फुले-आम्बेडकर : शोध आणि बोध - डॉ. भालचंद्र फडके पृ. 95 (मूळ : बॉम्बे क्रॉनिकल दि. 28 मार्च 1916)
3. डॉ. बाबासाहब आम्बेडकर : धनंजय कीर, पृ. 22
4. नवयुग : आम्बेडकर विशेषांक दि 13 अप्रैल, 1947 - प्रो. सत्यदेव हुदलीकर
5. धनंजय कीर : उ. नि., पृ. 23-24
6. लोकराज्य : दि. 16 अप्रैल 1990. डॉ. आम्बेडकर सानिध्यात : शा. शं. रेगे, पृ. 10
7. धनंजय कीर : उ. नि., पृ. 35
8. धनंजय कीर : उ. नि., पृ. 49-50
9. शां. शं. रेगे : उ. नि., पृ. 10-11
10. शा. शं. रेगे : उ. नि., पृ. 11
11. शा. शं. रेगे : उ. नि., पृ. 12
12. लोकराज्य : डॉ. आम्बेडकर यांची पत्रकारिता : डॉ. सुधाकर पवार, पृ. 46
13. डॉ. आम्बेडकर चरित्र : ले. खैरमोडे
14. शा. शं. रेगे : उ. नि., पृ. 13

15. धनंजय किर : उ. नि., पृ. 43

16. डॉ. बाबासाहब आम्बेडकरांची भाषणे : खंड. 4 सं. मा. फ. गोजरे

17. धनंजय कीर : उ. नि., पृ. 402

18. धनंजय कीर : उ. नि., पृ. 409-411

19, 20 धनंजय कीर : उ. नि., पृ. 491-492

21. मराठी माणसे - मराठी मने डॉ. भीमराव आम्बेडकर - आचार्य अत्रे परचुरे प्रकाशन/मुंबई

***

डॉ. बाबासाहब आम्बेडकर ने 20 जून, 1946 को मुंबई में एक नये कॉलेज की शुरूआत की। कॉलेज का नाम रखा सिद्धार्थ कॉलेज। किसी ब्रह्मर्षि की तरह अध्ययन तथा अध्यापन डॉ. साहब का प्रिय शौक रहा।

सन 1937 में सिक्ख गुरुद्वारा प्रबन्धक कमिटी ने मुंबई में खालसा कॉलेज शुरू किया था। इस कॉलेज को शुरू करने की मूल कल्पना डॉ. आम्बेडकर की ही थी। और इस कॉलेज का नेतृत्व भी उनके ही पास आनेवाला था। परन्तु इसके लिए, डॉक्टर तथा उनके अछूत अनुयायी सिक्ख धर्म को स्वीकार करें ऐसी सिक्खों की अपेक्षा थी। इस बात के लिए डॉक्टर तैयार नहीं हुए। इस कारण उस कॉलेज की व्यवस्था से वे खुद दूर हो गये।

परन्तु इस कारण मुंबई में अत्यन्त आधुनिक पद्धति का तथा अत्यन्त प्रगतिशील विचारों का कॉलेज स्थापन करने की उनकी इच्छा को गति नहीं मिल रही थी। उनकी यह इच्छा पिछले वर्ष पूर्ण हो गयी, इसे देखकर उन्हें जो आनन्द हुआ उसकी कल्पना भी नहीं कर सकते।

... 25 ...

डॉ. बाबासाहब आम्बेडकर के साथ गप-शप

सत्यबोध हुदलीकर

जब तक बाबासाहब को मुंबई में रहना पड़ता, तब हाईकोर्ट के काम खत्म हो जाने के बाद वे अपने इस प्रिय कॉलेज में आकर बैठते। उन्हें वहाँ बैठने के लिए एक अच्छा-सा कमरा भी नहीं था। लेकिन इसकी परवाह वे कभी नहीं करते। आरम्भ के दिनों में तो वे खपरैल वाली बिना दीवारों की झोंपडी में आकर बैठते। कुछ ही दिनों में इस झोपड़ी का विस्तार किया गया और वहाँ कॉलेज के अन्य विभाग लाये गये। तब डॉक्टर साहब को यह जगह भी छोड़नी पड़ी। उसके बाद कॉलेज के एक प्रोफेसर के कमरे में उन्होंने अपनी बैठक लगाई। परन्तु मेरी इस बैठक के कारण उस प्रोफेसर महाशय के काम में बाधा पहुँचती है, ऐसा जब उन्हें अनुभव हुआ, तब उन्होंने अपने शाम का मुकाम इस प्रोफेसर महाशय के कमरे के सामने स्थित बरांडे में लगा दिया। तब से वे यहीं बैठते हैं।

बहुत विशाल ऐसी एक आराम कुर्सी उसके ऊपर तकिया और उसके सामने एक सादा-सा टेबल और इस आरामकुर्सी के चारों और दो चार-कुर्सियाँ इस प्रकार की उनकी यह बैठक हुआ करती थी। सिद्धार्थ कॉलेज मे स्थित डॉ. आम्बेडकर की यह सीधी -

सादी सी बैठक और वहाँ चलनेवाले गम्भीर वाद-विवाद को देखकर किसी को भी बोधिवृक्ष के नीचे बैठकर वाद-विवाद करनेवाले सिद्धार्थ गौतम बुद्ध की याद आ सकेगी। यहाँ रोज विभिन्न प्रकार के शैक्षिक, राजनीतिक, आर्थिक आदि विषयों पर बहस होती थी। इस अनौपचारिक ज्ञानसत्र में जो बहसें हुआ करती थीं, उसके नोट्स पिछले चार पाँच महीने से मैं रोज डायरी में लिखकर रखता रहा। प्रस्तुत लेख तैयार करते समय मैंने उस डायरी का उपयोग किया है। इस लेख को पढ़ने पर पाठकों को यह समझ में आ जाएगा कि कम-से-कम शब्दों में डॉ. आम्बेडकर कितना मार्मिक एवं विचारों से भरा हुआ विवेचन करते थे। इसके अलावा, प्रस्तुत लेख में डॉक्टर साहब के व्यक्तिगत जीवन के भी कुछ चित्र प्रगट हुए हैं।

बचपन से सम्बन्धित जानकारी

एक दिन डॉक्टर आम्बेडकर अपने बचपन की बातें कहने लगे। "मेरे पिताजी शिक्षक थे। ईस्ट इंडिया कंपनी का एक बहुत अच्छा नियम था। दुर्भाग्य से आगे चलकर इस नियम का पालन नहीं किया गया। नियम यह था कि कंपनी सरकार की सेना में नियुक्त सैनिक को अनिवार्य रूप से शिक्षा दी जाती थी। पढ़ने-लिखने हेतु तैयार किया जाता था। सैनिकों के लड़के-लड़कियों के लिए भी शिक्षा अनिवार्य कर दी गयी थी। दिन में इनकी पढ़ाई तथा रात में वहीं पर प्रौढ़ों के लिए अर्थात सैनिकों के लिए विद्यालय चलाया जाता था। प्रत्येक प्लॅटून के लिए स्वतन्त्र विद्यालय खोले गये थे। ऐसे ही एक विद्यालय में मेरे पिताजी चौदह वर्षों तक हेडमास्टर थे। सैनिकों के लिए अच्छे शिक्षक तैयार करने हेतु पुणे में एक नॉर्मल विद्यालय था। उस नॉर्मल विद्यालय में मेरे पिताजी ने अध्ययन कर आचार्य का डिप्लोमा प्राप्त किया था। उनकी पढ़ाने की पद्धति वर्णन करने योग्य थी। इसी कारण तो मेरे पिताजी के मन में शिक्षा के प्रति आकर्षण तथा आस्था पैदा हो गयी थी। हमारे घर की औरतों को भी लिखना-पढ़ना आता था। इतना ही नहीं, पांडव-प्रताप, रामायण जैसे ग्रन्थ पढ़कर उन पर प्रवचन करने की, व्याख्यान देने की शक्ति भी पिताजी के प्रोत्साहन से मेरी बड़ी बहन में आयी थी। पिताजी कबीर पंथी थे, इस कारण कबीर के बहुत से भजन और दोहे उन्हें मुखोदगत थे।

मैं संस्कृत पढ़ूँ ऐसी उनकी तीव्र इच्छा थी। परन्तु उनकी यह इच्छा पूर्ण नहीं हो सकी। उसका कारण था— मेरे बड़े भाई जब सातारा में थे, और जब वे चौथी कक्षा में आये तब उन्होंने संस्कृत भाषा के अध्ययन की इच्छा प्रगट की। मैं संस्कृत का बड़ा भारी विद्वान हो जाऊँ ऐसी उनकी इच्छा थी। परन्तु वहाँ के संस्कृत के प्राचार्य ने कहा कि "मैं अस्पृश्य छात्रों को संस्कृत नहीं पढ़ाऊँगा." इस कारण मजबूरी से मेरे भाई को पर्सियन भाषा का अध्ययन करना पड़ा। वे आचार्य कक्षा में अस्पृश्यों के प्रति बहुत

अपमानास्पद बोलते। जिसके कारण अस्पृश्य छात्रों के मन पर बुरा परिणाम होता। मैं भी जब अंग्रेजी की चौथी कक्षा में आया, तब हमारे संस्कृत के आचार्य भी यही करेंगे इसकी जानकारी मुझे थी। इस कारण मैं भी मजबूरी से पर्शियन भाषा की ओर मुड़ा। व्यक्तिगत रूप से मुझे संस्कृत भाषा का अत्यन्त अभिमान है। यह भाषा मुझे ठीक तरह से आनी चाहिए ऐसा मुझे आज भी लगता है। मैं खुद ही संस्कृत पढ़ता हूँ। अपने इस परिश्रम के कारण मैं थोड़ी थोड़ी संस्कृत पढ़ने एवं समझने लगा हूँ। इस भाषा में प्रवीण होने के मेरी तीव्र इच्छा है। पता नहीं वह दिन कब आएगा?

यद्यपि मैंने पर्शियन भाषा का अच्छा अध्ययन किया है, मुझे इस भाषा के प्रश्नपत्र में सौ में से नब्बे-पचानबे अंक भी मिलते रहे, परन्तु इस बात को स्वीकार करना पड़ेगा कि संस्कृत साहित्य की तुलना में पार्शियन साहित्य एकदम फीका है। संस्कृत साहित्य में काव्य है, काव्य मीमांसा है, अलंकार शास्त्र है, नाटक हैं, रामायण महाभारत जैसे महाकाव्य हैं, दर्शन है, तर्कशास्त्र है, गणित है, आधुनिक ज्ञानशाखाओं की दृष्टि से देखा जाय तो संस्कृत साहित्य में सबकुछ है। ऐसा पर्शियन में नहीं है। मुझे संस्कृत भाषा का अभिमान है। संस्कृत भाषा हमें अच्छी तरह से अवगत हो इसके सम्बन्ध में मेरे मन में विलक्षण आत्मीयता होने के बाबजूद भी दृष्टकृत्योंवाले तथा संकुचित दृष्टिदोष के लोगों के कारण मुझे संस्कृत से दूर रहना पड़ा।

पिताजी का कठोर अनुशासन

फौजी होने के कारण घर में पिताजी का कठोर अनुशासन रहता था। मैं उनके इस अनुशासन से ऊब जाता था। आज मुझे यह तीव्रता से महसूस होता है कि अगर मैं पिताजी के अनुशासन और इच्छानुसार अध्ययन करता तो मुझे मुंबई वि. वि. की सभी परीक्षाओं में द्वितीय श्रेणी प्राप्त हो सकती थी। लेकिन उस वक्त मैं उनकी लगन को, उनकी आत्मीयता को समझ नहीं पाया। उन दिनों मुझे लगता कि वे मुझ पर अध्ययन का काफी बोझ डाल रहे हैं। उन्हें गणित में बहुत रूचि थी। उन दिनों किसी गोखले के अंकगणित की पुस्तक बड़ी प्रसिद्ध थी। इस पुस्तक के एक एक उदाहरण वे खुद सुनाते और सुन्दर अक्षरों में एक बड़ी सी नोट बुक में उतारकर रखते। उनकी इच्छा होती कि मैं उस नोटबुक को खोलकर देखता रहूँ और गणित विषय में रूचि बढ़ाऊँ। परीक्षाओं में मैं उत्तम श्रेणी में उत्तीर्ण होऊँ इस पर उनका विशेष आग्रह होता। इस दृष्टि से उन्होंने मेरा कितना खयाल किया होगा, इसकी कोई कल्पना भी नहीं कर सकता।

बाद में अंग्रेजी शिक्षा के लिए हम मुंबई में आ गये। और मैं 'मराठा हाईस्कूल' में पढ़ने लगा। शुरू में हमारी घर की स्थिति अच्छी थी, लेकिन आगे चलकर स्थिति

काफी बिगड़ती गयी। पिताजी को थोड़ी सी पेन्शन मिलती थी। लेकिन मुंबई का रहन सहन और परिवार में बहुत सारे सदस्य— इस कारण मुझे जिन पुस्तकों की जरूरत होती, उसे लाकर देना, अथवा मुझे जो कपड़े आदि चाहिए होते, उन्हें खरीदना पिताजी को सम्भव नहीं होता। बावजूद इसके बहुत सारे कष्ट झेलकर वे मेरे सुख समाधान की खातिर हमेशा तैयार रहते। जब मुझे यह सब याद आता है, तब पिताजी के प्रति मैं अभिमान महसूस करता हूँ। इतना प्रेम करनेवाले पिताजी थोड़े ही लोगों को मिलते होंगे ऐसा मुझे लगता है। उस आयु में मैं उनके प्रेम के महत्त्व को जान नहीं पाया।

बहुत आरम्भ से ही मुझे पाठ्यपुस्तकों की तुलना में अन्य पुस्तकें पढ़ने का बड़ा भारी शौक था। लेकिन पिताजी को यह कतई पसन्द नहीं था। उनका कहना था कि पाठ्यपुस्तकों का अध्ययन ही पहले करना चाहिए। जरूरी हो तो ही अन्य पुस्तकें पढ़नी चाहिए।

मराठी भाषा पर उन्हें जितना अभिमान था, उतना ही अभिमान उन्हें अंग्रेजी भाषा पर भी था। अंग्रेजी पढ़ाने में उन्हें बहुत आनन्द आता था। वे मुझे हमेशा कहते की हावर्ड की सारी पुस्तकें मुखोदगत कर लो। ठीक इसी प्रकार तर्खडकर की अनुवाद पाठमाला की तीन पुस्तकें भी उन्होंने मुझसे मुखोदगत कर ली थीं। वे मराठी के शब्दों को उचित अंग्रेजी प्रतिशब्द ढूँढकर निकालते और उचित स्थान पर उसका उपयोग करने के लिए कहते। पिताजी ने यह सब मुझे सिखाया था। आज मैं अंग्रेजी अच्छी बोलता हूँ और उसमें लिखता भी हूँ ऐसी मेरी ख्याति हो चुकी है, परन्तु इसके मूल में मेरे पिताजी का श्रम है। विशेषतः उचित शब्दों का उपयोग कर वाक्य का सन्तुलन कैसे रखना चाहिए यह मुझे पिताजी ने ही सिखाया था। किसी शिक्षक ने नहीं। तर्खडकर की किताबों में से उलट पुलटकर वे मुझसे शब्द पूछते, प्रतिशब्द कहने के लिए कहते, मेरे ज्ञान की परीक्षा लेते। ठीक इसी प्रकार अंग्रेजी वाक्प्रचार और कलात्मक भाषा-शैली का कैसे उपयोग करना चाहिए यह भी उन्होंने मुझे सिखाया।

मैं बहुत लाड़ला हो गया था

जैसा कि मैंने अभी कहा किताबों से मुझे बहुत प्यार था। प्यार ऐसा कि कोई किताब अच्छी लगी कि लगता वह मेरे संग्रह में हो। उन दिनों वही मेरी महत्त्वाकांक्षा थी। उस महत्त्वाकांक्षा के कारण ही मेरा यह हाल का ग्रन्थ संग्रहालय निर्माण हुआ है। उस वक्त भी नयी नयी पुस्तकें लाकर देने मैं पिताजी से जिद्द करता। मैंने किसी किताब की माँग की कि शाम तक पिताजी वह किताब मुझे कहीं से भी लाकर नहीं दिये ऐसा कभी हुआ नहीं। हालाँकि उन दिनों हमारी हालत बहुत खराब थी। इसे मैं पहले ही आपको बता चुका हूँ। परन्तु उन दिनों मुझे इस स्थिति का एहसास नहीं था। मेरे पिताजी का

अन्तःकरण बहुत विशाल था। जब मैं किसी पुस्तक की माँग करता, तब उनकी जेब में तो पैसे होते नहीं थे। परन्तु वे बगल में अपना साफा लेकर निकलते। उन दिनों मेरी दोनो बहनें मुंबई में ही रहती थीं। मेरे पिताजी जो घर से निकलते सीधे मेरी छोटी बहन के घर पहुँचते। उसके पास से वे रुपये उधार माँगते, कहते कि पुस्तक खरीदनी है। वह बेचारी दुःखी मन से कहती मेरे पास इतने रुपये तो हैं नहीं। यह सुनकर पिताजी वहाँ से तुरन्त निकलते बड़ी बहन के पास जाते। उसके पास भी अगर रुपये न होते, तो उसका कोई गहना माँगते। अर्थात वे गहने मेरे पिताजी ने ही उसकी शादी में उसे दिये थे। उस गहने को लेकर वे अपने परिचित मारवाड़ी के यहाँ जाते। उसके पास वह गहना रेहन में रखते। पैसे लेकर पुस्तक खरीदरकर ही घर आते। जैसे ही उन्हें माह के आरम्भ में पेंशन मिली, उस मारवाड़ी के यहाँ जाकर रेहन रखा हुआ गहना, पैसे देकर वापिस लेते। बहन के घर जाकर गहना उसे लौटाते। इस कारण मेरी बहनें पिताजी के गहना माँगने पर कभी भी नकार नहीं देतीं। क्योंकि 15-20 दिनों में उन्हें वह गहना वापिस मिल जाता।

इसका एक अन्य कारण भी था। मेरी माँ की मृत्यु मेरे बचपन में हो जाने के कारण मेरी फूफी ने ही मुझे पाल-पोसकर बड़ा किया था। फूफी उम्र में पिताजी से बड़ी थीं। इस कारण घर पर उनका पूरा नियन्त्रण था। मेरे पिताजी भी उन्हें खूब मानते थे। और मैं इस फूफी का बहुत लाड़ला था। इस कारण घर का कोई भी सदस्य मुझे कुछ बोलने की हिम्मत ही नहीं करता था। उसका परिणाम ऐसा हुआ कि मैं बहुत लाड़ला बन गया। मेरी हर इच्छा पूरी की जाती। मेरी खुशी के लिए पिताजी को कितने कष्ट सहन करते पड़ते थे, इसकी जानकारी मुझे उन दिनों नहीं थी। उन दिनों मैं चोटी रखता था। इस चोटी को भरपूर तेल लगाकर इस नयी पुस्तक को तकिया की तरह सिर के नीचे रखकर मैं आराम से सो जाता। ऐसी स्थिति में उस पुस्तक की क्या दुर्दशा हो जाती इसकी आप कल्पना कर सकते हैं। बचपन से मुझे पढ़ाई का शौक चर्राया था। यह शौक या व्यसन इतना बढ़ गया था कि फलाँ पुस्तक में फलाँ जगह पर कुछ महत्त्वपूर्ण बात कही गयी है, इसे मैं तुरन्त बता सकता हूँ। पढ़ाई की इस आदत के कारण मेरी स्मरणशक्ति बहुत तीव्र हो गयी है।

भजन खत्म हुआ क्या आपका?

यद्यपि हमारा परिवार गरीब था, फिर भी घर का वातावरण प्रगतिशील विचारों का तथा शिक्षित परिवार की तरह था। हम सभी में ज्ञान के प्रति रुचि उत्पन्न हो, चरित्र दृढ़ बने, इसके लिए पिताजी बहुत प्रयत्न करते थे। सुबह खाना खाने से पहले वे हमें भजन, अभंग, दोहे कहने के लिए आग्रह करते। लेकिन हममें से अधिकांश और

खासकर मैं हमेशा इसे टालने की कोशिश करता। पिताजी नाराज न हों इसलिए दो चार दोहे, एक दो अभंग वह भी आधे-अधूरे कहकर हम भोजन की थाली के सामने आकर बैठ जाते। पिताजी तुरन्त हमें पूछते, क्यों रे आज तुम लोगों का भजन जल्दी कैसे खत्म हुआ?' उनके इस प्रश्न का उत्तर देने के पहले ही हम वहाँ से निकल जाते। परन्तु सुबह की यह धाँधली शाम के समय पिताजी चलने नहीं देते। रात्रि के आठ बजते ही मेरी दोनों बहनें, मेरे बड़े भाई और मैं भगवान की मूर्ति के सम्मुख इकट्ठे बैठें ऐसा उनका कड़ा आदेश होता। कभी कोई अनुपस्थित रहा कि वे बहुत नाराज हो जाते। और वे बहुत भक्तिभाव से सन्तो के अभंग, कबीर के दोहे गाने लगते, तब वहाँ अतिशय गम्भीर और पवित्र वातावरण तैयार हो जाता। पिताजी को सन्तो के सैकडों पद (अभंग) और कबीर के दोहे मुखोदगत थे। हमें इसका बड़ा आश्चर्य लगता। ठीक इसी प्रकार मेरी बहनें भी अपनी मीठी आवाज में सन्तो के पद गातीं तब धर्म और धार्मिक संस्कार मनुष्य के जीवन में अत्यन्त जरूरी हैं, ऐसा मुझे मन ही मन लगता।

मैं धर्मभ्रष्ट हूँ ऐसा अनेक लोगों को लगता है। लेकिन यह बात सच नहीं है। मेरे प्रति लोगों की यह गलतफहमी है। जे लोग मेरे निकट आते हैं, उन्हें धर्म के प्रति मेरी श्रद्धा एवं प्रेम का पता है। मुझे धार्मिक पाखंड बिल्कुल पसन्द नहीं है। जिस धर्म के एहसास से मनुष्य के अन्तःकरण में स्थित पशुवत वृत्ति नियन्त्रण में नहीं आ सकती, वह ध्रर्म किसी भी काम का नहीं है ऐसी मेरी मान्यता है। मेरा मन अधिक प्रगतिशील, विवेक सम्पन्न हो सका, इसका पूरा श्रेय मैं मेरे पिताजी की इस धार्मिक वृत्ति को देता हूँ।

बचपन में उन्होंने ही इस प्रकार का भक्तिमार्ग का वातावरण मेरे भीतर निर्माण किया, लेकिन ऐसे भक्तिमार्ग से मनुष्य मूर्तिपूजक बनता है यह इसका एक बहुत बड़ा दोष है। इसीलिए भक्तिमार्ग राष्ट्र के लिए घातक ही है ऐसी मेरी प्रामाणिक मान्यता है। सम्भवतः मेरी यह बात लोगों को ठीक नहीं लगेगी। परन्तु उन्हें मेरी इस मान्यता पर गहरे में जाकर सोचना चाहिए। इसके मूल में स्थित इतिहास को समझ लेना होगा। और पूर्णतः तटस्थ होकर विचार करना होगा। बुद्धिजीवी व्यक्ति को मेरे इस वक्तव्य की यथार्थता समझ में आ जाएगी। मनुष्य को बुद्धिजीवी दृष्टि से तथा मानवता की दृष्टि से सोचना चाहिए। पिताजी के कारण मुझे मराठी सन्तो के — मुक्तेश्वर, तुकाराम आदि के अनेक पद मुखोदगत हो गये। मैंने मराठी सन्त साहित्य का गहरा अध्ययन किया है।

मुझे भाषाओं में बहुत रूचि है। मैं अंग्रेजी ठीक से बोल लेता हूँ। परन्तु मुझे अभिमान मेरी मराठी भाषा का है। मैं बहुत वर्षों तक 'बहिष्कृत भारत', 'मूकनायक' इन साप्ताहिकों का सम्पादक था और मैंने मराठी में काफी लेखन किया है।

'जनता' पत्र में मुख्य सम्पादकीय लेख मैंने ही लिखे थे। जर्मन भाषा का भी मैंने

काफी अच्छा अध्ययन किया है। अब मैं उसे थोड़ा सा भूल सा गया हूँ। परन्तु अगर थोड़ासा भी प्रयत्न करूँ तो मैं उसे सहजता से पुनः पढ़ सकूँगा ऐसा मुझे लगता है। मैं गुजराती जानता हूँ। अभी हाल ही में मैंने अहमदाबाद में गुजराती में व्याख्यान दिया है। मराठी में व्याख्यान देने में पहले डरता था। पर अब मराठी में भी मैं अच्छी तरह से बोल- लिख सकता हूँ। मुझे फ्रेंच भाषा भी आती है।

आखिर कितना अध्ययन करें

पिताजी के सम्बन्ध में और दो चार बातें कहने का मन हो रहा है। मैं बी. ए. की परीक्षा उत्तीर्ण हो जाऊँ ऐसी उनकी बहुत तीव्र इच्छा थी। सबेरे दो बजे उठकर मैं अध्ययन के लिए बैठता। प्रातःकाल में मन शान्त व प्रसन्न हो जाने के कारण अध्ययन अच्छी तरह से हो जाता है ऐसा मुझे लगता है। परीक्षा के दिनों में प्रातःकाल दो बजे जाग जाऊँ, इसलिए पिताजी रात में दो बजे तक जागते रहते। शुरू-शुरू में मुझे दो बजे उठना अच्छा नहीं लगता था। पिताजी जब मुझे जगाने आते, तब मैं गुस्से में कुछ बोलता भी था। मेरे तकिए के पास एक दिया रखा जाता था। उसमें जो तेल और बाती होती थी, वह दे देकर कितना प्रकाश देती? और उस उजाले में मैं कितना कुछ पढ़ सकता था? यूँ ही सबरे पाँच बजे तक बिस्तर पर ही इस करवट से उस करवट पर चला जाता। करवटें बदलता। कुछ कुछ अध्ययन हो जाता। अथवा अध्ययन करने का मैं नाटक करता था। पाँच बजे के बाद एक मिनट भी बिस्तर पर पड़े रहने को किसी को भी अनुमति नहीं थी। पिताजी को मैं अक्सर कहता कि मैं आज तक कभी भी अनुत्तीर्ण नहीं हुआ हूँ। प्रतिवर्ष अच्छे अंको से उत्तीर्ण होता हूँ। इतना बस है ना! फिर भी आप मेरे पीछे अध्ययन करो की रट क्यों लगाते हो?

एलफिस्टन कॉलेज (मुंबई) में तब प्रो. ओस्वाल्ड मुल्लर, प्रिन्सिपॉल कॉव्हर्नटन, प्रो. जॉर्ज अंडरसन ऐसे विद्वान प्रोफेसर थे। परन्तु इन लोगों से मुझे कोई स्फूर्ति नहीं मिली। प्रो. मुल्लर जी का मुझ पर बहुत प्रेम था। वे मुझे अपनी शर्ट देते, अपनी पुस्तकें देते, फिर भी उनका अध्यापन मेरे अन्तःकरण में नवचैतन्य पैदा नहीं कर सका। यह सच है। मैं वि. वि. की प्रत्येक परीक्षा में उत्तीर्ण होता गया परन्तु मुझे कभी द्वितीय श्रेणी भी प्राप्त नहीं हुई। बी. ए. में केवल कुछ अंकों से मुझे द्वितीय श्रेणी नहीं मिल सकी। उस वक्त की मेरी अध्ययन की प्रगति को देखते हुए अगर उन दिनों कोई यह भविष्यवाणी करता कि आगे चलकर यह महाशय अनेक उपाधियाँ ग्रहण करेंगे, ग्रन्थ लिखेंगे, तो उस पर कोई विश्वास न रखता।

पिताजी का निधन

बी. ए. की परीक्षा उत्तीर्ण होने के उपरान्त पिताजी को लगा कि मैं मुंबई में ही रहूँ बड़ौदा न जाऊँ। बड़ौदा में मेरा जो अपमान होनेवाला था, शायद उसकी कल्पना पिताजी को थी ऐसा मुझे आज लगता है। मैं बड़ोदा की नौकरी को न स्वीकारूँ इसके लिए उन्होंने मुझे समझाने का प्रयत्न किया। लेकिन मैंने मेरी जिद्द नहीं छोड़ी। अन्त में जो होना था, वही हुआ।

मैं बड़ोदा जाने के उपरान्त ग्यारह दिनों के भीतर उनका मुंबई में देहान्त हो गया। वे अचानक बीमार हो गये। मुझे तार द्वारा सूचित किया गया। तार पाते ही मैं मुंबई की ओर निकला। रास्ते में सूरत स्टेशन पर पिताजी के लिए बर्फी लेने की मेरी इच्छा हुई। उन्हें अच्छा लगेगा, ऐसी मेरी कल्पना। बर्फी लेने नीचे उतरा और इस गड़बड़ी में गाड़ी निकल गयी। परिणामतः मैं बहुत देर से— दूसरे दिन— मुंबई पहुँचा। घर आकर देखा तो पिजाती बहुत ही अस्वस्थ थे, उनकी तबीयत चिंताजनक थी। परिवार के सभी सदस्य उनके बिस्तर के आसपास बैठे थे। वातावरण में अत्याधिक गम्भीरता थी। मेरे दिल को ठेस पहुँची। पिताजी ने मेरे शरीर पर एक बार प्यार से हाथ घुमाया। उन्होंने मुझे एकाग्रता से देखा और प्राण त्याग दिया। केवल मेरी भेंट के लिए ही उनके प्राण रुक गये थे। सूरत स्टेशन पर मैं उतरा इसी कारण उन्हें जल्दी मिल नहीं सका। जीवन भर मुझे इसका पछतावा हो रहा है।

स्वभाव वर्णन

बचपन से ही मेरा स्वभाव बहुत जिद्दी रहा है। इन दिनों मेरा स्वभाव जिद्दी है या नहीं मैं कह नहीं सकता, लेकिन लोग कहते हैं कि मेरा स्वभाव अभी भी वैसा ही है।

बचपन में घटित एक घटना कहता हूँ। सम्भवतः तब मैं अंग्रेजी की दूसरी कक्षा में था। हमारा विद्यालय था सातारा के कैंप में। पेंडसे नामक हमारे एक शिक्षक थे। उनका मुझ पर बहुत प्रेम था। मेरा स्वभाव जिद्दी और हठीला है, इसका पता मेरे मित्रों को था। अगर सबने यह कहा कि यह काम नहीं करना है तो मैं जरूर उसे करता, इसका पता उन्हें था। एक दिन बहुत बारिश हो रही थी, और विद्यालय में जाने का समय हो रहा था। मेरे मित्रों ने मुझसे कहा, "देखो यार, बरसात बहुत हो रही है। इतनी बरसात में आज स्कूल नहीं जाएँगे हां, तू भी मत जा।" मेरे बड़े भाई छाता लेकर स्कूल निकल गये थे। मैंने ही उनसे कहा था एक छाता लेकर आप निकल जाईए। मैं पीछे से आ जाऊँगा भीगते हुए। भाई ने मुझे समझाने का बहुत प्रयत्न किया। लेकिन मैंने उसका कहना नहीं माना। मैं बिना छाते के उस बारिश में भीगते हुए स्कूल निकला। उन दिनों मैं एक खूबसुरत टोपी पहना करता था। टोपी बारिश में भीग न जाय इसीलिए मैंने उसे

भाई की ओर सौंप दिया था। अलावा इसके किताबें और कापियों भी उसकी ओर दे दीं। इन सब चीजों को लेकर छाते के साथ वह पहले निकल गया। और मैं बारिश में भीगते भीगते विद्यालय की ओर निकला। धुआँधार बारिश हो रही थी। विद्यालय पहुँचने पर मैंने देखा कि मैं पूरी तरह से भीग चुका था। बदन से पानी टपक रहा था।

उस स्थिति में मुझे देखकर मेरे शिक्षक को बहुत बुरा लगा। उन्होंने मुझसे पूछा, "छाता लेकर क्यों नहीं निकले?" मैंने जबाब दिया "हम दोनों भाईयों में एक ही छाता था इसलिए मैं भीग गया।" वास्तव में यह सच्चाई नहीं थी। मैं गप हांक रहा था। यह बात उस भोले शिक्षक के ध्यान में नहीं आयी। तुरन्त उन्होंने मेरे बड़े भाई को बुला लिया। वह चौथी कक्षा में था। शिक्षक ने उसे पूछा, "बताओ भला, तुम्हारे बदन पर कितनी कमीज हैं।" भाई के बदन पर एक ही कमीज थी। तब उन्होंने अपने बेटे को साथ देकर मुझे उनके घर जाने के लिए कहा। बेटे से उन्होंने कहा, "घर जाकर इसे गरम पानी देना, इसे स्नान करने के लिए कहना। इसे अपने घर की एक लंगोट देना। इसके ये कपड़े मतलब धोती और कमीज सूखने के लिए डालना। सूखने पर उन्हें पहनकर शाम को यह अपने घर जाएगा। " शिक्षक का वह बेटा मुझे अपने घर ले गया, नहाने के लिए गरम पानी दिया, पहनने के लिए लंगोट दी। कपड़े सूखने तक उनके घर पर ही रहा। तब तक विद्यालय की झंझट से मैं मुक्त था। इसलिए मुझे बहुत खुशी हई। उन दिनों आवारागर्दी करते हुए, सीटियाँ बजाते हुए मैं विद्यालय में आसपास घूमता था।

काफी देर हुई यह अभी तक कक्षा में क्यों नही लौटा इसे देखने हेतु उस शिक्षक ने पुनः एक लड़के को अपने घर की ओर भेज दिया। सिर्फ लंगोट पहन कर इतने सारे लड़कों के बीच बैठना मुझे अच्छा नहीं लग रहा था। शर्म महसूस हो रही थी। परन्तु मेरे शिक्षक का कहना था कि यहाँ तो सारे लड़के ही हैं, फिर शर्म काहे की। मैं मजबूरी से चुपचाप कक्षा में जाकर बैठा। लेकिन इस घटना का मेरे मन पर इतना गहरा असर हुआ कि तब से मैंने निश्चय किया की अब आगे किसी बात के लिए जिद्द नहीं करूँगा। पता नहीं इसमें मुझे कहाँ तक सफलता मिली है।

'उपनाम' से सम्बन्धित घटना

हमारा उपनाम 'आम्बेडकर' नहीं था। हमारा उपनाम आम्बिवडेकर था। महाराष्ट्र के खेड़ तहसील में (जिला रत्नागिरी - कोंकण) दापोली नामक गाँव के निकट करीब पाँच मील पर एक छोटा-सा गाँव है आम्बिवडे। मराठी में गाँव के नाम के साथ 'कर' लगाकर उपनाम बनाने की पद्धति है। चाकूर कर, पुणेकर, आदि। ठीक इसी प्रकार हमारा उपनाम हो गया आम्बिवडेकर। इसी उपनाम से लोग हमें जानते थे। अब इस

आम्बिवडेकर का आम्बेडकर कैसे हुआ, इसका एक इतिहास है। आम्बेडकर नामक एक ब्राह्मण शिक्षक उन दिनों हमारे विद्यालय में थे। अध्यापन में उनकी कोई विशेष रुचि नहीं होती थी। लेकिन मुझ पर उनका बहुत प्रेम था। विद्यालय के इंटरवल के समय खाना खाने के लिए मुझे घर जाना पड़ता था। और घर विद्यालय से काफी दूर था। खाने के लिए मैं इतनी दूर जाता हूँ, यह जब उन्हें मालूम हुआ, तो उन्हें बहुत बुरा लगा। वे नहीं चाहते थे कि मै इतने दूर खाना खाने के लिए जाऊँ। परन्तु मुझे इसमे आनन्द आता था। क्योंकि उतनी देर तक मुझे बाहर भटकने को मिलता था। इसलिए दोपहर की छुट्टी में घर जाना मुझे अच्छा लगता था।

मैं दोपहर में खाना खाने के लिए इतनी दूर न जाऊँ इसलिए वे रोज अपने साथ मेरे लिए भी रोटी सब्जी लाने लगे। और दोपहर में मुझे बुलाकर मुझे ऊपर से रोटी सब्जी देते। उनके उस अन्न को मेरा स्पर्श होने नहीं देते। बहुत आत्मीयता और प्यार से मुझे वे खाने के लिए कहते। मुझे यह बताने में अभिमान महसूस होता है कि प्रेम की उस सब्जी रोटी की टेस्ट अवर्णनीय थी। उनके प्रति मेरा मन गद्‌गद् हो उठता है। सचमुच ही इस आम्बेडकर शिक्षक का मेरे प्रति प्रेम सच्चा तथा आत्मीयतापूर्ण था। ऐसे ही एक दिन उन्होंने मुझसे कहा कि यह तुम्हारा आम्बिवडेकर उपनाम ठीक नहीं है। उच्चारण में कठिन है। आम्बेडकर यह नाम सरल और अच्छा है। यही नाम अब तू अपने उपनाम के रूप में लिखते जा। और वे बोलकर रुके नहीं तो रजिस्टर मे मेरा उपनाम आम्बेडकर कर दिया। जब मैं इंग्लैंड की यात्रा पर राउंड टेबल कांफ्रेंस के लिए निकला उन्होंने मुझे अत्यन्त प्रेम भरा पत्र लिखा या। उनका वह पत्र अभी भी मेरे संग्रह मे है। भविष्य में जब कभी मैं अपनी आत्मकथा लिखूँगा, तब इस पत्र को मैं उसमें जरूर छापूँगा।

इस शिक्षक की जीवनशैली तथा कार्यपद्धति अजीब सी थी। घंटी बजने पर वे कक्षा में आते और हमारी कक्षा के रहीमतुल्ला नामक एक बड़े छात्र पर कक्षा की जिम्मेदारी सौंपकर आराम से कक्षा से निकल जाते। यह रहीमतुल्ला आयु में कक्षा में सबसे बड़ा था। हम सब दस ग्यारह वर्ष के और वह था 20-25 वर्ष का। शाम में कक्षा छूटने के पहले हमारे यह शिक्षक महोदय कक्षा में आते और रहीमतुल्ला से पूछते, "क्या समाचार है? लड़कों ने शोर शराबा तो नहीं किया?" रहीमतुल्ला जबाब देता "नहीं, ऐसा कुछ नहीं हुआ।" तो फिर वे निश्चिंत हो जाते।

अब आप अगर यह पूछेंगे कि ये शिक्षक दोपहर में कक्षा छोड़कर कहाँ जाते थे, तो उसकी भी एक कहानी है। हमारे पाठशाला के सामने एक परचून की दुकान थी। स्कूल के कारण दुकान में काफी ग्राहक जाते थे। चपरासी, उनके छात्र आदि। दुकान अच्छी चलती थी। हमारे ये शिक्षक दोपहर में इस दुकान की बही खाते लिखने का काम

करते जिसके लिए उन्हें उन दिनों प्रतिमाह 20-25 रुपये मिलते थे।

परन्तु वे परेशान हो जाते थे, वार्षिक परीक्षा के दिनों में। परीक्षा लेने के लिए उन दिनों जिले से डेप्युटी साहब आते थे। ये डेप्युटी कक्षा में बोर्ड पर गणित लिखते थे और हमें उसे हल करने के लिए कहते। तब हमारे ये आम्बेडकर शिक्षक पड़ोस के कमरे में से स्लेट पर उस गणित का उत्तर बड़े अक्षरों में लिखकर पूरी कक्षा को बतलाते। डेप्युटी की पीठ के पीछे से। परिणामतः हम सबके उत्तर ठीक आ जाते। और अच्छे अध्यापन का प्रमाणपत्र इस शिक्षक को मिलता। परीक्षा हो जाने के बाद इस डेप्युटी को हमारे ये शिक्षक महोदय चिवड़ा, चिरूट आदि भेंट में दे देते। फिर क्या? सफल शिक्षक का रिमार्क मिलने से अब साल भर की उनकी चिन्ता मिट जाती। और अब वे निश्चिंत होकर पूरे सालभर परचून की दुकान में अपना काम करते बैठ सकते थे।

राजगृह का विशाल ग्रन्थालय

दादर की हिन्दू कालोनी के मोड़ पर डॉ. बाबासाहब आम्बेडकर का दो मंजिला भव्य मकान है। इस मकान का नाम उन्होंने रखा 'राजगृह'। तथापि इस घर में कदम रखते ही व्यक्ति असंमजस में पड़ जाता है। उसे लगता है कि यह घर है या ग्रन्थालय। जहाँ देखेंगे वहाँ अलमारियाँ और उनमें भरे हुए खचाखच ग्रन्थ और कुछ अलमारियों में कपड़ों में लिपटी हुई ग्रन्थों की पोटलियाँ और फिर सारे ओर ग्रन्थ ही ग्रन्थ। डॉक्टरसाहब अक्षरशः ग्रन्थालय में ही रहते हैं। ग्रन्थ ही उनका जीवन है, ग्रन्थ ही उनकी गृहस्थी है। दूसरी मन्जिल पर उनके ग्रन्थालय का मुख्य हिस्सा है। यह सब देखने के बाद वहाँ जानेवाला व्यक्ति आश्चर्यचकित हो जाता है। ज्ञान के पवित्र मन्दिर में हम प्रवेश कर रहे हैं; ऐसा प्रत्येक को लगता है। अकेले एक व्यक्ति का इतना बड़ा ग्रन्थालय हो सकता है, कम-से-कम भारत में तो ऐसा उदाहरण मिलना मुश्किल ही है, इसे जानकर व्यक्ति आश्चर्यचकित हो जाता है।

इसी ग्रन्थालय में बाबासाहब रहते थे। यहीं ग्रन्थों के बीच बैठते थे। ग्रन्थों के बीच बैठकर ही खाना खाते थे और वहीं सो जाते थे। बदन पर मलमल का एक कुर्ता और कमर पर एक लुंगी लपेटकर यह ज्ञानर्षि रात दिन अपने इस ग्रन्थालय में बैठकर ज्ञान की तपश्चर्या करता रहा। पूरे भारत में ज्ञान के प्रति तथा ग्रन्थों के प्रति प्रतिबद्ध ऐसा व्यक्ति आपको कहीं पर भी नहीं मिलेगा। हजारों रुपये खर्च कर उन्होंने अनेक चित्र भी खरीदे थे। अधिकांश चित्र बुद्ध विचार और बुद्ध जीवन से सम्बन्धित हैं। अंग्रेजी के जो वचन उन्हें बहुत प्रिय थे, ऐसे अनेक वचन (कोटेशन्स) सुंदर अक्षरों में लिखकर अलग-अलग जगहों पर उन्होंने लटका दिये हैं। इस ग्रन्थालय में न्याय, दर्शन, धर्म, समाजवाद, राजनीतिशास्त्र, अर्थशास्त्र, संविधान, इतिहास, संसद आदि से सम्बन्धित

विषयों पर ठेरों पुस्तके हैं। राजनीति में जो सक्रिय थे, ऐसे लोगों के चरित्र का एक अलग हिस्सा इस ग्रन्थालय की विशेषता है। सातारा के महाराज प्रतापसिंह छत्रपति का एक पुराना ऐतिहासिक कोच संयोग से डॉक्टर साहब को मिल गया था। वह कोच इस ग्रन्थालय में रखा गया है। रात्रि के समय इसी कोच पर बैठकर डॉक्टर साहब पढ़ते थे। इस ज्ञानमन्दिर में जाकर इस आधुनिक ज्ञानदेव के साथ बातचीत करना परम भाग्य की बात है।

वेद, विवाह एवं अनुसन्धान

आधुनिक पद्धति से वेदों के अर्थ कैसे लगाए जाएँ इस विषय पर एक दिन बहस शुरू हुई।

वेद हिन्दुओं के धार्मिक ग्रन्थ हैं ऐसा अनेक हिन्दू तथा पश्चिमी विद्वान मान रहे हैं। डॉक्टर साहब के अनुसार वेदों का अर्थ समाजशास्त्र तथा तत्कालीन स्थितियों के अनुसार लगाना जरूरी है। सामाजिक दृष्टिकोण को अपनाकर ही वेदों का अर्थ लगाना जरूरी है इस पर वे बल दे रहे थे। इस प्रकार के सामाजिक दृष्टिकोण का उपयोग किये बगैर वेदों में स्थित अनेक बातों को हम समझ नहीं पाएँगे।

ठीक इसी प्रकार ब्राह्मण अथवा उपाध्याय वर्ग (The priest class) केवल तीन वेद ही सच्चे हैं ऐसा मानते आये हैं। मतलब ऋग्वेद, यजुर्वेद और सामवेद उनके मतानुसार यही तीन सच्चे वेद हैं। अथर्ववेद को कोई महत्त्व ही नहीं दिया है। क्योंकि अथर्ववेद में जारण मारण तथा मन्त्र विद्या इन विषयों पर ही बहस है ऐसा उनका मत था।

आज के जीवन पर समाजवाद की दृष्टि से विचार करने की जरूरत है, इस पर सहमति हो रही है। हिन्दू विवाह पद्धति के सम्बन्ध में आप मुझसे पूछ रहे थे, इसलिए बताता हूँ। इस विवाह पद्धति में सप्तपदी है। लाजाहोम है। इन दोनों बातों का सही अर्थ क्या है? सप्तपदी पूर्ण हुए बगैर वधू वर का विवाह कानूनी दृष्टि से पूर्ण हुआ है ऐसा हम मानते आये हैं। क्यों भला? अब इसमें समाजवाद कहाँ आता ऐसा आप पूछ रहे हैं। इस लाजाहोम और सप्तपदी विधि मे काफी बड़ा इतिहास छिपा बैठा है। उस इतिहास को निकालकर देखने के लिए हमें समाजवाद की ओर देखना पड़ता है। प्राचीन विश्व में और मुख्यतः भारत में जमींदारी पद्धति (Feudal system) बहुत प्राचीन काल से चलती आयी है। इस पद्धति का पूरा अनुसन्धान करने पर एक बहुत बड़ा ग्रन्थ तैयार हो सकता है। आश्वालायन गृह्यसूत्र तिलक का 'आर्किक्ट होम इन दि वेदाज' तथा पावगी का 'सप्तसिंधु में आर्यों का मूलस्थान' इन ग्रन्थों का थोड़ा सा विवेचन कर डॉक्टर ने आगे कहा, "लाजाहोम विधि का अर्थ है कि किसी वधू को उसके लिए तय किये गये वर

से विवाह करने के लिए जमींदारी पद्धतिनुसार मालिक की ओर से (Feudal system) अनुमति लेनी पड़ती थी। यह अनुमति प्राप्त करने हेतु बहुत सी बातें करने की पद्धति हमारे यहाँ प्रचलित थी। इनमें पहली शर्त वधू का पहला उपभोग लेने का अधिकार मालिक का होता था। इस प्रकार का अधिकार आज भी कुछ विवक्षित हिन्दू समाज में है ऐसी मेरी जानकारी है। आपमें से कोई Origin of feudalism, to scope & aspects in England इस विषय पर अनुसन्धान करे ऐसा मैं सुझाऊँगा। इस विषय का जितना सामाजिक महत्त्व है, उतना ऐतिहासिक महत्त्व भी है। इंग्लैंड में स्थित जमींदारी का थोड़ा सा विवेचन इस प्रकार से है।

जमींदारी पद्धति के अनुसार जमींदार की (Feudal Lord) मिल्कियत की जमीनें होती थीं। मतलब उस जमीन पर उसी का अधिकार होता था। उसके नियन्त्रण में स्थित गुलामों को उन जमीनों पर हल चलाना पड़ता था। परन्तु इस काम का कोई पारिश्रमिक उन्हें नहीं दिया जाता था।

इन जमींदारों को अन्य जमीनों पर भी खेती के सारे काम करने पड़ते थे। इस काम के लिए उस पर की आय का कुछ हिस्सा पारिश्रमिक के रूप में गुलामों को दिया जाता था। इसी आय पर उन्हें अपनी उपजीविका करनी पड़ती थी।

परन्तु इन गुलामों में से किसी गुलाम का अगर विवाह हुआ, तो पहली रात को उस वधू से पहला सम्भोग करने का अधिकार उस जमींदार का होता था। उसे प्रिमुसुनाटे Primusnatae ऐसा नाम था। यह पद्धति कई सदियों से चली आ रही थी। बाद में यह पद्धति खत्म कर दी गयी। परन्तु उसके ऐवज में मालिक को कर देने की पद्धति शुरू हुई।

ठीक इसी प्रकार की पद्धति भारत में भी प्रचलित थी ऐसा मेरा अनुमान है। परन्तु इस पर सम्पूर्ण अनुसन्धान कर सही झूठ का निर्णय हम ले सकते हैं।

विवाह में जमींदारी

हमारे यहाँ के लाजाहोम विधि में 'लाई' का उपयोग किया जाता है। कम से कम उसके सफेद रंग से तो उसका सम्बन्ध चाँदी के सिक्कों से जोड़ना हमें सम्भव नहीं है और ये सिक्के सम्भोग की रात के बदले में देने की प्रथा शुरू हुई होगी और इसी कारण लाजाहोम हुए बगैर अर्थात विवाह का कर (Tax) पूर्ण रूप से दिये बगैर विवाह की विधि पूर्ण हुई है, इसे स्वीकारा नहीं जाता था। यह स्वाभाविक भी था। अब यहाँ जमींदार ने अथवा प्रमुख उपाध्याय ने सम्भोग की रात का अपना अधिकार छोड़कर रूपयों के रूप में कर लेने की शुरुआत की होगी। ठीक इसी प्रकार और आगे इस कर के ऐवज में अग्नि को लाजाहोम अर्पण करने से विवाह विधि पूरी हो गयी ऐसा घोषित

करने की प्रथा शुरू हुई होगी। विवाह विधि में यह जो सामाजिक महत्त्व का हिस्सा मैंने आपको बतलाया है उस पर कोई तो ठीक से अनुसन्धान कर सभी आयामों से प्राप्त विचार लोगों के सम्मुख प्रस्तुत करे, ऐसी मेरी सूचना आप सबको है।

तिलक के आर्किटक होम इन दि वेदाज के सम्बन्ध में डॉक्टर बोलने लगे -

'सचमुच तिलक का अनुसन्धान अत्यन्त महत्त्वपूर्ण है। उनके इस अनुसन्धान को इससे भी अधिक महत्त्व प्राप्त हो जाता, अगर तिलक भारत में आर्य एक ही समय न आते हुए, अनेक युगों में आते रहे ऐसा सिद्ध करते तो।''

अब ये आर्य दो भिन्न-भिन्न युगों मे भारत में आये इसे हम कैसे खोजकर निकालेंगे ऐसा प्रश्न कोई तो पूछेगा ही। दो भिन्न-भिन्न युगों में आये हुए ये आर्य एक दूसरे से पूर्णतः भिन्न थे, ऐसी मेरी मान्यता है। तिलक नें जिन आर्यों का मूलस्थान आर्किक्टक महासागर में कहीं है ऐसा माना है इन आर्यों को प्रलय की कथा (The story of the Deluge) मान्य थी। इसी कथा का यहूदियों के हाळमूड में तथा इसाईयों के बाइबल में भी वर्णन आया है। परन्तु आर्यों का एक और वर्ग ऐसा भी दिखलाई दिया है कि जिन्हें प्रलय की यह कथा ही मान्य नहीं है। अथवा उन्हें यह कहानी ही मालूम नहीं है। क्योंकि उनके पुराण में भी इस सम्बन्ध में कोई उल्लेख नहीं मिलता।

मनु को प्रलय की यह कथा मान्य थी। इसलिए मेरी दृष्टि में यह मनु आर्यों के जिन पुराण-ग्रन्थों में प्रलय की यह कथा मिलती है उन आर्यों में से ही एक था ऐसा सिद्ध हो जाता है। अर्थात यह प्रलय आर्क्टिक विभाग में हुआ होगा और इसी कारण इन आर्यों का मूलस्थान आर्क्टिक विभाग ही होना चाहिए इसे कोई भी स्वीकारेगा। परन्तु जिन आर्यों को प्रलय की यह कथा ही मालूम नहीं थी, उनका मूलस्थान कहाँ का रहा होगा? यह भी एक प्रश्न उठ खड़ा होता है, उस पर भी अनुसन्धान होना चाहिए।

बाद में हमें यह दिखलाई देता कि इन दो आर्यों के आपस में युद्ध भी हुए हैं। उनमें से कुछ आर्यों ने यहाँ के आदिवासियों से मैत्री का नाता स्थापित किया और उनकी सहायता से आर्यों के दूसरे गुट को पूर्ण रूप से पराजित किया, अथवा कभी-कभी ये उनसे पराजित भी हुए।

इस विषय पर अनुसन्धान करने हेतु ध्येयनिष्ठ वृत्ति के प्राध्यापक इस देश में तैयार हो जाने चाहिए।

भिन्न-भिन्न धर्म

विश्व के भिन्न-भिन्न धर्म और उनकी इष्ट निष्ठता के सम्बन्ध में जब बहस छिड़ गयी तो आम्बेडकर ने कहा।

विश्व के श्रेष्ठ धर्मों के सम्बन्ध में गहरे में जाकर तथा उन पर विभिन्न आयामों से विचार करने पर हमारे विचारों को गति प्राप्त होती है।

ईसाई धर्म में जीसस क्राईस्ट कहते हैं कि आप मुझे ईश्वर का पुत्र समझें तभी मैं आपको ईश्वर तक ले जाऊँगा। और अगर ऐसा मानने से आप इन्कार कर रहे हों तो आप ईश्वर तक पहुँच ही नहीं सकते। कुछ ईसाईयों का कहना है कि जुहोवा अगर आपका ईश्वर हों तो उसने विवाह किया है ऐसा झूठ नहीं कहा है, और अगर यह सच हो तो, फिर जीजस क्राइस्ट ईश्वर का पुत्र है, ऐसा हम माने ही क्यों?

वास्तव में यहूदी लोगों का 'पुराना करार' (Old Testament) यही है मुख्य ग्रन्थ। उसमें लिखी बातें यहूदियों को मान्य! परन्तु 'नये करार' (New Testament) के अनुसार मेसाया द्वारा पहले ही कह रखा जीसस क्राइस्ट का जन्म हुआ- ऐसा माना जाता है। अर्थात यह नया करार यहूदियों को मान्य नहीं है। परन्तु ईसाई धर्म किसी भी प्रकार का क्यों न हो तथा उसमें स्थित उपदेश किसी भी प्रकार का हो अथवा उसमें स्थित तत्त्व हमारी तार्किक बुद्धि को पूर्ण रूप से स्वीकृत न होता हो तो भी इस धर्म का ईसाई समाज पर विलक्षण प्रभाव है, इसे आपको स्वीकार ही करना होगा। ईसाई धर्म का प्रभाव ईसाई समाज के नैतिक आचरण पर कितनी विलक्षण पद्धति से बैठा हुआ है, इसे देखिए। मैं आपको किंग (आठवाँ) एडवर्ड की बात कहता हूँ। तब शायद मेरी बात आपकी समझ में आएगी। उस राजा को अपना सिंहासन छोड़ना पड़ा इसका सही कारण क्या आप जानते हैं? इस आठवें एडवर्ड ने अपना विवाह एक तलाकशुदा युवती से करने का निर्णय लिया। तब उसके विरोध में चर्चा शुरू हुई। डॉ. लँग, कंटरबरी के आर्च बिशप इन्होंने तो साफ शब्दों में कहा कि मैं इस विवाह संस्कार के किसी भी कार्यक्रम में हिस्सा नहीं लूँगा। और उसके बाद होनेवाले बड़े खाने में (Banquet) में तो आऊँगा ही नहीं।

शुरुआत शुरूवात में इंग्लैंड के तब के मुख्य प्रधान स्टॅन्ले बॉल्डविन ने इस घटना में कोई दिलचस्पी नहीं बतलाई। क्योंकि कँटरबरी के आर्च बिशप ने जो धमकी दी थी, उसका उन्हें कोई विशेष महत्त्व नहीं लगा। परन्तु आगे चलकर इस बिशप ने एक अन्य बिशप द्वारा चर्च में धार्मिक प्रवचन देते समय खुलकर इस अनिष्ट बात के विरोध में प्रचार शुरू किया। तब ब्रिटेन के सभी पत्रकारों को इस गलत बात की ओर से आँख मूँद लेना असम्भव हो गया और अखबार रोज खुलकर इस विवाह के विरोध में लिखने लगे। तब मुख्य प्रधान राजा से मिलने गये। और उन्हें कहा कि अगर यह विवाह करना हो तो सिंहासन छोड़ना पड़ेगा। मुख्य प्रधान ने कहा, "आप उस तलाकशुदा स्त्री से विवाह करना चाहते हैं ना! ब्रिटेन की सारी ईसाई जनता को आप जानते हैं। अगर आपको इसाई नैतिक नियमों के विरुद्ध चलना है तो फिर आपको राजत्याग करना पड़ेगा।" जनता इस विवाह के खिलाफ है। इस ईसाई धर्म का वहाँ के ईसाई समाज

पर तथा समाज के नैतिक बन्धन पर कितना बड़ा प्रभाव है, यह इससे स्पष्ट होता है।

इसके ठीक उल्टे हिन्दू धर्म का समाज के नैतिक बन्धनों पर कितना प्रभाव है इस पर आप लोग ही गम्भीरता से सोचें। हमारे यहाँ राजा महाराजा किस प्रकार का आचरण करते हैं इसे आप लोग जानते हैं; उनके विरोध में हिन्दू धर्म क्या कुछ करता है? उल्टे आपके शंकराचार्य ऐसे नैतिक बन्धनों को तोड़ने में सहायता ही करते हैं। इसे क्या कहें मेरी समझ में कुछ नहीं आता।

अब हम इस्लाम धर्म के सम्बन्ध में कुछ विचार करेंगे। मोहम्मद पैगंबर की शिक्षा ही ऐसी है कि मैं ही ईश्वर का एकमात्र दूत हूँ। मैं ही पहला तथा अन्तिम दूत हूँ। इसे पहले आपको कबूल करना ही चाहिए। तभी मैं आपके लिए ईश्वर के पास कुछ कर सकूँगा। अर्थात जो लोग इसे मानने के लिए तैयार नहीं हैं, वे सबके सब काफिर कहे जाएँगे।

बौद्ध धर्म यही सच्चा मनुष्य धर्म है

जिस प्रकार बुद्ध ने अपने निर्वाण काल में अपने शिष्यों को अन्तिम सन्देश दिया, ठीक इसी प्रकार मोहम्मद पैगंबर ने भी अपने शिष्यों को अन्तिम सन्देश दिया, इसे आप जानते हैं। कुछ शिष्य मृत्युशय्या पर पड़े हुए मोहम्मद पैंगबर से पूछने लगे, "आपने कुछ बातों के सम्बन्ध में अब तक कोई निर्णय नहीं दिया है, किसी बात के प्रति हमारे मन में सन्देह पैदा हो तो हमें क्या करना चाहिए? किस प्रकार का आचरण उस वक्त हमें करना चाहिए?" इस पर पैगंबर ने जो कहा उस पर अगर आप विचार करेंगे तो इस्लाम धर्म में वैचारिक स्वतन्त्रता को कहाँ तक अवसर है इसे आप समझ पाएँगे। उन्होंने कहा, "काफिर जैसे आचरण करते हैं, उसके ठीक उल्टे आप आचरण करते जाइए बस्स इतना काफी है। इसे सुनकर उनके शिष्यों का समाधान हुआ कि नहीं मुझे नहीं मालूम। परन्तु हमें तो यह उत्तर सन्तोषजनक नहीं लगता। अब हिन्दू धर्म की शिक्षा पर गहराई से सोचेंगे।

"यदा यदा हि धर्मस्य ग्लानिर्भवति भारत, अभ्युत्यानामधर्मस्य तदात्मानं सृजाम्यहम" अर्थात धर्म की ग्लानि हो जाय, धर्म पूर्ण रूप से डूब गया हो, अधर्म का साम्राज्य फैला हो, मतलब इतनी भयावह अवस्था निर्माण हो जाने के बाद भगवान विष्णु अवतार लेकर आएँगे और वे फिर से धर्म की स्थापना करेंगे। इस बात पर विश्वास रखकर हम हाथ जोड़कर आराम से बैठ जाएँ क्या? एक ओर यह कहना कि 'नर करनी करें तो नारायण हो जाय। और दूसरी ओर नर के कर्म को अवसर ही नहीं दिया जाय। जो कुछ करेगा नारायण ही करेगा इसका अर्थ क्या होता है?

ऐसी विसंगत विचारधारा के कारण हम कर्तव्यतपरक हो नहीं सकेंगे। ईश्वर के

अवतार के सिवा हम कुछ भी नहीं कर सकते, ऐसा हम लोगों को लगता है। इसी कारण तो हम किंकर्तव्यविमूढ़ हो गये। इसके ठीक उल्टे बुद्ध की शिक्षा है। बुद्ध का धर्म सच्चा मनुष्य धर्म है। बुद्ध ने कभी यह नहीं कहा कि वह ईश्वर का अवतार है अथवा मैं ईश्वर का एकमात्र पुत्र हूँ, ऐसा कहीं भी कभी भी नहीं कहा है। इसी कारण बौद्ध धर्म यह मनुष्य धर्म है और मनुष्य के सम्पूर्ण विकास के लिए ही उसका निर्माण किया गया है, ऐसा मुझे लगता है और वह हम जैसे आधुनिक तथा अपडेट रहनेवाले प्रत्येक मनुष्य को आकर्षित कर लेता है। बुद्ध की शिक्षा सीधे-सादे स्पष्ट ऐसे शब्दों में कही गयी है। इस धर्म में मनुष्य को पूर्ण रूप से वैचारिक स्वतन्त्रता दी गयी है। तथा मनुष्यता को और सदविवेक बुद्धि को स्वीकृत हो सकेगी, उन्हीं बातों पर बल दिया गया है।

पार्लियामेंट में कामकाज कैसे चलाएँगें, इस सम्बन्ध में जैसे कुछ स्थूल नियम है ठीक उसी प्रकार के नियम बौद्ध संघ में भी हैं इसे पढ़कर मैं आश्चर्यचकित हुआ। बौद्ध संघ में बॅलेट (मतदान) की पद्धति थी। किसी को अगर बौद्ध संघ में प्रवेश लेना हो अर्थात संघ की सहायता लेनी हो तो उसे पहले किसी बुद्धगुरु से शिष्यत्व स्वीकार करना पड़ता था। वह भिक्खु इस उम्मीदवार के आचरण पर प्रत्यक्ष अप्रत्यक्ष रूप से निगरानी रखता, और उसकी योग्यता के सम्बन्ध में तीन वर्ष तक निरीक्षण करता। उसकी योग्यता का विश्वास हो जाने पर उसकी सिफारिश पर उस उम्मीदवार का नाम संघ में दर्ज कर लिया जाता। उसके बाद उसकी सदस्यता के लिए गोपनीय पद्धति से मतदान लिया जाता। अपना मत साल पत्र पर (साल वृक्ष के पत्ते पर) दर्ज करना पड़ता था। ये सभी साल पत्र एक बक्से में गोपीनयता से रखे जाते थे। फिर इनकी गिनती की जाती थी। उस सदस्य के विरोध में एक भी मत नहीं होता अर्थात उसकी सदस्यता के लिए सबकी सहमति हो जाती, तभी उस उम्मीदवार को संघ में शामिल कर लेने की अनुमति दी जाती।

ठीक इसी प्रकार संघ में अगर किसी को प्रश्न पूछना हो तो उसे आज की पद्धति के अनुसार पहले 'नोटिस ऑफ मोशन'– अपने प्रस्ताव का ढाँचा संघ के कार्यवाहक के पास भेजना पड़ता था। इस प्रकार का कोई प्रस्ताव संघ के सामने रख देने के बाद, इस प्रस्ताव के जो विरोध में हैं, उन्हें पहले बोलने के लिए अनुमति दी जाती। अगर कोई विरोध में न हो तो प्रस्ताव पारित हो जाता। इससे स्पष्ट है कि संघ की कारवाई कितने कठोर अनुशासन से चलाई जाती थी इसकी कल्पना आपको आएगी। इस अत्यन्त उदारमतवादी बौद्ध धर्म का ह्रास क्यों और कैसे हुआ इसे मैं फिर कभी फिर आप लोगों को बतलाऊँगा।

बुद्ध का चरित्र

"आपने बौद्ध धर्म का इतना अध्ययन किया है, तो बुद्धचरित्र पर आप कोई पुस्तक क्यों नहीं लिखते?" ऐसा प्रश्न एक दिन मैंने उनसे पूछा तब वे कहने लगे, "लिखूँगा, अवश्य ही लिखूँगा। बुद्ध चरित्र की तरह उदात्त तथा सात्त्विक चरित्र अभी तक मेरे देखने में नहीं आया है। बुद्ध की जीवनशैली अत्यन्त पवित्र तथा शुद्ध थी। इस कारण उनके अनुयायियों का चरित्र भी अत्यन्त शुद्ध हो तो कोई आश्चर्य नहीं। आरम्भ आरम्भ में तो उस काल के ब्राह्मण ही उनके अनुयायी हो गये। विषय प्रतिपादन की तथा वाद-विवाद की बुद्ध की शैली अप्रतिम थी। मेरे काम से मुझे थोड़ी सी फुर्सत मिल जाय तो मैं बुद्ध चरित्र लिखूँगा ऐसा विश्वास मुझे है।

बुद्ध में समाजवाद है। समाज समता है। बुद्ध में मानवता है। उसके अनुसार जन्म से कोई भी मनुष्य उच्च कोटि का हो ही नहीं सकता। अथवा नीच कोटि का भी हो नहीं सकता। मनुष्य केवल संस्कारों से तथा आचार-विचार से उच्च अथवा नीच हो सकता है। बुद्ध के सम्बन्ध में काफी कुछ लिखा गया है तो भी भारत के आज के बुद्धिजीवियों को आकर्षित करनेवाला बुद्धचरित्र अभी लिखा जाना है। प्रोफेसर आमेसाकी तथा मि. एडमर्डस इन दो पंडितों ने बुद्ध की, ईसा मसीह की शिक्षा– इस पर तुलनात्मक ऐसा महत्त्वपूर्ण ग्रन्थ लिखा है। उससे यह स्पष्ट हो जाता है कि ईसामसीह की शिक्षा वास्तव में बुद्धचरित्र की ही शिक्षा है। एक ओर उन्होंने बुद्ध की शिक्षा उद्धृत कर उसमें स्थित समानता को पूर्ण रूप से सिद्ध कर बतलाया है। इस ग्रन्थ का मराठी अनुवाद कर जनता को उपलब्ध करा देने की मेरी बहुत इच्छा है। इस ग्रन्थ को मैंने बहुत हिफाजत से अपने पास रखा है। इस ग्रन्थ को मैं किसी को देता भी नहीं हूँ। परन्तु कुछ मित्रों के बहुत आग्रह करने के कारण इसका एक हिस्सा मैंने अपने एक मित्र को पढ़ने हेतु दिया और वह हिस्सा उस भले आदमी द्वारा गुम हो गया। मेरे अत्यन्त प्रिय और दुलर्भ ग्रन्थ की इस प्रकार की अवस्था हो जाने के कारण मुझे बहुत बुरा लगा। फिर से मुझे इस ग्रन्थ के दोनों खंड खरीदने पड़े। एक पुस्तक विक्रेता के पास ये खंड मुझे अनअपेक्षित रूप से प्राप्त हो गये। जल्दी ही मैं उसके अनुवाद का काम शुरू करनेवाला हूँ।

बुद्धचरित्र जितना महत्त्वपूर्ण है,उतना ही उस धर्म का उच्चाटन भारत से क्यों और कैसे हुआ यह भी एक महत्त्वपूर्ण अनुसन्धान का विषय है। इस सन्दर्भ में मैंने काफी कुछ पढ़ा है। और कई नोट्स मैंने निकाले हैं।

बुद्ध का छल हिन्दुओं ने जितना नहीं किया होगा, उससे अधिक मुसलमानों ने किया है, यह बात विचार करने जैसी है। बिहार के नालंदा में स्थित बुद्ध का विशाल ग्रन्थ संग्रह मुसलमानों ने पूरी निर्दयता के साथ जला दिया। यह घटना तो इतिहास में

प्रसिद्ध है ही। ठीक इसी प्रकार सिंध में, बिहार में, और पूर्व, बंगाल में मुसलमानों की संख्या अधिक क्यों है? इसका एक मात्र कारण यही कि इन विभागों में बौद्ध धर्म के अनुयायियों की संख्या अधिक थी। उनमें से अनेक बौद्धों की मुसलमानों ने क्रूर हत्या की। उनमें से अनेकों ने प्राण बचाने हेतु धर्मपरिवर्तन किया। इन धर्म परिवर्तित बौद्ध भिक्खुओं के वंशज ही अब इन प्रदेशों में कट्टर मुसलमान हो गये हैं।

सिद्धार्थ कॉलेज का लक्ष्य

सिद्धार्थ कॉलेज के प्रथम वर्ष के अन्त में डॉक्टर साहब में निम्नलिखित भाषण दिया था।

"आपके प्राचार्य जी ने अभी-अभी आपसे कहा है कि हमारा यह सिद्धार्थ कॉलेज अभी बाल्यावस्था में है इस कारण उसे अपनी परम्परा अभी प्रस्थापित करनी है। इस कारण मुझे व्याख्यान देने के लिए यह जो अवसर आपने प्रदान किया है उसका फायदा उठाकर 'हमारे कॉलेज की परम्परा' इसी विषय पर मैं आज प्रवचन करनेवाला हूँ। परन्तु इस प्रवचन को शुरू करने के पूर्व मुझे आज के छात्रों को दो शब्द कहने हैं। मैं 1923 से 1927 तक मुंबई के सिडनहॅम कॉलेज में प्रोफेसर था। और वहाँ के लॉ कॉलेज का प्रिन्सिपल भी रहा। 1937 से मेरा छात्रों के साथ सम्बन्ध टूटा। क्योंकि तब मैं प्राध्यापक पद का त्याग करके राजनीति में चला गया। राजनीतिक व्यक्ति को अपनी एक प्रकार विशिष्ट स्वरूप की मनोभूमिका बनानी पड़ती है, और अपने विचारों को उसे एक प्रकार के विशिष्ट स्वरूप को मोड़ देना पड़ता है। राजनीतिक व्यक्ति को प्रचारकार्य करना बहुत जरूरी हो जाता है। परन्तु इसके ठीक उल्टे प्राध्यापक कभी भी प्रचारकार्य करने नही जाता। प्रचारक यह कभी भी शिक्षक अथवा प्राध्यापक बन ही नहीं सकता। जिस अर्थ में मैंने राजनीतिक प्रचारक का पेशा पूर्ण रूप से स्वीकारा है उस अर्थ में मैं किसी विषय पर प्राध्यापक के रूप में अच्छा व्याख्यान दे सकता हूँ, क्या इस पर मुझे सन्देह है। और मैं उम्मीद करता हूँ कि आज का मेरा यह प्रवचन प्रचारक पद्धति का नहीं होगा।

मेरी एक ऐसी आदत है कि जिस विषय पर मुझे व्याख्यान देना होता है उस विषय के सभी पहलुओं पर विचार करूँ। परन्तु आज अलबत्ता मैं यह स्वीकार करता हूँ कि इस व्याख्यान हेतु जितना समय और मन की स्वस्थता विचार करने के लिए जरूरी होती है, उतना समय मुझे मिल नहीं पाया है। खैर एक बात मैं आरम्भ में ही कह देता हूँ कि आज के छात्रों ने मुझे पूर्णरूप से निराशा दी है। मेरा उनसे काफी निकट का सम्बन्ध आया, परन्तु उन्हें किसी के प्रति भी कोई आस्था महसूस नहीं होती, इसे मैं जान चुका हूँ। इस देश में कभी ऐसा भी समय था की जब रानडे, गोखले, तिलक, सर फिरोजशाह मेहता और उनके जैसे और कई दर्जनों ऐसे छात्र निर्माण हुए जिनमें ज्ञान

के प्रति जबरदस्त आस्था थी, तथा आत्मीयता थी। उनमें जिद्द थी, अनुशासन था, आस्था, उम्मीदें थीं। अपने कन्धों पर एक प्रकार की जिम्मेदारी है, इसका उन्हें पूर्ण एहसास था। परन्तु आजकल के छात्रों में यह एहसास अथवा अनुशासन है ही नहीं। मेरे मार्गदर्शन में कई छात्र आज तक पढ़ाई पूरी करके गये परन्तु आज सड़क पर अगर उनसे मुलाकात भी हुई तो वे मुझे अपनी पहचान तक नहीं देते। मुँह भी नहीं खोलते। वे शायद मुझे पहचानते ही नहीं। कई कॉलेजों से मुझे व्याख्यान हेतु निमन्त्रण आते हैं परन्तु मैंने निश्चय किया है कि उनके निमन्त्रण मैं स्वीकारूँगा नहीं। सिद्धार्थ कॉलेज इसके लिए अपवाद है। सिद्धार्थ कॉलेज को अपनी परम्परा कैसी प्रस्थापित करनी है इसे अब में बतलाता हूँ।

सिद्धार्थ ही क्यों?

हमारे इस कॉलेज का नाम सिद्धार्थ है। यह नाम क्यों रखा गया? मैं अगर किसी करोड़पति से बात करता, तो मुझे कुछ लाख रुपये आसानी से प्राप्त हो सकते थे। वैसा करता तो मुझे इसे कॉलेज को उस करोड़ पति का नाम देना पड़ता। पर मैंने वैसा विचार नही किया। और इस कॉलेज को सिद्धार्थ यह नाम देने का निर्णय लिया। यह बुद्ध का नाम है, इस आप जानते हैं। ठीक इसी प्रकार हमारा यह सिद्धार्थ कॉलेज अभी एक छोटा-सा बालक हैं। उसे जन्म लेकर अभी नौ महीने तक नहीं हुए हैं। इस कॉलेज की अपनी परम्परा अभी प्रस्थापित नहीं हुई है। परन्तु केवल इतने पर सें हमारे इस छोटे से कॉलेज के सम्मुख कोई लक्ष्य ही नहीं है ऐसी समझ कृपया आप न कर लें। इस लक्ष्य के कारण ही इस कॉलेज को सिद्धार्थ कॉलेज ऐसा नाम दिया गया है, इसे आप ध्यान में रखें।

बुद्ध के नाम से इस कॉलेज की स्थापना क्यों की गयी? बुद्ध ने ही अपना यह लक्ष्य हमारे सम्मुख ब्रह्मजाल सूत्र में कह रखा है। भारत में औपनिषदिक दर्शन का प्रसार हुआ है ऐसी हम लोगों की समझ है। इन दार्शनिकों का ब्रह्म पर विश्वास है। एक बार ऐसे बहुत से दार्शनिक ब्राह्मण गौतम बुद्ध से मिलने गये। हम ब्रह्मवादी हैं ऐसा उन्होंने गौतम से कहा। गौतम के शिष्यों ने अपने गुरु से कहा, 'आपकी भेंट लेने हेतु ये ब्रह्मवादी दार्शनिक आये हैं। उन्होंने एक नये दर्शन की स्थापना की है। इस दर्शन के केन्द्र में प्रश्न हैं ऐसा उनका कहना है। गुरुजी, इस सम्बन्ध में आपको क्या कहना है इसे जान लेने की उन सबकी इच्छा है।"

गौतम उन सबसे मिले। उन्होंने इसका जो उत्तर दिया है वह अत्यन्त विचारणीय है। गौतम ने इन ब्रह्मवादियों से प्रश्न किया "क्या आपने ब्रह्म को देखा है?" "नहीं" ऐसा उत्तर उन्हें मिला। "क्या आपने ब्रह्म के साथ बातचीत की है" इसका भी उत्तर 'नहीं'

मिला। "आपने ब्रह्म का जायजा लिया है क्या? उससे चर्चा की है क्या?" फिर से वही उत्तर आया 'नहीं'। "फिर आपके पंचज्ञानेन्द्रिय तथा पंच कर्मेन्द्रिय ने भी ब्रह्म क्या है इसका अनुभव नहीं किया है तो फिर आप कैसे कह सकते हैं कि ब्रह्म है।" मतलब ब्रह्म का अस्तित्व है यह किस पर से? इस पर वे ब्रह्मवादी किसी भी प्रकार का उत्तर दे नहीं सके।

अब मैं आपको गौतम के एक और व्याख्यान के सम्बन्ध में बतलाता हूँ। उस सम्बन्ध में 'महापरिनिब्बाण' इस सूत्र में विवेचन किया है। गौतम आसन्नमरण अवस्था में थे। तब गौतम और उनके शिष्य कुशिनीरा में रहते थे। उस वक्त उनके मुख्य शिष्य आनन्द ने गौतम से पूछा, "महाराज, आप इतने जल्द निर्वाण नहीं ले सकते। अभी और कितनी बातें रह गयी हैं, जो आपको करनी हैं। कुछ बातों के सम्बन्ध में आपने कुछ भी निर्णय नहीं दिया है। उस सम्बन्ध में आपने हमें कोई मार्गदर्शन भी नहीं किया है।" बुद्ध ने इस पर जो उत्तर दिया है, वह अत्यन्त विचारणीय है। उन्होंने कहा, "मैं आप लोगों के बीच पिछले चालीस वर्षों से रहा हूँ। मतलब अब मेरी आयु के 80 वर्ष हो गये। मैं आप लोगों की संगत में इतने वर्ष रहा हूँ तो भी आपको कुछ प्रश्नों के उचित उत्तर मेरी ओर से नहीं मिले, ऐसा आप कह रहे हैं; इसका मुझे आश्चर्य लगता है। मेरी ओर से सभी प्रश्नों के उत्तर मिले नहीं ऐसा मुझे नहीं लगता। आपके इस प्रश्न से मुझे ऐसा लग रहा है कि आपके दिमाग में कुछ गड़बड़ी हो गयी है। मैंने आज तक आपको जो कुछ सिखाया है, उसका पूर्ण बोध आपको शायद नहीं हुआ है, ऐसा मुझे लग रहा है। आप एक बात ध्यान में रखें, और उस प्रकार से आचरण करें तब आप अपने प्रश्नों को खुद छुड़ा सकेंगे। मतलब कोई बात मैं कह रहा हूँ इसलिए वह सत्य ही होगी ऐसा बिलकुल ही मत मानिए। वह बात आपकी विचारशक्ति को, आपके विवेक को, आपकी तर्कशक्ति को ठीक लग रही हो, तो ही उसे सत्य के रूप में स्वीकार कीजिए अन्यथा उसे पूर्ण रूप से छोड़ दीजिए। यही मेरी शिक्षा है, यही मेरा उपदेश है।"

गौतम बुद्ध के कहने का अर्थ क्या है? उसका अर्थ यह है कि प्रत्येक मनुष्य को विचारों की स्वतन्त्रता है। और इस स्वतन्त्रता का उपयोग वह सत्य की खोज के लिए करे और फिर इस सत्य से क्या तात्पर्य है? सत्य से तात्पर्य यही है कि मनुष्य के पंचज्ञानेन्द्रियों तथा पंचकर्मेन्द्रियों को उस सत्य का एहसास हो जाना चाहिए। मतलब वह उस सत्य को देख सके, सुन सके, उसकी गन्ध वह महसूस कर सके, उसका स्वाद वह ले सके, उसके अस्तित्व के सम्बन्ध में हम उसकी गवाही ले सकें। और ऐसा जो सत्य होता है, वही ईश्वर होता है।

इन लक्ष्यों को गौतम ने अपने शिष्यों को पढ़ाया। और उसी लक्ष्य को सिद्धार्थ कॉलेज अपनानेवाला है। 1) सत्य की खोज करना 2) जो धर्म हमें मानवता सिखलाता

है, उस धर्म का अनुसरण करना।

आधुनिक विचारों की प्रणाली किस दिशा में जा रही है, इसकी कल्पना मुझे है। मैं आपसे यह भी कहके रखता हूँ कि कार्ल मार्क्स के दर्शन से मैं अपरिचित नहीं हूँ। उसके धार्मिक विचार भी मुझे अपरिचित नहीं है। वह कहता है कि धर्म अफीम की गोली है। परन्तु उसका यह मत मुझे स्वीकार्य नहीं है। मुझे लगता है कि सत्य की ख़ोज करना यही सत्यधर्म है। सत्य और सत्ता ये दोनों परस्पर विरोधी बातें है। (Truth & anauthority are inconsequent) शास्त्र भी किसी भी बात की परिपूर्णता को (finality) सिद्ध नहीं करता। इसलिए सत्य भी कालानुरूप अपूर्ण ही होता है, इस कारण उसकी खोज पुनः-पुनः करनी पड़ती है। इस कारण विश्व में पूर्णरूप से पवित्र (Sacrosanct) ऐसा कुछ भी नहीं होता।

धर्म का अर्थ सत्य है इसे हमें समझ लेना चाहिए। 'सत्यात्परो धर्मः' यह हमारा लक्ष्य होना चाहिए। किसी भी स्थिति में हम औरों को दुःख न पहुँचाएँ। यही हमारे धर्म की शिक्षा होनी चाहिए। सत्य की खोज करने के काम में मनुष्य को पूर्ण स्वतन्त्रता मिलनी चाहिए और यही हमारे कॉलेज का लक्ष्य है।

प्रोफेसरों का शोध कार्य

मुंबई के सेंट जेवियर्स कॉलेज के पुरातत्त्व अनुसन्धान तथा पुरा इतिहास इस विषय के विद्वान प्रोफेसर रेव्हरंड फादर हेरास का सिद्धार्थ कॉलेज में मोहेंजोदरो में स्थित लेखवाचन देखने के बाद व्याख्यान हुआ।

उस दिन डॉ. आम्बेडकर ने प्रोफेसरों के शोधकार्य इस विषय पर विवेचन की शुरुआत की। उन्होंने कहा, "फादर हेरास ने अत्यन्त परिश्रम के साथ मोहेंजोदरों में प्राप्त सिक्कों तथा ईंटों पर स्थित लिपि को कैसे पढ़ा जाय— इस पर जो शोध किया है उस पर आश्चर्य और अभिमान महसूस होता है। परन्तु मुझे लगता है कि जिस प्रकार से फादर हेरास ने एक लक्ष्य को सामने रखकर इस अत्यन्त महत्त्वपूर्ण विषय के अध्ययन के लिए खुद को समर्पित कर दिया है और अनुसन्धान का इतना प्रचंड कार्य किया है, वैसा हमारे भारत के प्रोफेसर्स क्यों नहीं कर पा रहे है, ऐसा एक प्रश्न मेरे सामने खड़ा हो जाता है। हमारे भारतीय प्रोफेसरों में किस बात की कमी है। उन्हें ऐसे कामों में दिलचस्पी नहीं है क्या? अथवा उनके पास पर्याप्त विद्वत्ता नहीं है क्या? अथवा उनके पास आवश्यक साधन सामग्री नहीं है क्या? इसके मूल में जो कारण है; उस पर हम सूक्ष्मता से विचार करेंगे।

मुझे लगता है कि जितना जरूरी है, उतने रुपये प्राप्त करना तथा सुख से जीना इसके परे हमारे प्रोफेसरों के जीवन में और किसी भी प्रकार की महत्त्वाकांक्षा ही नहीं

है। इस महत्त्वाकांक्षा के अभाव के कारण ही उनके हाथ से कोई ठोस काम नहीं हो पाता। बीच-बीच में कभी-कभार वे पाठ्यपुस्तकों पर कुछ टिप्पणियाँ वगैरेह लिखते हैं। नोट्स लिखने के परे कुछ और भी महत्त्वपूर्ण कार्य होते हैं; इसकी जानकारी उन्हें है कि नहीं कौन जाने?''

वहाँ बैठे एक प्रोफेसर ने तुरन्त कहा, ''हम प्रोफेसर लोग इन दिनों विश्वविद्यालयों में से मिलनेवाली शिक्षा पद्धति से बने हैं। इन वि. वि. ने ही हमारा निर्माण किया है। इसलिए आप प्रोफेसरों को दोष न देते हुए विश्वविद्यालय की शिक्षा पद्धति को दोष दीजिए।''

इस पर डॉ. आम्बेडकर ने कहा, ''वि. वि. की शिक्षा पद्धति से उत्कृष्ट प्रोफेसरों का निर्माण कठिन हो गया है, यह मुझे मान्य है। हमारे में से अनेक प्रोफेसरों को कॉलेज की कक्षाओं मे शेक्सपीयर के नाटकों अथवा कविताओं का अध्यापन करना पड़ता है। ऐसे विषय के अध्यापन से हमारे युवा पीढ़ी का अथवा भारत का क्या फायदा हुआ? कुछ भी फायदा नहीं होता, ऐसा मुझे लगता है। मैं भी कभी-कभी नींद नहीं आ रही हो तो, शेक्सपीयर अथवा कविताएँ वगैरेह पढ़ता हूँ, नहीं ऐसा नहीं। परन्तु वह केवल टाइमपास के रूप में। उस विषय पर मैं विचार नहीं कर सकता।''

एक नयी कल्पना

हमारे कॉलेजों मे इन दिनों एकदम साधारण स्तर की शिक्षा दी जाती है। बी. ए. की परीक्षा तक पंडिताऊ पद्धति से शिक्षा दी जाती है यह मान्य। परन्तु उसमें भी हम सुधार नहीं कर सकते ऐसा नहीं। मुंबई शहर में इस समय आर्ट्स एवं साइन्स विषय की शिक्षा देनेवाले छह बड़े कॉलेजेस हैं। प्रत्येक कॉलेज इन दिनों की पद्धति के अनुसार विश्वविद्यालय से संलग्न है। तो भी उनका अस्तित्व किसी स्वतन्त्र विद्यालय की तरह विभक्त है। इस कारण होता क्या है कि इन सभी छह कॉलेजों में विभिन्न प्रोफेसरों की ओर से उन्हीं विषयों को पुनः पुनः पढ़ाया जाता है। इस कारण कामों की निरर्थक पुनरावृत्ति होती है। इस पद्धति के स्थान पर अगर हम ऐसा करें कि एलफिन्स्टन कॉलेज में केवल इतिहास और अर्थशास्त्र इन्हीं विषयों के अध्यापन की सुविधा की जाय और जिन प्रोफेसरों को यह विषय पढ़ाना हो तो उन्हें एल्फिन्स्टन कॉलेज में वह विषय पढ़ाने हेतु हम अगर भेजते रहें तो एक ही विषय के सात आठ प्रोफेसर्स एक स्थान घर आ सकते हैं और फिर उनके काम का विभाजन हमें करना पड़ेगा। एक प्रोफेसर प्राचीन भारत पर व्याख्यान देंगे तो दूसरे प्रोफेसर 'बुद्धकाल तथा ईसाई युग का आरम्भ' इस विषयपर बोलेंगे तो तीसरे प्रोफेसर 'मुसलमानी युग' पर व्याख्यान दे सकेंगे तो चौथे 'मराठा युग' पर तो पाँचवे 'अंग्रेज युग' पर व्याख्यान दे सकेंगे। इस कारण विषय का अप्रतिम

विभाजन होगा और प्रत्येक को अपने विषय का अध्ययन करने के लिए भरपूर समय मिलेगा, और इस कारण अपने विषय पर अनुसन्धान करने के लिए उसे अवसर भी प्राप्त हो जाएगा। अन्य सुधार इस मुबई वि. वि. में कब करेंगे इसकी प्रतीक्षा न करते हुए हम सबसे पहले यह सीधा सादा परिवर्तन तुरन्त कर सकेंगे।

प्रत्येक कॉलेज को चाहिए कि वे एक दो विषय अपने लिए स्वीकार करें। इस कारण उस विषय का सम्पूर्ण ग्रन्थसंग्रह उस कॉलेज में हो सकेगा। और उसके लिए जरूरी वस्तुसंग्रहालय (Musuem) भी एक ही स्थान पर रखने की व्यवस्था की जा सकेगी। सभी कॉलेजों के प्रोफेसरों को अलग-अलग वेतन न देते हुए सबको समान वेतन देने का प्रयत्न वि. वि. करे। मतलब इन दिनों सरकारी कॉलेजों में एक प्रकार का वेतन तथा निजी कॉलेजेस में दूसरे प्रकार का वेतन इस प्रकार का फर्क नहीं रहेगा। वेतन की शिकायतें खत्म होने के बाद तथा काम का विभाजन उत्कृष्ट पद्धति से होने के बाद अध्यापन का कार्य तथा अनुसन्धान में गति आएगी। मेरा मत तो ऐसा है कि प्रोफेसर्स को अध्ययन और अध्यापन में इतना अधिक समर्पित हो जाना चाहिए कि अपने घर की ओर देखने के लिए भी उसे समय मिल न पाए। वह काम पूर्ण रूप से उसे अपनी पत्नी पर सौंप देना चाहिए। प्रोफेसर्स लोग अलग प्रकार के काम स्वीकर कर, अपनी जिम्मेदारी का क्षेत्र बिना मतलब के बढ़ाते जाएँ यह मुझे मान्य नहीं है। अध्यापन और अध्ययन में अनुसन्धान आ ही जाता है। इन तीनों के अलावा प्रोफेसरों को दूसरा कोई भी काम नहीं करना चाहिए।

स्त्री-शिक्षा

एक दिन स्त्री शिक्षा पर हमारी चर्चा चल रही थी, तब डॉक्टर ने कहा, ''लड़कियाँ कॉलेज में जाकर लड़कों के साथ शिक्षा ग्रहण करें ऐसा मुझे नहीं लगता। हाइस्कूल तक दोनों की मिली-जुली शिक्षा हो तो कोई दिक्कत नहीं। मैट्रिक उत्तीर्ण होने के बाद लड़कों के साथ उन्हें शिक्षा देना इसमें पैसों का, समय का, स्वास्थ्य का अपव्यय है ऐसा मेरा स्पष्ट मत है। लड़कियों को शेक्सपीयर और बर्क आदि पढ़ाने में क्या फायदा है इसे मैं समझ नहीं पाता हूँ। वे अपनी गृहशिक्षा में प्रवीण हों यही राष्ट्र की उन्नति की दृष्टि से अधिक इष्ट है। इस दृष्टि से उन्हें बिलकुल ही शिक्षा न दी जाय तो इसके ठीक उल्टे बिना किसी मतलब और निरर्थक प्रकार की जो शिक्षा आज दी जा रही है वह मुझे बिल्कुल पसन्द नहीं। स्त्री अपना घर, अपनी संतति और अपनी गृहस्थी ठीक से चला पाए उतनी ही शिक्षा देना जरूरी है। क्योंकि वे भविष्य में वैवाहिक जीवन को अपनानेवाली है, इसे हम सब जानते हैं तो फिर उन्हें गृहस्थी जीवन में अधिक सुख मिले, इसी प्रकार की शिक्षा दी जानी चाहिए। वे उत्तम गृहिणी हों, उत्तम माताएँ हों, वे बच्चों

की ठीक से परवरिश करें ऐसी शिक्षा उन्हें देना अधिक औचित्यपूर्ण है, और ऐसी शिक्षा इन दिनों के कालेजों में से दी नहीं जाती, दी जाना सम्भव भी नहीं हैं।''

इस पर एक प्रोफेसर ने कहा, ''पुणे में स्त्रियों के लिए एक स्वतन्त्र कॉलेज है। वहाँ पर भी पुरुषों के कॉलेज की तरह ही शिक्षा दी जाती है, फिर भी लड़कियाँ वहाँ जाना नहीं चाहतीं, ऐसा क्यों?'' तब डॉक्टर ने कहा, 'इससे तो मेरी बात की पुष्टि ही हो जाती है। कुछ भी हो लड़कों में उत्साह उत्पन्न करना, उनमें स्फूर्ति उत्पन्न करना, यह पूर्णरूप से प्रोफेसरों पर ही अवलम्बित रहता है।''

प्रोफेसर कैसा हो?

''प्रोफेसर केवल विद्वान होने से बात नहीं बनती। वह बहुश्रुत भी हो, उसकी वाणी शुद्ध हो। वह खुद अत्यन्त उत्साही हो और मैं अपना विषय मनोरंजक भी कर सकता हूँ ऐसी जिद उसमें हो। तो ही छात्र भी अत्यन्त उत्साही हो जाएँगे इसमें सन्देह नहीं। इनमें से अधिकांश गुण पैदाइशी होते हैं, तो कुछ गुण प्रयत्नपूर्वक तथा अनुभव से साध्य करने पड़ते हैं। मैं अपना खुद का ही उदाहरण आपको देना चाहूँगा।

मैंने पीछे एक बार आपसे कहा है कि बी. ए. होने तक मैं साधारण किस्म का छात्र था। आगे चलकर मुझसे अनुसन्धान का कार्य होगा, ऐसा मैं भी सोच नहीं सकता था, और अन्यों की भी मुझसे ऐसी अपेक्षा नहीं थी। परन्तु अनुसन्धान के लिए जो एक विशिष्ट प्रकार के दृष्टिकोण की जरूरत होती है अथवा एक प्रकार का जो मार्गदर्शन प्रोफेसरों से किया जाना होता है, वह मेरे सम्बन्ध में कभी हुआ ही नहीं। इस कारण मुझमें स्थित सुप्त शक्तियों को गति नहीं मिल पाई थी। भले ही आपमें प्रकृति से प्राप्त प्रतिभा या बुद्धिमत्ता अथवा जिज्ञासा हो तो भी उसके अनुकूल वातावरण मिलना चाहिए। तभी उनका विकास हो सकता है।

अमेरिका जाने तक मेरे अनेक गुण सुप्तावस्था में ही थे। उनके विकास का कार्य प्रोफेसर सेलिंग्मन तथा अन्य श्रेष्ठ विद्वानों की ओर से हुआ इसे मैं स्वीकार करता हूँ। इन विद्वान प्रोफेसरों के संपर्क में आने के बाद मुझमें यह विश्वास आ गया कि मैं स्वतन्त्र रूप से विचार कर सकता हूँ। मैं शोध कैसे करूँ, इस सम्बन्ध में मैंने एक बार प्रोफेसर सेलिंग्मन से पूछा तो उन्होंने कहा, ''तू अपना काम जारी रख फिर तुझे अपने आप समझ में आएगा कि अनुसन्धान या शोध कैसे किया जाता है।''

इस कारण मैं ही खुद विचार करने लगा। खूब पढ़ता था। और इस कारण खुद के पैरों पर खड़े होकर खुद को ही कैसे मार्गदर्शन किया जा सकता है, इसे मैं समझने लगा। फिर मेरे सामने एक और समस्या थी। वह यह कि निश्चित अवधि में ही मेरे हाथों अगर अनुसन्धान का कार्य पूरा नहीं हो ज़ाता तो मुझे भविष्य में मिलनेवाली शिष्यवृत्ति

न मिल पाती। और मेरा शोधकार्य उतने पर ही रुक जाता। इस कारण मुझे मेरा काम पूरी जिद्द से, उत्साह से, तेजी से पूरा करने के सिवा दूसरा कोई विकल्प सामने नहीं था। तब मैंने शोधकार्य के लिए जरूरी नोट्स के कार्ड्स तैयार किये थे। आज भी वे कार्ड्स मेरे पास हैं। शोध करनेवाले प्रोफेसरों के वे उपयोग मे आयें, इसलिए मैं जल्दी ही उन्हें अपने ग्रन्थालय में रखने की व्यवस्था करनेवाला हूँ। मैंने इतनी पढ़ाई की है कि कौन सा सन्दर्भ कहाँ है, यह मैं तुरन्त कह सकता हूँ। इस पढ़ाई के कारण मेरी स्मरणशक्ति और अधिक तेज होती गयी है।

पुस्तकें लिखते समय समय कैसा निकल जाता है, दिन कैसे निकल जाते हैं, इसका एहसास भी मुझे नहीं होता। लेखन के समय मेरे भीतर की सभी ताकतें संगठित हो जाती हैं। मैं खाने की परवाह नहीं करता। मैं कभी-कभार रात भर लिखने था पढ़ने बैठता हूँ। ऐसे समय मैं कभी भी ऊब नहीं जाता कि मुझे थकान नहीं आती।

परन्तु काम खत्म हो जाने के बाद मैं एकदम निरुत्साही और असन्तुष्ट हो जाता हूँ। मुझे चार बेटे होने पर जितनी खुशी होती, उससे अधिक खुशी मेरी पुस्तक प्रकाशित होने के बाद मुझे होती है।

महाराष्ट्र का एकीकरण

एकीकरण अर्थात महाराष्ट्र के विभिन्न हिस्सों को एक करना। (विदर्भ, मराठवाड़ा ये दो हिस्से पहले महाराष्ट्र से अलग थे। उन्हें एक करने का आन्दोलन हुआ)

एक दिन महाराष्ट्र के एकीकरण के सम्बन्ध में डॉ. आम्बेडकर से चर्चा करने हेतु दैनिक प्रभात के श्री. नवरे तथा दैनिक तरुण भारत के श्री. माडखोलकर आये।

"ये क्या लेकर बैठे है आप? महाराष्ट्र का एकीकरण? इस एकीकरण की अब हमें क्या जरूरत है?" ऐसा अनअपेक्षित प्रश्न डॉक्टर साहब ने उनसे किया। वे दोनों परेशान हो गये।

कुछ देर बाद इन दोनों ने महाराष्ट्र एकीकरण का कार्य तथा उद्‌देश्य के सम्बन्ध में अपने विचार डॉक्टर साहब के सामने प्रस्तुत किये। उनके विचार पूरी गम्भीरता से सुन लेने के बाद डॉक्टरसाहब ने कहा,

"हम महाराष्ट्रीयनों को अब पहले की तरह भारत में राज्यविस्तार हेतु निकलना है क्या? बोलिए, मैं आऊँगा आप लोगों के साथ। परन्तु अब यह आप ध्यान में रखें कि अब भविष्य में किसी को भी राज्यविस्तार करने नहीं आएगा। महाराष्ट्र के प्रति अभिमान करने की विचार पद्धति को अब आपको पूर्णतः त्याग देना पड़ेगा। 'मैं महाराष्ट्रीयन हूँ' इस प्रकार की संकुचित भावना को जागृत न करते हुए मैं भारतीय हूँ और मैं एशियाई हूँ, मै विश्व का एक सुसंस्कृत नागरिक हूँ' ऐसी उदात्त भावना जागृत

करनी होगी। मराठी भाषा उत्कृष्ट है। मैं उसे ठीक से जानता हूँ। ठीक से लिखता भी हूँ। परन्तु अब भविष्य में केवल मराठी से कैसे काम चलेगा? मुझे तो पूरे भारत का एकीकरण करना है। उसके लिए मुझे और यहाँ की पूरी जनता की समझ में आ जाय ऐसी हिन्दी भाषा सीखनी पड़ेगी। मेरी मराठी, मेरी गुजराती, मेरी बंगाली, मेरी कन्नड़ ऐसी संकुचित वृत्ति से अब काम नहीं चलेगा। पूरे भारत की एक भाषा हो। उसके लिए हमें आरम्भ से ही हिन्दी को एक अनिवार्य भाषा के रूप में पढ़ना होगा। अब इस समय यहाँ की अधिकांश जनता अशिक्षित ही है। इन दिनों तो केवल 10% लोग ही पढ़ना लिखना जानते हैं। इसका उपयोग कर सारी जनता को हिन्दी पढ़ाने की व्यवस्था की जाय। इस राष्ट्र की बहुत बड़ी समस्या छूट जाएगी।

खैर, अब दूसरी बात। आप भारत को एक राष्ट्र कहते हैं ना! अथवा वह एक राष्ट्र हो ऐसा आपको लगता है ना, फिर मुझे आपसे पूछने दो कि एक राष्ट्र होने के लिए आपने अब तक कौन से और कितने प्रयत्न किये हैं? पूरे भारत में आदान-प्रदान हेतु एक लिपि हो इसके लिए आपने क्या कभी प्रयत्न किये हैं? खैर और बातें छोड़ दीजिए। एक लिपि शुरू करें ऐसा आपके मन में कभी आया नहीं। फिर आप इस देश में एक राष्ट्रीयत्व की स्थापना कैसे करेंगे? मैं बंगाली ठीक से जानता हूँ। ठीक इसी प्रकार मुझे गुजराती भी आती है। अब अगर मराठी, हिन्दी, गुजराती तथा बंगाली राष्ट्र की ये प्रमुख भाषाएँ देवनागरी लिपि में अगर लिखी जाने लगीं या इस लिपि में छपने लगीं, तो मैं सहजता से बंगाली पढ़ सकता हूँ, गुजराती भी पढ़ सकता हूँ। और फिर उस साहित्य के सम्बन्ध में हमारे मन में एक प्रकार की आत्मीयता निर्माण हो जाएगी। हिन्दी नौ करोड़ लोग पढ़ सकेंगे, तो बंगाली पांच करोड़, मराठी करीब-करीब तीन करोड़, गुजराती दो करोड़। मतलब चालीस करोड़ भारतीयों में से बीस करोड़ों को एक दूसरे की भाषा सहज रूप से समझ में आ सकेगी। और इस कारण एक राष्ट्रीयत्व भाव में कितनी बड़ी प्रगति हो सकेगी कि नहीं? तो इस प्रकार का बहुत बड़ा व्यापक प्रश्न हाथ में न लेते हुए आप लोग, ''महाराष्ट्र का एकीकरण'' करना चाहेंगे तो मैं कैसे आपसे सहमत हो सकूँगा? अब हमें अपनी संकुचितता छोड़नी होगी। ऐसे प्रश्नों से बेमतलब का उत्साह लोगों में पैदा होगा जो राष्ट्रविघातक होगा।

आपको अमेरिका का इतिहास मालूम है ना! उनका एक भाषी राष्ट्र का सुन्दर प्रयोग आप ध्यान में रखें।

शुअवात शुअवात में अमेरिकन उपनिवेशों में जर्मन, इटालियन, पुर्तुगाली, स्पॅनिश, अंग्रेजी तथा फ्रेंच भाषा बोलनेवाले अनेक प्रकार के लोग वहाँ इकट्ठा हो गये। इनमें से प्रत्येक को अपनी-अपनी भाषा का तथा अपनी-अपनी संस्कृति का अत्यधिक अभिमान था इसे आप जानते ही हैं। वे सभी थे तो ईसाई तो भी उनमें विभिन्न पंथ थे।

और उनमें एक दूसरे के प्रति शत्रुत्व का भाव था, इसे भी आप जानते हैं। अपनी मातृभाषा छोड़ने के लिए इनमें से कोई भी तैयार नहीं था। अपनी मातृभाषा को छोड़कर राष्ट्र द्वारा तय की गयी अंग्रेजी को सीखने कोई भी तैयार नहीं था। परन्तु उनकी बाद की पीढ़ी ने इस समस्या को सहजता से छुड़वाया। मतलब इन सभी अलग-अलग भाषा बोलनेवालों के सभी लड़के-लड़कियाँ स्कूल में जाकर अंग्रेजी पढ़ने लगे। घर पर वे अपने माँ-बाप, भाई-बहन से अपनी अपनी मातृभाषा में बोलते। परन्तु सार्वजनिक स्थानों पर अब वे अंग्रजी भाषा का माध्यम के रूप में उपयोग करते। इस कारण एक ऐसी पीढ़ी आयी जिसमें सबको अंग्रेजी आ रही थी। इस प्रकार सबके संवाद की भाषा अंग्रेजी हो जाने के कारण स्वाभाविक रूप सें उनमें एक दूसरे ने प्रति बन्धुभाव जागृत हुआ और संगठन भी दृढ़ हुआ।

जो बात संयुक्त अमेरिका में, अमेरिका में सहज सम्भव हो सकी क्या वह भारत में सम्भव नहीं हो सकती? मुझे तो इस सम्बन्ध में बहुत बड़ी आशा है।

एक भाषा, एक जीवन, एक धर्म यह एक राष्ट्रीयत्व के आधार स्तम्भ हैं। इसीलिए मुझे महाराष्ट्र के एकीकरण की अपेक्षा भारत के एकीकरण में अधिक दिलचस्पी है। मराठी का अध्ययन न करते हुए अगर आप हिन्दी की ओर अधिक ध्यान देंगे, तो आपकी मराठी न मरते हुए अधिक सम्पन्न होगी और मराठी आदमी जहाँ जाएगा वहाँ उसके लिए रास्ते खुल जाएँगे ऐसा मुझे लगता है।

हिन्दी के साथ साथ पूरे विश्व से सम्बन्ध रखने हेतु आपको अंग्रेजी का भी अध्ययन करना होगा। भारत में से कल अगर अंग्रेज निकल भी गये तो भी उस भाषा का त्याग आप नहीं कर सकते। अब तक इस अंग्रेजी की ताकत पर ही एक राष्ट्रीयत्व प्राप्त कर सके हैं, इस बात को भी हम भूल नहीं सकते।

मुझ जैसे राष्ट्रीय वृत्ति के व्यक्ति को महाराष्ट्र एकीकरण जैसे संकुचित आन्दोलन में खींचने की कोशिश कृपया आप लोग न करें।

हरिजनों को मन्दिर प्रवेश

"हरिजनों को मन्दिर में प्रवेश दिलवाने हेतु इन दिनों जो आन्दोलन चल रहे हैं उस सम्बन्ध में आपके क्या विचार है?" एक बार मैंने उनसे पूछा। तब डॉक्टर साहब ने कहा, "हमें इन आन्दोलनों के सम्बन्ध में कुछ भी नहीं लगता। अस्पृश्य लोग मन्दिर में प्रवेश न करें ऐसा बोर्ड आपने हजारों वर्षों से इस मन्दिर के प्रवेशद्वार पर लगवाया था, उसे अब आप निकाल ले रहे हैं। आपको पश्चात्ताप हुआ है। ठीक है। तथापि आप इन मन्दिरों को हमारे लिए खुला कर रहे हो, अब इन मन्दिरों में जाना चाहिए कि नहीं इस पर हम विचार करेंगे। वह हमारा प्रश्न है। सच कहें तो अब आपके मन्दिरों में जाने की हमारी इच्छा ही नहीं है। इस पर आपकी जबरदस्ती क्यों?"

आप कह रहे हैं कि साने गुरुजी हम अस्पृश्यों को मन्दिर में प्रवेश मिले इसलिए प्रयत्न कर रहे हैं। फंड्स भी इकट्ठा कर रहे हैं। परन्तु मैं आपको स्पष्ट रूप से कहना चाहता हूँ कि साने गुरुजी के इस आन्दोलन का अस्पृश्यों पर अत्यन्त विपरीत परिणाम हो रहा है। इस पर कभी आपने सोचा है क्या? मुझे लगता है कि आप भी साने गुरुजी की तरह सीधे-सादे, भोले-भाले तथा भावुक वृत्ति के हैं। आपको लगता है कि आप जो कर रहे है, वह विशेष है। उसके परिणाम चाहे जो हों। परन्तु उसके दुष्परिणाम भोगना पड़ रहा है हमें। आपको नहीं। कैसे, इसे समझ लीजिए। कुछ दिन पहले साने गुरुजी कोकण में मन्दिरप्रवेश के आन्दोलन के सम्बन्ध में प्रचार करने हेतु कुछ गाँवों में गये थे। उन्होंने व्याख्यान दिये। कुछ महारों को पकड़कर उन्होंने हिन्दुओं के मन्दिर में उन्हें प्रवेश दिलवाया बस्स! हो गया काम साने गुरुजी का। परन्तु जिन महारों ने हिन्दुओं के मन्दिर में प्रवेश किया था, उन्हें बाद में बेरहमी से पीटा गया। अनेक प्रकार से उनके हाल किये गये और बाद में हिन्दुओं ने उन पर आर्थिक बहिष्कार भी डाला। यह कैसी स्थिति है? आपकी भावनाप्रधान वृत्ति से हम मोहित नहीं होंगे। आपके अन्तःकरण आ भी कलुषित हैं। जब तक आप अपनी कृति बदलेंगे नहीं और हजारों वर्षों से हम प किये गये जुल्मों को लेकर आपके मन में चीढ़ नहीं पैदा होती, अथवा आपको जब त पश्चात्ताप नहीं होगा, तब तक आपका यह आन्दोलन केवल आडम्बर मात्र है। लोगों क आँखों में धूल फेंकने के लिए वह है ऐसा मेरा तथा मेरे अनुयायियों का मत है। अ यह मत ऐसा ही रहेगा। आप चाहे जितने कानून बनाएँ हमें उसकी कोई परवाह नहीं। हमें न आपके मन्दिर चाहिए और न वह मन्दिर प्रवेश!

"परन्तु आप खुद कुछ वर्षों पूर्व इस मन्दिर प्रवेश आन्दोलन में सक्रिय थे? उसका क्या?" मैंने प्रश्न किया।

मानसिकता बदलिए

"हाँ, उन दिनों मेरा इस पर विश्वास था। परन्तु बाद में वह गलती मेरे ध्यान में आयी। मैंने अपने जीवन में अनेक गलतियाँ की हैं। परन्तु अपनी गलती समझ में आने के बाद मैंने फिर उसे कभी दोहराया नहीं है। उन दिनों मुझे लगता था, कि हम भी मनुष्य हैं; इस कारण मानव अधिकारों से हम कैसे दूर रहें? वे मानव अधिकार हमें मिलें उसके लिए सत्याग्रह करना चाहिए। उसके लिए चाहे जो संकट झेलने पडेंगे, झेलेंगे। परन्तु अब मैं अनुभव सम्पन्न हूँ। इस तरह के झगड़ों में कोई तथ्य नहीं है इसका मुझे पूरा विश्वास हो गया है। और इसी कारण अब आपका यह आन्दोलन मुझे बेमतलब का तथा निरुपयोगी लगता है। अपनी मानकिसता में परिवर्तन हो जाने दीजिए। पहले यह तय कीजिए कि मन्दिर प्रवेश इष्ट है कि अनिष्ट! फिर आप साने गुरुजी ने कितना बड़ा कार्य किया, इससे अभिभूत हो जाएँगे। मुझे अभिभूत होने का कोई कारण ही नहीं।

मन्दिर में प्रवेश देकर आप हमें समाज में सम्मान मिला देने का **यह जो प्रयत्न** कर रहे हैं इससे आप खुद को ही धोखा दे रहे हैं ऐसा मेरा मत हो गया है। आपको पिछले उदाहरण नहीं चाहिए तो मैं परसो कलकत्ता में घटित एक घटना बतलाना चाहता हूँ।

व्हाईसरॉय के कार्यकारी मंडल के सदस्य के रूप में मैं सरकारी काम के लिए कोलकाता गया था। वहाँ अप्पर सर्क्युलर रोड पर मेरे मित्र व्ही. जाधव रहते हैं। मैं उनके यहाँ अतिथि के रूप में रुका था। काम खत्म होने के बाद और मित्रों से आतिथ्य ग्रहण करने के बाद मैं वापिस मेरे रेल सलून में जा पहुँचा। मेरी सलून दूसरे दिन दिल्ली जाने के लिए निकलनेवाली थी।

दूसर [illegible] काल मेरे मित्र जाधव तथा उनकी पत्नी को अपने छोटे बच्चे के साथ और सामान के साथ [illegible] के सामने खड़े हुए देखकर मैं आश्चर्यचकित हुआ। क्योंकि पिछली रात को नमस्कार [illegible] विदाई देने के लिए जाधव इतने सबेरे क्यों आये इसे मैं समझ नह[illegible] "हमारे घर के नौकरों ने विद्रोह किया है। वे कहने लगे "डॉ. आम्बडक[illegible] हमें विश्वास हो गया है। इस कारण हमारी जाति बिगड़ी है, हमारा धर्म डूब गया [illegible] अब ये लोग हमें उस मुहल्ले में रहने देंगे कि नहीं इसकी मुझे शंका है। और इसी कारण मैंने घर बन्द करके पत्नी को सीधे मुंबई भेज देने का निर्णय लिया है। यह घटना दो वर्षों पूर्व घटित हुई है। इस कारण आप हिन्दुओं के मन हमारे सम्बन्ध में कितने शुद्ध हैं, इसकी मुझे कल्पना हैं। आप हमें 'महार' या भंगी कहने के बजाए 'हरिजन कह रहे हैं, इतना ही फर्क हो गया है।"

शराब बन्दी

एक बार शराब बन्दी पर हमारी चर्चा शुरू हुई तब डॉक्टर साहब ने कहा, 'शराब बन्दी अन्याय है, ऐसा मेरा मत है। हमारे इस देश में अनेक सुधार करने हैं। शराब बन्दी आन्दोलन की इस समय कोई जरूरत नहीं है। और फिर हमारा देश शराबी तो है नहीं इसे आंकड़ो द्वारा सिद्ध किया जा सकता है। बहुत हुआ तो केवल 4% लोग शरब पीते हैं। उनमें से पक्के शराबी कितने यह हमारा प्रश्न! कोई एक दूसरे पर अपना मत जबरदस्ती से पश्चिमी राष्ट्रों की तरह क्यों लादे इसे मैं समझ नहीं पाता। मैं फिर से दुहराता हूँ यह देश शराबी नहीं है। यूरोप में लोग रोज अनेक गॅलेन (कई लीटर) शराब पीते हैं तो हिन्दू यह रोज केवल छह औंस (कुछ ग्राम) शराब पीता है ऐसा आकड़े बतलाते हैं।

अब यही देखिए मुझे पुस्तकें पढ़ने से नशा आता है। किसी शराबी की तरह मुझे पुस्तकों की जरूरत होती है। अब मुझे इस नशे से दूर करने का किसी को भी

अधिकार नहीं है। किसी को पुस्तकों का नशा होता है। तो किसी को शराब का। शराब पीने से किसी को खुशी होती हो, आनन्द मिलता हो तो उस आनन्द को छीन लेने का किसी को अधिकार नहीं होता। इस कारण शराब बन्दी का तत्त्व न्याय (Equitable) नहीं है, ऐसा मेरा विचार है। आप शराब मत पीजिए इसके लिए हमारी कोई हरकत नहीं परन्तु दूसरे भी उसे नहीं पीएँ ऐसी जबरदस्ती करने का अधिकार आपको किसने दिया? आप अपने मित्रों की असुविधा क्यों कर रहे हैं? मेरे पिता कंबीरपंथी थे इस कारण उन्हें माँस मछली और शराब नहीं चलता था। वे कट्टर शाकाहारी थे, शराब को स्पर्श भी नहीं करते थे। परन्तु जब जब हमारे गाँव में समाज का जाति भोजन हुआ करता था, तब सभी को मिष्टान्न और माँस का भोजन मिले, इसलिए मेरे शाकाहारी पिता आग्रहपूर्वक इन सब बातों का प्रतिपादन करते। हमारे घर में दादा दादी के समय से वंश परम्परा से आये हुए बड़े बड़े बर्तन, देगजी, पतीले, आदि बर्तन थे। उनका उपयोग सार्वजनिक ग्राम भोजन के लिए हुआ करता था। मेरे पिता खुद गाँव के बाहर से सिर पर पत्थर उठाकर लाते और गाँव के भोजन हेतु बड़े-बड़े चूल्हे खुद तैयार कर के देते। बकरी का माँस, मुर्गियों का माँस, मछलियाँ आदि का अत्यन्त जायकेदार खाना तैयार हो जाता। इस प्रकार का खाना बनाने में पिताजी का नेतृत्व ही काम आता। ऐसा खान-पान का नेतृत्व करने में उन्हें कभी कुछ गलत नहीं लगता था। इतनी बात जरूर थी कि वे खुद इसमें से कुछ भी खाते नहीं थे। ऐसा उनका उदार दर्शन था। इतना ही नहीं शराब की बोतल लेकर पंगत में बैठे प्रत्येक को वे थोड़ी-थोड़ी सी देते। परन्तु उन्होंने खुद पूरे जीवन में शराब की एक बूँद भी चखी नहीं थी। पिताजी की इसी परम्परा को मैं आगे निभाता रहा। मैं व्हाईसरॉय साहब के कार्यकारी मंडल का जब सदस्य था, तब बेहतरीन से बेहतरीन खाना तथा उत्कृष्ट प्रकार की व्हिस्की, शॉम्पेन आदि मैंने अपने मित्रों को दिया है। परन्तु पिताजी की तरह मैंने भी कभी शराब की एक बूँद को कभी स्पर्श नहीं किया, इसे आप सभी जानते हैं।

शराब बन्दी की अनिवार्यता क्यों?

अब यह विषय निकला ही है तो शराब बन्दी के सम्बन्ध में अपने कुछ रचनात्मक विचार आपको कहना चाहूँगा। इस देश के लोग शराबी नहीं हैं यह मैंने आपसे कहा ही है परन्तु जो कोई शराब पीनेवाले हैं; उनके लिए मेरी योजना इस प्रकार है। अब मेरी यह योजना उचित है अथवा मुंबई सरकार की शराबबन्दी योजना उचित है, इसका निर्णय आप करें।

मेरी योजना ऐसी

(अ) सभी प्रकार के शराब के उत्पादन तथा बिक्री के पूर्ण अधिकार सरकार

के हाथों मे ही होने चाहिए। **इन दिनों जो चल रहा है, वह पहले शिखर और बाद में** नींव इस उल्टी पद्धति से चल रहा है। वह कैसे इसे देखिए—

सरकार खुद शराब बनाती हो तो उससे सरकार को बहुत बड़ी आय प्राप्त होती है यह तो स्पष्ट ही है। परन्तु सरकार खुद तैयार की हुई शराब को नीलामी पद्धति से बेचती है यह बात पूर्णरूप से अनुचित है- ऐसा मेरा मत है। ठेकेदार इस नीलामी में चाहे जितना पैसा देने तैयार हो जाता है क्योंकि इस सरकारी शराब में वह मिलावट कर लोगों को बेच सकता है और चाहे जितना पैसा कमा सकता है। मिलांवटी शराब न बेचें इस सम्बन्ध में सरकारी कानून बहुत ही सामान्य कोटि के हैं इसका अनुभव किसे नहीं है। इस कारण ये नीलामी तुरन्त बन्द करनी चाहिए। तभी गलत या मिलावटी शराब लोगों के गले में उतरने से रोकी जा सकती है। इसीलिए मैं सुझाना चाहता हूँ कि

(ब) सरकार इन शराबी अड्डों को बन्द कर उसके स्थान पर 'क्लब' अथवा 'संस्था' मंडल शुरू करे। उस क्लब या मंडल में तीन बातें होनी चाहिए। 'क्लब' के पहले हिस्से में शराब की दुकान, दूसरे हिस्से में मिल्क अर्थात दूध बिक्री की दुकान और तीसरे हिस्से में ग्रन्थालय, वाचनालय। इससे क्लब में चोरी-छिपे अथवा मुँह छिपाकर जाने का कोई कारण नहीं होगा। क्लब का वातावरण अत्यन्त साफ-सफाई का, सुन्दर तथा सभ्यता का होना चाहिए। पीनेवाले प्रत्येक को सरकार एक कार्ड दे। उस कार्ड का मूल्य आठ आने हो। डॉक्टर द्वारा निर्धारित की गयी मात्रा के अनुसार कार्डधारक को शराब बेची जानी चाहिए। समझिए प्रत्येक को रोज एक ही पेग मिलेगा, उससे अधिक नहीं। ठीक इसी प्रकार शराब कभी उधारी पर न दी जाय। ऐसा कठोर नियम ही हो। जिस दिन वह शराब नहीं लेगा, उस दिन की मात्रा रद्द- कॅन्सल हो गयी ऐसा समझा जाय। दो चार दिन शराब न पीते हुए, एक ही दिन बहुत सी शराब किसी को भी पीने नहीं दी जाएगी। इस प्रकार शराब पीने पर निमन्त्रण डाला जा सकता है।

शराब बन्दी के कानून के कारण गुनहगारों को अप्रत्यक्ष रूप से प्रोत्साहन दिया जाता है। इससे चोरी से शराब बनाने की लोगों की प्रवृत्ति में वृद्धि होने की सम्भावना है। इसके अलावा कानून, सरकारी कानून भंग करने की आदत काँग्रेस ने ही लोगों में फैलाई है। कानून तोड़ने की शुरुआत तो काँग्रेस ने ही की है उसका फायदा लोग लेंगे, उन्हें दोष नहीं दिया जा सकता। परन्तु आजकाल के कानून भावुकता के आधार पर ही पारित किए जा रहे हैं इस कारण उसके गुण दोषों का प्रश्न ही पैदा नहीं होता।

(साप्ताहिक नवयुग, मुंबई आम्बेडकर विशेषांक दि. 13 अप्रैल 1947)

अनुवाद - सुहास राउल - दमण, डॉ. सूर्यनारायण रणसुभे - लातूर

□□□